JN197420

Teaching and Learning International Survey

TALIS 2018

教員環境の国際比較

OECD国際教員指導環境調査（TALIS）2018報告書

学び続ける教員と校長

国立教育政策研究所 編

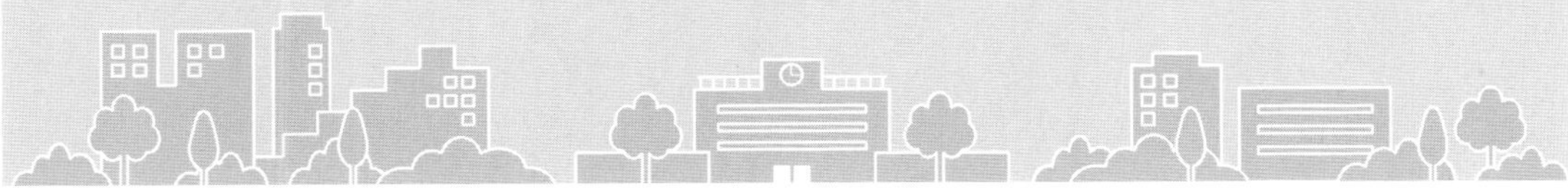

はじめに

本書は、2018年に実施された「OECD（経済協力開発機構）国際教員指導環境調査」（TALIS＜タリス＞2018：Teaching and Learning International Survey 2018）の国際調査結果を基に、日本にとって特に示唆のある内容・データを中心に整理・分析したものです。このたび、TALIS 2018国際調査結果の公表に合わせて、本報告書を日本語で刊行し、日本の多くの方々に調査結果を提供できることは、当研究所にとって大きな喜びです。

TALISは、2008年に第1回、2013年に第2回、2018年に第3回調査が実施されてきました。主として前期中等教育の教員及び校長を対象に、教員の仕事時間、職能開発などの教員の環境、学校での指導状況などについて、国際比較可能なデータを収集し、学校教育に関する分析や教育政策の検討に資することを目的としています。

日本では、2013年の第2回調査より、当研究所がTALISの実施責任機関となり、文部科学省本省と密接に連携、協力しながら、調査の準備、実施及び分析に当たってきました。TALIS 2018において、日本は、前期中等教育の調査に加えて、初めて小学校などの初等教育の調査にも参加しました。

今回の調査では、2018年2月から3月にかけて、全国の中学校、中等教育学校前期課程及び義務教育学校後期課程の中から196校、約3,600人の教員及び196人の校長の方々に、また全国の小学校及び義務教育学校前期課程の中から197校、約3,400人の教員及び197人の校長の方々に、質問紙へ回答いただき、国際的な基準を満たすデータを収集することができました。調査の実施に当たっては、各校の担当者の方々に、教員名簿の提出や質問紙の配付・回収等に御協力をいただいたほか、都道府県・指定都市教育委員会には各校への依頼等の御協力をいただきました。調査の実施に参加・協力いただいた全ての関係者の皆様にこの場をお借りして心より感謝申し上げます。

本報告書は、当研究所において以下のメンバーが分担して執筆に当たりました。

杉浦　健太郎（国立教育政策研究所　研究企画開発部　総括研究官）全体総括、調査結果の要約、第1章

松原憲治（同　教育課程研究センター基礎研究部　総括研究官）第2章

大萩　明日香（同　国際研究・協力部　国際調査専門職）第3章

長谷川　仁子（同　国際研究・協力部　国際調査専門職）第4章

河原太郎（同　元国際研究・協力部　国際調査専門職）第1章、第5章

さらに、当研究所の以下のメンバーから助言を得ました。

橋 本 昭 彦（国立教育政策研究所　教育政策・評価研究部　総括研究官）第３章
植田　みどり（同　教育政策・評価研究部　総括研究官）第４章
藤 原 文 雄（同　初等中等教育研究部　総括研究官）第５章

TALISは教員及び校長の勤務環境や学習環境に関する大規模な国際調査です。第３回の今回は、参加国も第１回の24か国、第２回の34か国から、48か国に拡大しました。また、中学校などの前期中等教育を対象としたコア調査の他に、小学校などの初等教育や、後期中等教育に関するオプション調査も実施されており、今後も更なる発展が予想されています。関係の皆様には、今後一層の御指導、御協力を賜りたいと存じます。

我が国では、2020年度以降に新学習指導要領の本格実施が迫っており、また、教員の働き方に関して、中央教育審議会から「新しい時代の教育に向けた持続可能な学校指導・運営体制の構築のための学校における働き方改革に関する総合的な方策について」答申が出されるなど、教員をめぐる環境は大きな変化のただ中にあります。2018年に策定された第３期教育振興基本計画において、客観的根拠を重視した教育政策の推進が、今後の教育政策の遂行に当たって特に留意すべき視点とされていますが、このTALISをはじめ、PISA、PIAAC、TIMSS等、当研究所が実施・分析する国際調査結果への期待はますます大きくなっていると考えております。

このような中で、本書が、教育政策・教員政策関係者、教員及び校長などの学校関係者、研究者、教員養成関係者をはじめとする多くの方々に様々な形で活用され、質の高い教育環境の実現に貢献できることを期待しています。

2019年６月

国立教育政策研究所　所長
常 盤　豊

教員環境の国際比較：OECD 国際教員指導環境調査（TALIS）2018 報告書 ――学び続ける教員と校長―― の要約

1 TALIS の概要［本文第１章］

【調査の概観】

OECD 国際教員指導環境調査（Teaching and Learning International Survey: TALIS）は、学校の学習環境と教員及び校長の勤務環境に焦点を当てた大規模な国際調査である。教員及び校長への質問紙調査を通じて、職能開発などの教員の環境、学校での指導状況などについて、国際比較可能なデータを収集し、教育に関する分析や教育政策の検討に資することを目指している。

TALIS は、2008 年に第１回調査が実施され（24 か国・地域が参加、日本は不参加）、2009 年６月に結果が公表された。2013 年には第２回調査が実施され（34 か国・地域が参加、日本は前期中等教育に参加）、2014 年６月に結果が公表された。今回の第３回調査は 2018 年に実施され、日本を含む 48 か国・地域が参加した。

TALIS 2018 年調査においては、48 か国・地域の全てが参加するコア調査は前期中等教育段階（ISCED 2）を対象とし、オプション調査として、15 か国・地域が参加する初等教育段階（ISCED 1）、11 か国・地域が参加する後期中等教育段階（ISCED 3）を対象とした調査が実施された。今回、日本はコア調査と初等教育段階のオプション調査に参加した。本報告書の調査結果は前期中等教育段階と初等教育段階を対象としたものである。

【調査時期】

日本では、2018 年２月中旬から３月中旬にかけて調査を実施した。

他の参加国の調査時期は、南半球の国々では 2017 年９月から 12 月（例外として、いくつかの国は 2018 年１月まで延長）、北半球の国では 2018 年３月から５月（ただし、2018 年１月から２月に調査を開始した国や、2018 年７月まで延長した国もある。）である。

【調査対象】

TALIS の対象となる教員は、各 ISCED レベルにおいて、対象となる学校での通常の職務の一部として、指導を実施している教員と定義されている。また、TALIS の対象となる校長は、対象となる学校の長と定義されている。

前期中等教育段階（ISCED 2）及び初等教育段階（ISCED 1）に参加した日本の場合、調査の対象となる教員集団（母集団）は、前期中等教育段階（中学校、義務教育学校後期課程及び中等教育学校前期課程）と初等教育段階（小学校及び義務教育学校前期課程）において、学校での通常の職務として指導を実施している教員及びその学校の校長である。

【質問紙】

教員用及び校長用に別々の質問紙を用意し、回答時間は40分～60分程度を目安とした。データの収集方法は、調査用紙又はオンラインによる記入による。

【標本抽出】

TALIS 2018年調査における標本については、初等教育段階及び前期中等教育段階ともに、１か国につき200校、１校につき教員20人と校長１人を抽出することとされている。

また、抽出された学校の実施率（回答率）、抽出された教員の実施率（回答率）及び抽出された校長の実施率（回答率）はいずれも75％を目標とされた。抽出された教員の50％が回答した学校は、回答したとみなされる。

日本では、国際ガイドラインに従って、「層化二段階抽出法」により以下のとおり対象者を抽出した。

第一段階として、前期中等教育段階では「東京23区及び政令指定都市の公立校」「人口30万人以上の市の公立校」「その他の市の公立校」「町村部の公立校」「国立・私立学校」の５つの層に、初等教育段階では「東京23区及び政令指定都市の学校」「人口30万人以上の市の学校」「その他の市の学校」「町村部の学校」の４つの層に分類し、各層ごとに所属する教員の人数に比例した確率で学校を無作為抽出した。

第二段階として、抽出された学校内で、教員の基礎情報（年齢、性別、指導教科）を考慮に入れて、原則として各校20人の教員を無作為抽出した。

【日本の実施率】

日本では、前期中等教育段階では196校で調査を実施し、196人の校長及び3,568人の教員から有効な回答を得て、初等教育段階では197校で調査を実施し、197人の校長及び3,321人の教員から有効な回答を得た。前期中等教育段階では学校実施率は98％、教員実施率は99％で、初等教育段階では学校実施率は99％、教員実施率は98％であり、国際ガイドラインの基準を上回った。

【本報告書の範囲】

2019年６月にOECDが公表するTALIS 2018国際結果報告書“*TALIS 2018 Results (Volume I): Teachers and School Leaders as Lifelong Learners*”（OECD, 2019）は、第２章及び第３章において、教員と校長が、時代に合わせてどのように変化しているか、また、児童生徒の認知的スキル及び社会情動的スキルの向上をいかにサポートしているかについて扱っている。また、第４章及び第５章においては、教員養成や研修・職能開発が教員の知識基盤や校長の専門性をいかに高めているかについて扱っている。

本報告書「教員環境の国際比較：OECD 国際教員指導環境調査（TALIS）2018 報告書－学び続ける教員と校長－」は、OECD が公表する上記の国際結果報告書を基に、日本にとって特に示唆のある内容・データを中心に整理・分析したものである。今回 OECD から公表される国際結果報告書（英文）については、OECD のウェブサイト（http://www.oecd.org/education/talis）を参照のこと。

【参加国】

TALIS 2018 年調査の参加国は、以下の 48 か国・地域である。

◆48か国・地域（前期中等教育は全参加国・地域が参加。下線が引かれている国・地域は初等教育も参加（15 か国・地域）。）

OECD 加盟国（31か国・地域）

アルバータ（カナダ）、オーストラリア、オーストリア、ベルギー（フランドルもベルギーの一部として参加）、チリ、コロンビア（国内批准手続中）、チェコ、デンマーク、イングランド（イギリス）、エストニア、フィンランド、フランス、ハンガリー、アイスランド、イスラエル、イタリア、日本、韓国、ラトビア、リトアニア、メキシコ、オランダ、ニュージーランド、ノルウェー、ポルトガル、スロバキア、スロベニア、スペイン、スウェーデン、トルコ、アメリカ

OECD 非加盟国（17か国・地域）

ブラジル、ブルガリア、ブエノスアイレス（アルゼンチン）、クロアチア、キプロス、ジョージア、カザフスタン、マルタ、ルーマニア、ロシア、サウジアラビア、上海（中国）、シンガポール、南アフリカ共和国、台湾、アラブ首長国連邦、ベトナム

2 未来に向けた指導と学習［本文第２章］

【指導実践】

◆日本の中学校教員の 12.6%、また、小学校教員の 11.6%は批判的に考える必要がある課題を与えることを「しばしば」又は「いつも」行うと回答している。一方、参加国平均（中学校）では 61.0%の教員がこの指導実践を行うと回答している。【表 2.1.1、表 2.1.2】

◆日本の中学校教員の 31.3%、また、小学校教員の 55.8%は全児童生徒が単元の内容を理解していることが確認されるまで、類似の課題を児童生徒に演習させることを「しばしば」又は「いつも」行うと回答している。一方、参加国平均（中学校）では 71.3%の教員がこの指導実践を行うと回答している。【表 2.1.1、表 2.1.2】

◆日本の中学校教員の 17.9%、また、小学校教員の 24.4%は児童生徒に課題や学級での活動に ICT（情報通信技術）を活用させることを「しばしば」又は「いつも」行うと回答している。一方、参加国平均（中学校）では 51.3%の教員がこの指導実践を行うと回答している。この指導実践について、TALIS 2018 年調査で「しばしば」又は「いつも」行うと回答した日本の中学校教員の割合は、TALIS 2013 年調査で「しばしば」又は「ほとんどいつも」行うと回答した教員の割合に比べて、7.9 ポイント増えた。【表 2.1.1、表 2.1.2】

◆日本の中学校教員の 16.1%、また、小学校教員の 15.2%は明らかな解決法が存在しない課題を提示することを「しばしば」又は「いつも」行うと回答している。一方、参加国平均（中学校）では 37.5%の教員がこの指導実践を行うと回答している。【表 2.1.1、表 2.1.2】

◆日本の中学校教員の 11.1%、また、小学校教員の 9.9%は完成までに少なくとも一週間を必要とする課題を児童生徒に与えることを「しばしば」又は「いつも」行うと回答している。一方、参加国平均（中学校）では 30.5%の教員がこの指導実践を行うと回答している。【表 2.1.1、表 2.1.2】

◆生徒を少人数のグループに分け、問題や課題に対する合同の解決法を出させることを、TALIS 2018 年調査で「しばしば」又は「いつも」行うと回答した日本の中学校教員の割合は、TALIS 2013 年調査で「しばしば」又は「ほとんどいつも」行うと回答した教員の割合に比べて、11.9 ポイント増えた。

◆新しい知識が役立つことを示すため、日常生活や仕事での問題を引き合いに出すことを、TALIS 2018 年調査で「しばしば」又は「いつも」行うと回答した日本の中学校教員の割合は、TALIS 2013 年調査の「しばしば」又は「ほとんどいつも」行うと回答した教員の割合に比べて、3.0 ポイント増えた。

◆完成までに少なくとも一週間を必要とする課題を生徒に与えることを、TALIS 2018 年調査で「しばしば」又は「いつも」行うと回答した日本の中学校教員の割合は、

TALIS 2013 年調査の「しばしば」又は「ほとんどいつも」行うと回答した教員の割合に比べて、3.0 ポイント減った。

【学習評価方法】

◆日本の中学校教員の 26.3%、小学校教員の 45.3%は、児童生徒の学習成果に対して点数や評定による成績評価だけでなく、文書によるフィードバックを行う学習評価方法を「しばしば」又は「いつも」使うと回答している。

【教員の仕事時間】

◆中学校教員の回答による一週間当たりの仕事にかける時間は、参加国平均では 38.3 時間であるが、日本は最も長く 56.0 時間である。また、小学校については、参加国の中で、日本は最も長く 54.4 時間である。【表 2.3.1、表 2.3.2】

◆日本の教員が一般的な事務業務にかける時間は、中学校で 5.6 時間、小学校で 5.2 時間である。一方、中学校教員の参加国平均は 2.7 時間である。【表 2.3.1、表 2.3.2】

◆日本の教員が学校内外で個人で行う授業の計画や準備にかける時間は、中学校で 8.5 時間、小学校で 8.6 時間である。一方、中学校教員の参加国平均は 6.8 時間である。【表 2.3.1、表 2.3.2】

◆日本の教員が課外活動の指導にかける時間は、中学校で 7.5 時間、小学校で 0.6 時間である。一方、中学校教員の参加国平均では 1.9 時間である。【表 2.3.1、表 2.3.2】

◆日本の教員が職能開発活動にかける時間は、中学校で 0.6 時間、小学校で 0.7 時間である。一方、中学校教員の参加国平均では 2.0 時間である。【表 2.3.1、表 2.3.2】

【教員の自己効力感】

◆デジタル技術の利用によって生徒の学習を支援する指導では、５年を超える勤務経験年数の日本の中学校教員が「かなりできている」又は「非常に良くできている」と回答した割合は、５年以下の勤務経験年数の教員の回答の割合に比べて 7.9 ポイント低い。

◆日本では５年以下の勤務経験年数の中学校教員は、秩序を乱す又は騒々しい生徒を落ち着かせる指導を「かなりできている」又は「非常に良くできている」との回答が、５年を超える勤務経験年数の教員に比べて 20.6 ポイント低い。

【変化や革新】

◆学校は、新しいアイデアをちゅうちょなく受け入れることについて、所属する学校が「当てはまる」又は「非常に良く当てはまる」と回答した日本の校長の割合は、中学校で 70.0%、小学校で 77.9%である。一方、中学校校長の参加国平均は 87.4%である。

表 2.1.1 [1/2]　指導実践（中学校）

中学校教員の回答に基づく

国　名	自らの授業において、以下の指導実践を「しばしば」又は「いつも」行っていると回答した教員の割合[1]															
	前回の授業内容のまとめを示す		授業の始めに目標を設定する		生徒に何を学んで欲しいかを説明する		新しい学習内容と過去の学習内容がどのように関連しているか説明する		明らかな解決法が存在しない課題を提示する		批判的に考える必要がある課題を与える		生徒を少人数のグループに分け、問題や課題に対する合同の解決法を出させる		複雑な課題を解く際に、その手順を各自で選択するよう生徒に指示する	
	%	S.E.	%	S.E.	%	S.E.	%	S.E.	%	S.E.	%	S.E.	%	S.E.	%	S.E.
アルバータ（カナダ）	81.6	(2.2)	79.8	(2.0)	91.9	(1.7)	86.5	(3.1)	31.8	(2.3)	76.0	(2.2)	56.7	(2.5)	54.9	(2.2)
オーストラリア	74.2	(0.9)	82.1	(0.9)	93.4	(0.7)	82.8	(0.9)	29.2	(1.0)	69.5	(1.3)	51.3	(1.0)	44.1	(1.5)
オーストリア	67.2	(0.9)	60.2	(1.0)	82.9	(0.7)	77.5	(0.7)	12.4	(0.6)	47.2	(0.9)	42.5	(1.1)	35.5	(1.0)
ベルギー	70.6	(0.8)	60.6	(0.8)	91.9	(0.5)	83.0	(0.7)	30.9	(0.8)	43.7	(0.8)	34.1	(0.9)	25.0	(0.8)
フランドル（ベルギー）	62.2	(1.2)	52.7	(1.2)	95.7	(0.5)	86.4	(0.8)	25.3	(1.0)	39.9	(1.1)	41.6	(1.1)	27.2	(1.2)
ブラジル	81.6	(1.0)	85.5	(1.1)	93.7	(0.6)	89.1	(0.8)	48.9	(1.5)	84.2	(1.2)	55.6	(1.6)	39.5	(1.5)
ブルガリア	88.3	(0.7)	92.6	(0.6)	96.1	(0.4)	92.6	(0.5)	19.7	(0.9)	60.6	(1.4)	48.6	(1.1)	52.5	(1.0)
ブエノスアイレス（アルゼンチン）	65.1	(1.5)	79.9	(1.2)	84.6	(1.6)	92.6	(0.7)	60.3	(1.8)	81.3	(1.3)	70.7	(1.6)	57.7	(1.3)
チリ	77.1	(1.2)	94.6	(0.7)	96.0	(0.5)	92.2	(0.8)	57.7	(1.5)	70.0	(1.4)	71.0	(1.5)	67.1	(1.6)
コロンビア	77.8	(1.3)	90.6	(1.0)	94.8	(0.7)	92.9	(0.9)	61.9	(1.9)	87.5	(1.2)	85.0	(1.6)	65.3	(1.6)
クロアチア	59.8	(0.8)	77.7	(1.0)	95.3	(0.4)	92.8	(0.7)	34.2	(0.8)	60.4	(1.1)	30.7	(1.3)	22.3	(0.9)
キプロス	90.3	(1.1)	92.4	(0.7)	93.6	(0.7)	94.3	(0.7)	32.2	(1.8)	75.0	(1.5)	52.1	(1.8)	46.5	(1.4)
チェコ	83.5	(0.8)	88.8	(0.7)	83.2	(0.7)	82.6	(0.7)	10.6	(0.6)	39.8	(0.8)	27.3	(1.0)	32.7	(1.0)
デンマーク	71.1	(1.3)	58.7	(1.3)	81.0	(1.4)	71.8	(1.2)	50.8	(1.3)	61.1	(1.3)	80.3	(1.1)	51.8	(1.3)
イングランド（イギリス）	73.4	(1.1)	89.0	(0.8)	95.4	(0.6)	85.1	(0.9)	33.6	(1.4)	67.5	(1.4)	50.9	(1.5)	43.4	(1.6)
エストニア	78.1	(1.0)	84.7	(0.9)	92.1	(0.6)	84.5	(0.9)	16.4	(1.1)	46.2	(1.2)	39.5	(1.3)	29.0	(1.1)
フィンランド	59.7	(1.2)	64.2	(1.0)	73.0	(1.0)	72.9	(1.1)	34.5	(1.1)	37.2	(1.2)	42.3	(1.1)	26.3	(1.1)
フランス	78.2	(0.9)	78.8	(0.8)	89.8	(0.6)	71.5	(1.0)	25.9	(0.9)	50.3	(1.1)	49.2	(1.2)	26.3	(0.8)
ジョージア	92.1	(0.7)	94.4	(0.6)	92.7	(0.7)	94.1	(0.7)	48.1	(1.7)	76.8	(1.2)	62.4	(1.5)	67.9	(1.3)
ハンガリー	79.9	(0.9)	86.1	(0.7)	94.9	(0.6)	87.2	(0.6)	28.3	(0.9)	55.9	(1.2)	35.5	(1.0)	36.3	(1.0)
アイスランド	38.2	(1.7)	69.7	(1.6)	83.4	(1.3)	74.8	(1.6)	19.4	(1.4)	50.1	(1.7)	44.5	(1.6)	52.6	(1.6)
イスラエル	71.9	(1.0)	79.1	(1.4)	85.5	(1.2)	89.1	(0.9)	34.2	(1.3)	48.6	(1.5)	35.0	(1.3)	35.4	(1.5)
イタリア	81.3	(0.9)	82.8	(0.8)	85.4	(0.9)	93.4	(0.5)	44.2	(1.2)	67.7	(1.0)	45.7	(1.1)	43.3	(1.2)
日本	58.6	(1.0)	84.3	(1.0)	84.9	(0.8)	63.1	(1.0)	16.1	(0.8)	12.6	(0.7)	44.4	(1.5)	24.9	(1.0)
カザフスタン	75.1	(0.9)	91.3	(0.5)	92.3	(0.5)	91.9	(0.5)	61.4	(1.1)	78.6	(0.9)	79.3	(0.9)	75.4	(0.9)
韓国	80.5	(0.8)	81.5	(0.8)	94.2	(0.5)	86.3	(0.8)	38.1	(1.0)	44.8	(1.1)	59.2	(1.3)	50.8	(1.1)
ラトビア	84.8	(1.2)	93.3	(0.7)	94.9	(0.6)	91.5	(0.9)	57.4	(1.5)	73.4	(1.1)	46.7	(1.8)	45.5	(2.1)
リトアニア	65.0	(0.9)	97.6	(0.3)	98.7	(0.2)	90.6	(0.5)	13.4	(0.7)	76.6	(0.9)	52.2	(1.1)	69.1	(0.8)
マルタ	75.2	(1.5)	84.7	(1.4)	87.7	(1.1)	81.3	(1.4)	30.9	(1.2)	59.6	(1.8)	42.7	(1.5)	40.6	(1.3)
メキシコ	65.6	(1.2)	91.1	(0.7)	94.8	(0.5)	91.5	(0.6)	38.4	(1.3)	67.4	(1.0)	70.9	(1.1)	67.6	(1.0)
オランダ	65.0	(1.8)	77.1	(1.9)	91.7	(1.1)	86.7	(1.3)	39.4	(2.1)	54.3	(1.7)	47.7	(2.2)	39.9	(2.0)
ニュージーランド	63.4	(1.5)	78.8	(1.3)	93.9	(0.6)	77.5	(1.2)	28.7	(1.4)	69.4	(1.3)	59.5	(1.8)	50.9	(1.8)
ノルウェー	77.2	(0.8)	75.4	(0.9)	85.7	(0.7)	79.9	(0.8)	53.1	(1.2)	51.1	(1.0)	63.0	(1.3)	52.5	(1.0)
ポルトガル	84.4	(0.7)	64.6	(1.0)	83.8	(0.8)	92.5	(0.5)	67.3	(0.8)	68.4	(0.8)	49.9	(1.0)	44.5	(1.0)
ルーマニア	78.2	(0.9)	97.0	(0.4)	97.8	(0.3)	96.7	(0.4)	22.3	(0.9)	67.9	(1.2)	52.8	(1.0)	43.7	(1.4)
ロシア	66.4	(1.3)	84.8	(1.0)	79.5	(1.2)	82.0	(1.1)	58.1	(1.3)	59.7	(1.4)	42.5	(1.4)	44.9	(1.5)
サウジアラビア	83.3	(0.9)	88.7	(0.8)	89.5	(0.7)	89.7	(0.7)	43.9	(1.5)	62.2	(1.6)	72.4	(1.5)	55.8	(1.5)
上海（中国）	92.9	(0.5)	97.7	(0.3)	97.0	(0.4)	93.4	(0.5)	43.7	(0.9)	53.3	(1.3)	70.0	(1.0)	67.4	(1.0)
シンガポール	73.9	(0.8)	81.9	(0.7)	92.3	(0.5)	80.5	(0.8)	35.3	(0.9)	54.1	(0.9)	44.9	(1.0)	36.3	(0.9)
スロバキア	84.5	(0.8)	89.1	(0.7)	92.2	(0.5)	89.1	(0.7)	29.9	(1.0)	59.1	(1.1)	40.2	(1.0)	48.7	(1.4)
スロベニア	79.2	(1.0)	73.6	(1.1)	89.4	(0.7)	84.2	(0.8)	29.5	(1.0)	57.6	(1.1)	28.4	(1.3)	28.3	(1.3)
南アフリカ共和国	80.0	(1.1)	82.6	(1.5)	92.0	(1.0)	86.9	(1.3)	52.3	(2.6)	83.1	(1.4)	54.1	(1.8)	53.9	(2.0)
スペイン	74.5	(0.8)	80.4	(0.7)	93.6	(0.5)	89.1	(0.9)	44.2	(1.6)	65.4	(1.1)	45.9	(1.1)	41.1	(1.0)
スウェーデン	75.5	(1.2)	82.2	(1.1)	89.9	(0.8)	70.8	(1.4)	24.7	(1.1)	48.9	(1.4)	51.5	(1.4)	44.6	(1.3)
台湾	82.9	(0.7)	88.5	(0.6)	85.7	(0.6)	91.6	(0.5)	36.4	(0.9)	48.8	(1.0)	40.2	(1.0)	39.3	(0.9)
トルコ	84.7	(0.7)	93.3	(0.5)	91.7	(0.6)	93.2	(0.6)	21.9	(0.9)	54.7	(1.0)	43.9	(1.1)	57.1	(1.2)
アラブ首長国連邦	86.7	(0.5)	96.5	(0.3)	97.0	(0.3)	94.2	(0.3)	46.7	(0.9)	82.4	(0.5)	84.2	(0.5)	70.0	(0.7)
アメリカ	72.1	(3.3)	84.5	(1.6)	91.7	(1.0)	87.7	(1.1)	27.6	(2.0)	78.9	(1.3)	59.7	(4.0)	45.9	(1.5)
ベトナム	84.2	(1.6)	92.1	(1.3)	85.9	(1.6)	91.6	(1.5)	73.7	(1.8)	41.3	(1.6)	73.6	(1.6)	60.2	(1.7)
OECD31か国平均	73.5	(0.2)	80.5	(0.2)	89.9	(0.1)	83.9	(0.2)	33.9	(0.2)	58.1	(0.2)	50.1	(0.3)	44.5	(0.2)
EU23か国全体	76.1	(0.3)	81.4	(0.3)	90.7	(0.2)	85.1	(0.3)	34.1	(0.4)	60.0	(0.4)	46.7	(0.4)	39.1	(0.4)
TALIS 参加 48 か国平均	75.7	(0.2)	83.4	(0.1)	90.4	(0.1)	86.2	(0.1)	37.5	(0.2)	61.0	(0.2)	52.7	(0.2)	47.0	(0.2)

1．これらのデータは、教員の回答に基づいており、毎週の時間割から無作為に選択された、現在指導している学級に関するものである。

表 2.1.1［2/2］ 指導実践（中学校）

中学校教員の回答に基づく

国　名	自らの授業において、以下の指導実践を「しばしば」又は「いつも」行っていると回答した教員の割合[1]															
	教室でのルールを守るよう生徒に伝える		自分の話を聞くよう生徒に伝える		規律を乱している生徒を静かにさせる		授業の始めに、すぐに静かにするよう伝える		新しい知識が役立つことを示すため、日常生活や仕事での問題を引き合いに出す		全生徒が単元の内容を理解していることが確認されるまで、類似の課題を生徒に演習させる		完成までに少なくとも一週間を必要とする課題を生徒に与える		生徒に課題や学級での活動に ICT（情報通信技術）を活用させる	
	%	S.E.	%	S.E.	%	S.E.	%	S.E.	%	S.E.	%	S.E.	%	S.E.	%	S.E.
アルバータ（カナダ）	54.0	(3.0)	50.4	(2.5)	58.2	(3.0)	61.9	(2.8)	74.6	(1.5)	72.5	(2.5)	44.0	(3.1)	65.7	(2.9)
オーストラリア	58.4	(1.1)	59.8	(1.1)	59.7	(1.1)	67.7	(1.1)	72.1	(1.0)	67.0	(1.2)	46.2	(1.2)	78.2	(1.1)
オーストリア	59.0	(1.0)	60.0	(0.9)	56.1	(1.0)	58.0	(1.1)	74.8	(0.8)	55.8	(0.9)	17.0	(0.8)	32.9	(1.0)
ベルギー	80.4	(0.8)	78.5	(0.8)	78.4	(0.7)	82.2	(0.7)	68.4	(0.9)	66.1	(0.8)	21.5	(0.9)	28.9	(0.9)
フランドル（ベルギー）	79.4	(1.2)	77.2	(1.1)	79.9	(0.9)	86.0	(0.7)	73.9	(1.0)	66.4	(1.0)	21.8	(1.2)	37.8	(1.3)
ブラジル	90.4	(0.7)	91.1	(0.7)	87.0	(1.0)	78.1	(1.3)	91.3	(0.7)	75.9	(1.4)	43.4	(1.6)	41.6	(1.5)
ブルガリア	78.7	(1.2)	75.6	(1.2)	68.4	(1.3)	62.5	(1.4)	81.9	(1.0)	79.3	(0.9)	36.9	(1.1)	44.2	(1.3)
ブエノスアイレス（アルゼンチン）	81.4	(1.1)	77.6	(0.9)	74.3	(1.1)	66.5	(1.1)	74.8	(1.3)	74.7	(1.4)	52.4	(1.3)	64.0	(2.0)
チリ	91.2	(0.9)	87.8	(1.0)	85.8	(1.1)	76.0	(1.4)	88.2	(1.1)	88.0	(0.9)	50.8	(1.5)	63.4	(1.6)
コロンビア	86.1	(1.1)	81.4	(1.4)	82.5	(1.5)	68.2	(1.6)	92.0	(0.8)	84.2	(1.0)	55.2	(1.3)	70.8	(1.4)
クロアチア	51.3	(1.2)	48.4	(1.3)	37.9	(1.3)	29.2	(1.2)	90.1	(0.9)	64.6	(1.0)	13.0	(0.7)	46.2	(1.2)
キプロス	85.6	(1.6)	83.2	(1.6)	83.9	(1.7)	74.5	(1.4)	82.5	(1.5)	82.4	(1.3)	25.6	(2.0)	54.2	(1.5)
チェコ	50.9	(1.1)	51.9	(1.1)	39.3	(1.1)	32.4	(1.0)	69.2	(0.9)	63.6	(1.0)	8.7	(0.6)	35.4	(1.0)
デンマーク	53.0	(1.5)	55.2	(1.3)	57.0	(1.3)	64.2	(1.3)	60.9	(1.5)	53.8	(1.5)	24.9	(1.2)	90.4	(0.9)
イングランド（イギリス）	67.6	(1.4)	69.3	(1.3)	62.6	(1.1)	75.6	(1.0)	65.2	(1.2)	67.5	(1.1)	31.3	(1.0)	41.3	(1.4)
エストニア	40.9	(1.2)	32.8	(1.0)	35.5	(1.1)	21.3	(0.9)	68.2	(1.3)	69.8	(1.0)	14.4	(0.8)	45.6	(1.0)
フィンランド	58.7	(1.3)	64.5	(1.1)	59.7	(1.1)	63.6	(1.2)	68.2	(1.1)	50.4	(1.2)	22.4	(0.9)	50.7	(1.6)
フランス	77.3	(0.9)	76.1	(0.8)	70.5	(1.1)	69.4	(1.0)	57.5	(0.9)	55.2	(1.1)	27.4	(0.8)	36.1	(1.0)
ジョージア	54.4	(1.7)	34.8	(1.7)	34.1	(1.6)	34.2	(1.7)	74.4	(1.4)	87.6	(1.0)	25.8	(1.3)	53.3	(1.4)
ハンガリー	87.6	(0.7)	73.3	(1.1)	66.7	(1.2)	62.5	(1.2)	84.7	(0.8)	82.5	(0.9)	9.9	(0.7)	48.1	(1.3)
アイスランド	66.8	(1.3)	76.8	(1.2)	75.3	(1.4)	55.2	(1.8)	40.5	(1.7)	48.8	(1.9)	30.8	(1.4)	54.0	(1.9)
イスラエル	85.4	(0.9)	82.9	(1.0)	76.8	(1.1)	69.9	(1.2)	71.2	(1.5)	75.8	(1.5)	28.4	(1.1)	51.8	(1.7)
イタリア	80.3	(0.8)	74.7	(1.0)	65.0	(1.1)	50.4	(1.1)	82.5	(0.7)	85.5	(0.8)	20.2	(0.8)	46.6	(1.2)
日本	64.2	(1.2)	62.9	(1.2)	44.8	(1.4)	38.4	(1.4)	53.9	(0.9)	31.3	(1.0)	11.1	(0.6)	17.9	(1.0)
カザフスタン	63.1	(0.9)	60.0	(0.9)	42.5	(0.9)	43.8	(1.0)	82.4	(0.7)	70.3	(0.8)	33.6	(1.2)	65.7	(1.2)
韓国	79.3	(0.9)	81.7	(0.9)	74.8	(1.1)	69.2	(1.2)	82.1	(0.8)	65.8	(1.1)	31.4	(1.0)	29.6	(1.1)
ラトビア	93.2	(0.7)	92.9	(0.6)	49.6	(1.4)	61.4	(1.4)	88.5	(0.9)	83.3	(1.0)	21.3	(1.1)	48.3	(1.8)
リトアニア	69.3	(1.0)	65.6	(1.0)	52.5	(1.3)	37.7	(1.1)	87.1	(0.7)	77.2	(1.0)	25.6	(0.9)	61.8	(1.0)
マルタ	76.7	(1.8)	76.0	(1.3)	69.0	(1.8)	74.3	(2.1)	77.3	(1.4)	75.2	(1.3)	35.3	(1.3)	48.0	(1.5)
メキシコ	84.9	(0.7)	86.3	(0.8)	81.6	(0.8)	64.3	(1.1)	89.2	(0.7)	81.7	(1.1)	53.8	(1.0)	68.7	(1.3)
オランダ	82.2	(1.6)	87.6	(1.4)	81.4	(1.6)	79.7	(2.2)	64.2	(1.7)	61.4	(2.2)	27.7	(1.8)	51.3	(2.8)
ニュージーランド	56.6	(1.6)	56.4	(1.5)	59.5	(1.6)	61.5	(1.7)	72.6	(1.3)	67.8	(1.4)	42.3	(1.5)	79.8	(1.8)
ノルウェー	52.2	(1.3)	57.2	(1.3)	59.2	(1.4)	65.9	(1.2)	66.5	(1.1)	47.2	(0.9)	28.8	(1.2)	m	m
ポルトガル	96.8	(0.3)	96.7	(0.3)	85.0	(0.7)	81.2	(0.8)	93.1	(0.5)	72.9	(0.9)	32.2	(0.9)	56.8	(1.0)
ルーマニア	88.9	(0.9)	84.5	(0.9)	73.4	(1.2)	61.1	(1.6)	83.1	(1.0)	86.6	(0.7)	33.7	(1.4)	56.2	(1.2)
ロシア	44.5	(1.5)	44.2	(1.5)	29.8	(1.2)	28.1	(1.2)	79.5	(1.2)	77.4	(1.2)	25.9	(1.0)	69.0	(1.1)
サウジアラビア	87.9	(0.8)	88.0	(0.9)	84.5	(1.1)	81.3	(1.1)	77.8	(1.3)	81.1	(1.0)	42.1	(1.4)	48.6	(1.6)
上海（中国）	68.0	(1.0)	53.2	(0.9)	54.9	(0.9)	63.1	(1.0)	91.7	(0.5)	76.7	(0.8)	20.8	(0.9)	24.3	(0.9)
シンガポール	75.8	(0.8)	74.8	(0.8)	63.9	(0.9)	77.8	(0.7)	70.9	(0.8)	71.3	(1.0)	34.3	(1.0)	42.8	(0.8)
スロバキア	72.6	(1.0)	70.2	(1.0)	63.3	(1.0)	55.5	(1.1)	72.0	(1.1)	70.9	(1.1)	15.8	(0.7)	47.3	(1.2)
スロベニア	62.7	(1.3)	62.1	(1.3)	65.8	(1.2)	46.1	(1.2)	80.1	(1.0)	68.9	(1.0)	11.6	(0.6)	36.5	(1.2)
南アフリカ共和国	84.7	(1.2)	86.1	(1.3)	83.5	(1.8)	83.3	(1.4)	83.5	(1.1)	79.0	(1.5)	55.8	(2.1)	38.3	(1.8)
スペイン	81.1	(0.7)	81.8	(0.9)	77.4	(0.8)	72.8	(0.9)	81.2	(1.2)	76.7	(0.7)	33.0	(1.0)	51.4	(1.4)
スウェーデン	56.0	(1.4)	59.6	(1.3)	55.9	(1.4)	58.0	(1.5)	58.6	(1.4)	65.5	(1.5)	34.9	(1.2)	63.3	(1.4)
台湾	81.5	(0.8)	79.9	(0.8)	66.8	(0.9)	71.2	(0.9)	84.3	(0.6)	67.0	(0.8)	20.3	(0.8)	14.7	(0.7)
トルコ	81.4	(0.8)	84.5	(0.7)	78.5	(0.9)	64.3	(0.8)	86.6	(0.8)	80.9	(0.9)	30.2	(1.1)	66.6	(1.0)
アラブ首長国連邦	83.5	(0.6)	77.7	(0.6)	79.7	(0.6)	77.4	(0.6)	85.0	(0.5)	85.0	(0.5)	54.7	(0.8)	76.8	(0.6)
アメリカ	60.4	(3.0)	55.2	(1.7)	57.4	(3.4)	59.1	(1.5)	71.3	(2.3)	66.8	(3.0)	33.0	(2.4)	60.1	(2.9)
ベトナム	87.5	(1.5)	58.7	(2.2)	69.8	(2.2)	75.3	(1.9)	87.2	(1.6)	85.7	(1.6)	24.7	(1.4)	42.8	(2.0)
OECD31か国平均	70.7	(0.2)	70.2	(0.2)	65.0	(0.3)	61.1	(0.2)	73.7	(0.2)	67.9	(0.2)	28.6	(0.2)	52.7	(0.3)
EU23か国全体	75.4	(0.3)	74.3	(0.3)	67.2	(0.3)	64.7	(0.3)	73.1	(0.3)	70.4	(0.3)	26.1	(0.3)	46.1	(0.4)
TALIS 参加 48 か国平均	72.4	(0.2)	70.2	(0.2)	65.0	(0.2)	62.0	(0.2)	76.7	(0.2)	71.3	(0.2)	30.5	(0.2)	51.3	(0.2)

表 2.1.2 [1/2]　指導実践（小学校）

小学校教員の回答に基づく

国　名	自らの授業において、以下の指導実践を「しばしば」又は「いつも」行っていると回答した教員の割合[1]															
	前回の授業内容のまとめを示す		授業の始めに目標を設定する		児童に何を学んで欲しいかを説明する		新しい学習内容と過去の学習内容がどのように関連しているか説明する		明らかな解決法が存在しない課題を提示する		批判的に考える必要がある課題を与える		児童を少人数のグループに分け、問題や課題に対する合同の解決法を出させる		複雑な課題を解く際に、その手順を各自で選択するよう児童に指示する	
	%	S.E.	%	S.E.	%	S.E.	%	S.E.	%	S.E.	%	S.E.	%	S.E.	%	S.E.
フランドル（ベルギー）	70.6	(1.2)	59.0	(1.2)	89.1	(0.7)	78.2	(1.0)	25.0	(1.0)	42.5	(1.3)	65.4	(1.2)	47.5	(1.3)
ブエノスアイレス（アルゼンチン）	63.2	(1.2)	80.6	(1.1)	80.3	(1.1)	88.2	(0.9)	60.4	(1.3)	83.3	(0.8)	73.1	(1.3)	73.9	(1.3)
デンマーク	74.1	(0.9)	61.1	(1.0)	83.4	(0.7)	70.2	(1.0)	38.7	(1.1)	37.3	(1.3)	57.5	(1.1)	35.5	(1.2)
イングランド（イギリス）	76.2	(1.2)	92.4	(0.8)	97.9	(0.4)	86.3	(1.0)	42.5	(1.4)	68.0	(1.3)	67.9	(1.2)	57.9	(1.1)
フランス	82.8	(1.2)	72.8	(1.8)	84.4	(1.3)	64.9	(1.7)	19.6	(1.9)	28.6	(1.8)	50.1	(1.8)	43.7	(2.3)
日本	60.8	(1.1)	93.4	(0.5)	88.1	(0.7)	68.6	(1.0)	15.2	(0.8)	11.6	(0.7)	56.1	(1.0)	38.9	(1.0)
韓国	82.4	(0.7)	92.0	(0.7)	96.6	(0.4)	90.3	(0.7)	38.1	(1.1)	47.1	(1.2)	74.0	(1.0)	52.3	(1.2)
スペイン	73.4	(1.1)	78.3	(0.8)	89.8	(0.6)	87.3	(0.6)	45.4	(1.0)	65.1	(1.1)	62.8	(1.5)	54.9	(1.2)
スウェーデン	78.1	(1.3)	73.2	(1.4)	86.3	(1.0)	65.3	(1.6)	20.9	(1.0)	36.3	(1.3)	51.2	(1.3)	41.1	(1.4)
台湾	80.2	(0.8)	91.2	(0.5)	88.0	(0.6)	89.6	(0.5)	40.6	(0.8)	53.0	(0.9)	54.8	(1.0)	45.2	(1.0)
トルコ	87.2	(1.0)	94.3	(0.7)	90.1	(0.8)	94.2	(0.7)	20.7	(1.3)	60.2	(1.8)	49.0	(1.4)	59.4	(1.5)
アラブ首長国連邦	85.9	(0.5)	96.0	(0.2)	97.0	(0.2)	92.9	(0.4)	48.0	(0.7)	81.1	(0.5)	86.5	(0.5)	70.7	(0.5)
ベトナム	87.7	(0.9)	96.4	(0.5)	89.8	(0.8)	95.0	(0.6)	66.9	(1.2)	40.9	(1.1)	86.9	(0.9)	68.2	(1.2)
オーストラリア	75.8	(1.0)	87.3	(0.8)	96.1	(0.5)	85.4	(0.9)	32.9	(1.1)	63.9	(1.2)	63.5	(1.1)	52.2	(1.1)
オランダ	82.7	(1.1)	94.8	(0.9)	96.3	(0.7)	87.7	(1.2)	34.1	(1.6)	58.3	(1.7)	71.1	(1.3)	58.1	(1.7)

表 2.1.2 [2/2]　指導実践（小学校）

小学校教員の回答に基づく

国　名	自らの授業において、以下の指導実践を「しばしば」又は「いつも」行っていると回答した教員の割合[1]															
	教室でのルールを守るよう児童に伝える		自分の話を聞くよう児童に伝える		規律を乱している児童を静かにさせる		授業の始めに、すぐに静かにするよう伝える		新しい知識が役立つことを示すため、日常生活や仕事での問題を引き合いに出す		全児童が単元の内容を理解していることが確認されるまで、類似の課題を児童に演習させる		完成までに少なくとも一週間を必要とする課題を児童に与える		児童に課題や学級での活動に ICT（情報通信技術）を活用させる	
	%	S.E.	%	S.E.	%	S.E.	%	S.E.	%	S.E.	%	S.E.	%	S.E.	%	S.E.
フランドル（ベルギー）	84.1	(0.8)	82.6	(0.8)	82.6	(1.0)	84.0	(0.8)	79.4	(1.1)	81.4	(0.9)	23.3	(1.1)	38.6	(1.1)
ブエノスアイレス（アルゼンチン）	92.5	(0.7)	87.8	(0.9)	89.7	(0.9)	79.8	(1.1)	74.6	(1.3)	85.0	(1.0)	43.7	(1.2)	53.2	(1.3)
デンマーク	72.5	(1.2)	74.3	(1.0)	76.5	(1.0)	79.4	(0.9)	59.0	(1.0)	63.3	(1.1)	20.3	(1.0)	58.3	(1.1)
イングランド（イギリス）	73.4	(1.3)	71.2	(1.4)	62.1	(1.3)	72.1	(1.2)	77.0	(1.1)	71.1	(1.3)	23.0	(1.1)	42.4	(1.4)
フランス	83.1	(1.4)	81.8	(1.6)	75.2	(2.2)	62.5	(1.8)	57.9	(1.6)	58.3	(2.1)	18.0	(1.8)	14.5	(1.6)
日本	77.6	(1.0)	72.9	(1.1)	56.1	(1.1)	45.4	(1.1)	55.6	(1.1)	55.8	(1.0)	9.9	(0.7)	24.4	(0.9)
韓国	86.8	(0.8)	86.2	(0.8)	81.7	(0.8)	69.8	(1.1)	88.3	(0.7)	77.0	(0.9)	24.5	(1.1)	28.3	(1.1)
スペイン	85.0	(0.8)	84.8	(0.7)	83.6	(0.8)	67.5	(1.1)	86.1	(0.8)	84.2	(0.7)	32.4	(1.1)	42.0	(1.3)
スウェーデン	60.9	(1.5)	66.1	(1.4)	64.5	(1.3)	60.4	(1.7)	55.5	(1.6)	71.7	(1.3)	25.5	(1.4)	50.6	(1.6)
台湾	86.4	(0.6)	84.5	(0.7)	73.0	(0.8)	75.7	(0.8)	88.0	(0.6)	72.8	(0.8)	18.1	(0.8)	16.5	(0.7)
トルコ	83.9	(1.2)	87.6	(1.1)	83.7	(1.1)	67.0	(1.5)	91.6	(0.9)	92.0	(0.8)	24.2	(1.2)	56.8	(1.5)
アラブ首長国連邦	87.7	(0.5)	81.6	(0.6)	83.4	(0.5)	81.4	(0.6)	85.0	(0.5)	85.6	(0.4)	49.8	(0.7)	68.1	(0.7)
ベトナム	91.9	(0.7)	61.1	(1.3)	70.2	(1.2)	82.8	(0.9)	91.5	(0.6)	90.3	(0.8)	19.9	(1.0)	22.8	(1.0)
オーストラリア	64.4	(1.1)	62.3	(1.1)	66.0	(1.2)	64.8	(1.2)	75.7	(1.1)	76.8	(1.0)	28.8	(1.1)	61.6	(1.1)
オランダ	92.5	(0.8)	92.3	(0.9)	82.3	(1.3)	89.4	(1.0)	80.2	(1.3)	74.6	(1.6)	31.1	(1.5)	67.8	(1.5)

1．これらのデータは、教員の回答に基づいており、毎週の時間割から無作為に選択された、現在指導している学級に関するものである。

表 2.3.1 [1/2]　教員の仕事時間（中学校）

中学校教員の回答に基づく

国　名	直近の「通常の一週間」において、以下の仕事に従事したと教員が報告した時間数の平均（1 時間＝60 分換算）[1, 2]											
	仕事時間の合計		指導（授業）		学校内外で個人で行う授業の計画や準備		学校内での同僚との共同作業や話し合い		生徒の課題の採点や添削		生徒に対する教育相談（生徒の監督指導、インターネットによるカウンセリング、進路指導、非行防止指導）	
	平均	S.E.	平均	S.E.	平均	S.E.	平均	S.E.	平均	S.E.	平均	S.E.
アルバータ（カナダ）	47.0	(0.6)	27.2	(0.5)	7.3	(0.3)	2.6	(0.1)	5.0	(0.2)	2.3	(0.1)
オーストラリア	44.8	(0.3)	19.9	(0.2)	7.3	(0.1)	3.7	(0.1)	4.9	(0.1)	2.5	(0.1)
オーストリア	37.2	(0.3)	19.2	(0.1)	7.4	(0.1)	2.3	(0.0)	4.6	(0.1)	1.0	(0.0)
ベルギー	35.1	(0.2)	18.5	(0.1)	5.8	(0.1)	2.1	(0.0)	4.6	(0.1)	1.3	(0.0)
フランドル（ベルギー）	37.1	(0.3)	18.5	(0.2)	6.4	(0.1)	2.2	(0.0)	4.8	(0.1)	1.3	(0.0)
ブラジル	29.8	(0.5)	22.3	(0.5)	6.0	(0.2)	3.0	(0.2)	4.3	(0.2)	3.0	(0.2)
ブルガリア	38.5	(0.5)	19.9	(0.2)	7.5	(0.2)	2.9	(0.1)	4.1	(0.1)	1.8	(0.1)
ブエノスアイレス（アルゼンチン）	29.0	(0.6)	16.8	(0.4)	4.4	(0.2)	2.1	(0.1)	4.2	(0.2)	2.0	(0.1)
チリ	38.1	(0.6)	28.5	(0.3)	6.4	(0.2)	3.0	(0.1)	4.4	(0.1)	2.4	(0.1)
コロンビア	40.5	(0.6)	26.8	(0.3)	8.2	(0.2)	3.4	(0.1)	6.2	(0.2)	3.8	(0.2)
クロアチア	39.4	(0.3)	19.7	(0.2)	8.3	(0.1)	2.1	(0.1)	3.7	(0.1)	1.8	(0.1)
キプロス	34.3	(0.6)	17.4	(0.3)	7.4	(0.3)	3.1	(0.1)	5.5	(0.2)	2.2	(0.1)
チェコ	38.5	(0.4)	19.1	(0.1)	7.3	(0.1)	2.1	(0.1)	4.2	(0.1)	2.2	(0.0)
デンマーク	38.9	(0.3)	19.4	(0.2)	7.0	(0.1)	3.0	(0.1)	2.5	(0.1)	1.5	(0.1)
イングランド（イギリス）	46.9	(0.4)	20.1	(0.2)	7.4	(0.1)	3.0	(0.1)	6.2	(0.1)	2.5	(0.1)
エストニア	35.7	(0.3)	20.9	(0.3)	6.0	(0.1)	1.8	(0.0)	3.5	(0.1)	1.9	(0.0)
フィンランド	33.3	(0.3)	20.7	(0.2)	4.9	(0.1)	2.1	(0.0)	2.9	(0.1)	1.0	(0.1)
フランス	37.3	(0.2)	18.3	(0.1)	7.0	(0.1)	2.1	(0.0)	4.7	(0.1)	1.2	(0.0)
ジョージア	25.3	(0.6)	18.3	(0.4)	5.3	(0.2)	2.7	(0.1)	3.4	(0.1)	3.4	(0.2)
ハンガリー	39.1	(0.4)	21.2	(0.2)	6.5	(0.1)	2.3	(0.0)	3.4	(0.1)	2.4	(0.1)
アイスランド	38.8	(0.4)	19.8	(0.2)	6.8	(0.2)	2.9	(0.1)	3.4	(0.1)	1.5	(0.1)
イスラエル	32.6	(0.5)	21.4	(0.3)	5.2	(0.1)	3.1	(0.1)	3.9	(0.1)	2.8	(0.1)
イタリア	30.0	(0.2)	16.8	(0.1)	5.1	(0.1)	3.2	(0.1)	3.7	(0.1)	1.4	(0.1)
日本	56.0	(0.4)	18.0	(0.2)	8.5	(0.2)	3.6	(0.1)	4.4	(0.1)	2.3	(0.1)
カザフスタン	48.8	(0.6)	15.1	(0.2)	9.1	(0.2)	4.3	(0.2)	4.8	(0.1)	3.5	(0.1)
韓国	34.0	(0.4)	18.1	(0.2)	6.3	(0.1)	2.5	(0.1)	2.9	(0.1)	3.7	(0.1)
ラトビア	35.1	(0.6)	21.0	(0.4)	6.1	(0.2)	2.1	(0.1)	4.2	(0.1)	2.9	(0.1)
リトアニア	35.4	(0.5)	18.7	(0.2)	6.4	(0.1)	2.1	(0.1)	4.0	(0.1)	2.2	(0.1)
マルタ	36.7	(0.5)	18.6	(0.3)	8.6	(0.2)	3.1	(0.1)	5.4	(0.3)	2.6	(0.1)
メキシコ	35.6	(0.6)	22.4	(0.4)	6.1	(0.1)	2.2	(0.1)	4.5	(0.1)	2.5	(0.1)
オランダ	36.4	(0.5)	17.4	(0.2)	4.9	(0.2)	3.0	(0.1)	3.7	(0.2)	2.5	(0.2)
ニュージーランド	45.5	(0.6)	20.3	(0.3)	6.7	(0.2)	3.6	(0.1)	4.6	(0.1)	2.3	(0.2)
ノルウェー	39.9	(0.2)	15.8	(0.1)	6.3	(0.1)	3.3	(0.0)	4.3	(0.1)	2.4	(0.1)
ポルトガル	39.6	(0.3)	20.1	(0.1)	6.8	(0.1)	2.4	(0.1)	6.9	(0.2)	1.4	(0.0)
ルーマニア	33.5	(0.5)	17.0	(0.2)	6.3	(0.1)	2.4	(0.1)	3.4	(0.1)	2.2	(0.0)
ロシア	42.6	(0.5)	24.1	(0.3)	9.1	(0.2)	3.6	(0.1)	4.6	(0.1)	3.1	(0.1)
サウジアラビア	28.7	(0.6)	20.7	(0.5)	5.5	(0.2)	3.7	(0.2)	4.9	(0.2)	3.2	(0.2)
上海（中国）	45.3	(0.4)	w	w	8.5	(0.1)	4.1	(0.1)	7.8	(0.1)	5.3	(0.1)
シンガポール	45.7	(0.3)	17.9	(0.2)	7.2	(0.1)	3.1	(0.1)	7.5	(0.1)	2.4	(0.1)
スロバキア	36.4	(0.3)	20.1	(0.2)	6.9	(0.1)	2.2	(0.0)	3.5	(0.1)	2.1	(0.1)
スロベニア	39.5	(0.3)	19.5	(0.2)	8.6	(0.2)	2.6	(0.1)	3.5	(0.1)	2.2	(0.1)
南アフリカ共和国	35.0	(0.8)	25.7	(0.6)	5.6	(0.2)	3.1	(0.1)	6.3	(0.3)	3.0	(0.2)
スペイン	36.7	(0.3)	19.6	(0.2)	6.2	(0.1)	2.5	(0.0)	5.2	(0.1)	1.7	(0.1)
スウェーデン	42.3	(0.2)	18.6	(0.2)	6.5	(0.1)	3.3	(0.1)	4.1	(0.1)	2.2	(0.1)
台湾	35.7	(0.4)	17.2	(0.2)	6.9	(0.1)	3.1	(0.1)	4.2	(0.1)	3.6	(0.1)
トルコ	31.6	(0.3)	24.5	(0.2)	3.4	(0.1)	1.9	(0.1)	2.3	(0.1)	1.9	(0.1)
アラブ首長国連邦	39.7	(0.2)	23.7	(0.1)	7.3	(0.1)	3.6	(0.1)	5.2	(0.1)	3.4	(0.1)
アメリカ	46.2	(0.6)	28.1	(0.4)	7.2	(0.2)	3.5	(0.3)	5.3	(0.4)	3.4	(0.5)
ベトナム	46.0	(0.6)	18.1	(0.4)	9.9	(0.3)	3.3	(0.1)	4.9	(0.2)	2.5	(0.1)
OECD31か国平均	38.8	(0.1)	20.6	(0.0)	6.5	(0.0)	2.7	(0.0)	4.2	(0.0)	2.2	(0.0)
EU23か国全体	37.5	(0.1)	18.8	(0.1)	6.5	(0.0)	2.6	(0.0)	4.6	(0.0)	1.8	(0.0)
TALIS 参加 48 か国平均	38.3	(0.1)	20.3	(0.0)	6.8	(0.0)	2.8	(0.0)	4.5	(0.0)	2.4	(0.0)

1．「通常の一週間」とは、休暇や休日、病気休業などによって勤務時間が短くならなかった一週間とする。週末や夜間など就業時間外に行った仕事を含む。
2．「指導（授業）時間」と各項目の仕事に従事した時間数の合計は、「仕事時間の合計」と一致しない場合がある。これは、「仕事時間の合計」と授業時間以外の仕事に費やす時間は、質問紙の項目において、別々に教員に回答を求めるものであったことによる。

表 2.3.1［2/2］ 教員の仕事時間（中学校）

中学校教員の回答に基づく

国　名	直近の「通常の一週間」において、以下の仕事に従事したと教員が報告した時間数の平均（1時間＝60分換算）[1, 2]											
	学校運営業務への参画		一般的な事務業務（教師として行う連絡事務、書類作成その他の事務業務を含む）		職能開発活動		保護者との連絡や連携		課外活動の指導（例：放課後のスポーツ活動や文化活動）		その他の業務	
	平均	S.E.	平均	S.E.	平均	S.E.	平均	S.E.	平均	S.E.	平均	S.E.
アルバータ（カナダ）	1.8	(0.2)	2.4	(0.1)	1.5	(0.1)	1.4	(0.1)	2.7	(0.2)	0.7	(0.1)
オーストラリア	2.4	(0.1)	4.1	(0.1)	1.7	(0.1)	1.3	(0.1)	1.8	(0.1)	2.6	(0.1)
オーストリア	0.8	(0.0)	1.8	(0.0)	1.3	(0.1)	1.2	(0.0)	1.0	(0.0)	1.6	(0.0)
ベルギー	0.8	(0.0)	1.7	(0.0)	0.8	(0.0)	0.6	(0.0)	1.1	(0.1)	1.5	(0.1)
フランドル（ベルギー）	0.9	(0.0)	2.4	(0.1)	0.8	(0.0)	0.8	(0.0)	1.1	(0.0)	1.4	(0.1)
ブラジル	1.5	(0.1)	1.3	(0.1)	3.0	(0.2)	1.6	(0.1)	2.1	(0.1)	2.4	(0.1)
ブルガリア	1.1	(0.1)	2.7	(0.1)	2.0	(0.1)	1.8	(0.1)	1.8	(0.1)	1.3	(0.1)
ブエノスアイレス（アルゼンチン）	1.2	(0.1)	1.2	(0.2)	2.0	(0.2)	1.2	(0.1)	1.2	(0.2)	1.8	(0.2)
チリ	2.0	(0.1)	3.4	(0.1)	2.3	(0.1)	1.8	(0.1)	2.0	(0.1)	2.0	(0.1)
コロンビア	3.3	(0.2)	3.0	(0.2)	4.6	(0.2)	2.7	(0.2)	2.6	(0.2)	2.6	(0.2)
クロアチア	0.5	(0.0)	2.6	(0.1)	2.3	(0.1)	1.2	(0.0)	1.6	(0.1)	1.6	(0.1)
キプロス	1.8	(0.1)	2.6	(0.1)	1.7	(0.1)	1.8	(0.1)	2.1	(0.1)	1.8	(0.1)
チェコ	1.0	(0.0)	2.9	(0.1)	1.7	(0.1)	1.2	(0.0)	1.2	(0.1)	1.2	(0.1)
デンマーク	0.7	(0.1)	1.7	(0.1)	0.8	(0.1)	1.4	(0.1)	0.9	(0.1)	2.3	(0.2)
イングランド（イギリス）	2.0	(0.1)	3.8	(0.1)	1.0	(0.0)	1.5	(0.0)	1.7	(0.1)	2.2	(0.1)
エストニア	0.6	(0.1)	1.8	(0.0)	1.8	(0.0)	1.1	(0.0)	1.6	(0.1)	1.4	(0.1)
フィンランド	0.3	(0.0)	1.1	(0.0)	0.8	(0.0)	1.2	(0.0)	0.4	(0.0)	0.9	(0.1)
フランス	0.7	(0.0)	1.4	(0.1)	0.8	(0.1)	1.1	(0.0)	1.0	(0.1)	1.8	(0.1)
ジョージア	1.6	(0.1)	1.6	(0.1)	2.6	(0.1)	2.3	(0.1)	2.1	(0.1)	1.8	(0.1)
ハンガリー	1.5	(0.1)	2.9	(0.1)	1.0	(0.1)	1.2	(0.0)	1.6	(0.0)	1.7	(0.1)
アイスランド	0.9	(0.1)	2.3	(0.1)	1.6	(0.1)	1.1	(0.1)	1.0	(0.1)	1.8	(0.1)
イスラエル	2.1	(0.1)	1.7	(0.1)	2.2	(0.1)	1.9	(0.1)	1.8	(0.1)	1.6	(0.1)
イタリア	1.1	(0.1)	1.9	(0.0)	1.8	(0.1)	1.2	(0.0)	1.0	(0.0)	0.9	(0.0)
日本	**2.9**	**(0.1)**	**5.6**	**(0.2)**	**0.6**	**(0.0)**	**1.2**	**(0.0)**	**7.5**	**(0.2)**	**2.8**	**(0.1)**
カザフスタン	2.5	(0.1)	3.2	(0.1)	3.2	(0.1)	2.5	(0.1)	3.1	(0.1)	2.2	(0.1)
韓国	1.7	(0.1)	5.4	(0.1)	2.6	(0.1)	1.6	(0.1)	2.0	(0.1)	1.8	(0.1)
ラトビア	0.7	(0.0)	2.2	(0.1)	1.5	(0.1)	1.2	(0.0)	1.5	(0.1)	1.5	(0.1)
リトアニア	1.2	(0.1)	2.3	(0.1)	2.6	(0.1)	1.3	(0.0)	1.9	(0.1)	1.6	(0.1)
マルタ	1.2	(0.1)	2.4	(0.1)	1.6	(0.1)	1.4	(0.1)	1.6	(0.1)	2.0	(0.2)
メキシコ	1.4	(0.1)	1.7	(0.1)	3.4	(0.1)	1.9	(0.1)	1.6	(0.1)	1.9	(0.1)
オランダ	1.0	(0.1)	2.4	(0.1)	1.9	(0.1)	1.5	(0.1)	0.9	(0.1)	2.0	(0.1)
ニュージーランド	2.0	(0.1)	4.3	(0.1)	1.8	(0.1)	1.3	(0.1)	2.3	(0.2)	2.5	(0.1)
ノルウェー	1.2	(0.1)	2.6	(0.1)	1.3	(0.0)	1.3	(0.0)	0.7	(0.0)	1.8	(0.1)
ポルトガル	1.3	(0.1)	2.7	(0.1)	1.6	(0.1)	1.1	(0.0)	1.6	(0.1)	1.5	(0.1)
ルーマニア	0.7	(0.0)	1.2	(0.1)	1.7	(0.1)	1.4	(0.0)	1.8	(0.1)	1.9	(0.1)
ロシア	1.7	(0.1)	3.4	(0.1)	3.5	(0.1)	2.0	(0.1)	2.5	(0.1)	2.4	(0.1)
サウジアラビア	3.2	(0.2)	2.7	(0.2)	3.1	(0.2)	2.2	(0.2)	2.6	(0.2)	2.5	(0.2)
上海（中国）	3.2	(0.1)	2.8	(0.1)	3.2	(0.1)	2.2	(0.1)	1.9	(0.1)	2.6	(0.1)
シンガポール	1.4	(0.0)	3.8	(0.1)	1.8	(0.0)	1.3	(0.0)	2.7	(0.1)	8.2	(0.1)
スロバキア	1.0	(0.1)	2.6	(0.1)	1.8	(0.1)	1.3	(0.0)	1.9	(0.1)	1.2	(0.1)
スロベニア	1.1	(0.1)	3.5	(0.1)	2.4	(0.1)	1.8	(0.1)	2.3	(0.1)	2.7	(0.1)
南アフリカ共和国	2.8	(0.2)	3.6	(0.2)	3.0	(0.2)	2.2	(0.1)	3.3	(0.2)	2.4	(0.2)
スペイン	1.5	(0.1)	1.7	(0.1)	1.7	(0.0)	1.4	(0.0)	1.0	(0.1)	1.4	(0.0)
スウェーデン	0.9	(0.1)	3.2	(0.1)	1.1	(0.0)	1.5	(0.0)	0.4	(0.0)	1.9	(0.1)
台湾	3.6	(0.1)	4.5	(0.1)	2.4	(0.1)	1.7	(0.1)	2.3	(0.1)	1.9	(0.1)
トルコ	1.6	(0.1)	1.9	(0.1)	1.5	(0.1)	1.7	(0.1)	1.8	(0.1)	1.9	(0.1)
アラブ首長国連邦	2.6	(0.1)	3.1	(0.1)	2.7	(0.0)	2.1	(0.0)	2.3	(0.1)	2.3	(0.1)
アメリカ	1.7	(0.2)	2.6	(0.2)	1.7	(0.2)	1.6	(0.2)	3.0	(0.2)	7.1	(0.2)
ベトナム	2.2	(0.1)	2.1	(0.1)	3.4	(0.1)	2.0	(0.1)	2.6	(0.1)	2.4	(0.1)
OECD31か国平均	1.4	(0.0)	2.7	(0.0)	1.7	(0.0)	1.4	(0.0)	1.7	(0.0)	2.0	(0.0)
EU23か国全体	1.2	(0.0)	2.2	(0.0)	1.4	(0.0)	1.3	(0.0)	1.2	(0.0)	1.6	(0.0)
TALIS 参加 48 か国平均	**1.6**	**(0.0)**	**2.7**	**(0.0)**	**2.0**	**(0.0)**	**1.6**	**(0.0)**	**1.9**	**(0.0)**	**2.1**	**(0.0)**

表 2.3.2［1/2］ 教員の仕事時間（小学校）

小学校教員の回答に基づく

国　名	直近の「通常の一週間」において、以下の仕事に従事したと教員が報告した時間数の平均（1時間＝60分換算）[1,2]											
	仕事時間の合計		指導（授業）		学校内外で個人で行う授業の計画や準備		学校内での同僚との共同作業や話し合い		生徒の課題の採点や添削		生徒に対する教育相談（生徒の監督指導、インターネットによるカウンセリング、進路指導、非行防止指導）	
	平均	S.E.	平均	S.E.	平均	S.E.	平均	S.E.	平均	S.E.	平均	S.E.
フランドル（ベルギー）	41.7	(0.3)	23.1	(0.1)	5.7	(0.1)	2.2	(0.0)	4.6	(0.1)	1.2	(0.0)
ブエノスアイレス（アルゼンチン）	36.9	(0.7)	22.0	(0.3)	6.1	(0.2)	3.0	(0.2)	5.6	(0.2)	2.9	(0.3)
デンマーク	38.5	(0.2)	20.8	(0.1)	6.9	(0.1)	3.2	(0.1)	1.7	(0.1)	1.1	(0.1)
イングランド（イギリス）	48.3	(0.4)	22.4	(0.2)	7.3	(0.2)	3.6	(0.1)	5.5	(0.1)	2.1	(0.1)
フランス	40.8	(0.4)	23.5	(0.2)	7.4	(0.2)	2.2	(0.1)	4.0	(0.1)	0.6	(0.0)
日本	54.4	(0.2)	23.0	(0.2)	8.6	(0.1)	4.1	(0.1)	4.9	(0.1)	1.3	(0.0)
韓国	32.5	(0.3)	20.4	(0.1)	6.0	(0.1)	3.1	(0.1)	2.6	(0.1)	2.9	(0.1)
スペイン	35.3	(0.3)	22.9	(0.2)	5.4	(0.1)	2.7	(0.1)	3.7	(0.1)	1.9	(0.1)
スウェーデン	42.7	(0.3)	19.8	(0.2)	7.2	(0.1)	3.6	(0.1)	2.8	(0.1)	1.7	(0.1)
台湾	38.6	(0.3)	16.6	(0.2)	5.8	(0.1)	3.0	(0.1)	6.2	(0.1)	3.0	(0.1)
トルコ	31.7	(0.4)	26.3	(0.2)	3.4	(0.1)	1.8	(0.1)	2.7	(0.1)	1.9	(0.1)
アラブ首長国連邦	38.9	(0.2)	24.4	(0.1)	6.8	(0.1)	3.7	(0.1)	5.2	(0.1)	3.8	(0.1)
ベトナム	43.7	(0.1)	22.1	(0.1)	8.6	(0.1)	3.2	(0.0)	4.0	(0.1)	2.9	(0.1)
オーストラリア	43.7	(0.4)	23.6	(0.2)	7.4	(0.1)	3.4	(0.1)	3.3	(0.1)	2.3	(0.1)
オランダ	36.0	(0.3)	19.4	(0.2)	4.0	(0.1)	2.8	(0.1)	2.8	(0.1)	1.1	(0.1)

表 2.3.2［2/2］ 教員の仕事時間（小学校）

小学校教員の回答に基づく

国　名	直近の「通常の一週間」において、以下の仕事に従事したと教員が報告した時間数の平均（1時間＝60分換算）[1,2]											
	学校運営業務への参画		一般的な事務業務（教師として行う連絡事務、書類作成その他の事務業務を含む）		職能開発活動		保護者との連絡や連携		課外活動の指導（例：放課後のスポーツ活動や文化活動）		その他の業務	
	平均	S.E.	平均	S.E.	平均	S.E.	平均	S.E.	平均	S.E.	平均	S.E.
フランドル（ベルギー）	1.2	(0.0)	2.5	(0.0)	0.8	(0.0)	1.2	(0.0)	0.8	(0.1)	1.4	(0.1)
ブエノスアイレス（アルゼンチン）	1.7	(0.2)	1.9	(0.1)	3.2	(0.2)	1.8	(0.1)	1.5	(0.1)	2.0	(0.1)
デンマーク	0.6	(0.1)	1.8	(0.1)	0.9	(0.1)	1.8	(0.1)	0.5	(0.0)	1.9	(0.1)
イングランド（イギリス）	2.6	(0.1)	3.8	(0.1)	1.3	(0.0)	1.6	(0.0)	0.9	(0.0)	2.0	(0.1)
フランス	0.6	(0.0)	0.9	(0.0)	0.9	(0.1)	1.1	(0.0)	0.6	(0.0)	1.2	(0.1)
日本	3.2	(0.1)	5.2	(0.1)	0.7	(0.1)	1.2	(0.0)	0.6	(0.0)	2.0	(0.1)
韓国	1.8	(0.1)	4.3	(0.1)	2.6	(0.1)	1.4	(0.1)	1.3	(0.1)	1.4	(0.1)
スペイン	1.8	(0.1)	1.6	(0.1)	2.1	(0.1)	1.5	(0.0)	0.7	(0.1)	1.4	(0.1)
スウェーデン	0.9	(0.1)	2.8	(0.1)	1.2	(0.0)	1.5	(0.0)	0.4	(0.0)	1.7	(0.1)
台湾	4.4	(0.1)	5.1	(0.1)	2.6	(0.1)	1.6	(0.0)	2.2	(0.1)	1.9	(0.1)
トルコ	0.7	(0.1)	1.1	(0.1)	1.5	(0.1)	1.9	(0.1)	1.5	(0.1)	1.9	(0.1)
アラブ首長国連邦	2.6	(0.1)	3.2	(0.1)	3.0	(0.1)	2.6	(0.0)	2.1	(0.0)	2.4	(0.1)
ベトナム	2.0	(0.1)	2.1	(0.1)	3.0	(0.0)	1.9	(0.0)	2.5	(0.0)	2.0	(0.1)
オーストラリア	2.0	(0.1)	3.4	(0.1)	1.7	(0.1)	1.4	(0.0)	1.1	(0.1)	2.6	(0.1)
オランダ	0.9	(0.1)	3.5	(0.1)	1.8	(0.1)	1.7	(0.1)	0.5	(0.0)	1.7	(0.1)

1.「通常の一週間」とは、休暇や休日、病気休業などによって勤務時間が短くならなかった一週間とする。週末や夜間など就業時間外に行った仕事を含む。
2.「指導（授業）時間」と各項目の仕事に従事した時間数の合計は、「仕事時間の合計」と一致しない場合がある。これは、「仕事時間の合計」と授業時間以外の仕事に費やす時間は、質問紙の項目において、別々に教員に回答を求めるものであったことによる。
また、表のデータは非常勤教員を含む調査対象の教員から得られた数値の平均値であることに注意が必要である。

3 変化する指導環境［本文第３章］

【教員及び校長の年齢及び性別】

◆日本では、30歳未満の教員が中学校21.0％、小学校22.4％であり、小学校に関しては、参加国中２番目に高い割合である。

◆日本の中学校の女性教員の割合は42.2％で参加国中最も低い。小学校では、女性教員の割合は61.4％で中学校よりは多いが、参加国中最も低い割合である。

◆日本の中学校の女性校長の割合は7.0％で、参加国中最も低い。小学校の女性校長の割合は23.1％で中学校よりは高いが、これは参加国中２番目に低い割合である。

【多様性及び公平性】

◆日本の中学校について、校長の回答によると、「母語が日本語でない生徒」が10％を超える学校は2.0％であり、「特別な支援を要する生徒」が10％を超える学校は8.5％、「社会経済的に困難な家庭環境にある生徒」が30％を超える学校は7.5％、「移民の生徒、又は移民の背景を持つ生徒」が10％を超える学校は0.9％である。

◆日本の中学校における公平性に関する取組について、校長の回答によると、「生徒に、異なる社会経済的な背景を持つ人々を受け入れるよう教える」ことが学校で実施できていると回答したのは82.3％、「性差別に対する方針を明確にする」は62.6％、「社会経済的な差別に対する方針を明確にする」は66.2％、「不利な背景を持つ生徒へ追加の支援を行う」は67.6％である。これは参加国平均と比べて、いずれも10ポイント程度下回っている。

◆日本の中学校教員について、文化的に多様な学級を指導する上で以下のことをどの程度できているかという質問において、「多文化的な学級での難題に対処する」ことが「かなりできている」又は「非常に良くできている」と回答した教員の割合は16.6％、「指導を生徒の文化的な多様性に適応させる」は19.7％、「移民の背景を持つ生徒と持たない生徒が共に活動できるようにする」は27.8％、「生徒間の文化的な違いへの意識を高める」は32.5％、「生徒間の民族に対する固定観念を減らす」は29.8％である。この値は、全ての質問で参加国中最低値となっており、参加国平均と比べても顕著に低い。この傾向は日本の小学校でも同様である。

【学校の雰囲気と学習環境】

◆日本の中学校では、学校の環境について、「器物損壊・窃盗」が少なくとも毎週発生していると回答した校長の割合は0.5％、「生徒間の脅迫又はいじめ（又は、他の形態の暴言）」は0.4％、「生徒間の暴力による身体的危害」は0.4％、「教職員への脅迫又は暴言」は1.3％、「薬物の使用・所持や飲酒」は0.0％、「生徒についてのインターネット上の中傷的な情報に関する生徒や保護者からの報告」は0.5%、「生徒間の、オンラインでの望ましくない接触（例：ショートメール、Eメール、SNS）に関する生徒や保護者からの報告」は0.5%であり、これは参加国平均より低い。日本の小学校においても同様の傾向が見られる。

◆日本の中学校では、学校内での対人関係について、「通常、教員と生徒は互いに良好な関係にある」ことがどの程度当てはまるかという質問に「非常に良く当てはまる」又は「当てはまる」と答えた中学校教員は95.9%、「ほとんどの教員は、生徒の幸せが重要であると考えている」は93.5%、「ほとんどの教員は、生徒の声に関心を持っている」が93.4%、「生徒が特別な援助を必要としている時、学校は支援している」では94.6%、「教員は互いに信頼しあうことができる」は83.0%である。

◆日本の中学校では、学級の規律や学習の雰囲気について、「授業を始める際、生徒が静かになるまでかなり長い時間待たなければならない」という質問に「当てはまる」又は「非常に良く当てはまる」と答えた教員の割合は11.4%、「この学級の生徒は良好な学習の雰囲気を創り出そうとしている」では85.2%、「生徒が授業を妨害するため、多くの時間が失われてしまう」は8.1%、「教室内はとても騒々しい」では12.4%である。【表3.8.5、表3.8.6】

【学校における教育資源の不足】

◆日本の中学校では、「教材（教科書など）が不足している、あるいは適切でない」ことが質の高い指導を行う上で、「かなり妨げになっている」又は「非常に妨げになっている」と回答した校長の割合は3.0%であり、参加国中５番目に低い割合である。他方、「生徒と過ごす時間が不足している、あるいは適切でない」では日本は49.1%で、参加国中３番目に高い割合である。また、「支援職員の不足」は46.3%、「特別な支援を要する生徒への指導能力を持つ教員の不足」は43.6%、「物理的な施設設備が不足している、あるいは適切でない（例：学校家具、校舎、空調機、照明器具）」は37.0%、「インターネット接続環境が不十分である」は27.0%である。【表3.9.1、表3.9.2】

表 3.8.5　学級の規律と学習の雰囲気（中学校）

中学校教員の回答に基づく

国　名	対象学級について、以下の項目が「当てはまる」又は「非常に良く当てはまる」と答えた教員の割合[1、2]							
	授業を始める際、生徒が静かになるまでかなり長い時間待たなければならない		この学級の生徒は良好な学習の雰囲気を創り出そうとしている		生徒が授業を妨害するため、多くの時間が失われてしまう		教室内はとても騒々しい	
	%	S.E.	%	S.E.	%	S.E.	%	S.E.
アルバータ（カナダ）	23.7	(1.8)	75.7	(2.2)	26.3	(2.0)	26.2	(2.4)
オーストラリア	25.7	(1.1)	69.7	(1.3)	29.0	(1.2)	25.0	(0.9)
オーストリア	24.7	(0.9)	70.3	(0.9)	26.6	(0.9)	22.1	(0.9)
ベルギー	40.1	(0.8)	63.8	(1.0)	42.1	(1.0)	36.6	(1.0)
フランドル（ベルギー）	38.8	(1.1)	64.6	(1.1)	40.8	(1.3)	34.6	(1.3)
ブラジル	52.3	(1.7)	55.1	(1.6)	50.1	(1.7)	52.2	(1.6)
ブルガリア	21.2	(1.1)	65.7	(1.4)	32.3	(1.5)	15.3	(1.0)
ブエノスアイレス（アルゼンチン）	37.6	(1.4)	70.6	(1.5)	35.0	(1.2)	36.0	(1.7)
チリ	44.6	(1.8)	63.3	(1.9)	39.9	(1.7)	40.2	(2.0)
コロンビア	21.7	(1.3)	80.2	(1.4)	22.4	(1.5)	31.5	(1.8)
クロアチア	14.3	(0.8)	78.0	(1.3)	17.3	(1.2)	16.4	(1.0)
キプロス	22.8	(1.3)	68.2	(1.5)	29.0	(1.5)	23.7	(1.4)
チェコ	17.3	(0.9)	75.6	(0.9)	17.7	(0.9)	19.9	(1.0)
デンマーク	17.7	(1.0)	82.8	(1.2)	22.0	(1.1)	18.1	(1.1)
イングランド（イギリス）	22.2	(1.1)	72.7	(1.4)	27.4	(1.4)	22.9	(1.3)
エストニア	17.6	(0.9)	69.4	(1.2)	17.5	(1.1)	18.9	(1.1)
フィンランド	32.5	(1.4)	59.4	(1.3)	31.9	(1.5)	33.2	(1.4)
フランス	35.0	(1.2)	69.4	(1.2)	40.0	(1.4)	31.9	(1.3)
ジョージア	8.8	(0.7)	85.4	(1.0)	7.1	(0.6)	5.1	(0.6)
ハンガリー	20.2	(0.9)	70.2	(1.1)	23.3	(0.9)	22.3	(0.9)
アイスランド	42.6	(1.8)	68.4	(1.6)	40.6	(1.8)	30.5	(1.4)
イスラエル	30.5	(1.5)	74.2	(1.4)	29.0	(1.4)	25.9	(1.3)
イタリア	22.3	(0.9)	74.1	(1.0)	24.0	(1.1)	14.8	(0.9)
日本	**11.4**	**(0.9)**	**85.2**	**(0.9)**	**8.1**	**(0.7)**	**12.4**	**(0.9)**
カザフスタン	10.3	(0.7)	84.7	(0.7)	10.5	(0.6)	9.8	(0.6)
韓国	37.3	(1.4)	78.5	(1.0)	38.5	(1.6)	30.1	(1.4)
ラトビア	21.8	(1.3)	70.5	(2.0)	20.7	(1.3)	25.6	(1.4)
リトアニア	24.0	(1.0)	80.9	(1.1)	16.4	(0.9)	16.8	(0.9)
マルタ	34.6	(1.7)	66.0	(2.0)	35.3	(1.6)	26.4	(1.6)
メキシコ	19.0	(1.1)	78.8	(1.1)	19.7	(1.0)	19.8	(1.0)
オランダ	60.3	(1.5)	77.1	(2.0)	33.1	(1.8)	27.9	(1.9)
ニュージーランド	25.9	(1.3)	71.7	(1.1)	31.0	(1.5)	25.4	(1.5)
ノルウェー	17.6	(0.9)	69.6	(1.2)	24.8	(1.0)	21.8	(0.9)
ポルトガル	44.2	(1.2)	64.0	(1.2)	43.0	(1.2)	32.1	(1.1)
ルーマニア	16.5	(0.9)	84.8	(0.9)	18.0	(0.9)	16.5	(0.9)
ロシア	12.0	(1.1)	80.0	(1.1)	10.4	(0.8)	18.7	(1.1)
サウジアラビア	21.8	(1.4)	76.9	(1.3)	25.7	(1.4)	18.1	(1.2)
上海（中国）	7.9	(0.5)	91.5	(0.6)	10.0	(0.6)	7.5	(0.5)
シンガポール	31.6	(0.9)	67.2	(0.8)	32.9	(0.8)	31.3	(0.8)
スロバキア	23.7	(0.9)	70.3	(0.9)	31.3	(1.0)	29.8	(1.0)
スロベニア	28.5	(1.4)	72.2	(1.3)	30.5	(1.5)	26.2	(1.4)
南アフリカ共和国	44.2	(1.9)	62.1	(1.8)	40.6	(2.0)	37.4	(1.7)
スペイン	44.5	(1.8)	61.5	(1.0)	45.1	(1.0)	41.2	(1.3)
スウェーデン	24.1	(1.3)	64.1	(1.3)	27.5	(1.3)	30.9	(1.3)
台湾	13.6	(0.7)	80.9	(0.8)	20.6	(0.8)	20.1	(0.8)
トルコ	25.8	(0.9)	62.6	(1.0)	32.6	(0.8)	32.0	(0.8)
アラブ首長国連邦	21.6	(0.6)	80.1	(0.6)	23.0	(0.7)	18.1	(0.6)
アメリカ	22.4	(1.6)	69.4	(2.7)	26.4	(2.2)	24.6	(2.0)
ベトナム	11.4	(1.0)	91.6	(1.4)	12.1	(1.1)	5.3	(0.7)
OECD31か国平均	28.0	(0.2)	71.5	(0.2)	28.7	(0.2)	26.3	(0.2)
EU23か国全体	30.2	(0.4)	70.8	(0.4)	31.3	(0.4)	26.3	(0.4)
TALIS 参加 48 か国平均	**26.1**	**(0.2)**	**73.0**	**(0.2)**	**27.1**	**(0.2)**	**24.5**	**(0.2)**

1．これらのデータは、教員の回答に基づいており、毎週の時間割から無作為に選択された、現在指導している学級に関するものである。
2．調査サンプルは、対象学級における自らの指導は、完全に又は主に特別な支援を要する生徒に対して行うものではないと回答している教員に限定している。

表 3.8.6　学級の規律と学習の雰囲気（小学校）

小学校教員の回答に基づく

国　　名	対象学級について、以下の項目が「当てはまる」又は「非常に良く当てはまる」と答えた教員の割合[1、2]							
	授業を始める際、児童が静かになるまでかなり長い時間待たなければならない		この学級の児童は良好な学習の雰囲気を創り出そうとしている		児童が授業を妨害するため、多くの時間が失われてしまう		教室内はとても騒々しい	
	%	S.E.	%	S.E.	%	S.E.	%	S.E.
フランドル（ベルギー）	31.9	(1.0)	76.5	(1.0)	40.6	(1.1)	34.6	(1.1)
ブエノスアイレス（アルゼンチン）	52.0	(1.3)	67.2	(1.5)	48.5	(1.4)	48.8	(1.6)
デンマーク	25.9	(1.0)	80.4	(1.0)	42.7	(1.1)	32.4	(1.1)
イングランド（イギリス）	16.9	(1.1)	79.0	(1.0)	25.0	(1.2)	20.1	(1.1)
フランス	30.9	(1.3)	75.9	(1.5)	43.7	(1.6)	40.8	(2.2)
日本	16.4	(0.7)	86.8	(0.8)	10.9	(0.6)	16.5	(0.8)
韓国	36.2	(0.9)	82.4	(0.8)	42.1	(0.9)	30.8	(1.0)
スペイン	38.2	(0.9)	75.6	(1.0)	42.7	(1.1)	38.3	(1.1)
スウェーデン	30.1	(1.6)	64.7	(1.5)	35.5	(1.5)	36.2	(1.5)
台湾	11.6	(0.6)	86.7	(0.7)	22.4	(0.8)	21.2	(0.8)
トルコ	23.2	(1.4)	71.8	(1.4)	29.8	(1.4)	28.1	(1.5)
アラブ首長国連邦	19.8	(0.6)	83.9	(0.4)	22.1	(0.5)	17.5	(0.5)
ベトナム	7.2	(0.6)	96.2	(0.4)	11.2	(0.8)	4.9	(0.5)
オーストラリア	21.5	(1.0)	80.1	(0.8)	32.9	(1.1)	23.2	(1.0)
オランダ	40.8	(1.6)	82.8	(1.2)	35.1	(1.6)	24.0	(1.3)

1．これらのデータは、教員の回答に基づいており、毎週の時間割から無作為に選択された、現在指導している学級に関するものである。
2．調査サンプルは、対象学級における自らの指導は、完全に又は主に特別な支援を要する児童に対して行うものではないと回答している教員に限定している。

表 3.9.1［1/2］ 教育資源の不足（中学校）

中学校校長の回答に基づく

国　名	以下の教育資源の不足が質の高い指導を行う上で「かなり妨げになっている」又は「非常に妨げになっている」と回答した校長の割合															
	資格を持つ教員の不足		特別な支援を要する生徒への指導能力を持つ教員の不足		職業教育を行う教員の不足		教材（教科書など）が不足している、あるいは適切でない		指導のためのデジタル技術が不足している、あるいは適切でない（例：ソフトウェア、コンピュータ、タブレット、電子黒板）		インターネット接続環境が不十分である		図書館の教材が不足している、あるいは適切でない		支援職員の不足	
	%	S.E.	%	S.E.	%	S.E.	%	S.E.	%	S.E.	%	S.E.	%	S.E.	%	S.E.
アルバータ（カナダ）	6.8	(2.5)	13.6	(3.4)	9.1	(2.9)	4.1	(2.2)	12.1	(4.4)	19.1	(13.7)	4.6	(2.3)	16.9	(4.7)
オーストリア	4.4	(1.5)	13.6	(2.2)	4.7	(1.5)	0.6	(0.4)	17.8	(2.8)	18.5	(3.0)	8.1	(2.0)	46.6	(3.3)
ベルギー	46.5	(3.4)	55.6	(3.2)	33.8	(3.6)	15.1	(2.3)	29.0	(3.1)	22.4	(2.9)	23.7	(2.3)	43.7	(3.2)
フランドル（ベルギー）	34.2	(4.4)	39.4	(4.1)	28.0	(4.4)	5.2	(2.1)	16.1	(2.8)	8.2	(2.3)	10.9	(1.9)	31.1	(4.2)
ブラジル	40.4	(3.2)	59.6	(3.8)	44.7	(3.8)	38.1	(3.5)	59.0	(3.7)	64.0	(4.1)	50.7	(4.0)	54.5	(4.2)
ブルガリア	9.4	(2.1)	17.7	(2.7)	11.5	(2.5)	9.2	(2.5)	25.6	(3.4)	10.1	(2.5)	14.9	(3.1)	6.0	(2.0)
ブエノスアイレス（アルゼンチン）	12.7	(3.5)	18.3	(3.7)	14.9	(3.6)	21.5	(3.8)	38.7	(3.7)	40.7	(3.2)	21.4	(3.5)	20.9	(3.7)
チリ	17.8	(3.3)	26.6	(3.4)	7.3	(1.7)	7.6	(2.1)	13.3	(2.7)	22.1	(3.5)	12.0	(2.6)	17.5	(3.0)
コロンビア	52.6	(5.3)	68.0	(6.0)	50.9	(5.9)	64.2	(5.7)	63.9	(5.3)	72.7	(4.5)	64.8	(5.5)	68.1	(5.0)
クロアチア	8.9	(3.8)	24.7	(4.5)	5.3	(2.9)	8.5	(3.5)	25.2	(4.8)	11.5	(3.4)	12.6	(3.2)	17.7	(4.5)
キプロス	6.3	(1.7)	19.4	(3.7)	15.1	(4.1)	3.6	(2.2)	11.1	(3.0)	7.7	(2.6)	11.7	(2.6)	12.7	(3.4)
チェコ	18.2	(2.3)	30.0	(3.1)	4.9	(1.4)	3.0	(1.3)	23.5	(3.2)	6.5	(1.9)	9.1	(2.0)	35.8	(3.5)
デンマーク	22.4	(4.1)	33.0	(4.7)	24.8	(4.2)	11.8	(2.9)	12.7	(2.8)	11.0	(2.7)	8.6	(2.7)	33.0	(3.9)
イングランド（イギリス）	37.6	(5.2)	23.1	(3.9)	17.3	(3.6)	13.3	(2.7)	14.5	(2.7)	8.5	(2.4)	10.7	(2.9)	14.8	(3.6)
エストニア	17.7	(2.9)	47.0	(3.9)	3.7	(1.4)	6.8	(1.9)	11.9	(2.4)	17.1	(2.8)	4.8	(1.6)	40.1	(3.6)
フィンランド	2.1	(1.2)	14.8	(3.0)	0.6	(0.6)	3.7	(1.5)	20.4	(3.4)	4.2	(1.6)	8.8	(2.4)	24.9	(3.4)
フランス	36.2	(3.9)	70.5	(3.7)	13.5	(3.1)	21.4	(3.4)	29.8	(3.3)	27.9	(3.9)	11.9	(2.4)	45.6	(4.1)
ジョージア	12.5	(2.7)	13.9	(3.0)	12.9	(2.4)	15.8	(2.9)	29.5	(3.6)	17.2	(2.7)	19.1	(3.2)	21.1	(3.5)
ハンガリー	29.2	(3.4)	35.2	(4.0)	1.8	(1.0)	20.2	(3.2)	36.1	(3.9)	25.0	(3.9)	21.4	(2.9)	41.8	(3.9)
アイスランド	6.5	(2.6)	12.9	(3.4)	15.1	(3.7)	5.4	(2.4)	5.4	(2.4)	3.2	(1.9)	3.3	(1.9)	3.3	(1.9)
イスラエル	37.4	(4.1)	40.7	(4.2)	35.2	(3.9)	14.9	(2.9)	39.8	(3.9)	33.6	(4.2)	27.3	(4.2)	43.3	(4.1)
イタリア	41.1	(3.2)	47.5	(4.2)	29.9	(3.4)	21.0	(3.4)	30.9	(3.8)	42.9	(3.8)	36.2	(3.8)	71.6	(3.2)
日本	**30.2**	**(3.7)**	**43.6**	**(3.7)**	**17.9**	**(3.2)**	**3.0**	**(1.8)**	**34.0**	**(4.1)**	**27.0**	**(3.7)**	**18.6**	**(3.5)**	**46.3**	**(4.0)**
カザフスタン	26.4	(3.4)	17.3	(3.4)	20.8	(3.3)	20.5	(2.9)	44.8	(3.9)	38.7	(4.0)	25.1	(3.4)	16.1	(3.2)
韓国	11.0	(2.8)	20.1	(3.4)	29.4	(4.2)	10.0	(3.0)	24.3	(3.8)	15.2	(3.5)	22.4	(3.9)	37.0	(4.2)
ラトビア	22.9	(2.2)	26.0	(3.9)	2.3	(1.0)	11.3	(3.8)	41.3	(4.7)	8.7	(3.1)	5.6	(2.1)	34.3	(6.2)
リトアニア	11.8	(2.4)	19.9	(3.3)	5.5	(2.5)	10.7	(2.5)	29.8	(4.1)	6.2	(2.3)	12.9	(3.5)	7.2	(1.8)
マルタ	18.0	(4.5)	28.6	(4.9)	23.1	(5.6)	3.7	(2.6)	5.9	(3.1)	7.3	(3.4)	5.9	(3.4)	19.0	(5.1)
メキシコ	18.5	(3.1)	34.2	(3.7)	18.6	(2.9)	15.5	(2.6)	44.4	(3.1)	53.4	(3.6)	37.5	(3.3)	38.1	(3.3)
オランダ	20.5	(3.5)	20.5	(3.9)	8.5	(2.4)	4.3	(1.9)	16.2	(3.5)	6.0	(2.2)	0.9	(0.9)	5.1	(2.1)
ニュージーランド	28.5	(8.0)	24.5	(6.8)	20.1	(6.2)	6.9	(2.9)	18.0	(4.5)	3.0	(2.2)	4.0	(1.8)	21.5	(6.8)
ノルウェー	3.6	(1.8)	17.7	(3.4)	2.0	(1.5)	4.2	(1.8)	10.7	(2.8)	9.8	(2.9)	13.1	(3.2)	10.0	(2.9)
ポルトガル	32.1	(3.3)	47.5	(3.6)	29.9	(3.4)	16.5	(2.8)	55.4	(3.5)	37.2	(3.4)	31.0	(3.1)	73.2	(2.6)
ルーマニア	32.6	(4.7)	45.1	(4.6)	33.4	(4.1)	41.5	(5.1)	49.8	(4.8)	36.2	(4.9)	37.7	(4.6)	35.7	(4.7)
ロシア	18.3	(4.7)	10.7	(3.4)	15.8	(4.3)	3.8	(1.6)	31.7	(4.7)	22.1	(4.5)	12.0	(3.9)	6.3	(2.3)
サウジアラビア	61.8	(4.0)	51.5	(4.0)	46.2	(4.5)	39.9	(4.4)	61.0	(4.1)	74.6	(3.8)	50.7	(4.2)	63.2	(4.1)
上海（中国）	8.9	(2.3)	19.7	(3.9)	16.7	(3.0)	2.8	(1.5)	9.9	(2.3)	7.3	(2.2)	3.7	(1.7)	8.0	(2.3)
シンガポール	3.8	(2.0)	16.9	(2.7)	6.9	(2.4)	0.5	(0.5)	1.6	(0.9)	2.1	(1.0)	1.6	(0.9)	6.4	(2.3)
スロバキア	8.2	(2.4)	29.6	(3.9)	10.8	(2.5)	44.6	(4.2)	24.9	(3.6)	12.1	(2.8)	17.0	(3.3)	30.1	(3.7)
スロベニア	1.1	(1.1)	28.2	(4.0)	1.1	(1.1)	1.8	(1.3)	4.2	(2.2)	1.8	(1.3)	2.9	(2.0)	9.5	(2.3)
南アフリカ共和国	21.7	(4.3)	53.4	(4.7)	47.8	(4.8)	44.4	(4.5)	64.6	(4.0)	62.5	(4.0)	70.1	(4.6)	60.3	(4.8)
スペイン	5.8	(1.4)	24.5	(3.0)	12.2	(3.2)	11.0	(2.0)	20.7	(3.1)	19.4	(2.5)	12.6	(2.6)	42.0	(3.7)
スウェーデン	13.4	(3.3)	30.4	(9.3)	a	a	4.4	(2.2)	10.3	(2.9)	4.6	(2.1)	4.7	(1.7)	8.9	(2.7)
台湾	6.9	(2.4)	4.6	(2.4)	21.1	(3.4)	4.8	(1.7)	11.7	(2.4)	3.1	(1.8)	5.0	(2.0)	21.6	(3.1)
トルコ	22.4	(3.9)	36.8	(4.5)	14.8	(3.7)	19.9	(3.4)	22.0	(3.5)	20.3	(4.0)	29.7	(3.7)	46.8	(4.7)
アラブ首長国連邦	40.8	(2.2)	41.7	(2.2)	29.9	(2.2)	21.5	(2.0)	30.9	(1.9)	28.2	(1.8)	21.6	(2.2)	28.7	(1.9)
アメリカ	23.7	(9.8)	27.8	(10.1)	27.4	(10.4)	8.9	(2.8)	19.3	(9.2)	16.6	(10.1)	6.7	(3.4)	22.0	(6.8)
ベトナム	85.7	(3.1)	58.0	(3.8)	54.7	(4.1)	67.5	(3.9)	81.7	(3.0)	66.4	(3.9)	71.6	(3.6)	72.2	(3.9)
OECD30か国平均	21.0	(0.7)	32.1	(0.8)	15.6	(0.7)	12.9	(0.5)	24.6	(0.7)	19.2	(0.8)	15.8	(0.5)	32.6	(0.7)
EU23か国全体	24.6	(1.0)	37.8	(1.1)	16.4	(1.0)	17.2	(0.9)	27.4	(1.0)	21.7	(1.0)	17.8	(0.9)	38.4	(1.1)
TALIS 参加 47 か国平均	**22.2**	**(0.5)**	**31.2**	**(0.6)**	**19.0**	**(0.5)**	**15.6**	**(0.4)**	**28.1**	**(0.5)**	**22.9**	**(0.6)**	**19.4**	**(0.5)**	**30.8**	**(0.6)**
オーストラリア	15.5	(3.0)	17.8	(3.2)	16.9	(5.3)	5.8	(2.7)	11.7	(3.9)	11.6	(3.4)	7.1	(2.1)	6.6	(1.7)

表 3.9.1［2/2］ 教育資源の不足（中学校）

中学校校長の回答に基づく

国名	以下の教育資源の不足が質の高い指導を行う上で「かなり妨げになっている」又は「非常に妨げになっている」と回答した校長の割合													
	指導のための場所が不足している、あるいは適切でない（例：教室）		物理的な施設設備が不足している、あるいは適切でない（例：学校家具、校舎、空調機、照明器具）		多言語又は多文化の環境で、生徒を指導する能力を持つ教員の不足		社会経済的に困難な家庭環境にある生徒を指導する能力を持つ教員の不足		職業能力を訓練するために必要な教材が不足している、あるいは適切でない		教育的リーダーシップを発揮する時間が不足している、あるいは適切でない		生徒と過ごす時間が不足している、あるいは適切でない	
	%	S.E.	%	S.E.	%	S.E.	%	S.E.	%	S.E.	%	S.E.	%	S.E.
アルバータ（カナダ）	30.9	(12.4)	29.4	(12.7)	5.9	(2.5)	6.3	(2.4)	8.6	(3.3)	25.4	(5.7)	7.8	(2.9)
オーストリア	25.8	(3.3)	23.4	(3.3)	13.6	(2.5)	13.1	(2.4)	3.5	(1.4)	39.8	(3.3)	29.8	(2.9)
ベルギー	42.9	(3.8)	37.0	(3.3)	28.6	(2.7)	26.1	(2.9)	22.6	(3.1)	58.3	(2.9)	44.7	(3.1)
フランドル（ベルギー）	35.0	(4.3)	30.5	(3.5)	26.7	(3.5)	18.3	(3.0)	15.5	(3.0)	44.4	(4.1)	28.4	(3.9)
ブラジル	42.0	(3.7)	53.3	(3.9)	54.5	(4.0)	49.9	(3.8)	58.1	(3.8)	49.0	(4.2)	38.0	(3.7)
ブルガリア	9.7	(2.4)	15.7	(2.9)	9.3	(2.1)	10.7	(2.4)	8.3	(2.2)	9.6	(1.9)	15.3	(2.7)
ブエノスアイレス（アルゼンチン）	32.1	(3.9)	30.8	(3.8)	9.1	(2.8)	7.7	(2.3)	22.7	(3.5)	27.0	(3.5)	14.8	(3.1)
チリ	19.2	(3.3)	21.8	(3.5)	22.1	(3.4)	16.8	(3.3)	18.9	(2.9)	22.9	(3.3)	17.1	(3.2)
コロンビア	64.5	(4.5)	70.0	(4.7)	67.8	(5.7)	52.2	(5.6)	61.9	(4.8)	63.1	(5.4)	44.4	(5.1)
クロアチア	29.5	(4.8)	12.7	(2.6)	4.6	(1.6)	5.4	(3.1)	8.1	(3.4)	15.1	(4.1)	15.3	(3.0)
キプロス	13.4	(2.9)	9.7	(3.3)	12.7	(3.1)	9.1	(2.7)	10.1	(2.9)	20.4	(3.9)	11.7	(3.3)
チェコ	26.0	(3.4)	22.8	(3.2)	19.1	(2.8)	4.6	(1.4)	18.6	(2.8)	33.6	(3.1)	14.1	(2.4)
デンマーク	27.2	(4.1)	24.6	(3.5)	14.8	(3.0)	15.2	(3.0)	24.4	(3.9)	40.1	(4.4)	27.4	(4.2)
イングランド（イギリス）	16.3	(4.3)	19.8	(3.6)	7.3	(2.6)	11.1	(3.0)	12.2	(3.0)	14.4	(4.1)	11.7	(2.8)
エストニア	23.9	(3.1)	20.8	(3.1)	14.2	(2.5)	14.7	(2.5)	7.5	(2.0)	13.5	(2.5)	15.6	(2.7)
フィンランド	20.0	(3.4)	16.3	(3.1)	5.4	(2.0)	5.0	(2.2)	1.2	(1.0)	42.3	(4.8)	26.2	(3.7)
フランス	31.2	(3.5)	25.4	(3.6)	39.9	(3.8)	62.6	(3.9)	12.5	(2.7)	47.1	(4.2)	45.1	(4.0)
ジョージア	19.5	(3.5)	26.3	(4.0)	11.9	(2.6)	15.4	(3.0)	30.3	(3.5)	12.1	(2.6)	11.3	(2.4)
ハンガリー	26.2	(3.6)	33.2	(3.7)	15.7	(3.1)	17.4	(3.4)	23.8	(3.6)	37.8	(4.1)	43.9	(4.2)
アイスランド	14.0	(3.4)	12.9	(2.6)	17.2	(4.1)	7.5	(2.9)	11.8	(3.7)	38.7	(5.0)	11.8	(3.2)
イスラエル	50.1	(4.1)	38.9	(4.1)	37.9	(4.1)	34.5	(4.2)	21.7	(3.7)	38.7	(4.1)	35.8	(4.2)
イタリア	43.1	(4.1)	51.8	(3.3)	52.2	(4.3)	38.9	(3.9)	28.9	(3.5)	50.5	(4.4)	37.2	(4.4)
日本	31.0	(3.7)	37.0	(3.8)	15.8	(2.9)	18.2	(3.1)	16.3	(3.4)	30.9	(3.7)	49.1	(3.9)
カザフスタン	33.1	(3.2)	34.9	(3.9)	28.7	(3.4)	13.6	(2.8)	22.6	(2.9)	21.3	(3.4)	16.6	(3.1)
韓国	28.9	(4.2)	20.3	(3.5)	25.5	(4.7)	20.6	(3.6)	32.9	(4.2)	32.3	(4.2)	39.0	(4.4)
ラトビア	12.3	(2.0)	11.1	(2.3)	11.9	(2.1)	6.6	(2.2)	14.1	(3.4)	21.2	(4.8)	29.3	(5.5)
リトアニア	27.8	(3.3)	24.9	(3.4)	7.4	(1.5)	9.2	(2.0)	11.3	(3.1)	21.1	(3.4)	26.6	(3.9)
マルタ	24.9	(5.5)	13.2	(4.8)	11.4	(4.7)	9.2	(3.9)	9.9	(4.4)	20.9	(5.2)	22.7	(5.2)
メキシコ	22.6	(3.1)	33.7	(3.0)	14.2	(2.5)	15.8	(2.8)	43.3	(3.3)	9.2	(2.2)	9.9	(2.2)
オランダ	12.0	(3.2)	16.2	(3.5)	7.7	(2.6)	5.1	(2.1)	7.8	(2.3)	26.5	(4.0)	12.8	(3.0)
ニュージーランド	19.8	(3.8)	16.6	(4.2)	24.2	(6.2)	13.2	(5.6)	12.7	(5.9)	20.2	(3.9)	16.1	(7.8)
ノルウェー	6.7	(2.0)	16.1	(3.2)	10.3	(2.7)	2.2	(1.5)	2.2	(1.5)	36.0	(4.5)	18.6	(3.4)
ポルトガル	31.4	(3.1)	49.9	(3.2)	41.2	(3.3)	31.8	(2.9)	31.4	(3.1)	51.7	(3.4)	52.1	(3.5)
ルーマニア	44.3	(4.6)	39.8	(4.7)	21.9	(4.2)	27.0	(4.4)	36.6	(4.4)	31.7	(4.7)	28.9	(4.4)
ロシア	20.1	(2.6)	13.4	(2.8)	7.0	(2.7)	3.0	(1.4)	12.0	(3.1)	20.5	(5.1)	10.9	(3.8)
サウジアラビア	47.9	(4.3)	62.7	(4.3)	38.5	(4.2)	37.6	(3.8)	49.9	(4.3)	44.2	(4.0)	33.4	(4.3)
上海（中国）	20.9	(3.1)	17.6	(2.9)	35.2	(4.2)	14.4	(2.2)	17.9	(3.2)	15.7	(3.5)	8.4	(3.4)
シンガポール	7.6	(3.3)	5.9	(2.2)	4.3	(2.1)	4.2	(1.5)	3.7	(1.4)	13.9	(3.2)	9.0	(2.5)
スロバキア	18.2	(3.5)	21.5	(3.0)	13.2	(3.0)	10.1	(2.1)	24.6	(3.6)	19.0	(3.3)	14.6	(2.5)
スロベニア	11.6	(2.8)	2.8	(1.4)	10.2	(2.9)	3.9	(2.0)	0.7	(0.7)	18.8	(3.6)	12.7	(3.2)
南アフリカ共和国	40.8	(4.6)	55.7	(4.8)	35.0	(5.4)	35.5	(5.2)	51.1	(5.5)	40.4	(5.0)	22.9	(4.3)
スペイン	17.3	(2.2)	17.4	(2.4)	17.4	(3.1)	14.4	(2.8)	19.8	(3.0)	34.0	(4.5)	18.3	(3.7)
スウェーデン	13.8	(3.2)	15.8	(3.6)	14.2	(3.0)	8.8	(2.3)	5.6	(2.2)	28.5	(5.1)	16.8	(3.7)
台湾	11.8	(2.7)	8.2	(2.0)	25.4	(3.4)	14.2	(3.0)	18.1	(2.6)	12.8	(2.6)	11.2	(2.4)
トルコ	26.2	(4.1)	26.1	(4.3)	25.4	(3.8)	17.0	(3.2)	28.9	(4.3)	24.2	(3.9)	19.6	(3.4)
アラブ首長国連邦	29.5	(2.0)	27.6	(2.0)	30.7	(2.1)	25.8	(1.9)	25.9	(1.9)	24.3	(1.8)	21.4	(1.9)
アメリカ	10.1	(3.4)	8.2	(2.8)	10.2	(3.2)	11.6	(3.3)	13.5	(6.4)	16.0	(4.5)	5.5	(2.5)
ベトナム	72.1	(3.9)	78.9	(3.4)	44.3	(4.0)	42.3	(4.8)	55.4	(4.3)	63.1	(3.8)	63.4	(4.2)
OECD30か国平均	25.0	(0.7)	25.5	(0.7)	20.3	(0.6)	17.2	(0.6)	18.1	(0.6)	31.9	(0.7)	25.1	(0.7)
EU23か国全体	27.3	(1.0)	27.6	(1.0)	23.5	(1.0)	24.2	(1.0)	19.1	(0.9)	34.9	(1.2)	28.0	(1.1)
TALIS 参加 47 か国平均	26.6	(0.6)	27.1	(0.6)	21.2	(0.5)	17.9	(0.5)	20.9	(0.5)	29.7	(0.6)	23.6	(0.5)
オーストラリア	11.1	(2.3)	14.1	(3.3)	6.2	(2.8)	5.0	(1.9)	5.9	(2.0)	27.9	(5.0)	12.7	(3.5)

表 3.9.2［1/2］ 教育資源の不足（小学校）

小学校校長の回答に基づく

国　名	以下の教育資源の不足が質の高い指導を行う上で「かなり妨げになっている」又は「非常に妨げになっている」と回答した校長の割合															
	資格を持つ教員の不足		特別な支援を要する児童への指導能力を持つ教員の不足		職業教育を行う教員の不足		教材（教科書など）が不足している、あるいは適切でない		指導のためのデジタル技術が不足している、あるいは適切でない（例：ソフトウェア、コンピュータ、タブレット、電子黒板）		インターネット接続環境が不十分である		図書館の教材が不足している、あるいは適切でない		支援職員の不足	
	%	S.E.	%	S.E.	%	S.E.	%	S.E.	%	S.E.	%	S.E.	%	S.E.	%	S.E.
フランドル（ベルギー）	29.2	(3.5)	49.1	(4.4)	11.7	(3.0)	8.8	(2.4)	37.1	(3.9)	12.8	(2.7)	12.6	(2.8)	75.9	(3.9)
ブエノスアイレス（アルゼンチン）	20.3	(3.0)	35.8	(4.1)	12.4	(2.5)	7.8	(2.2)	21.1	(3.3)	38.3	(3.7)	10.7	(2.3)	38.6	(3.9)
デンマーク	26.7	(5.6)	31.9	(5.4)	30.2	(4.3)	11.5	(3.5)	17.4	(3.1)	6.1	(2.3)	8.0	(2.7)	43.4	(5.1)
イングランド（イギリス）	11.6	(2.5)	10.2	(2.5)	5.9	(1.7)	6.9	(2.1)	23.3	(4.7)	16.3	(4.2)	11.9	(3.0)	21.1	(4.4)
フランス	21.1	(3.5)	61.7	(4.6)	8.2	(2.7)	39.1	(4.2)	57.3	(4.5)	43.1	(4.3)	36.1	(4.7)	56.8	(4.2)
日本	19.3	(2.9)	40.3	(3.9)	10.4	(2.5)	4.2	(1.5)	30.2	(3.6)	24.7	(3.2)	11.5	(2.3)	55.8	(4.1)
韓国	10.9	(3.6)	12.1	(3.3)	29.0	(4.9)	6.8	(2.7)	24.3	(4.5)	9.4	(3.0)	15.8	(3.8)	34.4	(4.5)
スペイン	13.9	(2.6)	23.2	(3.5)	a	a	10.8	(2.4)	35.0	(3.5)	27.6	(3.1)	16.7	(3.3)	52.8	(4.1)
スウェーデン	13.6	(4.0)	21.0	(3.6)	a	a	5.3	(2.4)	17.7	(4.0)	9.4	(2.8)	9.9	(3.6)	13.1	(4.3)
台湾	6.1	(2.3)	13.5	(3.2)	20.9	(3.4)	3.4	(1.6)	11.0	(2.7)	3.9	(1.8)	4.9	(2.0)	15.5	(3.4)
トルコ	20.1	(5.3)	38.4	(6.5)	29.8	(6.1)	23.6	(5.5)	32.8	(4.7)	32.4	(4.1)	31.5	(5.8)	38.9	(5.5)
アラブ首長国連邦	38.7	(2.0)	40.2	(2.0)	29.1	(1.9)	18.4	(1.8)	28.1	(2.0)	30.6	(2.0)	20.4	(1.8)	27.3	(1.8)
ベトナム	79.5	(3.3)	67.3	(4.2)	26.9	(4.0)	68.9	(4.0)	81.7	(3.1)	65.6	(4.2)	75.6	(3.8)	75.1	(3.4)
オーストラリア	11.7	(2.9)	18.8	(3.4)	3.2	(1.4)	0.3	(0.2)	13.1	(2.9)	14.7	(2.9)	2.0	(0.8)	13.2	(2.7)
オランダ	27.4	(4.0)	20.2	(3.7)	11.1	(2.9)	1.9	(1.3)	20.4	(3.7)	9.0	(3.1)	6.3	(2.4)	41.2	(3.7)

表 3.9.2［2/2］ 教育資源の不足（小学校）

小学校校長の回答に基づく

国　名	以下の教育資源の不足が質の高い指導を行う上で「かなり妨げになっている」又は「非常に妨げになっている」と回答した校長の割合													
	指導のための場所が不足している、あるいは適切でない（例：教室）		物理的な施設設備が不足している、あるいは適切でない（例：学校家具、校舎、空調機、照明器具）		多言語又は多文化の環境で、児童を指導する能力を持つ教員の不足		社会経済的に困難な家庭環境にある児童を指導する能力を持つ教員の不足		職業能力を訓練するために必要な教材が不足している、あるいは適切でない		教育的リーダーシップを発揮する時間が不足している、あるいは適切でない		児童と過ごす時間が不足している、あるいは適切でない	
	%	S.E.	%	S.E.	%	S.E.	%	S.E.	%	S.E.	%	S.E.	%	S.E.
フランドル（ベルギー）	49.7	(4.9)	31.8	(4.0)	24.8	(3.7)	24.0	(3.7)	21.7	(3.0)	54.6	(4.1)	41.0	(4.1)
ブエノスアイレス（アルゼンチン）	27.1	(3.7)	28.8	(3.7)	11.7	(2.7)	6.4	(1.9)	13.7	(2.9)	32.6	(4.0)	11.3	(2.8)
デンマーク	22.4	(3.4)	19.2	(3.3)	17.8	(4.3)	20.8	(4.7)	16.8	(3.2)	42.4	(4.0)	32.6	(4.6)
イングランド（イギリス）	27.3	(4.2)	18.0	(4.0)	9.6	(2.6)	6.7	(2.0)	4.4	(1.7)	13.8	(2.6)	7.1	(2.1)
フランス	34.4	(4.2)	29.8	(4.2)	48.7	(4.8)	48.0	(5.3)	19.7	(3.2)	32.0	(4.1)	30.9	(3.2)
日本	26.1	(3.0)	32.8	(3.7)	17.6	(2.8)	14.7	(2.7)	8.0	(2.1)	20.4	(2.9)	38.3	(3.6)
韓国	30.1	(5.5)	21.7	(4.4)	30.3	(5.2)	17.5	(3.7)	33.6	(5.3)	22.0	(4.4)	28.9	(4.4)
スペイン	16.2	(3.0)	20.2	(2.2)	29.4	(3.5)	13.8	(2.4)	a	a	35.3	(4.2)	20.5	(3.1)
スウェーデン	27.3	(4.2)	21.0	(4.1)	16.6	(4.6)	9.5	(3.4)	8.6	(2.8)	30.2	(5.0)	11.5	(2.7)
台湾	15.1	(3.1)	9.4	(2.4)	26.4	(3.5)	9.2	(2.6)	15.4	(2.5)	13.1	(2.5)	9.0	(2.3)
トルコ	21.8	(4.1)	25.0	(4.9)	20.4	(4.9)	16.0	(4.4)	27.2	(4.1)	21.4	(5.4)	21.1	(4.5)
アラブ首長国連邦	27.5	(2.0)	26.1	(1.9)	30.1	(1.9)	26.8	(1.8)	25.1	(2.0)	22.6	(2.0)	20.6	(2.0)
ベトナム	70.3	(4.0)	80.5	(3.5)	42.8	(3.8)	40.3	(4.7)	31.2	(4.2)	56.4	(4.5)	55.8	(4.4)
オーストラリア	19.4	(3.4)	18.9	(3.4)	9.5	(2.4)	10.6	(2.4)	0.6	(0.4)	27.1	(3.6)	8.7	(2.1)
オランダ	23.1	(3.2)	23.3	(4.4)	5.7	(2.2)	5.3	(2.3)	11.0	(3.2)	30.1	(4.5)	14.3	(3.5)

4 教職の魅力［本文第４章］

【教員になる際の動機等】

◆日本の中学校教員が、教員になる際の動機として「非常に重要」又は「ある程度重要」だったと回答した割合は、「教職に就けば、子供や若者の成長に影響を与えられるということ」が最も高く89.0％である。この項目は参加国平均においても最も高い割合（93.2％）を示している。日本の中学校教員については、その次に、「安定した職業であること」（85.6％）、「確実な収入が得られること」（84.8％）が高い割合となっている。【表4.1.1、表4.1.2】

◆教職が第一志望の職業[1]だったとする日本の中学校教員の割合は８割以上である。男女別に見ると、参加国平均では男性教員が61.9％、女性教員は71.6％であるが、日本では、男性教員が83.4％であるのに対し、女性教員は78.9％である。

【教員が受けた教育や研修】

◆日本の中学校教員、小学校教員、中学校校長及び小学校校長の最終学歴は、ISCED 6（学士相当レベル）が８割以上を占めるが、ISCED 7（修士相当レベル）、ISCED 8（博士相当レベル）の割合は、ともに参加国平均より低い。

◆日本の中学校では、教員が受けた公的な教育や研修内容に、教科の指導法、教科の内容、教科の指導実践が含まれる割合が高く、授業でそれらを行う準備ができたと回答している割合も高い。日本では、これらの項目に続き、「生徒の行動と学級経営」「生徒の発達や学習の観察・みとり」が公的な教育や研修の内容に含まれている割合が高く、この２項目は参加国平均より日本の方が割合が高い。

◆日本における初任者研修[2]（教員の新たな赴任校における研修）の内容は、教員の回答によると、小学校・中学校ともに、「他の新任者との交流及び連携」「校長や経験豊富な教員による監督指導」が高い割合で含まれている。一方で、「オンライン上の活動（例：バーチャルコミュニティ）」や「オンライン上の講座やセミナー」等が含まれるという回答は、参加国平均と比べて特に低い。

【仕事に対する教員の満足度】

◆日本の中学校教員は参加国平均と比較すると、「教職は社会的に高く評価されていると思う」と回答した割合が高く、「他の職業を選んでいた方が良かったかもしれないと思う」と回答した割合が低いが、「現在の学校での自分の仕事の成果に満足している」と回答した割合は低い。

1　職業：TALIS 2018年調査では「『職業』とは、あなたの生涯にわたる仕事になると考えられる、報酬を伴う仕事」と定義している。

2　初任者研修：TALIS 2018年調査では「『初任者研修』とは、初任者に対する教職への導入を支援したり、又は経験がある教員に対する新しい赴任校への導入を支援したりする研修のことです。それらは、公式に体系化されたものである場合と、非公式なものがあります。」と定義している。

表 4.1.1 [1/3] 教員になる際に重要と感じた動機（中学校）

中学校教員の回答に基づく

国名	教員になる際に「非常に重要」又は「ある程度重要」と回答した項目																	
	継続的なキャリアアップの機会が得られること						確実な収入が得られること						安定した職業であること					
	全体		勤務経験5年以下		勤務経験が5年を超える		全体		勤務経験5年以下		勤務経験が5年を超える		全体		勤務経験5年以下		勤務経験が5年を超える	
	%	S.E.	%	S.E.	%	S.E.	%	S.E.	%	S.E.	%	S.E.	%	S.E.	%	S.E.	%	S.E.
アルバータ（カナダ）	89.5	(0.9)	90.3	(2.1)	89.2	(1.0)	89.0	(0.9)	90.1	(2.3)	88.6	(1.1)	88.0	(1.0)	86.6	(1.9)	88.4	(1.2)
オーストラリア	79.5	(0.8)	79.9	(1.8)	79.4	(0.9)	82.0	(0.7)	80.4	(1.8)	82.5	(0.9)	83.1	(0.8)	79.7	(1.8)	84.0	(0.9)
オーストリア	32.2	(0.7)	44.8	(1.7)	27.7	(1.0)	57.1	(0.8)	66.2	(1.4)	53.8	(0.9)	58.8	(0.8)	66.4	(1.3)	56.1	(1.0)
ベルギー	66.5	(0.7)	65.3	(1.6)	66.8	(0.8)	69.9	(0.7)	69.5	(1.3)	70.0	(0.8)	65.1	(0.8)	63.1	(1.6)	65.7	(0.8)
フランドル（ベルギー）	69.4	(0.9)	65.8	(2.2)	70.2	(1.0)	75.1	(0.8)	75.2	(1.7)	75.0	(0.9)	62.3	(1.0)	56.2	(2.2)	63.8	(1.0)
ブラジル	76.5	(1.1)	75.0	(2.6)	76.7	(1.2)	69.6	(1.2)	61.9	(3.0)	70.7	(1.2)	74.4	(1.1)	67.6	(2.9)	75.6	(1.1)
ブルガリア	62.1	(1.4)	65.5	(2.7)	60.9	(1.6)	45.9	(1.1)	49.6	(2.7)	44.6	(1.2)	74.4	(0.9)	70.2	(2.3)	75.3	(1.0)
ブエノスアイレス（アルゼンチン）	40.3	(1.3)	45.0	(4.5)	39.5	(1.5)	36.7	(1.2)	41.3	(3.1)	35.8	(1.3)	29.5	(1.0)	34.1	(3.4)	28.7	(1.2)
チリ	57.1	(1.2)	52.2	(2.2)	58.9	(1.5)	45.2	(1.4)	42.2	(2.3)	46.3	(1.8)	52.5	(1.3)	48.1	(2.4)	54.1	(1.7)
コロンビア	74.8	(1.4)	64.9	(3.4)	76.7	(1.5)	70.4	(1.5)	59.4	(3.4)	72.5	(1.5)	68.7	(1.4)	58.3	(3.7)	70.8	(1.6)
クロアチア	59.8	(1.1)	51.6	(2.4)	61.8	(1.0)	58.1	(1.1)	55.7	(2.5)	58.8	(1.1)	61.1	(1.2)	56.3	(2.4)	62.3	(1.2)
キプロス	81.4	(1.3)	79.4	(3.8)	81.6	(1.4)	82.6	(1.2)	77.0	(3.5)	83.2	(1.4)	80.1	(1.2)	73.2	(4.6)	80.8	(1.5)
チェコ	55.9	(1.0)	60.3	(1.8)	54.9	(1.1)	60.4	(0.9)	66.4	(1.9)	59.1	(1.0)	60.4	(0.9)	59.3	(2.4)	60.7	(1.0)
デンマーク	32.0	(0.9)	34.3	(2.5)	31.5	(1.1)	44.7	(1.2)	44.9	(2.9)	44.7	(1.2)	43.6	(1.1)	42.8	(2.6)	43.9	(1.4)
イングランド（イギリス）	81.8	(0.9)	84.3	(1.4)	80.9	(1.0)	85.9	(0.8)	84.9	(1.5)	86.1	(0.9)	86.7	(0.8)	87.0	(1.5)	86.6	(0.9)
エストニア	63.0	(1.3)	68.6	(2.3)	62.0	(1.4)	79.8	(1.0)	79.8	(1.9)	79.8	(1.1)	81.8	(0.9)	80.6	(1.9)	82.0	(1.1)
フィンランド	73.0	(1.0)	63.8	(2.4)	75.0	(1.1)	74.8	(0.9)	68.9	(2.6)	76.0	(1.2)	71.5	(0.8)	59.3	(2.7)	74.0	(1.0)
フランス	72.4	(0.9)	75.1	(1.9)	71.9	(1.1)	70.4	(0.9)	71.2	(2.3)	70.3	(1.0)	65.2	(1.0)	62.9	(2.2)	65.6	(1.1)
ジョージア	86.6	(0.8)	88.3	(1.7)	86.3	(0.8)	87.9	(0.7)	86.9	(1.8)	88.0	(0.8)	93.6	(0.5)	91.5	(1.4)	93.8	(0.5)
ハンガリー	28.3	(1.0)	39.9	(3.2)	26.7	(0.9)	50.1	(1.1)	55.2	(2.8)	49.4	(1.2)	64.1	(1.1)	60.6	(3.2)	64.6	(1.2)
アイスランド	29.2	(1.4)	32.7	(3.4)	28.3	(1.5)	36.0	(1.4)	37.6	(3.3)	35.8	(1.5)	60.5	(1.4)	61.3	(3.4)	60.7	(1.4)
イスラエル	70.7	(1.1)	70.9	(2.3)	70.7	(1.3)	49.2	(1.0)	44.4	(2.2)	50.8	(1.2)	69.9	(1.1)	69.6	(2.5)	70.1	(1.2)
イタリア	58.3	(0.9)	54.2	(2.3)	59.2	(0.9)	55.2	(0.9)	59.0	(2.2)	54.4	(0.9)	54.8	(0.9)	49.7	(2.4)	55.8	(0.9)
日本	49.6	(1.0)	52.5	(2.0)	48.9	(1.0)	84.8	(0.7)	85.6	(1.2)	84.7	(0.8)	85.6	(0.6)	85.9	(1.3)	85.6	(0.7)
カザフスタン	69.6	(1.0)	75.5	(1.4)	67.8	(1.1)	84.1	(0.7)	84.9	(1.2)	83.8	(0.8)	90.9	(0.5)	90.8	(1.0)	90.9	(0.6)
韓国	74.7	(0.9)	73.5	(1.7)	75.1	(1.0)	79.8	(0.8)	80.0	(1.8)	80.0	(0.8)	88.2	(0.6)	85.5	(1.6)	89.0	(0.6)
ラトビア	71.7	(1.0)	77.2	(4.7)	71.0	(1.1)	90.3	(0.7)	88.8	(1.9)	90.5	(0.8)	93.4	(0.6)	83.2	(2.1)	95.1	(0.6)
リトアニア	58.6	(1.0)	62.2	(3.9)	58.3	(1.1)	71.8	(0.9)	64.7	(4.1)	72.4	(0.9)	81.9	(0.7)	74.0	(3.7)	82.5	(0.7)
マルタ	82.8	(1.2)	82.9	(2.0)	82.8	(1.3)	70.2	(1.3)	66.1	(2.5)	71.7	(1.4)	87.1	(1.0)	84.5	(1.9)	88.0	(1.2)
メキシコ	84.9	(0.9)	84.6	(2.1)	85.0	(0.9)	80.8	(0.9)	79.8	(1.7)	81.1	(1.1)	79.4	(0.9)	74.3	(1.9)	81.0	(1.0)
オランダ	40.2	(2.0)	46.4	(3.1)	39.0	(2.1)	43.4	(1.7)	50.6	(3.4)	42.0	(2.0)	39.2	(1.7)	43.5	(3.8)	38.4	(2.0)
ニュージーランド	73.7	(1.2)	74.9	(2.5)	73.3	(1.3)	79.6	(1.1)	73.0	(2.9)	81.4	(1.2)	81.2	(1.1)	77.0	(2.6)	82.4	(1.1)
ノルウェー	52.4	(0.9)	60.6	(1.8)	50.2	(1.1)	63.3	(1.1)	68.5	(1.8)	61.9	(1.3)	69.3	(1.0)	74.3	(1.7)	67.9	(1.2)
ポルトガル	72.1	(0.8)	50.7	(4.9)	72.9	(0.9)	68.5	(0.8)	55.9	(5.0)	69.0	(0.8)	69.8	(0.8)	38.9	(4.9)	70.8	(0.8)
ルーマニア	88.4	(0.7)	78.6	(3.5)	90.0	(0.7)	75.8	(0.8)	70.2	(2.7)	76.9	(0.9)	75.5	(0.9)	70.2	(2.5)	76.3	(1.0)
ロシア	55.8	(1.4)	63.6	(2.0)	53.7	(1.6)	73.5	(1.2)	77.1	(1.9)	72.5	(1.4)	86.6	(0.9)	86.0	(1.9)	86.8	(1.1)
サウジアラビア	89.5	(0.7)	86.7	(2.2)	90.1	(0.8)	91.1	(0.6)	87.3	(1.6)	91.9	(0.7)	89.8	(0.7)	85.8	(2.0)	90.7	(0.9)
上海（中国）	94.6	(0.5)	95.7	(0.9)	94.3	(0.5)	88.3	(0.5)	88.3	(1.3)	88.4	(0.6)	93.2	(0.4)	93.6	(0.9)	93.1	(0.5)
シンガポール	82.9	(0.7)	80.9	(1.3)	83.7	(0.9)	89.3	(0.6)	87.6	(1.2)	90.0	(0.7)	86.8	(0.7)	85.7	(1.2)	87.2	(0.8)
スロバキア	33.3	(1.0)	37.4	(2.5)	32.4	(1.1)	53.6	(1.1)	51.5	(2.7)	53.9	(1.2)	72.7	(0.9)	72.4	(2.2)	72.7	(1.0)
スロベニア	52.6	(1.2)	54.1	(2.9)	52.3	(1.3)	50.7	(1.3)	53.9	(3.1)	49.9	(1.4)	56.3	(1.3)	55.9	(3.1)	56.4	(1.3)
南アフリカ共和国	89.7	(1.1)	87.9	(2.4)	90.4	(1.2)	77.2	(1.5)	71.2	(3.0)	79.4	(1.7)	82.4	(1.5)	77.4	(3.6)	84.3	(1.5)
スペイン	67.1	(0.7)	65.2	(1.8)	67.5	(0.7)	64.5	(1.1)	62.1	(2.0)	64.9	(1.2)	58.1	(1.3)	50.8	(2.8)	59.6	(1.3)
スウェーデン	49.8	(1.0)	58.9	(2.5)	47.7	(1.2)	65.5	(1.2)	67.3	(2.4)	65.0	(1.5)	70.2	(1.1)	74.3	(2.3)	69.2	(1.4)
台湾	95.9	(0.4)	93.6	(1.2)	96.2	(0.4)	96.6	(0.3)	93.7	(1.2)	97.0	(0.3)	94.4	(0.4)	91.1	(1.2)	94.9	(0.4)
トルコ	65.4	(1.0)	67.7	(1.9)	64.3	(1.0)	84.6	(0.6)	84.7	(1.3)	84.5	(0.7)	84.5	(0.7)	83.1	(1.3)	85.2	(0.7)
アラブ首長国連邦	92.2	(0.3)	90.4	(1.0)	92.6	(0.3)	86.3	(0.5)	83.2	(1.5)	86.9	(0.5)	88.6	(0.4)	88.1	(1.1)	88.7	(0.5)
アメリカ	83.7	(1.3)	79.7	(1.8)	85.0	(1.6)	81.6	(1.5)	78.8	(4.5)	82.5	(1.2)	82.7	(1.3)	81.2	(4.2)	83.1	(1.2)
ベトナム	97.7	(0.4)	97.2	(0.9)	97.8	(0.4)	85.7	(1.0)	81.4	(2.1)	86.1	(1.0)	88.2	(0.9)	87.3	(2.3)	88.3	(0.9)
OECD31か国平均	61.1	(0.2)	62.2	(0.5)	60.7	(0.2)	67.2	(0.2)	66.6	(0.5)	67.2	(0.2)	70.6	(0.2)	67.4	(0.5)	71.0	(0.2)
EU23か国全体	63.8	(0.3)	64.2	(0.7)	63.5	(0.3)	65.8	(0.3)	66.2	(0.7)	65.5	(0.3)	65.5	(0.3)	62.0	(0.8)	65.9	(0.3)
TALIS参加48か国平均	67.5	(0.1)	68.0	(0.4)	67.3	(0.2)	70.5	(0.1)	69.4	(0.4)	70.6	(0.2)	74.3	(0.1)	71.3	(0.4)	74.7	(0.2)

表 4.1.1 [2/3] 教員になる際に重要と感じた動機（中学校）

中学校教員の回答に基づく

国 名	教員になる際に「非常に重要」又は「ある程度重要」と回答した項目											
	私生活での責任を果たすことを妨げない勤務スケジュールであること（例：勤務時間、休日、非常勤）*						教職に就けば、子供や若者の成長に影響を与えられるということ					
	全体		勤務経験5年以下		勤務経験が5年を超える		全体		勤務経験5年以下		勤務経験が5年を超える	
	%	S.E.	%	S.E.	%	S.E.	%	S.E.	%	S.E.	%	S.E.
アルバータ（カナダ）	67.8	(2.5)	70.8	(2.7)	67.0	(2.9)	98.8	(0.4)	98.9	(0.6)	98.8	(0.4)
オーストラリア	66.1	(1.1)	67.5	(1.9)	65.7	(1.3)	96.0	(0.4)	96.4	(0.9)	95.8	(0.4)
オーストリア	49.0	(0.9)	55.9	(1.5)	46.5	(1.1)	95.6	(0.3)	96.9	(0.6)	95.1	(0.4)
ベルギー	61.9	(0.8)	64.2	(1.6)	61.4	(0.8)	95.5	(0.3)	96.6	(0.6)	95.2	(0.3)
フランドル（ベルギー）	62.7	(1.2)	64.4	(2.3)	62.3	(1.1)	96.7	(0.3)	98.0	(0.6)	96.3	(0.4)
ブラジル	67.1	(1.1)	61.2	(3.5)	68.0	(1.1)	95.4	(0.5)	95.4	(1.2)	95.4	(0.5)
ブルガリア	69.7	(1.1)	69.6	(2.6)	69.8	(1.2)	94.5	(0.6)	96.4	(1.0)	94.1	(0.6)
ブエノスアイレス（アルゼンチン）	36.8	(1.4)	39.5	(3.8)	36.4	(1.7)	86.2	(1.0)	86.4	(2.9)	86.2	(1.0)
チリ	54.3	(1.1)	54.2	(2.3)	54.1	(1.3)	96.7	(0.4)	97.0	(0.7)	96.5	(0.5)
コロンビア	61.2	(1.5)	61.0	(3.8)	61.2	(1.6)	98.2	(0.4)	98.9	(0.6)	98.1	(0.4)
クロアチア	53.0	(1.1)	56.5	(2.0)	52.2	(1.3)	95.3	(0.4)	94.0	(1.6)	95.7	(0.4)
キプロス	79.9	(1.0)	78.0	(3.9)	80.1	(1.1)	94.7	(0.6)	92.5	(2.2)	95.0	(0.6)
チェコ	71.3	(0.9)	77.2	(1.8)	70.0	(0.9)	92.6	(0.5)	92.9	(1.1)	92.6	(0.6)
デンマーク	61.1	(1.3)	53.6	(3.2)	62.8	(1.3)	94.2	(0.6)	94.9	(1.1)	94.0	(0.7)
イングランド（イギリス）	64.5	(1.2)	64.0	(2.1)	64.4	(1.4)	97.2	(0.4)	97.9	(0.8)	97.1	(0.5)
エストニア	81.7	(0.8)	82.1	(2.3)	81.7	(0.9)	87.5	(0.8)	91.9	(1.3)	86.8	(0.8)
フィンランド	70.1	(0.9)	72.7	(2.3)	69.6	(1.1)	82.7	(0.8)	89.0	(1.4)	81.4	(0.9)
フランス	62.1	(0.9)	63.7	(2.2)	61.8	(1.0)	92.1	(0.5)	91.2	(1.6)	92.2	(0.5)
ジョージア	91.1	(0.7)	88.2	(1.8)	91.3	(0.7)	97.0	(0.4)	96.9	(0.8)	97.1	(0.5)
ハンガリー	63.1	(0.9)	66.8	(2.6)	62.6	(0.9)	92.7	(0.5)	91.0	(1.7)	92.9	(0.6)
アイスランド	69.7	(1.3)	66.7	(3.2)	70.4	(1.5)	78.7	(1.2)	83.4	(2.4)	77.4	(1.3)
イスラエル	74.6	(1.1)	75.8	(1.6)	74.2	(1.3)	96.7	(0.4)	96.5	(0.9)	96.9	(0.5)
イタリア	54.5	(1.0)	54.5	(2.5)	54.3	(1.0)	78.5	(0.7)	86.3	(1.4)	76.8	(0.9)
日本	54.2	(0.9)	54.9	(1.8)	53.9	(1.1)	89.0	(0.6)	91.4	(1.0)	88.4	(0.7)
カザフスタン	78.0	(0.8)	75.9	(1.4)	78.7	(0.9)	93.9	(0.4)	93.1	(0.9)	94.2	(0.5)
韓国	84.3	(0.7)	87.5	(1.6)	83.5	(0.7)	88.4	(0.6)	89.6	(1.4)	88.1	(0.7)
ラトビア	86.5	(0.8)	84.9	(5.2)	86.8	(0.8)	93.2	(0.6)	94.0	(1.6)	93.1	(0.6)
リトアニア	76.1	(0.8)	79.0	(2.6)	75.9	(0.9)	91.4	(0.4)	92.0	(1.6)	91.4	(0.4)
マルタ	84.0	(1.2)	82.7	(1.6)	84.4	(1.4)	96.3	(0.5)	97.3	(0.7)	95.9	(0.7)
メキシコ	73.9	(0.9)	74.8	(1.8)	73.7	(1.1)	98.8	(0.2)	99.0	(0.4)	98.7	(0.3)
オランダ	40.6	(2.0)	38.7	(3.8)	41.2	(2.2)	86.1	(1.4)	89.4	(2.5)	85.5	(1.4)
ニュージーランド	65.5	(1.2)	64.8	(3.1)	65.8	(1.5)	95.8	(0.5)	97.8	(0.8)	95.4	(0.6)
ノルウェー	65.7	(0.8)	65.1	(1.6)	65.8	(1.0)	88.9	(0.5)	93.2	(0.9)	87.6	(0.6)
ポルトガル	60.6	(0.9)	54.1	(4.8)	60.8	(0.9)	94.0	(0.4)	96.0	(1.8)	93.9	(0.4)
ルーマニア	82.9	(0.7)	83.3	(2.2)	82.8	(0.8)	98.1	(0.2)	96.9	(1.5)	98.2	(0.3)
ロシア	80.1	(1.2)	79.0	(2.2)	80.5	(1.4)	88.1	(0.7)	89.9	(1.4)	87.6	(0.8)
サウジアラビア	82.5	(1.0)	79.3	(2.3)	83.5	(1.0)	94.0	(0.6)	91.0	(1.6)	94.9	(0.5)
上海（中国）	89.7	(0.5)	94.3	(0.8)	88.8	(0.6)	93.3	(0.4)	94.5	(0.9)	93.1	(0.5)
シンガポール	76.9	(0.9)	70.3	(1.4)	79.6	(1.0)	97.8	(0.3)	97.6	(0.5)	97.9	(0.3)
スロバキア	71.3	(0.9)	76.6	(2.0)	70.3	(1.0)	93.2	(0.5)	90.1	(1.6)	93.8	(0.5)
スロベニア	38.9	(1.2)	45.1	(2.9)	37.5	(1.2)	88.8	(0.8)	90.1	(1.6)	88.5	(0.8)
南アフリカ共和国	78.2	(1.6)	79.3	(2.5)	77.7	(1.7)	98.1	(0.4)	98.2	(1.2)	98.2	(0.4)
スペイン	62.7	(1.0)	63.7	(1.6)	62.5	(1.1)	88.6	(0.6)	92.5	(1.1)	87.8	(0.7)
スウェーデン	59.7	(1.0)	64.4	(2.4)	58.5	(1.1)	93.5	(0.6)	93.2	(1.3)	93.5	(0.6)
台湾	93.0	(0.5)	88.6	(1.6)	93.5	(0.5)	94.0	(0.4)	93.5	(1.2)	94.0	(0.5)
トルコ	83.4	(0.8)	86.2	(1.4)	82.1	(0.8)	97.8	(0.3)	98.6	(0.5)	97.5	(0.3)
アラブ首長国連邦	85.0	(0.5)	83.3	(1.4)	85.3	(0.5)	97.5	(0.2)	97.2	(0.5)	97.6	(0.2)
アメリカ	77.2	(1.7)	75.9	(2.1)	77.6	(2.0)	98.7	(0.3)	99.4	(0.3)	98.5	(0.3)
ベトナム	96.6	(0.5)	96.1	(1.4)	96.6	(0.4)	98.8	(0.2)	98.6	(1.0)	98.9	(0.2)
OECD31か国平均	65.6	(0.2)	66.7	(0.5)	65.3	(0.2)	92.3	(0.1)	93.7	(0.2)	91.9	(0.1)
EU23か国全体	61.9	(0.3)	62.8	(0.7)	61.6	(0.4)	90.7	(0.2)	92.6	(0.4)	90.3	(0.2)
TALIS参加48か国平均	70.0	(0.2)	70.2	(0.4)	69.8	(0.2)	93.2	(0.1)	94.1	(0.2)	93.0	(0.1)

表 4.1.1［3/3］ 教員になる際に重要と感じた動機（中学校）

中学校教員の回答に基づく

国名	教員になる際に「非常に重要」又は「ある程度重要」と回答した項目											
	教職に就けば、社会的弱者の手助けができるということ						教職に就けば、社会に貢献できるということ					
	全体		勤務経験5年以下		勤務経験が5年を超える		全体		勤務経験5年以下		勤務経験が5年を超える	
	%	S.E.	%	S.E.	%	S.E.	%	S.E.	%	S.E.	%	S.E.
アルバータ（カナダ）	77.8	(2.2)	80.1	(3.4)	77.0	(2.3)	94.7	(1.1)	96.6	(1.1)	94.1	(1.3)
オーストラリア	79.8	(0.7)	84.3	(1.3)	78.3	(1.0)	92.6	(0.5)	93.7	(1.0)	92.2	(0.6)
オーストリア	75.3	(0.7)	77.0	(1.5)	74.7	(0.8)	87.1	(0.6)	88.8	(1.1)	86.5	(0.7)
ベルギー	70.3	(0.8)	73.7	(1.6)	69.4	(0.9)	86.3	(0.6)	89.0	(1.0)	85.6	(0.7)
フランドル（ベルギー）	77.0	(1.0)	80.0	(2.0)	76.2	(1.1)	91.9	(0.5)	94.0	(1.0)	91.5	(0.6)
ブラジル	93.7	(0.6)	91.7	(1.9)	94.0	(0.6)	97.2	(0.3)	96.6	(1.2)	97.3	(0.4)
ブルガリア	64.5	(1.0)	70.9	(2.1)	62.9	(1.2)	92.3	(0.6)	95.2	(1.0)	91.6	(0.8)
ブエノスアイレス（アルゼンチン）	74.6	(1.1)	75.6	(3.9)	74.5	(1.2)	91.5	(0.8)	89.6	(2.0)	92.1	(0.8)
チリ	94.4	(0.7)	95.8	(1.0)	93.8	(0.7)	97.8	(0.4)	98.5	(0.6)	97.5	(0.4)
コロンビア	95.8	(0.7)	95.8	(1.2)	95.8	(0.7)	98.8	(0.3)	98.8	(0.6)	98.8	(0.3)
クロアチア	79.6	(0.7)	79.6	(1.7)	79.6	(0.8)	91.3	(0.5)	89.9	(1.4)	91.7	(0.6)
キプロス	86.4	(1.1)	78.3	(4.1)	87.2	(1.0)	94.6	(0.7)	90.9	(3.1)	95.0	(0.7)
チェコ	67.9	(0.9)	69.2	(1.9)	67.6	(1.1)	89.0	(0.6)	90.1	(1.3)	88.7	(0.6)
デンマーク	64.1	(1.2)	67.7	(2.9)	63.3	(1.3)	75.7	(1.1)	78.0	(2.2)	75.2	(1.2)
イングランド（イギリス）	81.4	(1.2)	88.5	(1.7)	79.2	(1.3)	92.5	(0.6)	94.3	(1.1)	92.0	(0.7)
エストニア	62.3	(1.2)	70.6	(2.5)	60.8	(1.4)	81.8	(0.8)	85.3	(1.7)	81.2	(1.0)
フィンランド	59.5	(1.0)	68.7	(2.3)	57.6	(1.1)	65.6	(0.9)	67.7	(2.1)	65.1	(0.9)
フランス	70.3	(0.9)	74.4	(2.7)	69.5	(1.0)	83.1	(0.7)	85.6	(1.6)	82.5	(0.7)
ジョージア	85.4	(1.0)	87.4	(1.6)	85.0	(1.1)	96.4	(0.4)	96.6	(0.9)	96.4	(0.5)
ハンガリー	69.2	(1.3)	72.3	(2.2)	68.7	(1.3)	84.4	(0.9)	85.8	(2.2)	84.3	(0.9)
アイスランド	57.4	(1.4)	68.9	(3.0)	54.3	(1.5)	80.2	(1.2)	85.9	(2.3)	78.7	(1.4)
イスラエル	91.0	(0.8)	89.1	(1.4)	91.7	(0.8)	96.0	(0.4)	95.6	(0.8)	96.2	(0.5)
イタリア	85.8	(0.6)	84.8	(1.6)	85.9	(0.7)	93.8	(0.4)	94.9	(1.1)	93.5	(0.4)
日本	66.3	(0.9)	60.4	(2.0)	67.9	(0.9)	81.6	(0.7)	75.8	(1.9)	83.2	(0.7)
カザフスタン	78.0	(0.7)	77.7	(1.5)	78.1	(0.8)	92.5	(0.5)	91.8	(1.0)	92.8	(0.5)
韓国	72.7	(0.8)	74.1	(1.9)	72.5	(1.0)	79.7	(0.9)	78.1	(1.8)	80.2	(1.0)
ラトビア	80.0	(1.0)	80.9	(2.8)	79.9	(1.2)	92.6	(0.5)	93.3	(1.6)	92.5	(0.5)
リトアニア	71.5	(0.9)	77.1	(2.8)	71.1	(0.9)	85.5	(0.6)	83.3	(2.7)	85.7	(0.6)
マルタ	84.2	(0.9)	86.1	(2.1)	83.5	(1.2)	92.8	(0.8)	93.5	(1.1)	92.6	(0.9)
メキシコ	93.9	(0.5)	93.9	(1.2)	94.0	(0.6)	98.2	(0.3)	98.7	(0.5)	98.0	(0.3)
オランダ	41.6	(2.3)	41.4	(3.9)	41.5	(2.4)	80.1	(1.5)	79.4	(3.5)	80.3	(1.5)
ニュージーランド	80.4	(1.2)	89.2	(1.8)	78.1	(1.3)	92.5	(0.6)	93.6	(1.2)	92.5	(0.8)
ノルウェー	61.2	(1.0)	70.4	(1.8)	58.5	(1.1)	79.1	(0.7)	85.3	(1.2)	77.3	(0.8)
ポルトガル	90.2	(0.4)	92.0	(2.5)	90.2	(0.4)	93.2	(0.4)	93.0	(2.2)	93.2	(0.5)
ルーマニア	89.0	(0.7)	89.6	(1.7)	88.9	(0.7)	96.0	(0.4)	94.3	(1.7)	96.3	(0.5)
ロシア	80.7	(0.9)	79.8	(2.3)	80.9	(1.0)	90.9	(0.7)	91.2	(1.3)	90.8	(0.8)
サウジアラビア	90.6	(0.7)	88.5	(1.8)	90.8	(0.8)	92.9	(0.6)	91.3	(1.7)	93.0	(0.6)
上海（中国）	80.7	(0.8)	84.4	(1.8)	80.0	(0.9)	92.8	(0.5)	94.5	(1.0)	92.5	(0.6)
シンガポール	88.4	(0.7)	89.5	(1.0)	88.0	(0.9)	95.4	(0.4)	94.5	(0.6)	95.8	(0.5)
スロバキア	61.6	(1.0)	64.0	(2.3)	61.2	(1.1)	92.3	(0.5)	91.9	(1.4)	92.4	(0.6)
スロベニア	60.5	(1.4)	64.0	(2.8)	59.7	(1.4)	86.8	(0.8)	87.7	(1.7)	86.6	(1.0)
南アフリカ共和国	88.6	(1.1)	88.7	(1.8)	88.5	(1.3)	97.1	(0.5)	97.3	(1.2)	97.0	(0.6)
スペイン	79.4	(0.7)	84.1	(1.7)	78.5	(0.8)	90.5	(0.5)	94.8	(0.9)	89.6	(0.6)
スウェーデン	77.7	(0.9)	78.3	(2.1)	77.5	(1.0)	86.8	(0.7)	87.1	(1.9)	86.7	(0.8)
台湾	87.9	(0.6)	87.1	(1.8)	88.0	(0.6)	94.2	(0.4)	93.6	(1.3)	94.3	(0.4)
トルコ	91.1	(0.4)	90.9	(0.9)	91.1	(0.5)	98.3	(0.2)	99.4	(0.2)	97.8	(0.3)
アラブ首長国連邦	90.5	(0.4)	90.0	(1.0)	90.5	(0.4)	97.2	(0.2)	97.0	(0.6)	97.3	(0.2)
アメリカ	83.8	(1.0)	86.1	(2.0)	82.9	(1.3)	96.5	(0.6)	96.9	(1.7)	96.4	(0.5)
ベトナム	95.2	(0.5)	92.7	(1.8)	95.5	(0.4)	98.7	(0.2)	97.3	(1.2)	98.8	(0.2)
OECD31か国平均	74.7	(0.2)	77.7	(0.4)	73.9	(0.2)	88.2	(0.1)	89.3	(0.3)	87.9	(0.1)
EU23か国全体	75.5	(0.3)	78.6	(0.7)	74.8	(0.3)	88.7	(0.2)	90.4	(0.4)	88.4	(0.2)
TALIS参加48か国平均	78.2	(0.1)	80.1	(0.3)	77.7	(0.2)	90.4	(0.1)	90.9	(0.2)	90.2	(0.1)

表 4.1.2　教員になる際に重要と感じた動機（小学校）

小学校教員の回答に基づく

国名	教員になる際に「非常に重要」又は「ある程度重要」と回答した項目													
	継続的なキャリアアップの機会が得られること		確実な収入が得られること		安定した職業であること		私生活での責任を果たすことを妨げない勤務スケジュールであること（例：勤務時間、休日、非常勤）		教職に就けば、子供や若者の成長に影響を与えられるということ		教職に就けば、社会的弱者の手助けができるということ		教職に就けば、社会に貢献できるということ	
	%	S.E.	%	S.E.	%	S.E.	%	S.E.	%	S.E.	%	S.E.	%	S.E.
フランドル（ベルギー）	69.3	(0.9)	73.0	(0.9)	61.5	(1.1)	59.0	(1.1)	98.7	(0.2)	85.2	(0.7)	94.0	(0.5)
ブエノスアイレス（アルゼンチン）	41.0	(1.2)	33.6	(1.1)	31.1	(1.1)	33.4	(1.2)	90.6	(0.7)	81.8	(1.0)	93.0	(0.7)
デンマーク	34.6	(1.0)	45.4	(1.4)	45.4	(1.3)	60.9	(1.3)	95.2	(0.6)	67.4	(1.2)	77.1	(0.9)
イングランド（イギリス）	80.5	(1.2)	83.8	(1.2)	86.8	(1.1)	59.8	(1.5)	98.6	(0.3)	87.5	(0.9)	93.9	(0.8)
フランス	67.1	(1.8)	64.0	(1.9)	59.4	(1.9)	49.8	(2.1)	97.5	(0.5)	78.1	(1.8)	88.8	(1.1)
日本	52.1	(1.0)	89.0	(0.6)	91.1	(0.5)	67.7	(1.0)	88.4	(0.6)	68.0	(0.9)	81.0	(0.8)
韓国	79.4	(0.9)	85.8	(0.8)	91.9	(0.6)	88.1	(0.7)	88.8	(0.7)	72.6	(0.9)	80.0	(0.8)
スペイン	53.4	(1.1)	47.4	(1.1)	44.0	(1.1)	47.3	(1.2)	92.8	(0.4)	87.4	(0.6)	93.1	(0.4)
スウェーデン	51.2	(1.2)	66.9	(1.2)	71.4	(1.1)	59.6	(1.2)	96.6	(0.5)	86.3	(0.9)	89.7	(0.7)
台湾	96.3	(0.4)	96.6	(0.3)	94.8	(0.4)	93.6	(0.5)	95.0	(0.4)	89.8	(0.5)	94.9	(0.4)
トルコ	65.6	(1.3)	83.7	(1.1)	85.8	(1.1)	84.8	(1.3)	98.0	(0.4)	92.5	(0.8)	98.4	(0.3)
アラブ首長国連邦	91.5	(0.4)	85.8	(0.4)	89.5	(0.4)	85.4	(0.4)	97.9	(0.2)	91.6	(0.4)	97.7	(0.2)
ベトナム	98.2	(0.2)	88.7	(0.6)	91.4	(0.4)	97.9	(0.2)	98.8	(0.2)	97.0	(0.3)	99.4	(0.1)
オーストラリア	79.2	(0.8)	79.3	(0.7)	81.5	(0.7)	57.5	(0.9)	97.9	(0.3)	84.3	(0.7)	94.8	(0.5)
オランダ	32.3	(1.3)	32.8	(1.4)	29.4	(1.4)	27.6	(1.5)	92.5	(0.7)	46.0	(1.3)	86.8	(1.0)

5　教員の成長と職能開発［本文第５章］

【職能開発の形態】

◆日本の中学校及び小学校の教員は「他校の見学」「教員や研究者による研究発表、教育問題に関する議論をする会議」「学校の公式な取組である同僚の観察・助言又は自己観察、コーチング活動」等の職能開発に参加する割合が、他の参加国と比べて高い傾向にあり、「対面式の講座やセミナー」「オンライン上の講座やセミナー」「公式な資格取得プログラム（例：学位課程）」に参加する割合は他の参加国と比べて低い傾向にある。

◆日本の中学校及び小学校の校長は、「教員、校長や研究者による研究発表、教育問題に関する議論をする会議」に参加する割合が他の項目と比べて最も高く、また、「専門的な文書や書物を読むこと」の割合も高いが、「公式な資格取得プログラム」「オンライン上の講座やセミナー」「対面式の講座やセミナー」に参加する割合は低い。

【職能開発の内容】

◆日本の中学校及び小学校の教員は、職能開発の中に「担当教科等の分野に関する知識と理解」「担当教科等の分野の指導法に関する能力」「特別な支援を要する児童生徒への指導」に関する内容が含まれていたと回答する割合が高い一方で、「多文化又は多言語環境における指導」「文化や国が異なる人々とのコミュニケーション」の割合は低い。また、「特別な支援を要する児童への指導」が含まれていたと答えた小学校教員の割合は、参加国の中で最も高い。

◆日本の中学校教員が参加した職能開発に「指導用のICT（情報通信技術）技能」「特別な支援を要する生徒への指導」「生徒の行動と学級経営」「多文化又は多言語環境における指導」の内容が含まれていると回答した割合は、前回のTALIS 2013年調査と比べて増加し、統計的に有意差がある。一方で「教科横断的なスキルの指導（例：創造性、批判的思考力、問題解決能力）」の割合は統計的に有意に減少している。

【職能開発のニーズ】

◆日本の中学校と小学校の教員の職能開発へのニーズは、「担当教科等の分野に関する知識と理解」「担当教科等の分野の指導法に関する能力」「児童生徒の評価方法」「指導用のICT技能」「児童生徒の行動と学級経営」「個に応じた学習手法」「特別な支援を要する児童生徒への指導」等の割合が高く、その中で「個に応じた学習手法」の割合は参加国の中で最も高い。また、小学校教員においては「特別な支援を要する児童への指導」へのニーズの割合も高い。

◆日本の中学校と小学校の校長は、「学校の教育課程の編成」「授業実践の観察」「教員間の連携の向上」「人事管理」「現在の国や地方自治体の教育政策についての知識や理解」

「リーダーシップに関する新しい研究や理論についての知識や理解」に対する職能開発のニーズの割合が高い。

◆TALIS 2013年調査とTALIS 2018年調査を比較した時の、日本の中学校教員の職能開発のニーズの割合の経年変化は、「指導用のICT技能」(13.1ポイント増)、「特別な支援を要する生徒への指導」(5.1ポイント増)、「多文化又は多言語環境における指導」(4.1ポイント増)、「生徒の評価方法」(3.5ポイント増)、「学校の管理運営」(2.2ポイント増)において統計的に有意な増加が見られる。

◆日本の中学校教員の「指導用のICT技能」の職能開発のニーズは他の参加国と比べて経年的に最も増加し、「指導用のICT技能」に関する職能開発への参加の割合も増加している。

【職能開発の参加の障壁】

◆日本の中学校及び小学校の教員と校長は、「家庭でやらなくてはならないことがあるため、時間が割けない」「職能開発の日程が自分の仕事のスケジュールと合わない」「職能開発は費用が高すぎる」「雇用者からの支援が不足している」「参加要件を満たしていない(例:資格、経験、勤務年数)」等を職能開発への参加の障壁になると感じている。この中で、「家庭でやらなくてはならないことがあるため、時間が割けない」と回答した教員の割合と、「職能開発の日程が自分の仕事のスケジュールと合わない」と回答した校長の割合は、それぞれ中学校と小学校ともに参加国の中で最も高い。【表5.5.1、表5.5.2】

◆日本の中学校教員の職能開発の参加の障壁の割合の経年変化を見ると、「家庭でやらなくてはならないことがあるため、時間が割けない」(14.6ポイント増)、「職能開発に参加するインセンティブ(例:奨励金)がない」(8.3ポイント増)、「参加要件を満たしていない」(4.1ポイント増)ことが「非常に妨げになる」又は「妨げになる」と回答した割合において、統計的に有意差がある。

◆日本の中学校校長の職能開発の参加の障壁の割合の経年変化を見ると、「雇用者からの支援が不足している」(19.4ポイント増)、「家庭でやらなくてはならないことがあるため、時間が割けない」(18.1ポイント増)、「職能開発は費用が高すぎる」(17.9ポイント増)、「職能開発に参加するインセンティブがない」(13.7ポイント増)、「参加要件を満たしていない」(9.7ポイント増)と回答した割合において、統計的に有意な増加が見られる。

表 5.5.1　教員の職能開発の参加の障壁（中学校）

中学校教員の回答に基づく

国　名	参加要件を満たしていない（例：資格、経験、勤務年数）		職能開発は費用が高すぎる		雇用者からの支援が不足している		職能開発の日程が自分の仕事のスケジュールと合わない		家庭でやらなくてはならないことがあるため、時間が割けない		自分に適した職能開発がない		職能開発に参加するインセンティブ（例：奨励金）がない	
	%	S.E.	%	S.E.	%	S.E.	%	S.E.	%	S.E.	%	S.E.	%	S.E.
アルバータ（カナダ）	4.7	(0.7)	41.6	(2.4)	15.7	(1.6)	52.5	(2.3)	40.8	(2.1)	29.4	(1.8)	41.2	(2.1)
オーストラリア	6.4	(0.4)	43.7	(1.1)	23.3	(0.9)	60.1	(1.1)	31.5	(0.9)	21.8	(0.8)	35.2	(1.1)
オーストリア	5.9	(0.4)	14.1	(0.6)	13.3	(0.7)	43.2	(1.0)	28.2	(0.8)	52.0	(1.0)	39.0	(0.8)
ベルギー	14.0	(0.6)	29.0	(0.8)	19.0	(0.9)	50.0	(0.8)	40.3	(0.8)	37.5	(0.9)	39.5	(1.0)
フランドル（ベルギー）	8.3	(0.6)	26.6	(1.0)	17.1	(1.0)	45.6	(1.2)	33.1	(0.9)	29.5	(0.9)	25.7	(1.1)
ブラジル	6.8	(0.6)	58.1	(1.5)	65.5	(1.7)	48.8	(1.4)	27.8	(1.1)	41.1	(1.6)	57.5	(1.7)
ブルガリア	10.7	(0.7)	58.9	(1.3)	13.0	(0.9)	52.9	(1.4)	23.3	(1.1)	38.5	(1.4)	62.9	(1.4)
ブエノスアイレス（アルゼンチン）	13.8	(0.8)	45.6	(1.8)	36.6	(1.7)	75.2	(1.1)	55.9	(2.0)	44.3	(1.8)	59.7	(2.0)
チリ	15.5	(0.9)	77.4	(1.1)	61.0	(2.0)	68.8	(1.2)	48.3	(1.3)	60.4	(1.4)	73.6	(1.4)
コロンビア	15.7	(1.1)	77.3	(1.6)	65.2	(1.6)	49.4	(2.0)	24.8	(1.4)	42.2	(1.4)	67.9	(1.7)
クロアチア	4.5	(0.4)	37.7	(1.4)	19.7	(1.3)	29.6	(1.1)	30.1	(1.3)	36.6	(1.0)	40.1	(1.3)
キプロス	9.0	(0.8)	38.2	(1.3)	41.0	(1.4)	55.2	(1.5)	52.9	(1.4)	43.1	(1.5)	60.6	(1.5)
チェコ	8.0	(0.4)	29.8	(1.1)	15.1	(0.8)	50.8	(1.1)	34.8	(1.1)	22.0	(0.8)	30.5	(1.0)
デンマーク	5.9	(0.7)	51.2	(1.4)	20.1	(1.2)	49.9	(1.6)	24.1	(1.1)	38.3	(1.4)	38.9	(1.4)
イングランド（イギリス）	8.4	(0.7)	56.5	(1.6)	28.2	(1.6)	64.5	(1.4)	31.9	(1.0)	27.1	(1.2)	44.3	(1.2)
エストニア	7.7	(0.6)	32.1	(1.0)	12.2	(0.9)	37.6	(1.1)	25.2	(0.9)	30.2	(1.3)	14.7	(0.8)
フィンランド	5.8	(0.4)	37.2	(1.4)	26.6	(1.6)	52.0	(1.0)	37.6	(0.9)	41.3	(1.1)	51.9	(1.3)
フランス	12.9	(0.7)	25.9	(0.9)	17.8	(1.1)	45.5	(1.0)	44.8	(1.1)	39.7	(1.2)	46.9	(1.3)
ジョージア	9.7	(0.9)	27.7	(1.4)	12.5	(1.0)	20.3	(1.1)	18.8	(0.9)	23.7	(1.1)	35.7	(1.1)
ハンガリー	m	m	m	m	m	m	m	m	m	m	m	m	m	m
アイスランド	5.6	(0.7)	39.0	(1.3)	14.4	(1.2)	61.9	(1.4)	45.4	(1.5)	40.9	(1.5)	44.0	(1.8)
イスラエル	9.0	(0.7)	22.8	(1.0)	25.6	(1.3)	48.6	(1.4)	52.3	(1.2)	28.7	(1.3)	58.3	(1.2)
イタリア	15.4	(0.7)	53.6	(1.0)	34.1	(1.2)	55.3	(1.0)	36.8	(1.0)	41.0	(1.0)	70.2	(0.9)
日本	**30.7**	**(0.8)**	**60.7**	**(0.9)**	**57.3**	**(0.8)**	**87.0**	**(0.6)**	**67.1**	**(0.9)**	**38.1**	**(0.9)**	**46.3**	**(1.0)**
カザフスタン	18.2	(0.9)	33.7	(1.2)	33.0	(1.4)	32.9	(1.1)	38.5	(1.2)	18.5	(0.8)	14.6	(0.8)
韓国	40.4	(1.1)	57.3	(1.0)	71.3	(1.1)	88.1	(0.7)	64.5	(1.1)	39.5	(1.0)	65.9	(0.9)
ラトビア	6.6	(0.9)	37.5	(1.3)	11.7	(0.7)	32.3	(1.2)	22.7	(1.1)	21.4	(1.1)	20.5	(1.3)
リトアニア	2.9	(0.3)	53.8	(1.1)	23.2	(1.0)	46.9	(1.1)	16.2	(0.6)	43.0	(1.2)	30.7	(1.1)
マルタ	9.6	(0.8)	29.4	(1.2)	29.8	(1.3)	52.0	(1.6)	56.7	(1.5)	32.7	(1.3)	60.7	(1.5)
メキシコ	29.2	(1.1)	58.2	(1.2)	68.0	(1.2)	53.3	(1.2)	30.3	(1.0)	54.3	(1.2)	72.1	(1.2)
オランダ	4.9	(0.7)	22.5	(1.6)	23.9	(1.7)	44.0	(2.4)	25.0	(1.4)	33.3	(1.8)	22.3	(2.2)
ニュージーランド	7.7	(0.9)	44.2	(1.6)	23.6	(1.7)	55.8	(1.3)	31.3	(1.2)	35.4	(1.5)	42.3	(1.8)
ノルウェー	7.8	(0.5)	43.4	(1.2)	28.4	(1.1)	49.1	(1.1)	31.5	(0.9)	17.8	(0.8)	33.3	(1.0)
ポルトガル	12.1	(0.6)	65.9	(0.9)	89.1	(0.6)	77.2	(0.6)	53.4	(0.9)	61.9	(0.8)	84.6	(0.7)
ルーマニア	11.2	(0.6)	69.6	(1.3)	23.4	(1.0)	43.3	(1.2)	36.3	(1.1)	23.7	(1.3)	62.4	(1.4)
ロシア	14.5	(0.9)	36.9	(1.8)	23.8	(1.5)	38.1	(1.8)	41.4	(1.5)	21.1	(1.1)	28.6	(1.4)
サウジアラビア	29.1	(0.9)	49.3	(1.5)	71.0	(1.1)	67.6	(1.0)	54.4	(1.4)	64.7	(1.4)	84.6	(1.0)
上海（中国）	20.5	(0.7)	25.0	(0.7)	24.9	(0.9)	54.9	(1.1)	38.5	(0.9)	25.4	(0.9)	46.2	(1.2)
シンガポール	13.3	(0.6)	20.8	(0.7)	19.8	(0.7)	64.4	(1.0)	40.5	(0.9)	22.0	(0.7)	38.1	(0.8)
スロバキア	9.5	(0.6)	42.9	(1.0)	12.6	(0.7)	30.4	(0.9)	38.2	(1.0)	40.3	(1.0)	42.8	(1.0)
スロベニア	4.1	(0.5)	47.2	(1.4)	19.3	(1.2)	58.2	(1.4)	32.6	(1.2)	33.4	(1.3)	48.0	(1.3)
南アフリカ共和国	19.6	(1.5)	42.4	(1.6)	50.6	(1.9)	47.3	(2.0)	25.1	(1.3)	32.8	(2.2)	57.5	(2.1)
スペイン	9.6	(0.5)	41.6	(0.9)	28.9	(0.9)	58.6	(1.0)	58.1	(1.0)	53.7	(1.2)	76.3	(0.8)
スウェーデン	8.7	(0.7)	52.5	(1.0)	32.0	(1.1)	56.5	(1.3)	20.1	(1.1)	41.4	(1.3)	32.1	(1.0)
台湾	14.1	(0.7)	30.3	(0.8)	25.7	(0.8)	71.8	(0.7)	58.0	(0.8)	38.9	(0.9)	55.2	(1.0)
トルコ	7.9	(0.6)	41.0	(0.9)	55.2	(0.9)	55.9	(0.9)	39.1	(0.9)	51.3	(0.9)	68.7	(0.8)
アラブ首長国連邦	7.9	(0.4)	42.4	(0.7)	33.8	(0.6)	43.4	(0.7)	32.1	(0.5)	32.0	(0.6)	55.2	(0.6)
アメリカ	8.3	(1.2)	38.2	(1.6)	18.8	(1.4)	48.5	(1.9)	42.3	(1.7)	27.3	(1.4)	46.9	(1.5)
ベトナム	19.9	(1.2)	33.7	(1.6)	41.8	(1.8)	38.8	(1.6)	18.5	(1.2)	23.6	(1.2)	35.7	(1.5)
OECD31か国平均	11.0	(0.1)	44.6	(0.2)	31.8	(0.2)	54.4	(0.2)	37.3	(0.2)	38.2	(0.2)	47.6	(0.2)
EU23か国全体	10.3	(0.2)	43.5	(0.4)	26.7	(0.4)	52.9	(0.4)	38.7	(0.3)	39.1	(0.4)	53.1	(0.4)
TALIS 参加 48 か国平均	**12.0**	**(0.1)**	**42.9**	**(0.2)**	**32.4**	**(0.2)**	**52.5**	**(0.2)**	**37.6**	**(0.2)**	**36.3**	**(0.2)**	**48.6**	**(0.2)**

職能開発の参加の障壁について「妨げになる」「非常に妨げになる」と回答した教員の割合を示している。

表 5.5.2　教員の職能開発の参加の障壁（小学校）

小学校教員の回答に基づく

国　名	参加要件を満たしていない（例：資格、経験、勤務年数）		職能開発は費用が高すぎる		雇用者からの支援が不足している		職能開発の日程が自分の仕事のスケジュールと合わない		家庭でやらなくてはならないことがあるため、時間が割けない		自分に適した職能開発がない		職能開発に参加するインセンティブ（例：奨励金）がない	
	%	S.E.	%	S.E.	%	S.E.	%	S.E.	%	S.E.	%	S.E.	%	S.E.
フランドル（ベルギー）	8.0	(0.6)	37.7	(1.0)	18.4	(0.8)	43.8	(1.1)	30.2	(1.0)	19.1	(0.9)	20.1	(0.8)
ブエノスアイレス（アルゼンチン）	19.1	(0.9)	57.4	(1.3)	36.5	(1.4)	64.0	(1.4)	62.2	(1.4)	41.2	(1.5)	53.8	(1.4)
デンマーク	6.3	(0.6)	56.6	(0.9)	22.7	(0.8)	50.5	(1.1)	20.7	(0.8)	37.6	(1.0)	39.8	(1.0)
イングランド（イギリス）	7.7	(0.9)	48.4	(1.4)	18.6	(1.1)	47.1	(1.4)	29.4	(1.2)	24.4	(1.2)	35.8	(1.4)
フランス	13.6	(1.2)	27.4	(1.7)	36.3	(1.9)	60.6	(2.1)	53.2	(2.2)	47.1	(1.9)	52.2	(2.3)
日本	30.6	(0.9)	61.1	(0.9)	56.9	(1.0)	84.3	(0.6)	71.1	(0.8)	37.4	(1.0)	43.6	(0.9)
韓国	35.4	(1.0)	50.5	(1.0)	62.9	(0.9)	81.8	(0.8)	63.3	(1.1)	36.8	(1.1)	59.2	(1.2)
スペイン	11.7	(0.6)	49.5	(1.0)	22.3	(1.0)	50.2	(1.1)	57.3	(1.0)	39.8	(0.9)	67.7	(1.0)
スウェーデン	8.0	(0.8)	48.7	(1.3)	25.9	(1.0)	51.5	(1.4)	20.2	(1.1)	36.2	(1.3)	26.2	(0.9)
台湾	14.4	(0.7)	26.5	(0.8)	20.9	(0.7)	65.8	(0.9)	55.8	(0.9)	38.0	(0.9)	50.4	(0.9)
トルコ	9.4	(0.9)	39.3	(1.5)	55.5	(1.4)	53.6	(1.2)	38.0	(1.4)	49.0	(1.4)	68.6	(1.3)
アラブ首長国連邦	8.8	(0.3)	42.4	(0.7)	33.5	(0.5)	42.8	(0.6)	35.9	(0.6)	33.7	(0.6)	56.9	(0.6)
ベトナム	23.3	(0.6)	35.4	(0.8)	42.1	(0.8)	38.6	(0.7)	21.7	(0.7)	25.5	(0.7)	40.1	(0.8)
オーストラリア	8.6	(0.5)	51.3	(1.1)	23.2	(0.9)	49.2	(1.2)	31.4	(1.1)	19.7	(0.8)	33.9	(0.9)
オランダ	5.9	(0.7)	29.3	(1.3)	21.2	(1.1)	46.9	(1.3)	26.9	(1.3)	27.5	(1.3)	14.8	(0.9)

職能開発の参加の障壁について「妨げになる」「非常に妨げになる」と回答した教員の割合を示している。

目　次

第3章　変化する指導環境

第4章　教職の魅力

第5章　教員の成長と職能開発

資　料

■図表一覧

第１章　TALIS の概要

第２章　未来に向けた指導と学習

第３章　変化する指導環境

第４章　教職の魅力

第５章　教員の成長と職能開発

TALIS 2018 国立教育政策研究所 所内研究協力者

（2019 年 6 月現在）

【事務局】

杉浦　健太郎　研究企画開発部　総括研究官
（研究代表者、National Project Manager）
松原　憲治　教育課程研究センター基礎研究部　総括研究官
（National Data Manager、National Sampling Manager）

【所内研究協力者】

石﨑　宏明　研究企画開発部長
亀岡　雄　国際研究・協力部長
新木　聡　国際研究・協力部　副部長
橋本　昭彦　教育政策・評価研究部　総括研究官
植田　みどり　教育政策・評価研究部　総括研究官
藤原　文雄　初等中等教育研究部　総括研究官
吉岡　亮衛　教育研究情報推進室　総括研究官
萩原　康仁　教育課程研究センター基礎研究部　総括研究官
河原　太郎　国際共同研究室　国際調査専門職（2019.3.31 まで）
（2019.4.1 から協同出版株式会社　編集制作部　編集グループ）
大萩　明日香　国際共同研究室　国際調査専門職
長谷川　仁子　国際共同研究室　国際調査専門職
伊志嶺　吏人　国際共同研究室　国際調査専門職
小林　佳美　幼児教育研究センター　国際調査専門職

なお、下記メンバーも 2018 年度までの間に携わっていた。

井上　示恩　元研究企画開発部長
山田　亜紀子　元研究企画開発部　総括研究官
石島　照代　元教育課程研究センター基礎研究部　特別研究員

本報告書を読む際の注意

本報告書は、OECD（経済協力開発機構）「国際教員指導環境調査2018」（TALIS 2018: Teaching and Learning International Survey 2018）の国際結果報告書“*TALIS 2018 Results（Volume I）: Teachers and School Leaders as Lifelong Learners*”（OECD, 2019）に基づき、日本にとって特に示唆のある内容・データを引用するとともに、国際結果報告書では十分に言及されていない日本についての調査結果を報告するものである。

図表・データ

本報告書は、OECD（2019）に基づき作成した。図表・データについては、OECD（2019）及びOECDのウェブサイト（http://www.oecd.org/education/talis）を参照のこと。

教育段階区分

教育段階区分は国際標準教育分類（ISCED）に基づいている。ISCEDは、学校教育における学校種及び学科等を教育段階ごとに整理し、各国間で比較可能とする分類である。本報告書における各教育段階区分の基準は、2011年11月に公式に採択されたISCED 2011であり、次のとおりに区分されている。

- 就学前教育（ISCED 0）
- 初等教育（ISCED 1）
- 前期中等教育（ISCED 2）
- 後期中等教育（ISCED 3）
- 中等後非高等教育（ISCED 4）
- 短期高等教育（ISCED 5）
- 学士（相当）レベル（ISCED 6）
- 修士（相当）レベル（ISCED 7）
- 博士（相当）レベル（ISCED 8）

本報告書において、「中学校」は、国際的にはISCED 2の学校、日本においては、中学校、中等教育学校前期課程及び義務教育学校後期課程を指す。「小学校」は、国際的にはISCED 1の学校、日本においては、小学校及び義務教育学校前期課程を指す。

国際平均

本報告書において、OECD平均及び参加国平均は、各国の推定値の算術平均（単純に推定値の合計を国数で割った値）である。一方、EU参加国全体は、各国の推定される母集団の大きさに応じて重み付けした平均である。

ベルギーのフランドル地方の推定値は国際平均の計算には含まれない。国際平均には、フランドル地方を含むベルギー全体の推定値が用いられている。

TALISの定める標準参加率を満たさない国の推定値は、国際平均から除外される。オーストラリアの前期中等教育の校長、初等教育の校長及び教員、オランダの初等教育の校長及び教員による回答に基づく推定値がこれに該当する。

そのため、国際平均に含まれる国・地域の数を、以下のとおり表記することがある。

OECD31か国平均：　31のOECD加盟国・地域全体におけるISCED 2の教員データに基づく平均値。本報告書では、「TALISに参加している31のOECD加盟国・地域全体の平均」と同義の略称として「OECD31か国平均」を使うことがある。

OECD30か国平均：　オーストラリアを除く30のOECD加盟国・地域全体のISCED 2の校長データに基づく平均値。本報告書では、「TALISに参加している30のOECD加盟国・地域全体の平均」と同義の略称として「OECD30か国平均」を使うことがある。

TALIS参加48か国平均：　TALIS 2018参加48か国・地域全体のISCED 2の教員データに基づく平均。

TALIS参加47か国平均：　オーストラリアを除くTALIS 2018参加47か国・地域全体のISCED 2の校長データに基づく平均。

EU23か国全体：　TALISに参加する全てのEU加盟国全体のISCED 2の教員又は校長データに基づく値。各国の母集団の大きさに応じてEU加盟国全体を1つの主体としてとらえており、EU全体と各国を比較するために使用することができる。

符　号

a：　該当する質問が任意であるため、又は、該当する国が参加していない調査の一部であるため、この国でこの質問は実施されなかった。したがって、データは欠落している。

c：　回答者の秘密保持を確保する、及び／又は、信頼できる推定値を提供するだけの結果が不足している、若しくは全くない（すなわち、学校10校及び／又は教員30人未満、並びに／若しくは、無回答の項目が50%以上）。

m：　データは収集されたが、データを点検する過程で、技術的理由で削除された

（例えば、翻訳の問題）。

p：　データは収集されたが、データを判定する過程で、技術的理由で削除された（例えば、参加率が低いため）。

w：　データが当該国の要請により、撤回された又は収集されなかった。

標準誤差

本報告書に掲載されているのは、各国の目標母集団の全ての校長又は教員が調査に回答した場合に算出される数値ではなく、標本に基づいた推定値である。そのため、全ての推定値は抽出誤差に関連してある程度の不確実性を持ち、不確実性の程度は標準誤差により表される。

統計的に有意な差

本報告書において、統計的に有意な差又は変化について、表中では太字フォントで表される。

数値の四捨五入

本報告書における合計、差、平均等の数値は、四捨五入して概数で示される。

四捨五入しているため、表中の一部の数値は、集計しても合計と一致しないことがある。合計、差及び平均は、正確な数字に基づいて計算され、計算後に初めて四捨五入されている。

0.0の表記はゼロであることを意味するのではなく、0.05より小さいことを意味する。

略　語

ISCED	国際標準教育分類
ICT	情報通信技術
S.E.	標準誤差

対象国の範囲

本報告書は、48の国・地域及びベルギーのフランドル地方で前期中等教育（ISCED 2）を行う学校に勤務している教員及び校長に関する結果を扱うとともに、15の国・地域の初等教育（ISCED 1）の教員及び校長に関する結果も扱っている。他方、OECD（2019）は11の国・地域の後期中等教育（ISCED 3）の教員及び校長に関する結果も扱っているが、本報告書では、日本が参加していない後期中等教育に関する結果は扱っていない。

本報告書における各表では、原則として、国・地域がアルファベット順に並べられているが、例外が2つある。

– ISCED 2の教員及び校長のデータに基づく表について、ベルギーのフランドル地方はベルギーの下に字下げで記載されている。

– 参加率がTALISの定める標準を満たさない国は、表の最後に記載されている。

また、以下の5つの地域がTALIS 2018に参加している。これらは次のような形で表記される。

– カナダのアルバータ州はアルバータ（カナダ）と表記される。

– ベルギーのフランドル地方は、フランドル（ベルギー）と表記される。

– ブエノスアイレス市はブエノスアイレス（アルゼンチン）と表記される。

– イングランド王国はイングランド（イギリス）と表記される。

– 上海市は上海（中国）と表記される。

台湾は、OECD事務局を通じて直接TALIS 2018に参加してはいないが、データ処理等に当たる国際コンソーシアムを通じてTALIS 2018に参加している。

ロシアにおいて、TALIS 2018ではモスクワが除外されていることから、経年変化の解釈には注意が必要である。

また、OECD（2019）において、キプロスのデータに関する情報には、以下の2つの注記が掲載されている。

トルコによる覚書：「キプロス」に関する本文書中の情報は、キプロス島南部に関するものである。この島にはトルコ系キプロス人とギリシャ系キプロス人の両方を代表する単一の政府は存在しない。トルコは、北キプロス・トルコ共和国（TRNC）を承認している。国際連合において永続的かつ公正な解決策が見つかるまで、トルコは「キプロス問題」についてその立場を保持する。

OECDの全EU加盟国及びEUによる覚書： キプロス共和国は、トルコを除く国際連合の全加盟国により承認されている。本文書中の情報は、キプロス共和国政府の実質的な統治下にある地域に関するものである。

さらに、OECD（2019）においては、イスラエルのデータに関する情報には、以下の注記が掲載されている。

イスラエルの統計データは、イスラエルの関係当局がその責任において提供している。そのデータのOECDによる使用は、国際法の条項に基づくゴラン高原、東エルサレム及びヨルダン川西岸地区のイスラエル人入植地の地位に影響を与えるものではない。

関係資料

TALISで用いられている調査方法等に関する詳細については、OECDより公表される「TALIS 2018 Technical Report」を参照のこと。

第1章

TALISの概要

1.1 調査の概観

OECD国際教員指導環境調査（Teaching and Learning International Survey: TALIS）は、学校の学習環境と教員及び校長の勤務環境に焦点を当てた大規模な国際調査である。教員及び校長への質問紙調査を通じて、職能開発などの教員の環境、学校での指導状況などについて、国際比較可能なデータを収集し、教育に関する分析や教育政策の検討に資することを目指している。

TALISは、2008年に第1回調査が実施され（24か国・地域が参加、日本は不参加）、2009年6月に結果が公表された。2013年には第2回調査が実施され（34か国・地域が参加、日本は前期中等教育段階の調査に参加）、2014年6月に結果が公表された。今回の第3回調査は2018年に実施され、日本を含む48か国・地域が参加した。

TALIS 2018年調査においては、48か国・地域の全てが参加するコア調査は前期中等教育段階（ISCED 2）を対象とし、オプション調査として、15か国・地域が参加する初等教育段階（ISCED 1）、11か国が参加する後期中等教育段階（ISCED 3）を対象とした調査が実施された。今回、日本はコア調査と初等教育段階のオプション調査に参加した。本報告書の調査結果は前期中等教育段階と初等教育段階を対象としたものである。

1.2 調査の目的

TALISは、職能開発などの教員の環境、学校での指導状況などについて、国際比較可能なデータを収集し、教育に関する分析や教育政策の検討に資することを目指している。データの国際比較分析により、参加国は自国と共通の問題に直面している国があることを知り、それらの国の政策アプローチから学ぶことが可能となる。

1.3 調査時期

TALIS 2018年調査について、日本では、2018年2月中旬から3月中旬にかけて調査を実施した。他の参加国の調査実施時期は、南半球の国々では2017年9月から12月（例外として、いくつかの国は2018年1月まで延長）、北半球の国では2018年3月から5月（ただし、2018年1月から2月に調査を開始した国や、2018年7月まで延長した国もある。）である。

1.4 調査の対象

TALISでは、調査結果を国際的に比較可能なものとするため、調査参加国が従うべき国際ガイドラインを設けている。ここでは、このガイドラインに沿って行われた、TALIS 2018年調査の対象となる教員集団（母集団）の決定方法について説明する。

TALISの対象となる教員は、各ISCEDレベルにおいて、対象となる学校での通常の職務として指導を実施している教員と定義されている。また、TALISの対象となる校長は、対象となる学校の長と定義されている。

前期中等教育段階（ISCED 2）及び初等教育段階（ISCED 1）に参加した日本の場合、調査の対象となる教員集団（母集団）は、前期中等教育段階（中学校、義務教育学校後期課程及び中等教育学校前期課程）と初等教育段階（小学校及び義務教育学校前期課程）において、学校での通常の職務として指導を実施している教員及びその学校の校長である。教員について、指導の時間数は問わない。

日本の調査の対象となる学校及び教員を選ぶ際には、平成27年度の文部科学省『学校基本調査報告書』に基づき、中学校、中等教育学校、小学校及び義務教育学校と、そこに所属する教員の情報を用いた。学校の合計数は前期中等教育段階10,536校、初等教育段階20,601校であり、そこに所属する教員の合計数は前期中等教育段階264,356人、初等教育段階385,923人であった（『学校基本調査報告書』の「本務者」と「兼務者」（非常勤の講師等）の合計数）。

なお、成人教育と特別な支援を要する児童生徒への教育のみを行う学校については調査対象外であり、母集団に含まれていない。

1.5 質問紙

TALIS 2018年調査においては、教員用及び校長用に別々の質問紙を用意し、回答時間は40分～60分程度を目安とした。データの収集方法については、国際ガイドラインで、調査用紙又はオンラインによる回答とされた。日本では、オンラインによるデータ収集は行わず、調査用紙を使用して行った。日本での実際の教員質問紙及び校長質問紙は、本報告書の巻末に資料として掲載している。

1.6 標本抽出

TALIS 2018 年調査における標本については、前期中等教育段階及び初等教育段階ともに、１か国につき 200 校、１校につき教員 20 人と校長１人を抽出することとされている。

また、抽出された学校の実施率（回答率）、抽出された教員の実施率（回答率）及び抽出された校長の実施率（回答率）はいずれも 75% を目標とされた。抽出された教員の 50%が回答した学校は、回答したとみなされる。

対象教員の抽出は、国際ガイドラインに従って、参加各国・地域における教員の状況の縮図が最もうまく描けるように行われた。

日本では、国際ガイドラインに従って、「層化二段階抽出法」により以下のとおり対象者を抽出した。

第一段階として、前期中等教育段階では「東京 23 区及び政令指定都市の公立校」「人口 30 万人以上の市の公立校」「その他の市の公立校」「町村部の公立校」「国立・私立学校」の５つの層に、初等教育段階では「東京 23 区及び政令指定都市の学校」「人口 30 万人以上の市の学校」「その他の市の学校」「町村部の学校」の４つの層に分類し、層ごとに所属する教員の人数に比例した確率で学校を無作為抽出した。

第二段階として、抽出された学校内で、教員の基礎情報（年齢、性別、指導教科）を考慮に入れて、原則として各校 20 人の教員を無作為抽出した。

1.7 日本の実施率

TALIS 2018 年調査においては、日本では、前期中等教育段階の 200 の抽出校のうちの 182 校、初等教育段階の 200 の抽出校のうちの 192 校が調査実施を承諾した。国際ガイドラインでは、抽出校が何らかの理由で調査に参加できない場合に２校まで代替校（第１代替校、第２代替校）が認められている。代替校の抽出については、前述の第一段階の抽出の際に同時に行われた。調査に参加できない抽出校については、代替校（第１代替校）に依頼をした結果、前期中等教育段階の 14 校、初等教育段階５校が承諾した。

結果として、日本では、前期中等教育段階では 196 校で調査を実施し、196 人の校長及び 3,568 人の教員から有効な回答を得た。初等教育段階では 197 校で調査を実施し、197 人の校長及び 3,321 人の教員から有効な回答を得た。なお、国公私の内訳（参加校に所属する総教員数の割合）は、前期中等教育段階で国公立校約 88%、私立校約 12%、初等教育段階で国公立校約 98%、私立校約２%であった。

国際ガイドラインでは、学校の実施率（回答率）及び教員の実施率（回答率）はいずれも75%以上であることが求められている。日本では、前期中等教育段階では学校実施率は98%、教員実施率は99%で、初等教育段階では学校実施率は99%、教員実施率は98%であり、国際ガイドラインの基準を上回った。

表1.1及び表1.2に、前期中等教育段階と初等教育段階の層別の参加学校数、参加教員数及び有効回答教員数を示す。

表1.1　前期中等教育段階における層別の参加学校数（抽出校、代替校）と参加教員数等

層	抽出校	代替校	合計学校数	参加教員数	有効回答教員数
東京23区及び政令指定都市・公立	39	0	39	750	744
人口30万人以上の市・公立	23	0	23	430	426
その他の市・公立	84	6	90	1,636	1,623
町村部・公立	19	2	21	336	336
国立・私立	17	6	23	453	439
全体	182	14	196	3,605	3,568

表1.2　初等教育段階における層別の参加学校数（抽出校、代替校）と参加教員数等

層	抽出校	代替校	合計学校数	参加教員数	有効回答教員数
東京23区及び政令指定都市	46	1	47	872	852
人口30万人以上の市	27	1	28	516	511
その他の市	98	3	101	1,671	1,661
町村部	21	0	21	302	297
全体	192	5	197	3,361	3,321

1.8　本報告書の範囲

2019年6月にOECDが公表するTALIS 2018国際結果報告書“*TALIS 2018 Results (Volume I): Teachers and School Leaders as Lifelong Learners*”（OECD, 2019）は、第２章及び第３章において、教員と校長が、時代に合わせてどのように変化しているか、また、児童生徒の認知的スキル及び社会情動的スキルの向上をいかにサポートしているかについて扱っている。また、第４章及び第５章においては、教員養成や研修・職能開発が教員の知識基盤や校長の専門性をいかに高めているかについて扱っている。

本報告書「教員環境の国際比較：OECD国際教員指導環境調査（TALIS）2018報告書－学び続ける教員と校長－」は、OECDが公表する上記の国際結果報告書を基に、日本にとって特に示唆のある内容・データを中心に整理・分析したものである。なお、本報告書で取り上げたのは2019年5月23日時点の数値であるため、OECDから公表される数値とは必ずしも一致しない場合がある。今回OECDから公表される国際結果報告書（英文）については、OECDのウェブサイト（http://www.oecd.org/education/talis）を参照

のこと。

なお、2020年3月にOECDより公表される予定のTALIS 2018国際結果報告書第2巻においては、学校におけるリーダーシップや教員評価等について扱われる予定である。

参加国

TALIS 2018年調査の参加国は、以下の48か国・地域である。

◆ **48か国・地域**（前期中等教育段階は全参加国・地域が参加。下線が引かれている国・地域は初等教育段階も参加（15か国・地域）。）

OECD加盟国（31か国・地域）

アルバータ（カナダ）、オーストラリア、オーストリア、ベルギー（フランドルもベルギーの一部として参加）、チリ、コロンビア（国内批准手続中）、チェコ、デンマーク、イングランド(イギリス)、エストニア、フィンランド、フランス、ハンガリー、アイスランド、イスラエル、イタリア、日本、韓国、ラトビア、リトアニア、メキシコ、オランダ、ニュージーランド、ノルウェー、ポルトガル、スロバキア、スロベニア、スペイン、スウェーデン、トルコ、アメリカ

OECD非加盟国（17か国・地域）

ブラジル、ブルガリア、ブエノスアイレス（アルゼンチン）、クロアチア、キプロス、ジョージア、カザフスタン、マルタ、ルーマニア、ロシア、サウジアラビア、上海（中国）、シンガポール、南アフリカ共和国、台湾、アラブ首長国連邦、ベトナム

カナダはアルバータ州のみ、アルゼンチンはブエノスアイレスのみ、イギリスはイングランドのみ、中国は上海のみが参加しているが、煩雑さを避けるため、以下原則として「国・地域」でなく「国」と表記する。

なお、オランダの小学校の校長・教員、オーストラリアの中学校の校長及び小学校の校長・教員は、実施率（回答率）が国際ガイドラインの定める基準に達しなかったため、参加国平均や統計的な分析には含まれていないが、参考データとして各表の最下欄に掲載した。

TALISが提供する調査結果の捉え方

TALISの調査結果は、調査対象として抽出された教員及び校長の回答に基づいており、教員及び校長の意見、認識、信念等を表している。他の研究等からのデータは用いら

れていない。したがって、本報告書の情報は、他の方法で収集されたデータ（国や地方自治体レベルの行政データ、ビデオ観察などに基づくデータなど）とは異なる場合がある。

また、TALISは因果関係を測定することはできない。例えば、教員の職能開発への参加と自己効力感との関係を調べる際には、正又は負の相関、その強さ及び統計的有意性を検定することは可能だが、因果関係を測定することは不可能である。

1.11 調査実施体制

TALISの国際的な実施体制については、OECDを中心として、調査に参加する国の代表等で構成されるTALIS運営理事会（TALIS Governing Board）や、各国の国内実施責任者で構成される国内調査実施責任者（NPM：National Project Manager）会合等が設置されている。

- TALIS運営理事会：調査に参加する国の政府代表等で構成され、TALISの全般的な枠組みや調査内容を決める。
- 国内調査実施責任者（NPM）会合：各国の国内調査実施責任者が、OECD、国際コンソーシアム及び他の参加国との間で情報の共有を図る。

また、質問紙の開発に当たる専門委員会（Questionnaire Expert Group）や、データ処理等に当たる国際コンソーシアムが置かれている。

各参加国は、国際的な基準に従って、国内調査実施機関、国内調査実施責任者（NPM）、国内データ管理者（NDM：National Data Manager）を定めることが求められた。日本では、国立教育政策研究所が国内調査実施機関となり、同研究所の研究企画開発部総括研究官が国内調査実施責任者、教育課程研究センター基礎研究部総括研究官が国内データ管理者を務めた。

調査の実施に当たっては、全国の小学校及び中学校から抽出された小学校200校、中学校200校に対して、都道府県・政令指定都市教育委員会等を通じて協力依頼を行った。

当報告書の作成は、OECD、文部科学省本省と連携しつつ、国立教育政策研究所において行った。

第2章

未来に向けた指導と学習

要　旨

本章は、TALIS 参加国における指導実践、学習評価方法、教員の仕事時間、校長の仕事時間、自己効力感、変化と革新への対応等に関する情報を示す。変化と革新への対応に関連する内容は TALIS 2018 年調査で新しく加わった質問項目を基にしている。日本は TALIS 2013 年調査（前期中等教育段階のみ）に参加しており、いくつかの共通項目について５年前のデータと比較可能である。

以下、今回の調査で得られた日本に関する主な知見をまとめる。

- 日本の中学校教員の 12.6%、また、小学校教員の 11.6%は批判的に考える必要がある課題を与えることを「しばしば」又は「いつも」行うと回答している。一方、参加国平均（中学校）では 61.0%の教員がこの指導実践を行うと回答している。
- 日本の中学校教員の 31.3%、また、小学校教員の 55.8%は全児童生徒が単元の内容を理解していることが確認されるまで、類似の課題を児童生徒に演習させることを「しばしば」又は「いつも」行うと回答している。一方、参加国平均（中学校）では 71.3%の教員がこの指導実践を行うと回答している。
- 日本の中学校教員の 17.9%、また、小学校教員の 24.4%は児童生徒に課題や学級での活動に ICT（情報通信技術）を活用させることを「しばしば」又は「いつも」行うと回答している。一方、参加国平均（中学校）では 51.3%の教員がこの指導実践を行うと回答している。この指導実践について、TALIS 2018 年調査で「しばしば」又は「いつも」行うと回答した日本の中学校教員の割合は、TALIS 2013 年調査で「しばしば」又は「ほとんどいつも」行うと回答した教員の割合に比べて、7.9 ポイント増えた。
- 日本の中学校教員の 38.4%は授業の始めに、すぐに静かにするよう伝えることを「しばしば」又は「いつも」行うと回答している。一方、参加国平均（中学校）では 62.0%の教員がこの指導実践を行うと回答している。
- 日本の中学校教員の 44.8%は規律を乱している生徒を静かにさせることを「しばしば」又は「いつも」行うと回答している。一方、参加国平均（中学校）では 65.0%の教員がこの指導実践を行うと回答している。
- 日本の中学校教員の 16.1%、また、小学校教員の 15.2%は明らかな解決法が存在しない課題を提示することを「しばしば」又は「いつも」行うと回答している。一方、参加国平均（中学校）では 37.5%の教員がこの指導実践を行うと回答している。
- 日本の中学校教員の 11.1%、また、小学校教員の 9.9%は完成までに少なくとも一週間を必要とする課題を児童生徒に与えることを「しばしば」又は「いつも」行うと回答している。一方、参加国平均（中学校）では 30.5%の教員がこの指導実践を行うと回答している。

- 生徒を少人数のグループに分け、問題や課題に対する合同の解決法を出させることを、TALIS 2018 年調査で「しばしば」又は「いつも」行うと回答した日本の中学校教員の割合は、TALIS 2013 年調査で「しばしば」又は「ほとんどいつも」行うと回答した教員の割合に比べて、11.9 ポイント増えた。
- 新しい知識が役立つことを示すため、日常生活や仕事での問題を引き合いに出すことを、TALIS 2018 年調査で「しばしば」又は「いつも」行うと回答した日本の中学校教員の割合は、TALIS 2013 年調査の「しばしば」又は「ほとんどいつも」行うと回答した教員の割合に比べて、3.0 ポイント増えた。
- 完成までに少なくとも一週間を必要とする課題を生徒に与えることを、TALIS 2018 年調査で「しばしば」又は「いつも」行うと回答した日本の中学校教員の割合は、TALIS 2013 年調査の「しばしば」又は「ほとんどいつも」行うと回答した教員の割合に比べて、3.0 ポイント減った。
- 日本の中学校教員の 51.2%、小学校教員の 54.7%は（教員が）「自ら評価を実施する」学習評価方法を「しばしば」又は「いつも」使うと回答している。
- 日本の中学校教員の 26.3%、小学校教員の 45.3%は、児童生徒の学習成果に対して点数や評定による成績評価だけでなく、文書によるフィードバックを行う学習評価方法を「しばしば」又は「いつも」使うと回答している。
- 日本の中学校教員の 30.8%、小学校教員の 30.6%は、児童生徒に学習の進捗状況を自己評価させる学習評価方法を「しばしば」又は「いつも」使うと回答している。
- 日本の中学校教員の 41.2%、小学校教員の 47.9%は、児童生徒が特定の課題に取り組む様子を観察し、必要なフィードバックを即座に行う学習評価方法を「しばしば」又は「いつも」使うと回答している。
- 生徒の学習成果に対して点数や評定による成績評価だけでなく、文書によるフィードバックを行うという学習評価方法で、TALIS 2018 年調査で「しばしば」又は「いつも」行うと回答した日本の中学校教員の割合は、TALIS 2013 年調査で「しばしば」又は「ほとんどいつも」行うと回答した教員の割合に比べて、3.4 ポイント増えた。
- 生徒に学習の進捗状況を自己評価させるという学習評価方法では、TALIS 2018 年調査で「しばしば」又は「いつも」行うと回答した日本の中学校教員の割合は、TALIS 2013 年調査の「しばしば」又は「ほとんどいつも」行うと回答した教員の割合に比べて、3.9 ポイント増えた。
- 中学校教員の回答による一週間当たりの仕事にかける時間は、参加国平均では 38.3 時間であるが、日本は最も長く 56.0 時間である。また、小学校については、参加国の中で、日本は最も長く 54.4 時間である。
- 日本の教員が一般的な事務業務にかける時間は、中学校で 5.6 時間、小学校で 5.2 時間である。一方、中学校教員の参加国平均は 2.7 時間である。
- 日本の教員が学校内外で個人で行う授業の計画や準備にかける時間は、中学校で 8.5 時間、小学校で 8.6 時間である。一方、中学校教員の参加国平均は 6.8 時間である。

- 日本の教員が課外活動の指導にかける時間は、中学校で7.5時間、小学校で0.6時間である。一方、中学校教員の参加国平均では1.9時間である。
- 日本の教員が職能開発活動にかける時間は、中学校で0.6時間、小学校で0.7時間である。一方、中学校教員の参加国平均では2.0時間である。
- 日本の中学校校長は、教育課程や学習指導に関わる業務や会議にかける時間の割合が参加国平均と比べて高い。
- デジタル技術の利用によって生徒の学習を支援する指導では、5年を超える勤務経験年数の中学校教員が「かなりできている」又は「非常に良くできている」と回答した割合は、5年以下の勤務経験年数の教員の回答の割合に比べて7.9ポイント低い。
- 日本では5年以下の勤務経験年数の中学校教員は、秩序を乱す、又は騒々しい生徒を落ち着かせる指導を「かなりできている」又は「非常に良くできている」との回答が、5年を超える勤務経験年数の教員に比べて20.6ポイント低い。
- （自分が所属する）この学校のほとんどの中学校教員は、変化に対して前向きであることについて、「当てはまる」又は「非常に良く当てはまる」と回答した教員の割合は50歳以上の教員で79.0%、30歳未満の教員で64.1%である。
- この学校のほとんどの中学校教員は、変化に対して前向きであることについて、「当てはまる」又は「非常に良く当てはまる」と回答した勤務経験年数5年を超える教員は71.4%であり、勤務経験年数5年以下の教員は65.0%である。
- この学校のほとんどの教員は、問題を解決するための新しい方法を模索していることについて、「当てはまる」又は「非常に良く当てはまる」と回答した教員は、中学校で77.5%、小学校で86.5%である。一方、中学校教員の参加国平均は79.1%である。
- この学校のほとんどの教員は、新しいアイデアを活用するために、互いに、実際に役に立つサポートをし合っていることについては、「当てはまる」又は「非常に良く当てはまる」と回答した教員は、中学校で70.6%、小学校で82.3%である。一方、中学校教員の参加国平均は80.0%である。
- 学校は、新しいアイデアをちゅうちょなく受け入れることについて、所属する学校が「当てはまる」又は「非常に良く当てはまる」と回答した校長の割合は、中学校で70.0%、小学校で77.9%である。一方、中学校校長の参加国平均は87.4%である。
- 学校は、新しいアイデアの発展のために、すぐに支援を行えることについて、所属する学校が「当てはまる」又は「非常に良く当てはまる」と回答した校長の割合は、中学校で72.6%、小学校で77.4%である。一方、中学校校長の参加国平均は91.3%である。

2.1 教室での指導実践

本節では、教室で教員が用いる指導実践について報告する。

TALIS 2018 年調査では 16 種類の指導実践に着目し、それらが授業でどの程度行われているか教員に質問した。本調査において 16 種類の指導実践は学級経営、指導の明瞭さ、認知的アクティベーション（cognitive activation）、強化活動（enhanced activities）の 4 つのカテゴリーに関連付けて整理されている。教員は「対象学級」において、これらの指導実践をどのくらいの頻度で行っているかを「ほとんどなし」「時々」「しばしば」「いつも」から選択して回答した。図 2.1.1、表 2.1.1、表 2.1.2、表 2.1.3 では「しばしば」又は「いつも」行うと回答した教員の割合を示している[1]。なお、TALIS 2018 年調査における「対象学級」とは、教員が質問紙を回答する時点から一週間前の火曜日午前 11 時以降において、最初に教えた前期中等教育段階の学級と定義される。この定義は TALIS 2013 年調査でも同様であった。

2.1.1 中学校教員の指導実践

図 2.1.1 に OECD31 か国の中学校教員の回答の平均を示す。指導の明瞭さに関連する指導実践全てについて「しばしば」又は「いつも」行うと回答した教員の割合は 70％を超える。指導の明確さに関連する指導実践のうち、特に、「生徒に何を学んで欲しいかを説明する」（89.9％）、「新しい学習内容と過去の学習内容がどのように関連しているか説明する」（83.9％）及び「授業の始めに目標を設定する」（80.5％）ことは、比較的頻繁に行われる指導実践である。

一方、認知的アクティベーションに関連する指導実践については、「しばしば」又は「いつも」行うと回答した教員の割合が 70％を超えるものはない。認知的アクティベーションに関連する指導実践の中で、「しばしば」又は「いつも」行うと回答した教員の割合が最も低いのは「明らかな解決法が存在しない課題を提示する」（33.9％）ことである。

1 「対象学級におけるあなたの指導は、ほとんど全てが特別な支援を要する児童生徒に割かれていますか」との質問に「いいえ」と回答した教員の回答を集計したもの。

図 2.1.1　指導実践（中学校、OECD31か国平均）

自らの授業において、以下の指導実践を「しばしば」又は「いつも」行っていると回答した教員の割合[1]

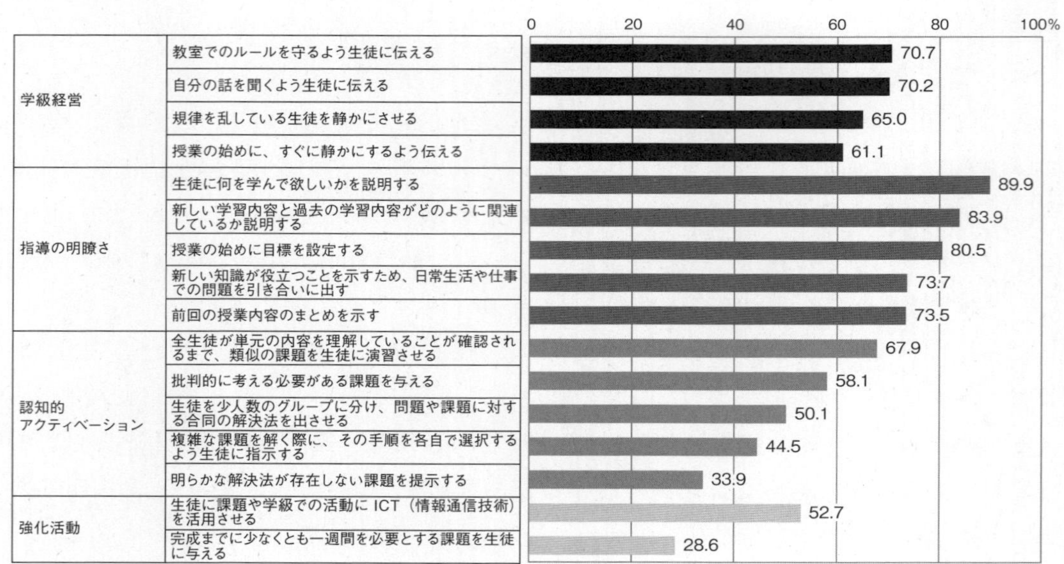

1．これらのデータは、教員の回答に基づいており、毎週の時間割から無作為に選択された、現在指導している学級に関するものである。数値は、授業実践別にカテゴリーに分け、カテゴリーの中で授業実践での使用が多いものから並んでいる。

表2.1.1に、中学校教員による指導実践の項目に対する回答を参加国・地域別に示す。TALIS 2018年調査の参加国では、多くの教員が秩序ある教室の維持を目的とする行為に「しばしば」又は「いつも」従事すると報告している。例えば、「教室でのルールを守るよう生徒に伝える」と「自分の話を聞くよう生徒に伝える」指導実践では、参加国平均でそれぞれ72.4%と70.2%の教員が「しばしば」又は「いつも」従事すると回答している。一方、日本では参加国平均に比べて、秩序ある教室の維持を目的とする行為に「しばしば」又は「いつも」従事する教員の割合が低い。「授業の始めに、すぐに静かにするよう伝える」指導実践を「しばしば」又は「いつも」行うと回答した教員は、参加国平均の62.0%に対し、日本では38.4%である。また、「規律を乱している生徒を静かにさせる」指導実践を「しばしば」又は「いつも」行うと回答した教員は、参加国平均の65.0%に対し、日本では44.8%である。諸外国と比較すると、日本では秩序ある教室の維持を目的とする行為を、高い頻度で行う教員が比較的少ないことが特徴的である。なお、日本を含む東アジアの国・地域では、他の国・地域に比べて、授業中の秩序が保たれていることが多いという見解があるが、TALIS 2018年調査の結果はこのような見解を支持するデータの一つとなり得る。

日本と参加国平均との差が30ポイント以上である項目を以下に挙げる。「批判的に考える必要がある課題を与える」指導実践を「しばしば」又は「いつも」行うと回答した中学校教員は、参加国平均の61.0%に対し、日本では12.6%である。「全生徒が単元の内容を理解していることが確認されるまで、類似の課題を生徒に演習させる」指導実践を「しばしば」又は「いつも」行うと回答した中学校教員は、参加国平均の71.3%に対し、日本では31.3%である。「生徒に課題や学級での活動にICT（情報通信技術）を活用させる」を「しばしば」又は「いつも」行うと回答した中学校教員は、参加国平均の51.3%に対し、日本では17.9%である。

授業等におけるICTの活用については、単に情報の伝達のために使うだけではなく、ICTの活用によって、協働的な学習が進んだり、教科の内容理解が深まったり、学習の意義が明確になるなど、児童生徒の学習が深まることが大事である。なお、TALIS 2018年調査の教員質問紙では、この「活用（use)」の定義は特に行っていない。授業でどのようにICTを活用するのかといった議論は、他の調査研究の知見を合わせることが重要である。

参加国平均と大きな差がある「批判的に考える必要がある課題を与える」指導実践については、日本語の「批判的」という言葉に含有され得る否定的な印象のために、この質問項目に対し、日本の教員の肯定的な回答の割合が低かった可能性がある。一方、批判的に考えるについては、クリティカル・シンキングといった表現で教育現場でも認識が広がっていると思われる。「批判的に考える必要がある課題を与える」ことは、授業で多面的な視点から考えることや、前提や仮説の妥当性を検討することにもつながり、授業実践において今後も重要な要素といえる。

表 2.1.1 [1/2]　指導実践（中学校）

中学校教員の回答に基づく

国　名	自らの授業において、以下の指導実践を「しばしば」又は「いつも」行っていると回答した教員の割合[1]															
	前回の授業内容のまとめを示す		授業の始めに目標を設定する		生徒に何を学んで欲しいかを説明する		新しい学習内容と過去の学習内容がどのように関連しているか説明する		明らかな解決法が存在しない課題を提示する		批判的に考える必要がある課題を与える		生徒を少人数のグループに分け、問題や課題に対する合同の解決法を出させる		複雑な課題を解く際に、その手順を各自で選択するよう生徒に指示する	
	%	S.E.	%	S.E.	%	S.E.	%	S.E.	%	S.E.	%	S.E.	%	S.E.	%	S.E.
アルバータ（カナダ）	81.6	(2.2)	79.8	(2.0)	91.9	(1.7)	86.5	(3.1)	31.8	(2.3)	76.0	(2.2)	56.7	(2.5)	54.9	(2.2)
オーストラリア	74.2	(0.9)	82.1	(0.9)	93.4	(0.7)	82.8	(0.9)	29.2	(1.0)	69.5	(1.3)	51.3	(1.0)	44.1	(1.5)
オーストリア	67.2	(0.9)	60.2	(1.0)	82.9	(0.7)	77.5	(0.7)	12.4	(0.6)	47.2	(0.9)	42.5	(1.1)	35.5	(1.0)
ベルギー	70.6	(0.8)	60.6	(0.8)	91.9	(0.5)	83.0	(0.7)	30.9	(0.8)	43.7	(0.8)	34.1	(0.9)	25.0	(0.8)
フランドル（ベルギー）	62.2	(1.2)	52.7	(1.2)	95.7	(0.5)	86.4	(0.8)	25.3	(1.0)	39.9	(1.1)	41.6	(1.1)	27.2	(1.2)
ブラジル	81.6	(1.0)	85.5	(1.1)	93.7	(0.6)	89.1	(0.8)	48.9	(1.5)	84.2	(1.2)	55.6	(1.6)	39.5	(1.5)
ブルガリア	88.3	(0.7)	92.6	(0.6)	96.1	(0.4)	92.6	(0.5)	19.7	(0.9)	60.6	(1.4)	48.6	(1.1)	52.5	(1.0)
ブエノスアイレス（アルゼンチン）	65.1	(1.5)	79.9	(1.2)	84.6	(1.6)	92.6	(0.7)	60.3	(1.8)	81.3	(1.3)	70.7	(1.6)	57.7	(1.3)
チリ	77.1	(1.2)	94.6	(0.7)	96.0	(0.5)	92.2	(0.8)	57.7	(1.5)	70.0	(1.4)	71.0	(1.5)	67.1	(1.6)
コロンビア	77.8	(1.3)	90.6	(1.0)	94.8	(0.7)	92.9	(0.9)	61.9	(1.9)	87.5	(1.2)	85.0	(1.6)	65.3	(1.6)
クロアチア	59.8	(0.8)	77.7	(1.0)	95.3	(0.4)	92.8	(0.7)	34.2	(0.8)	60.4	(1.1)	30.7	(1.3)	22.3	(0.9)
キプロス	90.3	(1.1)	92.4	(0.7)	93.6	(0.7)	94.3	(0.7)	32.2	(1.8)	75.0	(1.5)	52.1	(1.8)	46.5	(1.4)
チェコ	83.5	(0.8)	88.8	(0.7)	83.2	(0.7)	82.6	(0.7)	10.6	(0.6)	39.8	(0.8)	27.3	(1.0)	32.7	(1.0)
デンマーク	71.1	(1.3)	58.7	(1.3)	81.0	(1.4)	71.8	(1.2)	50.8	(1.3)	61.1	(1.3)	80.3	(1.1)	51.8	(1.3)
イングランド（イギリス）	73.4	(1.1)	89.0	(0.8)	95.4	(0.6)	85.1	(0.9)	33.6	(1.4)	67.5	(1.4)	50.9	(1.5)	43.4	(1.6)
エストニア	78.1	(1.0)	84.7	(0.9)	92.1	(0.6)	84.5	(0.9)	16.4	(1.1)	46.2	(1.2)	39.5	(1.3)	29.0	(1.1)
フィンランド	59.7	(1.2)	64.2	(1.0)	73.0	(1.0)	72.9	(1.1)	34.5	(1.1)	37.2	(1.2)	42.3	(1.1)	26.3	(1.1)
フランス	78.2	(0.9)	78.8	(0.8)	89.8	(0.6)	71.5	(1.0)	25.9	(0.9)	50.3	(1.1)	49.2	(1.2)	26.3	(0.8)
ジョージア	92.1	(0.7)	94.4	(0.6)	92.7	(0.7)	94.1	(0.7)	48.1	(1.7)	76.8	(1.2)	62.4	(1.5)	67.9	(1.3)
ハンガリー	79.9	(0.9)	86.1	(0.7)	94.9	(0.6)	87.2	(0.6)	28.3	(0.9)	55.9	(1.2)	35.5	(1.0)	36.3	(1.0)
アイスランド	38.2	(1.7)	69.7	(1.6)	83.4	(1.3)	74.8	(1.6)	19.4	(1.4)	50.1	(1.7)	44.5	(1.6)	52.6	(1.6)
イスラエル	71.9	(1.0)	79.1	(1.4)	85.5	(1.2)	89.1	(0.9)	34.2	(1.3)	48.6	(1.5)	35.0	(1.3)	35.4	(1.5)
イタリア	81.3	(0.9)	82.8	(0.8)	85.4	(0.9)	93.4	(0.5)	44.2	(1.2)	67.7	(1.0)	45.7	(1.1)	43.3	(1.2)
日本	**58.6**	**(1.0)**	**84.3**	**(1.0)**	**84.9**	**(0.8)**	**63.1**	**(1.0)**	**16.1**	**(0.8)**	**12.6**	**(0.7)**	**44.4**	**(1.5)**	**24.9**	**(1.0)**
カザフスタン	75.1	(0.9)	91.3	(0.5)	92.3	(0.5)	91.9	(0.5)	61.4	(1.1)	78.6	(0.9)	79.3	(0.9)	75.4	(0.9)
韓国	80.5	(0.8)	81.5	(0.8)	94.2	(0.5)	86.3	(0.8)	38.1	(1.0)	44.8	(1.1)	59.2	(1.3)	50.8	(1.1)
ラトビア	84.8	(1.2)	93.3	(0.7)	94.9	(0.6)	91.5	(0.9)	57.4	(1.5)	73.4	(1.1)	46.7	(1.8)	45.5	(2.1)
リトアニア	65.0	(0.9)	97.6	(0.3)	98.7	(0.2)	90.6	(0.5)	13.4	(0.7)	76.6	(0.9)	52.2	(1.1)	69.1	(0.8)
マルタ	75.2	(1.5)	84.7	(1.4)	87.7	(1.1)	81.3	(1.4)	30.9	(1.2)	59.6	(1.8)	42.7	(1.5)	40.6	(1.3)
メキシコ	65.6	(1.2)	91.1	(0.7)	94.8	(0.5)	91.5	(0.6)	38.4	(1.3)	67.4	(1.0)	70.9	(1.1)	67.6	(1.0)
オランダ	65.0	(1.8)	77.1	(1.9)	91.7	(1.1)	86.7	(1.3)	39.4	(2.1)	54.3	(1.7)	47.7	(2.2)	39.9	(2.0)
ニュージーランド	63.4	(1.5)	78.8	(1.3)	93.9	(0.6)	77.5	(1.2)	28.7	(1.4)	69.4	(1.3)	59.5	(1.8)	50.9	(1.8)
ノルウェー	77.2	(0.8)	75.4	(0.9)	85.7	(0.7)	79.9	(0.8)	53.1	(1.2)	51.1	(1.0)	63.0	(1.3)	52.5	(1.0)
ポルトガル	84.4	(0.7)	64.6	(1.0)	83.8	(0.8)	92.5	(0.5)	67.3	(0.8)	68.4	(0.8)	49.9	(1.0)	44.5	(1.0)
ルーマニア	78.2	(0.9)	97.0	(0.4)	97.8	(0.3)	96.7	(0.4)	22.3	(0.9)	67.9	(1.2)	52.8	(1.0)	43.7	(1.4)
ロシア	66.4	(1.3)	84.8	(1.0)	79.5	(1.2)	82.0	(1.1)	58.1	(1.3)	59.7	(1.4)	42.5	(1.4)	44.9	(1.5)
サウジアラビア	83.3	(0.9)	88.7	(0.8)	89.5	(0.7)	89.7	(0.7)	43.9	(1.5)	62.2	(1.6)	72.4	(1.5)	55.8	(1.5)
上海（中国）	92.9	(0.5)	97.7	(0.3)	97.0	(0.4)	93.4	(0.5)	43.7	(0.9)	53.3	(1.3)	70.0	(1.0)	67.4	(1.0)
シンガポール	73.9	(0.8)	81.9	(0.7)	92.3	(0.5)	80.5	(0.8)	35.3	(0.9)	54.1	(0.9)	44.9	(1.0)	36.3	(0.9)
スロバキア	84.5	(0.8)	89.1	(0.7)	92.2	(0.5)	89.1	(0.7)	29.9	(1.0)	59.1	(1.1)	40.2	(1.0)	48.7	(1.4)
スロベニア	79.2	(1.0)	73.6	(1.1)	89.4	(0.7)	84.2	(0.8)	29.5	(1.0)	57.6	(1.1)	28.4	(1.3)	28.3	(1.3)
南アフリカ共和国	80.0	(1.1)	82.6	(1.5)	92.0	(1.0)	86.9	(1.3)	52.3	(2.6)	83.1	(1.4)	54.1	(1.8)	53.9	(2.0)
スペイン	74.5	(0.8)	80.4	(0.7)	93.6	(0.5)	89.1	(0.9)	44.2	(1.6)	65.4	(1.1)	45.9	(1.1)	41.1	(1.0)
スウェーデン	75.5	(1.2)	82.2	(1.1)	89.9	(0.8)	70.8	(1.4)	24.7	(1.1)	48.9	(1.4)	51.5	(1.4)	44.6	(1.3)
台湾	82.9	(0.7)	88.5	(0.6)	85.7	(0.6)	91.6	(0.5)	36.4	(0.9)	48.8	(1.0)	40.2	(1.0)	39.3	(0.9)
トルコ	84.7	(0.7)	93.3	(0.5)	91.7	(0.6)	93.2	(0.6)	21.9	(0.9)	54.7	(1.0)	43.9	(1.1)	57.1	(1.2)
アラブ首長国連邦	86.7	(0.5)	96.5	(0.3)	97.0	(0.3)	94.2	(0.3)	46.7	(0.9)	82.4	(0.5)	84.2	(0.5)	70.0	(0.7)
アメリカ	72.1	(3.3)	84.5	(1.6)	91.7	(1.0)	87.7	(1.1)	27.6	(2.0)	78.9	(1.3)	59.7	(4.0)	45.9	(1.5)
ベトナム	84.2	(1.6)	92.1	(1.3)	85.9	(1.6)	91.6	(1.5)	73.7	(1.8)	41.3	(1.6)	73.6	(1.6)	60.2	(1.7)
OECD31か国平均	73.5	(0.2)	80.5	(0.2)	89.9	(0.1)	83.9	(0.2)	33.9	(0.2)	58.1	(0.2)	50.1	(0.3)	44.5	(0.2)
EU23か国全体	76.1	(0.3)	81.4	(0.3)	90.7	(0.2)	85.1	(0.3)	34.1	(0.4)	60.0	(0.4)	46.7	(0.4)	39.1	(0.4)
TALIS 参加 48 か国平均	**75.7**	**(0.2)**	**83.4**	**(0.1)**	**90.4**	**(0.1)**	**86.2**	**(0.1)**	**37.5**	**(0.2)**	**61.0**	**(0.2)**	**52.7**	**(0.2)**	**47.0**	**(0.2)**

1．これらのデータは、教員の回答に基づいており、毎週の時間割から無作為に選択された、現在指導している学級に関するものである。

表 2.1.1［2/2］　指導実践（中学校）

中学校教員の回答に基づく

国　名	自らの授業において、以下の指導実践を「しばしば」又は「いつも」行っていると回答した教員の割合[1]															
	教室でのルールを守るよう生徒に伝える		自分の話を聞くよう生徒に伝える		規律を乱している生徒を静かにさせる		授業の始めに、すぐに静かにするよう伝える		新しい知識が役立つことを示すため、日常生活や仕事での問題を引き合いに出す		全生徒が単元の内容を理解していることが確認されるまで、類似の課題を生徒に演習させる		完成までに少なくとも一週間を必要とする課題を生徒に与える		生徒に課題や学級での活動に ICT（情報通信技術）を活用させる	
	%	S.E.	%	S.E.	%	S.E.	%	S.E.	%	S.E.	%	S.E.	%	S.E.	%	S.E.
アルバータ（カナダ）	54.0	(3.0)	50.4	(2.5)	58.2	(3.0)	61.9	(2.8)	74.6	(1.5)	72.5	(2.5)	44.0	(3.1)	65.7	(2.9)
オーストラリア	58.4	(1.1)	59.8	(1.1)	59.7	(1.1)	67.7	(1.1)	72.1	(1.0)	67.0	(1.2)	46.2	(1.2)	78.2	(1.1)
オーストリア	59.0	(1.0)	60.0	(0.9)	56.1	(1.0)	58.0	(1.1)	74.8	(0.8)	55.8	(0.9)	17.0	(0.8)	32.9	(1.0)
ベルギー	80.4	(0.8)	78.5	(0.8)	78.4	(0.7)	82.2	(0.7)	68.4	(0.9)	66.1	(0.8)	21.5	(0.9)	28.9	(0.9)
フランドル（ベルギー）	79.4	(1.2)	77.2	(1.1)	79.9	(0.9)	86.0	(0.7)	73.9	(1.0)	66.4	(1.0)	21.8	(1.2)	37.8	(1.3)
ブラジル	90.4	(0.7)	91.1	(0.7)	87.0	(1.0)	78.1	(1.3)	91.3	(0.7)	75.9	(1.4)	43.4	(1.6)	41.6	(1.5)
ブルガリア	78.7	(1.2)	75.6	(1.2)	68.4	(1.3)	62.5	(1.4)	81.9	(1.0)	79.3	(0.9)	36.9	(1.1)	44.2	(1.3)
ブエノスアイレス（アルゼンチン）	81.4	(1.1)	77.6	(0.9)	74.3	(1.1)	66.5	(1.1)	74.8	(1.3)	74.7	(1.4)	52.4	(1.3)	64.0	(2.0)
チリ	91.2	(0.9)	87.8	(1.0)	85.8	(1.1)	76.0	(1.4)	88.2	(1.1)	88.0	(0.9)	50.8	(1.5)	63.4	(1.6)
コロンビア	86.1	(1.1)	81.4	(1.4)	82.5	(1.5)	68.2	(1.6)	92.0	(0.8)	84.2	(1.0)	55.2	(1.3)	70.8	(1.4)
クロアチア	51.3	(1.2)	48.4	(1.3)	37.9	(1.3)	29.2	(1.2)	90.1	(0.9)	64.6	(1.0)	13.0	(0.7)	46.2	(1.2)
キプロス	85.6	(1.6)	83.2	(1.6)	83.9	(1.7)	74.5	(1.4)	82.5	(1.5)	82.4	(1.3)	25.6	(2.0)	54.2	(1.5)
チェコ	50.9	(1.1)	51.9	(1.1)	39.3	(1.1)	32.4	(1.0)	69.2	(0.9)	63.6	(1.0)	8.7	(0.6)	35.4	(1.0)
デンマーク	53.0	(1.5)	55.2	(1.3)	57.0	(1.3)	64.2	(1.3)	60.9	(1.5)	53.8	(1.5)	24.9	(1.2)	90.4	(0.9)
イングランド（イギリス）	67.6	(1.4)	69.3	(1.3)	62.6	(1.1)	75.6	(1.0)	65.2	(1.2)	67.5	(1.1)	31.3	(1.0)	41.3	(1.4)
エストニア	40.9	(1.2)	32.8	(1.0)	35.5	(1.1)	21.3	(0.9)	68.2	(1.3)	69.8	(1.0)	14.4	(0.8)	45.6	(1.0)
フィンランド	58.7	(1.3)	64.5	(1.1)	59.7	(1.1)	63.6	(1.2)	68.2	(1.1)	50.4	(1.2)	22.4	(0.9)	50.7	(1.6)
フランス	77.3	(0.9)	76.1	(0.8)	70.5	(1.1)	69.4	(1.0)	57.5	(0.9)	55.2	(1.1)	27.4	(0.8)	36.1	(1.0)
ジョージア	54.4	(1.7)	34.8	(1.7)	34.1	(1.6)	34.2	(1.7)	74.4	(1.4)	87.6	(1.0)	25.8	(1.3)	53.3	(1.4)
ハンガリー	87.6	(0.7)	73.3	(1.1)	66.7	(1.2)	62.5	(1.2)	84.7	(0.8)	82.5	(0.9)	9.9	(0.7)	48.1	(1.3)
アイスランド	66.8	(1.3)	76.8	(1.2)	75.3	(1.4)	55.2	(1.8)	40.5	(1.7)	48.8	(1.9)	30.8	(1.4)	54.0	(1.9)
イスラエル	85.4	(0.9)	82.9	(1.0)	76.8	(1.1)	69.9	(1.2)	71.2	(1.5)	75.8	(1.5)	28.4	(1.1)	51.8	(1.7)
イタリア	80.3	(0.8)	74.7	(1.0)	65.0	(1.1)	50.4	(1.1)	82.5	(0.7)	85.5	(0.8)	20.2	(0.8)	46.6	(1.2)
日本	**64.2**	**(1.2)**	**62.9**	**(1.2)**	**44.8**	**(1.4)**	**38.4**	**(1.4)**	**53.9**	**(0.9)**	**31.3**	**(1.0)**	**11.1**	**(0.6)**	**17.9**	**(1.0)**
カザフスタン	63.1	(0.9)	60.0	(0.9)	42.5	(0.9)	43.8	(1.0)	82.4	(0.7)	70.3	(0.8)	33.6	(1.2)	65.7	(1.2)
韓国	79.3	(0.9)	81.7	(0.9)	74.8	(1.1)	69.2	(1.2)	82.1	(0.8)	65.8	(1.1)	31.4	(1.0)	29.6	(1.1)
ラトビア	93.2	(0.7)	92.9	(0.6)	49.6	(1.4)	61.4	(1.4)	88.5	(0.9)	83.3	(1.0)	21.3	(1.1)	48.3	(1.8)
リトアニア	69.3	(1.0)	65.6	(1.0)	52.5	(1.3)	37.7	(1.1)	87.1	(0.7)	77.2	(1.0)	25.6	(0.9)	61.8	(1.0)
マルタ	76.7	(1.8)	76.0	(1.3)	69.0	(1.8)	74.3	(2.1)	77.3	(1.4)	75.2	(1.3)	35.3	(1.3)	48.0	(1.5)
メキシコ	84.9	(0.7)	86.3	(0.8)	81.6	(0.8)	64.3	(1.1)	89.2	(0.7)	81.7	(1.1)	53.8	(1.0)	68.7	(1.3)
オランダ	82.2	(1.6)	87.6	(1.4)	81.4	(1.6)	79.7	(2.2)	64.2	(1.7)	61.4	(2.2)	27.7	(1.8)	51.3	(2.8)
ニュージーランド	56.6	(1.6)	56.4	(1.5)	59.5	(1.6)	61.5	(1.7)	72.6	(1.3)	67.8	(1.4)	42.3	(1.5)	79.8	(1.8)
ノルウェー	52.2	(1.3)	57.2	(1.3)	59.2	(1.4)	65.9	(1.2)	66.5	(1.1)	47.2	(0.9)	28.8	(1.2)	m	m
ポルトガル	96.8	(0.3)	96.7	(0.3)	85.0	(0.7)	81.2	(0.8)	93.1	(0.5)	72.9	(0.9)	32.2	(0.9)	56.8	(1.0)
ルーマニア	88.9	(0.9)	84.5	(0.9)	73.4	(1.2)	61.1	(1.6)	83.1	(1.0)	86.6	(0.7)	33.7	(1.4)	56.2	(1.2)
ロシア	44.5	(1.5)	44.2	(1.5)	29.8	(1.2)	28.1	(1.2)	79.5	(1.2)	77.4	(1.2)	25.9	(1.0)	69.0	(1.1)
サウジアラビア	87.9	(0.8)	88.0	(0.9)	84.5	(1.1)	81.3	(1.1)	77.8	(1.3)	81.1	(1.0)	42.1	(1.4)	48.6	(1.6)
上海（中国）	68.0	(1.0)	53.2	(0.9)	54.9	(0.9)	63.1	(1.0)	91.7	(0.5)	76.7	(0.8)	20.8	(0.9)	24.3	(0.9)
シンガポール	75.8	(0.8)	74.8	(0.8)	63.9	(0.9)	77.8	(0.7)	70.9	(0.8)	71.3	(1.0)	34.3	(1.0)	42.8	(0.8)
スロバキア	72.6	(1.0)	70.2	(1.0)	63.3	(1.0)	55.5	(1.1)	72.0	(1.1)	70.9	(1.1)	15.8	(0.7)	47.3	(1.2)
スロベニア	62.7	(1.3)	62.1	(1.3)	65.8	(1.2)	46.1	(1.2)	80.1	(1.0)	68.9	(1.0)	11.6	(0.6)	36.5	(1.2)
南アフリカ共和国	84.7	(1.2)	86.1	(1.3)	83.5	(1.8)	83.3	(1.4)	83.5	(1.1)	79.0	(1.5)	55.8	(2.1)	38.3	(1.8)
スペイン	81.1	(0.7)	81.8	(0.9)	77.4	(0.8)	72.8	(0.9)	81.2	(1.2)	76.7	(0.7)	33.0	(1.0)	51.4	(1.4)
スウェーデン	56.0	(1.4)	59.6	(1.3)	55.9	(1.4)	58.0	(1.5)	58.6	(1.4)	65.5	(1.5)	34.9	(1.2)	63.3	(1.4)
台湾	81.5	(0.8)	79.9	(0.8)	66.8	(0.9)	71.2	(0.9)	84.3	(0.6)	67.0	(0.8)	20.3	(0.8)	14.7	(0.7)
トルコ	81.4	(0.8)	84.5	(0.7)	78.5	(0.9)	64.3	(0.8)	86.6	(0.8)	80.9	(0.9)	30.2	(1.1)	66.6	(1.0)
アラブ首長国連邦	83.5	(0.6)	77.7	(0.6)	79.7	(0.6)	77.4	(0.6)	85.0	(0.5)	85.0	(0.5)	54.7	(0.8)	76.8	(0.6)
アメリカ	60.4	(3.0)	55.2	(1.7)	57.4	(3.4)	59.1	(1.5)	71.3	(2.3)	66.8	(3.0)	33.0	(2.4)	60.1	(2.9)
ベトナム	87.5	(1.5)	58.7	(2.2)	69.8	(2.2)	75.3	(1.9)	87.2	(1.6)	85.7	(1.6)	24.7	(1.4)	42.8	(2.0)
OECD31か国平均	70.7	(0.2)	70.2	(0.2)	65.0	(0.3)	61.1	(0.2)	73.7	(0.2)	67.9	(0.2)	28.6	(0.2)	52.7	(0.3)
EU23か国全体	75.4	(0.3)	74.3	(0.3)	67.2	(0.3)	64.7	(0.3)	73.1	(0.3)	70.4	(0.3)	26.1	(0.3)	46.1	(0.4)
TALIS 参加 48 か国平均	**72.4**	**(0.2)**	**70.2**	**(0.2)**	**65.0**	**(0.2)**	**62.0**	**(0.2)**	**76.7**	**(0.2)**	**71.3**	**(0.2)**	**30.5**	**(0.2)**	**51.3**	**(0.2)**

2.1.2 小学校教員の指導実践

TALIS 2018 年調査では、小学校教員に対しても TALIS 2018 年調査で着目する 16 種類の指導実践に関する質問を行った。

表 2.1.2 に、小学校教員による指導実践の項目に対する回答を参加国・地域別に示す。多くの指導実践の項目において、「しばしば」又は「いつも」行うと回答した小学校教員の割合は、中学校教員のそれよりも高い。ここで、表 2.1.1 の中学校教員の回答において、日本と参加国平均との差が 30 ポイント以上であった各指導実践について、日本の小学校教員の回答と中学校教員の回答を比較すると次のようになる。「全児童生徒が単元の内容を理解していることが確認されるまで、類似の課題を児童生徒に演習させる」指導実践を「しばしば」又は「いつも」行うと回答した教員の割合は、中学校教員の 31.3%に対し、小学校教員では 55.8%である。「児童生徒に課題や学級での活動に ICT（情報通信技術）を活用させる」指導実践を「しばしば」又は「いつも」行うと回答した教員の割合は、中学校教員の 17.9%に対し、小学校教員では 24.4%である。「批判的に考える必要がある課題を与える」指導実践を「しばしば」又は「いつも」行うと回答した教員の割合は、中学校教員の 12.6%に対し、小学校では 11.6%である。

TALIS 2018 年調査で着目する 16 種類の指導実践の中で、「しばしば」又は「いつも」行うとの回答の割合が小学校教員と中学校教員で共に 20%未満の指導実践は、上述の「批判的に考える必要がある課題を与える」に加えて、「明らかな解決法が存在しない課題を提示する」（小学校 15.2%、中学校 16.1%）と「完成までに少なくとも一週間を必要とする課題を児童生徒に与える」（小学校 9.9%、中学校 11.1%）である。

各教科の体系的な内容を学習する授業において、「明らかな解決法が存在しない課題を提示する」場面は比較的少ないかもしれない。一方、学習指導において、現代的な諸課題に対応する力の育成に力点を置く際には、明らかな解決法が存在しない課題を扱う場面やその必要性が増すといえる。例えば、科学・技術と人間生活との関わりや、多様化する価値観の中で他者の考え方を理解し尊重する力を育成することに力点を置くときである。明らかな解決法が存在しない課題としては、持続可能な開発のための教育（ESD）に関する課題などが考えられる。

表 2.1.2［1/2］　指導実践（小学校）

小学校教員の回答に基づく

国　名	自らの授業において、以下の指導実践を「しばしば」又は「いつも」行っていると回答した教員の割合[1]															
	前回の授業内容のまとめを示す		授業の始めに目標を設定する		児童に何を学んで欲しいかを説明する		新しい学習内容と過去の学習内容がどのように関連しているか説明する		明らかな解決法が存在しない課題を提示する		批判的に考える必要がある課題を与える		児童を少人数のグループに分け、問題や課題に対する合同の解決法を出させる		複雑な課題を解く際に、その手順を各自で選択するよう児童に指示する	
	%	S.E.	%	S.E.	%	S.E.	%	S.E.	%	S.E.	%	S.E.	%	S.E.	%	S.E.
フランドル（ベルギー）	70.6	(1.2)	59.0	(1.2)	89.1	(0.7)	78.2	(1.0)	25.0	(1.0)	42.5	(1.3)	65.4	(1.2)	47.5	(1.3)
ブエノスアイレス（アルゼンチン）	63.2	(1.2)	80.6	(1.1)	80.3	(1.1)	88.2	(0.9)	60.4	(1.3)	83.3	(0.8)	73.1	(1.3)	73.9	(1.3)
デンマーク	74.1	(0.9)	61.1	(1.0)	83.4	(0.7)	70.2	(1.0)	38.7	(1.1)	37.3	(1.3)	57.5	(1.1)	35.5	(1.2)
イングランド（イギリス）	76.2	(1.2)	92.4	(0.8)	97.9	(0.4)	86.3	(1.0)	42.5	(1.4)	68.0	(1.3)	67.9	(1.2)	57.9	(1.1)
フランス	82.8	(1.2)	72.8	(1.8)	84.4	(1.3)	64.9	(1.7)	19.6	(1.9)	28.6	(1.8)	50.1	(1.8)	43.7	(2.3)
日本	60.8	(1.1)	93.4	(0.5)	88.1	(0.7)	68.6	(1.0)	15.2	(0.8)	11.6	(0.7)	56.1	(1.0)	38.9	(1.0)
韓国	82.4	(0.7)	92.0	(0.7)	96.6	(0.4)	90.3	(0.7)	38.1	(1.1)	47.1	(1.2)	74.0	(1.0)	52.3	(1.2)
スペイン	73.4	(1.1)	78.3	(0.8)	89.8	(0.6)	87.3	(0.6)	45.4	(1.0)	65.1	(1.1)	62.8	(1.5)	54.9	(1.2)
スウェーデン	78.1	(1.3)	73.2	(1.4)	86.3	(1.0)	65.3	(1.6)	20.9	(1.0)	36.3	(1.3)	51.2	(1.3)	41.1	(1.4)
台湾	80.2	(0.8)	91.2	(0.5)	88.0	(0.6)	89.6	(0.5)	40.6	(0.8)	53.0	(0.9)	54.8	(1.0)	45.2	(1.0)
トルコ	87.2	(1.0)	94.3	(0.7)	90.1	(0.8)	94.2	(0.7)	20.7	(1.3)	60.2	(1.8)	49.0	(1.4)	59.4	(1.5)
アラブ首長国連邦	85.9	(0.5)	96.0	(0.2)	97.0	(0.2)	92.9	(0.4)	48.0	(0.7)	81.1	(0.5)	86.5	(0.5)	70.7	(0.5)
ベトナム	87.7	(0.9)	96.4	(0.5)	89.8	(0.8)	95.0	(0.6)	66.9	(1.2)	40.9	(1.1)	86.9	(0.9)	68.2	(1.2)
オーストラリア	75.8	(1.0)	87.3	(0.8)	96.1	(0.5)	85.4	(0.9)	32.9	(1.1)	63.9	(1.2)	63.5	(1.1)	52.2	(1.1)
オランダ	82.7	(1.1)	94.8	(0.9)	96.3	(0.7)	87.7	(1.2)	34.1	(1.6)	58.3	(1.7)	71.1	(1.3)	58.1	(1.7)

表 2.1.2［2/2］　指導実践（小学校）

小学校教員の回答に基づく

国　名	自らの授業において、以下の指導実践を「しばしば」又は「いつも」行っていると回答した教員の割合[1]															
	教室でのルールを守るよう児童に伝える		自分の話を聞くよう児童に伝える		規律を乱している児童を静かにさせる		授業の始めに、すぐに静かにするよう伝える		新しい知識が役立つことを示すため、日常生活や仕事での問題を引き合いに出す		全児童が単元の内容を理解していることが確認されるまで、類似の課題を児童に演習させる		完成までに少なくとも一週間を必要とする課題を児童に与える		児童に課題や学級での活動に ICT（情報通信技術）を活用させる	
	%	S.E.	%	S.E.	%	S.E.	%	S.E.	%	S.E.	%	S.E.	%	S.E.	%	S.E.
フランドル（ベルギー）	84.1	(0.8)	82.6	(0.8)	82.6	(1.0)	84.0	(0.8)	79.4	(1.1)	81.4	(0.9)	23.3	(1.1)	38.6	(1.1)
ブエノスアイレス（アルゼンチン）	92.5	(0.7)	87.8	(0.9)	89.7	(0.9)	79.8	(1.1)	74.6	(1.3)	85.0	(1.0)	43.7	(1.2)	53.2	(1.3)
デンマーク	72.5	(1.2)	74.3	(1.0)	76.5	(1.0)	79.4	(0.9)	59.0	(1.0)	63.3	(1.1)	20.3	(1.0)	58.3	(1.1)
イングランド（イギリス）	73.4	(1.3)	71.2	(1.4)	62.1	(1.3)	72.1	(1.2)	77.0	(1.1)	71.1	(1.3)	23.0	(1.1)	42.4	(1.4)
フランス	83.1	(1.4)	81.8	(1.6)	75.2	(2.2)	62.5	(1.8)	57.9	(1.6)	58.3	(2.1)	18.0	(1.8)	14.5	(1.6)
日本	77.6	(1.0)	72.9	(1.1)	56.1	(1.1)	45.4	(1.1)	55.6	(1.1)	55.8	(1.0)	9.9	(0.7)	24.4	(0.9)
韓国	86.8	(0.8)	86.2	(0.8)	81.7	(0.8)	69.8	(1.1)	88.3	(0.7)	77.0	(0.9)	24.5	(1.1)	28.3	(1.1)
スペイン	85.0	(0.8)	84.8	(0.7)	83.6	(0.8)	67.5	(1.1)	86.1	(0.8)	84.2	(0.7)	32.4	(1.1)	42.0	(1.3)
スウェーデン	60.9	(1.5)	66.1	(1.4)	64.5	(1.3)	60.4	(1.7)	55.5	(1.6)	71.7	(1.3)	25.5	(1.4)	50.6	(1.6)
台湾	86.4	(0.6)	84.5	(0.7)	73.0	(0.8)	75.7	(0.8)	88.0	(0.6)	72.8	(0.8)	18.1	(0.8)	16.5	(0.7)
トルコ	83.9	(1.2)	87.6	(1.1)	83.7	(1.1)	67.0	(1.5)	91.6	(0.9)	92.0	(0.8)	24.2	(1.2)	56.8	(1.5)
アラブ首長国連邦	87.7	(0.5)	81.6	(0.6)	83.4	(0.5)	81.4	(0.6)	85.0	(0.5)	85.6	(0.4)	49.8	(0.7)	68.1	(0.7)
ベトナム	91.9	(0.7)	61.1	(1.3)	70.2	(1.2)	82.8	(0.9)	91.5	(0.6)	90.3	(0.8)	19.9	(1.0)	22.8	(1.0)
オーストラリア	64.4	(1.1)	62.3	(1.1)	66.0	(1.2)	64.8	(1.2)	75.7	(1.1)	76.8	(1.0)	28.8	(1.1)	61.6	(1.1)
オランダ	92.5	(0.8)	92.3	(0.9)	82.3	(1.3)	89.4	(1.0)	80.2	(1.3)	74.6	(1.6)	31.1	(1.5)	67.8	(1.5)

1．これらのデータは、教員の回答に基づいており、毎週の時間割から無作為に選択された、現在指導している学級に関するものである。

2.1.3　指導実践の変容

2013年実施のTALIS 2013年調査は8種類の指導実践について、授業でどの程度行われているか教員に質問した。その際、教員は「対象学級」において、これらの指導実践をどのくらいの頻度で行っているかについて、「ほとんどなし」「時々」「しばしば」「ほとんどいつも」から選択して回答した。OECD（2019）では、表2.1.3のように6種類の指導実践についてTALIS 2013年調査とTALIS 2018年調査の中学校教員の回答結果を比較している。表ではTALIS 2013年調査とTALIS 2018年調査での回答結果に統計的有意差がある場合に、その数値を太字で表示している。表2.1.3で示すように、日本の中学校教員の回答結果の比較において統計的有意差があるのは、次の4つの指導実践である。

「生徒を少人数のグループに分け、問題や課題に対する合同の解決法を出させる」指導実践では、TALIS 2018年調査で「しばしば（frequently）」又は「いつも（always）」行うと回答した日本の中学校教員の割合は、TALIS 2013年調査で「しばしば（frequently）」又は「ほとんどいつも（in all or nearly all lessons）」行うと回答した教員の割合に比べて、11.9ポイント増えた。「生徒に課題や学級での活動にICT（情報通信技術）を活用させる」指導実践はTALIS 2018年調査で「しばしば」又は「いつも」行うと回答した日本の中学校教員の割合は、TALIS 2013年調査で「しばしば」又は「ほとんどいつも」行うと回答した教員の割合に比べて、7.9ポイント増えた。また、「新しい知識が役立つことを示すため、日常生活や仕事での問題を引き合いに出す」指導実践については、TALIS 2018年調査で「しばしば」又は「いつも」行うと回答した日本の中学校教員の割合は、TALIS 2013年調査の「しばしば」又は「ほとんどいつも」行うと回答した教員の割合に比べて、3.0ポイント増えた。

一方、「完成までに少なくとも一週間を必要とする課題を生徒に与える」指導実践では、TALIS 2018年調査で「しばしば」又は「いつも」行うと回答した日本の中学校教員の割合は、TALIS 2013年調査の「しばしば」又は「ほとんどいつも」行うと回答した教員の割合に比べて、3.0ポイント減った。

表 2.1.3［1/2］ 指導実践に関する 2013 年調査と 2018 年調査の結果の比較（中学校）

中学校教員の回答に基づく

国　名	自らの授業において、以下の指導実践を「しばしば」又は「いつも」行っていると回答した教員の割合[1]																	
	前回の授業内容のまとめを示す						生徒を少人数のグループに分け、問題や課題に対する合同の解決法を出させる						新しい知識が役立つことを示すため、日常生活や仕事での問題を引き合いに出す					
	TALIS 2013年調査		TALIS 2018年調査		TALIS 2013年と2018年との差 (TALIS 2018－TALIS 2013)		TALIS 2013年調査		TALIS 2018年調査		TALIS 2013年と2018年との差 (TALIS 2018－TALIS 2013)		TALIS 2013年調査		TALIS 2018年調査		TALIS 2013年と2018年との差 (TALIS 2018－TALIS 2013)	
	%	S.E.	%	S.E.	差	S.E.	%	S.E.	%	S.E.	差	S.E.	%	S.E.	%	S.E.	差	S.E.
アルバータ（カナダ）	79.1	(1.1)	81.6	(2.2)	2.5	(2.5)	58.4	(1.4)	56.7	(2.5)	-1.6	(2.9)	73.2	(1.3)	74.6	(1.5)	1.3	(2.0)
オーストラリア	72.3	(1.8)	74.2	(0.9)	1.9	(2.0)	43.7	(2.1)	51.3	(1.0)	**7.6**	(2.4)	68.6	(1.9)	72.1	(1.0)	3.5	(2.2)
ブラジル	79.2	(0.7)	81.6	(1.0)	2.4	(1.2)	65.6	(0.9)	55.6	(1.6)	**-10.0**	(1.8)	89.4	(0.6)	91.3	(0.7)	**2.0**	(0.9)
ブルガリア	79.8	(1.1)	88.3	(0.7)	**8.6**	(1.3)	44.4	(1.3)	48.6	(1.1)	**4.2**	(1.7)	77.6	(1.1)	81.9	(1.0)	**4.4**	(1.4)
チリ	81.9	(1.4)	77.1	(1.2)	**-4.8**	(1.9)	73.9	(1.4)	71.0	(1.5)	-2.8	(2.1)	84.9	(1.2)	88.2	(1.1)	**3.3**	(1.6)
クロアチア	59.5	(1.1)	59.8	(0.8)	0.3	(1.3)	33.3	(1.0)	30.7	(1.3)	-2.6	(1.6)	78.6	(0.8)	90.1	(0.9)	**11.5**	(1.2)
キプロス	83.8	(1.0)	90.3	(1.1)	**6.5**	(1.5)	51.3	(1.4)	52.1	(1.8)	0.8	(2.3)	82.8	(1.0)	82.5	(1.5)	-0.2	(1.8)
チェコ	87.9	(0.6)	83.5	(0.8)	**-4.5**	(1.0)	35.2	(1.0)	27.3	(1.0)	**-7.9**	(1.4)	69.9	(1.0)	69.2	(0.9)	-0.7	(1.4)
デンマーク	79.5	(1.3)	71.1	(1.3)	**-8.4**	(1.9)	79.7	(1.2)	80.3	(1.1)	0.6	(1.7)	68.7	(1.3)	60.9	(1.5)	**-7.8**	(2.0)
イングランド（イギリス）	75.2	(0.9)	73.4	(1.1)	-1.9	(1.5)	58.4	(1.4)	50.9	(1.5)	**-7.5**	(2.1)	62.5	(1.2)	65.2	(1.2)	2.7	(1.7)
エストニア	80.2	(1.0)	78.1	(1.0)	-2.1	(1.4)	37.9	(0.9)	39.5	(1.3)	1.6	(1.6)	60.0	(1.1)	68.2	(1.3)	**8.2**	(1.7)
フィンランド	62.0	(1.1)	59.7	(1.2)	-2.3	(1.6)	36.7	(1.2)	42.3	(1.1)	**5.6**	(1.7)	63.7	(1.1)	68.2	(1.1)	**4.5**	(1.6)
フランドル（ベルギー）	60.4	(1.1)	62.2	(1.2)	1.7	(1.6)	33.8	(1.0)	41.6	(1.1)	**7.7**	(1.5)	72.0	(1.0)	73.9	(1.0)	2.0	(1.5)
フランス	74.3	(0.9)	78.2	(0.9)	**4.0**	(1.3)	36.8	(1.1)	49.2	(1.2)	**12.4**	(1.6)	56.9	(0.9)	57.5	(0.9)	0.7	(1.3)
ジョージア	79.3	(1.3)	92.1	(0.7)	**12.8**	(1.5)	67.2	(1.6)	62.4	(1.5)	**-4.9**	(2.2)	58.0	(1.8)	74.4	(1.4)	**16.4**	(2.3)
アイスランド	38.0	(1.6)	38.2	(1.7)	0.2	(2.4)	43.9	(1.4)	44.5	(1.6)	0.6	(2.2)	39.6	(1.7)	40.5	(1.7)	0.9	(2.4)
イスラエル	69.4	(0.9)	71.9	(1.0)	2.5	(1.4)	32.0	(1.5)	35.0	(1.3)	3.0	(2.0)	50.2	(1.1)	71.2	(1.5)	**21.0**	(1.9)
イタリア	63.8	(1.0)	81.3	(0.9)	**17.5**	(1.4)	31.9	(1.2)	45.7	(1.1)	**13.8**	(1.6)	81.0	(0.9)	82.5	(0.7)	1.5	(1.1)
日本	59.8	(1.0)	58.6	(1.0)	-1.3	(1.4)	32.5	(1.2)	44.4	(1.5)	**11.9**	(1.9)	50.9	(1.0)	53.9	(0.9)	**3.0**	(1.3)
韓国	70.8	(0.9)	80.5	(0.8)	**9.7**	(1.2)	31.8	(1.2)	59.2	(1.3)	**27.4**	(1.8)	49.5	(1.1)	82.1	(0.8)	**32.6**	(1.4)
ラトビア	79.7	(1.3)	84.8	(1.2)	**5.1**	(1.8)	34.6	(1.6)	46.7	(1.8)	**12.1**	(2.4)	87.3	(0.8)	88.5	(0.9)	1.2	(1.2)
メキシコ	62.8	(1.1)	65.6	(1.2)	2.8	(1.6)	73.4	(1.2)	70.9	(1.1)	-2.5	(1.6)	84.8	(0.8)	89.2	(0.7)	**4.4**	(1.0)
オランダ	71.5	(1.6)	65.0	(1.8)	**-6.5**	(2.4)	47.6	(2.0)	47.7	(2.2)	0.0	(3.0)	63.4	(1.7)	64.2	(1.7)	0.8	(2.5)
ニュージーランド	68.7	(1.0)	63.3	(1.4)	**-5.5**	(1.7)	56.5	(1.3)	59.4	(1.5)	2.9	(2.0)	73.1	(1.0)	71.4	(1.2)	-1.7	(1.5)
ノルウェー	89.2	(0.9)	77.2	(0.8)	**-12.1**	(1.2)	72.7	(1.7)	63.0	(1.3)	**-9.7**	(2.2)	53.6	(1.4)	66.5	(1.1)	**13.0**	(1.7)
ポルトガル	84.8	(0.7)	84.4	(0.7)	-0.4	(1.0)	49.0	(0.9)	49.9	(1.0)	1.0	(1.3)	65.6	(1.0)	93.1	(0.5)	**27.5**	(1.1)
ルーマニア	76.7	(1.1)	78.2	(0.9)	1.5	(1.4)	55.7	(1.3)	52.8	(1.0)	-2.9	(1.7)	54.4	(1.1)	83.1	(1.0)	**28.7**	(1.5)
ロシア	62.8	(1.3)	66.4	(1.3)	3.5	(1.9)	43.3	(1.6)	42.5	(1.4)	-0.8	(2.1)	79.5	(1.0)	79.5	(1.2)	0.0	(1.5)
上海（中国）	90.2	(0.6)	92.9	(0.5)	**2.7**	(0.8)	69.0	(1.2)	70.0	(1.0)	1.1	(1.6)	85.5	(0.8)	91.7	(0.5)	**6.2**	(1.0)
シンガポール	67.2	(1.0)	73.9	(0.8)	**6.7**	(1.2)	33.0	(0.9)	44.9	(1.0)	**11.9**	(1.3)	60.6	(0.9)	70.9	(0.8)	**10.2**	(1.2)
スロバキア	90.4	(0.6)	84.5	(0.8)	**-5.9**	(1.0)	41.8	(1.0)	40.2	(1.0)	-1.6	(1.4)	74.1	(0.9)	72.0	(1.1)	-2.1	(1.4)
スペイン	71.8	(1.1)	74.5	(0.8)	2.7	(1.4)	33.4	(1.1)	45.9	(1.1)	**12.4**	(1.5)	77.3	(1.2)	81.2	(1.2)	**3.9**	(1.7)
スウェーデン	72.1	(1.1)	75.5	(1.2)	3.3	(1.6)	44.4	(1.2)	51.5	(1.4)	**7.0**	(1.8)	48.9	(1.3)	58.6	(1.4)	**9.6**	(1.9)
アメリカ	p	p	72.1	(3.3)	p	p	p	p	59.7	(4.0)	p	p	p	p	71.3	(2.3)	p	p

1．これらのデータは、教員の回答に基づいており、毎週の時間割から無作為に選択された、現在指導している学級に関するものである。

表 2.1.3 [2/2]　指導実践に関する 2013 年調査と 2018 年調査の結果の比較（中学校）

中学校教員の回答に基づく

国名	自らの授業において、以下の指導実践を「しばしば」又は「いつも」行っていると回答した教員の割合[1]																	
	全生徒が単元の内容を理解していることが確認されるまで、類似の課題を生徒に演習させる						完成までに少なくとも一週間を必要とする課題を生徒に与える						生徒に課題や学級での活動に ICT（情報通信技術）を活用させる					
	TALIS 2013 年調査		TALIS 2018 年調査		TALIS 2013年と2018年との差（TALIS 2018－TALIS 2013)		TALIS 2013 年調査		TALIS 2018 年調査		TALIS 2013年と2018年との差（TALIS 2018－TALIS 2013)		TALIS 2013 年調査		TALIS 2018 年調査		TALIS 2013年と2018年との差（TALIS 2018－TALIS 2013)	
	%	S.E.	%	S.E.	差	S.E.	%	S.E.	%	S.E.	差	S.E.	%	S.E.	%	S.E.	差	S.E.
アルバータ（カナダ）	66.1	(1.5)	72.5	(2.5)	**6.4**	(2.9)	37.5	(1.5)	44.0	(3.1)	6.5	(3.4)	49.3	(1.6)	65.7	(2.9)	**16.4**	(3.3)
オーストラリア	62.9	(1.7)	67.0	(1.2)	4.1	(2.1)	51.8	(1.5)	46.2	(1.2)	**-5.6**	(1.9)	66.8	(1.9)	78.2	(1.1)	**11.4**	(2.2)
ブラジル	74.2	(0.8)	75.9	(1.4)	1.7	(1.6)	38.4	(1.0)	43.4	(1.6)	**5.0**	(1.9)	30.3	(1.1)	41.6	(1.5)	**11.3**	(1.9)
ブルガリア	78.6	(0.9)	79.3	(0.9)	0.6	(1.3)	24.5	(0.9)	36.9	(1.1)	**12.4**	(1.5)	33.7	(1.3)	44.2	(1.3)	**10.5**	(1.8)
チリ	86.5	(1.3)	88.0	(0.9)	1.5	(1.6)	52.8	(2.1)	50.8	(1.5)	-2.0	(2.6)	59.6	(2.3)	63.4	(1.6)	3.8	(2.8)
クロアチア	64.4	(1.0)	64.6	(1.0)	0.2	(1.4)	9.9	(0.6)	13.0	(0.7)	**3.0**	(0.9)	23.5	(0.9)	46.2	(1.2)	**22.7**	(1.5)
キプロス	81.2	(1.0)	82.4	(1.3)	1.2	(1.7)	26.8	(1.2)	25.6	(2.0)	-1.2	(2.3)	46.4	(1.4)	54.2	(1.5)	**7.8**	(2.0)
チェコ	69.7	(1.0)	63.6	(1.0)	**-6.1**	(1.5)	12.9	(0.7)	8.7	(0.6)	**-4.2**	(0.9)	36.5	(1.1)	35.4	(1.0)	-1.2	(1.5)
デンマーク	57.3	(1.4)	53.9	(1.5)	-3.5	(2.0)	23.1	(1.2)	24.9	(1.2)	1.8	(1.7)	73.9	(1.9)	90.4	(0.9)	**16.6**	(2.1)
イングランド（イギリス）	61.8	(1.3)	67.5	(1.1)	**5.8**	(1.8)	38.3	(1.1)	31.3	(1.0)	**-7.0**	(1.5)	37.1	(1.4)	41.3	(1.4)	**4.1**	(2.0)
エストニア	67.6	(1.2)	69.8	(1.0)	2.2	(1.6)	15.4	(0.8)	14.4	(0.8)	-1.0	(1.2)	29.2	(1.3)	45.6	(1.0)	**16.4**	(1.7)
フィンランド	50.7	(1.0)	50.4	(1.2)	-0.3	(1.5)	14.1	(0.8)	22.4	(0.9)	**8.3**	(1.2)	18.2	(0.9)	50.7	(1.6)	**32.5**	(1.8)
フランドル（ベルギー）	59.3	(1.2)	66.4	(1.0)	**7.2**	(1.6)	20.6	(1.0)	21.8	(1.2)	1.2	(1.6)	27.0	(1.1)	37.8	(1.3)	**10.9**	(1.7)
フランス	55.5	(1.0)	55.2	(1.1)	-0.3	(1.5)	21.8	(0.9)	27.4	(0.8)	**5.6**	(1.2)	24.2	(1.0)	36.1	(1.0)	**11.9**	(1.4)
ジョージア	91.2	(1.0)	87.6	(1.0)	**-3.6**	(1.4)	23.8	(1.3)	25.8	(1.3)	2.0	(1.8)	47.4	(1.8)	53.3	(1.4)	**5.8**	(2.3)
アイスランド	47.8	(1.7)	48.8	(1.9)	1.0	(2.6)	24.7	(1.5)	30.8	(1.4)	**6.2**	(2.0)	31.8	(1.4)	54.0	(1.9)	**22.3**	(2.3)
イスラエル	71.1	(1.3)	75.8	(1.5)	**4.7**	(1.9)	23.2	(1.2)	28.4	(1.1)	**5.2**	(1.6)	18.7	(1.3)	51.8	(1.7)	**33.0**	(2.2)
イタリア	78.4	(1.0)	85.5	(0.8)	**7.0**	(1.3)	27.5	(1.1)	20.2	(0.8)	**-7.3**	(1.4)	30.9	(1.4)	46.6	(1.2)	**15.7**	(1.9)
日本	31.9	(0.9)	31.3	(1.0)	-0.6	(1.3)	14.1	(0.6)	11.1	(0.6)	**-3.0**	(0.9)	9.9	(0.6)	17.9	(1.0)	**7.9**	(1.2)
韓国	48.0	(1.1)	65.8	(1.1)	**17.8**	(1.5)	14.0	(0.8)	31.4	(1.0)	**17.4**	(1.3)	27.6	(1.2)	29.6	(1.1)	2.0	(1.6)
ラトビア	83.7	(1.0)	83.3	(1.0)	-0.4	(1.4)	15.0	(1.0)	21.3	(1.1)	**6.3**	(1.5)	40.5	(1.5)	48.3	(1.8)	**7.8**	(2.4)
メキシコ	79.8	(1.0)	81.7	(1.1)	1.9	(1.5)	57.1	(1.0)	53.8	(1.0)	**-3.4**	(1.5)	56.2	(1.2)	68.7	(1.3)	**12.5**	(1.8)
オランダ	56.3	(1.8)	61.4	(2.2)	5.2	(2.9)	27.1	(1.7)	27.7	(1.8)	0.6	(2.5)	34.7	(2.1)	51.3	(2.8)	**16.6**	(3.5)
ニュージーランド	71.6	(1.0)	67.3	(1.4)	**-4.3**	(1.7)	44.8	(1.1)	43.7	(1.4)	-1.1	(1.8)	54.5	(1.6)	79.0	(1.9)	**24.5**	(2.5)
ノルウェー	66.4	(1.2)	47.2	(0.9)	**-19.2**	(1.5)	33.7	(1.4)	28.8	(1.2)	**-4.8**	(1.8)	m	m	m	m	m	m
ポルトガル	60.9	(1.0)	72.9	(0.9)	**11.9**	(1.3)	21.1	(0.8)	32.2	(0.9)	**11.1**	(1.2)	34.4	(0.9)	56.8	(1.0)	**22.5**	(1.3)
ルーマニア	80.3	(1.0)	86.6	(0.7)	**6.3**	(1.3)	21.6	(1.0)	33.7	(1.4)	**12.0**	(1.7)	26.0	(1.2)	56.2	(1.2)	**30.2**	(1.7)
ロシア	76.1	(1.1)	77.4	(1.2)	1.3	(1.7)	22.1	(1.3)	25.9	(1.0)	**3.8**	(1.7)	47.6	(1.5)	69.0	(1.1)	**21.3**	(1.9)
上海（中国）	70.7	(1.3)	76.7	(0.8)	**6.0**	(1.5)	31.1	(1.0)	20.8	(0.9)	**-10.3**	(1.4)	15.2	(0.9)	24.3	(0.9)	**9.1**	(1.3)
シンガポール	67.5	(0.9)	71.3	(1.0)	**3.8**	(1.3)	26.6	(0.8)	34.3	(1.0)	**7.7**	(1.3)	30.0	(0.8)	42.8	(0.8)	**12.9**	(1.2)
スロバキア	74.4	(0.8)	70.9	(1.1)	**-3.5**	(1.3)	21.6	(0.9)	15.8	(0.7)	**-5.9**	(1.2)	44.7	(1.3)	47.3	(1.2)	2.5	(1.8)
スペイン	70.4	(1.0)	76.7	(0.7)	**6.3**	(1.2)	26.4	(1.0)	33.0	(1.0)	**6.6**	(1.4)	37.0	(1.3)	51.4	(1.4)	**14.4**	(1.9)
スウェーデン	55.2	(1.2)	65.5	(1.5)	**10.3**	(1.9)	40.7	(1.3)	34.9	(1.2)	**-5.8**	(1.8)	33.8	(1.7)	63.3	(1.4)	**29.6**	(2.2)
アメリカ	p	p	66.8	(3.0)	p	p	p	p	33.0	(2.4)	p	p	p	p	60.1	(2.9)	p	p

2.2 教員が用いる児童生徒の学習評価方法

本節では、教員が用いる児童生徒の学習評価方法について報告する。

TALIS 2018 年調査では、着目する 4 種類の学習評価方法について、授業でどの程度使っているかを教員の回答を基にまとめている。教員は「対象学級」において、これらの学習評価方法をどのくらいの頻度で使っているかを「ほとんどなし」「時々」「しばしば」「いつも」から選択して回答した。表 2.2.1 と表 2.2.2 では「しばしば」又は「いつも」使うと回答した教員の割合を示している[2]。

2.2.1 中学校教員が用いる学習評価方法

表 2.2.1 に中学校教員の回答を示す。参加国平均では、「生徒が特定の課題に取り組む様子を観察し、必要なフィードバックを即座に行う」評価方法を使う教員の割合が最も高い（80.4%）。日本の場合、同様の学習評価方法を「しばしば」又は「いつも」使うと回答した中学校教員は 41.2%である。日本の中学校教員の回答で「しばしば」又は「いつも」使うと回答した教員の割合が最も高いのは、（教員が）「自ら評価を実施する」という評価方法である（51.2%）。

2.2.2 小学校教員が用いる学習評価方法

表 2.2.2 に小学校教員の回答結果を示す。3 つの学習評価方法の質問項目において「しばしば」又は「いつも」行うと回答した小学校教員の割合は、中学校教員のそれよりも高い。

日本の小学校教員の回答と中学校教員の回答を比較すると次のようになる。（教員が）「自ら評価を実施する」学習評価方法を「しばしば」又は「いつも」使うと回答した小学校教員の割合は、中学校教員 51.2%に対し、54.7%である。「児童生徒の学習成果に対して点数や評定による成績評価だけでなく、文書によるフィードバックを行う」学習評価方法を「しばしば」又は「いつも」使うと回答した小学校教員の割合は、中学校教員 26.3%に対し、45.3%である。「児童生徒に学習の進捗状況を自己評価させる」学習評価方法を「しばしば」又は「いつも」使うと回答した小学校教員の割合は、中学校教員 30.8%に対し、30.6%である。「児童生徒が特定の課題に取り組む様子を観察し、必要なフィードバッ

2　「対象学級におけるあなたの指導は、ほとんど全てが特別な支援を要する児童生徒に割かれていますか」との質問に「いいえ」と回答した教員の回答を集計したもの。

表 2.2.1　教員が用いる生徒の学習評価方法（中学校）

中学校教員の回答に基づく

国　名	自らの授業において、以下の評価方法を「しばしば」又は「いつも」使うと回答した教員の割合[1]							
	自ら評価を実施する		生徒の学習成果に対して点数や評定による成績評価だけでなく、文書によるフィードバックを行う		生徒に学習の進捗状況を自己評価させる		生徒が特定の課題に取り組む様子を観察し、必要なフィードバックを即座に行う	
	%	S.E.	%	S.E.	%	S.E.	%	S.E.
アルバータ（カナダ）	94.3	(1.1)	75.8	(3.1)	42.1	(1.8)	87.4	(2.2)
オーストラリア	74.4	(0.9)	82.7	(0.9)	43.5	(1.2)	89.3	(0.9)
オーストリア	90.2	(0.7)	45.4	(0.9)	22.2	(0.9)	75.4	(0.9)
ベルギー	90.8	(0.6)	72.3	(0.8)	25.6	(0.8)	69.5	(0.8)
フランドル（ベルギー）	91.1	(0.8)	70.9	(1.4)	34.9	(1.1)	76.5	(1.0)
ブラジル	94.1	(0.6)	73.0	(1.3)	39.9	(1.3)	84.4	(1.2)
ブルガリア	76.9	(1.1)	58.5	(1.1)	24.9	(1.2)	80.6	(1.0)
ブエノスアイレス（アルゼンチン）	93.2	(0.8)	69.4	(1.4)	50.1	(1.5)	91.1	(0.6)
チリ	88.7	(0.8)	62.8	(1.6)	49.2	(1.8)	88.9	(0.9)
コロンビア	93.5	(0.8)	91.3	(0.9)	74.8	(1.0)	93.3	(0.8)
クロアチア	62.1	(1.4)	68.7	(1.5)	31.9	(1.0)	77.0	(0.8)
キプロス	86.7	(1.1)	68.0	(1.3)	37.5	(1.5)	88.2	(1.0)
チェコ	68.0	(0.9)	31.1	(0.9)	31.6	(1.0)	78.3	(0.8)
デンマーク	64.0	(1.2)	58.2	(1.6)	27.6	(1.7)	63.0	(1.2)
イングランド（イギリス）	76.4	(1.0)	81.9	(1.1)	68.7	(1.5)	88.1	(0.9)
エストニア	77.7	(1.2)	42.1	(1.4)	27.8	(1.2)	77.0	(1.1)
フィンランド	85.8	(0.9)	38.2	(1.2)	44.8	(1.3)	79.0	(1.0)
フランス	96.2	(0.4)	77.4	(0.9)	20.5	(1.0)	78.3	(0.9)
ジョージア	65.1	(1.5)	55.1	(1.6)	68.3	(1.4)	89.1	(1.1)
ハンガリー	66.1	(0.9)	28.0	(1.0)	43.1	(1.3)	81.2	(1.2)
アイスランド	69.7	(1.6)	60.9	(1.8)	17.5	(1.3)	63.1	(1.5)
イスラエル	68.7	(1.2)	68.8	(1.3)	29.1	(1.4)	65.9	(1.1)
イタリア	69.0	(1.1)	52.3	(1.0)	29.7	(1.0)	74.5	(0.7)
日本	51.2	(1.2)	26.3	(1.0)	30.8	(1.0)	41.2	(1.1)
カザフスタン	51.0	(1.0)	61.7	(1.0)	73.9	(1.0)	86.9	(0.7)
韓国	52.9	(1.1)	36.3	(1.2)	35.7	(1.1)	60.5	(0.9)
ラトビア	65.2	(1.7)	25.5	(1.6)	46.7	(1.8)	79.8	(1.1)
リトアニア	80.5	(0.9)	62.6	(0.9)	65.8	(1.2)	91.2	(0.6)
マルタ	84.1	(1.1)	76.0	(1.8)	39.6	(1.6)	82.4	(1.2)
メキシコ	84.1	(0.9)	80.5	(0.9)	59.9	(1.1)	92.5	(0.6)
オランダ	70.5	(2.7)	45.6	(1.5)	27.1	(2.7)	75.0	(2.1)
ニュージーランド	73.3	(1.5)	70.1	(1.7)	49.0	(1.8)	89.3	(1.0)
ノルウェー	71.1	(1.2)	81.5	(0.8)	38.7	(1.3)	69.2	(0.9)
ポルトガル	97.3	(0.4)	68.8	(0.9)	61.4	(1.1)	90.4	(0.5)
ルーマニア	78.1	(1.0)	36.8	(1.3)	37.7	(1.2)	83.5	(0.8)
ロシア	38.6	(1.2)	15.7	(1.0)	38.3	(1.4)	68.7	(1.3)
サウジアラビア	84.0	(1.2)	73.6	(1.3)	35.0	(1.6)	81.4	(1.2)
上海（中国）	55.6	(1.2)	72.3	(1.1)	43.4	(1.1)	83.0	(0.7)
シンガポール	71.3	(0.8)	76.6	(0.9)	37.5	(0.9)	79.7	(0.8)
スロバキア	70.4	(1.0)	29.2	(1.0)	55.3	(1.0)	84.6	(0.8)
スロベニア	87.8	(0.7)	25.1	(1.1)	49.4	(1.4)	85.9	(0.9)
南アフリカ共和国	83.0	(1.2)	80.6	(1.2)	51.9	(2.1)	85.5	(1.2)
スペイン	83.9	(0.7)	81.9	(0.9)	23.5	(0.8)	83.4	(0.7)
スウェーデン	66.6	(1.3)	57.8	(1.4)	32.8	(1.3)	78.6	(1.2)
台湾	64.6	(0.9)	39.4	(0.9)	28.4	(0.9)	66.8	(0.8)
トルコ	83.0	(1.0)	54.7	(1.0)	59.4	(1.1)	84.5	(0.8)
アラブ首長国連邦	87.0	(0.5)	89.0	(0.5)	68.7	(0.7)	94.4	(0.3)
アメリカ	82.4	(3.6)	68.0	(2.0)	36.7	(2.7)	85.2	(1.7)
ベトナム	83.2	(1.6)	72.3	(2.0)	62.6	(1.6)	91.3	(1.3)
OECD31か国平均	77.2	(0.2)	57.5	(0.2)	41.0	(0.3)	78.8	(0.2)
EU23か国全体	79.6	(0.3)	62.6	(0.3)	36.2	(0.4)	80.3	(0.3)
TALIS 参加 48 か国平均	76.1	(0.2)	59.8	(0.2)	42.5	(0.2)	80.4	(0.2)

1．これらのデータは、教員の回答に基づいており、毎週の時間割から無作為に選択された、現在指導している学級に関するものである。

表 2.2.2　教員が用いる児童の学習評価方法（小学校）

小学校教員の回答に基づく

国　名	自らの授業において、以下の評価方法を「しばしば」又は「いつも」使うと回答した教員の割合[1]							
	自ら評価を実施する		児童の学習成果に対して点数や評定による成績評価だけでなく、文書によるフィードバックを行う		児童に学習の進捗状況を自己評価させる		児童が特定の課題に取り組む様子を観察し、必要なフィードバックを即座に行う	
	%	S.E.	%	S.E.	%	S.E.	%	S.E.
フランドル（ベルギー）	52.2	(1.2)	79.3	(0.9)	30.8	(1.1)	83.5	(0.9)
ブエノスアイレス（アルゼンチン）	86.7	(0.8)	64.1	(1.5)	59.0	(1.5)	93.6	(0.8)
デンマーク	63.8	(1.1)	26.1	(1.1)	23.8	(1.0)	68.8	(1.2)
イングランド（イギリス）	74.8	(1.2)	81.5	(1.0)	66.8	(1.4)	93.7	(0.7)
フランス	88.9	(1.6)	65.8	(1.6)	18.1	(2.2)	73.1	(1.6)
日本	54.7	(0.9)	45.3	(0.9)	30.6	(1.0)	47.9	(1.2)
韓国	58.6	(1.1)	47.0	(1.0)	47.8	(1.2)	77.6	(1.0)
スペイン	73.5	(1.0)	81.3	(0.9)	30.9	(1.3)	88.8	(0.8)
スウェーデン	49.0	(1.6)	40.2	(1.6)	36.7	(1.4)	79.4	(1.4)
台湾	65.5	(1.0)	43.5	(1.0)	31.7	(0.8)	80.1	(0.6)
トルコ	83.1	(1.0)	65.0	(1.2)	68.0	(1.6)	90.7	(0.9)
アラブ首長国連邦	84.3	(0.6)	85.9	(0.5)	67.3	(0.7)	94.8	(0.3)
ベトナム	87.9	(0.7)	67.3	(1.2)	80.8	(0.9)	97.0	(0.4)
オーストラリア	83.1	(0.9)	64.6	(1.0)	48.7	(1.2)	95.0	(0.6)
オランダ	25.6	(1.3)	50.2	(1.7)	39.4	(1.5)	87.3	(1.0)

1．これらのデータは、教員の回答に基づいており、毎週の時間割から無作為に選択された、現在指導している学級に関するものである。

クを即座に行う」学習評価方法を「しばしば」又は「いつも」使うと回答した小学校教員の割合は、中学校教員 41.2％に対し、47.9％である。

2.2.3　学習評価方法の変容

2013 年実施の TALIS 2013 年調査では、６種類の学習評価方法について中学校教員に質問した。その際、教員は「対象学級」において、これらの学習評価方法をどの程度使っているかについて「ほとんどなし」「時々」「しばしば（frequently）」「ほとんどいつも（in all or nearly all lessons）」から選択して回答した。OECD（2019）では、そのうち４種類の学習評価方法について 2013 年調査と 2018 年調査の結果を比較しており、これを表 2.2.3 に示す。なお、学習評価方法に関する質問項目では、TALIS 2018 年調査で用いられた４種類のうち３つが TALIS 2013 年調査で用いられたものと同一である。TALIS 2018 年調査の（教員が）「自ら評価を実施」するという学習評価方法は、TALIS 2013 年調査では教員「自ら評価方法を開発して実施する」という学習評価方法に対応するが、「開発して」があるため質問内容が一部異なる。したがって、これら質問項目の回答結果の比較には注意を要する。

表 2.2.3 で示すように、日本の中学校教員の回答結果の比較において統計的有意差があるのは、次の３つの指導実践である（ここでは質問内容が同じ項目のみに着目する）。

「生徒の学習成果に対して点数や評定による成績評価だけでなく、文書によるフィードバックを行う」という学習評価方法では、TALIS 2018 年調査で「しばしば」又は「いつ

表 2.2.3［1/2］ 学習評価方法に関する 2013 年調査と 2018 年調査の結果の比較（中学校）

中学校教員の回答に基づく

国 名	自らの授業において、以下の学習評価方法を「しばしば」又は「いつも」使うと回答した教員の割合[1]											
	自ら評価を実施[2]						生徒の学習成果に対して点数や評定による成績評価だけでなく、文書によるフィードバックを行う					
	TALIS 2013 年調査		TALIS 2018 年調査		TALIS 2013 年と 2018 年との差 (TALIS 2018 − TALIS 2013)		TALIS 2013 年調査		TALIS 2018 年調査		TALIS 2013 年と 2018 年との差 (TALIS 2018 − TALIS 2013)	
	%	S.E.	%	S.E.	差	S.E.	%	S.E.	%	S.E.	差	S.E.
アルバータ（カナダ）	88.1	(1.1)	94.3	(1.1)	**6.2**	(1.6)	68.0	(1.3)	75.8	(3.1)	**7.8**	(3.4)
オーストラリア	71.8	(1.7)	74.4	(0.9)	2.6	(1.9)	74.8	(1.7)	82.7	(0.9)	**7.8**	(1.9)
ブラジル	93.4	(0.4)	94.1	(0.6)	0.7	(0.8)	61.7	(0.9)	73.0	(1.3)	**11.4**	(1.6)
ブルガリア	68.4	(1.2)	76.9	(1.1)	**8.5**	(1.6)	51.1	(1.2)	58.5	(1.1)	**7.4**	(1.6)
チリ	92.2	(0.8)	88.7	(0.8)	**-3.5**	(1.1)	66.2	(2.1)	62.8	(1.6)	-3.3	(2.6)
クロアチア	61.5	(1.1)	62.1	(1.4)	0.5	(1.8)	66.9	(1.2)	68.7	(1.5)	1.8	(1.9)
キプロス	80.8	(1.2)	86.7	(1.1)	**5.8**	(1.6)	60.5	(1.3)	68.0	(1.3)	**7.5**	(1.9)
チェコ	72.2	(0.9)	68.0	(0.9)	**-4.2**	(1.3)	32.3	(0.9)	31.1	(0.9)	-1.2	(1.3)
デンマーク	56.2	(1.6)	64.0	(1.2)	**7.8**	(2.0)	60.4	(1.4)	58.2	(1.6)	-2.3	(2.1)
イングランド（イギリス）	71.5	(1.2)	76.4	(1.0)	**4.9**	(1.6)	81.6	(1.1)	81.9	(1.1)	0.3	(1.5)
エストニア	56.1	(1.3)	77.7	(1.2)	**21.5**	(1.7)	34.4	(1.1)	42.1	(1.4)	**7.7**	(1.8)
フィンランド	66.2	(1.2)	85.8	(0.9)	**19.5**	(1.5)	25.2	(1.0)	38.2	(1.2)	**13.0**	(1.6)
フランドル（ベルギー）	89.1	(0.7)	91.1	(0.8)	2.0	(1.1)	61.3	(1.2)	70.9	(1.4)	**9.6**	(1.9)
フランス	85.6	(0.7)	96.2	(0.4)	**10.6**	(0.8)	74.4	(0.9)	77.4	(0.9)	**3.0**	(1.2)
ジョージア	61.8	(1.9)	65.1	(1.5)	3.2	(2.4)	56.4	(1.8)	55.1	(1.6)	-1.3	(2.5)
アイスランド	57.0	(1.6)	69.7	(1.6)	**12.7**	(2.2)	50.2	(1.7)	60.9	(1.8)	**10.7**	(2.5)
イスラエル	50.6	(1.4)	68.7	(1.2)	**18.1**	(1.8)	64.9	(1.3)	68.8	(1.3)	**3.9**	(1.9)
イタリア	69.0	(1.0)	69.0	(1.1)	0.1	(1.5)	52.6	(1.2)	52.3	(1.0)	-0.2	(1.6)
日本	29.1	(0.8)	51.2	(1.2)	**22.1**	(1.5)	22.9	(1.0)	26.3	(1.0)	**3.4**	(1.4)
韓国	31.0	(1.0)	52.9	(1.1)	**21.9**	(1.5)	25.2	(0.9)	36.2	(1.2)	**11.1**	(1.5)
ラトビア	51.0	(1.3)	65.2	(1.7)	**14.2**	(2.1)	22.1	(1.3)	25.5	(1.6)	3.4	(2.1)
メキシコ	78.7	(0.9)	84.1	(0.9)	**5.5**	(1.3)	73.1	(1.0)	80.5	(0.9)	**7.3**	(1.3)
オランダ	66.3	(1.5)	70.5	(2.7)	4.2	(3.1)	39.6	(1.6)	45.6	(1.5)	**6.0**	(2.2)
ニュージーランド	61.8	(1.3)	73.3	(1.4)	**11.5**	(1.9)	67.6	(1.2)	71.2	(1.3)	**3.7**	(1.8)
ノルウェー	61.4	(1.6)	71.1	(1.2)	**9.8**	(2.0)	74.7	(1.7)	81.5	(0.8)	**6.8**	(1.9)
ポルトガル	82.5	(0.6)	97.3	(0.4)	**14.8**	(0.7)	75.5	(0.7)	68.8	(0.9)	**-6.7**	(1.1)
ルーマニア	75.6	(1.1)	78.1	(1.0)	2.5	(1.5)	32.9	(1.3)	36.8	(1.3)	**3.9**	(1.8)
ロシア	27.1	(1.2)	38.6	(1.2)	**11.5**	(1.7)	18.7	(1.1)	15.7	(1.0)	-3.0	(1.5)
上海（中国）	55.9	(1.0)	55.6	(1.2)	-0.4	(1.6)	70.6	(0.7)	72.3	(1.1)	1.7	(1.3)
シンガポール	64.7	(1.0)	71.3	(0.8)	**6.6**	(1.3)	72.5	(0.9)	76.6	(0.9)	**4.1**	(1.2)
スロバキア	60.0	(1.0)	70.4	(1.0)	**10.4**	(1.5)	29.7	(1.2)	29.2	(1.0)	-0.5	(1.5)
スペイン	76.4	(0.9)	83.9	(0.7)	**7.4**	(1.2)	69.7	(1.0)	81.9	(0.9)	**12.1**	(1.4)
スウェーデン	57.8	(1.2)	66.6	(1.3)	**8.8**	(1.8)	54.4	(1.4)	57.8	(1.4)	3.4	(1.9)
アメリカ	p	p	82.4	(3.6)	p	p	p	p	68.0	(2.0)	p	p

1．これらのデータは、教員の回答に基づいており、毎週の時間割から無作為に選択された、現在指導している学級に関するものである。
2．2013 年の調査では、教員への質問内容は“自ら評価方法を開発して実施する”に関する頻度を問うものであった。

も」行うと回答した日本の中学校教員の割合は、TALIS 2013 年調査で「しばしば」又は「ほとんどいつも」行うと回答した教員の割合に比べて、3.4 ポイント増えた。また、「生徒に学習の進捗状況を自己評価させる」という学習評価方法では、TALIS 2018 年調査で「しばしば」又は「いつも」行うと回答した日本の中学校教員の割合は、TALIS 2013 年調査の「しばしば」又は「ほとんどいつも」行うと回答した教員の割合に比べて、3.9 ポイント増えた。なお、この学習評価方法について、フィンランド、韓国、オーストラリア、ノルウェーは TALIS 2018 年調査では「しばしば」又は「いつも」行うと回答した教員の割合がそれぞれ 17.6 ポイント、14.5 ポイント、11.9 ポイント、10.1 ポイント増えている。

表 2.2.3 [2/2]　学習評価方法に関する 2013 年調査と 2018 年調査の結果の比較（中学校）

中学校教員の回答に基づく

国名	自らの授業において、以下の学習評価方法を「しばしば」又は「いつも」使うと回答した教員の割合[1]											
	生徒に学習の進捗状況を自己評価させる						生徒が特定の課題に取り組む様子を観察し、必要なフィードバックを即座に行う					
	TALIS 2013 年調査		TALIS 2018 年調査		TALIS 2013 年と 2018 年との差 (TALIS 2018 −TALIS 2013)		TALIS 2013 年調査		TALIS 2018 年調査		TALIS 2013 年と 2018 年との差 (TALIS 2018 −TALIS 2013)	
	%	S.E.	%	S.E.	差	S.E.	%	S.E.	%	S.E.	差	S.E.
アルバータ（カナダ）	39.4	(1.7)	42.1	(1.8)	2.6	(2.4)	88.3	(0.9)	87.4	(2.2)	-0.8	(2.4)
オーストラリア	31.7	(1.5)	43.5	(1.2)	**11.9**	(1.9)	90.0	(0.9)	89.3	(0.9)	-0.7	(1.3)
ブラジル	43.1	(0.8)	39.9	(1.3)	**-3.3**	(1.5)	80.9	(0.8)	84.4	(1.2)	**3.5**	(1.5)
ブルガリア	24.6	(1.0)	24.9	(1.2)	0.3	(1.6)	79.6	(0.9)	80.6	(1.0)	1.0	(1.4)
チリ	65.8	(1.8)	49.2	(1.8)	**-16.6**	(2.6)	92.9	(0.8)	88.9	(0.9)	**-4.1**	(1.2)
クロアチア	42.3	(1.1)	31.9	(1.0)	**-10.4**	(1.4)	85.3	(0.6)	77.0	(0.8)	**-8.3**	(1.0)
キプロス	42.1	(1.4)	37.5	(1.5)	**-4.6**	(2.1)	88.2	(0.9)	88.2	(1.0)	0.0	(1.4)
チェコ	36.5	(1.3)	31.6	(1.0)	**-4.8**	(1.6)	82.4	(0.8)	78.3	(0.8)	**-4.0**	(1.1)
デンマーク	24.3	(1.3)	27.6	(1.7)	3.3	(2.1)	69.3	(1.3)	63.0	(1.2)	**-6.3**	(1.8)
イングランド（イギリス）	69.1	(1.3)	68.7	(1.5)	-0.3	(2.0)	88.8	(0.7)	88.1	(0.9)	-0.8	(1.1)
エストニア	29.0	(1.1)	27.8	(1.2)	-1.2	(1.6)	83.5	(1.0)	77.0	(1.1)	**-6.5**	(1.5)
フィンランド	27.2	(1.2)	44.8	(1.3)	**17.6**	(1.8)	76.1	(0.8)	79.0	(1.0)	**2.9**	(1.3)
フランドル（ベルギー）	30.3	(1.2)	34.9	(1.1)	**4.6**	(1.6)	77.4	(1.1)	76.5	(1.0)	-0.9	(1.4)
フランス	16.5	(0.8)	20.5	(1.0)	**4.0**	(1.2)	78.2	(0.7)	78.3	(0.9)	0.2	(1.1)
ジョージア	71.3	(1.4)	68.3	(1.4)	-3.0	(2.0)	82.9	(1.1)	89.1	(1.1)	**6.3**	(1.6)
アイスランド	17.3	(1.3)	17.5	(1.3)	0.1	(1.8)	63.4	(1.5)	63.1	(1.5)	-0.3	(2.2)
イスラエル	23.8	(1.3)	29.1	(1.4)	**5.3**	(1.9)	66.4	(1.3)	65.9	(1.1)	-0.5	(1.7)
イタリア	28.6	(1.0)	29.7	(1.0)	1.1	(1.4)	79.4	(0.9)	74.5	(0.7)	**-4.9**	(1.2)
日本	27.0	(1.1)	30.8	(1.0)	**3.9**	(1.5)	43.0	(0.9)	41.2	(1.1)	-1.8	(1.4)
韓国	21.2	(1.0)	35.7	(1.1)	**14.5**	(1.5)	45.8	(1.2)	60.5	(0.9)	**14.7**	(1.5)
ラトビア	47.5	(1.6)	46.7	(1.8)	-0.8	(2.4)	84.6	(1.0)	79.8	(1.1)	**-4.9**	(1.4)
メキシコ	61.5	(1.3)	59.9	(1.1)	-1.6	(1.7)	90.8	(0.6)	92.5	(0.6)	**1.7**	(0.9)
オランダ	17.6	(1.4)	27.1	(2.7)	**9.5**	(3.0)	74.2	(1.3)	75.0	(2.1)	0.8	(2.5)
ニュージーランド	54.3	(1.2)	49.0	(1.7)	**-5.3**	(2.0)	90.6	(0.5)	89.2	(0.9)	-1.3	(1.1)
ノルウェー	28.5	(1.5)	38.7	(1.3)	**10.1**	(2.0)	67.3	(1.8)	69.2	(0.9)	1.9	(2.0)
ポルトガル	59.2	(0.9)	61.4	(1.1)	2.2	(1.4)	89.5	(0.5)	90.4	(0.5)	0.9	(0.8)
ルーマニア	40.3	(1.2)	37.7	(1.2)	-2.5	(1.7)	84.2	(0.9)	83.5	(0.8)	-0.6	(1.2)
ロシア	42.2	(1.6)	38.3	(1.4)	-3.9	(2.1)	76.4	(1.2)	68.7	(1.3)	**-7.7**	(1.8)
上海（中国）	42.2	(1.1)	43.4	(1.1)	1.2	(1.6)	74.9	(1.0)	83.0	(0.7)	**8.1**	(1.2)
シンガポール	31.9	(0.9)	37.5	(0.9)	**5.6**	(1.3)	77.5	(0.8)	79.7	(0.8)	2.2	(1.1)
スロバキア	61.2	(1.3)	55.3	(1.0)	**-6.0**	(1.6)	89.2	(0.6)	84.6	(0.8)	**-4.6**	(1.0)
スペイン	21.6	(0.9)	23.5	(0.8)	1.9	(1.2)	82.3	(1.2)	83.4	(0.7)	1.2	(1.4)
スウェーデン	32.0	(1.2)	32.8	(1.3)	0.8	(1.7)	73.6	(1.0)	78.6	(1.2)	**5.0**	(1.6)
アメリカ	p	p	36.7	(2.7)	p	p	p	p	85.2	(1.7)	p	p

一方、「生徒が特定の課題に取り組む様子を観察し、必要なフィードバックを即座に行う」という学習評価方法では、TALIS 2018 年調査で「しばしば」又は「いつも」行うと回答した日本の中学校教員の割合は 41.2%、TALIS 2013 年調査の「しばしば」又は「ほとんどいつも」行うと回答した教員の割合は 43.0%であり、統計的有意差はない。

2.3 教員の仕事時間

本節では、教員の仕事時間について報告する。

TALIS 2018 年調査では、参加国の教員の回答を基に、教員が仕事に従事する時間について各国の教員における平均値を示している。教員は TALIS 2018 年調査で定義する「通常の一週間」において何時間仕事に従事したか回答した。「通常の一週間」とは休暇や休日、病気休業などによって勤務時間が短くならなかった一週間を指す。以下、中学校教員と小学校教員の回答結果を並べて示す。

2.3.1 仕事時間の合計と授業時間

TALIS 2018 年調査では「仕事時間の合計」として、直近の「通常の一週間」において、指導（授業）、授業準備、採点、他の教員との共同作業、職員会議や職能開発への参加、その他の仕事に費やした時間を含む時間数（1 時間 = 60 分換算）の合計を教員に質問した。この「仕事時間の合計」には、週末や夜間など就業時間外に行った仕事の時間数も含む。

教員の回答による「仕事時間の合計」は、中学校教員の場合、表 2.3.1 に示すように参加国平均の 38.3 時間に対して、日本では 56.0 時間（平均）であり、TALIS 2013 年調査の結果（53.9 時間（平均））と同様に、参加国の中で最も長い。小学校教員については、表 2.3.2 のように、「仕事時間の合計」は日本では 54.4 時間（平均）であり、参加国の中で最も長い。

TALIS 2018 年調査では「指導（授業）時間」として、上記の仕事時間の合計のうち、およその授業時間数（1 時間 = 60 分換算）を教員に質問した。ここでの授業時間は授業準備や採点、職能開発などは除く、実際の指導（授業）時間のみである。

教員の回答による「指導（授業）時間」は、中学校教員の場合、表 2.3.1 に示すように参加国平均の 20.3 時間に対して、日本では 18.0 時間（平均）であり、他国と大きな差はなく、日本の場合は授業以外の業務に多くの時間を費やしていることが分かる。小学校教員については、表 2.3.2 に示すように日本では 23.0 時間（平均）であり、授業以外の業務に多くの時間を費やしていることが分かる。

2.3.2 授業以外の仕事に費やす時間

TALIS 2018 年調査では、上述の「仕事時間の合計」と別の質問項目において、授業の実施以外で、仕事に費やす時間を教員に質問した。教員は、直近の「通常の一週間」において、「指導（授業）時間」を除く、授業の計画や準備、同僚との共同作業や話し合い、採点や添削、教育相談等で示された各項目の仕事に従事した時間を回答した。これら各項目の仕事に従事した時間には、週末や夜間など就業時間外に行った仕事の時間も含む。

表2.3.1と表2.3.2では、上述の「仕事時間の合計」と「指導（授業）時間」に加えて、これら各項目の仕事に従事した時間が示されている。

中学校教員の場合、表2.3.1に示すように「一般的な事務業務」に従事する時間は、参加国平均の2.7時間に対し、日本の教員の回答は5.6時間（平均）である。この項目について、参加国の中で5時間を超えるのは、日本と韓国（5.4時間（平均））の2か国である。「学校内外で個人で行う授業の計画や準備」に従事する時間は、参加国平均の6.8時間に対し、日本の教員の回答は8.5時間（平均）である。放課後のスポーツ活動や文化活動を含む「課外活動の指導」に従事する時間については、参加国平均の1.9時間に対し、日本の教員の回答は7.5時間（平均）であり、TALIS 2013年調査の結果（7.7時間（平均））と同様に、参加国の中で最も長いことが分かる。台湾、韓国、上海の教員は「課外活動の指導」にそれぞれ2.3時間、2.0時間、1.9時間従事すると回答しており、東アジア地域の中でも日本の教員が部活動等の課外活動の指導にかける時間が突出して長いことが分かる。一方、教員研修の「職能開発活動」（新規項目）に従事する時間は、参加国平均の2.0時間に対し、日本の教員の回答は0.6時間（平均）であり、参加国の中で最も短い。

小学校教員については、表2.3.2のように、「一般的な事務業務」に従事する時間は、日本の教員の回答は5.2時間（平均）である。この項目について、参加国の中で5時間を超えるのは、日本と台湾（5.1時間（平均））の2か国である。「学校内外で個人で行う授業の計画や準備」に従事する時間は、日本の教員の回答は8.6時間（平均）であり、ベトナム（8.6時間（平均））と並んで参加国の中で最も長い。放課後のスポーツ活動や文化活動を含む「課外活動の指導」に従事する時間については、日本の教員の回答は0.6時間（平均）である。一方、東アジア地域の台湾と韓国の教員は「課外活動の指導」にそれぞれ2.2時間と1.3時間従事すると回答した。教員研修の「職能開発活動」（新規項目）に従事する時間は、日本の教員の回答は0.7時間（平均）であり、参加国の中で最も短い。

ここで、「指導（授業）時間」と各項目の仕事に従事した時間数の合計は、「仕事時間の合計」と一致しない場合があることに留意したい。これは、「仕事時間の合計」と授業時間以外の仕事に費やす時間は、質問紙の項目において、別々に教員に回答を求めるものであったことによる。また、表のデータは非常勤の講師を含む調査対象の教員から得られた数値の平均値であることに注意が必要である。

表 2.3.1 [1/2]　教員の仕事時間（中学校）

中学校教員の回答に基づく

国　名	直近の「通常の一週間」において、以下の仕事に従事したと教員が報告した時間数の平均（1 時間＝60 分換算）[1, 2]											
	仕事時間の合計		指導（授業）		学校内外で個人で行う授業の計画や準備		学校内での同僚との共同作業や話し合い		生徒の課題の採点や添削		生徒に対する教育相談（生徒の監督指導、インターネットによるカウンセリング、進路指導、非行防止指導）	
	平均	S.E.	平均	S.E.	平均	S.E.	平均	S.E.	平均	S.E.	平均	S.E.
アルバータ（カナダ）	47.0	(0.6)	27.2	(0.5)	7.3	(0.3)	2.6	(0.1)	5.0	(0.2)	2.3	(0.1)
オーストラリア	44.8	(0.3)	19.9	(0.2)	7.3	(0.1)	3.7	(0.1)	4.9	(0.1)	2.5	(0.1)
オーストリア	37.2	(0.3)	19.2	(0.1)	7.4	(0.1)	2.3	(0.0)	4.6	(0.1)	1.0	(0.0)
ベルギー	35.1	(0.2)	18.5	(0.1)	5.8	(0.1)	2.1	(0.0)	4.6	(0.1)	1.3	(0.0)
フランドル（ベルギー）	37.1	(0.3)	18.5	(0.2)	6.4	(0.1)	2.2	(0.0)	4.8	(0.1)	1.3	(0.0)
ブラジル	29.8	(0.5)	22.3	(0.5)	6.0	(0.2)	3.0	(0.2)	4.3	(0.2)	3.0	(0.2)
ブルガリア	38.5	(0.5)	19.9	(0.2)	7.5	(0.2)	2.9	(0.1)	4.1	(0.1)	1.8	(0.1)
ブエノスアイレス（アルゼンチン）	29.0	(0.6)	16.8	(0.4)	4.4	(0.2)	2.1	(0.1)	4.2	(0.2)	2.0	(0.1)
チリ	38.1	(0.6)	28.5	(0.3)	6.4	(0.2)	3.0	(0.1)	4.4	(0.1)	2.4	(0.1)
コロンビア	40.5	(0.6)	26.8	(0.3)	8.2	(0.2)	3.4	(0.1)	6.2	(0.2)	3.8	(0.2)
クロアチア	39.4	(0.3)	19.7	(0.2)	8.3	(0.1)	2.1	(0.1)	3.7	(0.1)	1.8	(0.1)
キプロス	34.3	(0.6)	17.4	(0.3)	7.4	(0.3)	3.1	(0.1)	5.5	(0.2)	2.2	(0.1)
チェコ	38.5	(0.4)	19.1	(0.1)	7.3	(0.1)	2.1	(0.1)	4.2	(0.1)	2.2	(0.0)
デンマーク	38.9	(0.3)	19.4	(0.2)	7.0	(0.1)	3.0	(0.1)	2.5	(0.1)	1.5	(0.1)
イングランド（イギリス）	46.9	(0.4)	20.1	(0.2)	7.4	(0.1)	3.0	(0.1)	6.2	(0.1)	2.5	(0.1)
エストニア	35.7	(0.3)	20.9	(0.3)	6.0	(0.1)	1.8	(0.0)	3.5	(0.1)	1.9	(0.0)
フィンランド	33.3	(0.3)	20.7	(0.2)	4.9	(0.1)	2.1	(0.0)	2.9	(0.1)	1.0	(0.1)
フランス	37.3	(0.2)	18.3	(0.1)	7.0	(0.1)	2.1	(0.0)	4.7	(0.1)	1.2	(0.0)
ジョージア	25.3	(0.6)	18.3	(0.4)	5.3	(0.2)	2.7	(0.1)	3.4	(0.1)	3.4	(0.2)
ハンガリー	39.1	(0.4)	21.2	(0.2)	6.5	(0.1)	2.3	(0.0)	3.4	(0.1)	2.4	(0.1)
アイスランド	38.8	(0.4)	19.8	(0.2)	6.8	(0.2)	2.9	(0.1)	3.4	(0.1)	1.5	(0.1)
イスラエル	32.6	(0.5)	21.4	(0.3)	5.2	(0.1)	3.1	(0.1)	3.9	(0.1)	2.8	(0.1)
イタリア	30.0	(0.2)	16.8	(0.1)	5.1	(0.1)	3.2	(0.1)	3.7	(0.1)	1.4	(0.1)
日本	56.0	(0.4)	18.0	(0.2)	8.5	(0.2)	3.6	(0.1)	4.4	(0.1)	2.3	(0.1)
カザフスタン	48.8	(0.6)	15.1	(0.2)	9.1	(0.2)	4.3	(0.2)	4.8	(0.1)	3.5	(0.1)
韓国	34.0	(0.4)	18.1	(0.2)	6.3	(0.1)	2.5	(0.1)	2.9	(0.1)	3.7	(0.1)
ラトビア	35.1	(0.6)	21.0	(0.4)	6.1	(0.2)	2.1	(0.1)	4.2	(0.1)	2.9	(0.1)
リトアニア	35.4	(0.5)	18.7	(0.2)	6.4	(0.1)	2.1	(0.1)	4.0	(0.1)	2.2	(0.1)
マルタ	36.7	(0.5)	18.6	(0.3)	8.6	(0.2)	3.1	(0.1)	5.4	(0.3)	2.6	(0.1)
メキシコ	35.6	(0.6)	22.4	(0.4)	6.1	(0.1)	2.2	(0.1)	4.5	(0.1)	2.5	(0.1)
オランダ	36.4	(0.5)	17.4	(0.2)	4.9	(0.2)	3.0	(0.1)	3.7	(0.2)	2.5	(0.2)
ニュージーランド	45.5	(0.6)	20.3	(0.3)	6.7	(0.2)	3.6	(0.1)	4.6	(0.1)	2.3	(0.2)
ノルウェー	39.9	(0.2)	15.8	(0.1)	6.3	(0.1)	3.3	(0.0)	4.3	(0.1)	2.4	(0.1)
ポルトガル	39.6	(0.3)	20.1	(0.1)	6.8	(0.1)	2.4	(0.1)	6.9	(0.2)	1.4	(0.0)
ルーマニア	33.5	(0.5)	17.0	(0.2)	6.3	(0.1)	2.4	(0.1)	3.4	(0.1)	2.2	(0.0)
ロシア	42.6	(0.5)	24.1	(0.3)	9.1	(0.2)	3.6	(0.1)	4.6	(0.1)	3.1	(0.1)
サウジアラビア	28.7	(0.6)	20.7	(0.5)	5.5	(0.2)	3.7	(0.2)	4.9	(0.2)	3.2	(0.2)
上海（中国）	45.3	(0.4)	w	w	8.5	(0.1)	4.1	(0.1)	7.8	(0.1)	5.3	(0.1)
シンガポール	45.7	(0.3)	17.9	(0.2)	7.2	(0.1)	3.1	(0.1)	7.5	(0.1)	2.4	(0.1)
スロバキア	36.4	(0.3)	20.1	(0.2)	6.9	(0.1)	2.2	(0.0)	3.5	(0.1)	2.1	(0.1)
スロベニア	39.5	(0.3)	19.5	(0.2)	8.6	(0.2)	2.6	(0.1)	3.5	(0.1)	2.2	(0.1)
南アフリカ共和国	35.0	(0.8)	25.7	(0.6)	5.6	(0.2)	3.1	(0.1)	6.3	(0.3)	3.0	(0.2)
スペイン	36.7	(0.3)	19.6	(0.2)	6.2	(0.1)	2.5	(0.0)	5.2	(0.1)	1.7	(0.1)
スウェーデン	42.3	(0.2)	18.6	(0.2)	6.5	(0.1)	3.3	(0.1)	4.1	(0.1)	2.2	(0.1)
台湾	35.7	(0.4)	17.2	(0.2)	6.9	(0.1)	3.1	(0.1)	4.2	(0.1)	3.6	(0.1)
トルコ	31.6	(0.3)	24.5	(0.2)	3.4	(0.1)	1.9	(0.1)	2.3	(0.1)	1.9	(0.1)
アラブ首長国連邦	39.7	(0.2)	23.7	(0.1)	7.3	(0.1)	3.6	(0.1)	5.2	(0.1)	3.4	(0.1)
アメリカ	46.2	(0.6)	28.1	(0.4)	7.2	(0.2)	3.5	(0.3)	5.3	(0.4)	3.4	(0.5)
ベトナム	46.0	(0.6)	18.1	(0.4)	9.9	(0.3)	3.3	(0.1)	4.9	(0.2)	2.5	(0.1)
OECD31か国平均	38.8	(0.1)	20.6	(0.0)	6.5	(0.0)	2.7	(0.0)	4.2	(0.0)	2.2	(0.0)
EU23か国全体	37.5	(0.1)	18.8	(0.1)	6.5	(0.0)	2.6	(0.0)	4.6	(0.0)	1.8	(0.0)
TALIS 参加 48 か国平均	38.3	(0.1)	20.3	(0.0)	6.8	(0.0)	2.8	(0.0)	4.5	(0.0)	2.4	(0.0)

1．「通常の一週間」とは、休暇や休日、病気休業などによって勤務時間が短くならなかった一週間とする。週末や夜間など就業時間外に行った仕事を含む。

2．「指導（授業）時間」と各項目の仕事に従事した時間数の合計は、「仕事時間の合計」と一致しない場合がある。これは、「仕事時間の合計」と授業時間以外の仕事に費やす時間は、質問紙の項目において、別々に教員に回答を求めるものであったことによる。

表 2.3.1 [2/2]　教員の仕事時間（中学校）

中学校教員の回答に基づく

国　名	直近の「通常の一週間」において、以下の仕事に従事したと教員が報告した時間数の平均（1 時間＝ 60 分換算）[1, 2]											
	学校運営業務への参画		一般的な事務業務（教師として行う連絡事務、書類作成その他の事務業務を含む）		職能開発活動		保護者との連絡や連携		課外活動の指導（例：放課後のスポーツ活動や文化活動）		その他の業務	
	平均	S.E.	平均	S.E.	平均	S.E.	平均	S.E.	平均	S.E.	平均	S.E.
アルバータ（カナダ）	1.8	(0.2)	2.4	(0.1)	1.5	(0.1)	1.4	(0.1)	2.7	(0.2)	0.7	(0.1)
オーストラリア	2.4	(0.1)	4.1	(0.1)	1.7	(0.1)	1.3	(0.1)	1.8	(0.1)	2.6	(0.1)
オーストリア	0.8	(0.0)	1.8	(0.0)	1.3	(0.1)	1.2	(0.0)	1.0	(0.0)	1.6	(0.0)
ベルギー	0.8	(0.0)	1.7	(0.0)	0.8	(0.0)	0.6	(0.0)	1.1	(0.1)	1.5	(0.1)
フランドル（ベルギー）	0.9	(0.0)	2.4	(0.1)	0.8	(0.0)	0.8	(0.0)	1.1	(0.0)	1.4	(0.1)
ブラジル	1.5	(0.1)	1.3	(0.1)	3.0	(0.2)	1.6	(0.1)	2.1	(0.1)	2.4	(0.1)
ブルガリア	1.1	(0.1)	2.7	(0.1)	2.0	(0.1)	1.8	(0.1)	1.8	(0.1)	1.3	(0.1)
ブエノスアイレス（アルゼンチン）	1.2	(0.1)	1.2	(0.2)	2.0	(0.2)	1.2	(0.1)	1.2	(0.2)	1.8	(0.2)
チリ	2.0	(0.1)	3.4	(0.1)	2.3	(0.1)	1.8	(0.1)	2.0	(0.1)	2.0	(0.1)
コロンビア	3.3	(0.2)	3.0	(0.2)	4.6	(0.2)	2.7	(0.2)	2.6	(0.2)	2.6	(0.2)
クロアチア	0.5	(0.0)	2.6	(0.1)	2.3	(0.1)	1.2	(0.0)	1.6	(0.1)	1.6	(0.1)
キプロス	1.8	(0.1)	2.6	(0.1)	1.7	(0.1)	1.8	(0.1)	2.1	(0.1)	1.8	(0.1)
チェコ	1.0	(0.0)	2.9	(0.1)	1.7	(0.1)	1.2	(0.0)	1.2	(0.1)	1.2	(0.1)
デンマーク	0.7	(0.1)	1.7	(0.1)	0.8	(0.1)	1.4	(0.1)	0.9	(0.1)	2.3	(0.2)
イングランド（イギリス）	2.0	(0.1)	3.8	(0.1)	1.0	(0.0)	1.5	(0.0)	1.7	(0.1)	2.2	(0.1)
エストニア	0.6	(0.1)	1.8	(0.0)	1.8	(0.0)	1.1	(0.0)	1.6	(0.1)	1.4	(0.1)
フィンランド	0.3	(0.0)	1.1	(0.0)	0.8	(0.0)	1.2	(0.0)	0.4	(0.0)	0.9	(0.1)
フランス	0.7	(0.0)	1.4	(0.1)	0.8	(0.1)	1.1	(0.0)	1.0	(0.1)	1.8	(0.1)
ジョージア	1.6	(0.1)	1.6	(0.1)	2.6	(0.1)	2.3	(0.1)	2.1	(0.1)	1.8	(0.1)
ハンガリー	1.5	(0.1)	2.9	(0.1)	1.0	(0.1)	1.2	(0.0)	1.6	(0.0)	1.7	(0.1)
アイスランド	0.9	(0.1)	2.3	(0.1)	1.6	(0.1)	1.1	(0.1)	1.0	(0.1)	1.8	(0.1)
イスラエル	2.1	(0.1)	1.7	(0.1)	2.2	(0.1)	1.9	(0.1)	1.8	(0.1)	1.6	(0.1)
イタリア	1.1	(0.1)	1.9	(0.0)	1.8	(0.1)	1.2	(0.0)	1.0	(0.0)	0.9	(0.0)
日本	2.9	(0.1)	5.6	(0.2)	0.6	(0.0)	1.2	(0.0)	7.5	(0.2)	2.8	(0.1)
カザフスタン	2.5	(0.1)	3.2	(0.1)	3.2	(0.1)	2.5	(0.1)	3.1	(0.1)	2.2	(0.1)
韓国	1.7	(0.1)	5.4	(0.1)	2.6	(0.1)	1.6	(0.1)	2.0	(0.1)	1.8	(0.1)
ラトビア	0.7	(0.0)	2.2	(0.1)	1.5	(0.1)	1.2	(0.0)	1.5	(0.1)	1.5	(0.1)
リトアニア	1.2	(0.1)	2.3	(0.1)	2.6	(0.1)	1.3	(0.0)	1.9	(0.1)	1.6	(0.1)
マルタ	1.2	(0.1)	2.4	(0.1)	1.6	(0.1)	1.4	(0.1)	1.6	(0.1)	2.0	(0.2)
メキシコ	1.4	(0.1)	1.7	(0.1)	3.4	(0.1)	1.9	(0.1)	1.6	(0.1)	1.9	(0.1)
オランダ	1.0	(0.1)	2.4	(0.1)	1.9	(0.1)	1.5	(0.1)	0.9	(0.1)	2.0	(0.1)
ニュージーランド	2.0	(0.1)	4.3	(0.1)	1.8	(0.1)	1.3	(0.1)	2.3	(0.2)	2.5	(0.1)
ノルウェー	1.2	(0.1)	2.6	(0.1)	1.3	(0.0)	1.3	(0.0)	0.7	(0.0)	1.8	(0.1)
ポルトガル	1.3	(0.1)	2.7	(0.1)	1.6	(0.1)	1.1	(0.0)	1.6	(0.1)	1.5	(0.1)
ルーマニア	0.7	(0.0)	1.2	(0.1)	1.7	(0.1)	1.4	(0.0)	1.8	(0.1)	1.9	(0.1)
ロシア	1.7	(0.1)	3.4	(0.1)	3.5	(0.1)	2.0	(0.1)	2.5	(0.1)	2.4	(0.1)
サウジアラビア	3.2	(0.2)	2.7	(0.2)	3.1	(0.2)	2.2	(0.2)	2.6	(0.2)	2.5	(0.2)
上海（中国）	3.2	(0.1)	2.8	(0.1)	3.2	(0.1)	2.2	(0.1)	1.9	(0.1)	2.6	(0.1)
シンガポール	1.4	(0.0)	3.8	(0.1)	1.8	(0.0)	1.3	(0.0)	2.7	(0.1)	8.2	(0.1)
スロバキア	1.0	(0.1)	2.6	(0.1)	1.8	(0.1)	1.3	(0.0)	1.9	(0.1)	1.2	(0.1)
スロベニア	1.1	(0.1)	3.5	(0.1)	2.4	(0.1)	1.8	(0.1)	2.3	(0.1)	2.7	(0.1)
南アフリカ共和国	2.8	(0.2)	3.6	(0.2)	3.0	(0.2)	2.2	(0.1)	3.3	(0.2)	2.4	(0.2)
スペイン	1.5	(0.1)	1.7	(0.1)	1.7	(0.0)	1.4	(0.0)	1.0	(0.1)	1.4	(0.0)
スウェーデン	0.9	(0.1)	3.2	(0.1)	1.1	(0.0)	1.5	(0.0)	0.4	(0.0)	1.9	(0.1)
台湾	3.6	(0.1)	4.5	(0.1)	2.4	(0.1)	1.7	(0.1)	2.3	(0.1)	1.9	(0.1)
トルコ	1.6	(0.1)	1.9	(0.1)	1.5	(0.1)	1.7	(0.1)	1.8	(0.1)	1.9	(0.1)
アラブ首長国連邦	2.6	(0.1)	3.1	(0.1)	2.7	(0.0)	2.1	(0.0)	2.3	(0.1)	2.3	(0.1)
アメリカ	1.7	(0.2)	2.6	(0.2)	1.7	(0.2)	1.6	(0.2)	3.0	(0.2)	7.1	(0.2)
ベトナム	2.2	(0.1)	2.1	(0.1)	3.4	(0.1)	2.0	(0.1)	2.6	(0.1)	2.4	(0.1)
OECD31か国平均	1.4	(0.0)	2.7	(0.0)	1.7	(0.0)	1.4	(0.0)	1.7	(0.0)	2.0	(0.0)
EU23か国全体	1.2	(0.0)	2.2	(0.0)	1.4	(0.0)	1.3	(0.0)	1.2	(0.0)	1.6	(0.0)
TALIS 参加 48 か国平均	1.6	(0.0)	2.7	(0.0)	2.0	(0.0)	1.6	(0.0)	1.9	(0.0)	2.1	(0.0)

表 2.3.2 [1/2]　教員の仕事時間（小学校）

小学校教員の回答に基づく

国　名	直近の「通常の一週間」において、以下の仕事に従事したと教員が報告した時間数の平均（1 時間＝60 分換算）[1,2]											
	仕事時間の合計		指導（授業）		学校内外で個人で行う授業の計画や準備		学校内での同僚との共同作業や話し合い		生徒の課題の採点や添削		生徒に対する教育相談（生徒の監督指導、インターネットによるカウンセリング、進路指導、非行防止指導）	
	平均	S.E.	平均	S.E.	平均	S.E.	平均	S.E.	平均	S.E.	平均	S.E.
フランドル（ベルギー）	41.7	(0.3)	23.1	(0.1)	5.7	(0.1)	2.2	(0.0)	4.6	(0.1)	1.2	(0.0)
ブエノスアイレス（アルゼンチン）	36.9	(0.7)	22.0	(0.3)	6.1	(0.2)	3.0	(0.2)	5.6	(0.2)	2.9	(0.3)
デンマーク	38.5	(0.2)	20.8	(0.1)	6.9	(0.1)	3.2	(0.1)	1.7	(0.1)	1.1	(0.1)
イングランド（イギリス）	48.3	(0.4)	22.4	(0.2)	7.3	(0.2)	3.6	(0.1)	5.5	(0.1)	2.1	(0.1)
フランス	40.8	(0.4)	23.5	(0.2)	7.4	(0.2)	2.2	(0.1)	4.0	(0.1)	0.6	(0.0)
日本	54.4	(0.2)	23.0	(0.2)	8.6	(0.1)	4.1	(0.1)	4.9	(0.1)	1.3	(0.0)
韓国	32.5	(0.3)	20.4	(0.1)	6.0	(0.1)	3.1	(0.1)	2.6	(0.1)	2.9	(0.1)
スペイン	35.3	(0.3)	22.9	(0.2)	5.4	(0.1)	2.7	(0.1)	3.7	(0.1)	1.9	(0.1)
スウェーデン	42.7	(0.3)	19.8	(0.2)	7.2	(0.1)	3.6	(0.1)	2.8	(0.1)	1.7	(0.1)
台湾	38.6	(0.3)	16.6	(0.2)	5.8	(0.1)	3.0	(0.1)	6.2	(0.1)	3.0	(0.1)
トルコ	31.7	(0.4)	26.3	(0.2)	3.4	(0.1)	1.8	(0.1)	2.7	(0.1)	1.9	(0.1)
アラブ首長国連邦	38.9	(0.2)	24.4	(0.1)	6.8	(0.1)	3.7	(0.1)	5.2	(0.1)	3.8	(0.1)
ベトナム	43.7	(0.1)	22.1	(0.1)	8.6	(0.1)	3.2	(0.0)	4.0	(0.1)	2.9	(0.1)
オーストラリア	43.7	(0.4)	23.6	(0.2)	7.4	(0.1)	3.4	(0.1)	3.3	(0.1)	2.3	(0.1)
オランダ	36.0	(0.3)	19.4	(0.2)	4.0	(0.1)	2.8	(0.1)	2.8	(0.1)	1.1	(0.1)

表 2.3.2 [2/2]　教員の仕事時間（小学校）

小学校教員の回答に基づく

国　名	直近の「通常の一週間」において、以下の仕事に従事したと教員が報告した時間数の平均（1 時間＝60 分換算）[1,2]											
	学校運営業務への参画		一般的な事務業務（教師として行う連絡事務、書類作成その他の事務業務を含む）		職能開発活動		保護者との連絡や連携		課外活動の指導（例：放課後のスポーツ活動や文化活動）		その他の業務	
	平均	S.E.	平均	S.E.	平均	S.E.	平均	S.E.	平均	S.E.	平均	S.E.
フランドル（ベルギー）	1.2	(0.0)	2.5	(0.0)	0.8	(0.0)	1.2	(0.0)	0.8	(0.1)	1.4	(0.1)
ブエノスアイレス（アルゼンチン）	1.7	(0.2)	1.9	(0.1)	3.2	(0.2)	1.8	(0.1)	1.5	(0.1)	2.0	(0.1)
デンマーク	0.6	(0.1)	1.8	(0.1)	0.9	(0.1)	1.8	(0.1)	0.5	(0.0)	1.9	(0.1)
イングランド（イギリス）	2.6	(0.1)	3.8	(0.1)	1.3	(0.0)	1.6	(0.0)	0.9	(0.0)	2.0	(0.1)
フランス	0.6	(0.0)	0.9	(0.0)	0.9	(0.1)	1.1	(0.0)	0.6	(0.0)	1.2	(0.1)
日本	3.2	(0.1)	5.2	(0.1)	0.7	(0.1)	1.2	(0.0)	0.6	(0.0)	2.0	(0.1)
韓国	1.8	(0.1)	4.3	(0.1)	2.6	(0.1)	1.4	(0.1)	1.3	(0.1)	1.4	(0.1)
スペイン	1.8	(0.1)	1.6	(0.1)	2.1	(0.1)	1.5	(0.0)	0.7	(0.1)	1.4	(0.1)
スウェーデン	0.9	(0.1)	2.8	(0.1)	1.2	(0.0)	1.5	(0.0)	0.4	(0.0)	1.7	(0.1)
台湾	4.4	(0.1)	5.1	(0.1)	2.6	(0.1)	1.6	(0.0)	2.2	(0.1)	1.9	(0.1)
トルコ	0.7	(0.1)	1.1	(0.1)	1.5	(0.1)	1.9	(0.1)	1.5	(0.1)	1.9	(0.1)
アラブ首長国連邦	2.6	(0.1)	3.2	(0.1)	3.0	(0.1)	2.6	(0.0)	2.1	(0.0)	2.4	(0.1)
ベトナム	2.0	(0.1)	2.1	(0.1)	3.0	(0.0)	1.9	(0.0)	2.5	(0.0)	2.0	(0.1)
オーストラリア	2.0	(0.1)	3.4	(0.1)	1.7	(0.1)	1.4	(0.0)	1.1	(0.1)	2.6	(0.1)
オランダ	0.9	(0.1)	3.5	(0.1)	1.8	(0.1)	1.7	(0.1)	0.5	(0.0)	1.7	(0.1)

1．「通常の一週間」とは、休暇や休日、病気休業などによって勤務時間が短くならなかった一週間とする。週末や夜間など就業時間外に行った仕事を含む。

2．「指導（授業）時間」と各項目の仕事に従事した時間数の合計は、「仕事時間の合計」と一致しない場合がある。これは、「仕事時間の合計」と授業時間以外の仕事に費やす時間は、質問紙の項目において、別々に教員に回答を求めるものであったことによる。
また、表のデータは非常勤教員を含む調査対象の教員から得られた数値の平均値であることに注意が必要である。

2.3.3　教員の仕事時間の増減

ここではTALIS 2013年調査とTALIS 2018年調査の結果を比較する。OECD（2019）では教員の仕事の中で、特に「授業（指導）」「学校内外で個人で行う授業の計画や準備」、及び「一般的な事務業務（教師として行う連絡事務、書類作成その他の事務業務を含む）」に従事した時間について、2013年調査の結果と2018年調査の結果の比較をしている。日本については、いずれの項目においても統計的有意差はない（表2.3.3）。

表2.3.3　教員の仕事時間の増減（中学校）

中学校教員の回答に基づく

国名	直近の「通常の一週間」において、以下の仕事に従事したと教員が報告した時間数の平均（1時間＝60分換算）																	
	指導（授業）						学校内外で個人で行う授業の計画や準備						一般的な事務業務（教師として行う連絡事務、書類作成その他の事務業務を含む）					
	TALIS 2013年調査		TALIS 2018年調査		TALIS 2013年と2018年との差（TALIS 2018－TALIS 2013）		TALIS 2013年調査		TALIS 2018年調査		TALIS 2013年と2018年との差（TALIS 2018－TALIS 2013）		TALIS 2013年調査		TALIS 2018年調査		TALIS 2013年と2018年との差（TALIS 2018－TALIS 2013）	
	平均	S.E.	平均	S.E.	差	S.E.	平均	S.E.	平均	S.E.	差	S.E.	平均	S.E.	平均	S.E.	差	S.E.
アルバータ（カナダ）	26.4	(0.3)	27.2	(0.5)	0.8	(0.5)	7.5	(0.2)	7.3	(0.3)	-0.2	(0.4)	3.2	(0.1)	2.4	(0.1)	**-0.8**	(0.2)
オーストラリア	18.6	(0.3)	19.9	(0.2)	**1.3**	(0.3)	7.1	(0.1)	7.3	(0.1)	0.2	(0.2)	4.3	(0.1)	4.1	(0.1)	-0.2	(0.2)
ブラジル	25.4	(0.2)	22.3	(0.5)	**-3.2**	(0.5)	7.1	(0.1)	6.0	(0.2)	**-1.1**	(0.2)	1.8	(0.1)	1.3	(0.1)	**-0.5**	(0.1)
ブルガリア	18.4	(0.2)	19.9	(0.2)	**1.4**	(0.3)	8.1	(0.1)	7.5	(0.2)	**-0.5**	(0.2)	2.7	(0.1)	2.7	(0.1)	0.0	(0.1)
チリ	26.7	(0.4)	28.5	(0.3)	**1.7**	(0.5)	5.8	(0.2)	6.4	(0.2)	**0.6**	(0.3)	2.9	(0.1)	3.4	(0.1)	**0.5**	(0.2)
クロアチア	19.6	(0.1)	19.7	(0.2)	0.1	(0.3)	9.7	(0.1)	8.3	(0.1)	**-1.5**	(0.2)	2.6	(0.1)	2.6	(0.1)	0.0	(0.1)
キプロス	16.2	(0.2)	17.4	(0.3)	**1.2**	(0.4)	7.3	(0.1)	7.4	(0.3)	0.1	(0.3)	2.4	(0.1)	2.6	(0.1)	0.1	(0.2)
チェコ	17.8	(0.1)	19.1	(0.1)	**1.3**	(0.2)	8.3	(0.1)	7.3	(0.1)	**-0.9**	(0.2)	2.7	(0.1)	2.9	(0.1)	**0.2**	(0.1)
デンマーク	18.9	(0.1)	19.4	(0.2)	**0.5**	(0.2)	7.9	(0.1)	7.0	(0.1)	**-0.9**	(0.2)	2.0	(0.1)	1.7	(0.1)	**-0.3**	(0.1)
イングランド（イギリス）	19.6	(0.2)	20.1	(0.2)	0.5	(0.3)	7.8	(0.1)	7.4	(0.1)	**-0.4**	(0.2)	4.0	(0.1)	3.8	(0.1)	**-0.3**	(0.1)
エストニア	20.9	(0.2)	20.9	(0.3)	0.1	(0.3)	6.9	(0.1)	6.0	(0.1)	**-1.0**	(0.2)	2.3	(0.1)	1.8	(0.0)	**-0.4**	(0.1)
フィンランド	20.6	(0.2)	20.7	(0.2)	0.1	(0.3)	4.8	(0.1)	4.9	(0.1)	0.1	(0.1)	1.3	(0.1)	1.1	(0.0)	-0.2	(0.1)
フランドル（ベルギー）	19.1	(0.2)	18.5	(0.2)	**-0.7**	(0.2)	6.3	(0.1)	6.4	(0.1)	0.1	(0.2)	2.4	(0.1)	2.4	(0.1)	0.0	(0.1)
フランス	18.6	(0.1)	18.3	(0.1)	**-0.3**	(0.1)	7.5	(0.1)	7.0	(0.1)	**-0.6**	(0.2)	1.3	(0.0)	1.4	(0.1)	0.1	(0.1)
ジョージア	16.0	(0.4)	18.3	(0.4)	**2.3**	(0.6)	7.8	(0.4)	5.3	(0.2)	**-2.4**	(0.4)	2.7	(0.2)	1.6	(0.1)	**-1.1**	(0.2)
アイスランド	19.0	(0.2)	19.8	(0.2)	**0.8**	(0.3)	7.3	(0.2)	6.8	(0.2)	-0.5	(0.3)	2.0	(0.1)	2.3	(0.1)	**0.3**	(0.1)
イスラエル	18.3	(0.2)	21.4	(0.3)	**3.1**	(0.4)	5.2	(0.1)	5.2	(0.1)	0.0	(0.2)	1.9	(0.1)	1.7	(0.1)	-0.2	(0.1)
イタリア	17.3	(0.1)	16.8	(0.1)	**-0.6**	(0.2)	5.0	(0.1)	5.1	(0.1)	0.1	(0.1)	1.8	(0.0)	1.9	(0.0)	0.0	(0.1)
日本	17.7	(0.1)	18.0	(0.2)	0.3	(0.2)	8.7	(0.1)	8.5	(0.2)	-0.1	(0.2)	5.5	(0.1)	5.6	(0.2)	0.1	(0.2)
韓国	18.8	(0.2)	18.1	(0.2)	**-0.7**	(0.2)	7.7	(0.2)	6.3	(0.1)	**-1.4**	(0.2)	6.0	(0.2)	5.4	(0.1)	**-0.5**	(0.2)
ラトビア	19.2	(0.3)	21.0	(0.4)	**1.8**	(0.5)	6.4	(0.2)	6.1	(0.2)	-0.3	(0.3)	2.4	(0.1)	2.2	(0.1)	-0.2	(0.2)
メキシコ	22.7	(0.4)	22.4	(0.4)	-0.3	(0.6)	6.2	(0.1)	6.1	(0.1)	0.0	(0.2)	2.3	(0.1)	1.7	(0.1)	**-0.6**	(0.1)
オランダ	16.9	(0.2)	17.4	(0.2)	0.5	(0.3)	5.1	(0.1)	4.9	(0.2)	-0.2	(0.2)	2.2	(0.1)	2.4	(0.1)	**0.2**	(0.1)
ニュージーランド	18.2	(0.3)	19.8	(0.3)	**1.6**	(0.4)	7.2	(0.1)	6.7	(0.2)	**-0.5**	(0.2)	5.1	(0.1)	4.3	(0.1)	**-0.8**	(0.2)
ノルウェー	15.0	(0.2)	15.8	(0.1)	**0.8**	(0.2)	6.5	(0.1)	6.3	(0.1)	-0.3	(0.2)	2.8	(0.1)	2.6	(0.1)	**-0.2**	(0.1)
ポルトガル	20.8	(0.1)	20.1	(0.1)	**-0.7**	(0.2)	8.5	(0.2)	6.8	(0.1)	**-1.7**	(0.2)	3.8	(0.2)	2.7	(0.1)	**-1.1**	(0.2)
ルーマニア	16.2	(0.2)	17.0	(0.2)	**0.8**	(0.3)	8.0	(0.2)	6.3	(0.1)	**-1.6**	(0.2)	1.5	(0.1)	1.2	(0.1)	**-0.3**	(0.1)
ロシア	23.4	(0.4)	24.1	(0.3)	0.7	(0.5)	10.4	(0.3)	9.1	(0.2)	**-1.3**	(0.3)	4.1	(0.2)	3.4	(0.1)	**-0.7**	(0.3)
上海（中国）	13.8	(0.3)	w	w	w	w	8.1	(0.2)	8.5	(0.1)	**0.4**	(0.2)	3.6	(0.1)	2.8	(0.1)	**-0.8**	(0.1)
シンガポール	17.1	(0.1)	17.9	(0.2)	**0.8**	(0.2)	8.4	(0.1)	7.2	(0.1)	**-1.1**	(0.2)	5.3	(0.1)	3.8	(0.1)	**-1.4**	(0.1)
スロバキア	19.9	(0.2)	20.1	(0.2)	0.3	(0.2)	7.5	(0.1)	6.9	(0.1)	**-0.7**	(0.2)	2.7	(0.1)	2.6	(0.1)	-0.1	(0.1)
スペイン	18.6	(0.2)	19.6	(0.2)	**1.0**	(0.2)	6.6	(0.1)	6.2	(0.1)	**-0.4**	(0.2)	1.8	(0.0)	1.7	(0.1)	-0.1	(0.1)
スウェーデン	17.6	(0.1)	18.6	(0.2)	**1.0**	(0.2)	6.7	(0.1)	6.5	(0.1)	-0.2	(0.1)	4.5	(0.1)	3.2	(0.1)	**-1.3**	(0.1)
アメリカ	p	p	28.1	(0.4)	p	p	p	p	7.2	(0.2)	p	p	p	p	2.6	(0.2)	p	p

2.4 校長の仕事の時間配分

本節では、校長の仕事の時間配分について報告する。

TALIS 2018 年調査では、校長の仕事を７つの業務（カテゴリー）に区分し、それぞれの業務にどれだけの割合の時間を費やしたか質問した。一学年度の平均で、校長としての仕事に費やす時間を 100%とした場合に、それぞれの業務におおよそどれだけの割合の時間を費やしているか校長は回答した。

2.4.1 中学校校長による仕事の時間配分

表 2.4.1 に中学校校長の回答を参加国・地域別に示す。「管理に関する業務や打合せ」の業務は規則管理、報告、学校の予算管理、日程や学級の編制、国や自治体関係者からの要請への対応を含むものである。中学校校長がこの業務に費やす時間の割合は、参加国平均の 28.0%に対し、日本は 23.0%（平均）である。「リーダーシップに関する業務や打合せ」の業務は方針の立案、学校改善計画の策定などのリーダーシップ及び統率活動、教職員採用などの人事管理を含むものであり、中学校校長がこの業務に費やす時間の割合は、参加国平均の 21.1%に対し、日本は 20.3%（平均）である。「教育課程や学習指導に関わる業務や会議」の業務はカリキュラム開発、授業、学級観察、生徒の評価、組織内指導（メンタリング）、教員の職能開発を含むものであり、中学校校長がこの業務に費やす時間の割合は、参加国平均の 17.5%に対し、日本は 22.5%（平均）である。「生徒との関わり」の業務は規律管理、カウンセリング、課外での対話を含むものであり、中学校校長がこの業務に費やす時間の割合は、参加国平均の 13.6%に対し、日本は 11.3%（平均）である。「保護者との関わり」の業務は公式なものと非公式なものの双方を含むもので、中学校校長がこの業務に費やす時間の割合は、参加国平均の 10.4%に対し、日本は 10.0%（平均）である。中学校校長が「地域のコミュニティや産業界との関わり」の業務に費やす時間の割合は、参加国平均の 5.9%に対し、日本は 8.4%（平均）である。

表 2.4.1　校長の仕事の時間配分（中学校）

中学校校長の回答に基づく

国　名	校長の仕事の業務（カテゴリー）別の時間配分（%）													
	管理に関する業務や打合せ[1]		リーダーシップに関する業務や打合せ[2]		教育課程や学習指導に関わる業務や会議[3]		生徒との関わり[4]		保護者との関わり[5]		地域のコミュニティや産業界との関わり		その他	
	平均	S.E.	平均	S.E.	平均	S.E.	平均	S.E.	平均	S.E.	平均	S.E.	平均	S.E.
アルバータ（カナダ）	33.0	(5.4)	16.8	(1.4)	19.2	(3.1)	15.8	(2.0)	9.1	(0.9)	3.5	(0.3)	2.7	(0.7)
オーストリア	34.6	(1.1)	17.4	(0.5)	15.5	(0.8)	14.5	(1.0)	11.0	(0.4)	4.7	(0.2)	2.4	(0.3)
ベルギー	32.0	(1.0)	22.5	(0.5)	15.2	(0.5)	13.3	(0.5)	9.8	(0.3)	4.2	(0.2)	3.2	(0.4)
フランドル（ベルギー）	28.5	(1.1)	23.9	(0.6)	15.1	(0.6)	14.1	(0.6)	10.2	(0.4)	4.8	(0.3)	3.9	(0.6)
ブラジル	20.9	(1.1)	17.6	(0.6)	17.0	(0.7)	19.4	(0.9)	13.6	(0.5)	7.8	(0.5)	3.8	(0.5)
ブルガリア	32.9	(1.4)	19.0	(0.6)	17.1	(0.7)	13.1	(0.6)	9.8	(0.4)	5.5	(0.3)	2.8	(0.3)
ブエノスアイレス（アルゼンチン）	19.9	(1.1)	19.7	(0.6)	19.0	(0.8)	19.6	(0.8)	14.7	(0.8)	5.1	(0.4)	2.1	(0.7)
チリ	22.6	(1.0)	21.7	(0.7)	19.9	(0.7)	16.5	(0.7)	11.9	(0.4)	5.1	(0.3)	2.6	(0.5)
コロンビア	33.3	(2.5)	17.7	(0.8)	16.2	(0.9)	12.4	(1.1)	10.4	(0.6)	7.5	(0.5)	2.5	(0.4)
クロアチア	28.9	(1.3)	19.4	(0.9)	16.8	(0.6)	10.1	(0.6)	9.9	(0.6)	8.7	(0.4)	6.2	(0.5)
キプロス	22.3	(1.1)	23.1	(0.8)	15.4	(0.7)	17.2	(1.0)	13.4	(0.8)	5.6	(0.3)	3.0	(0.6)
チェコ	39.6	(1.1)	21.5	(0.7)	15.6	(0.6)	8.2	(0.3)	8.3	(0.4)	3.5	(0.2)	3.3	(0.4)
デンマーク	28.3	(1.1)	26.5	(0.8)	13.9	(0.6)	10.8	(0.6)	10.2	(0.4)	7.0	(0.5)	3.6	(0.5)
イングランド（イギリス）	25.4	(1.1)	27.2	(1.2)	16.5	(0.8)	14.3	(0.7)	9.8	(0.5)	4.6	(0.3)	2.1	(0.3)
エストニア	25.6	(0.8)	27.3	(0.8)	14.8	(0.6)	12.3	(0.5)	9.4	(0.4)	6.3	(0.4)	4.3	(0.4)
フィンランド	33.2	(1.2)	24.3	(0.7)	14.0	(0.6)	11.1	(0.6)	8.7	(0.4)	4.8	(0.3)	3.8	(0.4)
フランス	27.3	(0.8)	19.9	(0.7)	17.1	(0.5)	16.3	(0.6)	10.5	(0.4)	6.7	(0.4)	2.3	(0.4)
ジョージア	20.2	(0.7)	18.5	(0.6)	21.4	(0.6)	18.6	(0.7)	12.1	(0.4)	5.6	(0.3)	3.7	(0.4)
ハンガリー	33.6	(1.2)	21.5	(0.7)	15.4	(0.6)	11.9	(0.7)	9.3	(0.4)	5.0	(0.3)	3.3	(0.5)
アイスランド	25.3	(1.3)	20.5	(0.8)	13.5	(0.9)	16.0	(0.9)	11.3	(0.7)	7.0	(0.4)	6.4	(1.1)
イスラエル	23.0	(1.0)	17.9	(0.7)	20.2	(0.8)	17.9	(0.8)	11.8	(0.5)	6.3	(0.4)	3.0	(0.6)
イタリア	29.4	(1.0)	19.3	(0.7)	17.6	(0.5)	10.0	(0.5)	13.7	(0.5)	8.7	(0.3)	1.2	(0.2)
日本	23.0	(1.1)	20.3	(0.7)	22.5	(0.9)	11.3	(0.6)	10.0	(0.4)	8.4	(0.4)	4.4	(0.6)
カザフスタン	21.6	(0.8)	18.3	(0.6)	21.3	(0.8)	15.5	(0.6)	12.0	(0.4)	6.9	(0.4)	4.5	(0.4)
韓国	28.1	(1.9)	15.8	(0.7)	23.6	(1.4)	12.4	(0.9)	9.0	(0.4)	6.8	(0.4)	4.3	(0.5)
ラトビア	27.9	(2.8)	19.8	(0.8)	14.5	(1.1)	15.0	(0.9)	11.4	(0.7)	6.8	(0.4)	4.7	(0.6)
リトアニア	27.8	(1.2)	22.3	(0.6)	17.0	(0.7)	12.2	(0.6)	9.4	(0.3)	6.6	(0.3)	4.7	(0.4)
マルタ	28.3	(2.2)	23.2	(1.8)	17.6	(1.0)	15.6	(1.1)	11.3	(1.0)	3.0	(0.4)	1.1	(0.3)
メキシコ	26.9	(1.2)	18.1	(0.7)	17.8	(0.8)	17.2	(0.8)	12.8	(0.4)	5.4	(0.3)	1.8	(0.3)
オランダ	28.4	(1.2)	33.3	(1.2)	10.5	(0.6)	6.2	(0.5)	7.9	(0.4)	7.6	(0.5)	6.1	(0.8)
ニュージーランド	29.5	(4.1)	17.5	(1.5)	18.7	(3.0)	17.9	(4.3)	9.7	(0.9)	4.5	(0.5)	2.4	(0.6)
ノルウェー	39.1	(1.5)	22.9	(1.0)	10.5	(0.7)	9.8	(0.4)	7.3	(0.3)	7.3	(0.4)	3.1	(0.5)
ポルトガル	31.6	(1.0)	23.5	(0.8)	12.8	(0.5)	11.7	(0.4)	10.1	(0.4)	6.6	(0.3)	3.5	(0.4)
ルーマニア	25.1	(1.3)	19.3	(0.6)	19.8	(0.8)	11.9	(0.5)	10.5	(0.5)	8.2	(0.3)	5.2	(0.5)
ロシア	38.6	(1.9)	19.5	(1.0)	13.3	(0.7)	10.5	(0.6)	9.5	(0.5)	5.4	(0.4)	3.4	(0.5)
サウジアラビア	29.2	(1.3)	19.3	(0.9)	20.4	(0.8)	13.5	(0.6)	9.2	(0.5)	5.4	(0.4)	2.9	(0.4)
上海（中国）	24.8	(0.9)	19.9	(0.7)	27.0	(0.8)	11.9	(0.6)	7.0	(0.3)	5.2	(0.3)	4.3	(0.5)
シンガポール	21.2	(0.8)	31.5	(0.8)	19.7	(0.7)	12.8	(0.5)	8.5	(0.4)	4.8	(0.2)	1.6	(0.2)
スロバキア	31.7	(1.1)	21.2	(0.7)	16.8	(0.6)	11.7	(0.5)	9.9	(0.4)	5.5	(0.3)	3.2	(0.4)
スロベニア	32.0	(1.4)	24.5	(0.8)	16.5	(0.7)	9.4	(0.6)	8.2	(0.4)	6.6	(0.3)	2.9	(0.3)
南アフリカ共和国	27.4	(1.4)	20.0	(0.8)	20.5	(1.1)	13.1	(0.8)	10.4	(0.6)	6.2	(0.3)	2.8	(0.5)
スペイン	23.4	(0.8)	22.1	(0.6)	17.6	(0.6)	13.4	(0.4)	13.6	(0.3)	6.1	(0.3)	3.7	(0.4)
スウェーデン	33.9	(1.2)	23.6	(1.0)	12.5	(0.6)	12.6	(0.8)	11.0	(1.0)	3.1	(0.2)	3.5	(0.7)
台湾	24.1	(0.9)	21.5	(0.7)	21.2	(0.6)	13.4	(0.5)	8.8	(0.3)	8.3	(0.4)	2.7	(0.4)
トルコ	29.5	(1.1)	15.1	(0.8)	14.7	(0.8)	16.9	(1.0)	13.9	(0.7)	5.1	(0.3)	4.8	(0.4)
アラブ首長国連邦	20.6	(0.5)	21.6	(0.5)	20.8	(0.5)	15.9	(0.4)	11.4	(0.2)	6.4	(0.2)	3.2	(0.2)
アメリカ	27.3	(3.3)	17.8	(1.3)	17.4	(1.4)	18.1	(2.0)	8.2	(0.8)	3.9	(0.7)	7.2	(1.2)
ベトナム	25.6	(1.1)	22.1	(0.9)	25.0	(1.0)	12.1	(0.6)	7.2	(0.3)	4.8	(0.3)	3.1	(0.3)
OECD30か国平均	29.5	(0.3)	21.3	(0.2)	16.3	(0.2)	13.2	(0.2)	10.3	(0.1)	5.8	(0.1)	3.6	(0.1)
EU23か国全体	28.9	(0.3)	21.7	(0.2)	16.6	(0.2)	12.6	(0.2)	10.9	(0.1)	6.2	(0.1)	3.2	(0.1)
TALIS 参加 47 か国平均	28.0	(0.2)	21.1	(0.1)	17.5	(0.1)	13.6	(0.1)	10.4	(0.1)	5.9	(0.1)	3.5	(0.1)
オーストラリア	33.5	(1.8)	25.0	(1.2)	11.2	(0.5)	11.9	(0.7)	10.1	(0.4)	6.2	(0.6)	2.0	(0.7)

一学年度に仕事に費やす時間を 100%とした場合、それぞれのカテゴリーにどれだけの割合の時間を費やしているかという質問に対する校長の回答。

1．規則管理、報告、学校の予算管理、日程や学級の編制、国や自治体関係者からの要請への対応を含む。
2．方針の立案、学校改善計画の策定などのリーダーシップ及び統率活動、教職員採用などの人事管理を含む。
3．カリキュラム開発、授業、学級観察、生徒の評価、組織内指導（メンタリング）、教員の職能開発を含む。
4．規律管理、カウンセリング、課外での対話を含む。
5．公式なものと非公式なものの双方を含む。

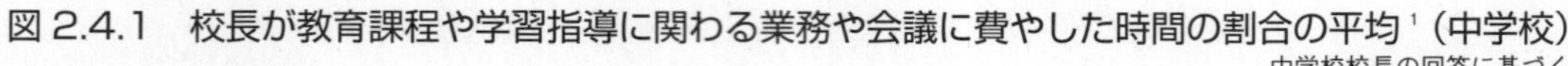

図 2.4.1　校長が教育課程や学習指導に関わる業務や会議に費やした時間の割合の平均[1]（中学校）

中学校校長の回答に基づく

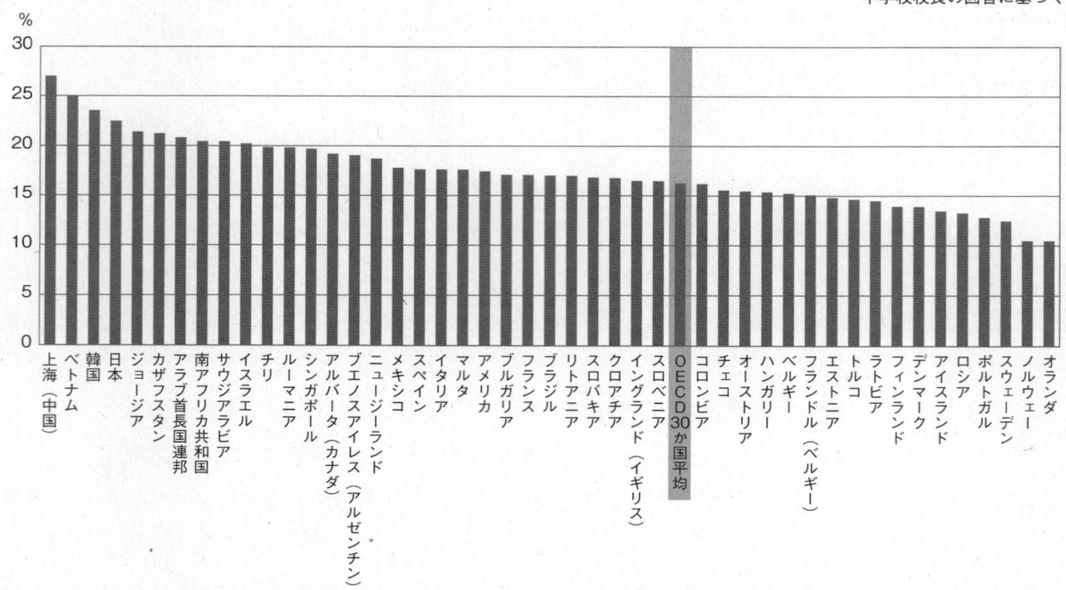

1．カリキュラム開発、授業、学級観察、生徒の評価、組織内指導（メンタリング）、教員の職能開発を含む。
国及び経済圏は、中学校校長がカリキュラム及び指導関係の業務及び会議に費やすと報告する時間の割合の平均の高い方から順番に並べられている。

図 2.4.1 は中学校校長が教育課程や学習指導に関わる業務や会議に費やした時間の割合の平均を示したものである。この時間はカリキュラム開発、授業、学級観察、生徒の評価、組織内指導（メンタリング）、教員の職能開発を含む。

日本の中学校校長は、教育課程や学習指導に関わる業務や会議に費やした時間の割合が比較的高い。

表 2.4.2　校長の仕事の時間配分（小学校）

小学校校長の回答に基づく

国　名	校長の仕事の業務（カテゴリー）別の時間配分の割合（%）													
	管理に関する業務や打合せ[1]		リーダーシップに関する業務や打合せ[2]		教育課程や学習指導に関わる業務や会議[3]		児童との関わり[4]		保護者との関わり[5]		地域のコミュニティや産業界との関わり		その他	
	平均	S.E.	平均	S.E.	平均	S.E.	平均	S.E.	平均	S.E.	平均	S.E.	平均	S.E.
フランドル（ベルギー）	32.1	(1.0)	23.1	(0.5)	14.4	(0.6)	10.0	(0.5)	10.8	(0.4)	4.6	(0.2)	5.0	(0.7)
ブエノスアイレス（アルゼンチン）	15.0	(0.9)	18.4	(0.7)	23.6	(0.9)	18.4	(0.7)	17.3	(0.7)	5.2	(0.3)	2.0	(0.4)
デンマーク	30.0	(1.2)	24.9	(0.9)	13.0	(1.0)	9.1	(0.5)	11.0	(0.8)	6.3	(0.4)	5.7	(0.9)
イングランド（イギリス）	27.4	(1.3)	25.5	(0.9)	18.5	(0.9)	12.5	(0.6)	9.8	(0.5)	4.1	(0.2)	2.1	(0.4)
フランス	31.9	(1.3)	8.7	(0.7)	18.7	(1.5)	13.4	(1.0)	15.7	(0.7)	8.5	(0.7)	3.3	(1.5)
日本	20.6	(0.9)	18.2	(0.6)	24.0	(1.0)	14.1	(0.6)	10.1	(0.3)	8.6	(0.3)	4.3	(0.6)
韓国	24.5	(1.8)	14.8	(0.9)	25.4	(1.0)	15.8	(1.2)	9.6	(0.5)	6.0	(0.4)	3.8	(0.5)
スペイン	21.7	(0.7)	21.5	(0.7)	19.7	(1.1)	15.1	(1.2)	12.7	(0.4)	6.2	(0.3)	3.2	(0.8)
スウェーデン	35.7	(1.5)	23.0	(0.9)	12.6	(0.7)	11.7	(1.6)	10.6	(0.5)	3.0	(0.3)	3.4	(0.5)
台湾	23.2	(1.2)	20.8	(0.7)	21.8	(0.8)	13.9	(0.6)	8.6	(0.3)	8.6	(0.4)	3.1	(0.3)
トルコ	31.1	(2.1)	14.4	(0.8)	14.1	(0.9)	15.0	(1.1)	13.9	(0.7)	5.8	(0.6)	5.8	(0.7)
アラブ首長国連邦	20.7	(0.6)	22.1	(0.4)	21.4	(0.5)	15.0	(0.4)	11.3	(0.2)	6.4	(0.2)	3.1	(0.2)
ベトナム	21.4	(0.8)	19.8	(0.8)	28.0	(1.0)	12.7	(0.6)	8.2	(0.3)	6.1	(0.4)	3.7	(0.3)
オーストラリア	32.9	(1.4)	20.9	(0.7)	14.7	(0.8)	14.9	(1.0)	10.3	(0.5)	4.0	(0.2)	2.4	(0.7)
オランダ	29.4	(1.3)	23.9	(0.9)	17.4	(0.7)	8.6	(0.5)	12.3	(0.5)	5.3	(0.3)	3.0	(0.6)

一学年度に仕事に費やす時間を100%とした場合、それぞれのカテゴリーにどれだけの割合の時間を費やしているかという質問に対する校長の回答。

1．規則管理、報告、学校の予算管理、日程や学級の編制、国や自治体関係者からの要請への対応を含む。
2．方針の立案、学校改善計画の策定などのリーダーシップ及び統率活動、教職員採用などの人事管理を含む。
3．カリキュラム開発、授業、学級観察、生徒の評価、組織内指導（メンタリング）、教員の職能開発を含む。
4．規律管理、カウンセリング、課外での対話を含む。
5．公式なものと非公式なものの双方を含む。

2.4.2　小学校校長による仕事の時間配分

表2.4.2に小学校校長の回答を各参加国・地域別に示す。小学校と中学校の校長の回答の比較において特徴的なのは、子供との関わりに関する業務である。

日本の小学校校長が「児童との関わり」に関する業務に費やす時間の割合は14.1%（平均）である。一方、日本の中学校校長が「生徒との関わり」に費やす時間の割合は11.3%（平均）（表2.4.1参照）である。小学校校長は「児童との関わり」に関連する業務に、中学校校長に比べ、より長い時間を配分する傾向にあることが分かる。

他の項目については、以下のようになる。「管理に関する業務や打合せ」の業務について、日本の小学校校長が費やす時間の割合は20.6%（平均）である。「リーダーシップに関する業務や打合せ」の業務について、日本の小学校校長が費やす時間の割合は18.2%（平均）である。「教育課程や学習指導に関わる業務や会議」の業務について、日本の小学校校長が費やす時間の割合は24.0%（平均）である。「保護者との関わり」の業務について、日本の小学校校長が費やす時間の割合は10.1%（平均）である。「地域のコミュニティや産業界との関わり」の業務について、日本の小学校校長が費やす時間の割合は8.6%（平均）である。

2.5 教員の自己効力感

本節では、教員の自己効力感について報告する。

TALIS 2018 年調査における教員の自己効力感は、TALIS 2013 年調査と同様に、学級運営、教科指導、生徒の主体的学習参加の促進のそれぞれについて、教員の回答を基に測定されている。TALIS 2018 年調査では 13 種類の指導に着目し、それぞれの指導が授業でどの程度できているかを教員の回答を基にまとめている。教員は「生徒に勉強ができると自信を持たせる」等の指導について、「全くできていない」「いくらかできている」「かなりできている」「非常に良くできている」から選択して回答した。

2.5.1 中学校教員の自己効力感

図 2.5.1 は、13 種類の指導について「かなりできている」又は「非常に良くできている」と回答した中学校教員の割合（OECD31 か国平均）を示す。「勉強にあまり関心を示さない生徒に動機付けをする」指導と「デジタル技術の利用によって生徒の学習を支援する（例：コンピュータ、タブレット、電子黒板）」指導を除く全ての項目で、「かなりできている」又は「非常に良くできている」と回答した教員の割合は 80％を超える。

表 2.5.1 に中学校教員の回答を参加国・地域別に示す。ここでは「かなりできている」又は「非常に良くできている」の回答について、５年以下の勤務経験年数の教員による回答と、５年を超える勤務経験年数の教員による回答に分け、それらの回答の割合の合計と差を示している。表では５年以下の勤務経験年数の教員による回答結果と、５年を超える勤務経験年数の教員による回答結果に統計的有意差がある場合に、その数値を太字で表示している。

表 2.5.1 より、参加国平均を見ると、「勉強にあまり関心を示さない生徒に動機付けをする」（72.0％）と「デジタル技術の利用によって生徒の学習を支援する」（66.7％）の２つの指導以外の指導については、80％以上の教員が「かなりできている」又は「非常に良くできている」と回答している。

日本については、中学校教員の場合、「かなりできている」又は「非常に良くできている」と回答した教員の割合が 60％を超えたのは「生徒がわからない時には、別の説明の仕方を工夫する」（62.9％）と「生徒を教室のきまりに従わせる」（61.9％）の２つの指導である。他方、「かなりできている」又は「非常に良くできている」と回答した日本の教員の割合が 40％未満の指導は「生徒に勉強ができると自信を持たせる」（24.1％）、「生徒が学習の価値を見いだせるように手助けする」（33.9％）、「勉強にあまり関心を示さない生徒に動機付けをする」（30.6％）、「生徒の批判的思考を促す」（24.5％）、「多様な評価方

図 2.5.1　教員の自己効力感（中学校、OECD31か国平均）
以下の項目を「かなりできている」又は「非常に良くできている」と回答した教員の割合

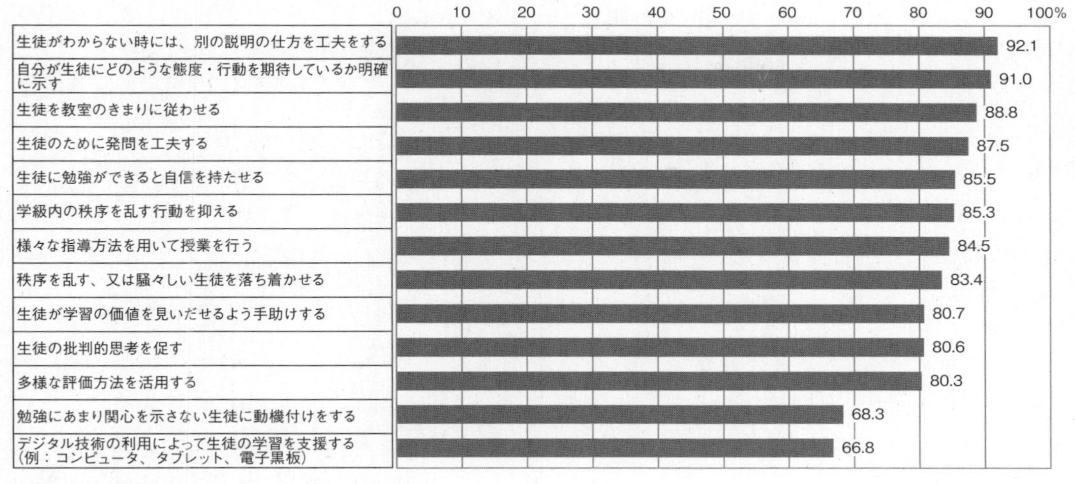

数値は教員の自己効力感の高い方から順番に並んでいる。

法を活用する」(32.4%)、「デジタル技術の利用によって生徒の学習を支援する」(35.0%)である。

なお、これらの結果の解釈の際には、日本の教員が他国の教員に比べ、指導において高い水準を目指しているため自己評価が低くなっている可能性や、実際の達成度にかかわらず謙虚な自己評価を下している可能性があることに留意したい。

日本の中学校教員では、５年以下の勤務経験年数の教員による回答と５年を超える勤務経験年数の教員による回答の割合は、13 種類の指導項目全てについて統計的有意差がある。「デジタル技術の利用によって生徒の学習を支援する」指導では、５年を超える勤務経験年数の教員が「かなりできている」又は「非常に良くできている」と回答した割合は、５年以下の勤務経験年数の教員の回答の割合に比べて統計的有意に低い。５年以下の勤務経験年数の教員は、５年を超える勤務経験年数の教員に比べて、「デジタル技術の利用によって生徒の学習を支援する」指導に自信があることが推察される。一方、他の 12 の指導項目全てについて、５年を超える勤務経験年数の教員が「かなりできている」又は「非常に良くできている」と回答した割合は、５年以下の勤務経験年数の教員の回答の割合に比べて統計的有意に高い。

表 2.5.1［1/7］ 教員の自己効力感（中学校、勤務経験年数別）

中学校教員の回答に基づく

国　名	勤務経験年数別に見た、以下の項目を「かなりできている」又は「非常に良くできている」と回答した教員の割合															
	生徒に勉強ができると自信を持たせる								生徒が学習の価値を見いだせるように手助けする							
	合計		5年以下の勤務経験 (a)		5年を超える勤務経験 (b)		(b)－(a)		合計		5年以下の勤務経験 (a)		5年を超える勤務経験 (b)		(b)－(a)	
	%	S.E.	%	S.E.	%	S.E.	差	S.E.	%	S.E.	%	S.E.	%	S.E.	差	S.E.
アルバータ（カナダ）	88.2	(1.2)	83.8	(2.8)	89.5	(1.3)	5.6	(3.1)	82.2	(1.7)	75.7	(4.0)	84.1	(1.7)	**8.4**	(4.3)
オーストラリア	88.2	(0.7)	83.1	(1.8)	89.9	(0.7)	**6.8**	(1.8)	83.4	(0.7)	75.2	(1.8)	86.1	(0.8)	**10.9**	(2.1)
オーストリア	86.9	(0.5)	82.9	(1.3)	88.3	(0.6)	**5.4**	(1.6)	88.8	(0.5)	86.3	(1.1)	89.6	(0.6)	**3.3**	(1.4)
ベルギー	83.7	(0.6)	83.0	(1.3)	83.8	(0.7)	0.8	(1.6)	76.4	(0.7)	69.8	(1.7)	78.2	(0.8)	**8.5**	(1.9)
フランドル（ベルギー）	94.8	(0.5)	94.6	(1.1)	94.8	(0.5)	0.2	(1.2)	84.1	(0.8)	75.8	(2.3)	86.3	(0.9)	**10.4**	(2.6)
ブラジル	96.7	(0.5)	95.5	(1.4)	96.9	(0.4)	1.5	(1.3)	95.5	(0.5)	91.6	(1.7)	96.2	(0.5)	**4.6**	(1.7)
ブルガリア	93.3	(0.6)	93.8	(1.1)	93.2	(0.7)	-0.7	(1.2)	94.3	(0.6)	94.3	(1.1)	94.3	(0.7)	0.1	(1.2)
ブエノスアイレス（アルゼンチン）	93.8	(0.7)	91.6	(1.9)	94.3	(0.8)	2.7	(2.1)	89.4	(0.8)	86.0	(2.1)	90.1	(0.8)	4.1	(2.2)
チリ	88.1	(0.8)	87.9	(1.5)	88.2	(0.9)	0.3	(1.6)	87.4	(0.8)	84.6	(1.6)	88.6	(1.0)	**3.9**	(2.0)
コロンビア	98.5	(0.3)	98.5	(0.6)	98.5	(0.4)	0.1	(0.7)	98.2	(0.4)	97.5	(1.0)	98.3	(0.4)	0.8	(1.1)
クロアチア	65.0	(1.5)	60.9	(3.2)	66.1	(1.3)	5.2	(2.8)	47.3	(1.1)	43.3	(2.0)	48.3	(1.2)	**5.0**	(2.1)
キプロス	94.6	(0.6)	88.8	(1.8)	95.2	(0.6)	**6.3**	(1.9)	92.1	(0.6)	81.3	(4.2)	93.3	(0.6)	**12.0**	(4.4)
チェコ	68.1	(1.0)	70.6	(2.2)	67.6	(1.0)	-3.0	(2.4)	56.2	(1.1)	56.8	(2.6)	56.1	(1.1)	-0.7	(2.7)
デンマーク	98.6	(0.3)	97.6	(1.0)	98.8	(0.3)	1.1	(1.1)	96.3	(0.5)	94.7	(1.4)	96.7	(0.5)	2.0	(1.4)
イングランド（イギリス）	90.2	(0.8)	85.9	(2.0)	91.4	(0.8)	**5.5**	(2.0)	85.0	(0.9)	77.6	(2.1)	87.1	(0.9)	**9.5**	(2.2)
エストニア	89.5	(0.8)	89.9	(1.7)	89.5	(0.8)	-0.4	(1.8)	91.1	(0.7)	89.2	(1.9)	91.4	(0.7)	2.3	(1.9)
フィンランド	84.9	(0.8)	85.4	(2.5)	84.7	(0.8)	-0.7	(2.6)	79.4	(1.1)	74.7	(2.7)	80.3	(1.0)	**5.6**	(2.7)
フランス	71.8	(0.9)	71.4	(2.3)	71.8	(1.0)	0.3	(2.5)	65.2	(1.0)	63.4	(2.3)	65.5	(1.1)	2.1	(2.5)
ジョージア	90.2	(0.7)	87.7	(1.8)	90.3	(0.7)	2.6	(1.8)	89.2	(0.7)	86.4	(1.8)	89.5	(0.7)	3.1	(1.9)
ハンガリー	94.1	(0.6)	92.2	(1.7)	94.4	(0.6)	2.2	(1.8)	87.0	(0.7)	82.2	(2.3)	87.7	(0.8)	**5.5**	(2.5)
アイスランド	88.3	(0.9)	89.1	(2.2)	88.0	(1.0)	-1.1	(2.4)	82.8	(1.0)	80.3	(2.3)	83.4	(1.2)	3.1	(2.7)
イスラエル	91.7	(0.7)	88.7	(1.6)	92.6	(0.7)	**3.9**	(1.7)	85.6	(1.1)	79.6	(2.1)	87.6	(1.2)	**7.9**	(2.3)
イタリア	99.0	(0.2)	98.0	(0.5)	99.2	(0.2)	**1.1**	(0.5)	96.2	(0.3)	95.1	(0.9)	96.4	(0.4)	1.3	(1.0)
日本	24.1	(0.8)	12.3	(1.3)	27.1	(1.0)	**14.8**	(1.7)	33.9	(0.8)	21.8	(1.5)	37.1	(1.0)	**15.3**	(1.8)
カザフスタン	72.5	(1.0)	70.3	(1.8)	73.3	(1.1)	3.0	(2.0)	85.0	(0.7)	84.1	(1.3)	85.4	(0.7)	1.3	(1.4)
韓国	87.9	(0.7)	88.4	(1.3)	88.0	(0.7)	-0.4	(1.4)	87.4	(0.8)	82.6	(2.1)	88.8	(0.7)	**6.2**	(2.2)
ラトビア	92.2	(0.8)	90.4	(2.3)	92.4	(0.8)	2.0	(2.4)	79.7	(1.4)	74.0	(3.3)	80.4	(1.5)	**6.5**	(3.2)
リトアニア	92.7	(0.4)	89.6	(2.4)	92.9	(0.4)	3.3	(2.5)	85.1	(0.7)	85.4	(3.2)	85.1	(0.7)	-0.4	(3.2)
マルタ	87.2	(0.9)	88.0	(1.8)	86.9	(1.2)	-1.2	(2.3)	84.1	(1.2)	85.4	(2.0)	83.6	(1.4)	-1.8	(2.4)
メキシコ	90.7	(0.6)	90.8	(1.4)	90.7	(0.7)	-0.1	(1.4)	89.3	(0.6)	86.7	(1.7)	90.1	(0.6)	**3.3**	(1.7)
オランダ	96.3	(0.6)	95.8	(1.3)	96.4	(0.6)	0.6	(1.3)	88.5	(1.4)	82.3	(3.6)	89.8	(1.2)	**7.5**	(3.1)
ニュージーランド	90.0	(0.6)	86.1	(2.1)	90.9	(0.8)	**4.8**	(2.4)	85.6	(0.9)	78.0	(2.6)	87.5	(1.0)	**9.4**	(2.9)
ノルウェー	71.8	(1.1)	69.3	(1.6)	72.5	(1.2)	3.3	(1.7)	51.4	(1.0)	47.3	(2.3)	52.5	(1.2)	**5.2**	(2.5)
ポルトガル	98.8	(0.2)	97.9	(1.5)	98.8	(0.2)	1.0	(1.6)	99.3	(0.2)	100.0	(0.0)	99.3	(0.2)	**-0.7**	(0.2)
ルーマニア	82.6	(1.0)	81.3	(2.5)	83.0	(1.0)	1.7	(2.4)	80.6	(1.2)	77.0	(2.9)	81.1	(1.1)	4.1	(2.6)
ロシア	m	m	m	m	m	m	m	m	m	m	m	m	m	m	m	m
サウジアラビア	91.8	(0.8)	89.6	(1.7)	92.5	(0.8)	2.9	(1.6)	92.0	(0.7)	88.5	(2.0)	93.0	(0.7)	**4.5**	(2.1)
上海（中国）	86.4	(0.7)	82.6	(1.7)	87.2	(0.7)	**4.6**	(1.8)	85.2	(0.7)	79.9	(2.1)	86.2	(0.7)	**6.3**	(2.2)
シンガポール	85.9	(0.7)	81.6	(1.2)	87.7	(0.7)	**6.1**	(1.2)	84.4	(0.6)	79.7	(1.2)	86.3	(0.6)	**6.6**	(1.3)
スロバキア	79.8	(0.8)	79.0	(2.0)	79.9	(0.9)	1.0	(2.2)	77.5	(1.0)	74.1	(2.4)	78.2	(1.0)	4.1	(2.6)
スロベニア	76.1	(1.3)	73.5	(2.2)	76.6	(1.4)	3.1	(2.3)	71.1	(1.3)	64.8	(2.5)	72.4	(1.4)	**7.6**	(2.8)
南アフリカ共和国	91.3	(0.9)	93.3	(1.0)	90.5	(1.2)	-2.8	(1.5)	90.2	(0.9)	90.4	(1.2)	90.0	(1.1)	-0.4	(1.5)
スペイン	74.4	(0.9)	74.7	(2.0)	74.3	(1.0)	-0.4	(2.1)	74.8	(0.8)	73.2	(2.0)	75.1	(0.8)	2.0	(2.1)
スウェーデン	92.7	(0.5)	88.8	(1.9)	93.5	(0.5)	**4.7**	(1.9)	74.0	(1.2)	64.1	(2.5)	76.0	(1.4)	**11.9**	(3.0)
台湾	83.8	(0.7)	80.8	(2.0)	84.1	(0.7)	3.4	(2.0)	86.4	(0.6)	81.4	(2.1)	87.0	(0.6)	**5.6**	(2.1)
トルコ	89.2	(0.6)	90.6	(1.0)	88.5	(0.6)	-2.1	(1.1)	88.7	(0.6)	89.6	(1.2)	88.2	(0.7)	-1.4	(1.4)
アラブ首長国連邦	94.5	(0.3)	93.9	(0.6)	94.6	(0.3)	0.8	(0.7)	94.1	(0.3)	94.1	(0.6)	94.0	(0.4)	-0.1	(0.8)
アメリカ	82.8	(2.3)	78.5	(3.7)	84.2	(2.0)	**5.6**	(2.9)	73.9	(3.2)	70.8	(2.6)	74.9	(3.5)	4.0	(2.5)
ベトナム	98.3	(0.3)	96.7	(1.3)	98.4	(0.3)	1.7	(1.4)	99.2	(0.2)	100.0	(0.0)	99.1	(0.2)	**-0.8**	(0.2)
OECD31か国平均	85.5	(0.2)	83.7	(0.3)	85.9	(0.2)	**2.2**	(0.4)	80.7	(0.2)	76.7	(0.4)	81.7	(0.2)	**5.0**	(0.4)
EU23か国全体	85.4	(0.2)	84.1	(0.6)	85.7	(0.3)	**1.6**	(0.6)	80.9	(0.3)	77.7	(0.6)	81.7	(0.3)	**4.0**	(0.7)
TALIS 参加 48 か国平均	86.3	(0.1)	84.5	(0.3)	86.7	(0.1)	**2.3**	(0.3)	82.8	(0.1)	79.2	(0.3)	83.6	(0.2)	**4.5**	(0.3)

表 2.5.1［2/7］ 教員の自己効力感（中学校、勤務経験年数別）

中学校教員の回答に基づく

国　名	勤務経験年数別に見た、以下の項目を「かなりできている」又は「非常に良くできている」と回答した教員の割合															
	生徒のために発問を工夫する								学級内の秩序を乱す行動を抑える							
	合計		5年以下の勤務経験 (a)		5年超える勤務経験 (b)		(b)－(a)		合計		5年以下の勤務経験 (a)		5年超える勤務経験 (b)		(b)－(a)	
	%	S.E.	%	S.E.	%	S.E.	差	S.E.	%	S.E.	%	S.E.	%	S.E.	差	S.E.
アルバータ（カナダ）	88.4	(1.4)	79.8	(4.3)	90.9	(1.3)	**11.0**	(4.7)	87.2	(2.0)	83.4	(2.8)	88.3	(2.4)	4.9	(3.5)
オーストラリア	86.5	(0.7)	80.0	(1.8)	88.6	(0.8)	**8.6**	(1.9)	82.4	(1.1)	73.8	(2.3)	85.1	(1.3)	**11.3**	(2.8)
オーストリア	81.9	(0.6)	78.4	(1.5)	83.1	(0.8)	**4.7**	(1.9)	87.6	(0.7)	79.4	(1.5)	90.5	(0.6)	**11.1**	(1.5)
ベルギー	88.1	(0.5)	84.8	(1.1)	89.0	(0.6)	**4.2**	(1.3)	85.0	(0.6)	75.3	(1.2)	87.7	(0.7)	**12.4**	(1.4)
フランドル（ベルギー）	95.5	(0.4)	94.2	(1.1)	95.9	(0.4)	1.7	(1.3)	93.4	(0.5)	85.1	(1.6)	95.5	(0.5)	**10.5**	(1.7)
ブラジル	97.8	(0.4)	97.3	(1.1)	97.9	(0.4)	0.6	(1.2)	91.4	(0.7)	86.7	(1.8)	92.2	(0.7)	**5.5**	(1.9)
ブルガリア	82.3	(1.0)	84.3	(1.9)	81.8	(1.1)	-2.5	(2.1)	84.9	(0.9)	81.7	(1.8)	85.7	(1.1)	4.0	(2.1)
ブエノスアイレス（アルゼンチン）	93.3	(0.7)	90.7	(2.0)	93.8	(0.8)	3.1	(2.1)	90.1	(0.8)	83.5	(2.3)	91.6	(0.8)	**8.2**	(2.3)
チリ	90.2	(0.8)	91.4	(1.3)	89.7	(0.9)	-1.7	(1.5)	86.3	(0.7)	80.3	(1.8)	88.8	(0.8)	**8.5**	(2.2)
コロンビア	98.1	(0.5)	98.8	(0.4)	98.0	(0.6)	-0.9	(0.8)	97.5	(0.5)	94.6	(1.7)	98.1	(0.4)	**3.5**	(1.5)
クロアチア	88.0	(0.6)	87.2	(1.2)	88.2	(0.6)	1.0	(1.3)	81.9	(1.0)	73.2	(1.9)	83.9	(1.1)	**10.7**	(2.1)
キプロス	95.0	(0.6)	91.4	(2.5)	95.3	(0.6)	3.9	(2.6)	92.9	(0.7)	77.6	(3.2)	94.6	(0.7)	**17.0**	(3.4)
チェコ	79.1	(0.8)	77.7	(1.9)	79.5	(0.8)	1.8	(1.9)	83.4	(0.8)	69.3	(2.1)	86.6	(0.8)	**17.4**	(2.2)
デンマーク	93.6	(0.7)	89.7	(2.3)	94.5	(0.7)	**4.8**	(2.4)	96.7	(0.5)	93.0	(1.5)	97.5	(0.5)	**4.6**	(1.5)
イングランド（イギリス）	92.0	(0.6)	90.0	(1.2)	92.6	(0.6)	2.6	(1.3)	86.5	(0.8)	82.2	(1.6)	87.8	(0.9)	**5.6**	(1.7)
エストニア	78.7	(0.8)	77.6	(2.3)	78.9	(0.9)	1.3	(2.5)	80.6	(0.9)	77.5	(2.4)	81.1	(0.9)	3.6	(2.4)
フィンランド	90.9	(0.7)	88.1	(2.5)	91.4	(0.7)	3.4	(2.7)	82.6	(0.9)	74.1	(2.3)	84.4	(0.9)	**10.2**	(2.3)
フランス	77.6	(0.9)	72.3	(2.1)	78.5	(0.9)	**6.2**	(2.3)	73.5	(0.9)	58.3	(2.7)	76.4	(1.0)	**18.1**	(2.9)
ジョージア	92.1	(0.6)	92.9	(1.4)	92.1	(0.7)	-0.8	(1.4)	85.9	(0.8)	83.8	(1.7)	86.1	(0.9)	2.3	(2.0)
ハンガリー	97.9	(0.3)	96.5	(1.1)	98.2	(0.3)	1.7	(1.1)	93.0	(0.4)	86.2	(2.0)	93.9	(0.5)	**7.7**	(2.3)
アイスランド	95.3	(0.6)	91.8	(1.8)	96.2	(0.6)	**4.5**	(1.9)	87.9	(1.1)	78.3	(2.7)	90.3	(1.1)	**11.9**	(2.8)
イスラエル	89.6	(0.9)	82.3	(2.1)	92.0	(0.8)	**9.7**	(2.2)	84.3	(1.0)	77.2	(2.3)	86.6	(1.0)	**9.4**	(2.5)
イタリア	95.6	(0.4)	92.8	(1.2)	96.2	(0.4)	**3.4**	(1.3)	92.6	(0.5)	84.4	(1.5)	94.4	(0.5)	**10.0**	(1.5)
日本	50.8	(0.9)	40.9	(1.9)	53.5	(1.1)	**12.6**	(2.2)	60.0	(0.9)	41.6	(2.1)	64.9	(1.0)	**23.3**	(2.3)
カザフスタン	90.1	(0.6)	88.1	(1.1)	90.8	(0.6)	**2.7**	(1.2)	75.5	(0.9)	73.6	(1.7)	76.1	(0.9)	2.5	(1.8)
韓国	86.6	(0.8)	80.0	(1.8)	88.3	(0.8)	**8.3**	(1.7)	82.2	(0.8)	76.6	(1.7)	83.6	(0.8)	**7.0**	(1.7)
ラトビア	94.1	(0.6)	92.6	(1.7)	94.4	(0.6)	1.8	(1.7)	85.7	(1.1)	78.3	(2.7)	86.7	(1.1)	**8.4**	(2.7)
リトアニア	93.1	(0.5)	89.4	(2.3)	93.4	(0.5)	4.0	(2.3)	89.3	(0.6)	86.0	(2.4)	89.6	(0.6)	3.6	(2.4)
マルタ	91.1	(0.7)	90.7	(1.4)	91.3	(0.8)	0.6	(1.6)	83.3	(1.3)	80.1	(2.5)	84.6	(1.2)	4.4	(2.3)
メキシコ	86.2	(0.8)	86.9	(1.5)	85.9	(0.9)	-0.9	(1.7)	87.6	(0.9)	81.9	(1.8)	89.4	(0.8)	**7.4**	(1.8)
オランダ	94.9	(0.8)	94.7	(1.6)	95.0	(0.8)	0.3	(1.6)	93.6	(0.9)	84.9	(2.7)	95.4	(0.8)	**10.4**	(2.7)
ニュージーランド	87.0	(0.9)	81.4	(2.3)	88.7	(0.9)	**7.3**	(2.4)	84.6	(0.9)	78.7	(2.7)	86.1	(0.9)	**7.4**	(2.9)
ノルウェー	74.8	(0.9)	72.9	(1.6)	75.3	(1.1)	2.4	(2.0)	79.1	(0.9)	67.2	(2.0)	82.6	(0.9)	**15.5**	(2.0)
ポルトガル	98.0	(0.3)	97.1	(1.1)	98.1	(0.3)	1.0	(1.1)	97.8	(0.3)	93.3	(2.5)	98.0	(0.3)	4.7	(2.5)
ルーマニア	92.7	(0.5)	86.4	(2.1)	93.7	(0.5)	**7.3**	(2.2)	89.5	(0.6)	82.0	(2.6)	90.7	(0.6)	**8.7**	(2.7)
ロシア	m	m	m	m	m	m	m	m	m	m	m	m	m	m	m	m
サウジアラビア	94.2	(0.5)	92.0	(1.7)	95.0	(0.5)	2.9	(1.7)	90.9	(0.8)	86.6	(2.3)	92.0	(0.7)	**5.4**	(2.3)
上海（中国）	90.1	(0.5)	87.2	(1.6)	90.6	(0.5)	**3.4**	(1.5)	91.6	(0.5)	86.8	(1.5)	92.6	(0.5)	**5.8**	(1.5)
シンガポール	85.2	(0.6)	79.3	(1.1)	87.6	(0.8)	**8.3**	(1.5)	80.1	(0.7)	75.4	(1.4)	82.0	(0.9)	**6.6**	(1.7)
スロバキア	88.0	(0.6)	86.0	(1.8)	88.5	(0.6)	2.5	(1.9)	78.6	(0.8)	71.5	(2.6)	80.0	(0.9)	**8.5**	(2.9)
スロベニア	87.1	(0.9)	85.2	(1.8)	87.5	(0.9)	2.3	(1.8)	84.5	(1.0)	79.3	(2.4)	85.6	(0.9)	**6.3**	(2.3)
南アフリカ共和国	93.1	(0.7)	95.1	(0.9)	92.3	(0.9)	**-2.8**	(1.2)	87.9	(1.0)	84.1	(2.1)	89.3	(1.0)	**5.2**	(2.3)
スペイン	87.9	(0.6)	87.0	(1.2)	88.1	(0.6)	1.1	(1.3)	79.0	(0.5)	66.4	(2.2)	81.6	(0.5)	**15.2**	(2.2)
スウェーデン	82.6	(0.8)	78.6	(2.3)	83.5	(0.9)	**4.9**	(2.5)	81.4	(0.8)	70.8	(2.8)	83.6	(0.9)	**12.9**	(3.1)
台湾	78.2	(0.8)	79.4	(2.3)	78.0	(0.8)	-1.4	(2.3)	88.1	(0.5)	81.5	(1.9)	88.9	(0.5)	**7.4**	(1.9)
トルコ	91.9	(0.5)	92.4	(0.9)	91.6	(0.6)	-0.8	(1.1)	90.3	(0.6)	89.9	(1.1)	90.5	(0.6)	0.6	(1.3)
アラブ首長国連邦	93.0	(0.3)	93.0	(0.7)	93.0	(0.4)	-0.1	(0.9)	92.0	(0.3)	90.1	(0.9)	92.4	(0.4)	**2.3**	(1.0)
アメリカ	85.8	(1.7)	83.0	(1.6)	86.7	(1.9)	3.7	(2.0)	83.7	(1.0)	77.5	(2.2)	85.7	(1.0)	**8.2**	(2.4)
ベトナム	97.8	(0.3)	96.0	(1.4)	98.0	(0.2)	2.0	(1.4)	93.9	(0.6)	91.8	(1.5)	94.2	(0.6)	2.4	(1.5)
OECD31か国平均	87.5	(0.1)	84.5	(0.3)	88.3	(0.1)	**3.7**	(0.4)	85.3	(0.2)	77.8	(0.4)	87.1	(0.2)	**9.3**	(0.4)
EU23か国全体	88.9	(0.2)	86.2	(0.5)	89.4	(0.2)	**3.2**	(0.5)	85.1	(0.2)	75.9	(0.7)	87.0	(0.2)	**11.1**	(0.7)
TALIS 参加 48 か国平均	88.7	(0.1)	86.2	(0.3)	89.3	(0.1)	**3.1**	(0.3)	86.1	(0.1)	79.4	(0.3)	87.6	(0.1)	**8.3**	(0.3)

表 2.5.1 ［3/7］ 教員の自己効力感（中学校、勤務経験年数別）

中学校教員の回答に基づく

国名	勤務経験年数別に見た、以下の項目を「かなりできている」又は「非常に良くできている」と回答した教員の割合															
	勉強にあまり関心を示さない生徒に動機付けをする								自分が生徒にどのような態度・行動を期待しているか明確に示す							
	合計		5年以下の勤務経験 (a)		5年を超える勤務経験 (b)		(b)－(a)		合計		5年以下の勤務経験 (a)		5年を超える勤務経験 (b)		(b)－(a)	
	%	S.E.	%	S.E.	%	S.E.	差	S.E.	%	S.E.	%	S.E.	%	S.E.	差	S.E.
アルバータ（カナダ）	64.0	(2.0)	53.1	(3.6)	67.2	(2.3)	**14.1**	(4.1)	94.8	(0.9)	92.3	(1.6)	95.6	(1.0)	3.3	(1.9)
オーストラリア	68.4	(1.1)	59.0	(2.2)	71.3	(1.2)	**12.3**	(2.5)	93.8	(0.6)	88.6	(1.6)	95.4	(0.5)	**6.9**	(1.6)
オーストリア	61.7	(0.9)	57.0	(1.7)	63.2	(1.0)	**6.1**	(1.9)	94.0	(0.4)	92.0	(0.9)	94.6	(0.4)	**2.6**	(1.0)
ベルギー	62.1	(0.9)	52.4	(1.6)	64.7	(1.0)	**12.3**	(1.8)	93.6	(0.4)	89.3	(1.1)	94.8	(0.4)	**5.5**	(1.2)
フランドル（ベルギー）	76.4	(0.9)	65.5	(2.1)	79.1	(1.0)	**13.6**	(2.2)	97.1	(0.4)	93.6	(1.3)	98.0	(0.3)	**4.4**	(1.3)
ブラジル	86.7	(0.7)	83.6	(2.5)	87.3	(0.7)	3.7	(2.7)	97.8	(0.4)	96.2	(1.2)	98.1	(0.4)	1.9	(1.2)
ブルガリア	71.1	(1.2)	74.8	(2.3)	70.3	(1.4)	-4.5	(2.5)	97.3	(0.4)	96.6	(1.0)	97.5	(0.5)	0.9	(1.1)
ブエノスアイレス（アルゼンチン）	80.6	(0.8)	72.7	(2.9)	82.3	(1.1)	**9.6**	(3.4)	96.1	(0.7)	95.6	(1.3)	96.3	(0.7)	0.7	(1.4)
チリ	81.0	(1.0)	77.3	(2.3)	82.6	(1.0)	**5.3**	(2.4)	94.7	(0.6)	92.3	(1.3)	95.8	(0.6)	**3.5**	(1.4)
コロンビア	95.3	(0.6)	93.6	(1.4)	95.7	(0.7)	2.1	(1.6)	97.6	(0.5)	95.2	(1.7)	98.0	(0.4)	2.9	(1.6)
クロアチア	48.9	(1.1)	45.1	(3.3)	49.8	(1.4)	4.8	(4.0)	93.0	(0.8)	87.1	(2.0)	94.5	(0.7)	**7.4**	(1.8)
キプロス	84.3	(0.9)	75.1	(2.9)	85.3	(1.0)	**10.3**	(2.9)	96.3	(0.7)	88.7	(2.4)	97.1	(0.7)	**8.5**	(2.2)
チェコ	40.3	(1.0)	42.1	(2.0)	39.8	(1.1)	-2.2	(2.2)	78.9	(0.8)	76.4	(2.0)	79.5	(0.9)	3.1	(2.1)
デンマーク	81.4	(1.1)	73.7	(2.2)	83.0	(1.2)	**9.3**	(2.5)	98.5	(0.3)	97.6	(0.8)	98.7	(0.4)	1.1	(0.8)
イングランド（イギリス）	73.4	(1.2)	66.6	(2.3)	75.4	(1.4)	**8.8**	(2.5)	95.4	(0.5)	94.1	(1.2)	95.7	(0.6)	1.6	(1.4)
エストニア	79.3	(0.9)	74.0	(2.3)	80.2	(1.0)	**6.3**	(2.5)	91.1	(0.6)	86.9	(2.2)	91.8	(0.6)	**5.0**	(2.3)
フィンランド	60.7	(1.2)	54.6	(2.9)	62.0	(1.2)	**7.4**	(3.1)	90.0	(0.7)	86.3	(2.3)	90.8	(0.7)	**4.5**	(2.3)
フランス	47.0	(1.2)	46.7	(2.9)	47.1	(1.3)	0.4	(3.1)	90.0	(0.5)	84.5	(2.0)	91.0	(0.6)	**6.6**	(2.1)
ジョージア	74.9	(1.1)	73.9	(2.2)	74.8	(1.2)	0.9	(2.5)	91.7	(0.7)	89.3	(1.9)	92.1	(0.7)	2.7	(1.8)
ハンガリー	82.4	(0.8)	80.8	(2.2)	82.8	(0.8)	2.0	(2.3)	98.2	(0.3)	96.6	(1.0)	98.4	(0.3)	1.8	(1.0)
アイスランド	72.9	(1.6)	71.6	(3.2)	73.4	(1.7)	1.7	(3.5)	89.3	(1.1)	85.7	(2.6)	90.3	(1.1)	4.6	(2.8)
イスラエル	77.6	(1.4)	74.1	(2.4)	78.8	(1.5)	4.7	(2.6)	94.0	(0.6)	92.3	(1.5)	94.5	(0.7)	2.2	(1.7)
イタリア	89.7	(0.6)	85.8	(1.6)	90.5	(0.6)	**4.8**	(1.7)	93.0	(0.5)	88.2	(1.3)	93.9	(0.5)	**5.7**	(1.4)
日本	30.6	(0.8)	23.0	(1.8)	32.5	(1.0)	**9.4**	(2.0)	59.9	(0.9)	45.9	(2.0)	63.7	(1.0)	**17.8**	(2.1)
カザフスタン	80.8	(0.7)	79.4	(1.3)	81.2	(0.8)	1.8	(1.5)	81.3	(0.8)	78.9	(1.5)	82.1	(0.9)	3.2	(1.7)
韓国	66.5	(1.0)	57.8	(1.9)	69.0	(1.1)	**11.1**	(2.1)	79.0	(1.0)	75.9	(1.7)	80.0	(1.1)	**4.1**	(2.0)
ラトビア	68.5	(1.8)	63.5	(3.7)	69.2	(1.7)	5.6	(3.3)	95.1	(0.6)	94.3	(1.4)	95.2	(0.6)	0.9	(1.4)
リトアニア	65.4	(1.0)	67.9	(3.6)	65.2	(1.0)	-2.7	(3.8)	83.1	(0.8)	82.9	(2.7)	83.1	(0.8)	0.3	(2.8)
マルタ	74.1	(1.5)	74.9	(2.5)	73.7	(1.9)	-1.2	(3.1)	91.6	(0.6)	90.0	(1.9)	92.3	(0.6)	2.3	(2.0)
メキシコ	78.9	(0.9)	77.0	(1.7)	79.4	(1.0)	2.5	(1.8)	89.1	(0.6)	88.5	(1.3)	89.3	(0.7)	0.9	(1.4)
オランダ	74.4	(1.7)	59.5	(4.7)	77.5	(1.5)	**18.0**	(4.7)	97.7	(0.4)	94.3	(1.5)	98.4	(0.4)	**4.2**	(1.5)
ニュージーランド	71.3	(1.4)	64.4	(3.4)	73.0	(1.6)	**8.6**	(3.7)	93.6	(0.7)	89.6	(1.8)	94.8	(0.7)	**5.2**	(1.9)
ノルウェー	31.6	(0.9)	26.7	(1.5)	33.1	(1.1)	**6.4**	(1.8)	89.9	(0.6)	83.8	(1.3)	91.6	(0.7)	**7.9**	(1.5)
ポルトガル	97.3	(0.3)	99.0	(1.0)	97.2	(0.3)	-1.8	(1.1)	98.1	(0.3)	96.7	(1.7)	98.2	(0.2)	1.5	(1.7)
ルーマニア	72.0	(1.1)	70.0	(3.3)	72.4	(1.2)	2.5	(3.5)	92.9	(0.6)	88.9	(1.8)	93.8	(0.5)	**4.9**	(1.9)
ロシア	m	m	m	m	m	m	m	m	m	m	m	m	m	m	m	m
サウジアラビア	89.4	(0.7)	86.3	(2.1)	90.2	(0.8)	3.9	(2.1)	79.5	(1.2)	76.6	(2.5)	80.1	(1.3)	3.5	(2.5)
上海（中国）	84.2	(0.7)	77.0	(2.1)	85.6	(0.8)	**8.6**	(2.3)	93.7	(0.4)	93.0	(1.1)	93.8	(0.5)	0.8	(1.3)
シンガポール	73.3	(0.8)	65.1	(1.4)	76.7	(1.0)	**11.5**	(1.7)	91.9	(0.5)	88.8	(1.1)	93.2	(0.5)	**4.4**	(1.2)
スロバキア	67.6	(1.0)	66.1	(2.2)	68.0	(1.1)	1.8	(2.4)	90.9	(0.6)	87.4	(1.9)	91.7	(0.6)	4.3	(1.9)
スロベニア	63.4	(1.2)	64.3	(2.4)	63.2	(1.3)	-1.1	(2.7)	94.5	(0.5)	92.0	(1.6)	95.0	(0.5)	3.0	(1.7)
南アフリカ共和国	87.2	(1.2)	87.1	(1.6)	87.1	(1.4)	0.0	(1.9)	93.6	(0.9)	93.4	(1.1)	93.6	(1.0)	0.2	(1.4)
スペイン	55.0	(1.1)	54.9	(1.8)	55.0	(1.2)	0.1	(1.9)	89.8	(0.5)	85.8	(1.3)	90.6	(0.5)	**4.8**	(1.2)
スウェーデン	62.9	(1.2)	52.9	(2.4)	65.0	(1.3)	**12.1**	(2.8)	89.8	(0.7)	83.5	(2.1)	91.2	(0.8)	**7.7**	(2.3)
台湾	74.1	(0.7)	73.8	(2.4)	74.1	(0.8)	0.3	(2.6)	92.8	(0.4)	90.6	(1.5)	93.0	(0.5)	2.5	(1.5)
トルコ	81.4	(0.8)	81.1	(1.5)	81.4	(0.9)	0.3	(1.7)	90.5	(0.5)	91.6	(1.0)	90.0	(0.6)	-1.6	(1.2)
アラブ首長国連邦	91.1	(0.3)	89.5	(1.0)	91.4	(0.4)	1.9	(1.1)	95.7	(0.3)	94.8	(0.6)	95.9	(0.3)	1.1	(0.6)
アメリカ	64.4	(1.4)	66.8	(6.5)	63.5	(1.9)	-3.3	(7.7)	92.6	(0.8)	86.8	(1.9)	94.5	(0.8)	**7.7**	(2.1)
ベトナム	96.8	(0.4)	93.2	(1.5)	97.2	(0.4)	**4.0**	(1.5)	93.8	(0.8)	89.2	(2.0)	94.2	(0.7)	**5.0**	(1.8)
OECD31か国平均	68.3	(0.2)	64.1	(0.5)	69.3	(0.2)	**5.2**	(0.5)	91.0	(0.1)	87.6	(0.3)	91.8	(0.1)	**4.2**	(0.3)
EU23か国全体	67.4	(0.3)	64.0	(0.7)	68.3	(0.4)	**4.3**	(0.8)	92.5	(0.2)	89.0	(0.5)	93.2	(0.2)	**4.2**	(0.5)
TALIS 参加 48 か国平均	72.0	(0.2)	68.3	(0.4)	73.0	(0.2)	**4.7**	(0.4)	91.5	(0.1)	88.4	(0.2)	92.2	(0.1)	**3.8**	(0.3)

表 2.5.1［4/7］　教員の自己効力感（中学校、勤務経験年数別）

中学校教員の回答に基づく

国　名	勤務経験年数別に見た、以下の項目を「かなりできている」又は「非常に良くできている」と回答した教員の割合															
	生徒の批判的思考を促す								生徒を教室のきまりに従わせる							
	合計		5年以下の勤務経験 (a)		5年を超える勤務経験 (b)		(b)－(a)		合計		5年以下の勤務経験 (a)		5年を超える勤務経験 (b)		(b)－(a)	
	%	S.E.	%	S.E.	%	S.E.	差	S.E.	%	S.E.	%	S.E.	%	S.E.	差	S.E.
アルバータ（カナダ）	87.2	(1.3)	82.5	(2.9)	88.6	(1.4)	6.1	(3.2)	90.3	(1.9)	82.4	(2.6)	92.6	(2.4)	**10.2**	(3.6)
オーストラリア	80.8	(0.9)	75.5	(1.7)	82.4	(1.0)	**7.0**	(2.0)	89.7	(0.7)	84.7	(1.8)	91.4	(0.7)	**6.6**	(2.0)
オーストリア	83.5	(0.8)	77.3	(1.8)	85.7	(0.8)	**8.4**	(2.0)	88.0	(0.7)	83.5	(1.5)	89.5	(0.6)	**6.0**	(1.5)
ベルギー	78.1	(0.7)	74.6	(1.5)	79.1	(0.8)	**4.5**	(1.7)	90.4	(0.5)	84.0	(1.2)	92.1	(0.6)	**8.1**	(1.5)
フランドル（ベルギー）	88.0	(0.6)	83.2	(1.8)	89.2	(0.7)	**6.0**	(2.1)	95.9	(0.4)	89.4	(1.4)	97.6	(0.4)	**8.2**	(1.4)
ブラジル	95.6	(0.5)	93.8	(1.6)	96.0	(0.6)	2.1	(1.7)	93.3	(0.6)	88.8	(2.0)	94.0	(0.6)	**5.2**	(2.0)
ブルガリア	83.2	(1.0)	80.1	(2.0)	84.1	(1.0)	4.0	(2.2)	96.8	(0.4)	94.8	(1.1)	97.3	(0.4)	**2.5**	(1.2)
ブエノスアイレス（アルゼンチン）	94.0	(0.6)	94.8	(1.4)	93.9	(0.7)	-1.0	(1.6)	91.2	(0.9)	86.3	(2.1)	92.4	(1.0)	**6.2**	(2.3)
チリ	87.9	(0.8)	88.2	(1.6)	87.8	(0.9)	-0.5	(1.9)	89.4	(0.9)	85.0	(1.9)	91.3	(1.0)	**6.3**	(2.1)
コロンビア	97.7	(0.6)	97.6	(0.9)	97.7	(0.7)	0.1	(1.2)	98.1	(0.5)	95.7	(1.6)	98.5	(0.3)	**2.9**	(1.4)
クロアチア	74.4	(1.0)	72.3	(2.4)	75.0	(1.2)	2.6	(2.8)	84.1	(1.1)	76.1	(2.4)	86.0	(0.9)	**9.9**	(2.0)
キプロス	92.4	(0.7)	82.8	(3.3)	93.5	(0.6)	**10.7**	(3.4)	94.1	(0.7)	79.7	(2.9)	95.7	(0.6)	**16.0**	(2.9)
チェコ	65.2	(0.9)	63.8	(2.3)	65.6	(1.0)	1.8	(2.5)	84.1	(0.9)	76.5	(1.8)	85.9	(0.9)	**9.4**	(2.0)
デンマーク	92.5	(0.8)	90.2	(1.8)	93.0	(0.8)	2.8	(1.8)	96.0	(0.5)	91.0	(1.6)	97.1	(0.5)	**6.1**	(1.6)
イングランド（イギリス）	81.3	(0.9)	74.5	(2.0)	83.3	(1.0)	**8.8**	(2.2)	92.8	(0.6)	89.6	(1.4)	93.8	(0.6)	**4.2**	(1.4)
エストニア	82.4	(0.8)	79.8	(2.0)	82.8	(1.0)	3.0	(2.3)	87.6	(0.7)	80.7	(2.2)	88.8	(0.7)	**8.1**	(2.2)
フィンランド	75.4	(1.1)	70.2	(2.9)	76.6	(1.1)	**6.4**	(3.1)	85.4	(0.8)	78.9	(2.2)	86.7	(0.8)	**7.7**	(2.2)
フランス	71.9	(0.9)	69.8	(2.1)	72.3	(1.0)	2.5	(2.2)	87.2	(0.8)	78.3	(2.4)	88.9	(0.7)	**10.6**	(2.4)
ジョージア	88.2	(0.8)	87.3	(1.7)	88.4	(0.9)	1.1	(1.9)	92.5	(0.6)	93.9	(1.1)	92.3	(0.6)	-1.6	(1.2)
ハンガリー	89.2	(0.7)	82.9	(2.2)	90.1	(0.7)	**7.1**	(2.2)	95.0	(0.4)	91.7	(2.1)	95.4	(0.4)	3.8	(2.1)
アイスランド	75.6	(1.4)	76.8	(3.2)	75.3	(1.5)	-1.5	(3.4)	89.8	(1.0)	79.1	(2.9)	92.6	(0.8)	**13.5**	(2.9)
イスラエル	78.5	(1.0)	72.4	(2.5)	80.4	(1.2)	**7.9**	(2.9)	86.6	(0.9)	80.4	(2.3)	88.6	(0.9)	**8.1**	(2.4)
イタリア	95.1	(0.4)	91.5	(1.3)	95.8	(0.4)	**4.3**	(1.3)	95.5	(0.4)	89.9	(1.3)	96.7	(0.3)	**6.8**	(1.3)
日本	24.5	(0.8)	18.0	(1.6)	26.3	(0.9)	**8.3**	(1.8)	61.9	(1.0)	46.0	(1.9)	66.1	(1.0)	**20.2**	(2.1)
カザフスタン	84.8	(0.7)	81.9	(1.2)	85.8	(0.8)	**3.9**	(1.5)	88.8	(0.5)	86.3	(1.2)	89.6	(0.6)	**3.2**	(1.3)
韓国	76.1	(1.1)	70.1	(2.1)	77.8	(1.1)	**7.7**	(2.2)	84.3	(0.7)	78.4	(1.5)	85.9	(0.8)	**7.5**	(1.6)
ラトビア	85.7	(1.3)	73.1	(4.4)	87.5	(1.2)	**14.5**	(4.3)	93.0	(0.7)	86.4	(2.5)	94.0	(0.6)	**7.5**	(2.4)
リトアニア	80.0	(0.9)	77.5	(2.8)	80.2	(0.9)	2.8	(2.9)	90.1	(0.7)	89.8	(2.3)	90.1	(0.7)	0.2	(2.4)
マルタ	82.6	(0.7)	84.2	(2.1)	82.0	(0.8)	-2.3	(2.4)	89.4	(0.9)	85.9	(1.6)	90.6	(0.9)	**4.8**	(1.6)
メキシコ	87.5	(0.7)	86.7	(1.5)	87.7	(0.8)	1.0	(1.6)	89.6	(0.7)	86.1	(1.8)	90.6	(0.7)	**4.5**	(1.8)
オランダ	87.8	(1.2)	78.3	(3.7)	89.7	(1.3)	**11.5**	(4.1)	94.7	(0.8)	87.0	(2.3)	96.3	(0.6)	**9.3**	(2.0)
ニュージーランド	82.1	(1.0)	78.5	(3.0)	83.3	(1.0)	4.8	(3.2)	88.7	(0.8)	83.3	(2.4)	90.1	(1.0)	**6.8**	(2.7)
ノルウェー	64.9	(1.0)	66.8	(1.7)	64.3	(1.1)	-2.5	(1.9)	84.3	(0.7)	77.3	(1.8)	86.2	(0.8)	**8.9**	(1.9)
ポルトガル	98.0	(0.2)	99.0	(1.0)	98.0	(0.2)	-1.0	(1.0)	98.0	(0.3)	94.6	(2.1)	98.1	(0.3)	3.5	(2.1)
ルーマニア	83.1	(0.9)	72.8	(3.3)	85.0	(0.8)	**12.2**	(3.2)	89.1	(0.8)	79.1	(3.1)	90.8	(0.6)	**11.7**	(3.1)
ロシア	m	m	m	m	m	m	m	m	m	m	m	m	m	m	m	m
サウジアラビア	78.9	(1.0)	76.3	(3.0)	79.4	(1.0)	3.1	(3.1)	93.9	(0.6)	92.5	(1.7)	94.4	(0.6)	1.9	(1.8)
上海（中国）	85.0	(0.7)	79.5	(2.1)	86.0	(0.7)	**6.5**	(2.1)	93.4	(0.4)	89.0	(1.4)	94.2	(0.4)	**5.2**	(1.4)
シンガポール	76.7	(0.8)	71.9	(1.2)	78.8	(1.0)	**6.9**	(1.6)	87.1	(0.6)	84.9	(1.2)	88.0	(0.8)	**3.1**	(1.5)
スロバキア	79.7	(0.8)	71.7	(2.4)	81.1	(0.9)	**9.4**	(2.7)	88.2	(0.7)	81.6	(1.9)	89.5	(0.7)	**7.9**	(2.0)
スロベニア	86.9	(0.9)	84.3	(1.8)	87.4	(0.9)	3.1	(1.9)	84.6	(0.9)	80.2	(2.0)	85.6	(0.9)	**5.4**	(2.2)
南アフリカ共和国	91.8	(0.9)	93.1	(1.1)	91.3	(1.1)	-1.8	(1.3)	92.3	(0.8)	89.9	(1.3)	93.2	(1.0)	**3.2**	(1.6)
スペイン	80.9	(0.7)	78.8	(2.3)	81.3	(0.6)	2.5	(2.4)	82.8	(0.6)	70.7	(2.3)	85.2	(0.5)	**14.6**	(2.3)
スウェーデン	75.9	(1.1)	71.9	(2.6)	76.7	(1.2)	4.8	(2.8)	85.6	(0.8)	76.0	(2.4)	87.7	(0.9)	**11.7**	(2.7)
台湾	70.7	(0.8)	72.5	(2.8)	70.5	(0.9)	-2.0	(3.1)	92.4	(0.4)	87.7	(1.5)	93.0	(0.4)	**5.3**	(1.7)
トルコ	87.9	(0.7)	86.8	(1.4)	88.4	(0.7)	1.5	(1.5)	92.9	(0.4)	92.3	(1.0)	93.1	(0.5)	0.8	(1.2)
アラブ首長国連邦	92.1	(0.3)	90.4	(0.7)	92.4	(0.4)	**2.0**	(0.8)	94.7	(0.3)	94.1	(0.7)	94.8	(0.3)	0.7	(0.8)
アメリカ	79.5	(2.8)	80.1	(1.7)	79.3	(3.6)	-0.8	(3.8)	88.4	(1.8)	79.6	(3.9)	91.3	(1.1)	**11.7**	(3.4)
ベトナム	89.3	(0.9)	83.9	(3.0)	89.8	(0.8)	**5.9**	(2.8)	98.1	(0.3)	95.7	(1.2)	98.4	(0.3)	**2.7**	(1.1)
OECD31か国平均	80.6	(0.2)	77.1	(0.4)	81.5	(0.2)	**4.4**	(0.5)	88.8	(0.2)	82.6	(0.4)	90.3	(0.2)	**7.7**	(0.4)
EU23か国全体	82.5	(0.3)	78.1	(0.7)	83.5	(0.3)	**5.4**	(0.7)	90.1	(0.2)	83.1	(0.6)	91.5	(0.2)	**8.4**	(0.6)
TALIS 参加 48 か国平均	82.2	(0.1)	78.9	(0.3)	82.9	(0.2)	**4.1**	(0.4)	89.9	(0.1)	84.4	(0.3)	91.2	(0.1)	**6.8**	(0.3)

表 2.5.1 [5/7]　教員の自己効力感（中学校、勤務経験年数別）

中学校教員の回答に基づく

国　名	勤務経験年数別に見た、以下の項目を「かなりできている」又は「非常に良くできている」と回答した教員の割合															
	秩序を乱す、又は騒々しい生徒を落ち着かせる								多様な評価方法を活用する							
	合計		5年以下の勤務経験 (a)		5年を超える勤務経験 (b)		(b)－(a)		合計		5年以下の勤務経験 (a)		5年を超える勤務経験 (b)		(b)－(a)	
	%	S.E.	%	S.E.	%	S.E.	差	S.E.	%	S.E.	%	S.E.	%	S.E.	差	S.E.
アルバータ（カナダ）	84.7	(1.8)	76.1	(2.8)	87.2	(2.1)	**11.0**	(3.2)	88.2	(1.6)	82.0	(3.4)	90.0	(1.4)	**8.0**	(3.3)
オーストラリア	81.4	(0.9)	73.6	(2.2)	83.8	(0.9)	**10.3**	(2.4)	84.7	(0.8)	79.7	(1.8)	86.3	(0.8)	**6.6**	(1.9)
オーストリア	85.3	(0.7)	79.8	(1.5)	87.2	(0.8)	**7.3**	(1.7)	68.4	(0.9)	60.7	(1.8)	70.9	(1.1)	**10.3**	(2.0)
ベルギー	86.3	(0.6)	78.5	(1.2)	88.4	(0.6)	**9.9**	(1.3)	71.5	(0.8)	63.6	(1.8)	73.6	(0.9)	**10.0**	(1.9)
フランドル（ベルギー）	93.3	(0.5)	86.4	(1.4)	95.0	(0.6)	**8.7**	(1.6)	78.4	(0.9)	72.2	(2.3)	80.0	(1.0)	**7.8**	(2.5)
ブラジル	90.5	(0.8)	86.6	(1.9)	91.2	(0.8)	**4.6**	(2.0)	91.3	(0.7)	88.6	(2.0)	91.7	(0.7)	3.1	(2.0)
ブルガリア	88.1	(0.7)	86.6	(1.6)	88.4	(0.8)	1.8	(1.7)	92.8	(0.6)	89.7	(1.5)	93.5	(0.6)	**3.9**	(1.4)
ブエノスアイレス（アルゼンチン）	88.5	(0.9)	79.6	(2.0)	90.4	(0.9)	**10.8**	(2.2)	89.9	(0.9)	88.1	(1.8)	90.3	(0.9)	2.2	(1.9)
チリ	81.8	(1.0)	77.1	(2.3)	83.8	(1.1)	**6.7**	(2.5)	87.0	(0.9)	86.9	(1.9)	87.1	(1.0)	0.1	(2.2)
コロンビア	96.8	(0.6)	96.3	(1.6)	96.9	(0.6)	0.5	(1.5)	97.3	(0.4)	95.6	(1.1)	97.7	(0.3)	2.0	(1.1)
クロアチア	82.4	(1.1)	74.2	(2.7)	84.3	(1.0)	**10.1**	(2.6)	80.3	(1.2)	74.5	(3.3)	81.8	(1.0)	**7.3**	(3.2)
キプロス	90.2	(0.8)	79.1	(3.2)	91.3	(0.9)	**12.2**	(3.5)	87.6	(1.1)	76.2	(4.6)	88.9	(0.9)	**12.7**	(4.2)
チェコ	83.3	(0.8)	76.0	(1.8)	85.0	(0.9)	**9.0**	(1.9)	75.8	(0.8)	68.9	(2.0)	77.5	(0.8)	**8.6**	(2.1)
デンマーク	96.4	(0.5)	94.4	(1.1)	96.8	(0.6)	**2.4**	(1.2)	77.2	(1.1)	71.2	(3.0)	78.5	(0.9)	**7.3**	(2.9)
イングランド（イギリス）	84.2	(0.8)	78.9	(1.9)	85.7	(0.9)	**6.8**	(2.2)	88.6	(0.7)	86.6	(1.8)	89.2	(0.7)	2.7	(2.0)
エストニア	74.6	(1.0)	74.6	(2.4)	74.5	(1.0)	-0.1	(2.5)	72.1	(1.1)	68.4	(2.6)	72.6	(1.0)	4.2	(2.5)
フィンランド	76.1	(0.9)	68.1	(2.3)	77.7	(1.0)	**9.6**	(2.5)	72.0	(0.9)	67.1	(2.5)	73.1	(1.0)	**5.9**	(2.8)
フランス	76.1	(0.9)	66.7	(2.7)	77.9	(0.9)	**11.2**	(2.9)	74.4	(0.9)	68.2	(2.0)	75.5	(1.0)	**7.3**	(2.2)
ジョージア	86.7	(0.8)	84.8	(2.1)	87.0	(0.9)	2.2	(2.3)	87.5	(0.8)	85.8	(1.6)	87.9	(0.9)	2.1	(1.8)
ハンガリー	93.5	(0.5)	87.8	(2.4)	94.3	(0.5)	**6.5**	(2.5)	80.6	(0.9)	74.9	(2.3)	81.4	(1.0)	**6.5**	(2.4)
アイスランド	85.3	(1.3)	77.1	(3.1)	87.4	(1.2)	**10.3**	(3.0)	85.8	(1.1)	81.5	(2.8)	86.8	(1.2)	5.2	(3.0)
イスラエル	82.2	(0.9)	77.7	(2.2)	83.7	(1.0)	**6.0**	(2.5)	74.1	(1.1)	67.8	(2.0)	76.2	(1.3)	**8.4**	(2.4)
イタリア	89.9	(0.6)	78.7	(1.9)	92.3	(0.6)	**13.6**	(1.9)	87.8	(0.7)	80.5	(1.8)	89.4	(0.8)	**8.9**	(1.9)
日本	59.7	(1.1)	43.4	(2.0)	64.1	(1.2)	**20.6**	(2.3)	32.4	(0.8)	23.3	(1.6)	34.8	(0.9)	**11.6**	(1.9)
カザフスタン	83.8	(0.7)	80.8	(1.4)	84.7	(0.8)	**3.9**	(1.7)	87.6	(0.6)	83.4	(1.4)	88.9	(0.7)	**5.5**	(1.5)
韓国	79.5	(0.8)	74.3	(1.9)	80.9	(0.9)	**6.6**	(2.1)	78.0	(1.0)	67.3	(2.0)	81.0	(1.0)	**13.7**	(2.1)
ラトビア	81.3	(1.1)	74.5	(3.3)	82.3	(1.2)	**7.7**	(3.4)	89.5	(0.7)	82.5	(3.5)	90.5	(0.6)	**8.0**	(3.6)
リトアニア	86.7	(0.7)	87.4	(2.7)	86.7	(0.7)	-0.7	(2.9)	93.2	(0.5)	87.2	(2.4)	93.6	(0.5)	**6.5**	(2.5)
マルタ	81.8	(1.0)	80.3	(2.1)	82.2	(0.9)	2.0	(1.9)	75.3	(1.2)	75.7	(1.9)	75.1	(1.3)	-0.6	(2.0)
メキシコ	82.1	(0.9)	77.6	(1.9)	83.4	(1.0)	**5.8**	(2.0)	81.1	(0.9)	78.7	(2.0)	81.9	(1.0)	3.1	(2.2)
オランダ	92.2	(1.0)	83.6	(2.7)	94.0	(0.9)	**10.3**	(2.6)	81.6	(1.5)	68.8	(3.7)	84.2	(1.4)	**15.4**	(3.9)
ニュージーランド	82.2	(0.8)	79.0	(2.4)	83.3	(1.0)	4.3	(2.8)	79.1	(1.2)	72.4	(3.1)	81.1	(1.3)	**8.7**	(3.2)
ノルウェー	80.1	(0.9)	70.4	(2.0)	82.9	(0.9)	**12.5**	(2.1)	71.1	(0.9)	71.7	(1.8)	71.0	(1.1)	-0.7	(2.2)
ポルトガル	97.0	(0.3)	92.7	(2.7)	97.2	(0.3)	4.5	(2.7)	98.2	(0.3)	96.0	(2.0)	98.4	(0.2)	2.4	(2.0)
ルーマニア	88.8	(0.7)	83.3	(2.7)	89.7	(0.6)	**6.3**	(2.8)	90.7	(0.7)	82.4	(3.0)	92.0	(0.6)	**9.6**	(2.9)
ロシア	m	m	m	m	m	m	m	m	m	m	m	m	m	m	m	m
サウジアラビア	92.9	(0.5)	91.4	(1.8)	93.4	(0.5)	2.0	(1.9)	85.1	(1.0)	83.0	(2.5)	85.7	(1.1)	2.7	(2.8)
上海（中国）	92.1	(0.5)	86.9	(1.6)	93.2	(0.5)	**6.3**	(1.6)	83.8	(0.7)	75.9	(2.1)	85.5	(0.7)	**9.6**	(2.3)
シンガポール	79.1	(0.7)	77.5	(1.6)	79.8	(0.9)	2.4	(2.0)	75.6	(0.7)	70.6	(1.3)	77.7	(0.9)	**7.1**	(1.7)
スロバキア	81.4	(0.8)	76.0	(2.0)	82.4	(0.9)	**6.4**	(2.1)	78.7	(0.8)	73.1	(2.2)	79.7	(0.9)	**6.6**	(2.4)
スロベニア	82.7	(1.0)	79.4	(2.4)	83.4	(1.0)	4.0	(2.5)	86.4	(0.7)	79.8	(2.0)	87.8	(0.9)	**8.0**	(2.3)
南アフリカ共和国	88.6	(1.0)	86.3	(2.2)	89.5	(1.1)	3.2	(2.4)	91.6	(0.8)	90.1	(1.5)	92.0	(0.9)	1.9	(1.5)
スペイン	74.2	(0.8)	65.1	(1.7)	76.0	(0.9)	**10.9**	(2.0)	85.8	(0.9)	81.3	(2.1)	86.8	(0.8)	**5.5**	(1.9)
スウェーデン	79.6	(0.9)	72.5	(2.4)	81.1	(1.0)	**8.6**	(2.8)	83.2	(0.9)	76.6	(2.2)	84.5	(1.1)	**7.9**	(2.6)
台湾	88.0	(0.5)	84.7	(1.8)	88.4	(0.6)	3.7	(2.0)	69.2	(1.0)	72.1	(2.9)	68.8	(1.1)	-3.3	(3.2)
トルコ	89.7	(0.5)	89.1	(1.3)	90.0	(0.6)	0.9	(1.5)	84.8	(0.7)	85.1	(1.2)	84.7	(0.8)	-0.4	(1.5)
アラブ首長国連邦	91.9	(0.4)	91.1	(0.8)	92.0	(0.4)	0.9	(0.9)	93.2	(0.3)	91.0	(0.8)	93.6	(0.3)	**2.6**	(0.8)
アメリカ	79.5	(1.4)	74.7	(2.4)	81.0	(1.6)	**6.2**	(3.0)	80.0	(1.4)	80.9	(3.9)	79.6	(2.6)	-1.3	(6.1)
ベトナム	91.0	(0.8)	90.3	(1.8)	91.1	(0.8)	0.8	(2.0)	86.1	(0.9)	75.4	(2.8)	87.2	(0.9)	**11.7**	(2.8)
OECD31か国平均	83.4	(0.2)	77.5	(0.4)	84.9	(0.2)	**7.4**	(0.4)	80.3	(0.2)	75.1	(0.4)	81.5	(0.2)	**6.4**	(0.5)
EU23か国全体	83.7	(0.2)	76.2	(0.7)	85.3	(0.3)	**9.1**	(0.7)	83.3	(0.3)	77.4	(0.7)	84.5	(0.3)	**7.1**	(0.7)
TALIS 参加 48 か国平均	84.9	(0.1)	79.7	(0.3)	86.1	(0.1)	**6.4**	(0.3)	82.0	(0.1)	77.3	(0.3)	83.1	(0.1)	**5.9**	(0.4)

表 2.5.1［6/7］ 教員の自己効力感（中学校、勤務経験年数別）

中学校教員の回答に基づく

国　名	勤務経験年数別に見た、以下の項目を「かなりできている」又は「非常に良くできている」と回答した教員の割合															
	生徒がわからない時には、別の説明の仕方を工夫する								様々な指導方法を用いて授業を行う							
	合計		5年以下の勤務経験(a)		5年を超える勤務経験(b)		(b)－(a)		合計		5年以下の勤務経験(a)		5年を超える勤務経験(b)		(b)－(a)	
	%	S.E.	%	S.E.	%	S.E.	差	S.E.	%	S.E.	%	S.E.	%	S.E.	差	S.E.
アルバータ（カナダ）	96.1	(0.8)	92.9	(1.6)	97.1	(0.9)	**4.2**	(1.8)	89.6	(1.4)	86.6	(2.6)	90.5	(1.3)	3.9	(2.5)
オーストラリア	95.6	(0.4)	93.2	(1.2)	96.4	(0.5)	**3.2**	(1.4)	87.7	(0.7)	85.1	(1.9)	88.6	(0.8)	3.5	(2.1)
オーストリア	91.0	(0.5)	88.6	(1.2)	91.9	(0.6)	**3.3**	(1.4)	82.0	(0.6)	79.5	(1.6)	82.8	(0.8)	3.2	(2.0)
ベルギー	93.6	(0.4)	92.5	(0.9)	93.8	(0.4)	1.4	(1.1)	82.1	(0.5)	77.5	(1.2)	83.4	(0.6)	**5.9**	(1.4)
フランドル（ベルギー）	96.3	(0.3)	94.9	(0.9)	96.7	(0.4)	1.8	(1.1)	90.0	(0.6)	85.1	(1.5)	91.3	(0.7)	**6.2**	(1.8)
ブラジル	98.0	(0.3)	97.6	(0.9)	98.1	(0.3)	0.5	(0.9)	91.8	(0.6)	92.7	(1.6)	91.6	(0.7)	-1.1	(1.6)
ブルガリア	97.1	(0.3)	96.9	(0.7)	97.1	(0.4)	0.2	(0.9)	89.3	(0.7)	89.8	(1.4)	89.5	(0.7)	-0.3	(1.6)
ブエノスアイレス（アルゼンチン）	97.8	(0.5)	97.1	(1.0)	97.9	(0.5)	0.8	(1.1)	92.4	(0.7)	91.0	(1.5)	92.7	(0.8)	1.7	(1.8)
チリ	95.8	(0.5)	96.4	(0.8)	95.7	(0.6)	-0.7	(1.0)	90.3	(0.6)	90.8	(1.2)	90.1	(0.9)	-0.8	(1.6)
コロンビア	98.9	(0.3)	97.3	(1.5)	99.1	(0.2)	1.8	(1.5)	96.8	(0.6)	95.8	(1.0)	97.0	(0.7)	1.2	(1.2)
クロアチア	94.5	(0.6)	94.1	(1.7)	94.6	(0.5)	0.5	(1.7)	84.0	(0.9)	82.9	(2.2)	84.3	(1.1)	1.4	(2.5)
キプロス	97.0	(0.4)	92.1	(2.0)	97.6	(0.4)	**5.4**	(2.1)	89.1	(0.8)	82.7	(3.6)	89.7	(0.7)	**7.1**	(3.5)
チェコ	90.9	(0.6)	89.9	(1.4)	91.2	(0.7)	1.3	(1.5)	84.8	(0.6)	85.7	(1.5)	84.6	(0.7)	-1.1	(1.8)
デンマーク	97.8	(0.4)	95.0	(1.6)	98.4	(0.4)	**3.4**	(1.7)	92.1	(0.7)	87.2	(2.5)	93.2	(0.8)	**5.9**	(2.7)
イングランド（イギリス）	95.8	(0.5)	95.3	(1.0)	96.0	(0.5)	0.6	(1.1)	87.9	(0.8)	83.0	(1.6)	89.3	(0.9)	**6.3**	(1.8)
エストニア	84.3	(0.9)	88.0	(1.8)	83.7	(0.9)	**-4.4**	(1.8)	77.4	(1.0)	77.3	(1.9)	77.4	(1.1)	0.0	(2.2)
フィンランド	79.6	(0.9)	80.5	(2.2)	79.4	(1.0)	-1.0	(2.5)	80.2	(0.9)	77.8	(2.2)	80.7	(0.9)	3.0	(2.4)
フランス	89.0	(0.7)	88.4	(1.3)	89.1	(0.8)	0.7	(1.5)	65.0	(0.9)	62.0	(2.1)	65.4	(1.1)	3.4	(2.4)
ジョージア	91.1	(0.7)	89.2	(1.9)	91.6	(0.6)	2.4	(1.9)	89.3	(0.7)	88.7	(1.6)	89.5	(0.8)	0.8	(1.8)
ハンガリー	97.6	(0.3)	95.8	(0.9)	97.9	(0.3)	**2.1**	(1.0)	95.4	(0.5)	94.1	(1.2)	95.5	(0.5)	1.4	(1.3)
アイスランド	91.1	(0.9)	87.3	(2.2)	92.2	(0.9)	**4.9**	(2.2)	83.8	(1.3)	82.2	(2.4)	84.3	(1.3)	2.1	(2.4)
イスラエル	93.5	(0.6)	92.1	(1.4)	94.0	(0.7)	1.9	(1.7)	80.2	(1.0)	79.0	(2.1)	80.5	(1.3)	1.5	(2.7)
イタリア	98.5	(0.2)	96.9	(0.8)	98.9	(0.2)	**2.0**	(0.8)	93.8	(0.5)	89.7	(1.6)	94.7	(0.5)	**5.0**	(1.6)
日本	62.9	(0.8)	55.5	(2.3)	64.9	(0.9)	**9.5**	(2.5)	48.0	(1.0)	39.9	(2.0)	50.1	(1.1)	**10.2**	(2.2)
カザフスタン	88.3	(0.6)	85.6	(1.3)	89.2	(0.6)	**3.6**	(1.5)	84.7	(0.7)	79.9	(1.3)	86.2	(0.8)	**6.2**	(1.6)
韓国	89.7	(0.6)	87.3	(1.7)	90.4	(0.6)	3.1	(1.9)	81.9	(0.9)	77.0	(1.9)	83.2	(1.0)	**6.2**	(1.9)
ラトビア	92.1	(0.6)	93.1	(1.8)	91.9	(0.8)	-1.2	(2.2)	93.8	(0.6)	92.4	(1.7)	94.0	(0.7)	1.6	(1.8)
リトアニア	97.1	(0.3)	94.1	(1.9)	97.4	(0.4)	3.3	(2.0)	94.3	(0.4)	89.6	(2.3)	94.7	(0.4)	**5.1**	(2.3)
マルタ	94.2	(0.7)	95.5	(0.8)	93.8	(0.8)	-1.7	(1.0)	87.5	(0.8)	88.3	(1.5)	87.1	(1.0)	-1.2	(1.9)
メキシコ	94.0	(0.5)	94.6	(1.0)	93.7	(0.5)	-0.9	(1.2)	86.6	(0.9)	87.3	(1.6)	86.3	(0.9)	-1.0	(1.6)
オランダ	96.3	(0.6)	94.7	(1.6)	96.6	(0.6)	1.9	(1.8)	86.6	(1.3)	85.3	(2.1)	86.9	(1.4)	1.6	(2.2)
ニュージーランド	94.6	(0.6)	92.1	(1.5)	95.2	(0.6)	**3.1**	(1.6)	88.6	(0.7)	83.5	(2.1)	89.9	(0.8)	**6.4**	(2.3)
ノルウェー	86.4	(0.7)	88.1	(1.2)	85.9	(0.8)	-2.2	(1.5)	67.4	(1.1)	72.4	(1.7)	65.9	(1.4)	**-6.5**	(2.2)
ポルトガル	99.4	(0.1)	99.2	(0.8)	99.5	(0.1)	0.3	(0.9)	95.8	(0.3)	95.2	(1.6)	95.9	(0.4)	0.7	(1.7)
ルーマニア	96.9	(0.4)	95.6	(1.5)	97.1	(0.4)	1.5	(1.6)	90.7	(0.6)	82.6	(3.9)	91.9	(0.7)	**9.3**	(4.2)
ロシア	m	m	m	m	m	m	m	m	m	m	m	m	m	m	m	m
サウジアラビア	89.2	(0.7)	86.6	(2.1)	89.8	(0.7)	3.2	(2.3)	84.7	(0.9)	81.7	(2.4)	85.2	(1.0)	3.5	(2.7)
上海（中国）	92.9	(0.4)	92.8	(1.2)	93.0	(0.5)	0.1	(1.4)	91.6	(0.5)	88.9	(1.4)	92.1	(0.5)	**3.2**	(1.4)
シンガポール	90.7	(0.5)	90.2	(0.9)	91.0	(0.6)	0.8	(1.1)	79.5	(0.7)	75.1	(1.2)	81.3	(0.9)	**6.2**	(1.6)
スロバキア	85.1	(0.7)	86.2	(1.6)	85.0	(0.8)	-1.3	(1.8)	86.7	(0.7)	82.5	(2.1)	87.5	(0.8)	**5.0**	(2.4)
スロベニア	88.9	(0.7)	88.8	(1.7)	89.0	(0.8)	0.2	(1.8)	79.2	(0.9)	78.5	(2.4)	79.3	(1.0)	0.8	(2.6)
南アフリカ共和国	94.9	(0.7)	94.8	(1.0)	94.9	(0.9)	0.1	(1.2)	87.5	(0.9)	88.8	(1.8)	87.1	(1.1)	-1.8	(2.3)
スペイン	96.4	(0.4)	94.1	(1.1)	96.8	(0.4)	**2.7**	(1.2)	85.6	(0.8)	82.8	(1.4)	86.2	(0.8)	**3.4**	(1.3)
スウェーデン	93.0	(0.7)	91.6	(1.5)	93.3	(0.8)	1.7	(1.8)	84.7	(0.8)	77.6	(2.1)	86.2	(0.9)	**8.7**	(2.3)
台湾	91.1	(0.6)	91.1	(1.8)	91.1	(0.6)	0.0	(1.8)	75.9	(0.9)	79.8	(2.6)	75.3	(1.0)	-4.5	(2.7)
トルコ	96.2	(0.3)	96.3	(0.7)	96.1	(0.3)	-0.2	(0.8)	86.3	(0.7)	86.7	(1.3)	86.2	(0.7)	-0.4	(1.5)
アラブ首長国連邦	96.4	(0.2)	96.5	(0.4)	96.4	(0.2)	-0.1	(0.5)	94.3	(0.3)	94.0	(0.6)	94.3	(0.3)	0.4	(0.7)
アメリカ	92.4	(1.3)	89.2	(2.4)	93.5	(1.1)	4.3	(2.3)	85.8	(1.6)	82.2	(1.9)	87.0	(2.0)	4.8	(2.7)
ベトナム	92.7	(0.6)	89.0	(2.0)	93.0	(0.6)	**4.0**	(1.9)	87.7	(0.7)	82.1	(2.0)	88.2	(0.8)	**6.2**	(2.2)
OECD31か国平均	92.1	(0.1)	90.8	(0.3)	92.4	(0.1)	**1.6**	(0.3)	84.5	(0.2)	82.1	(0.3)	85.1	(0.2)	**2.9**	(0.4)
EU23か国全体	94.5	(0.2)	93.4	(0.4)	94.8	(0.2)	**1.4**	(0.4)	84.9	(0.2)	81.5	(0.6)	85.7	(0.3)	**4.1**	(0.6)
TALIS 参加 48 か国平均	92.7	(0.1)	91.5	(0.2)	93.0	(0.1)	**1.5**	(0.2)	85.5	(0.1)	83.3	(0.3)	86.0	(0.1)	**2.7**	(0.3)

表 2.5.1 [7/7]　教員の自己効力感（中学校、勤務経験年数別）

中学校教員の回答に基づく

国　名	勤務経験年数別に見た、以下の項目を「かなりできている」又は「非常に良くできている」と回答した教員の割合 デジタル技術の利用によって生徒の学習を支援する（例：コンピュータ、タブレット、電子黒板）							
	合計		5年以下の勤務経験 (a)		5年を超える勤務経験 (b)		(b)－(a)	
	%	S.E.	%	S.E.	%	S.E.	差	S.E.
アルバータ（カナダ）	76.1	(2.7)	77.4	(4.1)	75.7	(3.1)	-1.7	(4.8)
オーストラリア	77.5	(1.0)	81.2	(2.0)	76.4	(1.1)	**-4.7**	(2.2)
オーストリア	54.7	(1.2)	56.2	(1.7)	54.1	(1.3)	-2.1	(2.0)
ベルギー	55.9	(0.9)	56.2	(1.9)	55.8	(1.0)	-0.3	(2.1)
フランドル（ベルギー）	74.4	(1.1)	76.0	(2.3)	74.0	(1.2)	-2.0	(2.6)
ブラジル	64.1	(1.4)	67.7	(2.6)	63.7	(1.4)	-4.0	(2.6)
ブルガリア	68.3	(1.2)	69.5	(2.2)	68.1	(1.2)	-1.4	(2.3)
ブエノスアイレス（アルゼンチン）	63.6	(2.0)	62.9	(4.7)	63.9	(1.8)	0.9	(4.1)
チリ	77.5	(1.1)	78.2	(1.8)	77.2	(1.3)	-1.1	(2.2)
コロンビア	77.6	(1.6)	74.6	(3.7)	78.3	(1.8)	3.7	(3.9)
クロアチア	58.5	(1.4)	55.9	(2.2)	59.2	(1.5)	3.3	(2.3)
キプロス	69.9	(1.3)	68.5	(3.4)	70.1	(1.6)	1.6	(4.2)
チェコ	63.1	(1.0)	68.3	(2.4)	61.9	(1.2)	**-6.4**	(2.7)
デンマーク	88.4	(0.7)	86.7	(2.1)	88.7	(0.8)	2.1	(2.4)
イングランド（イギリス）	62.3	(1.4)	56.6	(2.2)	64.0	(1.6)	**7.4**	(2.4)
エストニア	53.1	(1.0)	57.6	(2.6)	52.3	(1.2)	-5.4	(3.0)
フィンランド	57.2	(1.5)	56.5	(2.7)	57.4	(1.5)	0.8	(2.6)
フランス	45.0	(1.1)	44.3	(2.6)	44.9	(1.2)	0.6	(2.8)
ジョージア	58.7	(1.3)	63.0	(3.0)	57.9	(1.4)	-5.1	(3.1)
ハンガリー	79.2	(1.2)	77.3	(2.8)	79.4	(1.2)	2.0	(2.7)
アイスランド	62.9	(1.6)	60.2	(3.9)	63.5	(1.7)	3.3	(4.3)
イスラエル	51.6	(1.5)	56.1	(2.4)	50.1	(1.8)	**-6.1**	(2.8)
イタリア	79.9	(0.8)	81.8	(1.6)	79.4	(0.9)	-2.3	(1.7)
日本	35.0	(1.2)	41.3	(2.2)	33.4	(1.2)	**-7.9**	(2.4)
カザフスタン	81.9	(0.7)	80.9	(1.4)	82.2	(0.9)	1.3	(1.8)
韓国	70.7	(1.1)	67.5	(2.1)	71.5	(1.2)	4.0	(2.2)
ラトビア	70.0	(1.3)	69.0	(3.2)	70.2	(1.5)	1.2	(3.9)
リトアニア	71.0	(1.1)	75.2	(3.1)	70.6	(1.2)	-4.6	(3.4)
マルタ	72.0	(1.2)	73.4	(2.5)	71.5	(1.5)	-1.8	(2.9)
メキシコ	57.6	(1.3)	57.1	(2.4)	57.7	(1.3)	0.6	(2.4)
オランダ	72.9	(2.3)	79.4	(2.9)	71.6	(2.4)	**-7.8**	(2.5)
ニュージーランド	76.1	(1.5)	81.3	(2.6)	74.6	(1.6)	**-6.7**	(2.7)
ノルウェー	66.2	(1.3)	74.6	(1.9)	63.6	(1.5)	**-11.0**	(2.0)
ポルトガル	87.8	(0.6)	89.0	(3.4)	87.8	(0.6)	-1.2	(3.4)
ルーマニア	64.6	(0.9)	65.1	(2.3)	64.4	(1.0)	-0.6	(2.5)
ロシア	m	m	m	m	m	m	m	m
サウジアラビア	75.2	(1.4)	73.2	(3.1)	75.3	(1.4)	2.1	(3.0)
上海（中国）	73.0	(0.8)	68.4	(2.1)	73.9	(0.9)	**5.5**	(2.2)
シンガポール	63.0	(0.8)	61.1	(1.4)	63.8	(1.0)	2.7	(1.8)
スロバキア	69.9	(0.9)	68.4	(2.5)	70.2	(0.9)	1.9	(2.7)
スロベニア	55.1	(1.1)	54.1	(2.5)	55.3	(1.2)	1.2	(2.7)
南アフリカ共和国	46.3	(1.6)	48.0	(3.5)	45.8	(1.4)	-2.2	(3.4)
スペイン	66.2	(1.1)	69.2	(2.3)	65.6	(1.2)	-3.7	(2.7)
スウェーデン	64.5	(1.0)	67.6	(2.7)	63.9	(1.2)	-3.7	(2.9)
台湾	56.1	(1.4)	60.3	(2.9)	55.6	(1.4)	-4.7	(2.8)
トルコ	75.8	(0.8)	71.9	(1.8)	77.7	(1.0)	**5.7**	(2.2)
アラブ首長国連邦	87.8	(0.4)	87.8	(1.2)	87.7	(0.4)	-0.1	(1.3)
アメリカ	69.2	(4.5)	65.3	(5.0)	70.5	(4.3)	**5.2**	(2.2)
ベトナム	63.1	(1.3)	54.0	(3.5)	64.0	(1.3)	**10.0**	(3.6)
OECD31か国平均	66.8	(0.3)	67.7	(0.5)	66.6	(0.3)	**-1.2**	(0.5)
EU23か国全体	65.2	(0.4)	65.6	(0.7)	65.2	(0.4)	-0.4	(0.8)
TALIS 参加 48 か国平均	66.7	(0.2)	67.2	(0.4)	66.6	(0.2)	-0.6	(0.4)

図2.5.2は、勤務経験年数別に、中学校教員の混乱した生徒への対応がどの程度できているかを表す。「秩序を乱す、又は騒々しい生徒を落ち着かせる」指導を「かなりできている」又は「非常に良くできている」の回答について、各国別に、全教員の回答、５年以下の勤務経験年数の教員による回答と５年を超える勤務経験年数の教員による回答に分けて示してある。国・地域名の右にある数字は、５年を超える勤務経験年数の教員と５年以下の勤務経験年数の教員との間の統計的に有意な差を示す。

日本の中学校教員は「秩序を乱す、又は騒々しい生徒を落ち着かせる」指導について、「かなりできている」又は「非常に良くできている」の回答の割合が参加国中最も低い。ここで、2.1節で示したように、諸外国と比較すると日本の授業実践の特徴の１つは、秩序ある教室の維持を目的とする行為を高い頻度で行う教員が比較的少ないことであった。ここから、日本では教室の秩序ある学習環境が比較的整っていることが推察される。その場合、日本における「秩序を乱す、又は騒々しい生徒を落ち着かせる」指導の必要性は、国際的に比較すると低いと解釈できる。むしろ、図2.5.2の結果で注目すべきは、日本では５年以下の勤務経験年数の教員は、「秩序を乱す、又は騒々しい生徒を落ち着かせる」指導を「かなりできている」又は「非常に良くできている」との回答が、５年を超える勤務経験年数の教員に比べて21ポイント低いことである（統計的有意差あり）。

2.5.2　小学校教員の自己効力感

表2.5.2に小学校教員の回答を参加国・地域別に示す。日本の小学校教員の場合、「かなりできている」又は「非常に良くできている」と回答した教員の割合が60％を超えたのは「学級内の秩序を乱す行動を抑える」（64.1％）、「自分が児童にどのような態度・行動を期待しているか明確に示す」（63.9％）、「児童を教室のきまりに従わせる」（62.7％）、「児童がわからない時には、別の説明の仕方を工夫する」（63.2％）の４つの指導である。

他方、「かなりできている」又は「非常に良くできている」と回答した日本の小学校教員の割合が40％未満の指導は「児童に勉強ができると自信を持たせる」（34.7％）、「児童の批判的思考を促す」（22.8％）、「多様な評価方法を活用する」（33.3％）、「デジタル技術の利用によって児童の学習を支援する」（38.5％）である。

なお、これらの結果の解釈の際には、日本の教員が他国の教員に比べ、指導において高い水準を目指しているため自己評価が低くなっている可能性や、実際の達成度にかかわらず謙虚な自己評価を下している可能性があることに留意したい。

図 2.5.2　勤務経験年数別に見た、混乱した生徒への対応（中学校）

秩序を乱す、又は騒々しい生徒を落ち着かせることが「かなりできている」
又は「非常に良くできている」と回答した中学校教員の割合

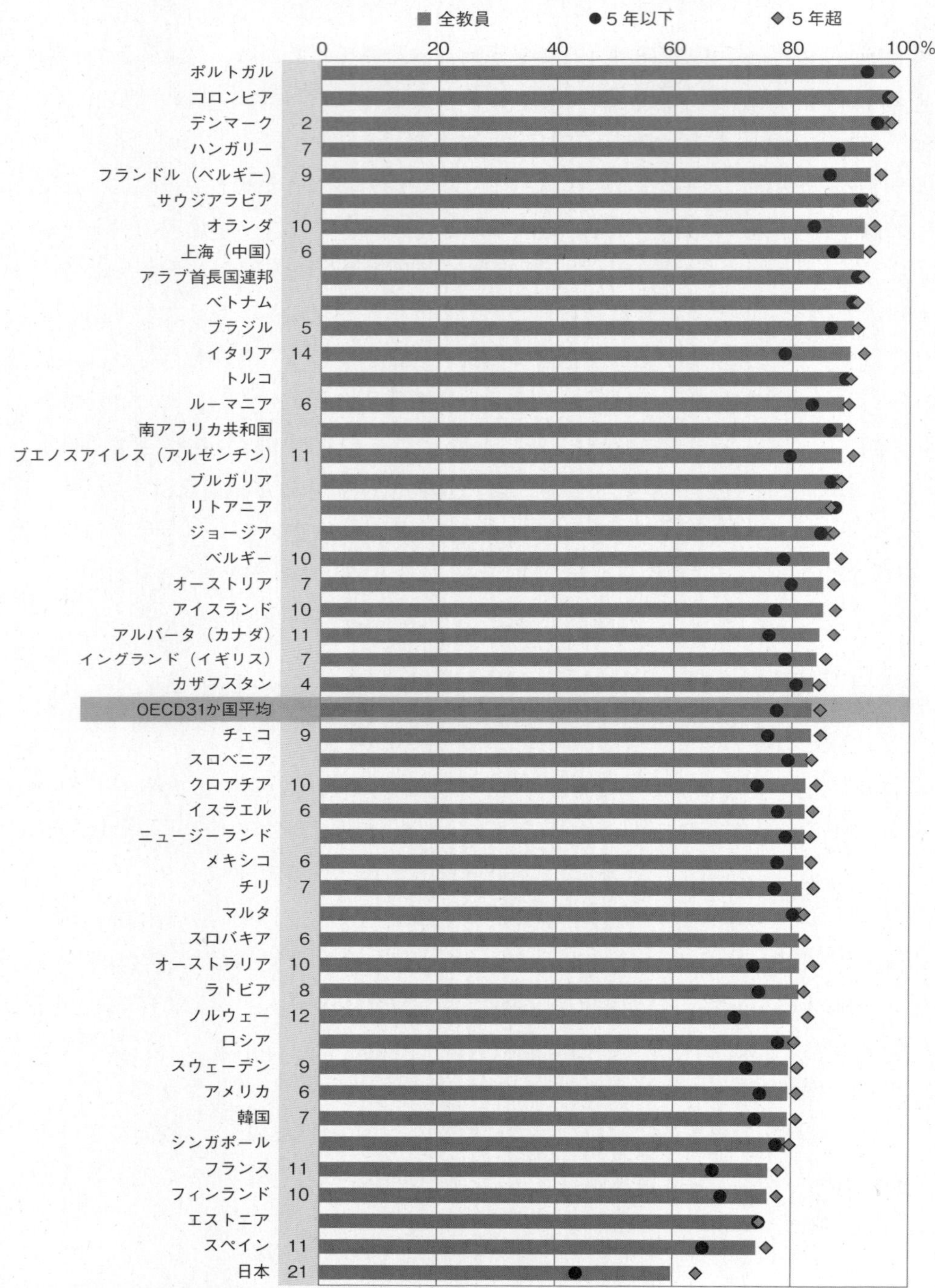

5年を超える勤務経験年数の教員と5年以下の勤務経験年数の教員との間の統計的に有意な差を、参加国・地域名の隣に示す。
参加国・地域は、秩序を乱す、又は騒々しい生徒を落ち着かせることが「かなりできている」又は「非常に良くできている」と回答した中学校教員の割合の高い方から順番に並んでいる。

表 2.5.2［1/2］　教員の自己効力感（小学校）

小学校教員の回答に基づく

国　名	以下の項目を「かなりできている」又は「非常に良くできている」と回答した教員の割合													
	児童に勉強ができると自信を持たせる		児童が学習の価値を見いだせるよう手助けする		児童のために発問を工夫する		学級内の秩序を乱す行動を抑える		勉強にあまり関心を示さない児童に動機付けをする		自分が児童にどのような態度・行動を期待しているか明確に示す		児童の批判的思考を促す	
	%	S.E.	%	S.E.	%	S.E.	%	S.E.	%	S.E.	%	S.E.	%	S.E.
フランドル（ベルギー）	97.6	(0.3)	94.5	(0.5)	96.1	(0.4)	93.4	(0.5)	86.2	(0.7)	97.8	(0.3)	90.1	(0.6)
ブエノスアイレス（アルゼンチン）	97.5	(0.3)	96.0	(0.5)	94.9	(0.6)	92.2	(0.9)	90.6	(0.7)	96.9	(0.4)	95.1	(0.6)
デンマーク	99.1	(0.2)	97.9	(0.3)	93.4	(0.6)	95.9	(0.5)	85.4	(0.8)	98.5	(0.3)	87.1	(0.6)
イングランド（イギリス）	97.1	(0.4)	96.0	(0.6)	95.7	(0.7)	91.2	(0.8)	87.8	(1.0)	98.0	(0.4)	85.9	(1.0)
フランス	80.8	(1.5)	82.6	(1.2)	74.5	(1.7)	72.1	(1.7)	56.7	(1.9)	89.8	(1.2)	61.1	(2.1)
日本	34.7	(0.9)	41.4	(0.9)	49.4	(0.9)	64.1	(0.9)	41.2	(0.9)	63.9	(0.8)	22.8	(0.8)
韓国	92.1	(0.6)	90.7	(0.6)	85.8	(0.8)	88.3	(0.7)	75.6	(0.9)	88.2	(0.7)	82.5	(0.8)
スペイン	88.4	(0.6)	90.0	(0.6)	92.0	(0.6)	86.0	(0.6)	80.2	(0.8)	93.7	(0.5)	86.4	(0.6)
スウェーデン	96.7	(0.4)	83.1	(0.8)	79.8	(0.9)	84.5	(1.0)	73.3	(1.1)	92.9	(0.6)	69.2	(1.2)
台湾	89.2	(0.6)	92.2	(0.5)	84.0	(0.8)	90.1	(0.6)	83.2	(0.7)	94.5	(0.5)	75.4	(0.8)
トルコ	93.6	(0.6)	93.9	(0.6)	95.5	(0.6)	90.8	(0.8)	89.3	(0.8)	92.7	(0.8)	90.7	(0.8)
アラブ首長国連邦	96.1	(0.3)	96.0	(0.3)	93.3	(0.3)	93.5	(0.3)	93.5	(0.3)	96.5	(0.3)	92.6	(0.3)
ベトナム	99.0	(0.2)	99.6	(0.1)	98.6	(0.2)	93.8	(0.4)	97.5	(0.3)	95.5	(0.4)	92.6	(0.5)
オーストラリア	94.6	(0.5)	93.2	(0.5)	89.9	(0.7)	90.2	(0.6)	81.0	(0.9)	97.3	(0.4)	79.4	(0.9)
オランダ	98.6	(0.4)	94.8	(0.6)	94.8	(0.6)	95.0	(0.7)	89.9	(1.0)	98.6	(0.3)	93.1	(0.6)

表 2.5.2［2/2］　教員の自己効力感（小学校）

小学校教員の回答に基づく

国　名	以下の項目を「かなりできている」又は「非常に良くできている」と回答した教員の割合											
	児童を教室のきまりに従わせる		秩序を乱す、又は騒々しい児童を落ち着かせる		多様な評価方法を活用する		児童がわからない時には、別の説明の仕方を工夫をする		様々な指導方法を用いて授業を行う		デジタル技術の利用によって児童の学習を支援する（例：コンピュータ、タブレット、電子黒板）	
	%	S.E.	%	S.E.	%	S.E.	%	S.E.	%	S.E.	%	S.E.
フランドル（ベルギー）	97.1	(0.4)	93.9	(0.5)	76.0	(0.9)	97.5	(0.3)	93.7	(0.5)	71.0	(0.9)
ブエノスアイレス（アルゼンチン）	94.0	(0.6)	92.3	(0.7)	90.1	(0.7)	98.3	(0.3)	95.7	(0.5)	65.7	(1.3)
デンマーク	95.1	(0.5)	93.9	(0.5)	74.1	(1.0)	97.7	(0.4)	95.2	(0.5)	81.3	(0.8)
イングランド（イギリス）	95.8	(0.6)	88.6	(0.9)	92.6	(0.7)	96.5	(0.6)	93.1	(0.7)	71.2	(1.2)
フランス	88.8	(1.0)	76.7	(1.5)	58.6	(1.7)	83.6	(1.6)	66.9	(2.3)	26.9	(1.8)
日本	62.7	(0.9)	58.7	(0.9)	33.3	(1.0)	63.2	(0.9)	51.2	(0.9)	38.5	(0.9)
韓国	90.8	(0.7)	86.0	(0.7)	79.3	(0.8)	92.9	(0.5)	88.0	(0.7)	75.0	(0.9)
スペイン	90.0	(0.5)	82.6	(0.8)	86.7	(0.6)	97.3	(0.3)	92.3	(0.5)	69.6	(1.3)
スウェーデン	88.6	(0.8)	82.8	(1.1)	79.5	(1.0)	94.1	(0.6)	87.7	(0.8)	60.7	(1.4)
台湾	93.8	(0.4)	89.8	(0.6)	79.7	(0.7)	92.8	(0.5)	86.5	(0.5)	75.4	(0.8)
トルコ	93.5	(0.8)	90.5	(0.8)	89.9	(1.0)	96.5	(0.5)	92.2	(0.8)	78.9	(1.2)
アラブ首長国連邦	96.4	(0.2)	93.6	(0.4)	92.7	(0.3)	96.7	(0.2)	95.3	(0.3)	86.7	(0.4)
ベトナム	97.0	(0.3)	87.5	(0.6)	90.3	(0.5)	92.8	(0.4)	90.6	(0.6)	44.8	(0.8)
オーストラリア	95.7	(0.4)	87.9	(0.7)	87.8	(0.7)	95.3	(0.5)	93.1	(0.6)	72.3	(0.9)
オランダ	97.6	(0.4)	95.3	(0.7)	84.9	(1.0)	96.7	(0.6)	91.2	(0.9)	78.9	(1.1)

2.6 変化や革新への対応

本節では、教員と校長の変化や革新への対応について報告する。

TALIS 2018 年調査では新たな内容として、教員と校長に対し、教育現場での変化や革新への対応に関する質問項目を用意している。教員は「この学校のほとんどの教員は、指導や学習についての新しいアイデアを発展させる努力をしている」や「この学校のほとんどの教員は、変化に対して前向きである」等の質問について、所属する学校の教員がどの程度当てはまるか回答した。すなわち、教育現場での変化や革新に関する同僚の態度について、教員の見解を示すことが求められた。一方、校長は「この学校は、別のやり方をする必要があるときにはそのことをすぐに認識する」や「学校は、必要な場合には、変化に即座に対応する」等の質問について、所属する学校がどの程度当てはまるか回答した。これらの質問項目では、教育現場での変化や革新に関する学校の実践について、校長の見解を示すことが求められた。表 2.6.1、表 2.6.2、表 2.6.3、表 2.6.4 と表 2.6.5 では「全く当てはまらない」「当てはまらない」「当てはまる」「非常に良く当てはまる」の 4 つの選択から、「当てはまる」又は「非常に良く当てはまる」と回答した教員の割合を示す。

2.6.1 変化や革新への対応（中学校教員）

表 2.6.1 は、教育現場での変化や革新に関する同僚の態度について、中学校の教員の見解をまとめたものである。OECD 参加 31 か国の平均で教員の 79.0%が（自分が所属する）「この学校のほとんどの教員は、指導や学習についての新しいアイデアを発展させる努力をしている」という質問項目に対して、「当てはまる」又は「非常に良く当てはまる」と答え、革新的な指導に対する教員の一般的姿勢を示している。

日本と参加国平均と差が 5 ポイント以上であるものを示す。「この学校のほとんどの教員は、変化に対して前向きである」について、所属する学校の教員が「当てはまる」又は「非常に良く当てはまる」と回答した教員の割合は、参加国平均の 76.4%に対して日本では 70.1%である。「この学校のほとんどの教員は、新しいアイデアを活用するために、互いに、実際に役に立つサポートをし合っている」について、所属する学校の教員が「当てはまる」又は「非常に良く当てはまる」と回答した教員の割合は、参加国平均の 80.0%に対して日本では 70.6%である。

表 2.6.1　変化や革新に対する同僚の態度についての教員の見解（中学校）

中学校教員の回答に基づく

国　名	以下のことに、「当てはまる」又は「非常に良く当てはまる」と回答した教員の割合							
	この学校のほとんどの教員は、指導や学習についての新しいアイデアを発展させる努力をしている		この学校のほとんどの教員は、変化に対して前向きである		この学校のほとんどの教員は、問題を解決するための新しい方法を模索している		この学校のほとんどの教員は、新しいアイデアを活用するために、互いに、実際に役に立つサポートをし合っている	
	%	S.E.	%	S.E.	%	S.E.	%	S.E.
アルバータ（カナダ）	86.1	(1.3)	79.0	(1.6)	81.9	(1.3)	85.9	(1.3)
オーストラリア	83.2	(0.9)	74.4	(0.9)	74.8	(0.8)	84.2	(0.8)
オーストリア	82.0	(0.7)	71.1	(1.1)	71.2	(0.9)	77.4	(1.0)
ベルギー	68.1	(1.0)	61.1	(1.0)	65.9	(1.0)	64.7	(1.0)
フランドル（ベルギー）	69.8	(1.1)	63.7	(1.2)	71.4	(1.1)	76.5	(1.0)
ブラジル	84.4	(0.9)	80.0	(1.2)	83.7	(1.1)	80.0	(1.2)
ブルガリア	86.2	(1.0)	88.0	(0.8)	83.7	(1.0)	86.3	(0.9)
ブエノスアイレス（アルゼンチン）	83.3	(0.9)	75.4	(1.3)	82.5	(1.2)	80.0	(1.2)
チリ	79.7	(1.3)	71.9	(1.4)	75.1	(1.5)	72.0	(1.7)
コロンビア	83.3	(1.2)	76.1	(1.6)	80.9	(1.3)	77.7	(1.7)
クロアチア	73.7	(1.0)	70.8	(1.3)	71.4	(1.1)	72.4	(1.3)
キプロス	64.0	(1.5)	65.6	(1.7)	69.9	(1.4)	73.0	(1.3)
チェコ	67.6	(1.0)	68.3	(1.3)	71.7	(1.0)	76.7	(1.2)
デンマーク	82.0	(1.1)	77.6	(1.3)	77.3	(1.5)	86.5	(1.3)
イングランド（イギリス）	82.1	(1.2)	76.0	(1.4)	76.6	(1.4)	84.2	(1.0)
エストニア	74.0	(1.2)	82.1	(0.9)	79.3	(1.0)	78.1	(1.2)
フィンランド	79.1	(1.1)	68.7	(1.5)	74.4	(1.3)	74.9	(1.1)
フランス	76.7	(1.0)	69.1	(1.1)	67.7	(1.0)	73.5	(1.2)
ジョージア	91.6	(0.8)	91.9	(0.7)	92.0	(0.7)	93.2	(0.7)
ハンガリー	86.0	(1.1)	80.4	(1.0)	82.5	(1.0)	81.0	(0.9)
アイスランド	81.1	(1.3)	78.2	(1.4)	82.4	(1.1)	82.9	(1.2)
イスラエル	72.7	(1.4)	69.9	(1.3)	73.0	(1.2)	78.4	(1.4)
イタリア	73.4	(0.9)	69.9	(0.9)	72.6	(1.0)	74.4	(1.0)
日本	81.7	(0.9)	70.1	(1.1)	77.5	(1.0)	70.6	(1.1)
カザフスタン	90.4	(0.6)	84.7	(0.7)	90.1	(0.5)	92.6	(0.5)
韓国	86.6	(0.9)	69.8	(1.4)	79.4	(1.1)	70.9	(1.2)
ラトビア	89.4	(1.0)	86.1	(1.6)	86.8	(1.5)	85.3	(1.4)
リトアニア	88.8	(0.7)	86.1	(0.7)	87.7	(0.8)	83.8	(1.0)
マルタ	78.2	(1.3)	67.1	(1.6)	77.8	(1.5)	79.8	(1.2)
メキシコ	82.3	(0.9)	76.0	(0.8)	80.9	(0.9)	70.9	(1.2)
オランダ	64.0	(2.7)	67.4	(2.3)	64.6	(1.4)	71.4	(2.0)
ニュージーランド	79.8	(1.3)	73.1	(1.4)	75.0	(1.4)	82.7	(1.2)
ノルウェー	72.1	(1.2)	80.7	(1.1)	92.6	(0.7)	84.9	(1.0)
ポルトガル	64.8	(1.0)	59.3	(1.1)	66.4	(1.0)	65.5	(1.2)
ルーマニア	86.9	(0.9)	85.5	(1.0)	85.7	(1.1)	83.2	(1.1)
ロシア	77.8	(1.1)	84.7	(0.9)	84.0	(0.9)	86.1	(0.9)
サウジアラビア	85.1	(0.9)	85.0	(1.0)	85.6	(0.9)	84.4	(0.9)
上海（中国）	91.7	(0.5)	89.2	(0.7)	90.6	(0.6)	91.6	(0.6)
シンガポール	78.9	(0.8)	74.5	(0.8)	73.8	(0.8)	84.1	(0.6)
スロバキア	82.2	(0.8)	80.7	(0.8)	78.8	(0.8)	83.3	(0.7)
スロベニア	85.2	(0.9)	79.8	(1.0)	80.6	(1.0)	81.2	(1.0)
南アフリカ共和国	70.1	(1.6)	78.7	(1.5)	78.7	(1.7)	76.2	(1.8)
スペイン	75.9	(0.9)	68.7	(1.0)	73.0	(0.9)	71.4	(1.0)
スウェーデン	74.5	(0.9)	74.9	(1.0)	75.8	(1.2)	78.5	(1.0)
台湾	74.7	(0.9)	73.5	(0.9)	80.7	(0.8)	77.3	(0.8)
トルコ	80.7	(0.8)	79.2	(0.8)	80.3	(0.7)	79.4	(0.8)
アラブ首長国連邦	89.2	(0.5)	87.2	(0.5)	88.5	(0.5)	88.7	(0.4)
アメリカ	83.5	(1.5)	70.5	(1.3)	75.4	(1.5)	83.8	(1.8)
ベトナム	94.2	(0.5)	89.5	(0.7)	93.9	(0.4)	93.9	(0.5)
OECD31か国平均	79.0	(0.2)	74.1	(0.2)	76.8	(0.2)	77.9	(0.2)
EU23か国全体	77.0	(0.3)	72.2	(0.4)	73.6	(0.3)	76.4	(0.3)
TALIS 参加 48 か国平均	80.2	(0.2)	76.4	(0.2)	79.1	(0.2)	80.0	(0.2)

2.6.2 変化や革新への対応（小学校教員と中学校教員の回答の比較）

表2.6.2は、教育現場での変化や革新に関する同僚の態度について、小学校教員の見解をまとめたものである。ここでは前節の表2.6.1の中学校教員の回答の結果と比較しながら、日本の小学校教員の回答を示す。

日本については、４つの質問項目全てにおいて、小学校教員の方が中学校教員よりも、変化や革新への対応に関する質問に「当てはまる」又は「非常に良く当てはまる」と回答する教員の割合が高い。

各質問項目について、日本の小学校教員と中学校教員の回答を比較すると以下のようになる。「この学校のほとんどの教員は、指導や学習についての新しいアイデアを発展させる努力をしている」という項目について、「当てはまる」又は「非常に良く当てはまる」と回答した小学校教員の割合は、中学校教員の81.7％に対して、89.7％である。「この学校のほとんどの教員は、変化に対して前向きである」という項目について、「当てはまる」又は「非常に良く当てはまる」と回答した小学校教員は、中学校教員の70.1％に対して、80.6％である。「この学校のほとんどの教員は、問題を解決するための新しい方法を模索している」という項目について、「当てはまる」又は「非常に良く当てはまる」と回答した小学校教員は、中学校教員の77.5％に対して、86.5％である。「この学校のほとんどの教員は、新しいアイデアを活用するために、互いに、実際に役に立つサポートをし合っている」という項目については、「当てはまる」又は「非常に良く当てはまる」と回答した

表2.6.2　変化や革新に対する同僚の態度についての教員の見解（小学校）

小学校教員の回答に基づく

国　名	以下のことに、「当てはまる」又は「非常に良く当てはまる」と回答した教員の割合							
	この学校のほとんどの教員は、指導や学習についての新しいアイデアを発展させる努力をしている		この学校のほとんどの教員は、変化に対して前向きである		この学校のほとんどの教員は、問題を解決するための新しい方法を模索している		この学校のほとんどの教員は、新しいアイデアを活用するために、互いに、実際に役に立つサポートをし合っている	
	%	S.E.	%	S.E.	%	S.E.	%	S.E.
フランドル（ベルギー）	80.2	(0.8)	80.6	(0.7)	84.0	(0.7)	83.7	(0.8)
ブエノスアイレス（アルゼンチン）	82.8	(1.0)	77.6	(1.2)	83.1	(1.1)	81.9	(1.2)
デンマーク	81.6	(0.8)	77.0	(0.9)	77.5	(0.9)	85.5	(0.7)
イングランド（イギリス）	87.6	(0.8)	83.9	(1.0)	83.3	(0.9)	89.2	(0.8)
フランス	79.4	(1.6)	77.0	(2.0)	73.3	(1.8)	80.5	(1.8)
日本	89.7	(0.6)	80.6	(0.6)	86.5	(0.6)	82.3	(0.7)
韓国	90.2	(0.7)	75.0	(0.9)	85.0	(0.7)	81.4	(0.9)
スペイン	81.4	(0.9)	75.9	(1.1)	80.3	(0.9)	78.1	(1.1)
スウェーデン	83.4	(0.8)	82.8	(0.9)	83.4	(0.9)	84.1	(0.9)
台湾	78.4	(0.7)	75.9	(0.7)	84.2	(0.6)	82.6	(0.7)
トルコ	81.3	(1.1)	80.0	(1.1)	81.1	(1.0)	80.3	(1.1)
アラブ首長国連邦	89.3	(0.4)	87.2	(0.4)	89.5	(0.4)	89.6	(0.4)
ベトナム	94.1	(0.4)	89.7	(0.6)	93.3	(0.5)	93.7	(0.4)
オーストラリア	88.5	(0.7)	80.9	(0.8)	82.2	(0.9)	88.8	(0.7)
オランダ	77.7	(1.1)	84.8	(0.9)	83.0	(1.1)	86.0	(1.0)

小学校教員は、中学校教員70.6％に対して、82.3％である。

このように、日本については、中学校教員に比べて、小学校教員の方が教育現場での変化や革新に関する同僚の態度について、より肯定的な見解を持っていることが分かる。

なお、学校種（教育段階）の違いによる差が特に顕著なのは日本とベルギーのフランドルである。ベルギーのフランドルでは、各項目について「当てはまる」又は「非常に良く当てはまる」と答える教員の割合は、小学校の教員が7～17ポイント中学校教員より高い。

2.6.3　変化や革新に関する学校の実践

表2.6.3は、教育現場での変化や革新に関する学校の実践について、中学校校長の回答をまとめたものである。

日本と参加国平均との差が5ポイント以上であるものを示す。「学校は、新しいアイデアをちゅうちょなく受け入れる」について、所属する学校が「当てはまる」又は「非常に良く当てはまる」と回答した校長の割合は、参加国平均の87.4％に対して日本では70.0％である。「学校は、新しいアイデアの発展のために、すぐに支援を行える」について、所属する学校が「当てはまる」又は「非常に良く当てはまる」と回答した校長の割合は、参加国平均の91.3％に対して日本では72.6％である。

表 2.6.3　変化や革新に関する学校の実践（中学校）

中学校校長の回答に基づく

国　名	以下のことに「当てはまる」又は「非常に良く当てはまる」と回答した校長の割合							
	この学校は、別のやり方をする必要があるときにはそのことをすぐに認識する		学校は、必要な場合には、変化に即座に対応する		学校は、新しいアイデアをちゅうちょなく受け入れる		学校は、新しいアイデアの発展のために、すぐに支援を行える	
	%	S.E.	%	S.E.	%	S.E.	%	S.E.
日本	86.4	(2.6)	88.1	(2.4)	70.0	(3.9)	72.6	(3.9)
OECD30か国平均	89.2	(0.6)	87.8	(0.7)	85.3	(0.5)	89.1	(0.5)
EU23か国全体	83.1	(0.9)	83.7	(0.9)	84.9	(0.9)	86.3	(0.8)
TALIS 参加 47 か国平均	90.5	(0.4)	90.1	(0.5)	87.4	(0.4)	91.3	(0.4)

2.6.4 変化や革新に関する学校の実践（小学校と中学校の比較）

表2.6.4は、教育現場での変化や革新に関する学校の実践について、小学校校長の回答をまとめたものである。ここでは前節の表2.6.3の中学校校長の回答の結果と比較しながら、日本の小学校校長の回答を示す。日本については、特に次の２つの質問項目において、小学校校長の方が中学校校長よりも、変化や革新への対応に関する質問に「当てはまる」又は「非常に良く当てはまる」と回答する割合が高くなっている。

「この学校は、別のやり方をする必要があるときにはそのことをすぐに認識する」について、「当てはまる」又は「非常に良く当てはまる」と回答する割合は、中学校校長の86.4％に対し、小学校校長では94.8％である。また、「学校は、新しいアイデアをちゅうちょなく受け入れる」について、「当てはまる」又は「非常に良く当てはまる」と回答する割合は、中学校校長の70.0％に対し、小学校校長では77.9％である。

日本については、中学校校長に比べると、小学校校長の方が教育現場での変化や革新に関する学校の実践について、より肯定的な見解を持っていることが分かる。

表 2.6.4 変化や革新に関する学校の実践（小学校）

小学校校長の回答に基づく

国名	以下のことに「当てはまる」又は「非常に良く当てはまる」と回答した校長の割合							
	この学校は、別のやり方をする必要があるときにはそのことをすぐに認識する		学校は、必要な場合には、変化に即座に対応する		学校は、新しいアイデアをちゅうちょなく受け入れる		学校は、新しいアイデアの発展のために、すぐに支援を行える	
	%	S.E.	%	S.E.	%	S.E.	%	S.E.
フランドル（ベルギー）	90.9	(2.2)	88.8	(2.4)	71.3	(4.4)	78.1	(3.5)
ブエノスアイレス（アルゼンチン）	94.7	(1.6)	92.9	(1.9)	96.9	(1.3)	94.2	(1.6)
デンマーク	81.5	(3.4)	75.7	(3.7)	90.4	(2.4)	93.4	(2.0)
イングランド（イギリス）	97.6	(1.1)	96.2	(1.6)	96.4	(1.5)	98.9	(0.8)
フランス	85.6	(3.2)	86.1	(2.6)	93.2	(1.6)	87.0	(2.8)
日本	94.8	(1.5)	91.9	(2.0)	77.9	(2.9)	77.4	(3.4)
韓国	95.1	(2.0)	97.3	(2.1)	100.0	(0.0)	100.0	(0.0)
スペイン	88.0	(2.7)	91.0	(1.8)	90.3	(2.0)	93.1	(1.8)
スウェーデン	88.7	(2.9)	80.3	(4.2)	92.0	(2.4)	93.1	(2.5)
台湾	96.4	(1.3)	95.8	(1.5)	89.6	(2.2)	94.7	(1.6)
トルコ	90.7	(3.6)	93.2	(2.5)	88.9	(3.9)	96.6	(2.0)
アラブ首長国連邦	98.4	(0.6)	98.1	(0.6)	97.9	(0.6)	97.6	(0.6)
ベトナム	98.9	(0.6)	95.3	(1.9)	75.8	(3.5)	96.9	(1.3)
オーストラリア	91.6	(2.1)	86.6	(2.6)	88.3	(2.4)	94.0	(1.9)
オランダ	96.9	(1.4)	90.9	(2.7)	77.2	(3.9)	80.6	(4.0)

2.6.5 変化に対する前向きな態度（男女別、年齢別、勤務経験年数別）

表2.6.5は、教員の変化に対する前向きな態度について、中学校教員の特徴別に集計した結果である。「この学校のほとんどの教員は、変化に対して前向きである」という質問について、「当てはまる」又は「非常に良く当てはまる」と回答した教員の割合を男女

別、年齢別（30歳未満、50歳以上）、勤務経験年数別（５年以下、５年を超える）で示してある。表ではこれら教員の特徴別の回答結果について統計的有意差がある場合に、その数値を太字で表示している。

表2.6.5で示すように、日本の中学校教員の回答結果において、男女別で統計的有意差はない一方、年齢別と勤務経験年数別で統計的有意差がある。「この学校のほとんどの教員は、変化に対して前向きである」に「当てはまる」又は「非常に良く当てはまる」と回答した50歳以上の教員の割合は79.0％であり、30歳未満の教員の割合64.1％に比べて、統計的有意に高い。また、勤務経験年数別では、この質問に「当てはまる」又は「非常に良く当てはまる」と回答した勤務経験年数５年を超える教員の割合は71.4％であり、５年以下の教員の割合65.0％に比べて、統計的有意に高い。

若手の教員は、年齢が高く勤務経験年数が長いベテラン教員に比べて、所属する学校の教員が変化に対して前向きであると見る割合が低いことが分かる。

表 2.6.5 [1/2] 教員の変化に対する前向きな態度（中学校、男女別、年齢別、勤務経験年数別）

中学校教員の回答に基づく

国　名	この学校のほとんどの教員は、変化に対して前向きであることに「当てはまる」又は「非常に良く当てはまる」と回答した教員の割合							
	合計		男女別					
			男性		女性		男性－女性	
	%	S.E.	%	S.E.	%	S.E.	%	S.E.
アルバータ（カナダ）	79.0	(1.6)	79.5	(2.3)	78.6	(1.8)	0.9	(2.6)
オーストラリア	74.4	(0.9)	77.7	(1.4)	72.5	(1.1)	**5.3**	(1.6)
オーストリア	71.1	(1.1)	68.6	(1.6)	72.1	(1.2)	**-3.5**	(1.7)
ベルギー	61.1	(1.0)	59.2	(1.7)	62.0	(1.3)	-2.8	(2.2)
フランドル（ベルギー）	63.7	(1.2)	61.0	(2.3)	64.9	(1.7)	-3.9	(3.1)
ブラジル	80.0	(1.2)	77.2	(1.7)	81.2	(1.4)	**-4.0**	(1.9)
ブルガリア	88.0	(0.8)	85.7	(1.9)	88.6	(0.8)	-2.9	(2.0)
ブエノスアイレス（アルゼンチン）	75.4	(1.3)	73.9	(2.1)	76.1	(1.8)	-2.3	(2.9)
チリ	71.9	(1.4)	67.4	(2.1)	74.4	(1.7)	**-7.0**	(2.5)
コロンビア	76.1	(1.6)	72.7	(2.4)	78.8	(1.8)	**-6.0**	(2.7)
クロアチア	70.8	(1.3)	75.3	(2.1)	69.5	(1.4)	**5.7**	(2.3)
キプロス	65.6	(1.7)	66.4	(3.5)	65.4	(1.6)	1.0	(3.3)
チェコ	68.3	(1.3)	68.0	(1.8)	68.4	(1.5)	-0.4	(2.0)
デンマーク	77.6	(1.3)	76.0	(1.9)	78.6	(1.6)	-2.6	(2.3)
イングランド（イギリス）	76.0	(1.4)	76.5	(2.0)	75.7	(1.3)	0.7	(1.8)
エストニア	82.1	(0.9)	81.9	(2.4)	82.2	(1.0)	-0.4	(2.5)
フィンランド	68.7	(1.5)	66.4	(2.2)	69.6	(1.6)	-3.2	(2.1)
フランス	69.1	(1.1)	65.8	(1.6)	70.8	(1.3)	**-5.0**	(1.8)
ジョージア	91.9	(0.7)	92.5	(1.2)	91.8	(0.7)	0.8	(1.2)
ハンガリー	80.4	(1.0)	78.7	(1.7)	80.9	(1.1)	-2.2	(1.8)
アイスランド	78.2	(1.4)	76.2	(2.6)	78.9	(1.6)	-2.7	(2.9)
イスラエル	69.9	(1.3)	71.9	(3.0)	69.3	(1.5)	2.6	(3.3)
イタリア	69.9	(0.9)	67.7	(1.5)	70.5	(1.1)	-2.8	(1.9)
日本	70.1	(1.1)	68.7	(1.4)	71.9	(1.5)	-3.2	(1.7)
カザフスタン	84.7	(0.7)	80.6	(1.4)	86.1	(0.8)	**-5.5**	(1.5)
韓国	69.8	(1.4)	71.1	(1.9)	69.2	(1.7)	1.9	(2.4)
ラトビア	86.1	(1.6)	84.3	(4.1)	86.3	(1.4)	-1.9	(3.5)
リトアニア	86.1	(0.7)	85.5	(1.7)	86.2	(0.8)	-0.7	(1.8)
マルタ	67.1	(1.6)	66.0	(3.0)	67.5	(1.5)	-1.5	(2.9)
メキシコ	76.0	(0.8)	77.9	(1.2)	74.6	(1.2)	3.3	(1.8)
オランダ	67.4	(2.3)	67.0	(2.5)	67.7	(2.7)	-0.8	(2.5)
ニュージーランド	73.1	(1.4)	73.9	(1.9)	72.7	(1.9)	1.2	(2.6)
ノルウェー	80.7	(1.1)	78.1	(1.4)	82.1	(1.2)	**-4.0**	(1.6)
ポルトガル	59.3	(1.1)	58.2	(1.9)	59.7	(1.2)	-1.5	(2.1)
ルーマニア	85.5	(1.0)	86.1	(1.4)	85.2	(1.2)	0.9	(1.6)
ロシア	84.7	(0.9)	83.0	(2.3)	85.0	(1.0)	-2.0	(2.5)
サウジアラビア	85.0	(1.0)	83.7	(1.7)	86.1	(0.9)	-2.4	(2.0)
上海（中国）	89.2	(0.7)	87.3	(1.1)	89.8	(0.7)	**-2.6**	(1.1)
シンガポール	74.5	(0.8)	75.5	(1.4)	73.9	(0.9)	1.6	(1.6)
スロバキア	80.7	(0.8)	78.7	(2.0)	81.1	(0.9)	-2.4	(2.3)
スロベニア	79.8	(1.0)	76.6	(2.2)	80.7	(1.1)	-4.1	(2.4)
南アフリカ共和国	78.7	(1.5)	79.6	(2.8)	78.1	(1.7)	1.4	(3.2)
スペイン	68.7	(1.0)	66.3	(1.6)	70.2	(1.2)	**-3.9**	(2.0)
スウェーデン	74.9	(1.0)	74.0	(1.8)	75.4	(1.2)	-1.4	(2.2)
台湾	73.5	(0.9)	74.5	(1.4)	73.0	(1.0)	1.6	(1.5)
トルコ	79.2	(0.8)	78.0	(1.3)	80.2	(1.0)	-2.3	(1.7)
アラブ首長国連邦	87.2	(0.5)	87.4	(0.7)	87.1	(0.6)	0.4	(0.8)
アメリカ	70.5	(1.3)	75.2	(2.6)	68.2	(1.9)	7.1	(3.7)
ベトナム	89.5	(0.7)	88.7	(1.1)	89.8	(1.0)	-1.1	(1.5)
OECD31か国平均	74.1	(0.2)	73.1	(0.4)	74.5	(0.3)	**-1.3**	(0.4)
EU23か国全体	72.2	(0.4)	70.7	(0.5)	72.9	(0.4)	**-2.2**	(0.6)
TALIS 参加 48 か国平均	76.4	(0.2)	75.6	(0.3)	76.7	(0.2)	**-1.1**	(0.3)

表 2.6.5［2/2］　教員の変化に対する前向きな態度（中学校、男女別、年齢別、勤務経験年数別）

中学校教員の回答に基づく

国　名	この学校のほとんどの教員は、変化に対して前向きであることに「当てはまる」又は「非常に良く当てはまる」と回答した教員の割合											
	年齢別						勤務経験年数別					
	30 歳未満 (a)		50 歳以上 (b)		(b)－(a)		5年以下 (a)		5年を超える (b)		(b)－(a)	
	%	S.E.	%	S.E.	%	S.E.	%	S.E.	%	S.E.	%	S.E.
アルバータ（カナダ）	67.3	(4.0)	88.8	(3.1)	**21.5**	(5.1)	70.2	(3.6)	81.5	(1.8)	**11.3**	(4.1)
オーストラリア	64.6	(2.2)	84.8	(1.2)	**20.3**	(2.4)	65.5	(2.1)	77.2	(0.9)	**11.7**	(2.2)
オーストリア	65.4	(2.1)	75.7	(1.4)	**10.3**	(2.4)	66.9	(1.7)	72.4	(1.2)	**5.6**	(2.0)
ベルギー	60.8	(1.9)	69.1	(1.6)	**8.2**	(2.1)	61.6	(1.6)	61.0	(1.1)	-0.6	(1.5)
フランドル（ベルギー）	61.8	(2.3)	74.4	(1.9)	**12.5**	(2.8)	62.9	(2.1)	63.9	(1.3)	1.0	(2.0)
ブラジル	72.9	(3.7)	85.9	(2.0)	**12.9**	(4.2)	79.3	(2.8)	80.1	(1.3)	0.8	(2.8)
ブルガリア	82.5	(3.4)	90.6	(0.9)	**8.1**	(3.4)	86.4	(1.7)	88.5	(0.8)	2.1	(1.8)
ブエノスアイレス（アルゼンチン）	68.6	(3.5)	80.5	(2.3)	**11.8**	(4.4)	70.4	(3.7)	76.6	(1.5)	6.2	(4.3)
チリ	62.6	(3.3)	82.0	(2.1)	**19.4**	(3.8)	67.4	(2.6)	73.9	(1.5)	**6.5**	(2.8)
コロンビア	71.3	(4.8)	81.4	(1.7)	10.1	(5.3)	69.8	(3.8)	77.3	(1.4)	**7.5**	(3.5)
クロアチア	68.6	(3.9)	76.2	(2.1)	7.6	(4.8)	69.2	(3.0)	71.1	(1.3)	1.9	(2.9)
キプロス	64.6	(7.6)	74.3	(2.1)	9.6	(7.2)	67.5	(4.8)	65.5	(1.7)	-2.0	(4.7)
チェコ	55.0	(3.5)	77.5	(1.7)	**22.4**	(3.8)	60.5	(2.5)	70.1	(1.4)	**9.6**	(2.8)
デンマーク	68.1	(3.5)	86.6	(1.6)	**18.4**	(3.5)	69.9	(2.2)	79.2	(1.4)	**9.3**	(2.3)
イングランド（イギリス）	64.1	(2.6)	85.5	(1.9)	**21.4**	(3.0)	69.7	(2.3)	77.9	(1.4)	**8.2**	(2.3)
エストニア	64.6	(3.2)	89.2	(1.0)	**24.6**	(3.1)	73.0	(2.4)	83.7	(0.9)	**10.8**	(2.4)
フィンランド	61.0	(4.6)	74.9	(1.6)	**13.9**	(4.4)	60.1	(2.9)	70.4	(1.5)	**10.4**	(2.8)
フランス	63.8	(3.3)	73.9	(2.2)	**10.0**	(3.7)	68.7	(2.9)	69.2	(1.3)	0.5	(3.2)
ジョージア	89.8	(3.2)	92.9	(0.9)	3.0	(3.3)	89.8	(1.7)	92.2	(0.7)	2.4	(1.6)
ハンガリー	76.1	(4.0)	84.0	(1.3)	**7.9**	(3.9)	76.6	(2.5)	81.0	(1.0)	4.4	(2.5)
アイスランド	68.3	(6.0)	85.0	(1.9)	**16.6**	(6.2)	68.3	(3.3)	80.8	(1.5)	**12.5**	(3.5)
イスラエル	72.2	(2.9)	71.4	(2.3)	-0.8	(3.5)	70.7	(2.4)	69.6	(1.6)	-1.1	(2.8)
イタリア	79.1	(3.5)	73.2	(1.2)	-5.9	(3.6)	73.2	(1.8)	69.2	(1.1)	-3.9	(2.2)
日本	64.1	(2.1)	79.0	(1.4)	**14.8**	(2.2)	65.0	(2.1)	71.4	(1.1)	**6.4**	(2.0)
カザフスタン	78.7	(1.5)	89.4	(1.1)	**10.7**	(1.8)	78.7	(1.5)	86.7	(0.9)	**8.0**	(1.7)
韓国	59.7	(4.2)	78.0	(1.5)	**18.4**	(3.9)	59.9	(2.8)	72.6	(1.3)	**12.6**	(2.6)
ラトビア	67.2	(4.1)	91.3	(1.1)	**24.1**	(4.1)	74.0	(3.3)	87.8	(1.4)	**13.7**	(2.8)
リトアニア	64.7	(5.0)	91.6	(0.7)	**26.9**	(5.0)	78.2	(2.7)	86.7	(0.7)	**8.5**	(2.7)
マルタ	58.4	(3.1)	77.7	(3.5)	**19.3**	(4.1)	62.3	(3.6)	68.7	(1.6)	6.3	(3.7)
メキシコ	69.2	(2.8)	83.3	(1.3)	**14.1**	(2.9)	72.9	(2.0)	77.0	(0.8)	4.0	(2.1)
オランダ	60.4	(4.4)	71.4	(3.5)	**11.0**	(4.3)	63.1	(4.3)	68.2	(2.3)	5.1	(4.0)
ニュージーランド	59.6	(3.1)	82.7	(1.5)	**23.2**	(3.2)	66.1	(3.7)	74.7	(1.3)	**8.7**	(3.6)
ノルウェー	73.8	(2.6)	86.4	(1.3)	**12.6**	(2.7)	75.8	(1.9)	82.1	(1.1)	**6.4**	(1.8)
ポルトガル	c	c	62.7	(1.5)	c	c	76.4	(3.9)	58.7	(1.1)	**-17.7**	(4.0)
ルーマニア	82.5	(2.2)	87.4	(2.0)	5.0	(2.6)	85.5	(1.8)	85.4	(1.1)	-0.1	(1.9)
ロシア	73.3	(3.7)	89.9	(1.1)	**16.6**	(3.7)	80.4	(2.3)	85.8	(0.9)	**5.4**	(2.4)
サウジアラビア	81.8	(2.7)	88.7	(3.3)	6.9	(3.7)	87.0	(1.9)	84.6	(1.2)	-2.5	(2.3)
上海（中国）	87.9	(1.3)	90.3	(1.5)	2.4	(1.8)	87.7	(1.4)	89.5	(0.7)	1.8	(1.5)
シンガポール	70.1	(1.6)	89.0	(1.5)	**18.9**	(2.1)	70.2	(1.3)	76.2	(1.0)	**6.0**	(1.6)
スロバキア	79.1	(3.0)	88.3	(1.1)	**9.2**	(3.2)	76.7	(2.2)	81.4	(0.9)	**4.7**	(2.4)
スロベニア	70.6	(5.9)	89.2	(1.0)	**18.5**	(6.0)	77.2	(2.7)	80.4	(1.0)	3.3	(2.8)
南アフリカ共和国	73.7	(3.8)	76.1	(3.1)	2.4	(4.8)	76.4	(2.7)	79.4	(1.7)	3.0	(2.8)
スペイン	68.7	(4.4)	72.6	(1.6)	3.9	(4.3)	69.4	(1.8)	68.6	(1.1)	-0.9	(1.8)
スウェーデン	66.5	(4.5)	77.6	(1.5)	**11.1**	(4.6)	70.7	(2.4)	75.9	(1.1)	5.2	(2.7)
台湾	65.4	(3.6)	80.7	(1.6)	**15.3**	(3.9)	70.0	(2.9)	73.9	(0.9)	3.9	(2.9)
トルコ	78.5	(1.6)	85.1	(2.0)	**6.6**	(2.6)	78.9	(1.5)	79.3	(1.0)	0.4	(1.8)
アラブ首長国連邦	80.8	(1.6)	91.0	(1.0)	**10.2**	(1.8)	82.9	(1.3)	88.1	(0.5)	**5.2**	(1.3)
アメリカ	63.2	(3.5)	76.1	(2.7)	**12.8**	(4.6)	66.3	(2.9)	71.9	(1.7)	5.6	(3.7)
ベトナム	88.2	(2.1)	92.4	(1.2)	4.3	(2.6)	90.8	(1.8)	89.4	(0.8)	-1.4	(1.8)
OECD31か国平均	67.0	(0.7)	80.6	(0.3)	**14.2**	(0.7)	69.8	(0.5)	75.2	(0.2)	**5.4**	(0.5)
EU23か国全体	68.7	(1.1)	77.5	(0.6)	**9.3**	(1.2)	70.8	(0.7)	72.7	(0.4)	**1.9**	(0.8)
TALIS 参加 48 か国平均	70.2	(0.5)	82.3	(0.3)	**12.6**	(0.6)	72.9	(0.4)	77.3	(0.2)	**4.5**	(0.4)

第3章

変化する指導環境

要旨

21世紀に入り、飛躍的な科学の発展により物や人の移動が格段に容易になったことで教育を取り巻く環境も劇的に変わっている。特に近年は政治や社会不安からの移民や難民が注目されるようになり、学校現場もこのような変化に対応することが求められている。これからの時代にどのような教育を児童生徒に提供することが最良なのかを考える際、教職員または児童生徒、及び学校に関する情報を集めることは重要である。

本章は、教員及び校長に、年齢、勤務経験、性別、指導と学習の環境、多様性及び公平性に対する関心、学校の雰囲気及び学校における教育資源の不足についての情報を提供する。今回の調査で得られた日本に関する主な知見は以下の通りである。

- 日本では、30歳未満の教員が中学校は21.0%、小学校は22.4%であり、ともに他国と比べて多く、小学校に関しては、参加国中２番目に高い割合である。
- 日本では、中学校、小学校ともに40歳未満の校長の割合が0.0%である。
- 日本では、現在の学校に勤めている平均年数が、中学校教員4.6年、小学校教員3.6年、中学校校長2.7年、小学校校長2.3年である。
- 日本の中学校の女性教員の割合は42.2%で参加国中最も低い。小学校では、女性教員の割合は61.4%で中学校よりは多いが、参加国中最も低い割合である。
- 日本の中学校の女性校長の割合は7.0%で、参加国中最も低い。小学校の女性校長の割合は23.1%で中学校よりは高いが、参加国中２番目に低い割合である。
- 日本の中学校の学級について、教員の回答によると、「母語が日本語でない生徒」が10%を超える学級を指導する教員の割合は1.6%であり、「移民の生徒、又は移民の背景を持つ生徒」が10%を超える教員の割合は1.0%、生徒の少なくとも１%が「難民の生徒」であるは0.9%である。
- 日本の中学校について、校長の回答によると、「母語が日本語でない生徒」が10%を超える学校は学校全体の2.0%であり、「特別な支援を要する生徒」が10%を超える学校は8.5%、「社会経済的に困難な家庭環境にある生徒」が30%を超える学校は7.5%、「移民の生徒、又は移民の背景を持つ生徒」が10%を超える学校は0.9%で、生徒の少なくとも１%が「難民の生徒」である学校の割合は0.0%である。
- 日本の中学校教員の文化的な多様性に対する信念について、校長の回答によると、「生徒の文化的背景の違いにすぐに対応できることは重要である」ということに同意する教員が、「多数いる」又は「全員、又はほとんど全員」だと答えた校長の割合は92.1%である。また、「異なる文化の人々は異なる価値観を持ち得ることを生徒が学ぶのは重要である」では91.9%、「子供や若者は、できるだけ早い時期に多文化を尊重することを学ぶべきである」では 88.1%、「子供や若者は、文化的に異なる人々の間に多くの共通点があることを学ぶべきである」では 88.7% である。

■ 日本の中学校教員の公平性に対する信念について、校長の回答によると、「学校は、異なる社会経済的な背景を持つ生徒が共に活動することを促すべきである」という見解に同意する教員は勤務先の学校に「多数いる」又は「全員、又はほとんど全員」だと答えた校長の割合は 89.3%、「生徒は、性差別を避ける方法を学ぶべきである」では 90.0%、「男子生徒と女子生徒を平等に扱うことは重要である」では 94.7%、「どのような社会経済的な背景を持つ生徒に対しても、同じように接することは重要である」では 96.1%である。

■ 日本の中学校での文化的な多様性に関する取組について、教員と校長の意識の差を見ると、「民族的、文化的な差別にどう取り組むかを生徒に教える」ことを学校で実践しているかどうかの問いに「はい」と回答した教員は 51.9% であるのに対し、校長は 73.6%で、21.7 ポイントの差がある。「カリキュラム全体を通して、地球規模の問題を取り入れた指導及び学習の実践を導入する」については、教員が 37.7% に対し、校長は 51.9%で 14.2 ポイントの差がある。

■ 日本の中学校での公平性に関する取組について、校長の回答によると「生徒に、異なる社会経済的な背景を持つ人々を受け入れるよう教える」ことが学校で実施できていると回答したのは 82.3%、「性差別に対する方針を明確にする」は 62.6%、「社会経済的な差別に対する方針を明確にする」は 66.2%、「不利な背景を持つ生徒へ追加の支援を行う」は 67.6%である。これは参加国平均と比べてどれも 10 ポイント程度下回っている。

■ 日本の中学校教員が、文化的に多様な学級を指導する上で以下のことをどの程度できているかという質問において、「多文化的な学級での難題に対処する」ことが「かなりできている」又は「非常に良くできている」と回答した割合は 16.6%、「指導を生徒の文化的な多様性に適応させる」では 19.7%、「移民の背景を持つ生徒と持たない生徒が共に活動できるようにする」では 27.8%、「生徒間の文化的な違いへの意識を高める」が 32.5%、そして「生徒間の民族に対する固定観念を減らす」では 29.8% である。この値は、全ての質問で参加国中最低値となっており、参加国平均と比べても顕著に低い。この傾向は日本の小学校でも同様である。

■ 日本の中学校では、学校の環境について、「器物損壊・窃盗」が少なくとも毎週発生していると回答した校長の割合は 0.5%、「生徒間の脅迫又はいじめ（又は、他の形態の暴言）」は 0.4%、「生徒間の暴力による身体的危害」は 0.4%、「教職員への脅迫又は暴言」は 1.3%、「薬物の使用・所持や飲酒」は 0.0%、「生徒についてのインターネット上の中傷的な情報に関する生徒や保護者からの報告」は 0.5%、「生徒間の、オンラインでの望ましくない接触（例：ショートメール、Eメール、SNS）に関する生徒や保護者からの報告」は 0.5%であり、これは参加国平均より低い。日本の小学校においても同様の傾向が見られる。

- 日本の中学校では、学校内での対人関係について、「通常、教員と生徒は互いに良好な関係にある」かどうかという質問に「非常に良く当てはまる」又は「当てはまる」と答えた中学校教員は95.9%、「ほとんどの教員は、生徒の幸せが重要であると考えている」は93.5%、「ほとんどの教員は、生徒の声に関心を持っている」が93.4%、「生徒が特別な援助を必要としている時、学校は支援している」では94.6%、「教員は互いに信頼しあうことができる」は83.0%で、全体的に数値が高い。
- 日本の中学校では、学級の規律や学習の雰囲気について、「授業を始める際、生徒が静かになるまでかなり長い時間待たなければならない」という質問に「当てはまる」又は「非常に良く当てはまる」と答えた教員の割合は11.4%、「この学級の生徒は良好な学習の雰囲気を創り出そうとしている」では85.2%、「生徒が授業を妨害するため、多くの時間が失われてしまう」は8.1%、そして「教室内はとても騒々しい」では12.4%である。
- 日本の中学校では、「教材（教科書など）が不足している、あるいは適切でない」ことが質の高い指導を行う上で、「かなり妨げになっている」又は「非常に妨げになっている」と回答した校長の割合は3.0%であり、参加国中5番目に低い割合である。他方、「生徒と過ごす時間が不足している、あるいは適切でない」では日本は49.1%で、参加国中3番目に高い割合である。また、「支援教員の不足」は46.3%、「特別な支援を要する生徒への指導能力を持つ教員の不足」は43.6%、「物理的な施設設備が不足している、あるいは適切でない（例：学校家具、校舎、空調機、照明器具）」は37.0%、「インターネット接続環境が不十分である」は27.0%である。

3.1 教員及び校長の年齢

TALIS 2018 年調査の結果から得られる教員及び校長の年齢に関する情報は、教職員への様々な支援を検討する際に役立つ。また、児童生徒がどの年齢層の教員の指導を受けているかを知ることも有意義である。

3.1.1 教員の年齢

表 3.1.1 は、教員の回答を基に、中学校教員の平均年齢と年代別の割合を示している。これによると、中学校教員の参加国平均年齢は 43.4 歳である。平均年齢が最も低かったのはトルコの 35.5 歳、最も高かったのはジョージアの 50.4 歳であり、日本の中学校教員の平均年齢は 42.0 歳である。日本の年代別の割合を見ると①「30 歳未満の教員」の割合が 21.0％（参加国平均 11.5%）である。これは、参加国中７番目に高い値であり、参加国平均の約２倍である。②「30 歳から 49 歳の教員」の割合に関しては、日本は 46.2%（参加国平均 57.1%）であり、約半数の教員がこのグループに入っている。③「50 歳以上の教員」は 32.8%（参加国平均 31.4%）である。

表 3.1.2 は、小学校教員の平均年齢と年代別の割合を示しており、日本の小学校では教員の平均年齢は 41.7 歳である。年代別の割合を見ると、①は 22.4%、②は 46.4%、③は 31.2% であり、日本は①「30 歳未満の教員」の割合がイングランド（イギリス）(25.1%) に次いで２番目に高い。このことから、中学校と同じように、日本の小学校でも他国と比較すると若い教員が多い傾向にあることが分かる。

表 3.1.1　教員の年齢（中学校）

中学校教員の回答に基づく

国　名	教員の年齢		教員の割合					
	平均		30 歳未満		30 歳から 49 歳		50 歳以上	
	平均	S.E.	%	S.E.	%	S.E.	%	S.E.
アルバータ（カナダ）	40.2	(0.4)	18.1	(1.5)	61.5	(1.6)	20.4	(1.5)
オーストラリア	42.1	(0.2)	18.4	(0.8)	51.8	(1.1)	29.9	(0.9)
オーストリア	44.9	(0.2)	15.7	(0.7)	40.5	(0.8)	43.8	(0.8)
ベルギー	39.6	(0.2)	21.4	(0.7)	56.7	(0.8)	21.9	(0.7)
フランドル（ベルギー）	39.4	(0.3)	21.7	(1.0)	56.3	(1.1)	22.0	(1.0)
ブラジル	42.0	(0.3)	10.1	(0.9)	66.6	(1.2)	23.3	(1.3)
ブルガリア	48.9	(0.3)	5.6	(0.5)	43.5	(1.1)	51.0	(1.2)
ブエノスアイレス（アルゼンチン）	43.9	(0.3)	9.7	(0.8)	54.1	(1.4)	36.2	(1.5)
チリ	40.6	(0.4)	21.2	(1.2)	51.9	(1.3)	26.9	(1.4)
コロンビア	44.3	(0.4)	9.1	(0.9)	56.7	(1.6)	34.3	(1.6)
クロアチア	42.1	(0.3)	8.4	(0.6)	67.3	(1.2)	24.3	(1.2)
キプロス	44.9	(0.2)	3.9	(0.5)	61.5	(1.0)	34.7	(0.9)
チェコ	45.1	(0.2)	9.4	(0.6)	53.4	(1.1)	37.1	(1.1)
デンマーク	44.4	(0.3)	8.8	(0.8)	58.5	(1.2)	32.7	(1.3)
イングランド（イギリス）	39.5	(0.2)	19.1	(0.9)	62.4	(1.1)	18.5	(0.8)
エストニア	49.1	(0.3)	7.1	(0.6)	39.3	(1.0)	53.7	(1.0)
フィンランド	44.8	(0.2)	6.9	(0.6)	57.8	(1.0)	35.3	(0.9)
フランス	43.0	(0.3)	9.4	(0.7)	63.4	(0.9)	27.2	(1.0)
ジョージア	50.4	(0.3)	3.9	(0.4)	42.6	(1.0)	53.5	(1.0)
ハンガリー	47.6	(0.2)	4.5	(0.4)	47.9	(0.9)	47.7	(1.0)
アイスランド	46.2	(0.3)	4.7	(0.6)	57.4	(1.4)	37.8	(1.4)
イスラエル	42.4	(0.3)	11.9	(0.9)	61.5	(1.1)	26.5	(1.0)
イタリア	48.6	(0.2)	3.5	(0.4)	48.2	(0.9)	48.4	(0.9)
日本	42.0	(0.2)	21.0	(0.8)	46.2	(1.0)	32.8	(0.9)
カザフスタン	40.9	(0.2)	18.4	(0.8)	54.7	(0.9)	26.9	(0.8)
韓国	43.4	(0.3)	9.4	(0.9)	57.0	(1.1)	33.6	(1.1)
ラトビア	48.4	(0.3)	7.9	(1.0)	40.9	(1.3)	51.2	(1.3)
リトアニア	49.9	(0.2)	2.8	(0.5)	40.5	(0.9)	56.7	(0.9)
マルタ	36.8	(0.4)	28.6	(2.4)	59.2	(2.4)	12.2	(0.8)
メキシコ	41.7	(0.3)	12.7	(0.8)	62.3	(1.3)	25.0	(1.2)
オランダ	42.9	(0.4)	14.5	(1.1)	53.4	(1.5)	32.2	(1.3)
ニュージーランド	44.3	(0.3)	13.7	(0.8)	51.3	(1.4)	35.0	(1.4)
ノルウェー	43.8	(0.3)	12.5	(0.7)	57.5	(0.9)	29.9	(1.0)
ポルトガル	48.7	(0.2)	0.7	(0.2)	52.4	(1.2)	46.9	(1.2)
ルーマニア	43.0	(0.3)	9.0	(0.8)	64.7	(1.0)	26.2	(1.1)
ロシア	46.3	(0.3)	10.9	(0.8)	47.3	(1.2)	41.9	(1.1)
サウジアラビア	37.8	(0.3)	14.4	(1.0)	80.2	(1.0)	5.5	(0.6)
上海（中国）	39.4	(0.2)	16.9	(0.8)	68.3	(0.7)	14.7	(0.6)
シンガポール	37.7	(0.2)	23.3	(0.8)	64.4	(1.0)	12.3	(0.6)
スロバキア	44.4	(0.2)	8.2	(0.6)	58.7	(0.9)	33.0	(0.9)
スロベニア	45.8	(0.3)	3.2	(0.4)	57.8	(1.6)	39.0	(1.6)
南アフリカ共和国	42.7	(0.4)	17.1	(1.1)	50.5	(1.8)	32.4	(1.9)
スペイン	45.6	(0.2)	4.1	(0.3)	59.5	(0.9)	36.4	(0.9)
スウェーデン	45.7	(0.2)	6.8	(0.5)	57.3	(0.9)	36.0	(0.9)
台湾	41.5	(0.2)	6.8	(0.5)	76.0	(0.7)	17.2	(0.6)
トルコ	35.5	(0.1)	25.9	(0.8)	67.9	(0.9)	6.3	(0.4)
アラブ首長国連邦	39.3	(0.1)	12.3	(0.5)	74.8	(0.6)	12.9	(0.4)
アメリカ	43.1	(0.5)	12.3	(1.5)	56.6	(1.8)	31.0	(2.9)
ベトナム	39.4	(0.2)	9.1	(0.7)	78.1	(1.0)	12.7	(0.9)
OECD31か国平均	44.1	(0.1)	11.1	(0.1)	54.5	(0.2)	34.4	(0.2)
EU23か国全体	44.5	(0.1)	9.2	(0.2)	56.4	(0.3)	34.4	(0.3)
TALIS 参加 48 か国平均	43.4	(0.0)	11.5	(0.1)	57.1	(0.2)	31.4	(0.2)

表 3.1.2　教員の年齢（小学校）

小学校教員の回答に基づく

国名	教員の年齢		教員の割合					
	平均		30 歳未満		30 歳から 49 歳		50 歳以上	
	平均	S.E.	%	S.E.	%	S.E.	%	S.E.
フランドル（ベルギー）	39.6	(0.1)	21.5	(0.5)	54.8	(0.7)	23.7	(0.5)
ブエノスアイレス（アルゼンチン）	41.9	(0.3)	13.1	(1.0)	61.1	(1.2)	25.8	(1.1)
デンマーク	44.6	(0.3)	8.7	(0.9)	57.6	(1.2)	33.7	(1.2)
イングランド（イギリス）	38.1	(0.2)	25.1	(0.9)	59.4	(1.2)	15.6	(0.9)
フランス	41.5	(0.4)	10.5	(1.1)	69.1	(1.8)	20.4	(1.7)
日本	41.7	(0.2)	22.4	(0.7)	46.4	(0.9)	31.2	(0.6)
韓国	40.3	(0.2)	15.3	(0.7)	65.3	(1.0)	19.4	(0.8)
スペイン	43.5	(0.3)	8.8	(0.5)	59.2	(1.1)	32.0	(1.1)
スウェーデン	44.7	(0.3)	10.5	(0.8)	55.8	(1.2)	33.8	(1.2)
台湾	42.6	(0.1)	7.8	(0.5)	73.1	(0.9)	19.1	(0.8)
トルコ	39.7	(0.2)	17.1	(0.8)	64.3	(1.0)	18.6	(0.8)
アラブ首長国連邦	37.6	(0.1)	17.5	(0.4)	73.2	(0.5)	9.3	(0.4)
ベトナム	40.3	(0.1)	13.5	(0.5)	71.4	(0.7)	15.1	(0.6)
オーストラリア	42.0	(0.2)	19.5	(0.9)	51.1	(1.1)	29.5	(0.8)
オランダ	41.7	(0.3)	15.9	(1.2)	55.6	(1.4)	28.4	(1.2)

3.1.2　校長の年齢

表 3.1.3 は、校長の回答を基に、中学校校長の平均年齢及び年代別の割合を示している。これによると、参加国全体での平均年齢は 51.4 歳で、平均年齢が低い国は、サウジアラビア（42.9 歳）、トルコ（43.1 歳）、ブラジル（46.5 歳）等であり、日本（58.0 歳）は、韓国（58.7 歳）、キプロス（57.7 歳）、イタリア（56.4 歳）と並び、平均年齢が高い国の１つである。

①「40 歳未満の校長」の割合はほとんどの参加国で低く、日本は 0.0% となっている。日本での②「40 歳から 59 歳の校長」の割合は 78.0% であり、③「60 歳以上の校長」は 22.0% となっている。参加国平均の年代別の割合は① 8.4%、② 74.5%、③ 17.1% である。

小学校校長については、表 3.1.4 を見ると、日本の小学校校長の平均年齢は 57.7 歳で参加国中最も高い。次いで韓国が 57.2 歳、デンマークが 51.7 歳、最も低いのはトルコの 42.9 歳である。年代別の割合では、日本は① 0.0%、② 74.6%、③ 25.4% である。

表 3.1.3　校長の年齢（中学校）

中学校校長の回答に基づく

国　名	校長の年齢		校長の割合					
	平均		40 歳未満		40 歳から 59 歳まで		60 歳以上	
	平均	S.E.	%	S.E.	%	S.E.	%	S.E.
アルバータ（カナダ）	51.0	(2.9)	12.3	(4.1)	68.4	(12.5)	19.3	(13.9)
オーストリア	55.2	(0.5)	2.7	(2.1)	66.8	(4.0)	30.5	(3.6)
ベルギー	49.1	(0.5)	14.0	(2.1)	78.7	(2.7)	7.3	(1.8)
フランドル（ベルギー）	48.5	(0.6)	18.9	(2.8)	74.7	(3.5)	6.4	(2.3)
ブラジル	46.5	(0.7)	22.6	(3.6)	67.6	(3.9)	9.9	(1.9)
ブルガリア	53.1	(0.5)	2.1	(1.0)	81.9	(3.1)	16.0	(3.0)
ブエノスアイレス（アルゼンチン）	52.0	(0.5)	4.7	(1.9)	89.0	(3.0)	6.2	(2.3)
チリ	52.8	(0.8)	9.8	(2.4)	70.6	(3.3)	19.6	(3.3)
コロンビア	53.3	(1.2)	7.0	(2.4)	59.7	(6.0)	33.3	(6.4)
クロアチア	51.6	(0.6)	8.8	(2.5)	73.7	(3.6)	17.5	(2.8)
キプロス	57.7	(0.6)	4.9	(2.9)	47.4	(5.1)	47.6	(4.9)
チェコ	53.1	(0.5)	3.7	(1.4)	76.3	(2.9)	20.0	(2.7)
デンマーク	51.3	(0.7)	2.5	(1.3)	79.0	(3.8)	18.5	(3.6)
イングランド（イギリス）	50.3	(0.5)	6.6	(1.5)	87.9	(2.7)	5.5	(2.3)
エストニア	53.2	(0.6)	6.6	(1.8)	72.4	(3.2)	20.9	(2.9)
フィンランド	50.4	(0.6)	8.5	(2.3)	81.0	(3.4)	10.5	(2.5)
フランス	52.5	(0.5)	4.1	(1.4)	77.1	(2.9)	18.8	(2.5)
ジョージア	52.3	(0.7)	7.8	(2.2)	69.9	(3.8)	22.2	(3.2)
ハンガリー	52.0	(0.6)	4.7	(2.0)	84.4	(3.1)	10.9	(2.4)
アイスランド	51.8	(0.8)	7.9	(2.8)	74.3	(4.5)	17.8	(3.6)
イスラエル	50.0	(0.6)	5.2	(1.7)	84.7	(3.0)	10.2	(2.6)
イタリア	56.4	(0.5)	0.6	(0.6)	67.6	(3.9)	31.7	(4.0)
日本	58.0	(0.2)	0.0	(0.0)	78.0	(3.0)	22.0	(3.0)
カザフスタン	48.1	(0.7)	18.3	(3.5)	76.7	(3.7)	5.0	(1.5)
韓国	58.7	(0.2)	0.0	(0.0)	56.3	(4.8)	43.7	(4.8)
ラトビア	54.1	(0.8)	3.1	(1.0)	72.3	(4.7)	24.7	(4.6)
リトアニア	54.6	(0.7)	5.0	(2.3)	66.1	(4.5)	28.9	(3.9)
マルタ	47.6	(0.9)	9.4	(3.6)	83.1	(5.2)	7.5	(3.8)
メキシコ	50.7	(0.9)	21.0	(3.6)	57.6	(4.5)	21.4	(3.5)
オランダ	53.9	(0.7)	4.8	(1.9)	66.4	(4.4)	28.8	(4.5)
ニュージーランド	51.5	(1.4)	10.0	(5.5)	75.9	(6.2)	14.1	(3.0)
ノルウェー	50.4	(0.7)	8.1	(2.6)	76.1	(3.5)	15.8	(3.0)
ポルトガル	53.7	(0.5)	2.6	(0.8)	74.0	(2.9)	23.4	(2.8)
ルーマニア	46.5	(0.7)	16.4	(3.2)	74.4	(3.8)	9.2	(2.0)
ロシア	49.9	(0.9)	11.4	(3.4)	73.2	(4.8)	15.4	(3.5)
サウジアラビア	42.9	(0.6)	29.6	(3.9)	70.4	(3.9)	0.0	(0.0)
上海（中国）	50.7	(0.4)	1.6	(0.8)	93.1	(1.3)	5.3	(1.2)
シンガポール	50.3	(0.5)	2.1	(1.0)	92.6	(2.1)	5.3	(1.8)
スロバキア	52.4	(0.6)	5.1	(1.9)	70.6	(3.6)	24.3	(3.2)
スロベニア	52.3	(0.7)	5.5	(1.9)	75.0	(4.0)	19.5	(4.1)
南アフリカ共和国	50.7	(0.5)	4.4	(1.7)	90.0	(3.2)	5.7	(2.8)
スペイン	50.5	(0.7)	6.4	(2.9)	84.8	(3.3)	8.9	(2.0)
スウェーデン	52.0	(1.7)	7.4	(2.4)	68.2	(8.8)	24.4	(9.3)
台湾	52.6	(0.5)	0.5	(0.5)	82.6	(2.7)	16.9	(2.7)
トルコ	43.1	(0.8)	35.2	(4.9)	57.7	(5.3)	7.2	(2.5)
アラブ首長国連邦	49.5	(0.3)	9.3	(1.4)	80.1	(1.9)	10.6	(1.3)
アメリカ	47.9	(2.1)	22.9	(9.7)	59.7	(9.6)	17.4	(7.6)
ベトナム	49.4	(0.6)	8.6	(2.2)	85.8	(2.8)	5.5	(2.1)
OECD30か国平均	52.2	(0.2)	7.8	(0.5)	72.3	(0.9)	20.0	(0.9)
EU23か国全体	51.9	(0.2)	5.8	(0.6)	76.9	(1.0)	17.3	(0.8)
TALIS 参加 47 か国平均	51.4	(0.1)	8.4	(0.4)	74.5	(0.7)	17.1	(0.6)
オーストラリア	51.3	(0.9)	11.4	(2.6)	69.3	(4.9)	19.3	(3.8)

表 3.1.4　校長の年齢（小学校）

小学校校長の回答に基づく

国　名	校長の年齢		校長の割合					
	平均		40 歳未満		40 歳から 59 歳まで		60 歳以上	
	平均	S.E.	%	S.E.	%	S.E.	%	S.E.
フランドル（ベルギー）	48.7	(0.6)	16.5	(2.9)	78.8	(3.1)	4.7	(1.3)
ブエノスアイレス（アルゼンチン）	51.5	(0.4)	3.0	(1.1)	91.6	(2.0)	5.4	(1.7)
デンマーク	51.7	(1.0)	6.5	(3.3)	76.1	(4.8)	17.5	(3.6)
イングランド（イギリス）	48.4	(0.6)	4.7	(1.7)	90.5	(2.9)	4.8	(2.3)
フランス	46.6	(1.0)	26.3	(4.3)	68.8	(4.4)	5.0	(1.5)
日本	57.7	(0.2)	0.0	(0.0)	74.6	(3.9)	25.4	(3.9)
韓国	57.2	(0.4)	0.0	(0.0)	69.4	(4.7)	30.6	(4.7)
スペイン	49.1	(0.5)	12.1	(2.3)	82.0	(2.7)	5.9	(1.5)
スウェーデン	50.3	(0.7)	14.4	(3.6)	67.9	(4.7)	17.7	(3.1)
台湾	50.9	(0.3)	0.3	(0.3)	92.5	(1.9)	7.1	(1.9)
トルコ	42.9	(1.2)	31.9	(5.5)	63.1	(5.5)	5.0	(1.9)
アラブ首長国連邦	49.5	(0.3)	8.4	(1.2)	81.5	(1.7)	10.1	(1.2)
ベトナム	48.0	(0.5)	5.6	(1.9)	92.6	(2.1)	1.8	(0.9)
オーストラリア	51.6	(0.8)	10.8	(3.0)	68.8	(4.7)	20.5	(3.9)
オランダ	50.5	(0.9)	13.9	(3.3)	70.3	(4.3)	15.8	(3.6)

3.2 教員及び校長の勤務年数

教員及び校長の勤務年数を知ることは、教員及び校長のキャリアパスについて知る機会となり、また、キャリアパス形成に必要な支援、及びそれに伴う教員の人事を考える際に参考となる。

3.2.1 教員の勤務年数

表3.2.1は、教員の回答を基に、中学校教員の勤務年数を示している。①「現在の学校での教員としての通算勤務年数」、②「教員としての通算勤務年数」、③「教員以外の他の教育関係の仕事（例：教育委員会の指導主事、大学教員、保育士）での勤務年数」、④「その他の教育関係以外の仕事での勤務年数」について、日本は① 4.6年、② 17.2年、③ 0.5年、④ 0.8年である。参加国平均は① 10.2年、② 16.8年、③ 1.8年、④ 3.1年であり、①の参加国平均が日本の値の２倍以上であることから、他の国と比べて日本の教員は学校から学校への人事異動が比較的頻繁であることが推測される。

また、③に関しても、日本の値は参加国平均の３分の１程度であることから、日本の中学校教員は自身のキャリアパスの中で、教員以外の教育に関する仕事を経験する機会が少ないことがうかがえる。

似たような傾向は日本の小学校でも見られ、表3.2.2を見ると、① 3.6年、② 16.8年、③ 0.5年、④ 0.7年となっており、①「現在の学校での教員としての通算勤務年数」に関しては、参加国中最低値の韓国（2.8年）に次いで２番目に低い。日本や韓国では、中学校、小学校ともに教員が１つの学校に留まって指導する年数の短さが際立つことが分かる。

表 3.2.1　教員の勤務年数（中学校）

中学校教員の回答に基づく

国　名	教員の勤務年数[1]							
	現在の学校での教員としての通算勤務年数		教員としての通算勤務年数		教員以外の他の教育関係の仕事（例：教育委員会の指導主事、大学教員、保育士）での勤務年数		その他の教育関係以外の仕事での勤務年数	
	平均	S.E.	平均	S.E.	平均	S.E.	平均	S.E.
アルバータ（カナダ）	7.1	(0.3)	13.1	(0.4)	1.0	(0.1)	5.3	(0.3)
オーストラリア	8.3	(0.2)	15.2	(0.2)	1.8	(0.1)	4.9	(0.1)
オーストリア	13.0	(0.2)	18.2	(0.2)	1.8	(0.1)	2.2	(0.1)
ベルギー	12.2	(0.2)	15.4	(0.2)	1.0	(0.1)	2.2	(0.1)
フランドル（ベルギー）	13.1	(0.3)	15.9	(0.3)	0.7	(0.1)	2.0	(0.1)
ブラジル	8.2	(0.3)	15.8	(0.3)	2.8	(0.2)	5.9	(0.2)
ブルガリア	13.4	(0.4)	21.6	(0.3)	1.1	(0.1)	3.4	(0.2)
ブエノスアイレス（アルゼンチン）	9.7	(0.3)	16.0	(0.4)	4.3	(0.2)	8.1	(0.3)
チリ	7.7	(0.3)	13.5	(0.3)	3.8	(0.2)	3.5	(0.2)
コロンビア	9.4	(0.3)	17.3	(0.4)	1.8	(0.1)	2.9	(0.1)
クロアチア	11.3	(0.3)	14.7	(0.3)	0.9	(0.1)	2.0	(0.1)
キプロス	4.7	(0.2)	15.8	(0.2)	1.7	(0.1)	3.1	(0.2)
チェコ	12.8	(0.2)	18.1	(0.2)	1.3	(0.1)	1.8	(0.1)
デンマーク	10.2	(0.2)	15.4	(0.3)	2.3	(0.1)	4.4	(0.2)
イングランド（イギリス）	7.5	(0.2)	13.0	(0.2)	2.2	(0.1)	4.2	(0.1)
エストニア	14.7	(0.4)	22.7	(0.3)	3.1	(0.1)	4.2	(0.2)
フィンランド	10.4	(0.2)	16.0	(0.2)	0.9	(0.1)	2.2	(0.1)
フランス	9.2	(0.2)	16.9	(0.3)	2.6	(0.1)	2.1	(0.1)
ジョージア	18.4	(0.3)	23.9	(0.3)	1.4	(0.1)	1.5	(0.1)
ハンガリー	14.0	(0.3)	20.7	(0.2)	0.9	(0.1)	2.0	(0.1)
アイスランド	10.2	(0.3)	15.2	(0.3)	8.0	(0.3)	9.7	(0.3)
イスラエル	10.2	(0.4)	15.6	(0.3)	3.3	(0.1)	4.5	(0.2)
イタリア	7.9	(0.2)	17.9	(0.2)	1.1	(0.1)	3.9	(0.1)
日本	4.6	(0.2)	17.2	(0.2)	0.5	(0.0)	0.8	(0.1)
カザフスタン	11.8	(0.3)	16.7	(0.2)	1.5	(0.1)	1.4	(0.1)
韓国	5.0	(0.3)	16.4	(0.3)	0.5	(0.0)	0.6	(0.0)
ラトビア	16.3	(0.5)	23.7	(0.4)	2.3	(0.2)	3.1	(0.2)
リトアニア	16.6	(0.3)	24.7	(0.3)	1.7	(0.1)	2.3	(0.2)
マルタ	7.2	(0.5)	12.7	(0.4)	1.5	(0.1)	2.9	(0.1)
メキシコ	9.8	(0.3)	15.2	(0.3)	1.4	(0.1)	4.0	(0.2)
オランダ	11.1	(0.3)	16.2	(0.3)	1.8	(0.1)	4.8	(0.3)
ニュージーランド	7.8	(0.2)	15.7	(0.3)	1.5	(0.1)	5.5	(0.2)
ノルウェー	10.2	(0.2)	14.9	(0.2)	2.2	(0.1)	4.9	(0.1)
ポルトガル	11.5	(0.3)	23.1	(0.2)	1.2	(0.1)	1.6	(0.1)
ルーマニア	10.7	(0.2)	17.3	(0.3)	1.8	(0.1)	2.4	(0.1)
ロシア	15.2	(0.4)	21.5	(0.3)	2.2	(0.2)	2.4	(0.1)
サウジアラビア	6.3	(0.2)	12.8	(0.3)	0.8	(0.0)	0.7	(0.1)
上海（中国）	12.1	(0.2)	16.9	(0.2)	0.4	(0.0)	0.3	(0.0)
シンガポール	6.4	(0.1)	11.6	(0.2)	0.9	(0.1)	1.6	(0.1)
スロバキア	12.3	(0.2)	17.8	(0.2)	1.9	(0.1)	2.0	(0.1)
スロベニア	17.1	(0.4)	20.0	(0.4)	0.3	(0.0)	0.9	(0.1)
南アフリカ共和国	9.3	(0.3)	15.0	(0.4)	0.9	(0.1)	1.8	(0.1)
スペイン	8.5	(0.3)	17.1	(0.3)	3.3	(0.1)	3.8	(0.1)
スウェーデン	8.2	(0.2)	15.7	(0.2)	1.9	(0.1)	5.9	(0.2)
台湾	11.5	(0.2)	15.6	(0.2)	0.8	(0.1)	1.2	(0.1)
トルコ	3.9	(0.1)	10.9	(0.1)	0.4	(0.0)	0.7	(0.0)
アラブ首長国連邦	5.2	(0.1)	13.4	(0.1)	1.2	(0.0)	1.7	(0.0)
アメリカ	8.1	(0.5)	14.6	(0.4)	3.2	(0.2)	7.0	(0.4)
ベトナム	11.0	(0.2)	16.3	(0.2)	0.2	(0.0)	0.3	(0.0)
OECD31か国平均	10.2	(0.1)	17.0	(0.1)	2.0	(0.0)	3.5	(0.0)
EU23か国全体	9.8	(0.1)	17.1	(0.1)	2.0	(0.0)	3.2	(0.0)
TALIS 参加 48 か国平均	10.2	(0.0)	16.8	(0.0)	1.8	(0.0)	3.1	(0.0)

1．現在の学校での教員としての通算勤務年数が、教員としての通算勤務年数より長いという回答は分析対象外とする。

表 3.2.2　教員の勤務年数（小学校）

小学校教員の回答に基づく

国　名	教員の勤務年数[1]							
	現在の学校での教員としての通算勤務年数		教員としての通算勤務年数		教員以外の他の教育関係の仕事（例：教育委員会の指導主事、大学教員、保育士）での勤務年数		その他の教育関係以外の仕事での勤務年数	
	平均	S.E.	平均	S.E.	平均	S.E.	平均	S.E.
フランドル（ベルギー）	13.7	(0.2)	17.0	(0.1)	0.4	(0.0)	1.1	(0.1)
ブエノスアイレス（アルゼンチン）	7.5	(0.3)	15.1	(0.3)	1.9	(0.1)	5.2	(0.2)
デンマーク	9.8	(0.2)	15.1	(0.2)	2.8	(0.1)	4.3	(0.2)
イングランド（イギリス）	6.8	(0.1)	12.2	(0.2)	1.8	(0.1)	3.8	(0.1)
フランス	7.6	(0.4)	15.8	(0.5)	2.5	(0.2)	1.8	(0.1)
日本	3.6	(0.1)	16.8	(0.2)	0.5	(0.0)	0.7	(0.1)
韓国	2.8	(0.0)	15.0	(0.2)	0.2	(0.0)	0.4	(0.0)
スペイン	8.5	(0.2)	17.1	(0.3)	3.2	(0.1)	3.1	(0.1)
スウェーデン	7.8	(0.2)	15.6	(0.3)	2.9	(0.2)	5.3	(0.2)
台湾	11.4	(0.1)	16.7	(0.1)	0.6	(0.0)	1.6	(0.1)
トルコ	5.8	(0.1)	15.6	(0.2)	0.4	(0.0)	0.5	(0.0)
アラブ首長国連邦	5.0	(0.1)	11.8	(0.1)	1.1	(0.0)	1.6	(0.0)
ベトナム	12.3	(0.1)	17.9	(0.1)	0.3	(0.0)	0.3	(0.0)
オーストラリア	7.7	(0.1)	15.2	(0.2)	1.8	(0.1)	4.8	(0.1)
オランダ	10.6	(0.2)	16.7	(0.3)	1.3	(0.1)	3.0	(0.1)

1．現在の学校での教員としての通算勤務年数が、教員としての通算勤務年数より長いという回答は分析対象外とする。

3.2.2　校長の勤務年数

表 3.2.3 は、校長の回答を基に、中学校校長の勤務年数を示している。①「現在の学校での校長としての勤務年数」、②「校長としての通算勤務年数」、③「校長以外の他の学校管理職（副校長・教頭）としての勤務年数」、④「教員としての通算勤務年数（教育委員会の指導主事等としての年数を含む）」、⑤「上記以外の仕事での勤務年数」について、日本は① 2.7 年、② 4.6 年、③ 4.9 年、④ 29.5 年、⑤ 1.2 年であり、参加国平均は① 6.7 年、② 9.5 年、③ 5.8 年、④ 19.7 年、⑤ 3.2 年である。①に関して、参加国平均が日本より 4 年長いことから、教員と同じように、学校間の人事異動が他国より頻繁だということがうかがえる。また、④に関しては、日本の値が参加国平均より 9.8 年長いことから、日本の校長はその他の国と比べて長く学校現場に関わった後に校長の職に就いていると推測される。

日本の小学校校長にもこれと似た傾向があり、表 3.2.4 を見ると、日本の④「教員としての通算勤務年数（教育委員会の指導主事等としての年数を含む）」は 30.8 年で参加国中一番長く、①「現在の学校での校長としての勤務年数」も、韓国が 1.9 年、日本が 2.3 年であり、参加国中２番目に１つの学校に留まる期間が短いという結果が出ている。

表 3.2.3　校長の勤務年数（中学校）

中学校校長の回答に基づく

国　名	校長の勤務年数[1]									
	現在の学校での校長としての勤務年数		校長としての通算勤務年数		校長以外の他の学校管理職（副校長・教頭）としての勤務年数[2]		教員としての通算勤務年数（教育委員会の指導主事等としての年数を含む）[3]		上記以外の仕事での勤務年数	
	平均	S.E.	平均	S.E.	平均	S.E.	平均	S.E.	平均	S.E.
アルバータ（カナダ）	5.2	(1.1)	13.3	(5.0)	4.4	(0.6)	23.3	(3.8)	4.7	(0.9)
オーストリア	7.5	(0.4)	8.1	(0.4)	3.1	(0.5)	28.9	(0.8)	1.7	(0.2)
ベルギー	6.1	(0.4)	7.1	(0.4)	4.2	(0.4)	16.8	(0.5)	2.4	(0.4)
フランドル（ベルギー）	6.7	(0.5)	7.7	(0.5)	3.9	(0.4)	16.1	(0.7)	2.2	(0.4)
ブラジル	5.9	(0.5)	8.1	(0.5)	6.3	(0.6)	15.9	(0.7)	4.8	(0.6)
ブルガリア	10.9	(0.8)	13.0	(0.8)	1.8	(0.4)	21.2	(1.0)	2.1	(0.3)
ブエノスアイレス（アルゼンチン）	5.9	(0.5)	7.8	(0.6)	7.8	(1.0)	26.6	(0.7)	8.1	(0.9)
チリ	7.5	(0.6)	10.1	(0.7)	5.1	(0.7)	22.1	(1.0)	3.4	(0.6)
コロンビア	7.8	(1.0)	13.1	(1.6)	6.2	(1.5)	16.1	(1.2)	8.0	(1.5)
クロアチア	9.4	(0.8)	9.7	(0.7)	2.1	(0.5)	15.1	(0.8)	2.5	(0.3)
キプロス	5.0	(0.5)	6.0	(0.5)	9.8	(0.7)	30.0	(0.5)	2.4	(0.6)
チェコ	10.7	(0.5)	12.2	(0.6)	3.1	(0.4)	18.3	(0.8)	1.9	(0.3)
デンマーク	6.7	(0.5)	9.2	(0.7)	3.9	(0.4)	13.8	(0.9)	3.9	(1.0)
イングランド（イギリス）	5.2	(0.4)	6.3	(0.5)	13.2	(1.0)	24.5	(0.8)	3.7	(0.9)
エストニア	10.0	(0.6)	14.0	(0.6)	5.1	(0.6)	22.0	(0.9)	6.0	(0.7)
フィンランド	7.3	(0.6)	11.7	(0.8)	2.9	(0.3)	15.4	(0.8)	3.1	(0.4)
フランス	3.9	(0.4)	10.3	(0.5)	5.5	(0.3)	16.6	(0.8)	3.9	(0.5)
ジョージア	9.2	(0.7)	10.6	(0.8)	5.8	(0.6)	23.1	(1.0)	5.1	(0.8)
ハンガリー	8.3	(0.5)	9.6	(0.6)	5.5	(0.8)	21.9	(0.8)	1.8	(0.3)
アイスランド	6.7	(0.7)	9.9	(0.9)	4.7	(0.5)	13.0	(1.0)	4.7	(0.6)
イスラエル	7.6	(0.5)	9.1	(0.6)	7.0	(0.6)	23.4	(0.8)	4.3	(0.6)
イタリア	5.4	(0.5)	10.0	(0.6)	6.9	(0.5)	21.7	(0.6)	2.5	(0.4)
日本	2.7	(0.1)	4.6	(0.2)	4.9	(0.3)	29.5	(0.6)	1.2	(0.3)
カザフスタン	6.0	(0.4)	9.2	(0.7)	7.8	(0.6)	22.1	(0.7)	2.9	(0.5)
韓国	1.8	(0.1)	3.4	(0.4)	3.9	(0.3)	27.8	(0.6)	1.6	(0.4)
ラトビア	12.0	(1.1)	13.9	(1.1)	6.8	(0.8)	28.5	(1.0)	3.6	(0.8)
リトアニア	13.8	(0.8)	15.9	(0.8)	4.7	(0.5)	20.7	(0.9)	2.1	(0.4)
マルタ	5.3	(0.6)	6.7	(0.9)	4.5	(0.6)	16.1	(1.5)	3.1	(0.7)
メキシコ	5.3	(0.6)	9.7	(0.9)	3.7	(0.5)	21.4	(1.1)	m	m
オランダ	6.2	(0.5)	11.9	(0.6)	6.2	(0.5)	14.9	(0.8)	3.4	(0.5)
ニュージーランド	5.5	(0.7)	8.1	(0.9)	9.2	(1.3)	20.7	(1.6)	6.1	(1.6)
ノルウェー	5.6	(0.4)	7.6	(0.5)	4.3	(0.3)	14.1	(0.7)	3.6	(0.5)
ポルトガル	8.3	(0.6)	10.7	(0.7)	7.1	(0.6)	22.6	(0.9)	2.9	(0.6)
ルーマニア	7.1	(0.5)	8.3	(0.6)	4.7	(0.5)	22.9	(0.7)	3.0	(0.6)
ロシア	9.6	(0.8)	11.4	(0.8)	6.6	(0.7)	22.4	(1.1)	2.8	(0.4)
サウジアラビア	5.2	(0.4)	8.1	(0.5)	2.6	(0.4)	11.0	(0.7)	1.1	(0.3)
上海（中国）	6.2	(0.3)	9.8	(0.5)	11.0	(0.6)	m	m	0.4	(0.1)
シンガポール	3.6	(0.3)	9.0	(0.5)	8.0	(0.5)	14.7	(0.7)	1.7	(0.5)
スロバキア	9.3	(0.6)	9.8	(0.5)	3.5	(0.4)	21.6	(0.9)	2.1	(0.5)
スロベニア	9.4	(0.8)	10.2	(0.8)	3.8	(0.6)	15.7	(0.7)	2.7	(0.5)
南アフリカ共和国	6.1	(0.8)	8.1	(0.6)	8.6	(0.7)	22.7	(0.9)	1.3	(0.3)
スペイン	6.3	(0.5)	7.3	(0.5)	6.7	(0.5)	23.7	(0.7)	3.6	(0.7)
スウェーデン	3.9	(0.4)	8.6	(0.8)	4.9	(0.9)	12.9	(0.7)	6.0	(0.6)
台湾	3.8	(0.2)	7.1	(0.4)	11.2	(0.4)	20.9	(0.7)	1.4	(0.2)
トルコ	3.2	(0.2)	6.7	(0.6)	4.4	(0.4)	11.7	(0.8)	1.5	(0.4)
アラブ首長国連邦	5.3	(0.3)	10.3	(0.3)	7.2	(0.3)	12.5	(0.4)	2.0	(0.2)
アメリカ	6.8	(1.7)	8.9	(1.7)	5.4	(1.1)	12.3	(1.8)	5.1	(0.6)
ベトナム	4.8	(0.3)	9.9	(0.7)	6.0	(0.5)	14.2	(0.8)	1.2	(0.4)
OECD30か国平均	6.9	(0.1)	9.7	(0.2)	5.3	(0.1)	19.9	(0.2)	3.5	(0.1)
EU23か国全体	6.8	(0.1)	9.4	(0.2)	5.8	(0.2)	20.7	(0.2)	3.1	(0.2)
TALIS 参加 47 か国平均	6.7	(0.1)	9.5	(0.1)	5.8	(0.1)	19.7	(0.2)	3.2	(0.1)
オーストラリア	4.7	(0.4)	6.6	(0.6)	12.1	(0.9)	23.2	(1.3)	2.2	(0.3)

1．現在の学校での校長としての通算勤務年数が、校長としての通算勤務年数より長いという回答は分析対象外とする。
2．校長としての通算勤務年数を含まない。
3．全ての指導年数を含む。

表 3.2.4　校長の勤務年数（小学校）

小学校校長の回答に基づく

国　名	校長の勤務年数[1]									
	現在の学校での校長としての勤務年数		校長としての通算勤務年数		校長以外の他の学校管理職（副校長・教頭）としての勤務年数[2]		教員としての通算勤務年数（教育委員会の指導主事等としての年数を含む）[3]		上記以外の仕事での勤務年数	
	平均	S.E.	平均	S.E.	平均	S.E.	平均	S.E.	平均	S.E.
フランドル（ベルギー）	8.3	(0.5)	9.6	(0.6)	4.3	(0.6)	17.5	(0.8)	1.6	(0.4)
ブエノスアイレス（アルゼンチン）	5.4	(0.4)	6.5	(0.4)	7.9	(0.6)	26.6	(0.6)	2.7	(0.5)
デンマーク	6.4	(0.5)	9.8	(0.8)	4.7	(0.6)	13.9	(1.1)	2.2	(0.4)
イングランド（イギリス）	5.9	(0.5)	7.6	(0.5)	10.0	(0.6)	22.1	(0.7)	3.4	(0.5)
フランス	7.4	(0.7)	10.2	(0.8)	1.4	(0.5)	20.6	(1.1)	2.4	(0.4)
日本	2.3	(0.1)	4.4	(0.3)	5.2	(0.2)	30.8	(0.6)	0.9	(0.2)
韓国	1.9	(0.1)	3.2	(0.2)	3.7	(0.2)	29.2	(0.8)	0.9	(0.3)
スペイン	6.2	(0.4)	6.9	(0.4)	5.0	(0.4)	22.7	(0.6)	4.1	(0.6)
スウェーデン	4.1	(0.5)	8.4	(0.6)	3.0	(0.4)	13.8	(0.9)	6.7	(0.7)
台湾	3.5	(0.2)	8.0	(0.3)	11.0	(0.3)	17.0	(0.7)	0.7	(0.2)
トルコ	3.4	(0.2)	6.8	(0.6)	4.2	(0.5)	10.5	(1.0)	1.0	(0.4)
アラブ首長国連邦	5.0	(0.2)	10.1	(0.3)	7.3	(0.3)	13.3	(0.3)	1.7	(0.2)
ベトナム	5.4	(0.3)	10.1	(0.6)	6.5	(0.4)	11.3	(0.6)	0.8	(0.3)
オーストラリア	4.1	(0.3)	8.2	(0.7)	7.9	(0.5)	20.4	(0.9)	3.9	(0.5)
オランダ	5.3	(0.5)	9.9	(0.7)	4.5	(0.4)	18.2	(0.9)	3.2	(0.6)

1．現在の学校での校長としての通算勤務年数が、校長としての通算勤務年数より長いという回答は分析対象外とする。
2．校長としての勤務年数を含まない。
3．全ての指導年数を含む。

3.3 教員及び校長の性別

TALIS 2018 年調査の参加国全体を見ると、小中学校では女性教員の割合が非常に高い。これは小学校において最も顕著だが、多くの国において中学校でも同じ傾向にあると OECD 2018[1] の報告書で指摘されている。教職における男女比の不均衡は、男性教員を増やそうと苦労している多くの国において課題となっている。

3.3.1 教員の性別

表 3.3.1 は、教員の回答を基に、中学校教員の性別を示している。これを見ると、日本は世界の傾向と逆に、学校現場での男性教員の多さが目立つ。この表では、中学校での女性教員の割合は、参加国平均 69.2% であるが、日本は 42.2% で、参加国中最も低い割合であり、男性が中学校の教員の過半数を占めていることが示されている。これは、男女比が最も均衡しているサウジアラビア（女性教員が 52.4%）、オランダ（女性教員が 53.2%）及びコロンビア（女性教員が 55.4%）ほどではないが、日本は他の多くの国と比べて、相対的に教員の男女比が均衡しているといえる。

また、男女比について、TALIS 2013 年調査と TALIS 2018 年調査では日本の中学校における女性教員の割合は 39.0% から 42.2% に増加しており、その差は 3.2 ポイントである（統計的有意差あり）。

小学校においては、表 3.3.2 を見ると、日本の女性教員の割合は 61.4％であり、中学校より女性教員の割合が高いものの、調査参加国中で一番割合が低く、日本は小学校でも比較的教員の男女比が均等だということがうかがえる。日本の次に女性教員の割合が低いのはトルコ（62.5%）、台湾（73.1%）である。

1　OECD (2018), *Education at a Glance 2018: OECD Indicators*, OECD Publishing, Paris, https://dx.doi.org/10.1787/eag-2018-en.

表 3.3.1　教員の性別（中学校）

中学校教員の回答に基づく

国　名	女性教員の割合	
	%	S.E.
アルバータ（カナダ）	63.5	(2.3)
オーストラリア	62.1	(1.0)
オーストリア	70.5	(0.7)
ベルギー	69.5	(0.8)
フランドル（ベルギー）	70.2	(1.0)
ブラジル	69.0	(1.4)
ブルガリア	79.5	(0.9)
ブエノスアイレス（アルゼンチン）	68.5	(1.6)
チリ	64.6	(1.3)
コロンビア	55.4	(1.6)
クロアチア	78.2	(0.6)
キプロス	73.6	(1.0)
チェコ	76.4	(0.7)
デンマーク	60.1	(1.0)
イングランド（イギリス）	64.4	(1.0)
エストニア	83.8	(0.6)
フィンランド	69.8	(0.7)
フランス	65.3	(0.9)
ジョージア	83.3	(1.2)
ハンガリー	79.1	(0.7)
アイスランド	73.3	(1.3)
イスラエル	75.5	(1.2)
イタリア	78.1	(0.9)
日本	42.2	(0.8)
カザフスタン	75.9	(0.6)
韓国	67.3	(1.1)
ラトビア	89.2	(0.7)
リトアニア	84.9	(0.5)
マルタ	69.7	(1.9)
メキシコ	56.6	(1.0)
オランダ	53.2	(1.0)
ニュージーランド	65.4	(1.5)
ノルウェー	63.8	(0.9)
ポルトガル	73.7	(0.7)
ルーマニア	73.0	(0.8)
ロシア	85.0	(0.8)
サウジアラビア	52.4	(1.0)
上海（中国）	73.7	(0.6)
シンガポール	63.6	(0.9)
スロバキア	82.1	(0.7)
スロベニア	79.0	(1.0)
南アフリカ共和国	59.8	(1.7)
スペイン	61.8	(1.3)
スウェーデン	65.8	(1.2)
台湾	68.6	(0.6)
トルコ	55.8	(1.0)
アラブ首長国連邦	62.2	(0.4)
アメリカ	65.8	(1.3)
ベトナム	66.4	(1.0)
OECD31か国平均	68.3	(0.2)
EU23か国全体	69.1	(0.3)
TALIS 参加 48 か国平均	69.2	(0.2)

図 3.3.1　2013 年調査から 2018 年調査までの期間における教員の男女比の推移（中学校）

中学校女性教員の平均割合

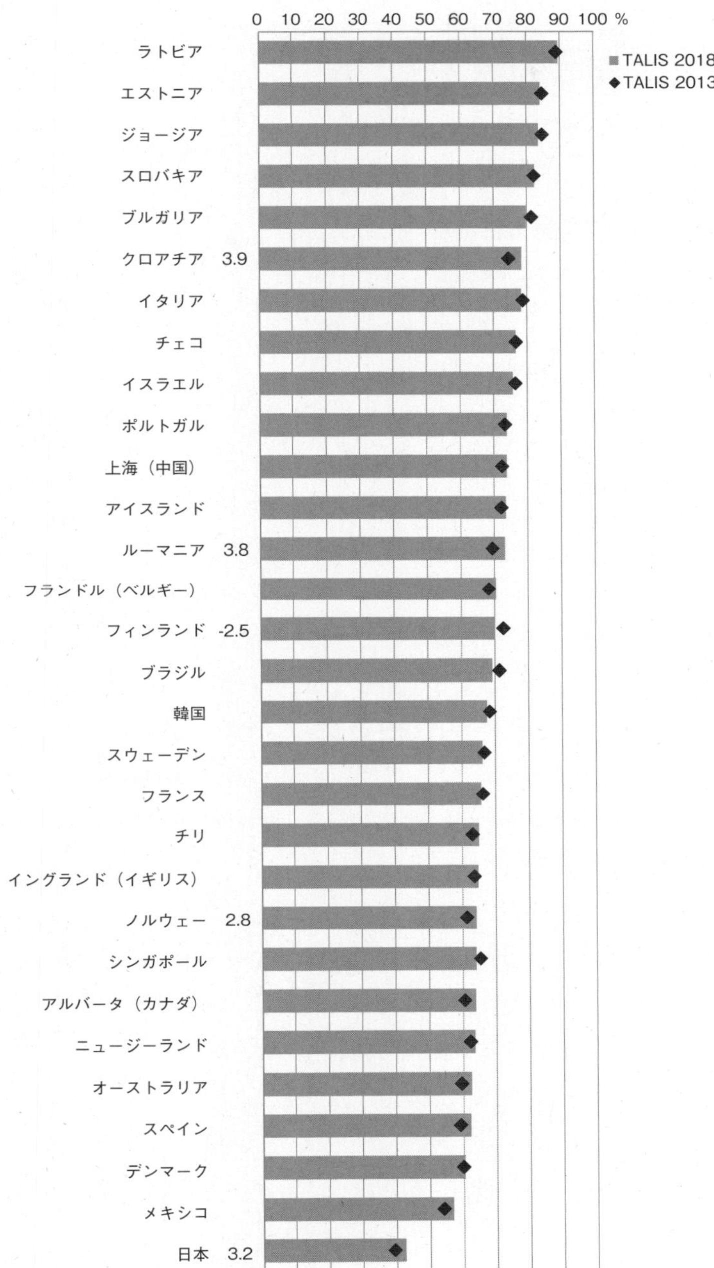

2013 年及び 2018 年のデータを入手できる国・地域のみを表示。
2013 年と 2018 年の統計的有意差（TALIS 2018-2013）は国・地域の名称の隣に表示。
国・地域は、中学校女性教員の平均割合が高い方から並べている。

表 3.3.2　教員の性別（小学校）

小学校教員の回答に基づく

国　名	女性教員の割合	
	%	S.E.
フランドル（ベルギー）	84.1	(0.8)
ブエノスアイレス（アルゼンチン）	86.6	(0.9)
デンマーク	75.0	(1.0)
イングランド（イギリス）	83.8	(0.9)
フランス	86.8	(1.3)
日本	61.4	(0.8)
韓国	76.7	(0.9)
スペイン	76.3	(0.8)
スウェーデン	82.2	(0.9)
台湾	73.1	(0.8)
トルコ	62.5	(1.2)
アラブ首長国連邦	87.4	(0.4)
ベトナム	79.3	(0.7)
オーストラリア	86.3	(0.7)
オランダ	84.6	(1.1)

3.3.2　校長の性別

表 3.3.3 は、校長の回答を基に、中学校の女性校長の割合を示している。この表によると、参加国平均は 48.9% である。また、傾向としては女性教員が多い国には女性校長も多いことがうかがえる。例えば、ラトビア（女性教員：89.2%、女性校長：83.8%）、ロシア（女性教員：85.0%　女性校長：69.2%）、ブルガリア（女性教員：79.5%、女性校長：72.9%）等、女性教員の割合が参加国平均（69.2%）を上回る国のうちのいくつかの国において、女性校長の割合も 60% を超えている。

他方、ブラジル（女性教員：69.0％　女性校長：76.5%）やスウェーデン（女性教員：65.8%、女性校長：68.7%）は女性教員の割合よりも女性校長の割合の方が高い。

全体的に、女性校長の割合は女性教員より低く、TALIS 参加国平均の中学校女性教員がおよそ７割であるのに対し、女性校長は半数以下の 48.9% である。日本の中学校は特に、女性の校長の割合は 7.0% で参加国中最低値である。

日本の小学校では、表 3.3.4 に示されているように、女性校長の割合は 23.1% と中学校よりは高いものの、これはトルコ（8.2%）に次いで参加国中２番目に低い割合である。

表 3.3.3　校長の性別（中学校）

中学校校長の回答に基づく

国　名	女性校長の割合	
	%	S.E.
アルバータ（カナダ）	29.7	(6.7)
オーストリア	49.9	(3.6)
ベルギー	43.6	(2.9)
フランドル（ベルギー）	40.3	(3.7)
ブラジル	76.5	(3.5)
ブルガリア	72.9	(3.4)
ブエノスアイレス（アルゼンチン）	60.7	(4.2)
チリ	49.6	(3.7)
コロンビア	37.1	(5.4)
クロアチア	52.6	(4.7)
キプロス	51.7	(5.6)
チェコ	52.4	(3.3)
デンマーク	35.4	(4.9)
イングランド（イギリス）	41.4	(4.5)
エストニア	56.6	(3.5)
フィンランド	46.5	(4.3)
フランス	41.3	(3.9)
ジョージア	60.1	(4.2)
ハンガリー	63.0	(4.2)
アイスランド	60.4	(5.0)
イスラエル	50.0	(3.0)
イタリア	68.7	(3.9)
日本	7.0	(1.9)
カザフスタン	53.1	(3.8)
韓国	19.6	(2.6)
ラトビア	83.8	(3.0)
リトアニア	57.2	(4.4)
マルタ	46.0	(6.5)
メキシコ	35.4	(3.4)
オランダ	37.9	(4.5)
ニュージーランド	53.6	(6.5)
ノルウェー	53.7	(4.6)
ポルトガル	43.2	(3.8)
ルーマニア	61.2	(4.5)
ロシア	69.2	(4.8)
サウジアラビア	51.3	(0.9)
上海（中国）	44.5	(3.7)
シンガポール	47.2	(3.0)
スロバキア	66.4	(3.8)
スロベニア	62.7	(4.6)
南アフリカ共和国	21.8	(3.4)
スペイン	49.3	(3.6)
スウェーデン	68.7	(5.0)
台湾	28.9	(3.1)
トルコ	7.2	(1.2)
アラブ首長国連邦	51.3	(2.1)
アメリカ	48.5	(8.5)
ベトナム	28.8	(3.1)
OECD30か国平均	47.3	(0.8)
EU23か国全体	54.0	(1.1)
TALIS 参加 47 か国平均	**48.9**	**(0.6)**
オーストラリア	40.2	(4.8)

表 3.3.4　校長の性別（小学校）

小学校校長の回答に基づく

国　名	女性校長の割合	
	%	S.E.
フランドル（ベルギー）	57.5	(3.9)
ブエノスアイレス（アルゼンチン）	90.1	(2.6)
デンマーク	44.3	(5.3)
イングランド（イギリス）	70.2	(4.4)
フランス	75.1	(3.4)
日本	23.1	(3.2)
韓国	44.0	(5.2)
スペイン	62.4	(3.3)
スウェーデン	64.7	(5.1)
台湾	31.5	(3.4)
トルコ	8.2	(2.9)
アラブ首長国連邦	64.7	(1.8)
ベトナム	48.3	(4.0)
オーストラリア	58.8	(4.6)
オランダ	57.0	(4.5)

3.4 児童生徒の多様な背景

教員及び校長の年齢や性別、勤務経験を知ることに意義があるように、児童生徒の背景に関する情報を得ることは教育政策立案者や学校関係者にとって重要だといえる。児童生徒の背景の多様性は、児童生徒の学習結果と繋がっていることが様々な調査（OECD, 2015[2]; OECD, 2013[3]; Sirin, 2005[4]）で分かっていると国際結果報告書（OECD（2019））でも紹介されている。TALIS 2018 年調査では、教員と校長に対して、学級及び学校における児童生徒の構成（特別な支援を要するかどうか、社会経済的な状況、移民・難民の背景、言語的属性等）について尋ねており、教員及び校長が自分たちの児童生徒の状況をどのように把握しているかを明らかにしている。

3.4.1 学級における生徒の構成

表 3.4.1 は、中学校教員の回答を基に、対象学級[5]において移民や特別な支援を要する等様々な背景を持つ生徒を指導している教員の割合を示している。

①「母語が日本語でない生徒」が 10％を超える、②「特別な支援を要する生徒[6]」が 10％を超える、③「社会経済的に困難な家庭環境[7]にある生徒」が 30％を超える、④「移民の生徒、又は移民の背景を持つ生徒[8]」が 10％を超える、⑤生徒の少なくとも 1％が「難民[9]の生徒」である学級で指導している日本の教員の割合は、① 1.6％、② 21.3％、③ 5.7％、④ 1.0％、⑤ 0.9％である。これを TALIS 参加国平均と比べると、日本は全てにお

2　OECD (2015), *Immigrant Students at School: Easing the Journey towards Integration,* OECD Reviews of Migrant Education, OECD Publishing, Paris, https://dx.doi.org/10.1787/9789264249509-en.

3　OECD (2013), *PISA 2012 Results: Excellence through Equity (Volume II) : Giving Every Student the Chance to Succeed, PISA,* OECD Publishing, Paris, https://dx.doi.org/10.1787/9789264201132-en.

4　Sirin, S.(2005), "Socioeconomic status and academic achievement: A meta-analytic review of research", *Review of Educational Research,* Vol. 75/3, pp. 417-453, https://doi.org/10.3102/00346543075003417.

5　教員が質問紙を回答する時点から一週間前の火曜日午前 11 時以降において、最初に教えた前期中等教育段階の学級。

6　「特別な支援を要する生徒」とは、精神的、身体的又は情緒的に困難な条件にあることによって、特別な学習を行う必要性が公式に認定されている生徒を指す。

7　「社会経済的に困難な家庭環境」とは、住居や栄養、医療などの生活上必要な基礎的な条件を欠いている家庭環境のことを指す。

8　「移民の生徒」とは、日本以外で生まれた人を指す。「移民の背景を持つ生徒」とは両親が日本以外で生まれた人のことを指す。

9　「難民」とは、法的な地位に関わらず、武力闘争、政治的抑圧、宗教迫害、自然災害などから身を守るために、国外へ避難した人を指す。

いて値が低く、参加国平均は① 20.1%（日本より 18.5 ポイント高)、② 21.7%（日本より 0.4 ポイント高)、③ 15.5%（日本より 9.8 ポイント高)、④ 15.7%（日本より 14.7 ポイント高)、⑤ 16.3%（日本より 15.4 ポイント高）であることから、特に日本では、日本語が母語でない生徒、移民や難民の背景を持つ生徒を指導している教員が少ないことが分かる。

世界的に見ると、④⑤に関しては、スウェーデンがどちらも最高値（④ 43.4%　⑤ 58.1%）であり、スウェーデンでは半数以上の教員が、難民の生徒が１％以上在籍する学級を指導していると回答した。日本は、①「母語が日本語でない生徒」が 10%を超える及び⑤生徒の少なくとも１％が「難民の生徒」であると回答した教員の割合が、参加国中最低値となっている。

表 3.4.1　学級の構成（中学校）

中学校教員の回答に基づく

国　名	生徒の構成比が以下の通りの学級で指導を行っている教員の割合[1]									
	母語が異なる生徒[2]が 10%を超える		特別な支援を要する生徒[3]が 10%を超える		社会経済的に困難な家庭環境[4]にある生徒が 30% を超える		移民の生徒、又は移民の背景を持つ生徒[5]が 10% を超える		生徒の少なくとも1% が難民の生徒[6]である	
	%	S.E.	%	S.E.	%	S.E.	%	S.E.	%	S.E.
アルバータ（カナダ）	44.6	(3.8)	31.8	(2.8)	12.4	(2.3)	43.2	(3.3)	38.1	(2.7)
オーストラリア	27.1	(0.7)	29.1	(0.9)	17.7	(0.5)	36.3	(0.8)	35.2	(1.0)
オーストリア	41.7	(1.7)	23.2	(1.1)	12.2	(1.0)	41.6	(1.7)	37.3	(1.6)
ベルギー	35.4	(2.0)	51.5	(1.3)	19.0	(1.1)	34.6	(1.9)	28.0	(1.4)
フランドル（ベルギー）	38.5	(2.5)	53.4	(1.9)	14.3	(1.3)	32.5	(2.2)	30.0	(1.6)
ブラジル	4.3	(0.5)	10.5	(0.9)	39.9	(2.0)	3.6	(0.5)	3.3	(0.3)
ブルガリア	40.2	(2.4)	8.4	(0.8)	15.5	(1.3)	1.6	(0.3)	3.0	(0.7)
ブエノスアイレス（アルゼンチン）	8.9	(0.9)	3.5	(0.6)	12.7	(1.2)	34.5	(2.9)	5.0	(0.8)
チリ	4.8	(0.6)	54.8	(1.9)	46.1	(2.1)	9.9	(1.4)	7.3	(1.0)
コロンビア	4.8	(1.0)	8.6	(0.9)	59.9	(1.9)	6.7	(0.9)	20.1	(2.1)
クロアチア	8.4	(1.5)	9.8	(0.9)	4.8	(0.7)	1.1	(0.2)	3.4	(0.4)
キプロス	37.2	(2.7)	10.5	(1.0)	11.6	(1.4)	25.8	(2.2)	50.5	(2.5)
チェコ	3.4	(0.6)	24.3	(1.1)	3.2	(0.5)	1.9	(0.4)	2.4	(0.4)
デンマーク	20.6	(2.3)	33.4	(1.7)	6.7	(0.9)	21.9	(2.6)	29.3	(2.0)
イングランド（イギリス）	27.0	(2.3)	40.8	(1.9)	23.2	(1.4)	21.4	(1.7)	25.0	(1.9)
エストニア	12.7	(1.5)	14.1	(1.1)	4.1	(0.5)	1.8	(0.3)	3.8	(0.7)
フィンランド	15.5	(1.8)	25.7	(1.1)	7.9	(0.8)	15.7	(1.8)	20.7	(1.6)
フランス	16.0	(1.4)	39.5	(1.5)	21.7	(1.2)	33.3	(1.9)	24.1	(1.5)
ジョージア	8.8	(0.9)	4.4	(0.4)	6.3	(0.6)	4.2	(0.4)	32.6	(2.1)
ハンガリー	2.0	(0.4)	21.0	(1.7)	14.6	(1.5)	0.8	(0.2)	1.0	(0.2)
アイスランド	24.2	(1.0)	40.0	(1.6)	5.2	(0.6)	25.5	(1.1)	23.8	(1.2)
イスラエル	16.5	(1.7)	27.3	(1.1)	19.7	(1.7)	10.4	(1.1)	4.2	(0.5)
イタリア	17.2	(1.6)	37.4	(1.3)	6.3	(0.8)	20.3	(1.5)	5.9	(0.6)
日本	**1.6**	**(0.5)**	**21.3**	**(1.0)**	**5.7**	**(0.8)**	**1.0**	**(0.3)**	**0.9**	**(0.2)**
カザフスタン	32.7	(1.1)	4.9	(0.4)	6.5	(0.5)	6.6	(0.7)	3.0	(0.3)
韓国	3.7	(0.4)	5.9	(0.6)	7.9	(0.7)	3.2	(0.4)	5.0	(0.5)
ラトビア	22.6	(3.0)	8.9	(1.1)	3.5	(0.6)	0.9	(0.3)	1.3	(0.3)
リトアニア	6.0	(0.9)	11.2	(1.0)	5.6	(0.6)	1.2	(0.2)	1.2	(0.3)
マルタ	28.6	(3.2)	23.0	(1.6)	12.3	(1.8)	18.7	(3.4)	30.5	(2.9)
メキシコ	4.3	(0.8)	8.2	(0.7)	32.3	(1.5)	3.2	(0.5)	4.5	(0.5)
オランダ	15.2	(2.2)	45.9	(3.1)	7.6	(1.5)	15.4	(2.1)	30.3	(2.4)
ニュージーランド	26.7	(2.3)	17.2	(1.2)	19.0	(1.6)	28.3	(2.1)	22.1	(1.6)
ノルウェー	22.6	(1.6)	35.4	(1.3)	4.1	(0.6)	24.1	(1.8)	37.5	(2.0)
ポルトガル	8.0	(0.7)	19.5	(0.9)	20.7	(1.2)	10.3	(0.9)	5.4	(0.6)
ルーマニア	7.8	(0.9)	11.8	(1.3)	18.0	(1.5)	2.4	(0.3)	2.4	(0.3)
ロシア	12.0	(1.1)	4.6	(0.8)	4.3	(0.6)	3.8	(0.6)	8.7	(0.9)
サウジアラビア	10.9	(1.0)	8.9	(0.7)	18.9	(1.3)	16.9	(1.4)	37.9	(1.7)
上海（中国）	2.8	(0.3)	8.3	(0.6)	6.1	(0.5)	1.4	(0.2)	1.8	(0.3)
シンガポール	58.4	(0.9)	18.8	(0.7)	14.0	(0.6)	23.0	(0.8)	2.8	(0.3)
スロバキア	11.2	(0.5)	22.1	(0.8)	8.3	(0.5)	1.4	(0.2)	1.5	(0.2)
スロベニア	15.9	(1.9)	30.5	(1.4)	3.1	(0.5)	6.2	(0.9)	6.8	(1.0)
南アフリカ共和国	61.9	(2.3)	28.8	(2.0)	57.7	(2.0)	22.3	(1.9)	30.4	(1.8)
スペイン	22.3	(1.6)	18.6	(0.7)	8.3	(0.7)	27.0	(1.4)	5.1	(0.5)
スウェーデン	41.0	(1.1)	39.9	(1.1)	11.4	(0.6)	43.4	(1.1)	58.1	(1.3)
台湾	13.9	(0.8)	11.7	(0.7)	13.7	(0.8)	31.2	(1.3)	4.7	(0.5)
トルコ	18.3	(0.6)	11.1	(0.6)	24.3	(0.8)	9.7	(0.5)	34.0	(0.7)
アラブ首長国連邦	49.9	(0.5)	16.1	(0.4)	5.3	(0.2)	36.4	(0.7)	20.0	(0.5)
アメリカ	25.2	(3.2)	50.6	(4.9)	45.9	(5.0)	a	a	22.1	(1.8)
ベトナム	19.6	(2.0)	7.3	(0.6)	10.0	(1.0)	3.4	(0.6)	1.0	(0.2)
OECD31か国平均	18.0	(0.3)	27.4	(0.3)	15.7	(0.3)	16.7	(0.3)	17.5	(0.2)
EU23か国全体	19.4	(0.5)	30.8	(0.5)	13.6	(0.3)	20.8	(0.5)	15.7	(0.4)
TALIS 参加 48 か国平均	**20.1**	**(0.2)**	**21.7**	**(0.2)**	**15.5**	**(0.2)**	**15.7**	**(0.2)**	**16.3**	**(0.2)**

1．対象学級での学級の構成を示す。
2．「母語が異なる生徒」とは、生徒の第一言語が、学校教育で使われる言語（複数の場合もある）と異なる又は、その言語（複数の場合もある）の方言である生徒を指す。
3．「特別な支援を要する生徒」とは、精神的、身体的又は情緒的に困難な条件にあることによって、特別な学習を行う必要性が公式に認定されている生徒を指す。（これらの生徒に対しては、多くの場合、その教育支援のために公的なあるいは民間からの何らかの追加的な（人的、物的、財政的）資源が提供される。）
4．「社会経済的に困難な家庭環境」とは、住居や栄養、医療などの生活上必要な基礎的な条件を欠いている家庭環境のことを指す。
5．「移民の生徒」とは、外国で生まれた人を指す。「移民の背景を持つ生徒」は、両親が外国で生まれた人のことを指す。
6．「難民の生徒」とは、法的な地位に関わらず、武力闘争、政治的抑圧、宗教迫害、自然災害などから身を守るために、国外へ避難した人を指す。

3.4.2 学校における児童生徒の構成

前項では、学級での様々な背景を持つ児童生徒の指導について、教員の回答を見たが、校長は背景の異なる児童生徒たちについて、どのように把握しているのであろうか。

表3.4.2は、中学校校長の回答を基に、様々な背景を持った生徒がいる学校で指導している教員の割合を示している。

日本の中学校では、①「母語が日本語でない生徒」が10%を超える、②「特別な支援を要する生徒」が10%を超える、③「社会経済的に困難な家庭環境にある生徒」が30%を超える、④「移民の生徒、又は移民の背景を持つ生徒」が10%を超える、⑤生徒の少なくとも1%が「難民の生徒」である対象学級で指導する教員の割合は、① 2.0%、② 8.5%、③ 7.5%、④ 0.9%、⑤ 0.0% である。

これに対して、TALIS参加国平均は日本よりも全てにおいて値が高く、① 21.9%、(日本より19.9ポイント高)、② 22.9%（日本より14.4ポイント高)、③ 18.1%（日本より10.6ポイント高)、④ 15.3%（日本より14.4ポイント高)、⑤ 24.1%（日本より24.1ポイント高）となっており、どれも大幅に上回っていることが分かる。つまり、前項の学級構成についての教員の回答と同じように、日本の校長も、学校における生徒の構成に関して、多様な背景を持つ生徒が少ないと認識していることが分かる。

また、日本の小学校校長も、中学校校長と似た認識を持っていることがうかがえる。表3.4.3を見ると、① 2.1%、② 25.2%、③ 3.0%、④ 1.1%、⑤ 0.5であり、①④は参加国中最低値であることから、中学校と同じように、小学校でも、特に日本語が母語でない児童及び移民の背景を持つ児童がいる学校で指導する教員は他国と比べて少ない。

つまり、日本の小中学校の教員は、多様な背景を持つ児童生徒、特に日本語が母語でない、又は移民の背景のある児童生徒を指導する機会が比較的少ないことがうかがえる。

中学校の学級における生徒の構成についての教員の回答と、中学校全体における生徒の構成についての校長の回答を比べると、日本が特徴的なのは②である。

②「特別な支援を要する生徒」が10%を超える学級の指導にあたっていると回答した教員の割合が21.3%であったのに対し、そのような学校で指導している教員は、校長の回答を基に推定したところ8.5%となっており、12.8ポイントの差がある。この差は、他のどれよりも大きく、教員と校長の認識の違いが目立つ。

表 3.4.2　学校の構成（中学校）

中学校校長の回答に基づく

国　　名	生徒の構成比が以下の通りの学校で指導を行っている教員の割合[1]									
	母語が異なる生徒[2]が10%を超える		特別な支援を要する生徒[3]が10%を超える		社会経済的に困難な家庭環境[4]にある生徒が30%を超える		移民の生徒、又は移民の背景を持つ生徒[5]が10%を超える		生徒の少なくとも1%が難民の生徒[6]である	
	%	S.E.	%	S.E.	%	S.E.	%	S.E.	%	S.E.
アルバータ（カナダ）	50.2	(4.7)	45.6	(5.5)	11.0	(3.6)	45.2	(5.3)	46.1	(4.7)
オーストリア	50.6	(3.1)	9.9	(1.7)	20.6	(2.4)	48.3	(3.1)	74.0	(2.7)
ベルギー	37.4	(3.2)	42.7	(3.2)	18.5	(2.5)	39.1	(3.3)	57.1	(3.4)
フランドル（ベルギー）	45.1	(4.1)	51.4	(4.2)	12.4	(2.6)	38.5	(4.2)	54.8	(4.1)
ブラジル	0.7	(0.7)	9.8	(2.1)	41.5	(3.7)	1.5	(0.8)	2.0	(1.3)
ブルガリア	42.8	(3.0)	4.6	(1.4)	23.1	(2.5)	0.0	(0.0)	3.1	(1.3)
ブエノスアイレス（アルゼンチン）	7.9	(3.5)	4.5	(2.5)	14.2	(3.3)	33.7	(5.4)	8.3	(2.3)
チリ	2.7	(1.3)	54.4	(4.0)	57.0	(3.8)	8.0	(2.0)	4.8	(1.8)
コロンビア	3.6	(2.0)	8.6	(2.6)	76.2	(3.6)	3.5	(1.6)	24.5	(4.2)
クロアチア	10.7	(1.9)	10.7	(2.4)	10.8	(2.9)	0.0	(0.0)	2.1	(1.0)
キプロス	41.2	(5.7)	15.6	(4.0)	5.0	(2.0)	22.8	(4.5)	65.3	(4.5)
チェコ	2.5	(1.0)	37.1	(3.1)	1.5	(0.8)	0.8	(0.5)	4.0	(1.3)
デンマーク	27.6	(4.2)	32.1	(4.3)	7.1	(1.9)	25.1	(3.3)	62.9	(3.7)
イングランド（イギリス）	41.4	(4.3)	53.8	(4.1)	26.1	(2.5)	25.4	(3.2)	55.0	(4.4)
エストニア	13.3	(3.1)	29.8	(3.8)	4.2	(1.2)	0.9	(0.5)	8.5	(2.0)
フィンランド	18.2	(3.1)	31.1	(4.5)	2.9	(1.5)	17.1	(3.0)	51.2	(4.6)
フランス	15.9	(2.7)	42.4	(3.9)	41.6	(3.0)	32.3	(3.2)	44.1	(3.8)
ジョージア	9.1	(2.2)	1.0	(0.7)	7.4	(2.0)	1.7	(1.0)	36.8	(3.6)
ハンガリー	1.2	(0.9)	21.8	(3.2)	20.0	(2.7)	0.0	(0.0)	1.9	(0.9)
アイスランド	33.1	(0.3)	56.5	(0.3)	1.3	(0.1)	28.3	(0.2)	27.3	(0.2)
イスラエル	24.6	(3.7)	38.7	(5.2)	35.0	(4.1)	13.6	(3.4)	8.4	(2.2)
イタリア	31.1	(3.4)	41.0	(4.2)	7.8	(2.0)	35.0	(3.2)	15.4	(3.0)
日本	2.0	(1.0)	8.5	(2.1)	7.5	(2.0)	0.9	(0.6)	0.0	(0.0)
カザフスタン	17.9	(3.3)	0.8	(0.5)	9.6	(1.8)	4.6	(1.9)	0.7	(0.7)
韓国	1.2	(0.8)	1.3	(1.0)	4.5	(1.7)	0.0	(0.0)	2.5	(1.2)
ラトビア	23.0	(3.7)	9.5	(2.4)	6.8	(1.8)	1.3	(1.3)	0.5	(0.5)
リトアニア	5.8	(1.7)	23.9	(3.1)	7.9	(2.1)	0.0	(0.0)	2.2	(1.4)
マルタ	18.7	(7.9)	38.6	(8.4)	1.3	(1.2)	10.4	(6.9)	49.7	(7.5)
メキシコ	2.9	(1.2)	6.6	(2.2)	40.6	(3.5)	4.9	(1.8)	2.8	(1.1)
オランダ	25.1	(6.1)	50.6	(5.9)	7.1	(3.8)	15.3	(3.5)	71.7	(6.1)
ニュージーランド	29.0	(3.2)	18.5	(3.7)	19.2	(3.0)	27.7	(4.2)	48.6	(4.3)
ノルウェー	22.0	(3.1)	42.7	(4.0)	3.3	(1.5)	24.9	(3.6)	68.7	(3.6)
ポルトガル	7.2	(1.7)	33.0	(3.4)	52.5	(3.6)	14.0	(2.4)	13.7	(2.5)
ルーマニア	8.5	(2.3)	4.3	(1.8)	19.9	(3.0)	0.2	(0.2)	0.8	(0.6)
ロシア	12.4	(2.7)	2.3	(1.5)	1.9	(1.4)	4.1	(1.9)	12.4	(2.6)
サウジアラビア	3.9	(1.4)	1.7	(1.1)	12.7	(3.3)	6.6	(1.8)	29.5	(3.5)
上海（中国）	0.5	(0.5)	1.3	(0.8)	4.6	(1.2)	0.3	(0.3)	0.0	(0.0)
シンガポール	81.8	(0.1)	13.8	(0.1)	4.7	(0.0)	38.4	(0.1)	0.0	(0.0)
スロバキア	11.4	(0.2)	17.7	(0.2)	5.2	(0.1)	1.0	(0.0)	0.5	(0.0)
スロベニア	13.5	(3.5)	26.7	(4.3)	3.6	(1.9)	4.0	(2.1)	7.8	(3.0)
南アフリカ共和国	60.2	(4.3)	16.5	(3.9)	71.1	(3.7)	11.2	(2.6)	19.6	(3.7)
スペイン	21.5	(3.3)	17.3	(3.2)	9.1	(3.1)	26.3	(3.1)	12.6	(2.0)
スウェーデン	55.1	(0.2)	52.5	(0.2)	15.8	(0.1)	51.7	(0.2)	84.2	(0.2)
台湾	24.2	(2.9)	6.4	(1.6)	12.6	(2.1)	36.8	(3.2)	4.9	(1.8)
トルコ	20.7	(0.2)	6.1	(0.1)	20.6	(0.2)	10.3	(0.1)	48.0	(0.2)
アラブ首長国連邦	47.4	(0.2)	13.2	(0.1)	7.2	(0.1)	27.8	(0.2)	11.0	(0.1)
アメリカ	23.5	(4.4)	65.4	(4.8)	62.3	(5.6)	a	a	37.8	(5.2)
ベトナム	22.4	(2.9)	2.8	(1.2)	7.7	(1.9)	0.6	(0.6)	1.2	(0.8)
OECD30か国平均	20.6	(0.5)	30.9	(0.6)	19.9	(0.5)	17.4	(0.5)	29.6	(0.5)
EU23か国全体	24.9	(1.1)	34.0	(1.2)	19.1	(0.9)	23.8	(1.0)	31.9	(1.1)
TALIS 参加 47 か国平均	21.9	(0.4)	22.9	(0.5)	18.1	(0.4)	15.3	(0.4)	24.1	(0.4)
オーストラリア	36.0	(0.1)	36.1	(0.1)	24.7	(0.1)	41.1	(0.1)	62.1	(0.1)

1．教員のデータと校長の回答を統合し、教員の最終的な重みづけを用いた。
2．「母語が異なる生徒」とは、生徒の第一言語が、学校教育で使われる言語（複数の場合もある）と異なる又は、その言語（複数の場合もある）の方言である生徒を指す。
3．「特別な支援を要する生徒」とは、精神的、身体的又は情緒的に困難な条件にあることによって、特別な学習を行う必要性が公式に認定されている生徒を指す。（これらの生徒に対しては、多くの場合、その教育支援のために公的なあるいは民間からの何らかの追加的な（人的、物的、財政的）資源が提供される。）
4．「社会経済的に困難な家庭環境」とは、住居や栄養、医療などの生活上必要な基礎的な条件を欠いている家庭環境のことを指す。
5．「移民の生徒」とは、外国で生まれた人を指す。「移民の背景を持つ生徒」は、両親が外国で生まれた人のことを指す。
6．「難民の生徒」とは、法的な地位に関わらず、武力闘争、政治的抑圧、宗教迫害、自然災害などから身を守るために、国外へ避難した人を指す。

表 3.4.3　学校の構成（小学校）

小学校校長の回答に基づく

国　名	児童の構成比が以下の通りの学校で指導を行っている教員の割合[1]									
	母語が異なる児童[2]が 10%を超える		特別な支援を要する児童[3]が 10%を超える		社会経済的に困難な家庭環境にある児童[4]が 30%を超える		移民の児童、又は移民の背景を持つ児童[5]が 10%を超える		児童の少なくとも1%が難民の児童[6]である	
	%	S.E.	%	S.E.	%	S.E.	%	S.E.	%	S.E.
フランドル（ベルギー）	50.4	(0.2)	59.4	(0.2)	18.0	(0.2)	38.1	(0.2)	53.0	(0.2)
ブエノスアイレス（アルゼンチン）	7.5	(2.8)	6.7	(2.4)	18.7	(3.6)	37.5	(3.7)	9.4	(3.4)
デンマーク	29.4	(0.1)	32.0	(0.1)	6.4	(0.1)	26.7	(0.1)	62.2	(0.1)
イングランド（イギリス）	44.3	(0.2)	66.9	(0.2)	26.3	(0.2)	24.0	(0.2)	31.2	(0.2)
フランス	24.6	(2.9)	47.4	(3.8)	25.4	(3.1)	32.4	(2.5)	22.1	(3.2)
日本	2.1	(0.0)	25.2	(0.2)	3.0	(0.1)	1.1	(0.0)	0.5	(0.0)
韓国	4.5	(0.1)	0.4	(0.0)	2.9	(0.1)	1.3	(0.1)	3.1	(0.0)
スペイン	28.5	(2.2)	24.7	(2.7)	10.3	(1.8)	30.6	(2.3)	11.0	(1.7)
スウェーデン	48.9	(0.2)	49.1	(0.2)	20.4	(0.2)	48.0	(0.2)	66.3	(0.2)
台湾	19.3	(0.1)	3.0	(0.1)	9.9	(0.1)	31.6	(0.1)	1.1	(0.0)
トルコ	17.9	(0.2)	5.0	(0.1)	16.6	(0.3)	10.4	(0.1)	60.3	(0.3)
アラブ首長国連邦	44.4	(0.2)	21.3	(0.2)	5.2	(0.0)	22.5	(0.2)	8.7	(0.1)
ベトナム	23.4	(0.1)	4.0	(0.1)	14.2	(0.1)	2.8	(0.0)	0.0	(0.0)
オーストラリア	48.7	(0.1)	36.6	(0.1)	24.3	(0.1)	40.8	(0.1)	47.5	(0.1)
オランダ	27.4	(0.2)	44.7	(0.2)	11.1	(0.2)	18.8	(0.2)	55.7	(0.2)

1．教員のデータと校長の回答を統合し、教員の最終的な重みづけを用いた。
2．「母語が異なる児童」とは、児童の第一言語が、学校教育で使われる言語（複数の場合もある）と異なる又は、その言語（複数の場合もある）の方言である児童を指す。
3．「特別な支援を要する児童」とは、精神的、身体的又は情緒的に困難な条件にあることによって、特別な学習を行う必要性が公式に認定されている児童を指す。（これらの児童に対しては、多くの場合、その教育支援のために公的なあるいは民間からの何らかの追加的な（人的、物的、財政的）資源が提供される。）
4．「社会経済的に困難な家庭環境」とは、住居や栄養、医療などの生活上必要な基礎的な条件を欠いている家庭環境のことを指す。
5．「移民の児童」とは、外国で生まれた人を指す。「移民の背景を持つ児童」は、両親が外国で生まれた人のことを指す。
6．「難民の児童」とは、法的な地位に関わらず、武力闘争、政治的抑圧、宗教迫害、自然災害などから身を守るために、国外へ避難した人を指す。

3.5 多様性及び公平性に関する教員の信念

日本では移民・難民また母語が日本語でない児童生徒を指導している教員が比較的に少ないことを前節で見たが、世界中で国境を越えて経済と労働市場の統合が進んでいる状況において、多くの国・地域がよりグローバル、そして多文化的になっている。これに伴い、各国の教育も、出身国や文化的・言語的背景の面において多様性に富んだ児童生徒に対応する必要に迫られているとOECD（2019）でも報告されている（Jackson and Boutte, 2018[10]; OECD, 2012[11]）。TALIS 2018年調査では、文化的多様性及び公平性に関する、教員の信念について校長に尋ねた。

3.5.1 多様性に関する教員の信念

文化的又は民族的に異なる生徒への支援は、多くの国が直面している課題であり、これを解決するためには、まず生徒に直接指導をする教員がこれらについてどのような考えを持っているかを知ることが重要である。

表3.5.1は、中学校校長の回答を基に、生徒の文化的な多様性について、教員がどのような信念を持っているかを示している。

①「生徒の文化的背景の違いにすぐに対応できることは重要である」、②「異なる文化の人々は異なる価値観を持ち得ることを生徒が学ぶのは重要である」、③「子供や若者は、できるだけ早い時期に多文化を尊重することを学ぶべきである」、④「子供や若者は、文化的に異なる人々の間に多くの共通点があることを学ぶべきである」という4つの項目について同意する教員が「多数いる」又は「全員、又はほとんど全員」と思うと回答した日本の校長の割合は、① 92.1％、② 91.9％、③ 88.1％、④ 88.7％であり、参加国平均は① 90.4％、② 91.6％、③ 94.0％、④ 94.5％である。

日本は、①と②はTALIS参加国平均より高いのに対し、③と④では平均より低い。これより、日本の教員は、多文化的な環境によって起こり得る出来事や物事に適切な対処をすることや、異なる価値観を学ぶことの重要性を認識してはいるが、具体的に多文化を尊重する教育を早い時期より開始することや、文化の違いを超えた共通点を見つけるという点については、他国の教員に比べてやや慎重な姿勢を見せていることが分かる。

---

10 Jackson, T. and G. Boutte (2018), "Exploring culturally relevant/responsive pedagogy as praxis in teacher education", *The New Educator,* Vol. 14/2, pp. 87-90, http://dx.doi.org/10.1080/1547688X.2018.1426320.

11 OECD (2012), *Untapped Skills: Realising the Potential of Immigrant Students, PISA,* OECD Publishing, Paris, http://dx.doi.org/10.1787/9789264172470-en.

表 3.5.1　多様性についての教員の信念に関する校長の見解（中学校）

中学校校長の回答に基づく

国　名	校内の「多数いる」又は「全員、又はほとんど全員」の教員が、以下の考えに同意すると思っている校長の割合							
	生徒の文化的背景の違いにすぐに対応できることは重要である		異なる文化の人々は異なる価値観を持ち得ることを生徒が学ぶのは重要である		子供や若者は、できるだけ早い時期に多文化を尊重することを学ぶべきである		子供や若者は、文化的に異なる人々の間に多くの共通点があることを学ぶべきである	
	%	S.E.	%	S.E.	%	S.E.	%	S.E.
アルバータ（カナダ）	95.2	(2.1)	82.1	(13.9)	80.4	(13.9)	82.1	(13.9)
オーストリア	84.3	(2.9)	87.6	(2.8)	93.9	(2.0)	94.8	(1.8)
ベルギー	76.8	(3.1)	84.6	(2.3)	88.3	(2.5)	90.9	(2.1)
フランドル（ベルギー）	74.8	(3.9)	83.6	(3.5)	86.0	(3.7)	91.0	(2.5)
ブラジル	95.7	(1.5)	94.2	(1.9)	97.5	(1.2)	97.1	(1.3)
ブルガリア	89.1	(2.5)	96.8	(1.5)	96.1	(1.6)	97.8	(1.2)
ブエノスアイレス（アルゼンチン）	94.2	(2.2)	95.3	(1.9)	96.0	(1.8)	93.4	(2.3)
チリ	90.7	(2.4)	89.4	(2.5)	95.0	(1.8)	95.3	(1.7)
コロンビア	88.9	(4.0)	94.4	(3.2)	93.8	(3.3)	96.0	(1.8)
クロアチア	95.2	(3.1)	91.7	(3.5)	96.1	(3.0)	95.9	(3.2)
キプロス	97.0	(1.7)	94.9	(2.3)	98.0	(1.4)	98.0	(1.4)
チェコ	82.8	(2.6)	89.0	(2.4)	84.5	(2.7)	89.4	(2.2)
デンマーク	96.9	(1.3)	96.2	(1.5)	98.0	(1.0)	97.9	(1.1)
イングランド（イギリス）	96.5	(1.6)	98.5	(1.1)	100.0	(0.0)	99.4	(0.6)
エストニア	95.3	(1.6)	93.1	(1.9)	94.2	(1.8)	95.8	(1.5)
フィンランド	95.3	(1.3)	96.1	(1.6)	97.0	(1.6)	98.2	(1.2)
フランス	79.3	(2.8)	88.1	(2.3)	91.1	(2.6)	91.4	(2.5)
ジョージア	92.5	(2.2)	93.6	(2.1)	92.2	(2.2)	97.8	(1.2)
ハンガリー	92.0	(2.3)	90.5	(2.1)	89.7	(2.5)	89.2	(2.4)
アイスランド	96.8	(1.9)	96.7	(1.9)	96.8	(1.9)	98.9	(1.1)
イスラエル	95.6	(1.4)	92.8	(2.4)	93.5	(2.3)	93.8	(2.1)
イタリア	95.5	(1.5)	97.2	(1.3)	98.3	(1.1)	94.2	(2.2)
日本	**92.1**	**(2.5)**	**91.9**	**(2.6)**	**88.1**	**(3.0)**	**88.7**	**(3.0)**
カザフスタン	78.1	(3.7)	79.5	(3.2)	94.1	(1.9)	94.1	(2.2)
韓国	95.1	(2.0)	97.7	(1.5)	95.9	(1.9)	97.0	(1.5)
ラトビア	74.5	(7.8)	93.4	(2.4)	94.3	(2.3)	96.1	(2.1)
リトアニア	92.0	(2.3)	96.0	(1.9)	99.3	(0.5)	99.7	(0.3)
マルタ	96.3	(2.6)	96.3	(2.6)	96.3	(2.6)	94.5	(3.2)
メキシコ	90.2	(2.0)	90.1	(2.3)	94.1	(1.3)	94.3	(1.3)
オランダ	94.0	(2.3)	95.7	(1.9)	91.5	(2.7)	94.9	(2.1)
ニュージーランド	90.2	(4.0)	90.2	(4.0)	90.3	(4.0)	90.0	(4.0)
ノルウェー	87.7	(3.1)	91.1	(2.9)	98.5	(1.3)	97.5	(1.7)
ポルトガル	95.2	(1.7)	94.0	(1.9)	96.8	(1.4)	95.8	(1.5)
ルーマニア	85.0	(3.1)	87.4	(3.6)	90.1	(3.4)	94.9	(2.6)
ロシア	92.6	(2.6)	89.6	(3.5)	97.7	(1.2)	97.1	(1.7)
サウジアラビア	79.3	(3.3)	73.2	(3.7)	80.6	(2.6)	77.3	(2.9)
上海（中国）	74.7	(3.4)	77.2	(3.2)	84.0	(3.4)	88.4	(2.1)
シンガポール	97.4	(0.9)	97.9	(1.0)	99.5	(0.5)	100.0	(0.0)
スロバキア	77.1	(3.4)	85.5	(2.5)	89.2	(2.6)	91.4	(2.4)
スロベニア	92.9	(2.4)	94.7	(2.0)	97.1	(1.7)	96.5	(1.6)
南アフリカ共和国	81.9	(4.1)	87.5	(3.7)	92.1	(2.9)	91.2	(3.2)
スペイン	95.9	(2.1)	94.9	(2.2)	97.4	(1.4)	97.7	(1.3)
スウェーデン	96.5	(2.2)	96.9	(1.4)	100.0	(0.0)	98.4	(1.1)
台湾	91.0	(2.4)	94.3	(2.3)	97.0	(1.2)	95.5	(1.4)
トルコ	87.3	(3.2)	89.5	(2.7)	93.2	(2.3)	94.1	(2.2)
アラブ首長国連邦	95.5	(1.1)	92.5	(1.3)	96.1	(1.0)	96.3	(0.9)
アメリカ	97.9	(1.0)	93.5	(4.9)	99.4	(0.4)	99.3	(0.5)
ベトナム	94.4	(2.0)	90.9	(2.5)	93.3	(2.0)	92.3	(2.4)
OECD30か国平均	90.7	(0.5)	92.4	(0.6)	94.0	(0.6)	94.6	(0.6)
EU23か国全体	89.5	(0.7)	92.5	(0.6)	94.3	(0.6)	94.8	(0.6)
TALIS 参加 47 か国平均	**90.4**	**(0.4)**	**91.6**	**(0.5)**	**94.0**	**(0.4)**	**94.5**	**(0.4)**
オーストラリア	90.1	(6.3)	94.6	(4.2)	91.4	(6.3)	91.1	(6.3)

3.5.2 公平性に関する教員の信念

前項で見た、多様性を学校現場で受け入れることが重要なのと同じように、社会経済的背景や性別の観点から見た公平性を教育現場で広めていくことも多くの国が抱えている課題であり、各国で様々な議論が長年されてきた。TALIS 2018 年調査では、校長に、社会経済的背景や性別に関する公平性について、教員が持つ信念に関する質問をしている。

表 3.5.2 は、中学校校長の回答を基に、公平性について教員がどのような信念を持っているかを示している。

①「学校は、異なる社会経済的な背景を持つ生徒が共に活動することを促すべきである」、②「生徒は、性差別を避ける方法を学ぶべきである」、③「男子生徒と女子生徒を平等に扱うことは重要である」、④「どのような社会経済的な背景を持つ生徒に対しても、同じように接することは重要である」という 4 つの項目について同意する教員が「多数いる」又は「全員、又はほとんど全員」の教員がそのような信念を持っていると回答した日本の校長の割合は、① 89.3%、② 90.0%、③ 94.7%、④ 96.1% であり、参加国平均は① 92.7%、② 93.7%、③ 97.3%、④ 96.8% である。日本の数値は全てにおいて参加国平均を下回っており、特に違いが目立つのは②「生徒は、性差別を避ける方法を学ぶべきである」で、参加国平均が 3.7 ポイント高く、①「学校は、異なる社会経済的な背景を持つ生徒が共に活動することを促すべきである」では参加国平均が 3.4 ポイント高い。

表 3.5.2　公平性についての教員の信念に関する校長の見解（中学校）

中学校校長の回答に基づく

国　名	校内の「多数いる」又は「全員、又はほとんど全員」の教員が、以下の考えに同意すると思っている校長の割合							
	学校は、異なる社会経済的な背景を持つ生徒が共に活動することを促すべきである		生徒は、性差別を避ける方法を学ぶべきである		男子生徒と女子生徒を平等に扱うことは重要である		どのような社会経済的な背景を持つ生徒に対しても、同じように接することは重要である	
	%	S.E.	%	S.E.	%	S.E.	%	S.E.
アルバータ（カナダ）	81.6	(13.8)	79.8	(13.6)	98.2	(1.4)	97.5	(1.3)
オーストリア	89.9	(2.4)	89.3	(2.6)	98.9	(0.8)	97.9	(1.1)
ベルギー	82.2	(2.5)	77.6	(2.6)	95.0	(1.5)	95.3	(1.3)
フランドル（ベルギー）	80.8	(3.5)	76.1	(3.3)	94.8	(1.8)	93.4	(2.1)
ブラジル	97.8	(1.1)	93.3	(2.0)	98.0	(0.9)	96.8	(1.3)
ブルガリア	97.1	(1.5)	97.0	(1.4)	98.3	(1.0)	96.4	(1.6)
ブエノスアイレス（アルゼンチン）	91.0	(2.7)	95.9	(1.9)	95.8	(1.9)	96.7	(1.7)
チリ	93.3	(2.1)	95.3	(1.7)	95.0	(1.7)	96.7	(1.4)
コロンビア	89.6	(3.0)	94.0	(2.1)	99.4	(0.5)	98.8	(0.7)
クロアチア	96.1	(1.8)	98.9	(0.8)	100.0	(0.0)	100.0	(0.0)
キプロス	95.3	(2.4)	98.0	(1.4)	98.0	(1.4)	99.0	(1.0)
チェコ	87.1	(2.3)	95.9	(1.5)	99.4	(0.6)	94.4	(1.8)
デンマーク	89.8	(2.7)	91.4	(2.2)	99.1	(0.6)	95.0	(2.5)
イングランド（イギリス）	98.4	(1.1)	99.1	(0.9)	99.1	(0.9)	99.1	(0.7)
エストニア	94.1	(1.8)	87.3	(2.7)	94.2	(1.8)	97.4	(1.2)
フィンランド	97.2	(1.6)	100.0	(0.0)	100.0	(0.0)	100.0	(0.0)
フランス	85.4	(3.1)	93.3	(2.2)	98.4	(0.8)	93.6	(1.7)
ジョージア	97.2	(1.3)	97.2	(1.4)	97.4	(1.3)	97.7	(1.2)
ハンガリー	86.5	(2.6)	89.1	(2.5)	94.9	(1.8)	97.1	(1.3)
アイスランド	97.8	(1.5)	98.9	(1.1)	100.0	(0.0)	98.9	(1.1)
イスラエル	94.5	(1.8)	93.2	(2.2)	99.3	(0.7)	96.6	(1.2)
イタリア	94.2	(2.0)	95.8	(1.8)	97.4	(1.4)	97.6	(1.3)
日本	89.3	(2.6)	90.0	(2.6)	94.7	(2.1)	96.1	(1.9)
カザフスタン	89.6	(2.5)	89.3	(2.6)	94.3	(1.9)	96.6	(1.4)
韓国	97.5	(1.6)	97.5	(1.7)	98.4	(0.9)	95.3	(2.0)
ラトビア	96.3	(1.7)	95.5	(1.7)	96.7	(1.7)	96.7	(1.7)
リトアニア	96.3	(1.9)	98.0	(1.0)	99.4	(0.6)	99.7	(0.3)
マルタ	96.3	(2.6)	96.3	(2.6)	98.1	(2.6)	100.0	(0.0)
メキシコ	91.4	(2.5)	94.8	(1.8)	97.8	(1.1)	97.4	(1.1)
オランダ	83.8	(3.3)	92.3	(2.6)	97.4	(1.5)	94.9	(1.7)
ニュージーランド	83.3	(8.0)	85.1	(8.0)	91.8	(3.8)	90.0	(3.9)
ノルウェー	92.1	(2.6)	100.0	(0.0)	95.9	(2.1)	94.1	(2.3)
ポルトガル	88.4	(2.5)	94.9	(1.7)	97.6	(1.2)	97.4	(1.2)
ルーマニア	96.5	(1.4)	96.8	(1.3)	99.8	(0.2)	99.8	(0.2)
ロシア	97.2	(1.3)	91.6	(3.5)	94.2	(2.9)	98.4	(1.1)
サウジアラビア	80.6	(3.2)	80.1	(3.4)	84.9	(3.2)	83.4	(3.2)
上海（中国）	93.4	(2.0)	94.8	(1.6)	98.1	(1.0)	94.7	(3.1)
シンガポール	99.5	(0.5)	97.4	(1.2)	99.5	(0.5)	100.0	(0.0)
スロバキア	89.0	(2.4)	89.7	(2.3)	96.7	(1.2)	95.7	(1.6)
スロベニア	97.4	(1.5)	96.3	(1.8)	100.0	(0.0)	99.3	(0.7)
南アフリカ共和国	93.3	(2.9)	91.1	(3.1)	96.2	(2.1)	96.6	(1.9)
スペイン	95.4	(1.6)	98.5	(1.2)	99.1	(0.5)	99.4	(0.3)
スウェーデン	95.5	(2.3)	99.2	(0.6)	99.5	(0.5)	99.1	(0.6)
台湾	97.6	(1.0)	99.1	(0.7)	100.0	(0.0)	98.7	(0.9)
トルコ	90.0	(3.1)	93.5	(2.3)	97.2	(1.6)	97.5	(1.6)
アラブ首長国連邦	96.8	(0.9)	91.8	(1.3)	92.5	(1.2)	95.9	(0.9)
アメリカ	98.7	(0.9)	94.3	(2.4)	98.1	(1.0)	92.3	(4.9)
ベトナム	93.0	(2.3)	97.0	(1.7)	100.0	(0.0)	99.6	(0.4)
OECD30か国平均	91.5	(0.7)	93.3	(0.6)	97.6	(0.3)	96.7	(0.3)
EU23か国全体	92.2	(0.6)	95.1	(0.5)	98.3	(0.3)	97.3	(0.3)
TALIS 参加 47 か国平均	92.7	(0.5)	93.7	(0.4)	97.3	(0.2)	96.8	(0.2)
オーストラリア	94.2	(4.2)	93.9	(4.4)	98.7	(0.7)	95.0	(4.2)

3.6 多様性と公平性に関する学校の実践

前節では、校長の考える教員の多様性と公平性に対する信念を見たが、これらについて、実際に学校ではどのような取組が行われているのだろうか。

3.6.1 多様性に関する取組

表3.6.1は民族的又は文化的に多様な背景を持つ生徒が在籍する中学校において、どのような取組が行われているのかを示している[12]。この表では教員と校長の両方の回答を比べており、これにより主に学校運営を担当する校長と、主に授業を担当する教員の意識の違いを明らかにすることができる。

①「多様な民族的、文化的なアイデンティティを生徒が表現することを促す活動や組織を支援する（例：芸術的なグループ）」、②「多文化的な行事を開催している（例：異文化と触れ合う学校でのイベント）」、③「民族的、文化的な差別にどう取り組むかを生徒に教える」、④「カリキュラム全体を通して、地球規模の問題を取り入れた指導及び学習の実践を導入する」という4つの実践が行われていると回答した日本の教員及び校長の割合は①28.5%（教員）、25.0%（校長）、②30.1%（教員）、32.4%（校長）、③51.9%（教員）、73.6%（校長）、④37.7%（教員）、51.9%（校長）である。教員と校長の意識の差が特に目立つ取組は、③「民族的、文化的な差別にどう取り組むかを生徒に教える」で、校長が21.7ポイント高い。また、④「カリキュラム全体を通して、地球規模の問題を取り入れた指導及び学習の実践を導入する」でも校長が14.2ポイント高く、これらには統計的有意差もある。これより、校長が実施できていると認識している民族的文化的差別への対処法の指導等が、実際には、期待されているより実施されていないことがうかがえる。

さらに、他国と比べると、日本は全ての質問において参加国平均①62.7%（教員）、69.9%（校長）、②54.2%（教員）、64.0%（校長）、③73.1%（教員）、82.5%（校長）、④70.2%（教員）、80.2%（校長）より割合が低いことから、教員も校長も、他国と比較すると、民族的又は文化的背景を持つ生徒への支援や取組等が実施できていないことがうかがえる。

多様性に関して、日本では、小学校でも中学校と似たような傾向が見られ、表3.6.2を見ると、参加国中で日本の割合が顕著に高いものは無い。③「民族的、文化的な差別にどう取り組むかを児童に教える」に関しては、教員と校長の差が17.2ポイントと特に大きい。

---

12 このデータは質問紙において、「あなたの学校には、異なる文化的又は民族的な背景を持つ生徒がいますか。」という問いに「はい」と答えた教員及び校長の回答のみに基づいている。

表 3.6.1　多様性に関する取組（中学校）

中学校校長及び教員の回答に基づく

国名	多様な民族的、文化的背景を持ち、以下のような多様性に関する取組が実施されている学校に勤務する教員の割合[1]															
	多様な民族的、文化的なアイデンティティを生徒が表現することを促す活動や組織を支援する（例：芸術的なグループ）				多文化的な行事を開催している（例：異文化と触れ合う学校でのイベント）				民族的、文化的な差別にどう取り組むかを生徒に教える				カリキュラム全体を通して、地球規模の問題を取り入れた指導及び学習の実践を導入する			
	教員の回答		校長の回答[2]		教員の回答		校長の回答[2]		教員の回答		校長の回答[2]		教員の回答		校長の回答[2]	
	%	S.E.	%	S.E.	%	S.E.	%	S.E.	%	S.E.	%	S.E.	%	S.E.	%	S.E.
アルバータ（カナダ）	75.2	(2.2)	83.9	(5.0)	58.3	(3.3)	59.4	(4.8)	78.3	(1.6)	81.9	(3.8)	87.6	(1.1)	90.1	(4.0)
オーストリア	50.6	(1.5)	64.8	(3.5)	39.1	(2.3)	51.3	(4.0)	75.6	(1.2)	83.6	(2.9)	87.9	(0.8)	95.0	(1.2)
ベルギー	52.1	(1.3)	59.3	(3.1)	51.6	(1.6)	57.7	(3.5)	75.8	(0.9)	85.5	(2.4)	60.6	(1.0)	78.0	(2.5)
フランドル（ベルギー）	47.5	(1.7)	48.6	(4.3)	57.4	(2.3)	62.3	(4.3)	74.6	(1.1)	86.6	(2.9)	63.5	(1.3)	78.3	(3.7)
ブラジル	76.8	(1.9)	85.9	(3.4)	82.1	(1.9)	90.4	(2.9)	80.5	(1.9)	92.1	(2.5)	85.6	(1.8)	99.4	(0.6)
ブルガリア	73.3	(1.7)	80.7	(3.1)	63.4	(1.8)	73.4	(3.2)	62.9	(1.5)	71.2	(3.6)	69.2	(1.5)	79.6	(3.2)
ブエノスアイレス（アルゼンチン）	73.1	(1.8)	73.2	(5.6)	67.1	(2.5)	68.0	(6.4)	90.0	(1.6)	95.3	(2.2)	81.1	(1.4)	94.7	(2.1)
チリ	76.6	(1.8)	88.0	(2.3)	67.7	(2.5)	81.8	(3.2)	85.3	(1.1)	90.9	(3.0)	75.8	(1.6)	90.2	(2.9)
コロンビア	81.5	(2.7)	88.8	(4.5)	79.0	(3.7)	86.7	(4.0)	88.2	(3.6)	81.1	(8.9)	84.8	(2.4)	88.6	(4.5)
クロアチア	49.2	(2.2)	59.4	(5.2)	36.0	(2.7)	46.1	(5.2)	69.2	(1.7)	77.3	(4.6)	62.4	(1.7)	71.1	(4.0)
キプロス	74.1	(1.8)	84.5	(4.2)	60.9	(2.2)	78.2	(5.1)	67.3	(2.0)	79.1	(5.3)	64.1	(1.8)	81.7	(4.7)
チェコ	38.0	(1.7)	49.5	(4.5)	29.6	(2.1)	40.9	(4.6)	69.6	(1.4)	81.5	(4.0)	75.8	(1.3)	86.5	(3.1)
デンマーク	22.8	(1.6)	23.6	(3.9)	16.9	(2.0)	17.3	(3.9)	26.1	(1.9)	26.5	(4.3)	54.1	(1.8)	70.2	(4.4)
イングランド（イギリス）	69.3	(1.4)	89.7	(2.7)	51.4	(2.0)	68.9	(4.0)	84.1	(1.1)	94.5	(2.0)	80.3	(1.0)	91.3	(2.4)
エストニア	69.7	(2.1)	72.5	(5.8)	59.4	(3.1)	67.9	(5.0)	65.2	(1.8)	72.2	(6.1)	73.7	(1.7)	68.3	(5.3)
フィンランド	29.7	(1.6)	35.5	(4.7)	38.6	(2.4)	51.0	(4.9)	72.5	(1.2)	84.1	(3.7)	76.5	(1.2)	94.2	(2.1)
フランス	53.4	(1.8)	55.2	(4.4)	32.2	(2.1)	45.6	(4.4)	79.5	(1.1)	86.1	(3.1)	71.8	(1.3)	78.5	(3.2)
ジョージア	72.5	(2.0)	82.3	(4.6)	66.6	(1.9)	80.0	(4.4)	81.6	(1.7)	94.4	(2.3)	80.9	(1.5)	83.1	(5.1)
ハンガリー	50.5	(2.1)	53.7	(4.9)	40.9	(2.8)	46.6	(4.5)	64.4	(1.7)	74.6	(4.3)	60.8	(1.5)	60.6	(4.5)
アイスランド	49.8	(1.8)	48.4	(0.5)	35.6	(1.7)	43.6	(0.6)	54.5	(1.9)	76.7	(0.5)	27.2	(1.6)	37.6	(0.5)
イスラエル	60.2	(2.2)	67.2	(6.5)	74.2	(1.7)	85.3	(5.2)	66.1	(1.5)	80.1	(5.3)	54.7	(1.3)	64.7	(5.9)
イタリア	57.5	(1.5)	67.8	(4.2)	33.9	(2.0)	49.6	(4.1)	67.1	(1.3)	67.1	(3.6)	76.4	(1.1)	86.0	(3.0)
日本	28.5	(2.5)	25.0	(4.5)	30.1	(3.1)	32.4	(5.2)	51.9	(2.2)	73.6	(4.5)	37.7	(2.2)	51.9	(5.4)
カザフスタン	86.9	(1.1)	93.3	(2.2)	92.6	(0.8)	93.7	(2.4)	83.2	(1.3)	88.0	(2.8)	69.4	(1.2)	77.5	(3.6)
韓国	48.0	(2.4)	61.2	(6.3)	43.1	(3.3)	54.2	(7.1)	73.4	(1.8)	89.8	(4.2)	43.2	(2.0)	71.3	(5.7)
ラトビア	59.0	(2.1)	49.2	(6.5)	58.3	(2.5)	68.1	(6.0)	73.7	(1.9)	82.6	(4.5)	76.8	(1.3)	89.8	(3.2)
リトアニア	65.9	(2.5)	80.3	(6.1)	72.7	(3.0)	91.1	(3.1)	75.5	(2.1)	89.3	(3.8)	69.5	(1.9)	77.9	(5.6)
マルタ	73.5	(2.8)	92.6	(4.8)	59.0	(5.0)	88.3	(6.6)	69.7	(1.3)	98.0	(1.2)	71.4	(1.4)	91.1	(4.6)
メキシコ	66.8	(5.1)	66.2	(8.6)	46.1	(5.4)	50.9	(9.6)	83.5	(2.7)	82.5	(6.7)	74.6	(2.8)	86.7	(6.4)
オランダ	42.5	(2.0)	40.3	(7.0)	28.9	(3.7)	32.2	(6.8)	68.0	(2.2)	83.5	(4.6)	51.2	(1.6)	72.4	(6.7)
ニュージーランド	97.6	(0.5)	99.7	(0.3)	82.5	(1.8)	88.7	(2.5)	66.6	(1.6)	73.2	(3.8)	84.7	(1.1)	94.4	(1.9)
ノルウェー	22.7	(0.9)	15.6	(3.1)	19.5	(1.5)	21.8	(3.5)	56.8	(1.2)	60.7	(4.4)	77.6	(0.9)	88.2	(2.9)
ポルトガル	52.0	(1.3)	66.6	(4.3)	43.0	(1.7)	51.2	(4.1)	78.4	(1.0)	91.7	(2.2)	73.5	(1.1)	92.6	(2.2)
ルーマニア	76.9	(1.5)	96.0	(1.7)	69.4	(1.5)	87.5	(2.9)	82.5	(1.2)	92.6	(2.2)	76.0	(1.4)	84.3	(3.6)
ロシア	68.2	(2.2)	80.9	(3.5)	64.3	(2.6)	82.0	(4.6)	75.6	(1.1)	83.5	(4.6)	57.3	(1.6)	49.8	(5.1)
サウジアラビア	65.6	(3.0)	63.0	(7.9)	49.7	(3.1)	47.0	(7.1)	63.8	(2.8)	63.7	(8.0)	48.3	(2.9)	45.6	(7.7)
上海（中国）	90.7	(1.2)	95.4	(2.2)	88.3	(1.4)	97.5	(1.6)	79.9	(1.8)	94.9	(2.4)	74.4	(2.1)	71.8	(5.2)
シンガポール	92.5	(0.5)	98.0	(0.1)	94.7	(0.4)	99.1	(0.1)	87.0	(0.7)	95.4	(0.1)	88.4	(0.6)	93.8	(0.1)
スロバキア	58.7	(1.5)	69.7	(1.0)	39.9	(1.5)	58.8	(1.0)	72.0	(1.5)	85.2	(0.9)	70.6	(1.4)	80.1	(0.8)
スロベニア	43.6	(2.5)	69.6	(5.6)	41.5	(3.3)	48.7	(6.0)	86.9	(1.1)	92.5	(2.9)	65.6	(1.6)	76.2	(4.9)
南アフリカ共和国	83.7	(1.4)	83.9	(4.1)	73.8	(2.1)	75.2	(4.7)	80.6	(1.9)	82.9	(4.3)	82.7	(1.3)	84.7	(4.0)
スペイン	64.1	(1.5)	75.7	(3.1)	45.7	(1.4)	56.3	(3.5)	77.9	(0.9)	86.4	(2.6)	72.4	(0.8)	90.7	(2.2)
スウェーデン	26.7	(1.2)	32.1	(0.5)	25.3	(1.1)	35.8	(0.5)	69.6	(1.2)	81.2	(0.4)	77.9	(1.4)	93.1	(0.3)
台湾	78.1	(1.2)	91.5	(2.1)	54.0	(1.6)	74.4	(3.7)	80.4	(0.9)	94.1	(1.9)	67.0	(1.2)	83.4	(2.8)
トルコ	40.8	(1.3)	48.5	(0.9)	25.9	(1.1)	41.8	(0.8)	54.6	(1.5)	74.2	(0.8)	50.0	(1.4)	67.7	(0.8)
アラブ首長国連邦	88.1	(0.6)	94.4	(0.2)	89.8	(0.5)	96.1	(0.3)	84.0	(0.6)	94.8	(0.2)	88.3	(0.6)	94.6	(0.2)
アメリカ	72.8	(2.5)	90.2	(2.7)	52.1	(3.9)	73.1	(5.3)	62.8	(2.4)	79.9	(4.1)	66.9	(2.5)	83.6	(4.0)
ベトナム	94.8	(1.2)	93.5	(3.0)	71.3	(2.6)	70.0	(6.5)	91.7	(1.1)	88.5	(4.1)	91.6	(1.2)	88.5	(4.6)
OECD30か国平均	54.2	(0.4)	61.3	(0.8)	45.4	(0.5)	55.3	(0.8)	70.1	(0.3)	79.8	(0.7)	68.0	(0.3)	79.9	(0.7)
EU23か国全体	57.0	(0.5)	67.0	(1.2)	41.9	(0.6)	54.5	(1.3)	74.6	(0.4)	82.7	(0.9)	72.7	(0.4)	84.4	(0.9)
TALIS 参加 47 か国平均	62.7	(0.3)	69.9	(0.6)	54.2	(0.4)	64.0	(0.7)	73.1	(0.2)	82.5	(0.6)	70.2	(0.2)	80.2	(0.6)
オーストラリア	81.4	(1.0)	85.1	(0.1)	75.1	(1.0)	88.6	(0.2)	68.6	(1.0)	76.1	(0.2)	82.7	(0.9)	88.1	(0.2)

1．調査サンプルは、教員及び校長の回答に基づき、「異なる文化的又は民族的な背景を持つ生徒」がいる学校で指導している教員に限定している。
2．教員のデータと校長の回答を統合し、教員の最終的な重みづけを用いた。

表 3.6.2　多様性に関する取組（小学校）

小学校校長及び教員の回答に基づく

国名	多様な民族的、文化的背景を持ち、以下のような多様性に関する取組が実施されている学校に勤務する教員の割合[1]															
	多様な民族的、文化的なアイデンティティを児童が表現することを促す活動や組織を支援する（例：芸術的なグループ）				多文化的な行事を開催している（例：異文化と触れ合う学校でのイベント）				民族的、文化的な差別にどう取り組むかを児童に教える				カリキュラム全体を通して、地球規模の問題を取り入れた指導及び学習の実践を導入する			
	教員の回答		校長の回答[2]		教員の回答		校長の回答[2]		教員の回答		校長の回答[2]		教員の回答		校長の回答[2]	
	%	S.E.	%	S.E.	%	S.E.	%	S.E.	%	S.E.	%	S.E.	%	S.E.	%	S.E.
フランドル（ベルギー）	41.3	(1.4)	45.5	(0.5)	41.9	(1.1)	49.6	(0.4)	79.4	(1.1)	81.3	(0.3)	66.1	(1.2)	78.2	(0.3)
ブエノスアイレス（アルゼンチン）	70.8	(1.9)	79.8	(4.9)	74.3	(2.0)	83.3	(4.5)	92.2	(1.0)	96.2	(2.4)	83.0	(1.7)	96.3	(2.0)
デンマーク	14.9	(0.8)	13.1	(0.2)	12.9	(0.8)	18.1	(0.2)	18.0	(0.9)	27.1	(0.2)	42.4	(1.1)	67.4	(0.3)
イングランド（イギリス）	72.1	(1.3)	83.1	(0.3)	68.6	(1.2)	86.7	(0.3)	84.4	(1.1)	91.5	(0.2)	88.3	(0.8)	97.6	(0.0)
フランス	39.8	(2.0)	57.2	(4.5)	20.1	(2.5)	36.3	(4.8)	80.1	(1.8)	91.3	(2.6)	54.6	(2.2)	63.3	(4.8)
日本	36.4	(1.4)	34.4	(0.7)	35.3	(1.2)	41.1	(0.8)	52.5	(1.5)	69.7	(0.8)	42.6	(1.5)	55.1	(0.8)
韓国	59.2	(1.2)	74.0	(0.6)	63.9	(1.3)	77.7	(0.6)	90.5	(0.8)	95.0	(0.3)	50.9	(1.3)	81.5	(0.6)
スペイン	67.0	(1.2)	78.6	(2.5)	49.1	(1.4)	58.2	(3.2)	82.2	(0.8)	89.8	(2.0)	80.3	(0.8)	92.3	(1.7)
スウェーデン	25.5	(1.4)	37.7	(0.7)	28.3	(1.4)	34.9	(0.7)	67.0	(1.3)	79.8	(0.5)	76.0	(1.4)	86.3	(0.5)
台湾	83.2	(0.7)	88.3	(0.3)	68.6	(0.8)	81.9	(0.3)	86.1	(0.7)	98.7	(0.1)	73.1	(0.8)	88.6	(0.3)
トルコ	38.1	(1.7)	51.5	(1.0)	27.3	(1.6)	39.4	(1.1)	57.7	(1.5)	75.8	(0.7)	52.2	(1.6)	64.6	(0.9)
アラブ首長国連邦	87.7	(0.5)	93.7	(0.2)	91.4	(0.4)	97.0	(0.1)	84.7	(0.6)	92.6	(0.2)	87.7	(0.5)	95.2	(0.1)
ベトナム	96.2	(0.5)	99.1	(0.2)	81.6	(1.0)	85.1	(0.5)	94.7	(0.6)	94.7	(0.3)	94.4	(0.7)	95.0	(0.2)
オーストラリア	74.0	(1.0)	86.1	(0.1)	79.3	(0.9)	90.7	(0.1)	68.1	(1.0)	84.8	(0.2)	81.2	(0.8)	93.8	(0.1)
オランダ	35.2	(1.8)	36.8	(0.8)	26.8	(1.6)	33.8	(0.8)	78.1	(1.5)	84.9	(0.7)	56.2	(1.9)	77.4	(0.8)

1．調査サンプルは、教員及び校長の回答に基づき、「異なる文化的又は民族的な背景を持つ児童」がいる学校で指導している教員に限定している。
2．教員のデータと校長の回答を統合し、教員の最終的な重みづけを用いた。

3.6.2　公平性に関する取組

多様性と同じように、公平性に関しても、TALIS 2018 年調査では、生徒の社会経済的状況や性別等の背景を考慮して、学校でどのような取組が実践されているのかを校長に質問している。

表 3.6.3 は、校長の回答を基に、勤務する中学校で公平性に関する取組が行われているかどうかを示している。

①「生徒に、異なる社会経済的な背景を持つ人々を受け入れるよう教える」、②「性差別に対する方針を明確にする」、③「社会経済的な差別に対する方針を明確にする」、④「不利な背景を持つ生徒へ追加の支援を行う」という４つの取組が学校で行われていると回答した日本の中学校校長の割合は、① 82.3%、② 62.6%、③ 66.2%、④ 67.6% であり、参加国平均が① 92.7%、② 79.0%、③ 75.6%、④ 83.2% であるので、どれも平均を 10 ポイント前後下回っている。特に、①は参加国中３番目に低い割合、④は５番目に低い割合となっている。これらから、日本ではジェンダー又は社会経済的な背景に起因する差別を無くすための指導が、他国と比べて実施されていないことがうかがえる。

表 3.6.3　公平性に関する取組（中学校）

中学校校長の回答に基づく

国　名	自分が勤務する学校において、以下の取組が行われていると回答した校長の割合							
	生徒に、異なる社会経済的な背景を持つ人々を受け入れるよう教える		性差別に対する方針を明確にする		社会経済的な差別に対する方針を明確にする		不利な背景を持つ生徒へ追加の支援を行う	
	%	S.E.	%	S.E.	%	S.E.	%	S.E.
アルバータ（カナダ）	92.6	(2.8)	83.3	(5.4)	58.1	(11.2)	72.6	(12.7)
オーストリア	97.3	(1.4)	84.7	(2.7)	83.6	(2.7)	90.3	(2.1)
ベルギー	93.0	(1.6)	52.1	(3.2)	55.9	(3.3)	84.9	(2.6)
フランドル（ベルギー）	98.3	(0.8)	44.7	(4.1)	53.5	(4.5)	87.3	(3.1)
ブラジル	92.9	(2.2)	85.1	(2.8)	89.4	(2.5)	73.7	(3.8)
ブルガリア	86.3	(2.6)	w	w	w	w	88.7	(2.5)
ブエノスアイレス（アルゼンチン）	99.2	(0.8)	92.4	(2.5)	92.8	(2.4)	76.5	(3.7)
チリ	97.9	(1.1)	88.1	(2.5)	85.9	(2.7)	86.9	(2.2)
コロンビア	98.5	(1.0)	77.8	(5.7)	75.2	(5.8)	64.2	(6.0)
クロアチア	90.8	(4.2)	78.0	(4.5)	75.8	(3.3)	87.6	(4.2)
キプロス	88.9	(3.0)	87.4	(4.1)	88.4	(3.2)	82.5	(4.4)
チェコ	100.0	(0.0)	96.4	(1.4)	96.4	(1.4)	91.6	(1.7)
デンマーク	83.6	(3.2)	m	m	m	m	71.1	(4.3)
イングランド（イギリス）	98.0	(1.3)	93.0	(2.5)	76.8	(4.5)	95.5	(2.2)
エストニア	95.4	(1.5)	64.5	(3.4)	74.9	(3.2)	72.8	(3.1)
フィンランド	96.1	(1.6)	95.2	(2.0)	76.3	(3.4)	39.9	(3.3)
フランス	91.5	(2.5)	89.1	(2.4)	67.1	(3.8)	85.6	(2.5)
ジョージア	87.5	(2.6)	89.0	(2.6)	88.5	(2.7)	84.8	(3.0)
ハンガリー	88.7	(2.7)	61.2	(4.5)	77.2	(3.4)	82.7	(3.3)
アイスランド	100.0	(0.0)	92.4	(2.3)	84.8	(3.7)	70.7	(4.7)
イスラエル	97.0	(1.4)	88.4	(2.8)	89.3	(2.3)	97.1	(1.7)
イタリア	85.6	(2.8)	51.3	(4.3)	44.1	(4.0)	91.9	(2.1)
日本	82.3	(3.1)	62.6	(4.0)	66.2	(3.8)	67.6	(3.7)
カザフスタン	97.1	(1.3)	70.4	(3.7)	72.7	(3.5)	97.7	(1.1)
韓国	90.8	(3.0)	96.3	(1.5)	83.7	(4.1)	95.3	(1.8)
ラトビア	100.0	(0.0)	75.4	(7.0)	78.0	(6.9)	94.7	(2.4)
リトアニア	93.3	(2.7)	95.0	(2.3)	95.6	(2.3)	93.8	(2.5)
マルタ	96.3	(2.6)	47.6	(6.6)	43.6	(7.3)	81.3	(4.5)
メキシコ	93.9	(2.3)	84.8	(3.2)	80.4	(3.6)	78.7	(3.3)
オランダ	92.4	(2.5)	63.0	(4.3)	46.2	(4.8)	70.6	(4.6)
ニュージーランド	89.9	(7.5)	49.9	(7.6)	38.5	(7.3)	84.2	(8.9)
ノルウェー	94.6	(2.4)	74.4	(3.8)	73.3	(4.1)	44.5	(4.1)
ポルトガル	99.6	(0.4)	78.3	(3.2)	77.3	(3.1)	94.0	(1.9)
ルーマニア	94.2	(1.5)	62.5	(4.5)	73.8	(4.3)	91.1	(2.5)
ロシア	91.3	(2.7)	72.0	(5.1)	75.1	(5.3)	96.5	(1.4)
サウジアラビア	86.7	(2.8)	77.6	(3.5)	75.5	(3.9)	92.4	(2.1)
上海（中国）	98.3	(1.0)	84.9	(3.5)	83.2	(2.7)	94.4	(2.3)
シンガポール	99.0	(0.7)	47.1	(4.3)	53.6	(4.1)	91.5	(3.2)
スロバキア	73.5	(3.8)	90.9	(2.4)	94.3	(2.0)	88.1	(2.6)
スロベニア	95.1	(2.2)	89.5	(3.2)	92.6	(2.7)	89.5	(3.0)
南アフリカ共和国	88.8	(2.6)	84.6	(3.1)	77.9	(4.1)	84.5	(3.4)
スペイン	97.0	(1.4)	91.1	(2.9)	79.1	(2.9)	89.3	(2.9)
スウェーデン	83.3	(4.2)	78.5	(10.3)	49.0	(7.5)	49.8	(7.5)
台湾	97.4	(1.4)	95.5	(2.2)	94.6	(1.8)	98.0	(1.0)
トルコ	95.5	(2.0)	89.1	(2.8)	89.9	(2.4)	90.4	(3.0)
アラブ首長国連邦	95.5	(1.0)	77.2	(2.0)	81.9	(1.9)	80.2	(2.0)
アメリカ	92.4	(2.7)	90.6	(2.7)	80.9	(6.2)	81.4	(7.3)
ベトナム	78.0	(3.3)	75.3	(3.9)	65.9	(4.3)	99.2	(0.8)
OECD30か国平均	92.9	(0.5)	80.2	(0.8)	74.8	(0.8)	80.3	(0.8)
EU23か国全体	92.1	(0.6)	78.5	(1.1)	71.8	(1.1)	86.6	(0.8)
TALIS 参加 47 か国平均	92.7	(0.4)	79.0	(0.6)	75.6	(0.6)	83.2	(0.6)
オーストラリア	91.4	(4.8)	72.8	(6.0)	50.5	(5.6)	90.7	(4.6)

3.7 多文化的な学級の指導における教員の自己効力感

前節では学級や学校での多様性と公平性に関する実践を見たが、TALIS 2018 年調査では、文化的に多様な学級での指導について、教員の自己効力感、つまり様々な背景を持つ児童生徒が入り混じる学級の中で、活動を円滑に実施することができているかについても教員に尋ねている。

回答を見ると、中東とラテンアメリカの国々及びポルトガルの教員は多文化的な環境での指導に関する自己効力感が高い傾向にあり、自己効力感が最も低いのはアジア（特に韓国と日本）や、デンマークを除いた北欧の国々である。

表 3.7.1 は、文化的に多様な学級を指導する上で、中学校教員が各取組をどの程度できているかを示しており[13]、これを見ると日本は、①「多文化的な学級での難題に対処する」、②「指導を生徒の文化的な多様性に適応させる」、③「移民の背景を持つ生徒と持たない生徒が共に活動できるようにする」、④「生徒間の文化的な違いへの意識を高める」、⑤「生徒間の民族に対する固定観念を減らす」という取組について、「かなりできている」又は「非常に良くできている」と回答した教員の割合が平均で① 16.6％、② 19.7％、③ 27.8％、④ 32.5％、⑤ 29.8％である。この値は全て参加国中最低値となっており、これは参加国平均① 67.9%、② 62.7%、③ 67.9%、④ 70.2%、⑤ 73.8% と比べても顕著に低い。このことから、他の国に比べて、日本の教員は文化的に多様な学級での指導ができているという自信が低いことがうかがえる。

小学校においても似たような傾向が見られ、表 3.7.2 を見ると、全ての取組において、日本は参加国中最下位で、① 17.2%、② 21.7%、③ 28.1%、④ 36.9%、⑤ 31.6% となっている。①②④が 2 番目に低い割合の台湾が① 40.1%、② 38.9%、④ 54.0％であるのを見ても、日本では、小学校においても、教員は文化的に多様な学級での指導ができているという自信が比較的低いことが分かる。

13　このデータは質問紙において、「異なる文化を持つ生徒がいる学級の指導をしたことがありますか。」という問いに「はい」と答えた教員の回答のみに基づいている。

表 3.7.1　多文化的な学級における教員の自己効力感（中学校）

中学校教員の回答に基づく

国　名	文化的に多様な学級を指導する上で、以下の項目を「かなりできている」又は「非常に良くできている」と感じている教員の割合[1]									
	多文化的な学級での難題に対処する		指導を生徒の文化的な多様性に適応させる		移民の背景を持つ生徒と持たない生徒が共に活動できるようにする		生徒間の文化的な違いへの意識を高める		生徒間の民族に対する固定観念を減らす	
	%	S.E.	%	S.E.	%	S.E.	%	S.E.	%	S.E.
アルバータ（カナダ）	66.6	(2.1)	59.7	(2.3)	69.6	(1.9)	66.1	(2.2)	73.5	(1.7)
オーストラリア	70.5	(1.1)	64.3	(1.1)	71.7	(1.2)	65.5	(1.3)	74.3	(1.1)
オーストリア	73.8	(1.0)	51.9	(1.0)	77.9	(0.9)	70.1	(1.1)	59.2	(0.9)
ベルギー	80.9	(0.8)	66.0	(1.0)	85.4	(0.8)	75.7	(0.8)	78.1	(0.9)
フランドル（ベルギー）	77.1	(1.1)	59.9	(1.4)	84.3	(1.1)	73.2	(1.2)	69.9	(1.4)
ブラジル	81.1	(1.4)	82.6	(1.5)	82.8	(1.5)	94.4	(0.8)	88.3	(1.5)
ブルガリア	82.5	(1.2)	73.5	(1.4)	54.2	(1.7)	66.7	(1.4)	69.1	(1.6)
ブエノスアイレス（アルゼンチン）	70.1	(1.4)	68.0	(1.5)	74.5	(1.6)	81.4	(1.5)	83.1	(1.5)
チリ	57.1	(2.1)	65.3	(1.9)	74.9	(1.9)	82.6	(1.6)	83.5	(1.4)
コロンビア	90.1	(1.2)	90.1	(1.7)	91.2	(1.1)	95.9	(0.7)	90.1	(1.5)
クロアチア	81.2	(2.2)	73.8	(2.6)	76.1	(1.7)	82.0	(2.0)	83.8	(2.3)
キプロス	71.7	(1.4)	65.1	(1.3)	73.9	(1.6)	81.3	(1.5)	83.4	(1.3)
チェコ	65.2	(1.2)	53.9	(1.3)	64.0	(1.2)	57.0	(1.3)	57.9	(1.2)
デンマーク	84.9	(1.1)	67.7	(1.5)	86.7	(1.1)	80.4	(1.4)	84.3	(1.1)
イングランド（イギリス）	71.9	(1.5)	61.4	(1.5)	69.6	(1.2)	62.5	(1.4)	75.2	(1.1)
エストニア	70.3	(1.4)	49.2	(2.1)	65.2	(2.2)	67.5	(1.6)	77.6	(1.3)
フィンランド	68.5	(1.3)	39.0	(1.3)	69.5	(1.3)	43.8	(1.3)	57.5	(1.1)
フランス	66.4	(1.2)	60.9	(1.2)	90.7	(0.7)	69.5	(1.1)	79.6	(1.1)
ジョージア	70.9	(1.7)	79.1	(1.5)	59.0	(2.0)	80.8	(1.4)	73.9	(1.6)
ハンガリー	83.6	(1.2)	76.3	(1.2)	48.6	(1.4)	76.8	(1.5)	82.6	(1.3)
アイスランド	61.6	(1.8)	52.9	(1.6)	69.4	(1.4)	64.1	(1.7)	71.3	(1.5)
イスラエル	63.3	(1.3)	57.6	(1.4)	53.1	(1.9)	56.3	(1.9)	68.4	(1.4)
イタリア	80.3	(0.8)	80.2	(0.8)	77.2	(1.0)	96.3	(0.5)	92.5	(0.5)
日本	16.6	(1.0)	19.7	(1.2)	27.8	(1.2)	32.5	(1.3)	29.8	(1.4)
カザフスタン	67.9	(1.6)	66.3	(1.7)	55.6	(1.5)	66.6	(1.4)	65.6	(1.6)
韓国	30.9	(2.1)	30.8	(2.3)	35.2	(2.2)	45.1	(2.5)	46.9	(2.2)
ラトビア	88.8	(1.3)	83.7	(1.4)	80.2	(1.6)	84.7	(1.3)	84.5	(1.4)
リトアニア	66.7	(2.1)	70.3	(1.9)	71.1	(1.5)	82.1	(1.4)	79.6	(1.7)
マルタ	65.1	(1.5)	61.7	(1.6)	77.4	(1.3)	70.2	(2.0)	76.3	(1.3)
メキシコ	58.5	(2.1)	66.5	(1.7)	70.8	(2.0)	85.8	(1.4)	81.2	(1.4)
オランダ	67.7	(2.4)	47.3	(2.1)	72.5	(1.6)	63.4	(2.1)	61.3	(2.3)
ニュージーランド	74.2	(1.2)	65.3	(1.4)	67.3	(1.6)	67.4	(1.1)	76.6	(1.0)
ノルウェー	59.2	(1.4)	43.5	(1.2)	68.1	(1.0)	48.9	(1.0)	57.8	(1.2)
ポルトガル	94.4	(0.5)	90.0	(0.8)	88.6	(0.7)	91.9	(0.6)	96.0	(0.4)
ルーマニア	72.1	(1.3)	73.2	(1.5)	45.1	(1.2)	70.5	(1.3)	72.4	(1.4)
ロシア	83.2	(1.4)	78.5	(1.5)	78.9	(1.6)	73.1	(1.3)	70.0	(1.3)
サウジアラビア	77.0	(1.3)	79.1	(1.4)	88.0	(1.3)	84.7	(1.3)	87.6	(1.2)
上海（中国）	44.6	(2.9)	53.8	(2.5)	40.3	(2.3)	51.2	(2.1)	51.5	(2.4)
シンガポール	65.1	(0.9)	62.5	(1.0)	68.5	(1.0)	70.3	(1.0)	70.5	(1.0)
スロバキア	63.6	(2.0)	61.5	(1.6)	55.8	(1.8)	65.0	(1.7)	62.4	(1.8)
スロベニア	57.6	(1.4)	35.5	(1.4)	66.0	(1.6)	71.6	(1.4)	78.3	(1.1)
南アフリカ共和国	81.0	(1.5)	80.4	(1.5)	74.2	(1.5)	76.2	(1.3)	84.3	(1.0)
スペイン	52.2	(1.1)	51.9	(1.4)	78.5	(0.8)	71.9	(1.3)	81.6	(0.6)
スウェーデン	67.6	(1.0)	52.6	(1.2)	69.8	(1.3)	57.2	(1.2)	63.5	(1.1)
台湾	34.0	(1.1)	30.8	(1.0)	35.8	(1.1)	44.6	(1.0)	56.4	(1.2)
トルコ	54.9	(1.3)	52.1	(1.4)	64.1	(1.4)	65.5	(1.3)	80.7	(1.1)
アラブ首長国連邦	89.6	(0.5)	91.4	(0.5)	88.8	(0.5)	87.2	(0.6)	88.2	(0.5)
アメリカ	66.4	(1.6)	58.3	(2.2)	63.3	(3.4)	57.9	(3.1)	69.2	(1.1)
ベトナム	45.6	(3.1)	63.2	(2.9)	44.5	(2.7)	66.3	(2.4)	80.6	(2.0)
OECD31か国平均	66.9	(0.3)	58.9	(0.3)	69.2	(0.3)	68.4	(0.3)	72.7	(0.2)
EU23か国全体	70.6	(0.4)	63.6	(0.4)	74.5	(0.3)	73.1	(0.4)	77.9	(0.3)
TALIS 参加 48 か国平均	67.9	(0.2)	62.7	(0.2)	67.9	(0.2)	70.2	(0.2)	73.8	(0.2)

1．調査サンプルは、これまでに「異なる文化を持つ生徒がいる学級の指導をしたことがある」と回答した教員に限定している。

表 3.7.2　多文化的な学級における教員の自己効力感（小学校）

小学校教員の回答に基づく

国　名	文化的に多様な学級を指導する上で、以下の項目を「かなりできている」又は「非常に良くできている」と感じている教員の割合[1]									
	多文化的な学級での難題に対処する		指導を児童の文化的な多様性に適応させる		移民の背景を持つ児童と持たない児童が共に活動できるようにする		児童間の文化的な違いへの意識を高める		児童間の民族に対する固定観念を減らす	
	%	S.E.	%	S.E.	%	S.E.	%	S.E.	%	S.E.
フランドル（ベルギー）	80.6	(1.0)	69.3	(1.2)	90.8	(0.8)	85.7	(0.8)	81.5	(0.9)
ブエノスアイレス（アルゼンチン）	73.5	(1.1)	72.3	(1.2)	73.8	(1.3)	87.5	(0.9)	88.1	(0.9)
デンマーク	85.7	(0.9)	74.1	(1.0)	87.9	(0.9)	84.5	(1.0)	87.4	(0.9)
イングランド（イギリス）	73.6	(1.3)	68.8	(1.3)	77.1	(1.2)	77.8	(1.3)	80.8	(1.2)
フランス	71.7	(2.3)	68.1	(2.5)	94.7	(0.9)	79.4	(2.1)	86.8	(1.5)
日本	17.2	(1.1)	21.7	(1.2)	28.1	(1.3)	36.9	(1.2)	31.6	(1.2)
韓国	41.6	(1.3)	39.6	(1.4)	47.3	(1.6)	62.4	(1.4)	61.8	(1.5)
スペイン	62.0	(1.3)	64.6	(1.1)	87.5	(0.6)	87.2	(0.7)	90.9	(0.6)
スウェーデン	70.2	(1.4)	57.2	(1.4)	81.9	(1.0)	66.9	(1.3)	70.9	(1.4)
台湾	40.1	(1.1)	38.9	(1.3)	45.1	(1.2)	54.0	(1.2)	64.8	(1.0)
トルコ	57.2	(1.7)	55.4	(2.0)	71.1	(1.9)	71.7	(1.7)	81.2	(1.5)
アラブ首長国連邦	88.9	(0.5)	90.4	(0.5)	88.3	(0.6)	87.8	(0.5)	86.6	(0.6)
ベトナム	47.0	(1.4)	62.1	(1.3)	39.5	(1.3)	69.3	(1.2)	71.0	(1.2)
オーストラリア	73.2	(1.0)	68.4	(1.0)	79.3	(1.0)	79.7	(0.8)	78.6	(0.9)
オランダ	69.7	(1.6)	59.5	(1.8)	79.5	(1.7)	78.4	(1.5)	74.5	(1.7)

1．調査サンプルは、これまでに「異なる文化を持つ児童がいる学級の指導をしたことがある」と回答した教員に限定している。

3.8 学校の雰囲気と学習環境

学校の雰囲気は、その学校の文化を表しており、児童生徒への学習環境を整える、又は心身の健康を保証するという意味で、教職員、政策立案者、その他関係者や保護者が関連する情報を得ることは重要である。TALIS 2018 年調査では、教員及び校長が学校をどの程度安全だと考えているか、また、学校内の対人関係及び学級の規律に対する印象などを聞いている。

3.8.1 安全な学校環境

TALIS 2018 年調査では、校長に、児童生徒の学習環境及び心身の健康を脅かす出来事が児童生徒の間でどのくらいの頻度で起こっているかを質問している。

回答によると、全参加国で全般的に安全な学校環境を提供できていることがうかがえる。一方で、生徒間の脅迫又はいじめについては、数値が高いことが目立つ。このような問題は生徒の心身の健康、及び学習にも悪影響を与えることから、注目されるべき懸念事項である。

表 3.8.1 は、中学校校長の回答を基に、生徒の間で学校の安全を脅かすような出来事がどれくらいの頻度で起こっているのかを示している。

日本の中学校での①「器物損壊・窃盗」、②「生徒間の脅迫又はいじめ（又は、他の形態の暴言）」、③「生徒間の暴力による身体的危害」、④「教職員への脅迫又は暴言」、⑤「薬物の使用・所持や飲酒」、⑥「生徒についてのインターネット上の中傷的な情報に関する生徒や保護者からの報告」、⑦「生徒間の、オンラインでの望ましくない接触（例：ショートメール、E メール、SNS）に関する生徒や保護者からの報告」について、これらが少なくとも毎週発生していると回答した校長の割合は、① 0.5%、② 0.4%、③ 0.4%、④ 1.3%、⑤ 0.0%、⑥ 0.5%、⑦ 0.5% であり、これは参加国平均の① 3.0%、② 13.1%、③ 2.1%、④ 2.8%、⑤ 1.5%、⑥ 2.0%、⑦ 2.7% と比べて低く、日本の学校が比較的安全であることがうかがえる。また、他のアジア圏の国（韓国や台湾など）においても同様に低い。

日本の小学校においても同じような傾向が見られ、表 3.8.2 を見ると、日本では① 0.0%、② 3.0%、③ 0.7%、④ 2.2%、⑤ 0.0%、⑥ 0.0%、⑦ 0.0% であり、韓国、台湾、ベトナムにおいては全ての項目が 0.0% となっている。これより、小学校、中学校ともにアジア圏の学校が比較的に安全な環境にあることが分かる。

表 3.8.1　安全な学校環境（中学校）

中学校校長の回答に基づく

国　　名	以下の出来事が校内において少なくとも毎週発生していると回答した校長の割合													
	器物損壊・窃盗		生徒間の脅迫又はいじめ（又は、他の形態の暴言）		生徒間の暴力による身体的危害		教職員への脅迫又は暴言		薬物の使用・所持や飲酒		生徒についてのインターネット上の中傷的な情報に関する生徒や保護者からの報告		生徒間の、オンラインでの望ましくない接触（例：ショートメール、Eメール、SNS）に関する生徒や保護者からの報告	
	%	S.E.	%	S.E.	%	S.E.	%	S.E.	%	S.E.	%	S.E.	%	S.E.
アルバータ（カナダ）	2.1	(1.3)	12.5	(3.4)	0.7	(0.7)	0.1	(0.1)	1.8	(1.4)	3.9	(1.8)	5.9	(1.9)
オーストリア	1.3	(0.6)	15.0	(3.0)	0.7	(0.4)	3.2	(1.3)	0.3	(0.2)	3.2	(1.3)	3.6	(1.3)
ベルギー	5.7	(1.8)	35.6	(3.4)	1.2	(0.7)	9.3	(2.5)	4.3	(1.7)	9.2	(1.7)	12.1	(2.3)
フランドル（ベルギー）	5.3	(2.0)	40.3	(4.3)	0.4	(0.4)	12.5	(3.8)	2.2	(1.8)	9.2	(2.3)	15.6	(3.6)
ブラジル	10.7	(2.4)	28.3	(3.6)	8.8	(2.4)	11.5	(2.5)	8.3	(2.2)	2.4	(1.2)	4.0	(1.5)
ブルガリア	9.9	(2.4)	25.6	(3.6)	5.4	(1.9)	4.2	(1.6)	0.5	(0.5)	0.2	(0.2)	1.7	(1.0)
ブエノスアイレス（アルゼンチン）	2.4	(1.4)	4.6	(1.5)	0.8	(0.8)	1.6	(1.1)	1.6	(1.1)	3.1	(1.8)	1.6	(1.1)
チリ	2.3	(1.2)	3.7	(1.5)	1.9	(1.1)	0.3	(0.3)	0.6	(0.6)	0.0	(0.0)	0.0	(0.0)
コロンビア	7.2	(2.7)	15.2	(3.6)	4.3	(2.3)	5.9	(2.7)	6.2	(1.8)	1.8	(1.4)	1.6	(1.4)
クロアチア	0.4	(0.4)	3.8	(1.2)	0.0	(0.0)	0.0	(0.0)	0.0	(0.0)	0.8	(0.6)	0.5	(0.4)
キプロス	7.7	(3.0)	16.2	(3.2)	5.1	(2.3)	3.0	(1.7)	1.0	(1.0)	1.0	(1.0)	1.0	(1.0)
チェコ	1.4	(0.7)	2.9	(1.2)	0.0	(0.0)	0.6	(0.6)	0.0	(0.0)	0.2	(0.2)	0.2	(0.2)
デンマーク	1.2	(0.9)	4.6	(1.8)	0.9	(0.6)	8.0	(2.2)	0.4	(0.4)	0.0	(0.0)	0.0	(0.0)
イングランド（イギリス）	3.0	(1.3)	20.7	(3.4)	2.6	(1.2)	4.7	(1.4)	0.0	(0.0)	13.9	(2.8)	27.1	(4.0)
エストニア	0.5	(0.5)	12.0	(2.3)	0.0	(0.0)	7.9	(2.0)	1.1	(0.8)	1.6	(0.9)	1.1	(0.7)
フィンランド	3.7	(1.5)	29.4	(4.0)	2.3	(1.2)	4.8	(1.7)	3.6	(1.7)	0.0	(0.0)	0.5	(0.5)
フランス	2.8	(1.1)	26.8	(3.4)	2.4	(1.1)	2.6	(1.2)	0.0	(0.0)	4.2	(1.4)	4.5	(1.5)
ジョージア	0.0	(0.0)	1.5	(0.9)	0.0	(0.0)	0.0	(0.0)	0.0	(0.0)	0.3	(0.3)	0.0	(0.0)
ハンガリー	2.3	(1.3)	10.2	(2.7)	2.0	(1.0)	2.3	(1.3)	0.0	(0.0)	1.9	(1.2)	1.2	(0.7)
アイスランド	0.0	(0.0)	2.2	(1.5)	0.0	(0.0)	2.2	(1.5)	0.0	(0.0)	1.1	(1.1)	1.1	(1.1)
イスラエル	8.8	(2.0)	26.2	(3.4)	13.1	(2.5)	0.2	(0.2)	1.3	(0.9)	1.6	(1.1)	2.5	(1.3)
イタリア	0.2	(0.2)	3.2	(1.1)	0.2	(0.2)	1.7	(0.9)	0.0	(0.0)	0.8	(0.5)	2.6	(1.0)
日本	0.5	(0.5)	0.4	(0.4)	0.4	(0.4)	1.3	(0.8)	0.0	(0.0)	0.5	(0.4)	0.5	(0.4)
カザフスタン	0.0	(0.0)	0.6	(0.4)	0.0	(0.0)	0.1	(0.1)	0.0	(0.0)	0.0	(0.0)	0.7	(0.5)
韓国	1.8	(1.0)	0.4	(0.4)	0.4	(0.4)	0.3	(0.4)	0.0	(0.0)	0.0	(0.0)	0.0	(0.0)
ラトビア	0.0	(0.0)	9.0	(3.1)	0.4	(0.4)	4.0	(2.5)	0.0	(0.0)	0.3	(0.3)	0.0	(0.0)
リトアニア	0.0	(0.0)	18.2	(3.0)	0.0	(0.0)	0.8	(0.5)	0.0	(0.0)	0.0	(0.0)	0.0	(0.0)
マルタ	2.2	(2.2)	30.0	(7.3)	7.7	(3.9)	3.7	(2.2)	0.0	(0.0)	6.2	(3.6)	6.2	(3.6)
メキシコ	8.1	(1.9)	16.9	(2.6)	5.9	(1.4)	0.7	(0.4)	2.2	(0.9)	2.5	(1.0)	1.7	(0.8)
オランダ	1.7	(1.2)	12.9	(2.8)	0.0	(0.0)	0.0	(0.0)	2.6	(1.5)	5.2	(2.1)	12.9	(2.9)
ニュージーランド	1.7	(0.5)	34.6	(8.7)	4.2	(1.9)	5.6	(1.6)	0.5	(0.3)	4.3	(1.1)	5.3	(1.4)
ノルウェー	3.2	(1.2)	14.8	(3.2)	0.0	(0.0)	2.8	(1.2)	0.0	(0.0)	0.9	(0.6)	4.0	(1.7)
ポルトガル	2.7	(1.0)	7.3	(1.9)	3.1	(1.2)	4.0	(1.3)	1.4	(0.8)	0.0	(0.0)	0.4	(0.4)
ルーマニア	0.0	(0.0)	13.5	(3.3)	1.8	(0.9)	1.4	(1.0)	0.0	(0.0)	1.5	(1.2)	1.3	(0.7)
ロシア	0.0	(0.0)	2.0	(1.7)	0.0	(0.0)	1.7	(1.7)	1.7	(1.7)	0.0	(0.0)	2.3	(1.8)
サウジアラビア	3.4	(1.6)	10.1	(2.7)	3.5	(1.8)	5.2	(2.2)	1.1	(1.1)	0.4	(0.4)	0.4	(0.4)
上海（中国）	0.7	(0.7)	0.0	(0.0)	0.0	(0.0)	0.0	(0.0)	0.0	(0.0)	0.0	(0.0)	1.0	(0.8)
シンガポール	0.0	(0.0)	4.3	(1.5)	0.0	(0.0)	0.0	(0.0)	0.0	(0.0)	3.3	(1.5)	0.5	(0.5)
スロバキア	1.0	(0.6)	9.0	(2.2)	0.6	(0.6)	0.0	(0.0)	0.0	(0.0)	0.0	(0.0)	0.0	(0.0)
スロベニア	1.8	(1.3)	13.7	(3.1)	1.1	(1.1)	1.7	(1.3)	0.0	(0.0)	0.7	(0.7)	1.4	(1.0)
南アフリカ共和国	20.7	(3.3)	34.4	(4.3)	6.2	(1.6)	7.9	(2.7)	27.5	(4.3)	1.9	(1.0)	1.4	(0.7)
スペイン	0.9	(0.5)	5.0	(1.2)	0.5	(0.3)	2.0	(0.6)	1.2	(0.6)	1.2	(0.7)	2.4	(0.9)
スウェーデン	6.0	(2.1)	26.0	(9.2)	1.7	(1.0)	5.5	(2.3)	0.0	(0.0)	4.6	(2.0)	3.4	(1.5)
台湾	0.3	(0.3)	0.3	(0.3)	0.0	(0.0)	0.0	(0.0)	0.0	(0.0)	0.0	(0.0)	1.0	(1.0)
トルコ	5.7	(1.9)	13.3	(2.6)	7.5	(2.8)	2.1	(1.3)	0.0	(0.0)	0.2	(0.2)	1.1	(0.7)
アラブ首長国連邦	2.7	(0.8)	8.0	(1.3)	1.1	(0.5)	1.3	(0.5)	0.2	(0.2)	0.7	(0.4)	2.0	(0.7)
アメリカ	2.0	(0.9)	27.3	(9.9)	0.8	(0.4)	7.8	(5.1)	2.0	(0.9)	10.2	(2.9)	5.5	(1.6)
ベトナム	0.6	(0.6)	1.8	(1.0)	0.0	(0.0)	0.0	(0.0)	0.0	(0.0)	0.0	(0.0)	0.0	(0.0)
OECD30か国平均	2.7	(0.2)	14.3	(0.7)	2.0	(0.2)	3.1	(0.3)	1.0	(0.1)	2.5	(0.2)	3.4	(0.3)
EU23か国全体	2.0	(0.3)	13.8	(0.8)	1.4	(0.2)	2.8	(0.3)	0.4	(0.1)	2.9	(0.4)	4.5	(0.4)
TALIS 参加 47 か国平均	3.0	(0.2)	13.1	(0.5)	2.1	(0.2)	2.8	(0.2)	1.5	(0.1)	2.0	(0.2)	2.7	(0.2)
オーストラリア	5.4	(1.7)	37.2	(6.2)	7.2	(2.5)	12.1	(3.6)	0.2	(0.2)	10.6	(2.5)	16.2	(3.5)

表 3.8.2　安全な学校環境（小学校）

小学校校長の回答に基づく

国　名	以下の出来事が校内において少なくとも毎週発生していると回答した校長の割合													
	器物損壊・窃盗		児童間の脅迫又はいじめ（又は、他の形態の暴言）		児童間の暴力による身体的危害		教職員への脅迫又は暴言		薬物の使用・所持や飲酒		児童についてのインターネット上の中傷的な情報に関する児童や保護者からの報告		児童間の、オンラインでの望ましくない接触（例：ショートメール、Eメール、SNS）に関する児童や保護者からの報告	
	%	S.E.	%	S.E.	%	S.E.	%	S.E.	%	S.E.	%	S.E.	%	S.E.
フランドル（ベルギー）	1.0	(1.0)	30.4	(4.0)	7.1	(1.9)	5.3	(1.6)	0.0	(0.0)	0.3	(0.3)	0.0	(0.0)
ブエノスアイレス（アルゼンチン）	0.0	(0.0)	7.8	(2.5)	3.5	(1.6)	2.7	(1.6)	0.0	(0.0)	0.6	(0.6)	1.5	(1.1)
デンマーク	1.3	(0.9)	7.7	(2.2)	3.3	(1.3)	14.7	(3.1)	1.3	(1.0)	1.0	(0.7)	1.4	(0.8)
イングランド（イギリス）	0.5	(0.5)	4.6	(1.9)	4.0	(1.7)	4.7	(2.0)	0.0	(0.0)	1.8	(1.0)	2.2	(1.0)
フランス	0.6	(0.4)	26.2	(2.6)	5.0	(1.5)	0.3	(0.3)	0.0	(0.0)	0.0	(0.0)	0.0	(0.0)
日本	0.0	(0.0)	3.0	(0.9)	0.7	(0.5)	2.2	(1.0)	0.0	(0.0)	0.0	(0.0)	0.0	(0.0)
韓国	0.0	(0.0)	0.0	(0.0)	0.0	(0.0)	0.0	(0.0)	0.0	(0.0)	0.0	(0.0)	0.0	(0.0)
スペイン	0.4	(0.4)	3.8	(1.2)	1.7	(0.8)	0.4	(0.4)	0.0	(0.0)	0.0	(0.0)	0.0	(0.0)
スウェーデン	2.8	(1.3)	15.3	(2.8)	2.0	(1.1)	6.5	(1.9)	0.0	(0.0)	1.4	(0.7)	1.6	(0.8)
台湾	0.0	(0.0)	0.0	(0.0)	0.0	(0.0)	0.0	(0.0)	0.0	(0.0)	0.0	(0.0)	0.0	(0.0)
トルコ	0.5	(0.3)	8.6	(3.5)	5.7	(2.3)	0.6	(0.3)	0.2	(0.2)	0.4	(0.3)	0.2	(0.2)
アラブ首長国連邦	1.4	(0.5)	9.3	(1.1)	2.7	(0.7)	1.2	(0.5)	0.2	(0.2)	0.0	(0.0)	0.8	(0.4)
ベトナム	0.0	(0.0)	0.0	(0.0)	0.0	(0.0)	0.0	(0.0)	0.0	(0.0)	0.0	(0.0)	0.0	(0.0)
オーストラリア	4.5	(1.5)	21.2	(2.7)	8.7	(1.9)	9.5	(2.4)	0.6	(0.6)	0.9	(0.6)	2.7	(1.3)
オランダ	0.5	(0.5)	3.7	(1.6)	0.0	(0.0)	0.0	(0.0)	0.0	(0.0)	0.0	(0.0)	0.0	(0.0)

3.8.2　学級内での対人関係

学校の雰囲気は、教員と生徒、又は教員同士の関係性で大きく左右されることから、学校内での対人関係に関する情報を得ることは重要である。

表 3.8.3 は、中学校教員の回答を基に、教員と生徒及び教員間の関係性についての情報を示している。①「通常、教員と生徒は互いに良好な関係にある」、②「ほとんどの教員は、生徒の幸せが重要であると考えている」、③「ほとんどの教員は、生徒の声に関心を持っている」、④「生徒が特別な援助を必要としている時、学校は支援している」、⑤「教員は互いに信頼しあうことができる」という５つの項目に対して、これらに「非常に良く当てはまる」又は「当てはまる」と答えた日本の中学校教員は① 95.9%、② 93.5%、③ 93.4%、④ 94.6%、⑤ 83.0% であり、参加国平均① 96.0%、② 96.2%、③ 92.5%、④ 92.4%、⑤ 88.5% と比べて大きな差はなく、全体的に数値が高いことから、日本を含む多くの国において教員と生徒は良好な関係にあると認識されていることがうかがえる。これは、日本の小学校でも同じであることが表 3.8.4 を見ると分かる。

表 3.8.3　教員と生徒の関係（中学校）

中学校教員の回答に基づく

国　名	勤務する学校について以下の項目が「非常に良く当てはまる」又は「当てはまる」と回答した教員の割合									
	通常、教員と生徒は互いに良好な関係にある		ほとんどの教員は、生徒の幸せが重要であると考えている		ほとんどの教員は、生徒の声に関心を持っている		生徒が特別な援助を必要としている時、学校は支援している		教員は互いに信頼しあうことができる	
	%	S.E.	%	S.E.	%	S.E.	%	S.E.	%	S.E.
アルバータ（カナダ）	97.7	(0.4)	99.1	(0.2)	97.5	(0.5)	97.0	(0.7)	93.0	(0.8)
オーストラリア	97.4	(0.3)	98.7	(0.2)	96.5	(0.4)	94.3	(0.5)	92.7	(0.5)
オーストリア	96.7	(0.3)	95.1	(0.4)	88.4	(0.6)	81.8	(0.9)	90.7	(0.7)
ベルギー	96.1	(0.4)	95.3	(0.4)	90.6	(0.6)	94.9	(0.6)	86.4	(0.8)
フランドル（ベルギー）	96.4	(0.4)	98.5	(0.2)	94.6	(0.5)	97.7	(0.4)	94.2	(0.6)
ブラジル	93.5	(0.6)	96.0	(0.5)	87.3	(0.8)	79.6	(1.4)	88.8	(0.9)
ブルガリア	95.9	(0.5)	97.5	(0.3)	94.4	(0.5)	98.4	(0.3)	90.7	(0.8)
ブエノスアイレス（アルゼンチン）	97.1	(0.7)	96.4	(0.7)	90.4	(1.0)	90.2	(1.2)	92.0	(0.9)
チリ	95.5	(0.6)	96.0	(0.5)	87.0	(1.0)	87.7	(1.5)	92.1	(0.8)
コロンビア	96.0	(0.7)	96.5	(0.5)	88.7	(1.3)	86.2	(1.3)	80.5	(1.8)
クロアチア	94.8	(0.6)	97.0	(0.5)	88.5	(0.9)	95.4	(0.6)	82.9	(1.2)
キプロス	92.7	(0.9)	95.6	(0.5)	88.7	(1.0)	93.0	(0.8)	86.1	(1.2)
チェコ	96.0	(0.4)	96.1	(0.5)	86.7	(0.8)	98.2	(0.3)	87.3	(1.0)
デンマーク	98.6	(0.4)	99.4	(0.2)	95.6	(0.6)	75.8	(1.5)	92.3	(0.7)
イングランド（イギリス）	97.0	(0.5)	99.0	(0.3)	96.8	(0.4)	94.4	(0.6)	91.5	(0.7)
エストニア	97.4	(0.4)	97.9	(0.3)	93.2	(0.5)	97.9	(0.3)	92.4	(0.6)
フィンランド	96.7	(0.5)	98.6	(0.2)	95.1	(0.5)	97.1	(0.4)	90.1	(0.7)
フランス	94.0	(0.8)	95.7	(0.4)	92.6	(0.6)	95.0	(0.6)	85.4	(0.9)
ジョージア	98.7	(0.2)	98.7	(0.2)	96.7	(0.4)	96.3	(0.5)	95.9	(0.5)
ハンガリー	96.5	(0.6)	91.6	(0.7)	93.9	(0.5)	95.9	(0.4)	82.2	(1.1)
アイスランド	98.2	(0.4)	99.3	(0.2)	98.2	(0.4)	83.9	(1.0)	93.4	(0.8)
イスラエル	93.0	(0.7)	92.2	(0.7)	90.4	(0.7)	93.7	(0.6)	89.0	(0.9)
イタリア	96.9	(0.3)	96.1	(0.4)	91.0	(0.6)	90.4	(0.7)	83.1	(0.9)
日本	95.9	(0.5)	93.5	(0.6)	93.4	(0.5)	94.6	(0.4)	83.0	(1.0)
カザフスタン	97.5	(0.3)	80.6	(0.7)	94.0	(0.5)	94.5	(0.5)	92.1	(0.6)
韓国	94.3	(0.7)	93.1	(0.5)	94.2	(0.5)	86.5	(0.8)	88.7	(0.9)
ラトビア	95.3	(0.9)	96.2	(0.6)	93.5	(0.7)	98.0	(0.5)	83.3	(1.1)
リトアニア	96.3	(0.4)	98.1	(0.3)	93.9	(0.6)	97.7	(0.4)	84.3	(0.9)
マルタ	95.7	(0.8)	98.8	(0.3)	95.8	(0.5)	96.7	(0.3)	90.3	(0.9)
メキシコ	91.7	(0.7)	94.6	(0.6)	84.5	(0.9)	80.9	(1.1)	66.5	(1.5)
オランダ	98.9	(0.3)	99.0	(0.3)	96.6	(0.7)	94.8	(0.8)	92.4	(0.9)
ニュージーランド	97.4	(0.6)	98.2	(0.5)	95.8	(0.7)	94.3	(0.7)	90.1	(1.0)
ノルウェー	99.0	(0.2)	99.6	(0.2)	97.9	(0.3)	87.4	(0.8)	94.7	(0.7)
ポルトガル	97.0	(0.4)	98.0	(0.3)	91.0	(0.6)	93.2	(0.6)	78.6	(0.9)
ルーマニア	97.2	(0.4)	96.8	(0.4)	90.9	(0.8)	92.5	(0.8)	90.3	(1.0)
ロシア	97.1	(0.4)	94.3	(0.6)	91.3	(0.9)	95.9	(0.5)	89.8	(1.0)
サウジアラビア	96.1	(0.5)	96.6	(0.4)	93.6	(0.6)	92.7	(0.7)	94.0	(0.6)
上海（中国）	98.2	(0.2)	99.1	(0.1)	96.9	(0.3)	95.0	(0.4)	96.0	(0.4)
シンガポール	97.6	(0.3)	98.3	(0.2)	93.3	(0.5)	97.7	(0.3)	92.3	(0.4)
スロバキア	94.4	(0.5)	87.4	(0.7)	88.1	(0.6)	96.9	(0.4)	85.2	(0.7)
スロベニア	96.4	(0.5)	96.5	(0.5)	88.8	(0.8)	98.7	(0.3)	85.9	(1.0)
南アフリカ共和国	84.9	(1.3)	95.7	(0.7)	85.8	(1.1)	89.3	(1.1)	82.2	(1.5)
スペイン	96.2	(0.4)	96.4	(0.3)	89.9	(0.6)	91.0	(0.6)	87.7	(0.7)
スウェーデン	97.9	(0.4)	99.2	(0.2)	95.7	(0.3)	77.1	(1.0)	89.8	(0.7)
台湾	97.3	(0.3)	95.6	(0.4)	93.5	(0.4)	94.7	(0.4)	88.2	(0.7)
トルコ	93.4	(0.5)	93.2	(0.5)	92.1	(0.5)	89.8	(0.6)	82.5	(0.7)
アラブ首長国連邦	96.4	(0.2)	96.9	(0.2)	95.3	(0.3)	92.8	(0.3)	92.7	(0.3)
アメリカ	95.1	(1.0)	98.0	(0.4)	94.1	(0.9)	95.9	(0.6)	93.2	(0.9)
ベトナム	95.5	(0.4)	96.4	(0.4)	91.7	(0.8)	98.5	(0.3)	97.3	(0.3)
OECD31か国平均	96.2	(0.1)	96.4	(0.1)	92.6	(0.1)	91.6	(0.1)	87.4	(0.2)
EU23か国全体	96.3	(0.2)	96.6	(0.1)	92.4	(0.2)	92.6	(0.2)	87.2	(0.3)
TALIS 参加 48 か国平均	96.0	(0.1)	96.2	(0.1)	92.5	(0.1)	92.4	(0.1)	88.5	(0.1)

表 3.8.4　教員と児童の関係（小学校）

小学校教員の回答に基づく

国名	勤務する学校について以下の項目が「非常に良く当てはまる」又は「当てはまる」と回答した教員の割合									
	通常、教員と児童は互いに良好な関係にある		ほとんどの教員は、児童の幸せが重要であると考えている		ほとんどの教員は、児童の声に関心を持っている		児童が特別な援助を必要としている時、学校は支援している		教員は互いに信頼しあうことができる	
	%	S.E.	%	S.E.	%	S.E.	%	S.E.	%	S.E.
フランドル（ベルギー）	98.4	(0.2)	99.2	(0.2)	97.7	(0.3)	96.5	(0.4)	96.5	(0.4)
ブエノスアイレス（アルゼンチン）	96.5	(0.5)	97.0	(0.5)	93.0	(0.8)	90.7	(0.9)	89.6	(0.9)
デンマーク	98.7	(0.2)	99.4	(0.2)	97.2	(0.3)	66.4	(1.0)	91.4	(0.6)
イングランド（イギリス）	98.6	(0.3)	98.9	(0.3)	98.6	(0.3)	95.1	(0.5)	94.9	(0.5)
フランス	96.7	(0.6)	97.1	(0.6)	95.3	(0.7)	92.8	(1.1)	90.6	(1.1)
日本	97.2	(0.3)	96.9	(0.3)	97.1	(0.3)	96.1	(0.3)	88.9	(0.6)
韓国	97.9	(0.3)	97.0	(0.3)	98.0	(0.3)	90.3	(0.6)	94.4	(0.5)
スペイン	97.9	(0.3)	98.7	(0.2)	95.2	(0.4)	94.2	(0.4)	89.8	(0.8)
スウェーデン	98.3	(0.3)	99.6	(0.1)	97.4	(0.3)	77.1	(1.0)	93.4	(0.7)
台湾	97.5	(0.3)	96.6	(0.3)	94.7	(0.4)	96.0	(0.4)	89.9	(0.6)
トルコ	95.7	(0.5)	95.3	(0.6)	93.9	(0.7)	90.0	(0.9)	83.7	(1.1)
アラブ首長国連邦	97.1	(0.2)	97.6	(0.2)	96.4	(0.3)	91.0	(0.3)	93.4	(0.3)
ベトナム	97.4	(0.3)	97.8	(0.3)	93.7	(0.4)	98.5	(0.2)	97.2	(0.3)
オーストラリア	98.4	(0.3)	99.3	(0.2)	98.2	(0.3)	92.6	(0.6)	93.0	(0.5)
オランダ	99.1	(0.3)	99.9	(0.1)	99.1	(0.3)	95.4	(0.5)	96.0	(0.7)

3.8.3 学級の規律と学習の雰囲気

表 3.8.5 は、中学校教員の回答を基に、対象学級[14]において指導する際の学級の規律と学習の雰囲気についての情報を示している[15]。

①「授業を始める際、生徒が静かになるまでかなり長い時間待たなければならない」、②「この学級の生徒は良好な学習の雰囲気を創り出そうとしている」、③「生徒が授業を妨害するため、多くの時間が失われてしまう」、④「教室内はとても騒々しい」という4つの質問に「当てはまる」又は「非常によく当てはまる」と答えた日本の中学校教員の割合は① 11.4%、② 85.2%、③ 8.1%、④ 12.4%である。参加国平均が① 26.1%、② 73.0%、③ 27.1%、④ 24.5% であることから、日本の中学校では、他国よりも学級内の規律が整っていることがうかがえる。特に③「生徒が授業を妨害するため、多くの時間が失われてしまう」に関して、ジョージアの 7.1% に続き、日本は参加国中で2番目に数値が低い、つまり、授業中の妨害が少ないということが分かる。

小学校でも同じような傾向が見られ、表 3.8.6 を見ると① 16.4%、② 86.8%、③ 10.9%、④ 16.5% で、③は参加国中最も低い値となっており、ここでも日本の児童生徒が規律を守って授業を受けていることがうかがえる。

表 3.8.7 は、中学校教員の回答を基に、学級内の規律について、TALIS 2013 年調査と 2018 年調査を比較している。①「授業を始める際、生徒が静かになるまでかなり長い時間待たなければならない」という項目に対し、対象学級において「当てはまる」又は「非常に良く当てはまる」と答えた日本の教員の割合は TALIS 2013 年調査で 14.7% であり、2018 年調査では 11.4%である。その差は 3.3 ポイント減少しており、これには統計的な有意差がある。また、②「この学級の生徒は良好な学習の雰囲気を創り出そうとしている」という項目については、2013 年調査で 80.6% のところ 2018 年調査では 85.2%であり、4.6 ポイントの増加となっている（統計的有意差あり）。つまり、2013 年調査時より 2018 年調査時の方が対象学級における学級内の規律が整っており、良好な学習の雰囲気があると感じている教員が増えていることが分かる。

---

14 教員が質問紙を回答する時点から一週間前の火曜日午前 11 時以降において、最初に教えた前期中等教育段階の学級。

15 このデータは質問紙において、「対象学級におけるあなたの指導は、ほとんど全てが特別な支援を要する生徒に割かれていますか。」という問いに「いいえ」と答えた教員の回答のみに基づいている。

表 3.8.5　学級の規律と学習の雰囲気（中学校）

中学校教員の回答に基づく

国　名	対象学級について、以下の項目が「当てはまる」又は「非常に良く当てはまる」と答えた教員の割合[1、2]							
	授業を始める際、生徒が静かになるまでかなり長い時間待たなければならない		この学級の生徒は良好な学習の雰囲気を創り出そうとしている		生徒が授業を妨害するため、多くの時間が失われてしまう		教室内はとても騒々しい	
	%	S.E.	%	S.E.	%	S.E.	%	S.E.
アルバータ（カナダ）	23.7	(1.8)	75.7	(2.2)	26.3	(2.0)	26.2	(2.4)
オーストラリア	25.7	(1.1)	69.7	(1.3)	29.0	(1.2)	25.0	(0.9)
オーストリア	24.7	(0.9)	70.3	(0.9)	26.6	(0.9)	22.1	(0.9)
ベルギー	40.1	(0.8)	63.8	(1.0)	42.1	(1.0)	36.6	(1.0)
フランドル（ベルギー）	38.8	(1.1)	64.6	(1.1)	40.8	(1.3)	34.6	(1.3)
ブラジル	52.3	(1.7)	55.1	(1.6)	50.1	(1.7)	52.2	(1.6)
ブルガリア	21.2	(1.1)	65.7	(1.4)	32.3	(1.5)	15.3	(1.0)
ブエノスアイレス（アルゼンチン）	37.6	(1.4)	70.6	(1.5)	35.0	(1.2)	36.0	(1.7)
チリ	44.6	(1.8)	63.3	(1.9)	39.9	(1.7)	40.2	(2.0)
コロンビア	21.7	(1.3)	80.2	(1.4)	22.4	(1.5)	31.5	(1.8)
クロアチア	14.3	(0.8)	78.0	(1.3)	17.3	(1.2)	16.4	(1.0)
キプロス	22.8	(1.3)	68.2	(1.5)	29.0	(1.5)	23.7	(1.4)
チェコ	17.3	(0.9)	75.6	(0.9)	17.7	(0.9)	19.9	(1.0)
デンマーク	17.7	(1.0)	82.8	(1.2)	22.0	(1.1)	18.1	(1.1)
イングランド（イギリス）	22.2	(1.1)	72.7	(1.4)	27.4	(1.4)	22.9	(1.3)
エストニア	17.6	(0.9)	69.4	(1.2)	17.5	(1.1)	18.9	(1.1)
フィンランド	32.5	(1.4)	59.4	(1.3)	31.9	(1.5)	33.2	(1.4)
フランス	35.0	(1.2)	69.4	(1.2)	40.0	(1.4)	31.9	(1.3)
ジョージア	8.8	(0.7)	85.4	(1.0)	7.1	(0.6)	5.1	(0.6)
ハンガリー	20.2	(0.9)	70.2	(1.1)	23.3	(0.9)	22.3	(0.9)
アイスランド	42.6	(1.8)	68.4	(1.6)	40.6	(1.8)	30.5	(1.4)
イスラエル	30.5	(1.5)	74.2	(1.4)	29.0	(1.4)	25.9	(1.3)
イタリア	22.3	(0.9)	74.1	(1.0)	24.0	(1.1)	14.8	(0.9)
日本	**11.4**	**(0.9)**	**85.2**	**(0.9)**	**8.1**	**(0.7)**	**12.4**	**(0.9)**
カザフスタン	10.3	(0.7)	84.7	(0.7)	10.5	(0.6)	9.8	(0.6)
韓国	37.3	(1.4)	78.5	(1.0)	38.5	(1.6)	30.1	(1.4)
ラトビア	21.8	(1.3)	70.5	(2.0)	20.7	(1.3)	25.6	(1.4)
リトアニア	24.0	(1.0)	80.9	(1.1)	16.4	(0.9)	16.8	(0.9)
マルタ	34.6	(1.7)	66.0	(2.0)	35.3	(1.6)	26.4	(1.6)
メキシコ	19.0	(1.1)	78.8	(1.1)	19.7	(1.0)	19.8	(1.0)
オランダ	60.3	(1.5)	77.1	(2.0)	33.1	(1.8)	27.9	(1.9)
ニュージーランド	25.9	(1.3)	71.7	(1.1)	31.0	(1.5)	25.4	(1.5)
ノルウェー	17.6	(0.9)	69.6	(1.2)	24.8	(1.0)	21.8	(0.9)
ポルトガル	44.2	(1.2)	64.0	(1.2)	43.0	(1.2)	32.1	(1.1)
ルーマニア	16.5	(0.9)	84.8	(0.9)	18.0	(0.9)	16.5	(0.9)
ロシア	12.0	(1.1)	80.0	(1.1)	10.4	(0.8)	18.7	(1.1)
サウジアラビア	21.8	(1.4)	76.9	(1.3)	25.7	(1.4)	18.1	(1.2)
上海（中国）	7.9	(0.5)	91.5	(0.6)	10.0	(0.6)	7.5	(0.5)
シンガポール	31.6	(0.9)	67.2	(0.8)	32.9	(0.8)	31.3	(0.8)
スロバキア	23.7	(0.9)	70.3	(0.9)	31.3	(1.0)	29.8	(1.0)
スロベニア	28.5	(1.4)	72.2	(1.3)	30.5	(1.5)	26.2	(1.4)
南アフリカ共和国	44.2	(1.9)	62.1	(1.8)	40.6	(2.0)	37.4	(1.7)
スペイン	44.5	(1.8)	61.5	(1.0)	45.1	(1.0)	41.2	(1.3)
スウェーデン	24.1	(1.3)	64.1	(1.3)	27.5	(1.3)	30.9	(1.3)
台湾	13.6	(0.7)	80.9	(0.8)	20.6	(0.8)	20.1	(0.8)
トルコ	25.8	(0.9)	62.6	(1.0)	32.6	(0.8)	32.0	(0.8)
アラブ首長国連邦	21.6	(0.6)	80.1	(0.6)	23.0	(0.7)	18.1	(0.6)
アメリカ	22.4	(1.6)	69.4	(2.7)	26.4	(2.2)	24.6	(2.0)
ベトナム	11.4	(1.0)	91.6	(1.4)	12.1	(1.1)	5.3	(0.7)
OECD31か国平均	28.0	(0.2)	71.5	(0.2)	28.7	(0.2)	26.3	(0.2)
EU23か国全体	30.2	(0.4)	70.8	(0.4)	31.3	(0.4)	26.3	(0.4)
TALIS 参加 48 か国平均	**26.1**	**(0.2)**	**73.0**	**(0.2)**	**27.1**	**(0.2)**	**24.5**	**(0.2)**

1．これらのデータは、教員の回答に基づいており、毎週の時間割から無作為に選択された、現在指導している学級に関するものである。
2．調査サンプルは、対象学級における自らの指導は、完全に又は主に特別な支援を要する生徒に対して行うものではないと回答している教員に限定している。

表 3.8.6　学級の規律と学習の雰囲気（小学校）

小学校教員の回答に基づく

国　名	対象学級について、以下の項目が「当てはまる」又は「非常に良く当てはまる」と答えた教員の割合[1,2]							
	授業を始める際、児童が静かになるまでかなり長い時間待たなければならない		この学級の児童は良好な学習の雰囲気を創り出そうとしている		児童が授業を妨害するため、多くの時間が失われてしまう		教室内はとても騒々しい	
	%	S.E.	%	S.E.	%	S.E.	%	S.E.
フランドル（ベルギー）	31.9	(1.0)	76.5	(1.0)	40.6	(1.1)	34.6	(1.1)
ブエノスアイレス（アルゼンチン）	52.0	(1.3)	67.2	(1.5)	48.5	(1.4)	48.8	(1.6)
デンマーク	25.9	(1.0)	80.4	(1.0)	42.7	(1.1)	32.4	(1.1)
イングランド（イギリス）	16.9	(1.1)	79.0	(1.0)	25.0	(1.2)	20.1	(1.1)
フランス	30.9	(1.3)	75.9	(1.5)	43.7	(1.6)	40.8	(2.2)
日本	16.4	(0.7)	86.8	(0.8)	10.9	(0.6)	16.5	(0.8)
韓国	36.2	(0.9)	82.4	(0.8)	42.1	(0.9)	30.8	(1.0)
スペイン	38.2	(0.9)	75.6	(1.0)	42.7	(1.1)	38.3	(1.1)
スウェーデン	30.1	(1.6)	64.7	(1.5)	35.5	(1.5)	36.2	(1.5)
台湾	11.6	(0.6)	86.7	(0.7)	22.4	(0.8)	21.2	(0.8)
トルコ	23.2	(1.4)	71.8	(1.4)	29.8	(1.4)	28.1	(1.5)
アラブ首長国連邦	19.8	(0.6)	83.9	(0.4)	22.1	(0.5)	17.5	(0.5)
ベトナム	7.2	(0.6)	96.2	(0.4)	11.2	(0.8)	4.9	(0.5)
オーストラリア	21.5	(1.0)	80.1	(0.8)	32.9	(1.1)	23.2	(1.0)
オランダ	40.8	(1.6)	82.8	(1.2)	35.1	(1.6)	24.0	(1.3)

1．これらのデータは、教員の回答に基づいており、毎週の時間割から無作為に選択された、現在指導している学級に関するものである。
2．調査サンプルは、対象学級における自らの指導は、完全に又は主に特別な支援を要する児童に対して行うものではないと回答している教員に限定している。

表 3.8.7［1/2］　学級の規律と学習の雰囲気に関する 2013 年調査と 2018 年調査の結果の比較（中学校）

中学校教員の回答に基づく

国名	対象学級において、以下の項目に「当てはまる」又は「非常に良く当てはまる」と答えた教員の割合[1]											
	授業を始める際、生徒が静かになるまでかなり長い時間待たなければならない						この学級の生徒は良好な学習の雰囲気を創り出そうとしている					
	TALIS 2013 年調査		TALIS 2018 年調査		TALIS 2013 年と 2018 年との差 (TALIS 2018－TALIS 2013)		TALIS 2013 年調査		TALIS 2018 年調査		TALIS 2013 年と 2018 年との差 (TALIS 2018－TALIS 2013)	
	%	S.E.	%	S.E.	差	S.E.	%	S.E.	%	S.E.	差	S.E.
アルバータ（カナダ）	25.1	(1.5)	23.7	(1.8)	-1.4	(2.4)	73.1	(1.6)	75.7	(2.2)	2.6	(2.7)
オーストラリア	26.8	(1.6)	25.7	(1.1)	-1.0	(2.0)	66.3	(1.8)	69.7	(1.3)	3.5	(2.3)
オーストリア	a	a	24.7	(0.9)	a	a	a	a	70.3	(0.9)	a	a
ブラジル	53.3	(1.0)	52.3	(1.7)	-1.0	(2.0)	52.6	(1.0)	55.1	(1.6)	2.5	(1.9)
ブルガリア	17.3	(1.2)	21.2	(1.1)	**4.0**	(1.6)	74.7	(1.3)	65.7	(1.4)	**-8.9**	(2.0)
チリ	49.0	(2.1)	44.6	(1.8)	-4.3	(2.8)	67.8	(1.9)	63.3	(1.9)	-4.5	(2.7)
クロアチア	14.3	(0.8)	14.3	(0.8)	0.0	(1.1)	74.9	(1.0)	78.0	(1.3)	3.1	(1.7)
キプロス	23.1	(1.2)	22.8	(1.3)	-0.3	(1.8)	68.3	(1.2)	68.2	(1.5)	0.0	(1.9)
チェコ	20.2	(1.0)	17.3	(0.9)	**-2.9**	(1.4)	71.4	(1.2)	75.6	(0.9)	**4.2**	(1.5)
デンマーク	21.3	(1.4)	17.7	(1.0)	**-3.6**	(1.7)	83.4	(1.1)	82.8	(1.2)	-0.6	(1.6)
イングランド（イギリス）	21.2	(1.2)	22.2	(1.1)	1.0	(1.6)	73.9	(1.3)	72.7	(1.4)	-1.2	(1.9)
エストニア	23.9	(1.2)	17.6	(0.9)	**-6.3**	(1.5)	62.9	(1.3)	69.4	(1.2)	**6.6**	(1.8)
フィンランド	30.7	(1.2)	32.5	(1.4)	1.8	(1.8)	58.5	(1.2)	59.4	(1.3)	0.9	(1.7)
フランドル（ベルギー）	30.0	(1.5)	38.8	(1.1)	**8.8**	(1.8)	66.9	(1.3)	64.6	(1.1)	-2.3	(1.7)
フランス	37.6	(1.2)	35.0	(1.2)	-2.5	(1.7)	66.8	(1.2)	69.4	(1.2)	2.6	(1.7)
ジョージア	10.6	(1.0)	8.8	(0.7)	-1.8	(1.2)	86.3	(1.4)	85.4	(1.0)	-0.9	(1.7)
ハンガリー	a	a	20.2	(0.9)	a	a	a	a	70.2	(1.1)	a	a
アイスランド	46.9	(1.7)	42.6	(1.8)	-4.2	(2.5)	65.5	(1.7)	68.4	(1.6)	2.9	(2.3)
イスラエル	35.7	(1.2)	30.5	(1.5)	**-5.3**	(1.9)	75.2	(1.2)	74.2	(1.4)	-1.0	(1.8)
イタリア	21.8	(1.0)	22.3	(0.9)	0.6	(1.4)	72.0	(0.9)	74.1	(1.0)	2.0	(1.3)
日本	14.7	(1.1)	11.4	(0.9)	**-3.3**	(1.4)	80.6	(1.1)	85.2	(0.9)	**4.6**	(1.4)
韓国	30.5	(1.3)	37.3	(1.4)	**6.9**	(2.0)	76.1	(1.0)	78.5	(1.0)	2.4	(1.4)
ラトビア	26.8	(1.4)	21.8	(1.3)	**-4.9**	(1.9)	65.2	(1.8)	70.5	(2.0)	5.3	(2.7)
リトアニア	a	a	24.0	(1.0)	a	a	a	a	80.9	(1.1)	a	a
マルタ	a	a	34.6	(1.7)	a	a	a	a	66.0	(2.0)	a	a
メキシコ	19.7	(1.0)	19.0	(1.1)	-0.6	(1.5)	78.1	(1.0)	78.8	(1.1)	0.6	(1.5)
オランダ	64.2	(1.8)	60.3	(1.5)	-3.9	(2.3)	73.7	(1.4)	77.1	(2.0)	3.4	(2.4)
ニュージーランド	22.3	(0.9)	26.9	(1.2)	**4.6**	(1.5)	74.2	(1.0)	70.0	(1.1)	**-4.2**	(1.5)
ノルウェー	37.4	(2.3)	17.6	(0.9)	**-19.8**	(2.5)	72.8	(1.4)	69.6	(1.2)	-3.2	(1.8)
ポルトガル	39.9	(1.0)	44.2	(1.2)	**4.3**	(1.6)	66.7	(1.0)	64.0	(1.2)	-2.7	(1.6)
ルーマニア	11.6	(1.0)	16.5	(0.9)	**4.9**	(1.3)	84.7	(1.0)	84.8	(0.9)	0.2	(1.4)
ロシア	13.6	(0.8)	12.0	(1.1)	-1.6	(1.3)	79.4	(1.1)	80.0	(1.1)	0.6	(1.5)
上海（中国）	10.7	(0.8)	7.9	(0.5)	**-2.8**	(1.0)	90.0	(0.7)	91.5	(0.6)	1.5	(1.0)
シンガポール	36.3	(0.9)	31.6	(0.9)	**-4.7**	(1.3)	60.7	(0.8)	67.2	(0.8)	**6.5**	(1.1)
スロバキア	26.9	(1.1)	23.7	(0.9)	**-3.2**	(1.4)	69.0	(1.2)	70.3	(0.9)	1.2	(1.5)
スロベニア	a	a	28.5	(1.4)	a	a	a	a	72.2	(1.3)	a	a
スペイン	43.0	(1.2)	44.5	(1.8)	1.5	(2.2)	60.6	(1.2)	61.5	(1.0)	0.9	(1.5)
スウェーデン	28.2	(1.3)	24.1	(1.3)	**-4.1**	(1.8)	60.4	(1.3)	64.1	(1.3)	3.6	(1.9)
トルコ	a	a	25.8	(0.9)	a	a	a	a	62.6	(1.0)	a	a
アメリカ	p	p	22.4	(1.6)	p	p	p	p	69.4	(2.7)	p	p

1．これらのデータは、教員の回答に基づいており、毎週の時間割から無作為に選択された、現在指導している学級に関するものである。

表 3.8.7 [2/2] 学級の規律と学習の雰囲気に関する 2013 年調査と 2018 年調査の結果の比較（中学校）

中学校教員の回答に基づく

国名	対象学級において、以下の項目に「当てはまる」又は「非常に良く当てはまる」と答えた教員の割合[1]											
	生徒が授業を妨害するため、多くの時間が失われてしまう						教室内はとても騒々しい					
	TALIS 2013 年調査		TALIS 2018 年調査		TALIS 2013 年と 2018 年との差（TALIS 2018－TALIS 2013）		TALIS 2013 年調査		TALIS 2018 年調査		TALIS 2013 年と 2018 年との差（TALIS 2018－TALIS 2013）	
	%	S.E.	%	S.E.	差	S.E.	%	S.E.	%	S.E.	差	S.E.
アルバータ（カナダ）	29.5	(1.5)	26.3	(2.0)	-3.2	(2.5)	27.7	(1.5)	26.2	(2.4)	-1.5	(2.9)
オーストラリア	31.5	(1.8)	29.0	(1.2)	-2.5	(2.2)	25.3	(1.5)	25.0	(0.9)	-0.3	(1.8)
オーストリア	a	a	26.6	(0.9)	a	a	a	a	22.1	(0.9)	a	a
ブラジル	50.0	(1.1)	50.1	(1.7)	0.1	(2.0)	54.5	(1.0)	52.2	(1.6)	-2.3	(1.9)
ブルガリア	26.3	(1.5)	32.3	(1.5)	**6.0**	(2.1)	18.4	(1.2)	15.3	(1.0)	**-3.1**	(1.5)
チリ	42.2	(2.1)	39.9	(1.7)	-2.4	(2.7)	43.2	(1.9)	40.2	(2.0)	-3.0	(2.7)
クロアチア	18.6	(0.9)	17.3	(1.2)	-1.3	(1.5)	18.1	(0.9)	16.4	(1.0)	-1.6	(1.3)
キプロス	31.8	(1.3)	29.0	(1.5)	-2.8	(2.0)	24.0	(1.3)	23.7	(1.4)	-0.2	(1.9)
チェコ	21.3	(1.0)	17.7	(0.9)	**-3.7**	(1.4)	21.9	(1.0)	19.9	(1.0)	-2.1	(1.4)
デンマーク	23.0	(1.3)	22.0	(1.1)	-1.0	(1.7)	19.3	(1.2)	18.1	(1.1)	-1.2	(1.6)
イングランド（イギリス）	28.0	(1.3)	27.4	(1.4)	-0.5	(1.9)	21.6	(1.1)	22.9	(1.3)	1.3	(1.7)
エストニア	21.5	(1.2)	17.5	(1.1)	**-4.1**	(1.6)	22.4	(1.2)	18.9	(1.1)	**-3.5**	(1.6)
フィンランド	31.6	(1.2)	31.9	(1.5)	0.3	(1.9)	32.1	(1.1)	33.2	(1.4)	1.1	(1.8)
フランドル（ベルギー）	35.8	(1.7)	40.8	(1.3)	**5.0**	(2.1)	27.8	(1.5)	34.6	(1.3)	**6.8**	(2.0)
フランス	39.7	(1.3)	40.0	(1.4)	0.3	(1.9)	29.9	(1.2)	31.9	(1.3)	2.0	(1.8)
ジョージア	7.9	(0.8)	7.1	(0.6)	-0.7	(1.0)	7.0	(0.8)	5.1	(0.6)	**-1.9**	(1.0)
ハンガリー	a	a	23.3	(0.9)	a	a	a	a	22.3	(0.9)	a	a
アイスランド	42.2	(1.7)	40.6	(1.8)	-1.6	(2.5)	27.8	(1.6)	30.5	(1.4)	2.6	(2.1)
イスラエル	29.7	(1.1)	29.0	(1.4)	-0.7	(1.8)	22.7	(1.2)	25.9	(1.3)	3.2	(1.7)
イタリア	24.5	(0.9)	24.0	(1.1)	-0.5	(1.4)	13.2	(0.8)	14.8	(0.9)	1.6	(1.2)
日本	9.3	(0.8)	8.1	(0.7)	-1.2	(1.1)	13.3	(0.9)	12.4	(0.9)	-0.9	(1.3)
韓国	34.9	(1.3)	38.5	(1.6)	3.6	(2.1)	25.2	(1.1)	30.1	(1.4)	**5.0**	(1.8)
ラトビア	24.9	(1.5)	20.7	(1.3)	**-4.2**	(2.0)	28.6	(1.5)	25.6	(1.4)	-3.0	(2.1)
リトアニア	a	a	16.4	(0.9)	a	a	a	a	16.8	(0.9)	a	a
マルタ	a	a	35.3	(1.6)	a	a	a	a	26.4	(1.6)	a	a
メキシコ	21.1	(1.1)	19.7	(1.0)	-1.3	(1.5)	20.8	(1.0)	19.8	(1.0)	-1.0	(1.5)
オランダ	34.9	(1.6)	33.1	(1.8)	-1.9	(2.4)	26.3	(1.3)	27.9	(1.9)	1.6	(2.3)
ニュージーランド	27.6	(1.0)	32.6	(1.4)	**4.9**	(1.8)	22.1	(0.8)	26.5	(1.5)	**4.4**	(1.7)
ノルウェー	27.3	(1.8)	24.8	(1.0)	-2.4	(2.0)	22.0	(1.9)	21.8	(0.9)	-0.3	(2.1)
ポルトガル	40.4	(0.9)	43.0	(1.2)	2.6	(1.5)	31.1	(0.9)	32.1	(1.1)	1.1	(1.4)
ルーマニア	15.2	(1.1)	18.0	(0.9)	2.8	(1.4)	13.6	(1.1)	16.5	(0.9)	**2.8**	(1.4)
ロシア	12.3	(0.7)	10.4	(0.8)	-1.8	(1.1)	21.6	(1.2)	18.7	(1.1)	-2.9	(1.6)
上海（中国）	12.8	(0.8)	10.0	(0.6)	**-2.8**	(1.0)	8.3	(0.6)	7.5	(0.5)	-0.8	(0.8)
シンガポール	37.8	(0.9)	32.9	(0.8)	**-4.9**	(1.2)	36.2	(0.8)	31.3	(0.8)	**-4.9**	(1.1)
スロバキア	35.4	(1.4)	31.3	(1.0)	**-4.1**	(1.7)	32.5	(1.2)	29.8	(1.0)	-2.7	(1.6)
スロベニア	a	a	30.5	(1.5)	a	a	a	a	26.2	(1.4)	a	a
スペイン	43.6	(1.3)	45.1	(1.0)	1.6	(1.6)	39.4	(1.2)	41.2	(1.3)	1.9	(1.7)
スウェーデン	29.8	(1.3)	27.5	(1.3)	-2.3	(1.9)	34.0	(1.4)	30.9	(1.3)	-3.1	(1.9)
トルコ	a	a	32.6	(0.8)	a	a	a	a	32.0	(0.8)	a	a
アメリカ	p	p	26.4	(2.2)	p	p	p	p	24.6	(2.0)	p	p

1．これらのデータは、教員の回答に基づいており、毎週の時間割から無作為に選択された、現在指導している学級に関するものである。

3.9　学校における教育資源の不足

質の高い指導を学校で行うには、必要とされている教育資源が十分整備されていることが重要である。どの国においても、人材、物資などの教育資源の不足という課題はあるが、その状況はTALIS参加国間で大きく異なっている。

表3.9.1は、中学校校長の回答を基に、どのような教育資源の不足が質の高い指導を行う上で妨げになっていると考えられているかを示している。これを見ると、全体的に教育資源の不足が見られるのは、ブラジル、コロンビア及びベトナムで、これらの国の中学校校長の50%以上が15種類の教育資源のうちの８つ以上の資源の不足が質の高い指導を行う上で「かなり妨げになっている」又は「非常に妨げになっている」と回答している。

日本では、①「資格を持つ教員の不足」は30.2%、②「特別な支援を要する生徒への指導能力を持つ教員の不足」は43.6%、③「職業教育を行う教員の不足」は17.9%、④「教材（教科書など）が不足している、あるいは適切でない」は3.0%、⑤「指導のためのデジタル技術が不足している、あるいは適切でない（例：ソフトウェア、コンピュータ、タブレット、電子黒板）」は34.0%、⑥「インターネット接続環境が不十分である」は27.0%、⑦「図書館の教材が不足している、あるいは適切でない」は18.6%、⑧「支援職員の不足」は46.3%、⑨「指導のための場所が不足している、あるいは適切でない（例：教室）」は31.0%、⑩「物理的な施設設備が不足している、あるいは適切でない（例：学校家具、校舎、空調機、照明器具）」は37.0%、⑪「多言語又は多文化の環境で、生徒を指導する能力を持つ教員の不足」は15.8%、⑫「社会経済的に困難な家庭環境にある生徒を指導する能力を持つ教員の不足」は18.2%、⑬「職業能力を訓練するために必要な教材が不足している、あるいは適切でない」は16.3%、⑭「教育的リーダーシップを発揮する時間が不足している、あるいは適切でない」は30.9%、⑮「生徒と過ごす時間が不足している、あるいは適切でない」は49.1%の中学校校長がこれらの教育資源の不足が質の高い指導を行う上で「かなり妨げになっている」又は「非常に妨げになっている」と回答している。特徴的なのは、④3.0%で、参加国中５番目に低い割合であり、参加国平均が15.6%であるのを見ても、日本の中学校の現場では充実した教材を使って指導が行われていることがうかがえる。逆に、資源不足が目立つのは⑮49.1%である。これは参加国中３番目に高い割合であり、参加国平均の23.6%のおよそ２倍である。

小学校においては、表の3.9.2を見ると、②「特別な支援を要する児童への指導能力を持つ教員の不足」が40.3%であり、参加国中下から４番目に高い数値、つまり不足が目立つ結果となっている。④「教材（教科書など）が不足している、あるいは適切でない」は4.2%で、参加国中４番目に低い数値となっていることから、中学校と同じく、日本の小学校でも、充実した教材が揃っていることが分かる。また、⑮「児童と過ごす時間が不足している、あるいは適切でない」の38.3%は参加国中3番目に高い数値であり、ここからも中学校と似た傾向、つまり校長は児童と過ごす時間について、不足感をもっていることがうかがえる。

これらの背景として、教員の業務量の多さ・勤務時間の長さによる多忙感の未解消や、児童生徒の抱える課題の多様化による専門的スキルの必要性が高まっていることが考えられる。

表 3.9.1 ［1/2］ 教育資源の不足（中学校）

中学校校長の回答に基づく

国　名	以下の教育資源の不足が質の高い指導を行う上で「かなり妨げになっている」又は「非常に妨げになっている」と回答した校長の割合															
	資格を持つ教員の不足		特別な支援を要する生徒への指導能力を持つ教員の不足		職業教育を行う教員の不足		教材（教科書など）が不足している、あるいは適切でない		指導のためのデジタル技術が不足している、あるいは適切でない（例:ソフトウェア、コンピュータ、タブレット、電子黒板）		インターネット接続環境が不十分である		図書館の教材が不足している、あるいは適切でない		支援職員の不足	
	%	S.E.	%	S.E.	%	S.E.	%	S.E.	%	S.E.	%	S.E.	%	S.E.	%	S.E.
アルバータ（カナダ）	6.8	(2.5)	13.6	(3.4)	9.1	(2.9)	4.1	(2.2)	12.1	(4.4)	19.1	(13.7)	4.6	(2.3)	16.9	(4.7)
オーストリア	4.4	(1.5)	13.6	(2.2)	4.7	(1.5)	0.6	(0.4)	17.8	(2.8)	18.5	(3.0)	8.1	(2.0)	46.6	(3.3)
ベルギー	46.5	(3.4)	55.6	(3.2)	33.8	(3.6)	15.1	(2.3)	29.0	(3.1)	22.4	(2.9)	23.7	(2.3)	43.7	(3.2)
フランドル（ベルギー）	34.2	(4.4)	39.4	(4.1)	28.0	(4.4)	5.2	(2.1)	16.1	(2.8)	8.2	(2.3)	10.9	(1.9)	31.1	(4.2)
ブラジル	40.4	(3.2)	59.6	(3.8)	44.7	(3.8)	38.1	(3.5)	59.0	(3.7)	64.0	(4.1)	50.7	(4.0)	54.5	(4.2)
ブルガリア	9.4	(2.1)	17.7	(2.7)	11.5	(2.5)	9.2	(2.5)	25.6	(3.4)	10.1	(2.5)	14.9	(3.1)	6.0	(2.0)
ブエノスアイレス（アルゼンチン）	12.7	(3.5)	18.3	(3.7)	14.9	(3.6)	21.5	(3.8)	38.7	(3.7)	40.7	(3.2)	21.4	(3.5)	20.9	(3.7)
チリ	17.8	(3.3)	26.6	(3.4)	7.3	(1.7)	7.6	(2.1)	13.3	(2.7)	22.1	(3.5)	12.0	(2.6)	17.5	(3.0)
コロンビア	52.6	(5.3)	68.0	(6.0)	50.9	(5.9)	64.2	(5.7)	63.9	(5.3)	72.7	(4.5)	64.8	(5.5)	68.1	(5.0)
クロアチア	8.9	(3.8)	24.7	(4.5)	5.3	(2.9)	8.5	(3.5)	25.2	(4.8)	11.5	(3.4)	12.6	(3.2)	17.7	(4.5)
キプロス	6.3	(1.7)	19.4	(3.7)	15.1	(4.1)	3.6	(2.2)	11.1	(3.0)	7.7	(2.6)	11.7	(2.6)	12.7	(3.4)
チェコ	18.2	(2.3)	30.0	(3.1)	4.9	(1.4)	3.0	(1.3)	23.5	(3.2)	6.5	(1.9)	9.1	(2.0)	35.8	(3.5)
デンマーク	22.4	(4.1)	33.0	(4.7)	24.8	(4.2)	11.8	(2.9)	12.7	(2.8)	11.0	(2.7)	8.6	(2.7)	33.0	(3.9)
イングランド（イギリス）	37.6	(5.2)	23.1	(3.9)	17.3	(3.6)	13.3	(2.7)	14.5	(2.7)	8.5	(2.4)	10.7	(2.9)	14.8	(3.6)
エストニア	17.7	(2.9)	47.0	(3.9)	3.7	(1.4)	6.8	(1.9)	11.9	(2.4)	17.1	(2.8)	4.8	(1.6)	40.1	(3.6)
フィンランド	2.1	(1.2)	14.8	(3.0)	0.6	(0.6)	3.7	(1.5)	20.4	(3.4)	4.2	(1.6)	8.8	(2.4)	24.9	(3.4)
フランス	36.2	(3.9)	70.5	(3.7)	13.5	(3.1)	21.4	(3.4)	29.8	(3.3)	27.9	(3.9)	11.9	(2.4)	45.6	(4.1)
ジョージア	12.5	(2.7)	13.9	(3.0)	12.9	(2.4)	15.8	(2.9)	29.5	(3.6)	17.2	(2.7)	19.1	(3.2)	21.1	(3.5)
ハンガリー	29.2	(3.4)	35.2	(4.0)	1.8	(1.0)	20.2	(3.2)	36.1	(3.9)	25.0	(3.9)	21.4	(2.9)	41.8	(3.9)
アイスランド	6.5	(2.6)	12.9	(3.4)	15.1	(3.7)	5.4	(2.4)	5.4	(2.4)	3.2	(1.9)	3.3	(1.9)	3.3	(1.9)
イスラエル	37.4	(4.1)	40.7	(4.2)	35.2	(3.9)	14.9	(2.9)	39.8	(3.9)	33.6	(4.2)	27.3	(4.2)	43.3	(4.1)
イタリア	41.1	(3.2)	47.5	(4.2)	29.9	(3.4)	21.0	(3.4)	30.9	(3.8)	42.9	(3.8)	36.2	(3.8)	71.6	(3.2)
日本	30.2	(3.7)	43.6	(3.7)	17.9	(3.2)	3.0	(1.8)	34.0	(4.1)	27.0	(3.7)	18.6	(3.5)	46.3	(4.0)
カザフスタン	26.4	(3.4)	17.3	(3.4)	20.8	(3.3)	20.5	(2.9)	44.8	(3.9)	38.7	(4.0)	25.1	(3.4)	16.1	(3.2)
韓国	11.0	(2.8)	20.1	(3.4)	29.4	(4.2)	10.0	(3.0)	24.3	(3.8)	15.2	(3.5)	22.4	(3.9)	37.0	(4.2)
ラトビア	22.9	(2.2)	26.0	(3.9)	2.3	(1.0)	11.3	(3.8)	41.3	(4.7)	8.7	(3.1)	5.6	(2.1)	34.3	(6.2)
リトアニア	11.8	(2.4)	19.9	(3.3)	5.5	(2.5)	10.7	(2.5)	29.8	(4.1)	6.2	(2.3)	12.9	(3.5)	7.2	(1.8)
マルタ	18.0	(4.5)	28.6	(4.9)	23.1	(5.6)	3.7	(2.6)	5.9	(3.1)	7.3	(3.4)	5.9	(3.4)	19.0	(5.1)
メキシコ	18.5	(3.1)	34.2	(3.7)	18.6	(2.9)	15.5	(2.6)	44.4	(3.1)	53.4	(3.6)	37.5	(3.3)	38.1	(3.3)
オランダ	20.5	(3.5)	20.5	(3.9)	8.5	(2.4)	4.3	(1.9)	16.2	(3.5)	6.0	(2.2)	0.9	(0.9)	5.1	(2.1)
ニュージーランド	28.5	(8.0)	24.5	(6.8)	20.1	(6.2)	6.9	(2.9)	18.0	(4.5)	3.0	(2.2)	4.0	(1.8)	21.5	(6.8)
ノルウェー	3.6	(1.8)	17.7	(3.4)	2.0	(1.5)	4.2	(1.8)	10.7	(2.8)	9.8	(2.9)	13.1	(3.2)	10.0	(2.9)
ポルトガル	32.1	(3.3)	47.5	(3.6)	29.9	(3.4)	16.5	(2.8)	55.4	(3.5)	37.2	(3.4)	31.0	(3.1)	73.2	(2.6)
ルーマニア	32.6	(4.7)	45.1	(4.6)	33.4	(4.1)	41.5	(5.1)	49.8	(4.8)	36.2	(4.9)	37.7	(4.6)	35.7	(4.7)
ロシア	18.3	(4.7)	10.7	(3.4)	15.8	(4.3)	3.8	(1.6)	31.7	(4.7)	22.1	(4.5)	12.0	(3.9)	6.3	(2.3)
サウジアラビア	61.8	(4.0)	51.5	(4.0)	46.2	(4.5)	39.9	(4.4)	61.0	(4.1)	74.6	(3.8)	50.7	(4.2)	63.2	(4.1)
上海（中国）	8.9	(2.3)	19.7	(3.9)	16.7	(3.0)	2.8	(1.5)	9.9	(2.3)	7.3	(2.2)	3.7	(1.7)	8.0	(2.3)
シンガポール	3.8	(2.0)	16.9	(2.7)	6.9	(2.4)	0.5	(0.5)	1.6	(0.9)	2.1	(1.0)	1.6	(0.9)	6.4	(2.3)
スロバキア	8.2	(2.4)	29.6	(3.9)	10.8	(2.5)	44.6	(4.2)	24.9	(3.6)	12.1	(2.8)	17.0	(3.3)	30.1	(3.7)
スロベニア	1.1	(1.1)	28.2	(4.0)	1.1	(1.1)	1.8	(1.3)	4.2	(2.2)	1.8	(1.3)	2.9	(2.0)	9.5	(2.3)
南アフリカ共和国	21.7	(4.3)	53.4	(4.7)	47.8	(4.8)	44.4	(4.5)	64.6	(4.0)	62.5	(4.0)	70.1	(4.6)	60.3	(4.8)
スペイン	5.8	(1.4)	24.5	(3.0)	12.2	(3.2)	11.0	(2.0)	20.7	(3.1)	19.4	(2.5)	12.6	(2.6)	42.0	(3.7)
スウェーデン	13.4	(3.3)	30.4	(9.3)	a	a	4.4	(2.2)	10.3	(2.9)	4.6	(2.1)	4.7	(1.7)	8.9	(2.7)
台湾	6.9	(2.4)	4.6	(2.4)	21.1	(3.4)	4.8	(1.7)	11.7	(2.4)	3.1	(1.8)	5.0	(2.0)	21.6	(3.1)
トルコ	22.4	(3.9)	36.8	(4.5)	14.8	(3.7)	19.9	(3.4)	22.0	(3.5)	20.3	(4.0)	29.7	(3.7)	46.8	(4.7)
アラブ首長国連邦	40.8	(2.2)	41.7	(2.2)	29.9	(2.2)	21.5	(2.0)	30.9	(1.9)	28.2	(1.8)	21.6	(2.2)	28.7	(1.9)
アメリカ	23.7	(9.8)	27.8	(10.1)	27.4	(10.4)	8.9	(2.8)	19.3	(9.2)	16.6	(10.1)	6.7	(3.4)	22.0	(6.8)
ベトナム	85.7	(3.1)	58.0	(3.8)	54.7	(4.1)	67.5	(3.9)	81.7	(3.0)	66.4	(3.9)	71.6	(3.6)	72.2	(3.9)
OECD30か国平均	21.0	(0.7)	32.1	(0.8)	15.6	(0.7)	12.9	(0.5)	24.6	(0.7)	19.2	(0.8)	15.8	(0.5)	32.6	(0.7)
EU23か国全体	24.6	(1.0)	37.8	(1.1)	16.4	(1.0)	17.2	(0.9)	27.4	(1.0)	21.7	(1.0)	17.8	(0.9)	38.4	(1.1)
TALIS 参加 47 か国平均	22.2	(0.5)	31.2	(0.6)	19.0	(0.5)	15.6	(0.4)	28.1	(0.5)	22.9	(0.6)	19.4	(0.5)	30.8	(0.6)
オーストラリア	15.5	(3.0)	17.8	(3.2)	16.9	(5.3)	5.8	(2.7)	11.7	(3.9)	11.6	(3.4)	7.1	(2.1)	6.6	(1.7)

表 3.9.1 ［2/2］ 教育資源の不足（中学校）

中学校校長の回答に基づく

国　名	以下の教育資源の不足が質の高い指導を行う上で「かなり妨げになっている」又は「非常に妨げになっている」と回答した校長の割合													
	指導のための場所が不足している、あるいは適切でない（例：教室）		物理的な施設設備が不足している、あるいは適切でない（例：学校家具、校舎、空調機、照明器具）		多言語又は多文化の環境で、生徒を指導する能力を持つ教員の不足		社会経済的に困難な家庭環境にある生徒を指導する能力を持つ教員の不足		職業能力を訓練するために必要な教材が不足している、あるいは適切でない		教育的リーダーシップを発揮する時間が不足している、あるいは適切でない		生徒と過ごす時間が不足している、あるいは適切でない	
	%	S.E.	%	S.E.	%	S.E.	%	S.E.	%	S.E.	%	S.E.	%	S.E.
アルバータ（カナダ）	30.9	(12.4)	29.4	(12.7)	5.9	(2.5)	6.3	(2.4)	8.6	(3.3)	25.4	(5.7)	7.8	(2.9)
オーストリア	25.8	(3.3)	23.4	(3.3)	13.6	(2.5)	13.1	(2.4)	3.5	(1.4)	39.8	(3.3)	29.8	(2.9)
ベルギー	42.9	(3.8)	37.0	(3.3)	28.6	(2.7)	26.1	(2.9)	22.6	(3.1)	58.3	(2.9)	44.7	(3.1)
フランドル（ベルギー）	35.0	(4.3)	30.5	(3.5)	26.7	(3.5)	18.3	(3.0)	15.5	(3.0)	44.4	(4.1)	28.4	(3.9)
ブラジル	42.0	(3.7)	53.3	(3.9)	54.5	(4.0)	49.9	(3.8)	58.1	(3.8)	49.0	(4.2)	38.0	(3.7)
ブルガリア	9.7	(2.4)	15.7	(2.9)	9.3	(2.1)	10.7	(2.4)	8.3	(2.2)	9.6	(1.9)	15.3	(2.7)
ブエノスアイレス（アルゼンチン）	32.1	(3.9)	30.8	(3.8)	9.1	(2.8)	7.7	(2.3)	22.7	(3.5)	27.0	(3.5)	14.8	(3.1)
チリ	19.2	(3.3)	21.8	(3.5)	22.1	(3.4)	16.8	(3.3)	18.9	(2.9)	22.9	(3.3)	17.1	(3.2)
コロンビア	64.5	(4.5)	70.0	(4.7)	67.8	(5.7)	52.2	(5.6)	61.9	(4.8)	63.1	(5.4)	44.4	(5.1)
クロアチア	29.5	(4.8)	12.7	(2.6)	4.6	(1.6)	5.4	(3.1)	8.1	(3.4)	15.1	(4.1)	15.3	(3.0)
キプロス	13.4	(2.9)	9.7	(3.3)	12.7	(3.1)	9.1	(2.7)	10.1	(2.9)	20.4	(3.9)	11.7	(3.3)
チェコ	26.0	(3.4)	22.8	(3.2)	19.1	(2.8)	4.6	(1.4)	18.6	(2.8)	33.6	(3.1)	14.1	(2.4)
デンマーク	27.2	(4.1)	24.6	(3.5)	14.8	(3.0)	15.2	(3.0)	24.4	(3.9)	40.1	(4.4)	27.4	(4.2)
イングランド（イギリス）	16.3	(4.3)	19.8	(3.6)	7.3	(2.6)	11.1	(3.0)	12.2	(3.0)	14.4	(4.1)	11.7	(2.8)
エストニア	23.9	(3.1)	20.8	(3.1)	14.2	(2.5)	14.7	(2.5)	7.5	(2.0)	13.5	(2.5)	15.6	(2.7)
フィンランド	20.0	(3.4)	16.3	(3.1)	5.4	(2.0)	5.0	(2.2)	1.2	(1.0)	42.3	(4.8)	26.2	(3.7)
フランス	31.2	(3.5)	25.4	(3.6)	39.9	(3.8)	62.6	(3.9)	12.5	(2.7)	47.1	(4.2)	45.1	(4.0)
ジョージア	19.5	(3.5)	26.3	(4.0)	11.9	(2.6)	15.4	(3.0)	30.3	(3.5)	12.1	(2.6)	11.3	(2.4)
ハンガリー	26.2	(3.6)	33.2	(3.7)	15.7	(3.1)	17.4	(3.4)	23.8	(3.6)	37.8	(4.1)	43.9	(4.2)
アイスランド	14.0	(3.4)	12.9	(2.6)	17.2	(4.1)	7.5	(2.9)	11.8	(3.7)	38.7	(5.0)	11.8	(3.2)
イスラエル	50.1	(4.1)	38.9	(4.1)	37.9	(4.1)	34.5	(4.2)	21.7	(3.7)	38.7	(4.1)	35.8	(4.2)
イタリア	43.1	(4.1)	51.8	(3.3)	52.2	(4.3)	38.9	(3.9)	28.9	(3.5)	50.5	(4.4)	37.2	(4.4)
日本	31.0	(3.7)	37.0	(3.8)	15.8	(2.9)	18.2	(3.1)	16.3	(3.4)	30.9	(3.7)	49.1	(3.9)
カザフスタン	33.1	(3.2)	34.9	(3.9)	28.7	(3.4)	13.6	(2.8)	22.6	(2.9)	21.3	(3.4)	16.6	(3.1)
韓国	28.9	(4.2)	20.3	(3.5)	25.5	(4.7)	20.6	(3.6)	32.9	(4.2)	32.3	(4.2)	39.0	(4.4)
ラトビア	12.3	(2.0)	11.1	(2.3)	11.9	(2.1)	6.6	(2.2)	14.1	(3.4)	21.2	(4.8)	29.3	(5.5)
リトアニア	27.8	(3.3)	24.9	(3.4)	7.4	(1.5)	9.2	(2.0)	11.3	(3.1)	21.1	(3.4)	26.6	(3.9)
マルタ	24.9	(5.5)	13.2	(4.8)	11.4	(4.7)	9.2	(3.9)	9.9	(4.4)	20.9	(5.2)	22.7	(5.2)
メキシコ	22.6	(3.1)	33.7	(3.0)	14.2	(2.5)	15.8	(2.8)	43.3	(3.3)	9.2	(2.2)	9.9	(2.2)
オランダ	12.0	(3.2)	16.2	(3.5)	7.7	(2.6)	5.1	(2.1)	7.8	(2.3)	26.5	(4.0)	12.8	(3.0)
ニュージーランド	19.8	(3.8)	16.6	(4.2)	24.2	(6.2)	13.2	(5.6)	12.7	(5.9)	20.2	(3.9)	16.1	(7.8)
ノルウェー	6.7	(2.0)	16.1	(3.2)	10.3	(2.7)	2.2	(1.5)	2.2	(1.5)	36.0	(4.5)	18.6	(3.4)
ポルトガル	31.4	(3.1)	49.9	(3.2)	41.2	(3.3)	31.8	(2.9)	31.4	(3.1)	51.7	(3.4)	52.1	(3.5)
ルーマニア	44.3	(4.6)	39.8	(4.7)	21.9	(4.2)	27.0	(4.4)	36.6	(4.4)	31.7	(4.7)	28.9	(4.4)
ロシア	20.1	(2.6)	13.4	(2.8)	7.0	(2.7)	3.0	(1.4)	12.0	(3.1)	20.5	(5.1)	10.9	(3.8)
サウジアラビア	47.9	(4.3)	62.7	(4.3)	38.5	(4.2)	37.6	(3.8)	49.9	(4.3)	44.2	(4.0)	33.4	(4.3)
上海（中国）	20.9	(3.1)	17.6	(2.9)	35.2	(4.2)	14.4	(2.2)	17.9	(3.2)	15.7	(3.5)	8.4	(3.4)
シンガポール	7.6	(3.3)	5.9	(2.2)	4.3	(2.1)	4.2	(1.5)	3.7	(1.4)	13.9	(3.2)	9.0	(2.5)
スロバキア	18.2	(3.5)	21.5	(3.0)	13.2	(3.0)	10.1	(2.1)	24.6	(3.6)	19.0	(3.3)	14.6	(2.5)
スロベニア	11.6	(2.8)	2.8	(1.4)	10.2	(2.9)	3.9	(2.0)	0.7	(0.7)	18.8	(3.6)	12.7	(3.2)
南アフリカ共和国	40.8	(4.6)	55.7	(4.8)	35.0	(5.4)	35.5	(5.2)	51.1	(5.5)	40.4	(5.0)	22.9	(4.3)
スペイン	17.3	(2.2)	17.4	(2.4)	17.4	(3.1)	14.4	(2.8)	19.8	(3.0)	34.0	(4.5)	18.3	(3.7)
スウェーデン	13.8	(3.2)	15.8	(3.6)	14.2	(3.0)	8.8	(2.3)	5.6	(2.2)	28.5	(5.1)	16.8	(3.7)
台湾	11.8	(2.7)	8.2	(2.0)	25.4	(3.4)	14.2	(3.0)	18.1	(2.6)	12.8	(2.6)	11.2	(2.4)
トルコ	26.2	(4.1)	26.1	(4.3)	25.4	(3.8)	17.0	(3.2)	28.9	(4.3)	24.2	(3.9)	19.6	(3.4)
アラブ首長国連邦	29.5	(2.0)	27.6	(2.0)	30.7	(2.1)	25.8	(1.9)	25.9	(1.9)	24.3	(1.8)	21.4	(1.9)
アメリカ	10.1	(3.4)	8.2	(2.8)	10.2	(3.2)	11.6	(3.3)	13.5	(6.4)	16.0	(4.5)	5.5	(2.5)
ベトナム	72.1	(3.9)	78.9	(3.4)	44.3	(4.0)	42.3	(4.8)	55.4	(4.3)	63.1	(3.8)	63.4	(4.2)
OECD30か国平均	25.0	(0.7)	25.5	(0.7)	20.3	(0.6)	17.2	(0.6)	18.1	(0.6)	31.9	(0.7)	25.1	(0.7)
EU23か国全体	27.3	(1.0)	27.6	(1.0)	23.5	(1.0)	24.2	(1.0)	19.1	(0.9)	34.9	(1.2)	28.0	(1.1)
TALIS 参加 47 か国平均	26.6	(0.6)	27.1	(0.6)	21.2	(0.5)	17.9	(0.5)	20.9	(0.5)	29.7	(0.6)	23.6	(0.5)
オーストラリア	11.1	(2.3)	14.1	(3.3)	6.2	(2.8)	5.0	(1.9)	5.9	(2.0)	27.9	(5.0)	12.7	(3.5)

表 3.9.2 ［1/2］ 教育資源の不足（小学校）

小学校校長の回答に基づく

国　名	以下の教育資源の不足が質の高い指導を行う上で「かなり妨げになっている」又は「非常に妨げになっている」と回答した校長の割合															
	資格を持つ教員の不足		特別な支援を要する児童への指導能力を持つ教員の不足		職業教育を行う教員の不足		教材（教科書など）が不足している、あるいは適切でない		指導のためのデジタル技術が不足している、あるいは適切でない（例：ソフトウェア、コンピュータ、タブレット、電子黒板）		インターネット接続環境が不十分である		図書館の教材が不足している、あるいは適切でない		支援職員の不足	
	%	S.E.	%	S.E.	%	S.E.	%	S.E.	%	S.E.	%	S.E.	%	S.E.	%	S.E.
フランドル（ベルギー）	29.2	(3.5)	49.1	(4.4)	11.7	(3.0)	8.8	(2.4)	37.1	(3.9)	12.8	(2.7)	12.6	(2.8)	75.9	(3.9)
ブエノスアイレス（アルゼンチン）	20.3	(3.0)	35.8	(4.1)	12.4	(2.5)	7.8	(2.2)	21.1	(3.3)	38.3	(3.7)	10.7	(2.3)	38.6	(3.9)
デンマーク	26.7	(5.6)	31.9	(5.4)	30.2	(4.3)	11.5	(3.5)	17.4	(3.1)	6.1	(2.3)	8.0	(2.7)	43.4	(5.1)
イングランド（イギリス）	11.6	(2.5)	10.2	(2.5)	5.9	(1.7)	6.9	(2.1)	23.3	(4.7)	16.3	(4.2)	11.9	(3.0)	21.1	(4.4)
フランス	21.1	(3.5)	61.7	(4.6)	8.2	(2.7)	39.1	(4.2)	57.3	(4.5)	43.1	(4.3)	36.1	(4.7)	56.8	(4.2)
日本	19.3	(2.9)	40.3	(3.9)	10.4	(2.5)	4.2	(1.5)	30.2	(3.6)	24.7	(3.2)	11.5	(2.3)	55.8	(4.1)
韓国	10.9	(3.6)	12.1	(3.3)	29.0	(4.9)	6.8	(2.7)	24.3	(4.5)	9.4	(3.0)	15.8	(3.8)	34.4	(4.5)
スペイン	13.9	(2.6)	23.2	(3.5)	a	a	10.8	(2.4)	35.0	(3.5)	27.6	(3.1)	16.7	(3.3)	52.8	(4.1)
スウェーデン	13.6	(4.0)	21.0	(3.6)	a	a	5.3	(2.4)	17.7	(4.0)	9.4	(2.8)	9.9	(3.6)	13.1	(4.3)
台湾	6.1	(2.3)	13.5	(3.2)	20.9	(3.4)	3.4	(1.6)	11.0	(2.7)	3.9	(1.8)	4.9	(2.0)	15.5	(3.4)
トルコ	20.1	(5.3)	38.4	(6.5)	29.8	(6.1)	23.6	(5.5)	32.8	(4.7)	32.4	(4.1)	31.5	(5.8)	38.9	(5.5)
アラブ首長国連邦	38.7	(2.0)	40.2	(2.0)	29.1	(1.9)	18.4	(1.8)	28.1	(2.0)	30.6	(2.0)	20.4	(1.8)	27.3	(1.8)
ベトナム	79.5	(3.3)	67.3	(4.2)	26.9	(4.0)	68.9	(4.0)	81.7	(3.1)	65.6	(4.2)	75.6	(3.8)	75.1	(3.4)
オーストラリア	11.7	(2.9)	18.8	(3.4)	3.2	(1.4)	0.3	(0.2)	13.1	(2.9)	14.7	(2.9)	2.0	(0.8)	13.2	(2.7)
オランダ	27.4	(4.0)	20.2	(3.7)	11.1	(2.9)	1.9	(1.3)	20.4	(3.7)	9.0	(3.1)	6.3	(2.4)	41.2	(3.7)

表 3.9.2 ［2/2］ 教育資源の不足（小学校）

小学校校長の回答に基づく

国　名	以下の教育資源の不足が質の高い指導を行う上で「かなり妨げになっている」又は「非常に妨げになっている」と回答した校長の割合													
	指導のための場所が不足している、あるいは適切でない（例：教室）		物理的な施設設備が不足している、あるいは適切でない（例：学校家具、校舎、空調機、照明器具）		多言語又は多文化の環境で、児童を指導する能力を持つ教員の不足		社会経済的に困難な家庭環境にある児童を指導する能力を持つ教員の不足		職業能力を訓練するために必要な教材が不足している、あるいは適切でない		教育的リーダーシップを発揮する時間が不足している、あるいは適切でない		児童と過ごす時間が不足している、あるいは適切でない	
	%	S.E.	%	S.E.	%	S.E.	%	S.E.	%	S.E.	%	S.E.	%	S.E.
フランドル（ベルギー）	49.7	(4.9)	31.8	(4.0)	24.8	(3.7)	24.0	(3.7)	21.7	(3.0)	54.6	(4.1)	41.0	(4.1)
ブエノスアイレス（アルゼンチン）	27.1	(3.7)	28.8	(3.7)	11.7	(2.7)	6.4	(1.9)	13.7	(2.9)	32.6	(4.0)	11.3	(2.8)
デンマーク	22.4	(3.4)	19.2	(3.3)	17.8	(4.3)	20.8	(4.7)	16.8	(3.2)	42.4	(4.0)	32.6	(4.6)
イングランド（イギリス）	27.3	(4.2)	18.0	(4.0)	9.6	(2.6)	6.7	(2.0)	4.4	(1.7)	13.8	(2.6)	7.1	(2.1)
フランス	34.4	(4.2)	29.8	(4.2)	48.7	(4.8)	48.0	(5.3)	19.7	(3.2)	32.0	(4.1)	30.9	(3.2)
日本	26.1	(3.0)	32.8	(3.7)	17.6	(2.8)	14.7	(2.7)	8.0	(2.1)	20.4	(2.9)	38.3	(3.6)
韓国	30.1	(5.5)	21.7	(4.4)	30.3	(5.2)	17.5	(3.7)	33.6	(5.3)	22.0	(4.4)	28.9	(4.4)
スペイン	16.2	(3.0)	20.2	(2.2)	29.4	(3.5)	13.8	(2.4)	a	a	35.3	(4.2)	20.5	(3.1)
スウェーデン	27.3	(4.2)	21.0	(4.1)	16.6	(4.6)	9.5	(3.4)	8.6	(2.8)	30.2	(5.0)	11.5	(2.7)
台湾	15.1	(3.1)	9.4	(2.4)	26.4	(3.5)	9.2	(2.6)	15.4	(2.5)	13.1	(2.5)	9.0	(2.3)
トルコ	21.8	(4.1)	25.0	(4.9)	20.4	(4.9)	16.0	(4.4)	27.2	(4.1)	21.4	(5.4)	21.1	(4.5)
アラブ首長国連邦	27.5	(2.0)	26.1	(1.9)	30.1	(1.9)	26.8	(1.8)	25.1	(2.0)	22.6	(2.0)	20.6	(2.0)
ベトナム	70.3	(4.0)	80.5	(3.5)	42.8	(3.8)	40.3	(4.7)	31.2	(4.2)	56.4	(4.5)	55.8	(4.4)
オーストラリア	19.4	(3.4)	18.9	(3.4)	9.5	(2.4)	10.6	(2.4)	0.6	(0.4)	27.1	(3.6)	8.7	(2.1)
オランダ	23.1	(3.2)	23.3	(4.4)	5.7	(2.2)	5.3	(2.3)	11.0	(3.2)	30.1	(4.5)	14.3	(3.5)

3.10 学校規模

在学者数、教員数及び生徒の平均人数等の学校規模について知ることは、教育現場の現状を知る上で、重要である。

表3.10.1は、中学校校長の回答を基に、学校における人的資源の平均[16]を①在学者数、②教員数、③教員1人当たりの生徒数、④指導支援に携わる職員1人当たりの教員数、⑤学校事務及び経営に携わる職員1人当たりの教員数で表している。日本は①が338.8人、②25.3人、③12.3人、④10.3人、⑤6.1人である。参加国平均は①503.9人、②43.4人、③12.5人、④13.4人、⑤6.5人である。

表3.10.2は、小学校校長の回答を基に、学校における人的資源の平均について、①～⑤の結果を表している。

表3.10.3は、中学校教員の回答を基に、対象学級[17]での生徒の平均人数を示している。

最も平均人数が多い国は南アフリカ共和国（41.0人）であり、最も平均人数が少ない国はジョージア（16.7人）である。日本の平均人数は30.4人であり、これは参加国中8番目に大きい値である。TALIS参加国平均は24.5人であり、日本の平均より5.9人少ない。また、日本と同じ東アジア圏である韓国は26.2人、台湾は25.2人であり、平均的に日本より若干小さい学級で指導を行っていることがうかがえる。しかし、上海（中国）は34.8人であり、日本よりも4人程度多いことが分かる。

16　このデータは質問紙において、「対象学級におけるあなたの指導は、ほとんど全てが特別な支援を要する生徒に割かれていますか。」という問いに「いいえ」と答えた教員の回答のみに基づいている。

17　教員が質問紙を回答する時点から一週間前の火曜日午前11時以降において、最初に教えた前期中等教育段階の学級。

表 3.10.1　学校における人的資源（中学校）

中学校校長の回答に基づく

国　名	在学者数[1]		教員数[1]		教員１人当たりの生徒数[2]		指導支援に携わる職員１人当たりの教員数		学校事務及び経営に携わる職員１人当たりの教員数	
	平均	S.E.	平均	S.E.	平均	S.E.	平均	S.E.	平均	S.E.
アルバータ（カナダ）	321.4	(53.7)	17.8	(2.9)	16.7	(0.7)	4.5	(0.6)	4.3	(0.2)
オーストリア	285.0	(5.9)	36.5	(0.8)	7.4	(0.1)	24.9	(0.8)	19.9	(1.0)
ベルギー	669.9	(26.2)	85.1	(3.5)	8.0	(0.2)	32.2	(2.1)	11.8	(0.4)
フランドル（ベルギー）	599.4	(39.9)	74.8	(4.5)	8.0	(0.3)	31.5	(2.1)	9.6	(0.5)
ブラジル	520.8	(22.1)	33.5	(1.5)	20.5	(4.9)	15.7	(1.5)	4.3	(0.2)
ブルガリア	294.9	(8.5)	24.9	(0.5)	10.7	(0.3)	8.7	(0.7)	2.5	(0.1)
ブエノスアイレス（アルゼンチン）	527.6	(35.1)	77.8	(4.9)	7.7	(0.5)	19.1	(3.2)	10.3	(1.3)
チリ	511.7	(25.1)	31.0	(1.3)	15.9	(0.4)	4.7	(0.6)	4.0	(0.2)
コロンビア	968.7	(70.9)	40.9	(3.0)	23.2	(0.9)	25.1	(1.6)	7.8	(0.5)
クロアチア	359.5	(10.4)	37.6	(1.0)	8.8	(0.2)	10.2	(0.6)	6.5	(0.3)
キプロス	395.5	(19.5)	52.9	(1.7)	11.6	(4.5)	23.2	(2.3)	4.5	(0.2)
チェコ	394.9	(8.9)	28.9	(0.6)	13.8	(0.2)	8.8	(0.4)	5.4	(0.1)
デンマーク	423.2	(16.0)	35.4	(1.4)	11.9	(0.3)	6.5	(0.6)	6.2	(0.2)
イングランド（イギリス）	891.8	(26.4)	62.8	(2.0)	14.3	(0.3)	6.5	(0.9)	3.5	(0.1)
エストニア	348.0	(9.9)	34.1	(0.6)	8.3	(0.2)	9.7	(0.4)	6.9	(0.2)
フィンランド	389.2	(15.6)	36.6	(1.1)	10.2	(0.3)	6.7	(0.5)	12.3	(0.4)
フランス	546.5	(21.2)	39.1	(0.8)	13.5	(0.3)	5.8	(0.5)	6.8	(0.2)
ジョージア	267.6	(7.8)	30.1	(0.4)	7.1	(0.2)	21.0	(0.7)	6.3	(0.2)
ハンガリー	333.7	(16.0)	34.7	(1.8)	10.6	(0.6)	16.5	(0.9)	6.7	(0.3)
アイスランド	286.8	(13.2)	30.3	(1.0)	8.7	(0.2)	4.0	(0.3)	7.2	(0.3)
イスラエル	490.1	(16.9)	49.9	(1.9)	12.2	(2.1)	8.2	(0.5)	4.3	(0.2)
イタリア	w	w	58.4	(2.1)	w	w	35.7	(2.7)	8.1	(0.4)
日本	338.8	(9.9)	25.3	(0.6)	12.3	(0.2)	10.3	(0.5)	6.1	(0.1)
カザフスタン	495.6	(19.3)	51.0	(1.4)	7.9	(0.2)	6.6	(0.6)	4.6	(0.2)
韓国	424.4	(18.3)	29.4	(1.0)	12.4	(0.4)	9.4	(0.6)	3.6	(0.2)
ラトビア	313.5	(10.7)	35.1	(1.0)	7.7	(0.3)	7.8	(0.5)	6.3	(0.6)
リトアニア	338.6	(13.3)	41.0	(1.1)	7.7	(0.2)	11.3	(0.7)	6.4	(0.2)
マルタ	438.6	(26.7)	63.0	(2.9)	7.3	(0.4)	8.1	(2.0)	7.0	(0.3)
メキシコ	412.4	(20.5)	24.7	(0.8)	17.0	(1.4)	12.0	(0.7)	3.9	(0.1)
オランダ	1034.2	(47.1)	88.3	(4.0)	11.5	(0.2)	9.3	(0.7)	8.2	(0.3)
ニュージーランド	313.8	(31.0)	20.3	(1.9)	15.7	(0.7)	3.4	(0.3)	2.9	(0.2)
ノルウェー	222.9	(12.5)	26.3	(1.2)	7.9	(0.2)	6.0	(0.4)	5.9	(0.2)
ポルトガル	880.1	(38.4)	98.8	(4.0)	9.1	(0.2)	10.0	(2.0)	9.3	(0.5)
ルーマニア	471.0	(12.6)	33.8	(0.9)	13.6	(0.3)	21.4	(1.0)	8.5	(0.2)
ロシア	450.8	(24.6)	32.9	(1.4)	11.1	(0.4)	8.3	(0.6)	5.2	(0.2)
サウジアラビア	203.8	(7.3)	18.8	(0.8)	12.5	(1.6)	15.9	(0.9)	4.7	(0.3)
上海（中国）	917.3	(38.9)	80.4	(2.8)	11.3	(0.4)	26.9	(2.3)	11.1	(1.2)
シンガポール	1128.1	(51.3)	98.4	(4.0)	11.6	(0.2)	15.8	(1.5)	2.5	(0.1)
スロバキア	305.5	(7.6)	23.5	(0.5)	12.4	(0.2)	13.4	(0.6)	3.6	(0.2)
スロベニア	396.8	(9.1)	40.3	(0.9)	9.6	(0.2)	14.6	(0.9)	8.6	(0.2)
南アフリカ共和国	598.3	(26.0)	21.4	(0.8)	31.0	(1.4)	15.5	(0.8)	3.5	(0.2)
スペイン	617.2	(24.5)	51.2	(1.9)	12.5	(0.9)	20.2	(1.0)	6.1	(0.2)
スウェーデン	323.0	(39.8)	30.5	(3.3)	9.7	(0.9)	4.6	(0.5)	8.8	(0.9)
台湾	902.5	(29.6)	66.6	(1.9)	13.2	(0.7)	22.1	(1.5)	2.8	(0.1)
トルコ	388.0	(18.2)	23.2	(0.7)	17.3	(1.6)	18.6	(0.8)	7.3	(0.2)
アラブ首長国連邦	1072.7	(34.0)	77.1	(2.1)	13.4	(0.3)	12.5	(1.0)	6.3	(0.3)
アメリカ	478.7	(65.6)	34.2	(3.9)	12.8	(0.9)	7.0	(0.7)	5.4	(0.3)
ベトナム	485.7	(17.0)	26.9	(0.8)	23.9	(3.5)	21.0	(0.9)	7.3	(0.3)
OECD30か国平均	470.6	(5.4)	40.4	(0.4)	12.1	(0.1)	11.9	(0.2)	6.9	(0.1)
EU23か国全体	518.9	(6.5)	45.4	(0.5)	11.9	(0.2)	15.7	(0.4)	7.1	(0.1)
TALIS 参加 47 か国平均	503.9	(4.1)	43.4	(0.3)	12.5	(0.2)	13.4	(0.2)	6.5	(0.1)
オーストラリア	791.1	(48.7)	64.8	(4.1)	12.2	(0.3)	7.0	(0.6)	3.8	(0.1)

1．このデータは校長の回答によるもので、各国の学校レベルの平均のデータを表している。学校での教育提供は各 ISCED レベルを超える場合がある（例：中等教育学校）。よって、中学校の教員又は生徒のみに当てはまらない場合がある。

2．「教員１人当たりの生徒数」は校長の回答に基づく。各国の学校ごとの教員１人当たりの生徒数の平均で計算されているため、この表により算出される平均とは異なる可能性がある。

表 3.10.2　学校における人的資源（小学校）

小学校校長の回答に基づく

国　名	在学者数[1]		教員数[1]		教員１人当たりの児童数[2]		指導支援に携わる職員１人当たりの教員数		学校事務及び経営に携わる職員１人当たりの教員数	
	平均	S.E.	平均	S.E.	平均	S.E.	平均	S.E.	平均	S.E.
フランドル（ベルギー）	322.0	(15.6)	24.3	(0.6)	13.8	(0.9)	17.1	(0.8)	8.9	(0.3)
ブエノスアイレス（アルゼンチン）	377.3	(8.8)	33.6	(1.1)	13.0	(0.7)	13.1	(1.2)	7.0	(0.3)
デンマーク	424.2	(16.6)	34.3	(1.6)	12.6	(0.4)	4.7	(0.4)	6.2	(0.2)
イングランド（イギリス）	298.0	(12.3)	15.2	(0.6)	20.7	(0.4)	1.7	(0.3)	2.6	(0.1)
フランス	167.9	(5.4)	8.3	(0.4)	21.7	(1.7)	4.6	(0.3)	7.5	(0.3)
日本	321.2	(5.7)	18.6	(0.3)	15.3	(0.3)	6.9	(0.3)	5.3	(0.1)
韓国	449.1	(24.3)	25.1	(1.1)	15.3	(0.7)	7.9	(0.7)	3.3	(0.2)
スペイン	382.4	(20.2)	26.8	(1.0)	13.2	(0.4)	10.7	(0.6)	5.6	(0.2)
スウェーデン	258.2	(14.3)	22.5	(1.1)	12.0	(0.6)	3.6	(0.3)	7.8	(0.4)
台湾	451.4	(8.6)	32.8	(0.7)	12.0	(0.7)	10.1	(0.7)	2.4	(0.1)
トルコ	377.6	(30.1)	17.5	(1.2)	20.1	(1.4)	14.7	(0.8)	6.5	(0.3)
アラブ首長国連邦	1038.7	(24.8)	74.4	(1.4)	13.5	(0.2)	10.1	(0.9)	5.3	(0.2)
ベトナム	496.6	(11.5)	23.9	(0.4)	21.1	(0.9)	20.6	(0.6)	7.4	(0.2)
オーストラリア	390.7	(19.1)	26.3	(1.6)	15.5	(0.3)	4.0	(0.4)	3.7	(0.1)
オランダ	238.0	(5.4)	16.9	(0.4)	14.0	(0.2)	8.3	(0.5)	7.4	(0.3)

1．このデータは校長の回答によるもので、各国の学校レベルの平均のデータを表している。学校での教育提供は各 ISCED レベルを超える場合がある（例：義務教育学校）。よって、小学校の教員又は児童のみに当てはまらない場合がある。

2．「教員１人当たりの児童数」は校長の回答に基づく。各国の学校ごとの教員１人当たりの児童数の平均で計算されているため、この表により算出される平均とは異なる可能性がある。

表 3.10.3［1/2］　学級の大きさ（中学校）

中学校教員の回答に基づく

国　名	対象学級での生徒数[1] 平均値	
	平均	S.E.
アルバータ（カナダ）	23.7	(0.8)
オーストラリア	23.4	(0.2)
オーストリア	20.6	(0.1)
ベルギー	19.0	(0.2)
フランドル（ベルギー）	18.0	(0.2)
ブラジル	29.9	(0.5)
ブルガリア	20.8	(0.3)
ブエノスアイレス（アルゼンチン）	26.4	(0.6)
チリ	33.1	(0.7)
コロンビア	37.4	(0.6)
クロアチア	18.6	(0.3)
キプロス	21.2	(0.4)
チェコ	21.8	(0.2)
デンマーク	22.2	(0.2)
イングランド（イギリス）	24.5	(0.3)
エストニア	17.0	(0.2)
フィンランド	18.1	(0.3)
フランス	26.0	(0.2)
ジョージア	16.7	(0.4)
ハンガリー	19.9	(0.3)
アイスランド	20.4	(0.3)
イスラエル	27.7	(0.3)
イタリア	21.5	(0.2)
日本	30.4	(0.3)
カザフスタン	18.1	(0.3)
韓国	26.2	(0.3)

1．これらのデータは、教員の回答に基づいており、毎週の時間割から無作為に選択された、現在指導している学級に関するものである。

表 3.10.3［2/2］　学級の大きさ（中学校）

中学校教員の回答に基づく

国　名	対象学級での生徒数[1] 平均値	
	平均	S.E.
ラトビア	18.8	(0.3)
リトアニア	19.1	(0.3)
マルタ	18.3	(0.4)
メキシコ	32.5	(0.6)
オランダ	24.4	(0.3)
ニュージーランド	25.1	(0.4)
ノルウェー	22.9	(0.4)
ポルトガル	22.2	(0.2)
ルーマニア	21.7	(0.3)
ロシア	20.2	(0.5)
サウジアラビア	28.3	(0.6)
上海（中国）	34.8	(0.4)
シンガポール	32.8	(0.2)
スロバキア	19.4	(0.1)
スロベニア	19.1	(0.2)
南アフリカ共和国	41.0	(1.0)
スペイン	25.1	(0.3)
スウェーデン	22.7	(0.4)
台湾	25.2	(0.3)
トルコ	26.9	(0.3)
アラブ首長国連邦	28.2	(0.2)
アメリカ	27.7	(0.7)
ベトナム	33.1	(0.4)
OECD31か国平均	23.8	(0.1)
EU23か国全体	23.0	(0.1)
TALIS 参加 48 か国平均	24.5	(0.1)

第4章

教職の魅力

要 旨

本章は、参加国における、教職になる際の動機、教員や校長の学歴、教員や校長が受けた公的な教育や研修、授業の準備状況についての教員の受け止め方、勤務経験と仕事時間及び指導時間との関連、校内指導（メンタリング）、仕事に対する満足度等に関する情報を示す。以下に今回の調査で得られた日本に関する主な知見をまとめる。

■日本の中学校教員が、教員になる際の動機として「非常に重要」又は「ある程度重要」だったと回答した割合は、「教職に就けば、子供や若者の成長に影響を与えられるということ」が最も高く89.0%である。この項目は参加国平均においても最も高い割合（93.2%）を示している。日本の中学校教員については、その次に「安定した職業であること」（85.6%）、「確実な収入が得られること」（84.8%）となっており、日本では、職業の安定性や確実な収入を得られることが教員になる動機として重視されている。

■教職が第一志望の職業[1]だったとする日本の中学校教員の割合は8割以上である。男女別に見ると参加国平均では男性教員が61.9%、女性教員は71.6%であるが、日本では、男性教員が83.4%であるのに対し、女性教員は78.9%で、男性教員が女性教員より4.5ポイント高い。

■日本の中学校教員、小学校教員、中学校校長及び小学校校長の最終学歴は、ISCED 6（学士相当レベル）が8割以上を占めるが、ISCED 7（修士相当レベル）、ISCED 8（博士相当レベル）の占める割合は、ともに参加国平均より低い。

■中学校教員が今までに受けた公的な教育や研修の上位4項目には、「担当するいくつか又は全ての教科の内容」「担当するいくつかまたは全ての教科の指導法」「自分の担当するいくつか又は全ての教科の指導実践（教育実習、インターシップ）」「一般の指導法」であり、参加国平均においても日本でも同様な傾向にある。しかし、日本では、これらの項目に続き、「生徒の行動と学級経営」（81.2%）、「生徒の発達や学習の観察・みとり」（79.9%）の回答が多く、この2項目は参加国平均より日本の方が高い割合である。このように、日本の中学校では、教員が受けた公的な教育や研修内容に、教科の指導法、教科の内容、教科の指導実践について含まれる割合が高く、授業でそれらを行う準備ができたと回答している割合も高い。反対に「多文化又は多言語環境における指導」「教科横断的なスキルの指導（例：創造性、批判的思考、問題解決）」については、公的な教育や研修の内容に含まれている割合も低く、授業の準

1　職業：TALIS 2018年調査では「『職業』とは、あなたの生涯にわたる仕事になると考えられる、報酬を伴う仕事」と定義している。

備について「非常に良くできた」「できた」という回答もまた低い。

- 日本における初任者研修[2]（教員の新たな赴任校における研修）の内容は、小学校・中学校とも、「他の新任者との交流及び連携」「校長や経験豊富な教員による監督指導」の機会が高い割合で設けられている。一方で、「オンライン上の活動（例：バーチャルコミュニティ）」や「オンライン上の講座やセミナー」等が含まれるという回答は参加国平均と比べて特に低い。
- 日本の中学校教員は参加国平均と比較すると、「教職は社会的に高く評価されていると思う」と感じている割合が高く、「他の職業を選んでいた方が良かったかもしれない」と思っている割合が低いが、「現在の学校での自分の仕事の成果に満足している」割合は低い。

2　初任者研修：TALIS 2018 年調査では「『初任者研修』とは、初任者に対する教職への導入を支援したり、又は経験がある教員に対する新しい赴任校への導入を支援したりする研修のことです。それらは、公式に体系化されたものである場合と、非公式なものがあります。」と定義している。

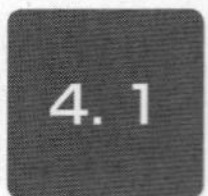

4.1 教員になる際の動機

本節では、教員という職業を選ぶにあたりどのようなことに魅力を感じたのか、教員になる際に重要だと感じた動機について述べる。また、回答した教員自身の勤務経験によってそれらが異なるのかを比較する。

TALIS 2018 年調査では、教員になる動機として７つの項目を挙げ、どの程度重要だったのかを尋ね、教員は「非常に重要」「ある程度重要」「あまり重要ではない」「全く重要ではない」から選択して回答した。

図 4.1.1 は、中学校の教員になる際に重要と感じた動機について、「ある程度重要」「非常に重要」と回答した割合の OECD31 か国の平均を表している。全ての項目が６割を超えており、その中で最も高かった項目が「教職に就けば、子供や若者の成長に影響を与えられるということ」(92.3％)、次に「教職に就けば、社会に貢献できるということ」(88.2％)、続いて「教職に就けば、社会的弱者への手助けができるということ」(74.7％) である。

図 4.1.1　教員になる際に重要と感じた動機（中学校、OECD31か国平均）

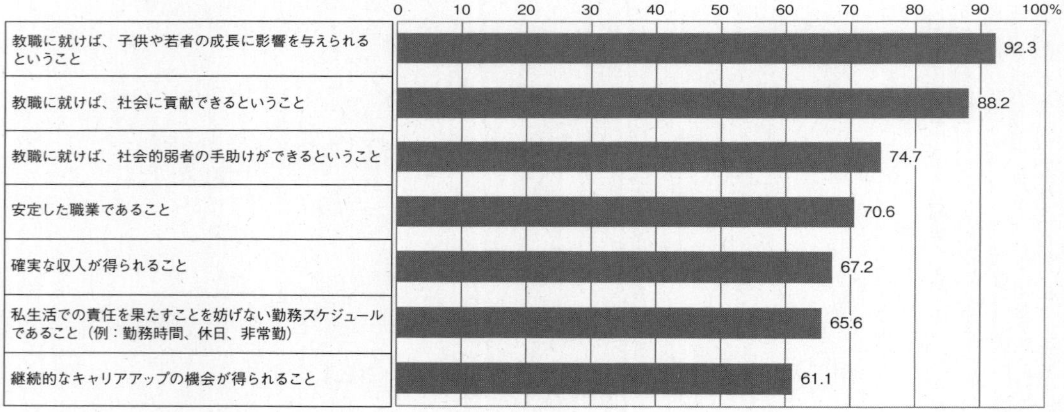

0
10
20
30
40
50
60
70
80
90
100%
教職に就けば、子供や若者の成長に影響を与えられるということ
92.3
教職に就けば、社会に貢献できるということ
88.2
教職に就けば、社会的弱者の手助けができるということ
74.7
安定した職業であること
70.6
確実な収入が得られること
67.2
私生活での責任を果たすことを妨げない勤務スケジュールであること（例：勤務時間、休日、非常勤）
65.6
継続的なキャリアアップの機会が得られること
61.1

表 4.1.1 は TALIS 参加 48 か国において、中学校教員が教員になる動機７項目それぞれがどの程度重要だったのか、各項目について「ある程度重要」「非常に重要」と回答した割合を表している。７項目のうち、参加国平均が特に高かった項目は、「教職に就けば、子供や若者の成長に影響を与えられるということ」(93.2%)、「教職に就けば、社会に貢献できるということ」(90.4%)、「教職に就けば、社会的弱者の手助けができるということ」(78.2%) で、先に挙げた OECD31 か国平均と同様な傾向である。

日本においては、中学校教員が動機として最も高く位置づけたのは「教職に就けば、子供や若者の成長に影響を与えられるということ」(89.0%) であり、二番目に高い動機は「安定した職業であること」(85.6%)、次いで「確実な収入が得られること」(84.8%) である。また表 4.1.2 によれば、日本の小学校教員は「安定した職業であること」(91.1%) を最も重要な動機として回答しており、次いで「確実な収入が得られること」(89.0%) が高くなっている。

中学校教員において、「安定した職業であること」の割合が高い国は、台湾 (94.4%)、ジョージア (93.6%)、ラトビア (93.4%)、上海 (中国) (93.2%) で、「確実な収入が得られること」の割合が高い国は、台湾 (96.6%)、サウジアラビア (91.1%)、ラトビア (90.3%) である。

表 4.1.1 ではさらに、教員を職業として選んだ際の動機７項目について、「勤務経験５年以下」の教員と「勤務経験５年を超える」教員がそれぞれ回答した割合を比較している。

日本の中学校教員において勤務経験によって顕著な差が出たのは、差が大きい順に「教職に就けば、社会的弱者の手助けができるということ」(５年以下 60.4%、５年を超える 67.9%)、「教職に就けば、社会に貢献できるということ」(５年以下 75.8%、５年を超える 83.2%) である。これらはいずれも統計的に有意な差である。特に「教職に就けば、社会的弱者の手助けができる」と考える教員は参加国平均では５年以下の教員が５年を超える教員に比べて多くなっているが、日本はこれと逆の傾向である。

表 4.1.1 [1/3] 教員になる際に重要と感じた動機（中学校）

中学校教員の回答に基づく

国　名	教員になる際に「非常に重要」又は「ある程度重要」と回答した項目																	
	継続的なキャリアアップの機会が得られること						確実な収入が得られること						安定した職業であること					
	全体		勤務経験5年以下		勤務経験が5年を超える		全体		勤務経験5年以下		勤務経験が5年を超える		全体		勤務経験5年以下		勤務経験が5年を超える	
	%	S.E.	%	S.E.	%	S.E.	%	S.E.	%	S.E.	%	S.E.	%	S.E.	%	S.E.	%	S.E.
アルバータ（カナダ）	89.5	(0.9)	90.3	(2.1)	89.2	(1.0)	89.0	(0.9)	90.1	(2.3)	88.6	(1.1)	88.0	(1.0)	86.6	(1.9)	88.4	(1.2)
オーストラリア	79.5	(0.8)	79.9	(1.8)	79.4	(0.9)	82.0	(0.7)	80.4	(1.8)	82.5	(0.9)	83.1	(0.8)	79.7	(1.8)	84.0	(0.9)
オーストリア	32.2	(0.7)	44.8	(1.7)	27.7	(1.0)	57.1	(0.8)	66.2	(1.4)	53.8	(0.9)	58.8	(0.8)	66.4	(1.3)	56.1	(1.0)
ベルギー	66.5	(0.7)	65.3	(1.6)	66.8	(0.8)	69.9	(0.7)	69.5	(1.3)	70.0	(0.8)	65.1	(0.8)	63.1	(1.6)	65.7	(0.8)
フランドル（ベルギー）	69.4	(0.9)	65.8	(2.2)	70.2	(1.0)	75.1	(0.8)	75.2	(1.7)	75.0	(0.9)	62.3	(1.0)	56.2	(2.2)	63.8	(1.0)
ブラジル	76.5	(1.1)	75.0	(2.6)	76.7	(1.2)	69.6	(1.2)	61.9	(3.0)	70.7	(1.2)	74.4	(1.1)	67.6	(2.9)	75.6	(1.1)
ブルガリア	62.1	(1.4)	65.5	(2.7)	60.9	(1.6)	45.9	(1.1)	49.6	(2.7)	44.6	(1.2)	74.4	(0.9)	70.2	(2.3)	75.3	(1.0)
ブエノスアイレス（アルゼンチン）	40.3	(1.3)	45.0	(4.5)	39.5	(1.5)	36.7	(1.2)	41.3	(3.1)	35.8	(1.3)	29.5	(1.0)	34.1	(3.4)	28.7	(1.2)
チリ	57.1	(1.2)	52.2	(2.2)	58.9	(1.5)	45.2	(1.4)	42.2	(2.3)	46.3	(1.8)	52.5	(1.3)	48.1	(2.4)	54.1	(1.7)
コロンビア	74.8	(1.4)	64.9	(3.4)	76.7	(1.5)	70.4	(1.5)	59.4	(3.4)	72.5	(1.5)	68.7	(1.4)	58.3	(3.7)	70.8	(1.6)
クロアチア	59.8	(1.1)	51.6	(2.4)	61.8	(1.0)	58.1	(1.1)	55.7	(2.5)	58.8	(1.1)	61.1	(1.2)	56.3	(2.4)	62.3	(1.2)
キプロス	81.4	(1.3)	79.4	(3.8)	81.6	(1.4)	82.6	(1.2)	77.0	(3.5)	83.2	(1.4)	80.1	(1.2)	73.2	(4.6)	80.8	(1.5)
チェコ	55.9	(1.0)	60.3	(1.8)	54.9	(1.1)	60.4	(0.9)	66.4	(1.9)	59.1	(1.0)	60.4	(0.9)	59.3	(2.4)	60.7	(1.0)
デンマーク	32.0	(0.9)	34.3	(2.5)	31.5	(1.1)	44.7	(1.2)	44.9	(2.9)	44.7	(1.2)	43.6	(1.1)	42.8	(2.6)	43.9	(1.4)
イングランド（イギリス）	81.8	(0.9)	84.3	(1.4)	80.9	(1.0)	85.9	(0.8)	84.9	(1.5)	86.1	(0.9)	86.7	(0.8)	87.0	(1.5)	86.6	(0.9)
エストニア	63.0	(1.3)	68.6	(2.3)	62.0	(1.4)	79.8	(1.0)	79.8	(1.9)	79.8	(1.1)	81.8	(0.9)	80.6	(1.9)	82.0	(1.1)
フィンランド	73.0	(1.0)	63.8	(2.4)	75.0	(1.1)	74.8	(0.9)	68.9	(2.6)	76.0	(1.2)	71.5	(0.8)	59.3	(2.7)	74.0	(1.0)
フランス	72.4	(0.9)	75.1	(1.9)	71.9	(1.1)	70.4	(0.9)	71.2	(2.3)	70.3	(1.0)	65.2	(1.0)	62.9	(2.2)	65.6	(1.1)
ジョージア	86.6	(0.8)	88.3	(1.7)	86.3	(0.8)	87.9	(0.7)	86.9	(1.8)	88.0	(0.8)	93.6	(0.5)	91.5	(1.4)	93.8	(0.5)
ハンガリー	28.3	(1.0)	39.9	(3.2)	26.7	(0.9)	50.1	(1.1)	55.2	(2.8)	49.4	(1.2)	64.1	(1.1)	60.6	(3.2)	64.6	(1.2)
アイスランド	29.2	(1.4)	32.7	(3.4)	28.3	(1.5)	36.0	(1.4)	37.6	(3.3)	35.8	(1.5)	60.5	(1.4)	61.3	(3.4)	60.7	(1.4)
イスラエル	70.7	(1.1)	70.9	(2.3)	70.7	(1.3)	49.2	(1.0)	44.4	(2.2)	50.8	(1.2)	69.9	(1.1)	69.6	(2.5)	70.1	(1.2)
イタリア	58.3	(0.9)	54.2	(2.3)	59.2	(0.9)	55.2	(0.9)	59.0	(2.2)	54.4	(0.9)	54.8	(0.9)	49.7	(2.4)	55.8	(0.9)
日本	49.6	(1.0)	52.5	(2.0)	48.9	(1.0)	84.8	(0.7)	85.6	(1.2)	84.7	(0.8)	85.6	(0.6)	85.9	(1.3)	85.6	(0.7)
カザフスタン	69.6	(1.0)	75.5	(1.4)	67.8	(1.1)	84.1	(0.7)	84.9	(1.2)	83.8	(0.8)	90.9	(0.5)	90.8	(1.0)	90.9	(0.6)
韓国	74.7	(0.9)	73.5	(1.7)	75.1	(1.0)	79.8	(0.8)	80.0	(1.8)	80.0	(0.8)	88.2	(0.6)	85.5	(1.6)	89.0	(0.6)
ラトビア	71.7	(1.0)	77.2	(4.7)	71.0	(1.1)	90.3	(0.7)	88.8	(1.9)	90.5	(0.8)	93.4	(0.6)	83.2	(2.1)	95.1	(0.6)
リトアニア	58.6	(1.0)	62.2	(3.9)	58.3	(1.1)	71.8	(0.9)	64.7	(4.1)	72.4	(0.9)	81.9	(0.7)	74.0	(3.7)	82.5	(0.7)
マルタ	82.8	(1.2)	82.9	(2.0)	82.8	(1.3)	70.2	(1.3)	66.1	(2.5)	71.7	(1.4)	87.1	(1.0)	84.5	(1.9)	88.0	(1.2)
メキシコ	84.9	(0.9)	84.6	(2.1)	85.0	(0.9)	80.8	(0.9)	79.8	(1.7)	81.1	(1.1)	79.4	(0.9)	74.3	(1.9)	81.0	(1.0)
オランダ	40.2	(2.0)	46.4	(3.1)	39.0	(2.1)	43.4	(1.7)	50.6	(3.4)	42.0	(2.0)	39.2	(1.7)	43.5	(3.8)	38.4	(2.0)
ニュージーランド	73.7	(1.2)	74.9	(2.5)	73.3	(1.3)	79.6	(1.1)	73.0	(2.9)	81.4	(1.2)	81.2	(1.1)	77.0	(2.6)	82.4	(1.1)
ノルウェー	52.4	(0.9)	60.6	(1.8)	50.2	(1.1)	63.3	(1.1)	68.5	(1.8)	61.9	(1.3)	69.3	(1.0)	74.3	(1.7)	67.9	(1.2)
ポルトガル	72.1	(0.8)	50.7	(4.9)	72.9	(0.9)	68.5	(0.8)	55.9	(5.0)	69.0	(0.8)	69.8	(0.8)	38.9	(4.9)	70.8	(0.8)
ルーマニア	88.4	(0.7)	78.6	(3.5)	90.0	(0.7)	75.8	(0.8)	70.2	(2.7)	76.9	(0.9)	75.5	(0.9)	70.2	(2.5)	76.3	(1.0)
ロシア	55.8	(1.4)	63.6	(2.0)	53.7	(1.6)	73.5	(1.2)	77.1	(1.9)	72.5	(1.4)	86.6	(0.9)	86.0	(1.9)	86.8	(1.1)
サウジアラビア	89.5	(0.7)	86.7	(2.2)	90.1	(0.8)	91.1	(0.6)	87.3	(1.6)	91.9	(0.7)	89.8	(0.7)	85.8	(2.0)	90.7	(0.9)
上海（中国）	94.6	(0.5)	95.7	(0.9)	94.3	(0.5)	88.3	(0.5)	88.3	(1.3)	88.4	(0.6)	93.2	(0.4)	93.6	(0.9)	93.1	(0.5)
シンガポール	82.9	(0.7)	80.9	(1.3)	83.7	(0.9)	89.3	(0.6)	87.6	(1.2)	90.0	(0.7)	86.8	(0.7)	85.7	(1.2)	87.2	(0.8)
スロバキア	33.3	(1.0)	37.4	(2.5)	32.4	(1.1)	53.6	(1.1)	51.5	(2.7)	53.9	(1.2)	72.7	(0.9)	72.4	(2.2)	72.7	(1.0)
スロベニア	52.6	(1.2)	54.1	(2.9)	52.3	(1.3)	50.7	(1.3)	53.9	(3.1)	49.9	(1.4)	56.3	(1.3)	55.9	(3.1)	56.4	(1.3)
南アフリカ共和国	89.7	(1.1)	87.9	(2.4)	90.4	(1.2)	77.2	(1.5)	71.2	(3.0)	79.4	(1.7)	82.4	(1.5)	77.4	(3.6)	84.3	(1.5)
スペイン	67.1	(0.7)	65.2	(1.8)	67.5	(0.7)	64.5	(1.1)	62.1	(2.0)	64.9	(1.2)	58.1	(1.3)	50.8	(2.8)	59.6	(1.3)
スウェーデン	49.8	(1.0)	58.9	(2.5)	47.7	(1.2)	65.5	(1.2)	67.3	(2.4)	65.0	(1.5)	70.2	(1.1)	74.3	(2.3)	69.2	(1.4)
台湾	95.9	(0.4)	93.6	(1.2)	96.2	(0.4)	96.6	(0.3)	93.7	(1.2)	97.0	(0.3)	94.4	(0.4)	91.1	(1.2)	94.9	(0.4)
トルコ	65.4	(1.0)	67.7	(1.9)	64.3	(1.0)	84.6	(0.6)	84.7	(1.3)	84.5	(0.7)	84.5	(0.7)	83.1	(1.3)	85.2	(0.7)
アラブ首長国連邦	92.2	(0.3)	90.4	(1.0)	92.6	(0.3)	86.3	(0.5)	83.2	(1.5)	86.9	(0.5)	88.6	(0.4)	88.1	(1.1)	88.7	(0.5)
アメリカ	83.7	(1.3)	79.7	(1.8)	85.0	(1.6)	81.6	(1.5)	78.8	(4.5)	82.5	(1.2)	82.7	(1.3)	81.2	(4.2)	83.1	(1.2)
ベトナム	97.7	(0.4)	97.2	(0.9)	97.8	(0.4)	85.7	(1.0)	81.4	(2.1)	86.1	(1.0)	88.2	(0.9)	87.3	(2.3)	88.3	(0.9)
OECD31か国平均	61.1	(0.2)	62.2	(0.5)	60.7	(0.2)	67.2	(0.2)	66.6	(0.5)	67.2	(0.2)	70.6	(0.2)	67.4	(0.5)	71.0	(0.2)
EU23か国全体	63.8	(0.3)	64.2	(0.7)	63.5	(0.3)	65.8	(0.3)	66.2	(0.7)	65.5	(0.3)	65.5	(0.3)	62.0	(0.8)	65.9	(0.3)
TALIS 参加 48 か国平均	67.5	(0.1)	68.0	(0.4)	67.3	(0.2)	70.5	(0.1)	69.4	(0.4)	70.6	(0.2)	74.3	(0.1)	71.3	(0.4)	74.7	(0.2)

表 4.1.1［2/3］ 教員になる際に重要と感じた動機（中学校）

中学校教員の回答に基づく

国名	教員になる際に「非常に重要」又は「ある程度重要」と回答した項目											
	私生活での責任を果たすことを妨げない勤務スケジュールであること（例：勤務時間、休日、非常勤）						教職に就けば、子供や若者の成長に影響を与えられるということ					
	全体		勤務経験5年以下		勤務経験が5年を超える		全体		勤務経験5年以下		勤務経験が5年を超える	
	%	S.E.	%	S.E.	%	S.E.	%	S.E.	%	S.E.	%	S.E.
アルバータ（カナダ）	67.8	(2.5)	70.8	(2.7)	67.0	(2.9)	98.8	(0.4)	98.9	(0.6)	98.8	(0.4)
オーストラリア	66.1	(1.1)	67.5	(1.9)	65.7	(1.3)	96.0	(0.4)	96.4	(0.9)	95.8	(0.4)
オーストリア	49.0	(0.9)	55.9	(1.5)	46.5	(1.1)	95.6	(0.3)	96.9	(0.6)	95.1	(0.4)
ベルギー	61.9	(0.8)	64.2	(1.6)	61.4	(0.8)	95.5	(0.3)	96.6	(0.6)	95.2	(0.3)
フランドル（ベルギー）	62.7	(1.2)	64.4	(2.3)	62.3	(1.1)	96.7	(0.3)	98.0	(0.6)	96.3	(0.4)
ブラジル	67.1	(1.1)	61.2	(3.5)	68.0	(1.1)	95.4	(0.5)	95.4	(1.2)	95.4	(0.5)
ブルガリア	69.7	(1.1)	69.6	(2.6)	69.8	(1.2)	94.5	(0.6)	96.4	(1.0)	94.1	(0.6)
ブエノスアイレス（アルゼンチン）	36.8	(1.4)	39.5	(3.8)	36.4	(1.7)	86.2	(1.0)	86.4	(2.9)	86.2	(1.0)
チリ	54.3	(1.1)	54.2	(2.3)	54.1	(1.3)	96.7	(0.4)	97.0	(0.7)	96.5	(0.5)
コロンビア	61.2	(1.5)	61.0	(3.8)	61.2	(1.6)	98.2	(0.4)	98.9	(0.6)	98.1	(0.4)
クロアチア	53.0	(1.1)	56.5	(2.0)	52.2	(1.3)	95.3	(0.4)	94.0	(1.6)	95.7	(0.4)
キプロス	79.9	(1.0)	78.0	(3.9)	80.1	(1.1)	94.7	(0.6)	92.5	(2.2)	95.0	(0.6)
チェコ	71.3	(0.9)	77.2	(1.8)	70.0	(0.9)	92.6	(0.5)	92.9	(1.1)	92.6	(0.6)
デンマーク	61.1	(1.3)	53.6	(3.2)	62.8	(1.3)	94.2	(0.6)	94.9	(1.1)	94.0	(0.7)
イングランド（イギリス）	64.5	(1.2)	64.0	(2.1)	64.4	(1.4)	97.2	(0.4)	97.9	(0.8)	97.1	(0.5)
エストニア	81.7	(0.8)	82.1	(2.3)	81.7	(0.9)	87.5	(0.8)	91.9	(1.3)	86.8	(0.8)
フィンランド	70.1	(0.9)	72.7	(2.3)	69.6	(1.1)	82.7	(0.8)	89.0	(1.4)	81.4	(0.9)
フランス	62.1	(0.9)	63.7	(2.2)	61.8	(1.0)	92.1	(0.5)	91.2	(1.6)	92.2	(0.5)
ジョージア	91.1	(0.7)	88.2	(1.8)	91.3	(0.7)	97.0	(0.4)	96.9	(0.8)	97.1	(0.5)
ハンガリー	63.1	(0.9)	66.8	(2.6)	62.6	(0.9)	92.7	(0.5)	91.0	(1.7)	92.9	(0.6)
アイスランド	69.7	(1.3)	66.7	(3.2)	70.4	(1.5)	78.7	(1.2)	83.4	(2.4)	77.4	(1.3)
イスラエル	74.6	(1.1)	75.8	(1.6)	74.2	(1.3)	96.7	(0.4)	96.5	(0.9)	96.9	(0.5)
イタリア	54.5	(1.0)	54.5	(2.5)	54.3	(1.0)	78.5	(0.7)	86.3	(1.4)	76.8	(0.9)
日本	54.2	(0.9)	54.9	(1.8)	53.9	(1.1)	89.0	(0.6)	91.4	(1.0)	88.4	(0.7)
カザフスタン	78.0	(0.8)	75.9	(1.4)	78.7	(0.9)	93.9	(0.4)	93.1	(0.9)	94.2	(0.5)
韓国	84.3	(0.7)	87.5	(1.6)	83.5	(0.7)	88.4	(0.6)	89.6	(1.4)	88.1	(0.7)
ラトビア	86.5	(0.8)	84.9	(5.2)	86.8	(0.8)	93.2	(0.6)	94.0	(1.6)	93.1	(0.6)
リトアニア	76.1	(0.8)	79.0	(2.6)	75.9	(0.9)	91.4	(0.4)	92.0	(1.6)	91.4	(0.4)
マルタ	84.0	(1.2)	82.7	(1.6)	84.4	(1.4)	96.3	(0.5)	97.3	(0.7)	95.9	(0.7)
メキシコ	73.9	(0.9)	74.8	(1.8)	73.7	(1.1)	98.8	(0.2)	99.0	(0.4)	98.7	(0.3)
オランダ	40.6	(2.0)	38.7	(3.8)	41.2	(2.2)	86.1	(1.4)	89.4	(2.5)	85.5	(1.4)
ニュージーランド	65.5	(1.2)	64.8	(3.1)	65.8	(1.5)	95.8	(0.5)	97.8	(0.8)	95.4	(0.6)
ノルウェー	65.7	(0.8)	65.1	(1.6)	65.8	(1.0)	88.9	(0.5)	93.2	(0.9)	87.6	(0.6)
ポルトガル	60.6	(0.9)	54.1	(4.8)	60.8	(0.9)	94.0	(0.4)	96.0	(1.8)	93.9	(0.4)
ルーマニア	82.9	(0.7)	83.3	(2.2)	82.8	(0.8)	98.1	(0.2)	96.9	(1.5)	98.2	(0.3)
ロシア	80.1	(1.2)	79.0	(2.2)	80.5	(1.4)	88.1	(0.7)	89.9	(1.4)	87.6	(0.8)
サウジアラビア	82.5	(1.0)	79.3	(2.3)	83.5	(1.0)	94.0	(0.6)	91.0	(1.6)	94.9	(0.5)
上海（中国）	89.7	(0.5)	94.3	(0.8)	88.8	(0.6)	93.3	(0.4)	94.5	(0.9)	93.1	(0.5)
シンガポール	76.9	(0.9)	70.3	(1.4)	79.6	(1.0)	97.8	(0.3)	97.6	(0.5)	97.9	(0.3)
スロバキア	71.3	(0.9)	76.6	(2.0)	70.3	(1.0)	93.2	(0.5)	90.1	(1.6)	93.8	(0.5)
スロベニア	38.9	(1.2)	45.1	(2.9)	37.5	(1.2)	88.8	(0.8)	90.1	(1.6)	88.5	(0.8)
南アフリカ共和国	78.2	(1.6)	79.3	(2.5)	77.7	(1.7)	98.1	(0.4)	98.2	(1.2)	98.2	(0.4)
スペイン	62.7	(1.0)	63.7	(1.6)	62.5	(1.1)	88.6	(0.6)	92.5	(1.1)	87.8	(0.7)
スウェーデン	59.7	(1.0)	64.4	(2.4)	58.5	(1.1)	93.5	(0.6)	93.2	(1.3)	93.5	(0.6)
台湾	93.0	(0.5)	88.6	(1.6)	93.5	(0.5)	94.0	(0.4)	93.5	(1.2)	94.0	(0.5)
トルコ	83.4	(0.8)	86.2	(1.4)	82.1	(0.8)	97.8	(0.3)	98.6	(0.5)	97.5	(0.3)
アラブ首長国連邦	85.0	(0.5)	83.3	(1.4)	85.3	(0.5)	97.5	(0.2)	97.2	(0.5)	97.6	(0.2)
アメリカ	77.2	(1.7)	75.9	(2.1)	77.6	(2.0)	98.7	(0.3)	99.4	(0.3)	98.5	(0.3)
ベトナム	96.6	(0.5)	96.1	(1.4)	96.6	(0.4)	98.8	(0.2)	98.6	(1.0)	98.9	(0.2)
OECD31か国平均	65.6	(0.2)	66.7	(0.5)	65.3	(0.2)	92.3	(0.1)	93.7	(0.2)	91.9	(0.1)
EU23か国全体	61.9	(0.3)	62.8	(0.7)	61.6	(0.4)	90.7	(0.2)	92.6	(0.4)	90.3	(0.2)
TALIS参加48か国平均	70.0	(0.2)	70.2	(0.4)	69.8	(0.2)	93.2	(0.1)	94.1	(0.2)	93.0	(0.1)

表 4.1.1 [3/3] 教員になる際に重要と感じた動機（中学校）

中学校教員の回答に基づく

国名	教員になる際に「非常に重要」又は「ある程度重要」と回答した項目											
	教職に就けば、社会的弱者の手助けができるということ						教職に就けば、社会に貢献できるということ					
	全体		勤務経験5年以下		勤務経験が5年を超える		全体		勤務経験5年以下		勤務経験が5年を超える	
	%	S.E.	%	S.E.	%	S.E.	%	S.E.	%	S.E.	%	S.E.
アルバータ（カナダ）	77.8	(2.2)	80.1	(3.4)	77.0	(2.3)	94.7	(1.1)	96.6	(1.1)	94.1	(1.3)
オーストラリア	79.8	(0.7)	84.3	(1.3)	78.3	(1.0)	92.6	(0.5)	93.7	(1.0)	92.2	(0.6)
オーストリア	75.3	(0.7)	77.0	(1.5)	74.7	(0.8)	87.1	(0.6)	88.8	(1.1)	86.5	(0.7)
ベルギー	70.3	(0.8)	73.7	(1.6)	69.4	(0.9)	86.3	(0.6)	89.0	(1.0)	85.6	(0.7)
フランドル（ベルギー）	77.0	(1.0)	80.0	(2.0)	76.2	(1.1)	91.9	(0.5)	94.0	(1.0)	91.5	(0.6)
ブラジル	93.7	(0.6)	91.7	(1.9)	94.0	(0.6)	97.2	(0.3)	96.6	(1.2)	97.3	(0.4)
ブルガリア	64.5	(1.0)	70.9	(2.1)	62.9	(1.2)	92.3	(0.6)	95.2	(1.0)	91.6	(0.8)
ブエノスアイレス（アルゼンチン）	74.6	(1.1)	75.6	(3.9)	74.5	(1.2)	91.5	(0.8)	89.6	(2.0)	92.1	(0.8)
チリ	94.4	(0.7)	95.8	(1.0)	93.8	(0.7)	97.8	(0.4)	98.5	(0.6)	97.5	(0.4)
コロンビア	95.8	(0.7)	95.8	(1.2)	95.8	(0.7)	98.8	(0.3)	98.8	(0.6)	98.8	(0.3)
クロアチア	79.6	(0.7)	79.6	(1.7)	79.6	(0.8)	91.3	(0.5)	89.9	(1.4)	91.7	(0.6)
キプロス	86.4	(1.1)	78.3	(4.1)	87.2	(1.0)	94.6	(0.7)	90.9	(3.1)	95.0	(0.7)
チェコ	67.9	(0.9)	69.2	(1.9)	67.6	(1.1)	89.0	(0.6)	90.1	(1.3)	88.7	(0.6)
デンマーク	64.1	(1.2)	67.7	(2.9)	63.3	(1.3)	75.7	(1.1)	78.0	(2.2)	75.2	(1.2)
イングランド（イギリス）	81.4	(1.2)	88.5	(1.7)	79.2	(1.3)	92.5	(0.6)	94.3	(1.1)	92.0	(0.7)
エストニア	62.3	(1.2)	70.6	(2.5)	60.8	(1.4)	81.8	(0.8)	85.3	(1.7)	81.2	(1.0)
フィンランド	59.5	(1.0)	68.7	(2.3)	57.6	(1.1)	65.6	(0.9)	67.7	(2.1)	65.1	(0.9)
フランス	70.3	(0.9)	74.4	(2.7)	69.5	(1.0)	83.1	(0.7)	85.6	(1.6)	82.5	(0.7)
ジョージア	85.4	(1.0)	87.4	(1.6)	85.0	(1.1)	96.4	(0.4)	96.6	(0.9)	96.4	(0.5)
ハンガリー	69.2	(1.3)	72.3	(2.2)	68.7	(1.3)	84.4	(0.9)	85.8	(2.2)	84.3	(0.9)
アイスランド	57.4	(1.4)	68.9	(3.0)	54.3	(1.5)	80.2	(1.2)	85.9	(2.3)	78.7	(1.4)
イスラエル	91.0	(0.8)	89.1	(1.4)	91.7	(0.8)	96.0	(0.4)	95.6	(0.8)	96.2	(0.5)
イタリア	85.8	(0.6)	84.8	(1.6)	85.9	(0.7)	93.8	(0.4)	94.9	(1.1)	93.5	(0.4)
日本	66.3	(0.9)	60.4	(2.0)	67.9	(0.9)	81.6	(0.7)	75.8	(1.9)	83.2	(0.7)
カザフスタン	78.0	(0.7)	77.7	(1.5)	78.1	(0.8)	92.5	(0.5)	91.8	(1.0)	92.8	(0.5)
韓国	72.7	(0.8)	74.1	(1.9)	72.5	(1.0)	79.7	(0.9)	78.1	(1.8)	80.2	(1.0)
ラトビア	80.0	(1.0)	80.9	(2.8)	79.9	(1.2)	92.6	(0.5)	93.3	(1.6)	92.5	(0.5)
リトアニア	71.5	(0.9)	77.1	(2.8)	71.1	(0.9)	85.5	(0.6)	83.3	(2.7)	85.7	(0.6)
マルタ	84.2	(0.9)	86.1	(2.1)	83.5	(1.2)	92.8	(0.8)	93.5	(1.1)	92.6	(0.9)
メキシコ	93.9	(0.5)	93.9	(1.2)	94.0	(0.6)	98.2	(0.3)	98.7	(0.5)	98.0	(0.3)
オランダ	41.6	(2.3)	41.4	(3.9)	41.5	(2.4)	80.1	(1.5)	79.4	(3.5)	80.3	(1.5)
ニュージーランド	80.4	(1.2)	89.2	(1.8)	78.1	(1.3)	92.5	(0.6)	93.6	(1.2)	92.5	(0.8)
ノルウェー	61.2	(1.0)	70.4	(1.8)	58.5	(1.1)	79.1	(0.7)	85.3	(1.2)	77.3	(0.8)
ポルトガル	90.2	(0.4)	92.0	(2.5)	90.2	(0.4)	93.2	(0.4)	93.0	(2.2)	93.2	(0.5)
ルーマニア	89.0	(0.7)	89.6	(1.7)	88.9	(0.7)	96.0	(0.4)	94.3	(1.7)	96.3	(0.5)
ロシア	80.7	(0.9)	79.8	(2.3)	80.9	(1.0)	90.9	(0.7)	91.2	(1.3)	90.8	(0.8)
サウジアラビア	90.6	(0.7)	88.5	(1.8)	90.8	(0.8)	92.9	(0.6)	91.3	(1.7)	93.0	(0.6)
上海（中国）	80.7	(0.8)	84.4	(1.8)	80.0	(0.9)	92.8	(0.5)	94.5	(1.0)	92.5	(0.6)
シンガポール	88.4	(0.7)	89.5	(1.0)	88.0	(0.9)	95.4	(0.4)	94.5	(0.6)	95.8	(0.5)
スロバキア	61.6	(1.0)	64.0	(2.3)	61.2	(1.1)	92.3	(0.5)	91.9	(1.4)	92.4	(0.6)
スロベニア	60.5	(1.4)	64.0	(2.8)	59.7	(1.4)	86.8	(0.8)	87.7	(1.7)	86.6	(1.0)
南アフリカ共和国	88.6	(1.1)	88.7	(1.8)	88.5	(1.3)	97.1	(0.5)	97.3	(1.2)	97.0	(0.6)
スペイン	79.4	(0.7)	84.1	(1.7)	78.5	(0.8)	90.5	(0.5)	94.8	(0.9)	89.6	(0.6)
スウェーデン	77.7	(0.9)	78.3	(2.1)	77.5	(1.0)	86.8	(0.7)	87.1	(1.9)	86.7	(0.8)
台湾	87.9	(0.6)	87.1	(1.8)	88.0	(0.6)	94.2	(0.4)	93.6	(1.3)	94.3	(0.4)
トルコ	91.1	(0.4)	90.9	(0.9)	91.1	(0.5)	98.3	(0.2)	99.4	(0.2)	97.8	(0.3)
アラブ首長国連邦	90.5	(0.4)	90.0	(1.0)	90.5	(0.4)	97.2	(0.2)	97.0	(0.6)	97.3	(0.2)
アメリカ	83.8	(1.0)	86.1	(2.0)	82.9	(1.3)	96.5	(0.6)	96.9	(1.7)	96.4	(0.5)
ベトナム	95.2	(0.5)	92.7	(1.8)	95.5	(0.4)	98.7	(0.2)	97.3	(1.2)	98.8	(0.2)
OECD31か国平均	74.7	(0.2)	77.7	(0.4)	73.9	(0.2)	88.2	(0.1)	89.3	(0.3)	87.9	(0.1)
EU23か国全体	75.5	(0.3)	78.6	(0.7)	74.8	(0.3)	88.7	(0.2)	90.4	(0.4)	88.4	(0.2)
TALIS 参加 48 か国平均	78.2	(0.1)	80.1	(0.3)	77.7	(0.2)	90.4	(0.1)	90.9	(0.2)	90.2	(0.1)

表 4.1.2　教員になる際に重要と感じた動機（小学校）

小学校教員の回答に基づく

国　名	教員になる際に「非常に重要」又は「ある程度重要」と回答した項目													
	継続的なキャリアアップの機会が得られること		確実な収入が得られること		安定した職業であること		私生活での責任を果たすことを妨げない勤務スケジュールであること（例：勤務時間、休日、非常勤）		教職に就けば、子供や若者の成長に影響を与えられるということ		教職に就けば、社会的弱者の手助けができるということ		教職に就けば、社会に貢献できるということ	
	%	S.E.	%	S.E.	%	S.E.	%	S.E.	%	S.E.	%	S.E.	%	S.E.
フランドル（ベルギー）	69.3	(0.9)	73.0	(0.9)	61.5	(1.1)	59.0	(1.1)	98.7	(0.2)	85.2	(0.7)	94.0	(0.5)
ブエノスアイレス（アルゼンチン）	41.0	(1.2)	33.6	(1.1)	31.1	(1.1)	33.4	(1.2)	90.6	(0.7)	81.8	(1.0)	93.0	(0.7)
デンマーク	34.6	(1.0)	45.4	(1.4)	45.4	(1.3)	60.9	(1.3)	95.2	(0.6)	67.4	(1.2)	77.1	(0.9)
イングランド（イギリス）	80.5	(1.2)	83.8	(1.2)	86.8	(1.1)	59.8	(1.5)	98.6	(0.3)	87.5	(0.9)	93.9	(0.8)
フランス	67.1	(1.8)	64.0	(1.9)	59.4	(1.9)	49.8	(2.1)	97.5	(0.5)	78.1	(1.8)	88.8	(1.1)
日本	52.1	(1.0)	89.0	(0.6)	91.1	(0.5)	67.7	(1.0)	88.4	(0.6)	68.0	(0.9)	81.0	(0.8)
韓国	79.4	(0.9)	85.8	(0.8)	91.9	(0.6)	88.1	(0.7)	88.8	(0.7)	72.6	(0.9)	80.0	(0.8)
スペイン	53.4	(1.1)	47.4	(1.1)	44.0	(1.1)	47.3	(1.2)	92.8	(0.4)	87.4	(0.6)	93.1	(0.4)
スウェーデン	51.2	(1.2)	66.9	(1.2)	71.4	(1.1)	59.6	(1.2)	96.6	(0.5)	86.3	(0.9)	89.7	(0.7)
台湾	96.3	(0.4)	96.6	(0.3)	94.8	(0.4)	93.6	(0.5)	95.0	(0.4)	89.8	(0.5)	94.9	(0.4)
トルコ	65.6	(1.3)	83.7	(1.1)	85.8	(1.1)	84.8	(1.3)	98.0	(0.4)	92.5	(0.8)	98.4	(0.3)
アラブ首長国連邦	91.5	(0.4)	85.8	(0.4)	89.5	(0.4)	85.4	(0.4)	97.9	(0.2)	91.6	(0.4)	97.7	(0.2)
ベトナム	98.2	(0.2)	88.7	(0.6)	91.4	(0.4)	97.9	(0.2)	98.8	(0.2)	97.0	(0.3)	99.4	(0.1)
オーストラリア	79.2	(0.8)	79.3	(0.7)	81.5	(0.7)	57.5	(0.9)	97.9	(0.3)	84.3	(0.7)	94.8	(0.5)
オランダ	32.3	(1.3)	32.8	(1.4)	29.4	(1.4)	27.6	(1.5)	92.5	(0.7)	46.0	(1.3)	86.8	(1.0)

4.2 教職への志望

TALIS 2018 年調査では、「『職業』とは、あなたの生涯にわたる仕事になると考えられる、報酬を伴う仕事」と定義しており、教職が第一志望の職業だったかについて「はい」か「いいえ」のどちらかへの回答を求めている。ここでは、教職が第一志望の職業だったと回答した教員について、性別、年齢（30 歳未満・50 歳以上）、勤務経験年数（５年以下・５年を超える）に分けて表し、比較している。

表 4.2.1 によると、日本の中学校教員は参加国平均と比較して、教職が第一志望の職業だったと回答した割合が高くなっている（日本：81.5%、参加国平均：68.9%）。

教職が第一志望の職業だったという中学校教員の回答の性別による違いを見ると、参加国平均では女性教員の方が高い割合であるが、日本では男性教員の方が高く、逆の傾向である。具体的には、参加国平均では男性教員が 61.9% であるのに対し、女性教員は 71.6% である。日本では、男性教員が 83.4% であるのに対し、女性教員は 78.9% で、男性教員の方が女性教員より 4.5 ポイント高い。このように統計的な有意差を有して男性教員の方が女性教員より高い割合であるのは、参加国において日本だけである。

年齢による比較では、日本・参加国平均ともに 50 歳以上の中学校教員に比べて 30 歳未満の教員の方が、教職が第一志望であったと回答した割合が高い。また、参加国平均では勤務経験５年を超える教員は５年以下の教員に比べて教職が第一志望の職業であったと回答した割合が 8.5 ポイント高いのに対し、日本では両者間に統計的有意差が見られないことも特徴的である。

表 4.2.1　教職が第一志望の職業であったと回答した割合（中学校）

中学校教員の回答に基づく

国　名	教職が第一志望の職業であったと回答した割合													
	全体		性別				年齢				勤務経験年数			
			男性		女性		30 歳未満		50 歳以上		５年以下		５年を超える	
	%	S.E.	%	S.E.	%	S.E.	%	S.E.	%	S.E.	%	S.E.	%	S.E.
アルバータ（カナダ）	67.6	(1.7)	59.9	(2.8)	72.1	(2.1)	79.7	(3.4)	61.5	(4.5)	69.6	(3.2)	67.0	(2.1)
オーストラリア	58.1	(1.1)	50.8	(1.7)	62.6	(1.4)	67.8	(2.0)	58.4	(2.1)	54.3	(2.2)	59.4	(1.3)
オーストリア	65.9	(1.0)	57.4	(1.6)	69.5	(1.2)	67.8	(2.1)	72.4	(1.3)	54.7	(1.7)	69.8	(1.1)
ベルギー	68.3	(0.8)	61.1	(1.6)	71.5	(0.9)	70.8	(1.4)	70.0	(1.8)	60.8	(1.5)	70.3	(0.9)
フランドル（ベルギー）	73.6	(1.0)	67.3	(2.2)	76.2	(1.1)	76.8	(1.9)	72.2	(2.1)	67.4	(2.0)	75.1	(1.1)
ブラジル	65.5	(1.6)	56.2	(2.4)	69.7	(1.8)	64.0	(3.9)	64.9	(2.6)	54.6	(3.1)	67.1	(1.7)
ブルガリア	71.9	(1.1)	62.0	(2.6)	74.5	(1.1)	71.1	(4.2)	74.2	(1.4)	60.0	(2.5)	74.9	(1.1)
ブエノスアイレス（アルゼンチン）	52.7	(1.6)	43.9	(2.1)	56.7	(1.8)	53.5	(4.1)	55.1	(3.8)	38.8	(3.2)	55.7	(2.0)
チリ	66.2	(1.2)	60.9	(2.5)	69.1	(1.4)	68.4	(2.5)	66.0	(2.0)	65.2	(2.1)	66.7	(1.5)
コロンビア	67.3	(1.3)	60.3	(1.8)	72.9	(1.6)	57.3	(4.3)	70.8	(2.0)	55.6	(3.7)	69.6	(1.4)
クロアチア	66.7	(1.4)	53.0	(1.9)	70.6	(1.6)	66.8	(4.2)	69.2	(2.1)	58.1	(4.3)	68.8	(1.2)
キプロス	70.1	(1.6)	52.9	(3.1)	76.2	(1.4)	73.5	(6.6)	70.7	(1.9)	63.6	(4.1)	70.9	(1.5)
チェコ	68.0	(0.8)	62.3	(1.9)	69.8	(0.9)	65.5	(2.5)	73.0	(1.3)	53.6	(2.0)	71.3	(0.9)
デンマーク	61.9	(1.2)	59.6	(2.2)	63.4	(1.5)	74.0	(3.8)	59.3	(2.0)	59.0	(2.4)	62.5	(1.4)
イングランド（イギリス）	58.7	(1.3)	52.9	(2.1)	61.9	(1.6)	73.3	(2.3)	43.2	(2.7)	57.4	(2.5)	59.2	(1.5)
エストニア	64.6	(1.4)	41.5	(2.3)	69.1	(1.4)	53.5	(3.4)	68.7	(1.5)	42.6	(2.6)	68.4	(1.5)
フィンランド	59.3	(1.1)	56.8	(1.8)	60.3	(1.3)	73.6	(4.3)	52.9	(1.7)	59.9	(2.2)	59.2	(1.3)
フランス	69.2	(1.0)	61.8	(1.5)	73.1	(1.1)	71.8	(2.9)	64.1	(2.0)	54.7	(2.7)	72.1	(0.9)
ジョージア	88.5	(0.8)	83.9	(1.7)	89.4	(0.8)	83.1	(3.9)	88.9	(0.9)	84.0	(1.7)	89.2	(0.8)
ハンガリー	78.9	(0.8)	67.8	(1.9)	81.8	(0.9)	74.7	(3.9)	81.6	(1.1)	63.8	(2.8)	80.9	(0.9)
アイスランド	62.3	(1.4)	56.0	(3.0)	64.5	(1.6)	69.1	(6.0)	62.8	(2.4)	60.1	(3.1)	63.1	(1.5)
イスラエル	61.1	(1.2)	53.6	(2.9)	63.6	(1.4)	60.3	(3.1)	61.6	(2.2)	51.4	(2.0)	64.4	(1.4)
イタリア	65.3	(0.9)	52.5	(1.9)	68.9	(0.9)	78.6	(4.1)	70.6	(1.2)	47.4	(2.3)	69.3	(1.0)
日本	81.5	(0.7)	83.4	(0.8)	78.9	(1.1)	85.8	(1.3)	79.2	(1.1)	82.6	(1.5)	81.2	(0.8)
カザフスタン	75.1	(0.8)	71.3	(1.6)	76.2	(0.9)	71.9	(1.7)	78.3	(1.2)	70.9	(1.7)	76.4	(0.9)
韓国	80.1	(0.7)	76.1	(1.5)	82.0	(0.8)	93.6	(1.6)	83.0	(1.2)	77.8	(1.6)	80.8	(0.8)
ラトビア	73.9	(1.1)	55.2	(3.7)	76.1	(1.1)	53.9	(5.8)	77.2	(1.3)	51.9	(4.3)	77.3	(1.2)
リトアニア	79.9	(0.7)	65.9	(2.1)	82.4	(0.7)	69.9	(4.6)	80.7	(1.1)	69.5	(2.9)	80.7	(0.7)
マルタ	69.4	(1.4)	63.7	(2.6)	71.9	(1.6)	76.2	(2.4)	54.7	(3.6)	66.1	(2.7)	70.4	(1.5)
メキシコ	60.4	(1.0)	56.4	(1.5)	63.5	(1.4)	56.6	(2.8)	62.6	(2.2)	53.8	(2.3)	62.5	(1.1)
オランダ	53.4	(1.6)	52.5	(2.9)	54.2	(2.2)	63.8	(4.2)	55.9	(2.3)	46.4	(3.4)	54.9	(1.8)
ニュージーランド	54.8	(1.6)	47.0	(2.1)	58.9	(2.0)	67.4	(3.3)	53.7	(2.3)	53.7	(4.3)	55.0	(1.6)
ノルウェー	61.1	(1.0)	59.8	(1.5)	61.8	(1.1)	72.8	(2.3)	61.0	(1.7)	59.6	(1.9)	61.5	(1.1)
ポルトガル	84.2	(0.6)	78.8	(1.3)	86.1	(0.7)	c	c	84.9	(0.8)	71.4	(4.5)	84.6	(0.6)
ルーマニア	74.6	(1.0)	64.5	(1.9)	78.4	(1.1)	73.2	(2.8)	70.3	(1.8)	61.0	(2.4)	76.8	(1.1)
ロシア	73.2	(1.2)	61.5	(3.3)	75.3	(1.2)	67.1	(2.8)	75.3	(2.0)	65.6	(2.1)	75.4	(1.3)
サウジアラビア	82.6	(0.9)	75.6	(1.3)	89.0	(1.0)	75.6	(2.5)	87.9	(3.5)	81.0	(2.3)	83.0	(1.0)
上海（中国）	86.6	(0.7)	81.9	(1.3)	88.3	(0.8)	88.7	(1.2)	79.4	(1.8)	88.9	(1.4)	86.2	(0.8)
シンガポール	70.8	(0.9)	65.7	(1.6)	73.7	(0.9)	76.3	(1.5)	70.5	(2.5)	70.8	(1.7)	70.7	(1.0)
スロバキア	63.8	(1.0)	50.6	(2.1)	66.6	(1.1)	60.1	(4.0)	67.7	(1.7)	57.5	(3.0)	65.0	(1.0)
スロベニア	81.7	(1.0)	75.4	(2.3)	83.4	(1.1)	90.4	(4.0)	85.9	(1.4)	77.0	(2.2)	82.7	(1.0)
南アフリカ共和国	49.2	(2.0)	49.5	(2.9)	49.0	(2.1)	50.0	(4.8)	53.6	(2.9)	41.5	(2.9)	52.0	(2.3)
スペイン	61.8	(0.7)	53.9	(1.5)	66.7	(1.0)	67.0	(3.9)	65.4	(1.3)	47.8	(2.3)	64.8	(0.8)
スウェーデン	59.1	(1.2)	55.6	(2.0)	60.9	(1.5)	65.2	(3.7)	54.6	(1.7)	46.4	(2.3)	62.0	(1.3)
台湾	82.6	(0.8)	78.2	(1.3)	84.6	(0.9)	80.8	(2.3)	81.4	(1.7)	78.1	(2.4)	83.1	(0.8)
トルコ	64.7	(0.8)	61.7	(1.2)	67.1	(1.1)	67.1	(1.8)	60.7	(2.8)	66.6	(1.9)	63.8	(0.9)
アラブ首長国連邦	75.2	(0.6)	75.3	(0.9)	75.0	(0.8)	71.4	(1.7)	78.3	(1.4)	70.5	(1.5)	76.2	(0.6)
アメリカ	58.8	(1.6)	54.7	(2.2)	61.0	(1.7)	67.0	(3.3)	60.0	(3.2)	54.3	(2.3)	60.3	(2.0)
ベトナム	92.6	(0.6)	87.8	(1.1)	95.1	(0.6)	89.2	(2.0)	93.9	(1.3)	89.3	(1.6)	93.0	(0.6)
OECD31か国平均	66.5	(0.2)	59.4	(0.4)	69.2	(0.2)	69.6	(0.6)	66.8	(0.4)	58.9	(0.5)	68.1	(0.2)
EU23か国全体	65.7	(0.3)	57.6	(0.6)	69.0	(0.4)	71.1	(1.1)	64.4	(0.6)	54.3	(0.8)	68.1	(0.3)
TALIS 参加 48 か国平均	68.9	(0.2)	61.9	(0.3)	71.6	(0.2)	70.6	(0.5)	69.1	(0.3)	61.9	(0.4)	70.4	(0.2)

4.3 教員及び校長の最終学歴

教員は児童生徒に質の高い教育を提供するために、自身の豊かな知識と多様な手法で、指導実践を進める。教員が修了する教育レベルは国によって異なるが、ここでは教員及び校長の最終学歴について報告する。

4.3.1 教員の最終学歴

ここでは中学校と小学校の教員の最終学歴について述べる。

≪中学校≫

表4.3.1によると、中学校教員の最終学歴における日本の最も顕著な特徴は、最終学歴がISCED 6（学士（相当）レベル）である教員が8割を超えているという点である。参加国平均では最終学歴が学士（相当）レベルである中学校教員は50.9%、最終学歴がISCED 7（修士（相当）レベル）である中学校教員は40.7%である。日本はISCED 7レベルの教員は約1割である。参加国の中にはISCED 7（修士（相当）レベル）に相当する教員の割合が90%以上である国も多く存在する（スロバキア：96.2%、ポルトガル：93.4%、クロアチア：91.0%、フィンランド：90.6%）。

≪小学校≫

表4.3.2における小学校教員の最終学歴にも同様の傾向が見られ、日本では8割以上の教員がISCED 6（学士（相当）レベル）である。ISCED 7（修士（相当）レベル）の割合は中学校教員よりもさらに低い（5.5%）。

小学校における参加国で、ISCED 7（修士（相当）レベル）の教員の割合が高い国は、台湾（57.6%）、フランス（38.4%）、スウェーデン（35.9%）である。

表 4.3.1　教員の最終学歴（中学校）

中学校教員の回答に基づく

国名	教員の最終学歴[1]									
	ISCED 5（短期高等教育）未満		ISCED 5[2]（短期高等教育）		ISCED 6（学士（相当）レベル）		ISCED 7（修士（相当）レベル）		ISCED 8（博士（相当）レベル）	
	%	S.E.	%	S.E.	%	S.E.	%	S.E.	%	S.E.
アルバータ（カナダ）	0.0	(0.0)	0.0	(0.1)	84.0	(1.9)	14.4	(1.8)	1.5	(0.8)
オーストラリア	0.0	(0.0)	3.3	(0.3)	75.5	(0.9)	19.6	(0.9)	1.6	(0.3)
オーストリア	2.1	(0.3)	35.2	(0.9)	19.2	(0.7)	40.7	(0.8)	2.8	(0.3)
ベルギー	6.1	(0.3)	0.5	(0.1)	80.7	(0.8)	12.6	(0.8)	0.2	(0.1)
フランドル（ベルギー）	7.1	(0.5)	0.9	(0.2)	83.0	(0.8)	8.9	(0.7)	0.1	(0.1)
ブラジル	1.4	(0.3)	2.6	(0.6)	89.8	(0.8)	5.9	(0.5)	0.3	(0.1)
ブルガリア	0.8	(0.2)	6.7	(0.7)	17.7	(1.0)	74.1	(1.0)	0.6	(0.2)
ブエノスアイレス（アルゼンチン）	4.7	(0.7)	23.5	(1.1)	55.7	(1.5)	14.9	(1.3)	1.1	(0.2)
チリ	0.1	(0.1)	3.8	(0.6)	80.8	(1.1)	15.2	(1.0)	0.2	(0.1)
コロンビア	1.3	(0.3)	4.3	(0.6)	40.9	(1.7)	53.3	(1.8)	0.2	(0.1)
クロアチア	0.0	(0.0)	5.0	(0.6)	3.2	(0.3)	91.0	(0.7)	0.8	(0.2)
キプロス	0.0	(0.0)	0.4	(0.2)	46.0	(1.4)	49.7	(1.3)	4.0	(0.9)
チェコ	2.1	(0.3)	0.1	(0.1)	4.0	(0.4)	89.7	(0.7)	4.1	(0.4)
デンマーク	6.9	(0.7)	0.7	(0.2)	83.6	(0.9)	8.7	(0.8)	0.1	(0.1)
イングランド（イギリス）	0.6	(0.2)	0.7	(0.2)	72.5	(1.1)	23.8	(1.0)	2.3	(0.4)
エストニア	4.0	(0.5)	2.0	(0.2)	22.2	(0.9)	70.9	(1.0)	0.8	(0.2)
フィンランド	1.3	(0.2)	0.8	(0.2)	5.7	(0.5)	90.6	(0.7)	1.5	(0.3)
フランス	1.0	(0.2)	1.3	(0.2)	27.7	(1.1)	65.4	(1.0)	4.5	(0.6)
ジョージア	5.0	(0.4)	2.4	(0.3)	15.6	(0.9)	75.3	(0.9)	1.8	(0.3)
ハンガリー	0.1	(0.1)	0.0	(0.0)	64.6	(1.7)	34.5	(1.5)	0.7	(0.3)
アイスランド	5.9	(0.6)	4.0	(0.6)	63.8	(1.4)	26.2	(1.4)	0.1	(0.1)
イスラエル	0.7	(0.2)	0.8	(0.2)	51.0	(1.3)	46.1	(1.3)	1.4	(0.2)
イタリア	3.7	(0.3)	0.0	(0.0)	13.3	(0.5)	78.8	(0.7)	4.2	(0.4)
日本	0.0	(0.0)	3.1	(0.3)	86.1	(0.5)	10.6	(0.5)	0.2	(0.1)
カザフスタン	2.2	(0.3)	4.8	(0.4)	89.4	(0.5)	3.5	(0.2)	0.1	(0.0)
韓国	0.0	(0.0)	0.0	(0.0)	62.3	(1.1)	36.6	(1.1)	1.0	(0.2)
ラトビア	1.8	(0.4)	1.3	(0.3)	36.0	(1.3)	60.6	(1.5)	0.3	(0.1)
リトアニア	0.3	(0.1)	0.0	(0.0)	62.3	(1.2)	36.7	(1.1)	0.7	(0.2)
マルタ	1.8	(0.5)	3.6	(0.5)	69.4	(1.0)	24.3	(1.1)	0.9	(0.2)
メキシコ	4.7	(0.5)	1.5	(0.2)	69.8	(1.2)	22.6	(1.1)	1.5	(0.3)
オランダ	2.9	(0.4)	0.0	(0.0)	58.6	(2.1)	38.0	(2.0)	0.5	(0.2)
ニュージーランド	1.5	(1.2)	5.8	(0.7)	77.9	(1.5)	13.4	(1.0)	1.3	(0.3)
ノルウェー	0.8	(0.2)	0.7	(0.2)	64.3	(1.0)	34.0	(0.9)	0.2	(0.1)
ポルトガル	0.9	(0.1)	0.3	(0.1)	3.7	(0.3)	93.4	(0.4)	1.6	(0.2)
ルーマニア	1.1	(0.2)	1.3	(0.2)	59.1	(1.2)	35.8	(1.1)	2.8	(0.4)
ロシア	1.9	(0.4)	5.8	(0.7)	16.6	(1.1)	74.8	(1.2)	0.9	(0.2)
サウジアラビア	2.1	(0.4)	0.4	(0.2)	92.8	(0.6)	4.6	(0.5)	0.1	(0.1)
上海（中国）	0.0	(0.0)	0.9	(0.1)	86.4	(0.8)	12.7	(0.8)	0.0	(0.0)
シンガポール	1.0	(0.2)	3.8	(0.3)	72.0	(0.8)	22.4	(0.7)	0.8	(0.2)
スロバキア	1.0	(0.2)	0.2	(0.1)	1.0	(0.2)	96.2	(0.4)	1.6	(0.3)
スロベニア	0.1	(0.1)	22.7	(1.3)	7.4	(0.6)	69.2	(1.2)	0.7	(0.2)
南アフリカ共和国	23.8	(1.3)	55.6	(1.6)	18.3	(1.3)	2.2	(0.3)	0.1	(0.0)
スペイン	w	w	w	w	w	w	w	w	w	w
スウェーデン	5.4	(0.5)	5.0	(0.5)	23.4	(0.9)	64.9	(1.0)	1.3	(0.2)
台湾	0.1	(0.0)	0.2	(0.1)	34.2	(0.9)	64.8	(0.8)	0.8	(0.2)
トルコ	0.0	(0.0)	0.7	(0.2)	92.3	(0.5)	6.9	(0.5)	0.2	(0.1)
アラブ首長国連邦	0.9	(0.2)	2.4	(0.2)	66.9	(0.6)	28.5	(0.5)	1.4	(0.1)
アメリカ	0.9	(0.7)	0.9	(0.7)	43.1	(3.9)	53.2	(5.1)	1.9	(0.5)
ベトナム	0.2	(0.1)	18.7	(1.1)	79.4	(1.1)	1.6	(0.3)	0.0	(0.0)
OECD31か国平均	1.9	(0.1)	3.3	(0.1)	49.3	(0.2)	44.2	(0.3)	1.3	(0.1)
EU23か国全体	2.0	(0.1)	2.5	(0.1)	38.0	(0.3)	54.9	(0.3)	2.7	(0.1)
TALIS 参加 48 か国平均	2.2	(0.1)	5.1	(0.1)	50.9	(0.2)	40.7	(0.2)	1.2	(0.0)

1．教育段階区分は国際標準教育分類（ISCED-2011）に基づいて分類されている。ISCED 5 は一般的に学修期間が短く、より実践的でスキルの獲得を目指す傾向が強いが、ISCED 6 と 7 は一般的に学修期間が長く理論志向が強い。
2．一部の国では学士を含む。

表 4.3.2　教員の最終学歴（小学校）

小学校教員の回答に基づく

国名	教員の最終学歴[1]									
	ISCED 5（短期高等教育）未満		ISCED 5[2]（短期高等教育）		ISCED 6（学士（相当）レベル）		ISCED 7（修士（相当）レベル）		ISCED 8（博士（相当）レベル）	
	%	S.E.	%	S.E.	%	S.E.	%	S.E.	%	S.E.
フランドル（ベルギー）	0.3	(0.1)	0.8	(0.2)	95.5	(0.4)	3.4	(0.4)	0.0	(0.0)
ブエノスアイレス（アルゼンチン）	3.0	(0.5)	56.8	(1.3)	32.4	(1.2)	7.8	(0.7)	0.1	(0.1)
デンマーク	8.3	(0.6)	0.8	(0.2)	85.9	(0.8)	5.0	(0.5)	0.1	(0.0)
イングランド（イギリス）	0.4	(0.2)	1.3	(0.3)	85.9	(0.9)	12.2	(0.8)	0.3	(0.1)
フランス	6.6	(0.8)	7.0	(1.1)	47.0	(2.1)	38.4	(1.8)	1.1	(0.3)
日本	0.0	(0.0)	7.6	(0.5)	86.9	(0.6)	5.5	(0.4)	0.0	(0.0)
韓国	0.0	(0.0)	0.5	(0.1)	67.1	(0.9)	31.5	(1.0)	1.0	(0.2)
スペイン	w	w	w	w	w	w	w	w	w	w
スウェーデン	5.5	(0.6)	6.2	(0.5)	52.4	(1.2)	35.9	(1.3)	0.1	(0.1)
台湾	0.2	(0.1)	0.3	(0.1)	41.3	(1.0)	57.6	(0.9)	0.5	(0.1)
トルコ	0.0	(0.0)	8.7	(0.6)	86.3	(0.7)	5.0	(0.5)	0.1	(0.0)
アラブ首長国連邦	1.3	(0.1)	4.9	(0.3)	73.1	(0.6)	20.2	(0.5)	0.5	(0.1)
ベトナム	8.2	(0.4)	24.7	(0.6)	66.8	(0.7)	0.3	(0.1)	0.0	(0.0)
オーストラリア	0.0	(0.0)	8.5	(0.6)	78.1	(0.8)	13.3	(0.9)	0.1	(0.1)
オランダ	5.6	(0.8)	0.0	(0.0)	64.9	(1.4)	29.5	(1.3)	0.0	(0.0)

1．教育段階区分は国際標準教育分類（ISCED-2011）に基づいて分類されている。ISCED 5 は一般的に学修期間が短く、より実践的でスキルの獲得を目指す傾向が強いが、ISCED 6 と 7 は一般的に学修期間が長く理論志向が強い。
2．一部の国は学士を含む。

4.3.2　校長の最終学歴

ここでは中学校と小学校の校長の最終学歴について述べる。

≪中学校≫

表 4.3.3 が示すように、日本の中学校校長の最終学歴は ISCED 6（学士（相当）レベル）が多い（87.1%）。また ISCED 7（修士（相当）レベル）も 1 割程度である。参加国平均では ISCED 7 レベルの校長が 57.3% であり、日本よりも 45.6 ポイント高い結果となっている。また参加国の中にはスロバキア（97.2%）やポルトガル（94.2%）など、校長が ISCED 7 を修了している割合が 90% を超える国が 7 か国あることから、世界的には修士レベルを修了している中学校校長が多く存在することが分かる。

なお、ISCED 5（短期高等教育）未満や ISCED 8（博士（相当）レベル）が最終学歴である中学校校長は、日本ではほとんどおらず、参加国平均でも極めて少ない。

≪小学校≫

表 4.3.4 によれば、日本の小学校校長の最終学歴も、中学校校長とほとんど同じ傾向になっている（ISCED 6：86.4%、ISCED 7：10.1%）。他方、多くの小学校校長が ISCED 7 レベルを修了している国も存在する（台湾：84.7%、韓国：83.9% など）。

また、ISCED 8（博士（相当）レベル）に相当する小学校校長の割合が高い国は、参加国において、順に、アラブ首長国連邦（10.2%）、台湾（8.7%）、韓国（6.0%）である。

表 4.3.3　校長の最終学歴（中学校）

中学校校長の回答に基づく

国名	校長の最終学歴[1]									
	ISCED 5（短期高等教育）未満		ISCED 5[2]（短期高等教育）		ISCED 6（学士（相当）レベル）		ISCED 7（修士（相当）レベル）		ISCED 8（博士（相当）レベル）	
	%	S.E.	%	S.E.	%	S.E.	%	S.E.	%	S.E.
アルバータ（カナダ）	0.0	(0.0)	0.0	(0.0)	37.0	(11.2)	58.9	(10.9)	4.1	(2.1)
オーストリア	0.3	(0.2)	48.5	(3.2)	17.1	(3.0)	30.0	(2.6)	4.2	(1.2)
ベルギー	1.7	(0.8)	0.4	(0.4)	42.7	(2.9)	54.5	(2.8)	0.7	(0.5)
フランドル（ベルギー）	2.3	(1.3)	0.7	(0.7)	49.4	(3.7)	46.9	(3.9)	0.7	(0.7)
ブラジル	0.0	(0.0)	2.7	(1.4)	93.8	(1.5)	3.5	(1.4)	0.0	(0.0)
ブルガリア	0.0	(0.0)	0.0	(0.0)	6.5	(1.8)	92.9	(1.9)	0.5	(0.3)
ブエノスアイレス（アルゼンチン）	0.0	(0.0)	11.6	(3.3)	53.6	(5.1)	34.8	(4.9)	0.0	(0.0)
チリ	0.0	(0.0)	2.1	(1.2)	41.5	(3.9)	54.6	(4.0)	1.8	(1.1)
コロンビア	0.0	(0.0)	0.0	(0.0)	11.7	(3.7)	87.1	(3.7)	1.2	(0.8)
クロアチア	0.0	(0.0)	1.5	(0.8)	0.5	(0.4)	92.6	(3.3)	5.3	(3.2)
キプロス	0.0	(0.0)	1.0	(1.0)	24.1	(4.8)	60.9	(5.2)	14.0	(4.1)
チェコ	0.0	(0.0)	0.0	(0.0)	0.0	(0.0)	87.8	(2.4)	12.2	(2.4)
デンマーク	0.5	(0.5)	0.0	(0.0)	83.2	(3.4)	15.8	(3.3)	0.5	(0.5)
イングランド（イギリス）	0.5	(0.5)	0.5	(0.5)	50.4	(4.0)	44.0	(3.9)	4.6	(1.7)
エストニア	0.0	(0.0)	0.0	(0.0)	4.6	(1.6)	93.4	(1.9)	2.0	(1.0)
フィンランド	0.5	(0.5)	0.0	(0.0)	3.3	(1.6)	93.0	(2.2)	3.2	(1.4)
フランス	6.7	(2.2)	3.5	(1.2)	22.3	(3.6)	61.0	(3.9)	6.4	(2.1)
ジョージア	0.3	(0.3)	0.8	(0.8)	7.4	(2.3)	87.4	(2.6)	4.1	(1.5)
ハンガリー	0.0	(0.0)	0.9	(0.9)	58.5	(4.2)	39.3	(4.3)	1.3	(0.6)
アイスランド	1.1	(1.1)	0.0	(0.0)	43.8	(5.0)	55.1	(4.9)	0.0	(0.0)
イスラエル	0.6	(0.6)	0.5	(0.5)	11.8	(2.7)	83.3	(2.7)	3.8	(1.5)
イタリア	0.0	(0.0)	0.0	(0.0)	3.5	(1.6)	86.7	(2.8)	9.8	(2.4)
日本	**0.0**	**(0.0)**	**1.2**	**(0.8)**	**87.1**	**(2.4)**	**11.7**	**(2.3)**	**0.0**	**(0.0)**
カザフスタン	1.5	(0.9)	0.0	(0.0)	91.5	(2.2)	6.2	(2.0)	0.7	(0.4)
韓国	0.0	(0.0)	0.0	(0.0)	13.4	(3.3)	76.8	(3.9)	9.8	(2.3)
ラトビア	0.0	(0.0)	0.0	(0.0)	10.4	(3.8)	86.6	(4.0)	3.0	(1.3)
リトアニア	0.0	(0.0)	0.0	(0.0)	38.6	(4.7)	61.2	(4.7)	0.3	(0.3)
マルタ	0.0	(0.0)	1.8	(1.8)	18.7	(5.6)	75.9	(6.3)	3.6	(2.2)
メキシコ	0.0	(0.0)	0.8	(0.8)	50.3	(3.8)	37.1	(3.8)	11.7	(2.1)
オランダ	0.0	(0.0)	0.0	(0.0)	17.6	(3.8)	81.6	(3.8)	0.8	(0.8)
ニュージーランド	0.1	(0.1)	4.6	(2.1)	70.5	(5.1)	22.8	(4.0)	2.0	(1.5)
ノルウェー	0.0	(0.0)	0.0	(0.0)	47.9	(4.3)	52.1	(4.3)	0.0	(0.0)
ポルトガル	0.0	(0.0)	0.0	(0.0)	2.8	(1.1)	94.2	(1.7)	3.1	(1.3)
ルーマニア	0.0	(0.0)	1.1	(0.8)	43.0	(4.1)	52.0	(4.3)	3.8	(1.3)
ロシア	2.5	(2.0)	0.9	(0.9)	5.0	(2.2)	87.9	(3.5)	3.8	(2.1)
サウジアラビア	2.5	(1.2)	0.4	(0.4)	88.5	(2.6)	8.3	(2.3)	0.4	(0.4)
上海（中国）	0.0	(0.0)	0.9	(0.6)	81.0	(3.0)	17.8	(2.9)	0.3	(0.3)
シンガポール	0.0	(0.0)	0.0	(0.0)	39.4	(4.1)	56.2	(4.2)	4.4	(2.2)
スロバキア	0.0	(0.0)	0.0	(0.0)	0.0	(0.0)	97.2	(1.4)	2.8	(1.4)
スロベニア	0.0	(0.0)	1.0	(1.0)	4.4	(1.4)	93.9	(1.9)	0.7	(0.7)
南アフリカ共和国	9.8	(3.8)	33.4	(4.1)	42.0	(5.1)	14.8	(3.4)	0.1	(0.1)
スペイン	w	w	w	w	w	w	w	w	w	w
スウェーデン	0.0	(0.0)	3.4	(1.6)	39.6	(8.0)	55.4	(7.6)	1.6	(1.6)
台湾	0.0	(0.0)	0.0	(0.0)	5.0	(2.3)	81.5	(3.4)	13.4	(2.6)
トルコ	0.0	(0.0)	4.0	(2.1)	78.0	(3.9)	17.7	(3.3)	0.3	(0.2)
アラブ首長国連邦	0.0	(0.0)	0.6	(0.3)	50.4	(1.9)	39.0	(2.0)	10.1	(1.2)
アメリカ	0.0	(0.0)	0.0	(0.0)	1.4	(0.9)	89.4	(3.4)	9.2	(3.1)
ベトナム	0.1	(0.1)	6.6	(2.5)	89.3	(2.8)	4.0	(1.1)	0.0	(0.0)
OECD30か国平均	0.4	(0.1)	2.5	(0.2)	30.8	(0.8)	62.8	(0.8)	3.5	(0.3)
EU23か国全体	1.2	(0.4)	2.7	(0.3)	25.8	(1.0)	65.4	(1.1)	4.9	(0.6)
TALIS 参加 47 か国平均	**0.6**	**(0.1)**	**2.9**	**(0.2)**	**35.5**	**(0.6)**	**57.3**	**(0.6)**	**3.6**	**(0.2)**
オーストラリア	0.0	(0.0)	3.8	(1.6)	48.3	(4.3)	47.1	(4.5)	0.7	(0.4)

1．教育段階区分は国際標準教育分類（ISCED-2011）に基づいて分類されている。ISCED 5 は一般的に学修期間が短く、より実践的でスキルの獲得を目指す傾向が強いが、ISCED 6 と 7 は一般的に学修期間が長く理論志向が強い。

2．一部の国は学士を含む。

表 4.3.4　校長の最終学歴（小学校）

小学校校長の回答に基づく

国　名	校長の最終学歴[1]									
	ISCED 5（短期高等教育）未満		ISCED 5[2]（短期高等教育）		ISCED 6（学士（相当）レベル）		ISCED 7（修士（相当）レベル）		ISCED 8（博士（相当）レベル）	
	%	S.E.	%	S.E.	%	S.E.	%	S.E.	%	S.E.
フランドル（ベルギー）	0.0	(0.0)	0.0	(0.0)	96.2	(1.5)	3.8	(1.5)	0.0	(0.0)
ブエノスアイレス（アルゼンチン）	1.6	(1.0)	53.3	(3.7)	25.4	(3.4)	18.6	(2.9)	1.2	(0.9)
デンマーク	0.0	(0.0)	0.0	(0.0)	87.6	(2.6)	12.4	(2.6)	0.0	(0.0)
イングランド（イギリス）	1.7	(1.6)	0.9	(0.9)	82.7	(3.4)	14.0	(2.8)	0.8	(0.5)
フランス	15.7	(3.5)	9.8	(2.6)	43.5	(5.5)	29.4	(5.1)	1.7	(0.9)
日本	0.0	(0.0)	3.4	(1.6)	86.4	(2.8)	10.1	(2.5)	0.0	(0.0)
韓国	0.0	(0.0)	0.0	(0.0)	10.1	(3.7)	83.9	(3.6)	6.0	(2.4)
スペイン	w	w	w	w	w	w	w	w	w	w
スウェーデン	3.2	(2.0)	9.0	(3.1)	38.8	(4.1)	48.3	(4.4)	0.7	(0.7)
台湾	0.4	(0.4)	0.0	(0.0)	6.3	(2.0)	84.7	(3.1)	8.7	(2.3)
トルコ	0.0	(0.0)	6.7	(3.4)	75.9	(4.8)	17.1	(3.5)	0.3	(0.3)
アラブ首長国連邦	0.0	(0.0)	0.4	(0.3)	50.1	(1.8)	39.4	(1.9)	10.2	(1.2)
ベトナム	1.4	(1.1)	7.3	(2.0)	88.4	(2.4)	2.8	(0.9)	0.1	(0.0)
オーストラリア	0.0	(0.0)	8.1	(1.8)	51.5	(4.0)	38.4	(3.7)	2.0	(1.2)
オランダ	4.7	(2.1)	0.0	(0.0)	36.7	(4.2)	58.7	(4.1)	0.0	(0.0)

1．教育段階区分は国際標準教育分類（ISCED-2011）に基づいて分類されている。ISCED 5 は一般的に学修期間が短く、より実践的でスキルの獲得を目指す傾向が強いが、ISCED 6 と 7 は一般的に学修期間が長く理論志向が強い。

2．一部の国は学士を含む。

教員が受けた公的な教育や研修

この節では、教員が受けた公的な教育や研修について述べる。

TALIS 2018 年調査では、教員がこれまでに受けた公的な教育や研修にどのような内容が含まれるのか、中学校と小学校の教員に対して尋ねている。表 4.4.1、表 4.4.2 は 10 項目について取り上げ、それらが「含まれていた」か「含まれていなかった」かのうち、「含まれていた」と回答した割合を表している。

≪中学校≫

表 4.4.1 によると、日本・参加国平均ともに、中学校教員が受けた公的な教育や研修には高い割合で教科指導に関することが含まれている。「担当するいくつか又は全ての教科の内容」「担当するいくつか又は全ての教科の指導法」「一般の指導法」「自分の担当するいくつか又は全ての教科の指導実践」の４項目については、約９割を占める。日本の中学校教員の研修では「多文化又は多言語環境における指導」は参加国平均より 11.2 ポイント低い 27.3%となっている。また「教科横断的なスキルの指導」についても参加国よりポイントが低い（日本：53.7%、参加国平均：69.3%）。一方、「生徒の行動と学級経営」（日本 81.2%)、「生徒の発達や学習の観察・みとり」（日本 79.9%）については参加国平均をそれぞれ６ポイント以上上回っている。

≪小学校≫

表 4.4.2 より、日本の小学校教員の受けた研修にも、中学校の場合と同様、約９割で教科指導に関することが含まれている。具体的には「担当するいくつか又は全ての教科の内容」(94.2%)、「一般の指導法」(92.0%)、「担当するいくつか又は全ての教科の指導法」(91.1%)、「自分が担当するいくつか又は全ての教科の指導実践（教育実習、インターシップ)」(90.1%）が含まれている。

日本の小学校では「児童の行動と学級経営」（日本 89.5%)、「児童の発達や学習の観察・みとり」（日本 87.1%）の項目において高い割合を示している点も、日本の中学校と同様である。

表 4.4.1　教員が受けた公的な教育や研修に含まれていた内容（中学校）

中学校教員の回答に基づく

国　名	あなたが受けた公的な教育や研修に以下のことが含まれていたか																			
	担当するいくつか又は全ての教科の内容		担当するいくつか又は全ての教科の指導法		一般の指導法		自分の担当するいくつか又は全ての教科の指導実践(教育実習、インターシップ)		様々な能力の生徒が混在する環境における指導		多文化又は多言語環境における指導		教科横断的なスキルの指導（例：創造性、批判的思考、問題解決）		指導のための ICT（情報通信技術）使用		生徒の行動と学級経営		生徒の発達や学習の観察・みとり	
	%	S.E.	%	S.E.	%	S.E.	%	S.E.	%	S.E.	%	S.E.	%	S.E.	%	S.E.	%	S.E.	%	S.E.
アルバータ（カナダ）	88.0	(1.1)	90.0	(1.2)	96.6	(0.5)	90.6	(1.2)	76.7	(1.3)	62.8	(1.4)	79.5	(1.4)	70.5	(2.0)	87.3	(1.2)	87.0	(1.3)
オーストラリア	91.2	(0.6)	91.8	(0.6)	95.6	(0.4)	93.0	(0.6)	74.3	(0.9)	58.7	(1.0)	66.3	(1.2)	64.7	(0.9)	83.6	(0.8)	76.8	(0.9)
オーストリア	95.0	(0.4)	92.2	(0.5)	95.6	(0.4)	94.7	(0.4)	51.9	(0.9)	30.8	(0.7)	49.6	(0.9)	40.5	(0.9)	53.9	(0.9)	61.7	(0.9)
ベルギー	85.6	(0.6)	89.8	(0.5)	96.3	(0.3)	91.5	(0.4)	66.3	(0.9)	31.4	(0.9)	60.9	(0.8)	51.1	(0.9)	73.4	(0.6)	45.2	(0.7)
フランドル（ベルギー）	89.5	(0.7)	94.3	(0.5)	97.5	(0.4)	96.0	(0.5)	69.9	(1.1)	34.0	(1.2)	63.5	(1.0)	56.5	(1.3)	76.9	(0.9)	34.8	(1.0)
ブラジル	93.5	(0.7)	89.4	(0.9)	90.7	(0.9)	94.2	(0.6)	72.6	(1.4)	41.7	(1.5)	84.6	(1.0)	64.4	(1.4)	75.0	(1.1)	80.5	(1.0)
ブルガリア	95.0	(0.5)	96.8	(0.4)	92.1	(0.7)	93.9	(0.6)	42.5	(1.2)	26.5	(0.9)	78.6	(0.9)	57.6	(1.2)	50.4	(1.2)	45.7	(1.3)
ブエノスアイレス（アルゼンチン）	96.5	(0.6)	89.1	(0.8)	90.3	(0.8)	87.8	(1.1)	56.5	(1.6)	34.8	(1.3)	82.0	(1.0)	52.9	(1.5)	66.1	(1.3)	75.7	(1.2)
チリ	92.9	(0.6)	92.2	(0.7)	91.4	(0.7)	91.3	(0.7)	76.3	(1.1)	42.1	(1.3)	90.7	(0.7)	77.3	(1.2)	76.0	(1.1)	86.1	(0.9)
コロンビア	92.4	(0.9)	92.1	(0.8)	93.6	(0.8)	90.5	(1.1)	70.0	(1.4)	47.4	(1.8)	87.6	(0.9)	74.7	(1.6)	83.9	(1.4)	87.1	(1.0)
クロアチア	96.1	(0.4)	91.1	(0.8)	94.2	(0.4)	90.9	(0.7)	46.6	(1.1)	24.6	(1.0)	62.7	(1.0)	47.3	(1.1)	54.5	(1.1)	63.0	(0.8)
キプロス	94.3	(0.7)	83.9	(1.1)	86.0	(0.9)	74.9	(1.3)	67.4	(1.3)	48.0	(1.7)	71.6	(1.3)	62.7	(1.5)	66.3	(1.5)	63.0	(1.6)
チェコ	92.3	(0.6)	91.1	(0.6)	97.0	(0.3)	66.9	(0.9)	33.9	(1.0)	16.4	(0.7)	47.1	(1.2)	44.5	(0.9)	53.9	(1.0)	54.6	(0.9)
デンマーク	96.0	(0.5)	95.1	(0.5)	98.8	(0.2)	91.7	(0.7)	66.6	(1.3)	36.8	(1.2)	66.4	(1.3)	46.7	(1.3)	62.8	(1.2)	67.3	(1.2)
イングランド（イギリス）	90.6	(0.7)	94.2	(0.6)	97.4	(0.4)	97.1	(0.4)	89.9	(0.5)	68.3	(1.1)	71.1	(1.0)	74.7	(1.1)	93.5	(0.5)	85.6	(0.8)
エストニア	91.5	(0.7)	90.9	(0.6)	95.9	(0.5)	87.5	(0.8)	51.4	(1.2)	27.8	(1.5)	73.4	(1.0)	53.9	(1.3)	78.7	(0.8)	80.5	(0.8)
フィンランド	93.1	(0.5)	93.1	(0.5)	97.3	(0.3)	98.1	(0.4)	72.6	(1.3)	28.9	(1.1)	51.9	(1.2)	55.6	(1.0)	71.3	(1.1)	68.8	(1.0)
フランス	93.7	(0.4)	77.1	(1.1)	67.4	(1.0)	73.3	(0.9)	49.1	(1.0)	12.0	(0.7)	38.6	(1.0)	50.9	(1.3)	55.1	(1.2)	44.7	(1.0)
ジョージア	97.1	(0.4)	90.9	(0.7)	88.7	(0.8)	85.7	(0.8)	34.8	(1.3)	30.1	(1.1)	71.5	(1.1)	44.8	(1.3)	80.3	(0.9)	68.0	(1.1)
ハンガリー	94.7	(0.5)	91.2	(0.5)	96.9	(0.4)	93.6	(0.4)	71.3	(1.0)	18.5	(1.1)	61.6	(1.2)	51.4	(1.2)	75.8	(1.0)	64.3	(1.3)
アイスランド	80.9	(1.3)	79.8	(1.0)	94.7	(0.7)	78.7	(1.2)	54.9	(1.5)	27.1	(1.3)	64.8	(1.4)	46.1	(1.4)	57.8	(1.5)	65.8	(1.5)
イスラエル	90.9	(0.7)	90.2	(0.7)	90.5	(0.6)	89.3	(0.6)	73.4	(1.1)	34.4	(1.0)	67.4	(1.0)	58.2	(1.5)	74.5	(1.1)	60.7	(1.2)
イタリア	91.7	(0.5)	68.9	(1.0)	72.0	(0.7)	84.8	(0.8)	56.8	(1.0)	26.3	(0.9)	61.6	(0.9)	52.2	(0.9)	57.5	(0.9)	67.2	(0.9)
日本	93.6	(0.4)	91.1	(0.5)	88.8	(0.6)	88.9	(0.6)	63.9	(1.0)	27.3	(1.0)	53.7	(1.1)	60.2	(1.0)	81.2	(0.8)	79.9	(0.9)
カザフスタン	95.3	(0.4)	93.0	(0.6)	96.5	(0.3)	92.3	(0.5)	75.6	(1.0)	47.7	(1.2)	73.4	(1.1)	75.1	(1.0)	88.2	(0.8)	84.8	(0.8)
韓国	96.1	(0.4)	93.6	(0.4)	95.1	(0.5)	94.2	(0.5)	64.3	(0.9)	28.8	(0.9)	66.4	(0.8)	59.0	(1.1)	65.9	(0.9)	67.2	(1.0)
ラトビア	94.5	(0.6)	92.8	(0.8)	97.0	(0.5)	90.5	(0.8)	49.8	(1.3)	33.0	(1.9)	72.6	(1.3)	54.6	(1.4)	80.6	(1.1)	78.3	(1.3)
リトアニア	93.7	(0.4)	90.5	(0.6)	98.3	(0.3)	89.1	(0.5)	45.3	(0.9)	23.0	(1.0)	60.9	(0.9)	45.3	(1.0)	70.5	(0.8)	73.0	(1.0)
マルタ	91.2	(0.7)	90.6	(0.8)	94.0	(0.8)	91.3	(0.8)	64.3	(1.7)	38.3	(1.7)	69.6	(1.2)	70.4	(1.6)	82.6	(0.9)	79.3	(1.1)
メキシコ	93.7	(0.6)	89.4	(0.6)	83.8	(0.8)	88.8	(0.7)	70.9	(1.0)	27.5	(0.9)	87.6	(0.7)	77.3	(0.8)	83.9	(0.9)	81.1	(0.8)
オランダ	92.5	(1.0)	97.1	(0.4)	90.6	(0.9)	94.7	(0.7)	44.2	(2.5)	30.3	(2.3)	57.9	(1.6)	49.2	(2.1)	85.4	(1.3)	58.1	(2.9)
ニュージーランド	95.2	(0.5)	93.8	(0.7)	96.7	(0.4)	96.1	(0.5)	83.1	(1.0)	78.1	(1.1)	68.0	(1.2)	58.8	(1.4)	89.9	(0.9)	82.1	(0.9)
ノルウェー	94.0	(0.5)	93.5	(0.5)	96.9	(0.4)	79.6	(0.7)	60.5	(0.9)	29.3	(0.9)	52.0	(1.1)	45.9	(1.0)	74.3	(0.7)	65.9	(0.9)
ポルトガル	92.5	(0.5)	88.7	(0.6)	93.1	(0.4)	82.7	(0.7)	44.5	(0.9)	20.6	(0.7)	73.0	(0.9)	46.9	(0.9)	62.2	(0.8)	69.7	(0.8)
ルーマニア	97.0	(0.4)	95.2	(0.4)	95.8	(0.4)	94.8	(0.5)	79.6	(1.1)	37.0	(1.1)	72.6	(1.0)	69.6	(1.3)	84.9	(0.8)	81.2	(1.0)
ロシア	96.7	(0.6)	96.0	(0.4)	96.7	(0.5)	93.6	(0.6)	73.0	(1.3)	30.8	(1.4)	70.9	(1.4)	68.7	(1.1)	82.2	(0.8)	69.6	(1.2)
サウジアラビア	90.8	(0.7)	85.7	(1.0)	92.5	(0.8)	83.6	(1.0)	77.4	(1.2)	35.7	(1.3)	78.5	(1.0)	73.4	(1.2)	87.0	(0.9)	82.6	(0.9)
上海（中国）	96.6	(0.4)	95.5	(0.3)	97.8	(0.2)	92.2	(0.5)	80.3	(0.9)	63.4	(0.9)	74.5	(0.9)	79.1	(0.7)	89.4	(0.6)	82.5	(0.7)
シンガポール	95.0	(0.4)	94.9	(0.4)	97.6	(0.3)	95.1	(0.5)	79.1	(0.7)	72.3	(0.8)	76.2	(0.8)	88.2	(0.7)	91.4	(0.5)	82.7	(0.8)
スロバキア	88.4	(0.7)	89.9	(0.6)	93.9	(0.5)	85.7	(0.7)	56.7	(1.0)	25.9	(0.8)	65.3	(0.8)	62.1	(1.0)	62.2	(0.8)	62.1	(0.9)
スロベニア	93.3	(0.7)	91.2	(0.5)	97.5	(0.3)	90.9	(0.8)	46.4	(1.0)	11.9	(1.0)	44.6	(1.3)	53.0	(1.4)	36.9	(1.1)	43.5	(1.0)
南アフリカ共和国	93.3	(0.7)	86.4	(1.2)	89.0	(1.1)	93.2	(0.9)	76.1	(1.6)	74.7	(1.8)	90.1	(0.8)	62.2	(1.7)	92.7	(0.8)	91.8	(0.9)
スペイン	90.7	(0.5)	59.4	(1.1)	60.8	(1.0)	67.3	(1.0)	35.3	(0.9)	29.5	(0.9)	50.7	(1.0)	38.0	(1.0)	40.0	(1.3)	49.8	(1.3)
スウェーデン	96.3	(0.4)	91.4	(0.6)	94.0	(0.5)	86.9	(0.8)	73.0	(0.9)	40.6	(1.0)	61.0	(1.2)	36.7	(0.9)	70.4	(1.0)	69.1	(1.1)
台湾	88.3	(0.6)	90.1	(0.5)	98.1	(0.2)	85.2	(0.6)	67.1	(1.1)	43.3	(1.2)	66.9	(1.0)	59.2	(1.0)	92.5	(0.4)	87.9	(0.6)
トルコ	89.9	(0.5)	88.1	(0.6)	94.7	(0.5)	83.8	(0.7)	66.0	(0.9)	32.7	(0.9)	82.6	(0.7)	74.4	(0.8)	91.7	(0.5)	86.0	(0.6)
アラブ首長国連邦	94.6	(0.3)	92.0	(0.3)	89.5	(0.4)	91.2	(0.4)	87.2	(0.4)	75.9	(0.6)	90.1	(0.4)	86.5	(0.5)	92.2	(0.3)	90.5	(0.4)
アメリカ	93.9	(0.7)	92.4	(1.0)	93.4	(1.3)	90.1	(0.8)	80.7	(1.4)	69.6	(3.3)	82.6	(1.1)	62.7	(1.3)	85.3	(1.0)	85.2	(1.2)
ベトナム	99.8	(0.1)	99.8	(0.1)	99.6	(0.1)	98.9	(0.2)	88.0	(1.0)	43.9	(2.5)	97.6	(0.3)	96.6	(0.4)	99.2	(0.2)	98.8	(0.2)
OECD31か国平均	92.2	(0.1)	89.1	(0.1)	92.0	(0.1)	87.8	(0.1)	61.9	(0.2)	34.8	(0.2)	65.1	(0.2)	56.0	(0.2)	71.6	(0.2)	69.5	(0.2)
EU23か国全体	92.4	(0.2)	82.2	(0.3)	82.8	(0.3)	84.3	(0.3)	57.6	(0.3)	31.7	(0.3)	58.1	(0.3)	52.9	(0.4)	64.8	(0.3)	62.7	(0.4)
TALIS 参加 48 か国平均	93.1	(0.1)	90.1	(0.1)	92.5	(0.1)	88.8	(0.1)	64.3	(0.2)	38.5	(0.2)	69.3	(0.2)	60.3	(0.2)	74.9	(0.1)	72.5	(0.2)

表 4.4.2　教員が受けた公的な教育や研修の内容（小学校）

小学校教員の回答に基づく

国名	あなたが受けた公的な教育や研修に以下のことが含まれていたか																			
	担当するいくつか又は全ての教科の内容		担当するいくつか又は全ての教科の指導法		一般の指導法		自分の担当するいくつか又は全ての教科の指導実践(教育実習、インターシップ)		様々な能力の児童が混在する環境における指導		多文化又は多言語環境における指導		教科横断的なスキルの指導（例：創造性、批判的思考、問題解決）		指導のための ICT（情報通信技術）使用		児童の行動と学級経営		児童の発達や学習の観察・みとり	
	%	S.E.	%	S.E.	%	S.E.	%	S.E.	%	S.E.	%	S.E.	%	S.E.	%	S.E.	%	S.E.	%	S.E.
フランドル（ベルギー）	96.5	(0.4)	98.0	(0.3)	98.5	(0.2)	98.1	(0.3)	70.1	(0.8)	40.0	(0.8)	70.6	(1.1)	49.4	(0.9)	76.5	(0.8)	45.2	(1.1)
ブエノスアイレス（アルゼンチン）	96.5	(0.5)	95.8	(0.4)	95.5	(0.6)	93.6	(0.6)	68.5	(1.1)	38.7	(1.3)	81.4	(1.0)	50.9	(1.4)	70.7	(1.0)	77.2	(1.2)
デンマーク	93.7	(0.5)	95.5	(0.4)	98.5	(0.3)	88.6	(0.7)	64.2	(1.1)	38.1	(1.1)	68.6	(1.0)	41.3	(1.3)	58.3	(1.3)	66.6	(1.2)
イングランド（イギリス）	97.0	(0.4)	94.8	(0.5)	97.2	(0.4)	97.9	(0.3)	91.0	(0.8)	71.7	(1.1)	79.6	(1.0)	79.1	(1.1)	93.5	(0.6)	89.0	(0.9)
フランス	90.6	(0.9)	89.9	(1.0)	92.2	(0.8)	85.9	(1.3)	64.4	(2.0)	14.4	(1.5)	63.3	(1.9)	52.6	(2.5)	58.1	(1.7)	58.1	(1.8)
日本	94.2	(0.4)	91.1	(0.5)	92.0	(0.5)	90.1	(0.5)	74.4	(1.0)	41.7	(0.9)	65.4	(0.9)	69.8	(1.0)	89.5	(0.6)	87.1	(0.6)
韓国	97.2	(0.3)	97.4	(0.4)	98.0	(0.3)	97.8	(0.3)	77.7	(0.8)	46.9	(0.9)	80.4	(0.8)	83.5	(0.8)	78.9	(0.8)	83.3	(0.7)
スペイン	85.5	(0.7)	85.2	(0.7)	96.3	(0.3)	86.5	(0.7)	56.7	(0.9)	39.0	(0.8)	58.7	(0.9)	48.9	(1.1)	58.1	(0.9)	71.9	(0.8)
スウェーデン	96.1	(0.6)	92.7	(0.7)	94.7	(0.7)	89.1	(0.8)	76.6	(1.2)	46.6	(1.2)	72.3	(1.0)	40.3	(1.1)	72.6	(1.1)	79.2	(1.1)
台湾	83.5	(0.7)	85.4	(0.7)	98.3	(0.2)	78.9	(0.9)	65.7	(1.0)	43.2	(0.9)	68.8	(0.8)	57.7	(0.9)	94.8	(0.4)	92.5	(0.5)
トルコ	89.9	(0.8)	90.5	(0.8)	95.3	(0.5)	85.5	(0.9)	69.6	(1.1)	34.8	(1.3)	84.8	(1.0)	75.4	(1.2)	94.0	(0.5)	90.0	(0.8)
アラブ首長国連邦	93.9	(0.3)	92.3	(0.3)	90.9	(0.4)	91.8	(0.4)	88.2	(0.4)	75.8	(0.6)	90.2	(0.4)	86.2	(0.5)	93.3	(0.4)	91.9	(0.4)
ベトナム	99.8	(0.1)	99.8	(0.1)	99.7	(0.1)	99.3	(0.1)	87.4	(0.6)	42.3	(0.6)	97.5	(0.3)	93.8	(0.4)	99.0	(0.2)	99.0	(0.2)
オーストラリア	91.0	(0.6)	91.2	(0.6)	95.2	(0.4)	92.5	(0.5)	74.9	(0.9)	59.0	(1.0)	63.2	(1.1)	58.7	(1.0)	81.2	(0.8)	79.2	(0.8)
オランダ	93.1	(0.7)	97.7	(0.5)	88.8	(0.9)	98.9	(0.3)	56.8	(1.6)	44.5	(1.3)	57.8	(1.3)	48.2	(1.3)	90.4	(0.9)	73.8	(1.2)

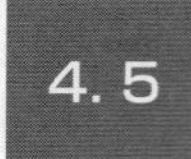

4.5 授業の準備状況についての教員の受け止め方

TALIS 2018年調査では、教科の内容や指導法、指導実践などにおいて、教員が授業で行う準備がどの程度できたと思うか、中学校と小学校の教員に尋ねている。表4.5.1、表4.5.2は、10項目について取り上げ、「非常に良くできた」「できた」「ある程度できた」「全くできなかった」のうち、「非常に良くできた」「できた」と回答した割合を表している。

≪中学校≫

表4.5.1から分かる顕著な特徴は、10項目全てにおいて、日本の中学校教員の授業準備の達成度に対する自己評価は、参加国平均を下回っているという点である。特に教員の受ける教育や研修に90％近く含まれていた「担当するいくつか又は全ての教科の内容」「担当するいくつか又は全ての教科の指導法」「一般の指導法」「自分の担当するいくつか又は全ての教科の指導実践」の４項目については、参加国平均ではどれも「非常によくできた」「できた」と回答した割合が70％以上であるのに対し、日本の中学校教員は50％以下にとどまっている。この４項目については、他の項目に比べて参加国平均との差が大きい。

10項目のうち、日本の中学校教員の授業で行う準備が「非常によくできた」「できた」と回答した割合が最も少ない項目が「多文化又は多言語環境における指導」（10.9％）、次いで「教科横断的なスキルの指導」（19.6％）となっており、これらは教員に対する公的な教育や研修に含まれていた割合が少なかった項目と共通している。

また公的な教育や研修にかなり多く含まれており、参加国平均よりも６ポイント以上高かった「生徒の行動と学級経営」「生徒の発達や学習の観察・みとり」の２項目についても、準備が「非常によくできた」「できた」と回答した教員の割合はそれぞれ39.0％、36.4％で、参加国平均よりも20ポイント以上下回っている。

≪小学校≫

表4.5.2の日本の小学校教員の授業の準備状況についての回答でも、中学校と同様に、「非常に良くできた」「できた」という回答の割合は、10項目全てで50％未満であった。その中で授業の準備が「非常に良くできた」「できた」と回答している割合の高い項目・低い項目も、中学校と同様である。割合が比較的高かったものは「自分の担当するいくつか又は全ての教科の指導実践（教育実習、インターシップ）」（43.6％）、「児童の行動と学級経営」（41.6％）、「児童の発達や学習の観察・みとり」（38.7％）であり、また低かった項目は「多文化又は多言語環境における指導」（13.1％）、「教科横断的なスキルの指導

（例：創造性、批判的思考、問題解決）」（20.6％）、「様々な能力の児童が混在する環境における指導」（26.8％）である。

日本の小学校では、「多文化又は多言語環境における指導」「教科横断的なスキルの指導（例：創造性、批判的思考、問題解決）」については、公的な教育や研修の内容に含まれている割合も低く、授業の準備への「非常に良くできた」「できた」という肯定的な回答もまた低い。

なお、中学校・小学校ともに、これらの結果の解釈の際には、日本の教員が他国の教員に比べ、指導において高い水準を目指しているため自己評価が低くなっている可能性や、実際の達成度にかかわらず謙虚な自己評価を下している可能性等に留意したい。

表 4.5.1　授業の準備状況についての教員の受け止め方（中学校）

中学校教員の回答に基づく

国　名	授業で行う準備が「非常に良くできた」「できた」と回答した割合																			
	担当するいくつか又は全ての教科の内容		担当するいくつか又は全ての教科の指導法		一般の指導法		自分の担当するいくつか又は全ての教科の指導実践（教育実習、インターシップ）		様々な能力の生徒が混在する環境における指導		多文化又は多言語環境における指導		教科横断的なスキルの指導（例：創造性、批判的思考、問題解決）		指導のためのICT（情報通信技術）使用		生徒の行動と学級経営		生徒の発達や学習の観察・みとり	
	%	S.E.	%	S.E.	%	S.E.	%	S.E.	%	S.E.	%	S.E.	%	S.E.	%	S.E.	%	S.E.	%	S.E.
アルバータ（カナダ）	67.7	(2.0)	68.8	(1.9)	75.5	(1.5)	75.2	(1.8)	44.3	(1.8)	38.4	(1.5)	52.9	(1.5)	42.1	(2.1)	56.4	(2.7)	57.3	(2.2)
オーストラリア	68.4	(1.0)	62.9	(1.1)	65.4	(1.1)	65.2	(1.0)	38.3	(1.0)	27.1	(0.8)	37.2	(1.0)	39.3	(1.0)	45.2	(1.0)	41.9	(0.9)
オーストリア	65.3	(0.8)	49.8	(0.9)	46.8	(0.9)	77.4	(0.8)	26.8	(0.8)	15.1	(0.6)	28.6	(0.8)	19.9	(0.7)	21.1	(0.7)	29.3	(0.8)
ベルギー	78.7	(0.7)	74.4	(0.7)	74.1	(0.7)	72.2	(0.8)	37.3	(0.8)	15.7	(0.6)	35.5	(0.8)	27.9	(0.8)	37.4	(0.8)	24.8	(0.7)
フランドル（ベルギー）	86.6	(0.9)	81.6	(0.9)	77.8	(0.9)	80.2	(1.0)	40.8	(1.0)	17.0	(0.8)	38.5	(1.1)	34.5	(1.1)	42.7	(1.0)	19.5	(0.8)
ブラジル	94.6	(0.6)	88.7	(0.8)	87.3	(0.9)	92.1	(0.7)	70.7	(1.3)	43.9	(1.5)	84.7	(0.9)	64.2	(1.3)	83.1	(1.0)	86.0	(0.9)
ブルガリア	86.9	(0.8)	88.1	(0.8)	79.2	(0.9)	86.6	(0.8)	37.3	(1.2)	25.8	(1.1)	69.8	(1.1)	49.8	(1.4)	46.3	(1.4)	42.4	(1.5)
ブエノスアイレス（アルゼンチン）	94.6	(0.5)	86.0	(0.9)	85.5	(1.1)	82.9	(1.3)	51.0	(1.6)	33.6	(1.4)	74.9	(1.3)	49.8	(1.6)	65.2	(1.5)	74.1	(1.5)
チリ	91.4	(0.6)	89.4	(0.8)	88.0	(1.0)	86.1	(1.0)	68.4	(1.1)	37.5	(1.3)	81.2	(1.1)	67.5	(1.2)	65.5	(1.3)	75.2	(1.2)
コロンビア	89.5	(0.9)	83.9	(1.4)	83.0	(1.3)	80.3	(1.1)	53.5	(1.8)	29.8	(1.5)	71.7	(1.2)	58.6	(1.7)	77.3	(1.4)	78.3	(1.6)
クロアチア	86.3	(0.8)	73.3	(1.1)	73.4	(1.0)	65.9	(1.0)	28.3	(1.0)	19.9	(1.4)	45.4	(1.2)	36.2	(1.1)	38.2	(1.1)	45.0	(1.1)
キプロス	89.2	(0.8)	80.3	(1.3)	80.4	(1.2)	71.2	(1.5)	63.6	(1.8)	48.5	(1.9)	69.6	(1.4)	61.8	(1.6)	68.1	(1.5)	65.3	(1.8)
チェコ	77.7	(0.8)	60.5	(1.0)	65.2	(1.0)	44.7	(1.2)	18.4	(0.9)	9.7	(0.6)	27.5	(1.1)	27.7	(0.9)	30.0	(1.0)	35.8	(1.0)
デンマーク	91.0	(0.8)	84.2	(0.8)	86.3	(0.7)	74.3	(1.1)	44.9	(1.2)	26.3	(1.1)	52.2	(1.5)	39.5	(1.2)	52.7	(1.2)	56.1	(1.1)
イングランド（イギリス）	76.1	(0.9)	75.3	(1.3)	75.4	(1.2)	81.9	(0.9)	68.8	(1.1)	42.7	(1.3)	47.3	(1.2)	50.7	(1.1)	68.0	(1.0)	57.1	(1.0)
エストニア	80.8	(0.9)	69.8	(1.0)	70.8	(0.9)	58.6	(1.3)	24.4	(1.2)	15.7	(1.2)	41.9	(1.2)	29.7	(1.3)	44.3	(1.3)	46.4	(1.1)
フィンランド	66.4	(1.0)	62.2	(1.1)	49.1	(1.2)	72.0	(1.1)	34.8	(1.2)	13.9	(0.9)	24.7	(0.9)	21.5	(1.0)	29.3	(1.3)	31.6	(1.0)
フランス	82.9	(0.7)	51.9	(1.2)	36.5	(1.0)	43.9	(1.2)	25.3	(0.9)	8.2	(0.7)	24.2	(1.0)	28.7	(1.0)	22.3	(0.8)	25.8	(1.0)
ジョージア	92.2	(0.7)	87.6	(0.8)	83.0	(0.9)	82.0	(0.9)	39.0	(1.4)	33.4	(1.2)	68.7	(1.2)	47.1	(1.3)	80.2	(0.9)	70.0	(1.0)
ハンガリー	95.7	(0.4)	91.7	(0.6)	90.4	(0.6)	92.2	(0.6)	76.0	(1.0)	27.6	(1.3)	74.3	(1.0)	65.7	(1.2)	80.8	(0.9)	77.2	(0.8)
アイスランド	59.7	(1.4)	54.7	(1.5)	65.4	(1.6)	49.3	(1.5)	25.6	(1.4)	13.3	(1.1)	35.3	(1.5)	25.5	(1.3)	27.8	(1.4)	33.9	(1.5)
イスラエル	83.6	(1.1)	79.1	(1.3)	75.5	(1.1)	76.5	(1.2)	59.3	(1.3)	33.5	(1.1)	57.8	(1.2)	46.6	(1.4)	59.1	(1.4)	56.1	(1.3)
イタリア	77.8	(0.9)	46.6	(1.0)	41.4	(0.9)	64.6	(0.9)	36.7	(1.1)	18.7	(0.9)	43.4	(1.0)	35.6	(1.0)	47.9	(1.0)	50.6	(1.0)
日本	45.4	(0.9)	43.8	(0.8)	38.7	(0.9)	49.0	(0.9)	26.0	(0.8)	10.9	(0.6)	19.6	(0.8)	28.0	(0.9)	39.0	(0.9)	36.4	(0.9)
カザフスタン	88.7	(0.6)	84.0	(0.8)	86.0	(0.7)	82.8	(0.9)	66.9	(1.0)	42.7	(1.0)	63.5	(1.1)	68.8	(1.0)	83.7	(0.8)	78.2	(0.9)
韓国	72.4	(1.0)	69.8	(1.0)	63.8	(1.2)	69.6	(1.0)	49.6	(1.0)	24.4	(1.0)	48.9	(1.1)	48.0	(1.3)	56.4	(1.1)	52.8	(1.1)
ラトビア	90.4	(1.0)	86.8	(1.2)	87.3	(1.1)	81.7	(1.1)	42.1	(1.5)	32.0	(2.1)	64.2	(1.4)	48.0	(1.6)	66.9	(1.5)	67.1	(1.3)
リトアニア	93.1	(0.5)	87.9	(0.6)	89.4	(0.6)	81.9	(0.7)	52.1	(1.0)	34.7	(1.1)	66.2	(1.0)	56.5	(1.0)	72.1	(0.9)	70.7	(0.9)
マルタ	74.1	(1.1)	75.1	(0.9)	76.7	(1.1)	73.4	(1.1)	36.5	(1.3)	22.8	(1.2)	44.8	(1.5)	49.1	(1.4)	49.5	(1.0)	57.7	(1.5)
メキシコ	95.9	(0.4)	93.3	(0.5)	86.2	(0.7)	92.6	(0.6)	71.7	(0.9)	26.4	(0.9)	84.9	(0.9)	79.7	(1.0)	90.0	(0.7)	86.2	(0.8)
オランダ	83.4	(1.4)	74.8	(1.6)	61.1	(1.7)	79.4	(1.7)	26.7	(3.2)	16.9	(2.2)	35.4	(2.0)	29.3	(1.7)	56.6	(2.4)	37.1	(2.8)
ニュージーランド	71.5	(1.4)	65.1	(1.3)	69.4	(1.3)	72.3	(1.3)	48.9	(1.3)	44.6	(1.4)	40.8	(1.4)	33.9	(1.4)	57.2	(1.4)	49.5	(1.5)
ノルウェー	77.8	(0.8)	70.0	(0.9)	73.6	(0.9)	56.4	(0.9)	25.4	(0.9)	15.3	(0.8)	36.0	(1.0)	35.8	(1.0)	49.6	(0.9)	43.9	(1.1)
ポルトガル	82.5	(0.6)	70.9	(0.9)	64.7	(1.0)	69.2	(1.0)	39.3	(0.9)	18.9	(0.8)	53.7	(1.0)	40.2	(0.9)	46.7	(1.0)	57.6	(1.0)
ルーマニア	96.8	(0.4)	89.5	(0.9)	88.3	(0.8)	88.9	(0.8)	76.6	(1.2)	42.6	(1.2)	73.1	(1.2)	69.5	(1.2)	82.1	(1.1)	81.3	(1.3)
ロシア	95.7	(0.5)	92.3	(0.7)	91.0	(0.7)	90.0	(0.8)	72.3	(1.1)	31.7	(1.6)	69.2	(1.2)	71.5	(1.3)	81.7	(1.0)	72.7	(1.2)
サウジアラビア	80.9	(1.0)	77.8	(1.3)	80.6	(1.0)	74.7	(1.3)	70.3	(1.2)	43.2	(1.5)	72.2	(1.2)	71.8	(1.1)	80.7	(1.2)	73.8	(1.2)
上海（中国）	87.1	(0.6)	85.2	(0.7)	85.6	(0.7)	79.5	(0.9)	69.3	(0.9)	51.7	(1.0)	58.2	(1.0)	62.6	(1.0)	75.5	(0.9)	69.7	(1.0)
シンガポール	83.6	(0.6)	76.3	(0.7)	79.8	(0.8)	75.6	(0.9)	53.9	(1.0)	60.9	(1.0)	53.1	(0.9)	60.5	(0.9)	65.2	(0.8)	63.7	(0.8)
スロバキア	80.1	(0.8)	77.3	(0.9)	80.2	(0.9)	68.8	(1.1)	36.3	(1.1)	20.8	(1.0)	48.6	(1.0)	44.7	(1.0)	45.5	(1.0)	47.1	(1.0)
スロベニア	94.1	(0.6)	85.9	(0.9)	82.0	(0.9)	80.6	(0.9)	57.1	(1.2)	27.2	(1.3)	60.3	(1.2)	67.0	(1.2)	61.8	(1.3)	63.0	(1.2)
南アフリカ共和国	88.7	(1.0)	81.2	(1.6)	82.3	(1.6)	86.5	(1.0)	67.4	(1.6)	66.9	(1.9)	83.2	(1.2)	53.7	(1.9)	82.4	(1.3)	83.4	(1.2)
スペイン	83.4	(0.5)	50.4	(1.1)	46.2	(1.1)	51.8	(1.1)	28.0	(0.9)	26.5	(0.9)	42.6	(1.0)	36.2	(0.9)	35.2	(1.2)	43.5	(1.3)
スウェーデン	89.9	(0.6)	72.5	(1.0)	75.0	(0.9)	74.2	(1.0)	61.3	(1.3)	31.8	(1.2)	49.0	(1.3)	37.0	(1.1)	55.2	(1.2)	56.7	(1.1)
台湾	80.3	(0.6)	76.7	(0.7)	70.2	(0.9)	73.9	(0.7)	55.6	(0.9)	36.9	(0.9)	53.9	(0.9)	47.5	(1.0)	74.8	(0.8)	75.4	(0.7)
トルコ	88.4	(0.6)	85.6	(0.7)	88.6	(0.6)	82.2	(0.7)	64.5	(1.0)	39.4	(1.0)	78.7	(0.9)	71.3	(0.8)	87.6	(0.6)	85.6	(0.6)
アラブ首長国連邦	94.7	(0.3)	92.2	(0.4)	90.8	(0.4)	93.2	(0.4)	87.8	(0.4)	79.9	(0.6)	89.3	(0.5)	86.1	(0.5)	92.0	(0.4)	91.7	(0.4)
アメリカ	80.9	(1.8)	71.6	(2.9)	76.7	(1.7)	75.5	(1.5)	55.8	(1.7)	47.8	(1.6)	62.1	(2.1)	44.8	(2.9)	61.2	(1.7)	65.7	(2.6)
ベトナム	98.3	(0.2)	97.8	(0.3)	95.9	(0.4)	91.5	(0.6)	72.1	(1.4)	31.5	(2.0)	84.1	(1.0)	80.0	(1.1)	95.0	(0.5)	94.9	(0.5)
OECD31か国平均	80.1	(0.2)	71.3	(0.2)	70.1	(0.2)	71.0	(0.2)	44.1	(0.2)	25.5	(0.2)	49.2	(0.2)	42.8	(0.2)	53.1	(0.2)	52.9	(0.2)
EU23か国全体	81.9	(0.3)	64.1	(0.4)	59.3	(0.3)	66.8	(0.3)	41.5	(0.4)	23.8	(0.3)	43.4	(0.3)	39.4	(0.3)	47.1	(0.3)	47.1	(0.4)
TALIS参加48か国平均	83.2	(0.1)	75.9	(0.2)	74.7	(0.1)	74.8	(0.2)	49.7	(0.2)	31.4	(0.2)	55.9	(0.2)	49.1	(0.2)	60.2	(0.2)	59.7	(0.2)

表 4.5.2　授業の準備状況についての教員の受け止め方（小学校）

小学校教員の回答に基づく

国　名	授業で行う準備が「非常に良くできた」「できた」と回答した割合																			
	担当するいくつか又は全ての教科の内容		担当するいくつか又は全ての教科の指導法		一般の指導法		自分の担当するいくつか又は全ての教科の指導実践（教育実習、インターシップ）		様々な能力の児童が混在する環境における指導		多文化又は多言語環境における指導		教科横断的なスキルの指導（例：創造性、批判的思考、問題解決）		指導のためのICT（情報通信技術）使用		児童の行動と学級経営		児童の発達や学習の観察・みとり	
	%	S.E.	%	S.E.	%	S.E.	%	S.E.	%	S.E.	%	S.E.	%	S.E.	%	S.E.	%	S.E.	%	S.E.
フランドル（ベルギー）	87.9	(0.7)	87.7	(0.7)	85.2	(0.7)	84.5	(0.7)	30.3	(0.9)	16.5	(0.7)	40.7	(1.2)	23.7	(0.9)	42.5	(1.0)	24.6	(0.9)
ブエノスアイレス（アルゼンチン）	91.0	(0.7)	89.5	(0.7)	89.9	(0.8)	89.8	(0.6)	62.4	(1.2)	38.5	(1.4)	73.4	(1.1)	48.3	(1.5)	63.9	(1.3)	71.4	(1.4)
デンマーク	89.0	(0.8)	84.8	(0.8)	85.1	(0.9)	75.1	(1.0)	44.2	(1.0)	26.0	(1.0)	53.7	(1.2)	36.3	(1.1)	50.5	(1.2)	56.3	(1.2)
イングランド（イギリス）	64.4	(1.4)	64.8	(1.2)	71.2	(1.3)	78.5	(1.1)	67.5	(1.2)	42.1	(1.3)	50.1	(1.2)	41.3	(1.2)	65.4	(1.2)	56.0	(1.4)
フランス	57.2	(1.7)	45.7	(2.1)	49.8	(2.1)	33.7	(1.9)	17.3	(1.3)	3.7	(0.9)	25.3	(2.1)	16.1	(1.7)	15.5	(1.3)	25.1	(2.3)
日本	36.9	(0.8)	36.5	(0.8)	37.5	(0.9)	43.6	(1.0)	26.8	(0.9)	13.1	(0.7)	20.6	(0.7)	27.6	(0.9)	41.6	(0.9)	38.7	(0.9)
韓国	72.6	(0.9)	72.3	(0.8)	71.5	(1.0)	73.2	(0.8)	57.3	(1.1)	35.0	(1.0)	56.9	(1.0)	61.2	(1.0)	63.4	(1.0)	63.3	(1.0)
スペイン	70.3	(1.0)	62.6	(0.9)	69.0	(1.0)	65.1	(0.9)	37.1	(0.9)	29.6	(0.9)	42.5	(0.8)	32.3	(1.0)	41.2	(1.0)	52.0	(1.1)
スウェーデン	84.8	(0.8)	72.4	(1.0)	80.1	(0.9)	73.6	(1.0)	62.6	(1.2)	30.7	(1.2)	53.2	(1.2)	32.3	(1.2)	56.4	(1.2)	59.8	(1.3)
台湾	75.0	(0.8)	73.1	(0.9)	70.8	(0.9)	71.0	(0.9)	58.3	(0.8)	42.2	(0.9)	57.0	(0.9)	48.6	(0.9)	77.4	(0.7)	77.9	(0.7)
トルコ	86.4	(1.1)	85.9	(0.9)	89.2	(1.0)	81.0	(1.3)	63.3	(1.3)	36.9	(1.5)	76.2	(1.3)	71.5	(1.3)	87.7	(0.9)	85.9	(1.1)
アラブ首長国連邦	93.5	(0.3)	91.0	(0.4)	90.9	(0.5)	92.8	(0.4)	87.2	(0.5)	78.9	(0.6)	88.0	(0.5)	83.6	(0.5)	92.8	(0.3)	91.5	(0.4)
ベトナム	97.9	(0.3)	98.0	(0.2)	96.6	(0.3)	95.2	(0.3)	73.1	(0.7)	32.2	(0.6)	85.1	(0.6)	71.5	(0.7)	95.7	(0.3)	96.3	(0.3)
オーストラリア	54.6	(1.0)	56.0	(1.0)	62.3	(0.8)	60.8	(0.8)	35.7	(0.9)	26.3	(0.9)	33.9	(0.9)	30.2	(1.0)	42.8	(1.0)	40.4	(1.1)
オランダ	66.1	(1.4)	72.8	(1.2)	63.5	(1.4)	87.8	(1.0)	27.0	(1.1)	14.7	(1.0)	28.6	(1.3)	20.0	(1.2)	55.8	(1.4)	39.0	(1.4)

4.6 校長の研修

TALIS 2018 年調査では、校長が受けた公的な教育や研修に、「学校管理に関する、あるいは、校長を対象とした研修プログラムやコース」「教員としての研修 / 教育プログラムやコース」「学習指導に関する指導力についての研修やコース」が含まれていたかを尋ね、また、それらの受講時期について「就任前」「就任後」「就任前と後」のいずれの時期であるかを尋ね、表している。

≪中学校≫

表 4.6.1 に、中学校校長が受けた公的な教育や研修についての回答を参加国・地域別に示す。中学校校長が受けた公的な教育や研修は、「学校管理に関する、あるいは、校長を対象とした研修プログラムやコース」「教員としての研修 / 教育プログラムやコース」「学習指導に関する指導力についての研修やコース」が、日本では、参加国平均より高い割合で含まれている。

具体的な割合を見ると、参加国平均では、「学校管理に関する、あるいは、校長を対象とした研修プログラムやコース」が 87.5%、「教員としての研修 / 教育プログラムやコース」が 91.9%、「学習指導に関する指導力についての研修やコース」では 84.1%で、どの内容も 8 割以上の高い割合で含まれている。これに対して日本では「学校管理に関する、あるいは、校長を対象とした研修プログラムやコース」が 97.8%、「教員としての研修 / 教育プログラムやコース」が 95.5%、「学習指導に関する指導力についての研修やコース」が 95.3%で、全てが 95%以上という参加国平均を上回る高い割合となっている。

次に、中学校校長が受けた公的な教育や研修の受講時期について述べる。

「学校管理に関する、あるいは、校長を対象とした研修プログラムやコース」では、参加国平均と同様に日本では就任後の受講が高い。参加国平均を見ると、就任前：29.7%、就任後：33.8%、就任前と後：24.0%で、校長就任後の受講が 3 割を超えている。日本では、就任前：12.9%、就任後：44.0%、就任前と後：41.0%で、参加国平均と同様に就任後の受講が高い。

次に、「教員としての研修 / 教育プログラムやコース」については、日本・参加国平均ともに校長就任前の受講が高い。参加国平均では、就任前：62.4%、就任後：7.3%、就任前と後：22.2%で、校長就任前の受講の割合が約 6 割となっている。日本でも、就任前：45.0%、就任後：23.2%、就任前と後：27.3%で、校長就任前の受講が多い。

「学習指導に関する指導力についての研修やコース」については、日本では校長就任前の受講の割合が高い。参加国平均では、就任前：27.2%、就任後：30.1%、就任前と後：26.8%で、大きな受講時期の差は見られない。一方、日本では、就任前：47.1%、就任後：

24.0％、就任前と後：24.2％で、校長就任前の受講が高い。

≪小学校≫

表 4.6.2 に、小学校校長が受けた公的な教育や研修についての回答を参加国・地域別に示す。小学校校長が受けた公的な教育や研修について、日本では「学校管理に関する、あるいは、校長を対象とした研修プログラムやコース」が 99.2％、「教員としての研修／教育プログラムやコース」が 97.5％、「学習指導に関する指導力についての研修やコース」が 98.4％であり、高い割合で含まれる。

表 4.6.1［1/2］ 校長が受けた公的な教育や研修（中学校）

中学校校長の回答に基づく

国名	校長が受けた公的な教育や研修の内容															
	学校管理に関する、あるいは、校長を対象とした研修プログラムやコース								教員としての研修 / 教育プログラムやコース							
	就任前		就任後		就任前と後		含まれていない		就任前		就任後		就任前と後		含まれていない	
	%	S.E.	%	S.E.	%	S.E.	%	S.E.	%	S.E.	%	S.E.	%	S.E.	%	S.E.
アルバータ（カナダ）	30.0	(6.1)	11.7	(3.4)	26.5	(6.6)	31.8	(12.3)	87.7	(3.9)	0.7	(0.7)	11.1	(3.7)	0.5	(0.6)
オーストリア	w	w	w	w	w	w	w	w	w	w	w	w	w	w	w	w
ベルギー	24.8	(2.6)	43.7	(2.9)	21.1	(2.4)	10.4	(2.0)	84.1	(2.2)	4.8	(1.4)	7.1	(1.3)	3.9	(1.1)
フランドル（ベルギー）	14.6	(2.8)	54.9	(3.9)	13.9	(2.7)	16.6	(3.2)	95.5	(1.7)	2.2	(1.3)	0.0	(0.0)	2.3	(1.2)
ブラジル	36.5	(4.0)	31.3	(3.7)	19.1	(3.3)	13.2	(2.6)	53.9	(3.6)	11.9	(2.3)	27.7	(3.9)	6.6	(2.0)
ブルガリア	13.6	(2.8)	54.3	(3.8)	18.4	(2.9)	13.7	(2.3)	36.8	(3.9)	17.0	(3.0)	33.3	(3.6)	12.8	(3.0)
ブエノスアイレス（アルゼンチン）	36.6	(4.2)	26.8	(3.9)	16.1	(3.7)	20.5	(3.7)	85.3	(2.8)	2.5	(1.5)	9.7	(2.6)	2.5	(1.4)
チリ	41.4	(3.6)	16.4	(3.1)	28.2	(3.5)	14.0	(2.6)	50.4	(3.9)	4.6	(1.8)	36.1	(3.4)	8.9	(2.5)
コロンビア	20.1	(5.0)	39.6	(6.3)	24.9	(4.5)	15.5	(5.4)	42.9	(6.4)	13.3	(4.3)	40.6	(6.2)	3.2	(1.8)
クロアチア	1.4	(0.9)	37.2	(4.9)	3.3	(1.7)	58.1	(4.7)	53.4	(4.5)	5.1	(2.9)	11.7	(2.2)	29.8	(4.1)
キプロス	10.5	(3.8)	43.5	(5.5)	40.7	(5.3)	5.3	(2.7)	40.1	(5.3)	16.3	(3.5)	34.4	(5.4)	9.2	(2.7)
チェコ	23.3	(2.7)	55.1	(3.5)	17.1	(2.7)	4.5	(1.5)	44.4	(3.2)	6.5	(1.8)	7.9	(1.9)	41.3	(3.6)
デンマーク	27.1	(4.4)	27.6	(4.1)	18.9	(4.2)	26.3	(4.2)	94.4	(2.5)	1.1	(0.8)	0.5	(0.5)	4.0	(2.3)
イングランド（イギリス）	43.4	(4.4)	13.1	(3.1)	20.2	(4.1)	23.3	(4.9)	87.7	(3.4)	0.0	(0.0)	3.9	(1.5)	8.5	(3.3)
エストニア	30.1	(3.1)	37.3	(3.4)	29.0	(3.5)	3.6	(1.4)	63.3	(3.9)	6.3	(1.8)	26.8	(3.5)	3.6	(1.4)
フィンランド	75.5	(3.8)	12.0	(2.8)	12.6	(2.9)	0.0	(0.0)	96.6	(1.5)	0.6	(0.6)	2.3	(1.3)	0.5	(0.5)
フランス	29.1	(3.7)	31.3	(3.3)	37.0	(3.9)	2.6	(1.3)	64.8	(3.6)	11.9	(2.3)	12.3	(2.9)	11.0	(2.7)
ジョージア	6.0	(1.4)	66.9	(3.5)	22.3	(3.3)	4.8	(1.4)	31.5	(3.9)	19.3	(3.5)	47.1	(4.5)	2.1	(1.1)
ハンガリー	40.7	(5.0)	25.0	(3.7)	28.9	(3.8)	5.4	(1.5)	57.6	(4.5)	1.4	(0.8)	39.7	(4.7)	1.3	(0.8)
アイスランド	23.7	(4.5)	29.9	(5.2)	21.6	(3.9)	24.7	(4.4)	89.6	(3.0)	0.0	(0.0)	5.2	(2.3)	5.2	(1.8)
イスラエル	56.1	(3.8)	22.6	(3.5)	10.0	(2.5)	11.3	(2.5)	80.9	(3.1)	2.0	(1.0)	9.6	(2.4)	7.6	(2.3)
イタリア	29.3	(3.4)	26.4	(3.4)	31.2	(3.5)	13.1	(3.3)	61.2	(3.8)	11.2	(2.7)	6.5	(2.2)	21.1	(3.5)
日本	**12.9**	**(2.6)**	**44.0**	**(4.1)**	**41.0**	**(4.1)**	**2.2**	**(0.8)**	**45.0**	**(4.0)**	**23.2**	**(3.9)**	**27.3**	**(4.1)**	**4.5**	**(1.4)**
カザフスタン	13.0	(2.3)	67.4	(3.3)	11.9	(2.5)	7.7	(2.0)	34.1	(3.6)	27.8	(3.8)	35.3	(3.8)	2.8	(1.2)
韓国	48.3	(4.5)	16.5	(3.6)	33.7	(4.1)	1.5	(1.5)	55.6	(4.6)	5.4	(2.4)	33.8	(4.3)	5.2	(2.6)
ラトビア	14.3	(4.2)	53.1	(5.1)	22.0	(4.0)	10.6	(3.3)	72.1	(5.4)	2.4	(1.1)	25.5	(5.5)	0.0	(0.0)
リトアニア	17.5	(3.8)	36.5	(5.0)	9.5	(2.0)	36.5	(4.1)	64.4	(4.4)	5.7	(1.8)	12.0	(2.5)	17.8	(3.7)
マルタ	49.6	(7.8)	7.9	(4.0)	25.5	(6.5)	16.9	(5.9)	80.9	(5.3)	2.2	(2.2)	13.0	(4.0)	4.0	(2.8)
メキシコ	14.0	(2.7)	50.4	(3.8)	22.4	(3.1)	13.2	(3.0)	63.4	(4.1)	4.4	(1.6)	6.0	(2.0)	26.2	(3.6)
オランダ	12.0	(2.9)	37.6	(4.3)	45.6	(4.2)	4.8	(1.9)	88.0	(2.7)	1.6	(1.1)	3.2	(1.6)	7.2	(1.8)
ニュージーランド	24.8	(7.4)	40.5	(9.7)	17.1	(3.3)	17.6	(6.2)	71.6	(8.5)	2.7	(1.7)	13.2	(3.5)	12.4	(7.3)
ノルウェー	33.4	(4.3)	38.2	(4.3)	13.8	(2.5)	14.5	(3.2)	90.3	(2.8)	0.5	(0.5)	3.3	(1.7)	5.9	(2.3)
ポルトガル	41.5	(3.5)	28.7	(2.8)	16.8	(3.0)	13.0	(2.2)	38.1	(3.8)	9.1	(2.1)	27.0	(3.4)	25.8	(3.2)
ルーマニア	37.5	(4.5)	25.6	(3.5)	35.0	(4.2)	2.0	(1.3)	48.0	(3.9)	5.6	(1.9)	45.7	(4.2)	0.7	(0.5)
ロシア	18.6	(3.8)	50.5	(5.0)	26.9	(4.4)	4.0	(2.0)	32.1	(5.0)	14.9	(4.4)	45.2	(4.5)	7.8	(2.9)
サウジアラビア	12.2	(2.9)	51.3	(3.8)	14.9	(3.1)	21.6	(3.4)	35.1	(4.1)	26.7	(3.6)	20.3	(3.1)	17.9	(3.1)
上海（中国）	22.2	(4.1)	31.7	(3.6)	44.6	(4.6)	1.5	(0.9)	33.9	(4.2)	6.8	(1.9)	59.0	(4.4)	0.4	(0.4)
シンガポール	56.6	(4.4)	5.7	(1.7)	32.2	(3.6)	5.5	(2.6)	76.7	(3.3)	0.0	(0.0)	22.8	(3.3)	0.5	(0.5)
スロバキア	16.4	(3.1)	58.4	(4.4)	19.9	(3.3)	5.3	(1.8)	46.9	(4.3)	9.9	(2.6)	37.1	(4.4)	6.1	(2.0)
スロベニア	40.1	(4.2)	37.1	(4.4)	16.1	(3.2)	6.7	(2.1)	74.8	(3.8)	4.1	(1.9)	15.0	(3.2)	6.0	(1.8)
南アフリカ共和国	31.6	(4.0)	37.8	(5.2)	20.8	(4.1)	9.8	(2.7)	66.0	(5.1)	5.4	(2.2)	26.4	(4.7)	2.3	(1.2)
スペイン	32.9	(4.0)	32.8	(3.5)	19.3	(2.8)	15.0	(2.9)	48.3	(3.5)	6.3	(1.5)	40.2	(3.7)	5.2	(2.2)
スウェーデン	21.9	(9.5)	50.3	(7.1)	22.2	(5.3)	5.6	(1.8)	90.6	(2.4)	1.2	(1.1)	0.4	(0.3)	7.8	(2.5)
台湾	55.9	(4.4)	6.9	(2.3)	33.5	(3.9)	3.7	(1.6)	68.0	(4.2)	3.3	(1.6)	26.7	(3.8)	2.0	(1.2)
トルコ	15.2	(3.7)	37.7	(3.8)	14.8	(3.1)	32.3	(4.1)	57.3	(5.1)	12.8	(3.0)	19.2	(3.4)	10.7	(2.7)
アラブ首長国連邦	32.0	(2.5)	21.7	(2.0)	39.8	(2.2)	6.5	(1.3)	52.8	(2.2)	12.0	(1.4)	32.7	(1.9)	2.5	(0.7)
アメリカ	50.7	(8.0)	4.9	(3.0)	31.5	(7.9)	12.9	(10.2)	69.1	(7.6)	1.9	(1.3)	19.9	(5.7)	9.1	(5.9)
ベトナム	40.7	(3.7)	31.1	(4.3)	28.0	(3.7)	0.2	(0.2)	60.0	(4.0)	3.1	(1.7)	36.8	(3.7)	0.0	(0.0)
OECD30か国平均	30.7	(0.9)	33.0	(0.8)	23.2	(0.7)	13.0	(0.8)	68.3	(0.8)	5.4	(0.4)	17.0	(0.6)	9.3	(0.5)
EU23か国全体	30.6	(1.2)	32.8	(1.1)	25.3	(1.1)	11.3	(0.8)	61.3	(1.1)	6.8	(0.6)	20.8	(0.9)	11.1	(0.8)
TALIS 参加 47 か国平均	29.7	(0.6)	33.8	(0.6)	24.0	(0.6)	12.5	(0.6)	62.4	(0.6)	7.3	(0.3)	22.2	(0.5)	8.1	(0.4)
オーストラリア	12.1	(2.6)	39.8	(4.7)	17.6	(3.8)	30.6	(5.3)	81.4	(5.0)	2.4	(1.3)	13.7	(4.6)	2.5	(1.2)

表 4.6.1 [2/2]　校長が受けた公的な教育や研修（中学校）

中学校校長の回答に基づく

国名	校長が受けた公的な教育や研修の内容							
	学習指導に関する指導力についての研修やコース							
	就任前		就任後		就任前と後		含まれていない	
	%	S.E.	%	S.E.	%	S.E.	%	S.E.
アルバータ（カナダ）	17.1	(4.1)	22.7	(5.5)	31.1	(7.0)	29.1	(12.7)
オーストリア	w	w	w	w	w	w	w	w
ベルギー	29.2	(2.5)	33.8	(3.0)	19.8	(2.6)	17.3	(2.4)
フランドル（ベルギー）	13.5	(2.6)	43.9	(3.8)	18.8	(3.4)	23.8	(3.8)
ブラジル	29.5	(4.0)	29.4	(3.5)	24.2	(3.8)	16.9	(3.1)
ブルガリア	9.0	(2.4)	51.1	(4.3)	11.3	(2.4)	28.7	(3.7)
ブエノスアイレス（アルゼンチン）	21.7	(4.0)	18.0	(3.5)	26.2	(4.5)	34.1	(4.9)
チリ	30.6	(3.2)	23.9	(3.3)	33.7	(3.7)	11.8	(2.8)
コロンビア	19.2	(4.6)	26.6	(6.1)	42.1	(5.7)	12.2	(3.9)
クロアチア	3.4	(1.6)	41.0	(5.8)	7.5	(2.1)	48.1	(5.3)
キプロス	22.5	(5.3)	29.4	(5.1)	33.6	(5.6)	14.5	(3.1)
チェコ	17.7	(3.0)	30.7	(3.5)	14.2	(2.4)	37.4	(4.0)
デンマーク	25.0	(4.1)	33.9	(4.5)	30.0	(4.6)	11.1	(3.1)
イングランド（イギリス）	37.9	(3.9)	5.1	(1.5)	18.6	(3.9)	38.4	(5.3)
エストニア	17.4	(2.7)	32.0	(3.3)	42.7	(3.8)	7.9	(1.9)
フィンランド	23.9	(3.7)	34.4	(3.9)	24.2	(3.2)	17.5	(3.2)
フランス	m	m	m	m	m	m	m	m
ジョージア	11.7	(2.4)	42.0	(4.1)	43.0	(4.1)	3.2	(1.0)
ハンガリー	70.6	(3.7)	16.6	(3.0)	9.8	(2.2)	2.9	(1.3)
アイスランド	29.0	(5.4)	20.4	(3.9)	34.4	(5.1)	16.1	(4.0)
イスラエル	38.5	(3.9)	20.3	(3.9)	10.6	(2.0)	30.6	(3.8)
イタリア	20.7	(3.3)	22.4	(3.7)	22.7	(3.6)	34.3	(3.8)
日本	47.1	(4.5)	24.0	(3.7)	24.2	(3.6)	4.7	(1.4)
カザフスタン	13.4	(2.7)	57.5	(3.7)	11.3	(2.3)	17.8	(2.8)
韓国	61.9	(4.8)	3.3	(1.6)	32.6	(4.3)	2.3	(1.6)
ラトビア	16.9	(4.0)	47.3	(6.5)	28.4	(5.3)	7.4	(1.7)
リトアニア	9.2	(2.6)	47.4	(4.0)	10.5	(3.1)	32.9	(4.3)
マルタ	49.6	(5.7)	13.7	(5.2)	29.5	(6.1)	7.2	(3.6)
メキシコ	15.9	(2.6)	45.6	(3.5)	28.1	(3.5)	10.4	(2.3)
オランダ	12.8	(3.0)	38.4	(4.0)	36.8	(4.1)	12.0	(3.0)
ニュージーランド	22.4	(4.4)	34.9	(9.0)	22.0	(5.1)	20.8	(6.7)
ノルウェー	43.6	(4.2)	26.3	(3.8)	15.8	(3.0)	14.3	(3.8)
ポルトガル	18.8	(3.0)	32.2	(3.2)	26.0	(3.2)	23.0	(2.9)
ルーマニア	36.8	(4.0)	17.1	(3.2)	37.1	(3.7)	9.0	(2.1)
ロシア	16.9	(3.7)	29.2	(5.8)	43.2	(5.4)	10.7	(2.2)
サウジアラビア	11.0	(2.5)	51.8	(4.4)	19.6	(3.8)	17.7	(3.3)
上海（中国）	18.8	(3.6)	32.1	(4.1)	47.9	(3.7)	1.2	(0.7)
シンガポール	43.8	(3.9)	6.4	(2.3)	47.2	(4.2)	2.6	(1.2)
スロバキア	16.7	(3.3)	48.5	(4.2)	18.6	(3.4)	16.2	(3.0)
スロベニア	29.5	(4.3)	33.2	(4.4)	30.1	(4.0)	7.3	(2.2)
南アフリカ共和国	33.3	(5.1)	39.5	(5.3)	20.9	(4.4)	6.2	(1.9)
スペイン	25.8	(4.0)	27.7	(2.5)	20.3	(3.6)	26.2	(3.2)
スウェーデン	33.8	(5.9)	27.5	(9.6)	19.9	(3.9)	18.7	(4.1)
台湾	34.8	(3.9)	18.5	(3.5)	42.9	(3.8)	3.8	(1.6)
トルコ	21.5	(3.6)	41.7	(4.6)	14.1	(3.5)	22.7	(4.3)
アラブ首長国連邦	29.3	(2.3)	28.1	(2.3)	38.8	(2.3)	3.9	(0.9)
アメリカ	55.9	(8.4)	5.9	(3.3)	33.8	(8.5)	4.3	(2.4)
ベトナム	29.7	(3.5)	42.6	(4.3)	27.4	(3.6)	0.3	(0.3)
OECD30か国平均	28.9	(0.8)	28.8	(0.9)	24.8	(0.8)	17.5	(0.8)
EU23か国全体	27.9	(1.1)	26.7	(1.0)	21.7	(1.1)	23.7	(1.1)
TALIS 参加 47 か国平均	27.2	(0.6)	30.1	(0.7)	26.8	(0.6)	15.9	(0.6)
オーストラリア	18.8	(3.0)	26.8	(4.6)	24.0	(3.6)	30.4	(5.4)

表 4.6.2　校長が受けた公的な教育や研修（小学校）

小学校校長の回答に基づく

国　名	校長が受けた公的な教育や研修の内容[1]					
	学校管理に関する、あるいは、校長を対象とした研修プログラムやコース		教員としての研修 / 教育プログラムやコース		学習指導に関する指導力についての研修やコース	
	%	S.E.	%	S.E.	%	S.E.
フランドル（ベルギー）	94.2	(1.9)	99.7	(0.3)	78.5	(3.9)
ブエノスアイレス（アルゼンチン）	87.9	(2.6)	95.4	(1.8)	80.7	(3.3)
デンマーク	79.6	(5.3)	97.6	(1.7)	90.5	(3.0)
イングランド（イギリス）	78.5	(3.9)	99.6	(0.4)	71.7	(3.7)
フランス	86.9	(3.2)	86.7	(2.7)	m	m
日本	99.2	(0.5)	97.5	(1.3)	98.4	(0.8)
韓国	100.0	(0.0)	99.5	(0.5)	99.5	(0.5)
スペイン	89.6	(1.9)	94.1	(1.8)	68.7	(3.1)
スウェーデン	92.0	(2.5)	90.0	(2.9)	76.1	(4.5)
台湾	98.7	(0.8)	97.7	(1.0)	98.3	(0.9)
トルコ	67.9	(5.9)	92.9	(3.7)	73.7	(5.0)
アラブ首長国連邦	94.1	(1.1)	96.4	(0.8)	95.2	(0.9)
ベトナム	100.0	(0.0)	100.0	(0.0)	97.7	(1.2)
オーストラリア	63.4	(4.4)	96.9	(1.4)	73.4	(3.5)
オランダ	95.8	(1.8)	94.4	(2.0)	93.1	(2.3)

1．校長への就任前、就任後、就任前と後の研修プログラムやコースを含む。

4.7 教員の新たな赴任校における研修

TALIS 2018 年調査では、新規採用や人事異動等により新たに学校に赴任した新任者を取り巻く環境の重要性に着目して、新たな赴任校における研修について尋ねている。

TALIS 2018 年調査では、初任者研修を「『初任者研修』とは、初任者に対する教職への導入を支援したり、又は経験がある教員に対する新しい赴任校への導入を支援したりする研修のことです。それらは、公式に体系化されたものである場合と、非公式なものがあります」と定義している。

なお、TALIS 2018 年調査では、非正規教員及び私立学校の教員も回答していることに留意が必要である。

4.7.1 新たな赴任校における研修への参加

TALIS 2018 年調査では、校長に対して、初任者に対する「公式な初任者研修」と「非公式な初任者研修」の有無を尋ねている。さらに、公式な初任者研修のプログラムを受けるのは、「この学校に新たに着任した全ての教員」か「初めて教職に就いた者のみ」かを尋ねている。

≪中学校≫

表 4.7.1 に、中学校校長による、教員の新たな赴任校における研修についての回答を参加国・地域別に示す。中学校校長の回答によると、日本では、公式な初任者研修の割合が高く、特に初めて教職に就いた者のみの初任者研修プログラムは参加国平均を大きく上回って高い。一方で非公式な初任者研修があるとする回答は参加国平均を大きく下回る。

具体的な割合を見ると、中学校校長の回答によると、「公式な初任者研修がある」と回答した割合は、参加国平均では 56.2% であるのに対し、日本では 89.4％で、日本の方が 33.2 ポイント高い。また「初めて教職に就いた者のみ」が公式な初任者研修プログラムを受けると回答した割合は、参加国平均では 19.8％であるのに対し、日本では 77.7％で、参加国平均より日本が 57.9 ポイント高く、この割合は参加国中最も高い。一方、「非公式な初任者研修がある」と回答している割合は参加国平均では 72.8％であるのに対し、日本では 47.3％で、参加国平均より日本は 25.5 ポイント低いという結果である。

参加国において、中学校で「公式な初任者研修がある」と回答する割合が高く、かつ「初めて教職に就いた者のみ」が公式な初任者研修プログラムを受けると回答する割合が低いのは、フランドル（ベルギー）、イングランド（イギリス）、オランダ、シンガポール、アラブ首長国連邦である。このような国や地域では、勤務経験に関わらず、新たな赴任校に着任した場合に研修があるが、「初めて教職に就いた者のみ」の研修プログラムがある割合は低いといえる。それに対して、日本では「公式な初任者研修がある」割合と「初めて教職に就いた者のみ」の研修プログラムのある割合は、それぞれ89.4%、77.7%で高いことから、参加国平均と比べても、初めて教職に就いた者への公式な初任者研修が高い割合であるといえる。

≪小学校≫

表4.7.2に、小学校校長による、教員の新たな赴任校における研修についての回答を参加国・地域別に示す。校長の回答によれば、日本の小学校において「公式な初任者研修がある」のは94.1%で、「初めて教職に就いた者のみ」の研修プログラムは88.2%であり、どちらも参加国中最も高い。中学校と同様に、初めて教職に就いた者への公式な初任者研修が日本は高い割合であることが分かる。

一方、「非公式な初任者研修がある」と回答する割合は61.6%で、中学校に比べると高いが、参加国の中では高い割合とはいえない。

表 4.7.1　教員の新たな赴任校における研修への参加（中学校）

中学校校長の回答に基づく

国　名	新たな赴任校における研修への参加[1]							
	公式な研修がある		初めて教職に就いた者のみに公式な研修がある		非公式な研修がある		研修がない	
	%	S.E.	%	S.E.	%	S.E.	%	S.E.
アルバータ（カナダ）	70.2	(12.3)	35.1	(6.7)	82.1	(4.8)	2.6	(1.2)
オーストリア	38.1	(3.6)	13.5	(1.8)	76.1	(3.4)	18.9	(3.2)
ベルギー	73.7	(3.0)	6.6	(1.7)	93.2	(2.1)	1.1	(0.7)
フランドル（ベルギー）	81.4	(3.4)	1.2	(0.7)	93.8	(1.9)	0.0	(0.0)
ブラジル	24.4	(3.4)	4.2	(1.7)	55.1	(4.1)	40.9	(3.9)
ブルガリア	65.7	(3.6)	22.2	(3.0)	85.0	(2.8)	8.6	(2.4)
ブエノスアイレス（アルゼンチン）	12.7	(3.1)	0.6	(0.6)	63.3	(4.2)	34.6	(4.0)
チリ	21.0	(2.7)	1.5	(1.1)	58.9	(3.7)	36.8	(3.4)
コロンビア	52.3	(5.4)	3.0	(2.0)	73.0	(4.9)	15.7	(3.8)
クロアチア	76.3	(4.4)	53.7	(5.4)	67.0	(4.7)	5.3	(2.0)
キプロス	46.4	(4.6)	19.2	(3.4)	83.4	(4.1)	9.2	(2.7)
チェコ	34.9	(3.4)	9.7	(2.0)	82.3	(2.5)	9.8	(1.8)
デンマーク	56.6	(4.8)	5.0	(1.8)	78.6	(4.1)	8.7	(3.1)
イングランド（イギリス）	96.5	(2.3)	8.4	(2.2)	88.4	(3.2)	0.0	(0.0)
エストニア	34.5	(3.5)	5.7	(1.7)	77.7	(3.2)	16.5	(2.8)
フィンランド	57.1	(3.2)	0.0	(0.0)	93.6	(2.2)	1.4	(1.0)
フランス	72.0	(4.2)	60.1	(4.3)	47.4	(4.2)	17.4	(3.4)
ジョージア	39.9	(4.2)	18.3	(3.0)	47.1	(4.3)	44.4	(4.4)
ハンガリー	23.8	(3.5)	14.1	(2.5)	46.0	(4.2)	42.5	(4.1)
アイスランド	27.8	(4.7)	12.2	(3.6)	89.1	(3.3)	3.4	(1.9)
イスラエル	65.9	(4.0)	31.2	(4.2)	78.5	(3.2)	6.2	(1.6)
イタリア	51.9	(4.6)	42.4	(4.1)	77.3	(3.3)	10.6	(2.5)
日本	89.4	(2.6)	77.7	(3.3)	47.3	(4.4)	7.3	(2.3)
カザフスタン	82.9	(3.0)	29.4	(3.6)	60.6	(3.7)	7.3	(2.1)
韓国	58.8	(4.1)	29.6	(4.4)	76.1	(4.5)	16.7	(3.9)
ラトビア	31.0	(7.4)	12.3	(6.7)	72.8	(7.3)	11.2	(3.1)
リトアニア	15.7	(3.0)	4.9	(1.7)	63.7	(4.7)	31.5	(4.3)
マルタ	80.9	(5.3)	47.9	(5.1)	76.4	(5.2)	1.9	(1.4)
メキシコ	32.9	(3.5)	12.8	(2.7)	57.2	(4.2)	32.8	(3.9)
オランダ	92.4	(2.3)	5.0	(2.1)	87.2	(2.9)	0.9	(0.9)
ニュージーランド	76.7	(9.3)	12.0	(3.2)	87.6	(6.3)	0.0	(0.0)
ノルウェー	42.3	(4.4)	23.3	(3.4)	64.6	(4.3)	14.0	(3.3)
ポルトガル	20.4	(3.1)	1.4	(0.9)	80.9	(2.9)	18.5	(3.0)
ルーマニア	60.5	(5.0)	34.7	(4.5)	80.5	(4.0)	16.7	(3.7)
ロシア	27.9	(3.8)	12.1	(3.0)	74.6	(4.1)	12.3	(3.4)
サウジアラビア	63.8	(4.3)	17.3	(2.9)	41.4	(3.8)	26.1	(3.8)
上海（中国）	95.5	(1.6)	24.3	(3.7)	69.6	(3.5)	0.6	(0.6)
シンガポール	96.6	(2.4)	2.6	(0.9)	96.8	(1.3)	0.0	(0.0)
スロバキア	78.7	(3.6)	49.6	(4.1)	77.7	(3.4)	3.7	(1.4)
スロベニア	37.4	(4.6)	18.7	(3.3)	88.7	(3.1)	6.3	(2.3)
南アフリカ共和国	58.9	(4.9)	13.0	(3.5)	84.8	(3.7)	4.3	(1.5)
スペイン	33.4	(3.7)	7.6	(2.6)	56.7	(5.1)	32.3	(4.3)
スウェーデン	65.6	(5.5)	12.6	(3.2)	76.3	(4.9)	5.2	(2.0)
台湾	55.7	(3.6)	5.9	(1.6)	84.8	(2.7)	8.5	(2.0)
トルコ	82.7	(3.5)	61.2	(4.6)	49.3	(5.2)	6.0	(2.2)
アラブ首長国連邦	88.0	(1.4)	7.3	(1.4)	78.1	(1.9)	2.7	(0.8)
アメリカ	75.7	(7.6)	22.2	(6.6)	82.9	(6.3)	9.9	(6.2)
ベトナム	58.0	(4.2)	18.8	(3.5)	63.7	(4.5)	17.7	(3.6)
OECD30か国平均	53.6	(0.9)	20.0	(0.6)	73.7	(0.8)	12.9	(0.5)
EU23か国全体	55.3	(1.2)	25.1	(1.0)	70.7	(1.2)	15.8	(1.0)
TALIS 参加 47 か国平均	56.2	(0.7)	19.8	(0.5)	72.8	(0.6)	13.4	(0.4)
オーストラリア	92.9	(4.3)	4.6	(2.5)	92.2	(3.0)	0.1	(0.1)

1.「新たな赴任校における研修」とは初めて教職に就いた者に対する教職への導入の支援、又は経験がある教員に対する新しい赴任校への導入の支援を目的とする研修のこと。それらは、公式に体系化されたものである場合と非公式なものがある。

表 4.7.2　教員の新たな赴任校における研修への参加（小学校）

小学校校長の回答に基づく

国　名	新たな赴任校における研修への参加[1]							
	公式な研修がある		初めて教職に就いた者のみに公式な研修がある		非公式な研修がある		研修がない	
	%	S.E.	%	S.E.	%	S.E.	%	S.E.
フランドル（ベルギー）	45.5	(3.3)	7.2	(3.2)	87.2	(2.9)	8.8	(2.4)
ブエノスアイレス（アルゼンチン）	16.0	(2.7)	1.8	(1.1)	65.7	(3.7)	32.6	(3.6)
デンマーク	48.9	(5.9)	10.1	(3.0)	91.0	(2.7)	1.3	(1.3)
イングランド（イギリス）	90.5	(3.0)	14.7	(2.9)	78.7	(4.6)	0.0	(0.0)
フランス	45.3	(5.0)	41.3	(5.1)	31.9	(5.4)	40.5	(6.1)
日本	94.1	(1.7)	88.2	(2.4)	61.6	(3.7)	4.9	(1.7)
韓国	58.5	(5.3)	27.7	(3.6)	76.9	(3.2)	11.6	(3.4)
スペイン	33.4	(3.2)	10.5	(1.9)	48.8	(3.8)	39.5	(2.8)
スウェーデン	46.6	(5.0)	12.2	(3.3)	68.9	(4.7)	15.9	(3.8)
台湾	48.5	(3.6)	12.6	(2.6)	86.1	(2.0)	7.5	(1.5)
トルコ	75.1	(5.2)	49.0	(5.9)	36.2	(5.5)	14.8	(3.9)
アラブ首長国連邦	88.9	(1.5)	7.3	(1.2)	74.4	(1.9)	3.7	(0.9)
ベトナム	62.1	(3.9)	13.5	(2.6)	59.1	(4.0)	18.8	(3.6)
オーストラリア	80.6	(3.2)	6.7	(2.0)	94.4	(1.9)	0.6	(0.5)
オランダ	50.3	(5.1)	17.0	(3.2)	86.6	(3.1)	9.7	(2.5)

1.「新たな赴任校における研修」とは初めて教職に就いた者に対する教職への導入の支援、又は経験がある教員に対する新しい赴任校への導入の支援を目的とする研修のこと。それらは、公式に体系化されたものである場合と非公式なものがある。

4.7.2 新たな赴任校における研修の内容

TALIS 2018 年調査では、教員に、この学校での勤務を始めた時の初任者研修の内容について、10 項目を挙げ、尋ねている。

≪中学校≫

表 4.7.3 によると、日本の中学校において新たな赴任校における研修に含まれていた内容のうち、オンライン上の活動などに関する項目が参加国平均と比べて著しく低い傾向にある。新たな赴任校における研修に「オンライン上の講座やセミナー」が含まれていたのは参加国平均が 28.5％であるのに対し、日本は 9.7％、また「オンライン上の活動（例：バーチャルコミュニティ）」については参加国平均が 24.6％であるのに対し、日本は 4.1％となっている。

また 10 項目を多い順に見ると、参加国平均では「校長や経験豊富な教員との話し合いの設定」が最も多く、次いで「校長や経験豊富な教員による監督指導」「対面式の講習やセミナー」となっているのに対し、日本では「他の新任者との交流及び連携」が最も多く、次いで「校長や経験豊富な教員との話し合いの設定」「校長や経験豊富な教員による監督指導」となっている。

≪小学校≫

表 4.7.4 が示すように小学校においても同様の傾向が見られ、新たな赴任校における研修に含まれていたと回答した教員が最も少なかった項目は「オンライン上の活動（例：バーチャルコミュニティ）」（4.8％）、次いで「オンライン上の講座やセミナー」（11.0％）となっている。そして「他の新任者との交流及び連携」と答えた教員は 88.1％と最も多く、こちらも中学校と同様である。

これらのことから、日本での新たな赴任校における初任者研修の内容は、小学校・中学校とも、新任者との交流や連携、校長や経験豊富な教員からの指導の機会が高い割合で設けられている一方で、オンライン上の活動、講座やセミナーが含まれる機会は特に低いということが分かる。

表 4.7.3　教員の新たな赴任校における研修の形態（中学校）

中学校教員の回答に基づく

国名	新たな赴任校における研修に含まれる内容[1、2、3]																			
	対面式の講座やセミナー		オンライン上の講座やセミナー		オンライン上の活動（例：バーチャルコミュニティ）		校長や経験豊富な教員との話し合いの設定		校長や経験豊富な教員による監督指導		他の新任者との交流及び連携		経験豊富な教員とのチーム・ティーチング		日誌、記録の作成		指導上の負担の軽減		一般的な学校事務の説明	
	%	S.E.	%	S.E.	%	S.E.	%	S.E.	%	S.E.	%	S.E.	%	S.E.	%	S.E.	%	S.E.	%	S.E.
アルバータ（カナダ）	62.5	(3.7)	19.8	(2.4)	15.7	(2.5)	87.3	(1.5)	85.8	(2.1)	83.1	(1.8)	40.0	(3.4)	21.6	(2.3)	12.7	(1.9)	63.3	(2.6)
オーストリア	80.7	(1.5)	11.1	(1.3)	14.0	(1.4)	86.3	(1.4)	54.5	(1.4)	71.5	(1.5)	57.6	(1.8)	26.7	(1.5)	42.8	(1.6)	67.7	(1.5)
ベルギー	53.2	(1.3)	6.4	(0.6)	12.9	(0.8)	78.8	(1.1)	74.6	(1.2)	60.9	(1.2)	21.2	(1.0)	17.7	(1.4)	3.7	(0.4)	69.8	(1.2)
フランドル（ベルギー）	71.5	(1.4)	9.3	(0.8)	16.6	(1.1)	86.4	(1.2)	82.3	(1.3)	70.8	(1.2)	16.7	(1.4)	12.3	(1.9)	3.7	(0.6)	68.2	(1.7)
ブラジル	76.6	(2.4)	45.6	(3.2)	45.1	(3.4)	84.0	(1.8)	76.1	(2.0)	43.2	(2.7)	66.7	(2.3)	50.9	(3.1)	20.9	(2.0)	36.2	(2.6)
ブルガリア	58.9	(2.3)	22.3	(2.0)	12.4	(1.5)	76.2	(1.8)	85.5	(1.3)	36.3	(2.3)	41.8	(1.9)	w	w	4.5	(0.8)	65.0	(2.2)
ブエノスアイレス（アルゼンチン）	58.0	(5.1)	25.8	(2.9)	34.1	(3.9)	87.8	(4.2)	82.2	(3.5)	60.1	(3.5)	57.9	(4.2)	40.1	(3.1)	9.7	(2.1)	35.4	(2.9)
チリ	57.5	(2.9)	29.7	(2.5)	28.8	(2.6)	79.3	(1.7)	72.7	(2.2)	53.1	(2.9)	51.9	(2.8)	55.7	(2.2)	25.2	(1.5)	68.1	(2.3)
コロンビア	57.0	(2.0)	34.9	(1.7)	38.2	(2.0)	85.8	(2.2)	73.0	(2.7)	63.9	(2.4)	59.7	(2.4)	58.9	(2.3)	29.9	(2.1)	75.3	(2.2)
クロアチア	63.4	(1.6)	23.0	(1.2)	13.1	(1.0)	76.9	(1.8)	78.3	(1.1)	50.2	(1.7)	43.2	(1.4)	51.5	(1.6)	11.8	(0.9)	74.1	(1.3)
キプロス	82.8	(2.1)	30.0	(2.6)	29.0	(1.9)	87.3	(2.2)	73.8	(3.7)	70.1	(2.4)	45.2	(3.2)	36.9	(2.4)	16.6	(1.6)	52.2	(4.3)
チェコ	73.6	(1.4)	26.4	(1.5)	13.4	(1.1)	82.0	(1.0)	79.7	(1.2)	80.2	(1.0)	35.2	(1.4)	27.3	(1.5)	9.5	(0.9)	75.9	(1.2)
デンマーク	54.1	(2.0)	1.8	(0.5)	4.7	(1.0)	71.8	(2.2)	52.4	(2.3)	43.9	(2.4)	33.5	(2.1)	5.6	(0.9)	33.7	(2.2)	47.0	(1.9)
イングランド（イギリス）	67.7	(1.2)	28.5	(1.8)	16.1	(1.1)	83.3	(1.1)	69.3	(1.3)	69.7	(1.8)	28.9	(1.3)	34.4	(1.7)	42.2	(1.4)	76.5	(1.1)
エストニア	57.7	(2.4)	25.1	(2.5)	26.4	(2.0)	77.7	(1.5)	77.1	(1.5)	53.7	(2.1)	43.4	(2.3)	45.2	(2.6)	17.2	(1.8)	72.3	(1.9)
フィンランド	10.5	(1.0)	1.6	(0.3)	3.1	(0.5)	61.4	(1.7)	20.7	(1.2)	56.1	(1.6)	12.2	(0.9)	4.3	(0.5)	2.4	(0.5)	79.2	(1.3)
フランス	52.4	(2.4)	5.6	(1.2)	14.8	(1.8)	74.7	(2.6)	45.7	(2.7)	47.4	(2.5)	25.1	(2.5)	23.4	(2.4)	8.0	(1.5)	62.6	(3.0)
ジョージア	82.3	(2.8)	32.0	(3.3)	21.8	(3.1)	80.5	(2.9)	79.1	(2.8)	85.1	(2.7)	85.0	(2.5)	81.3	(4.1)	28.9	(3.9)	51.9	(3.8)
ハンガリー	75.4	(1.8)	22.2	(2.0)	16.8	(1.7)	88.2	(1.8)	92.6	(1.4)	86.9	(1.8)	30.3	(2.1)	58.9	(2.2)	17.2	(1.8)	70.8	(2.0)
アイスランド	30.3	(2.1)	3.9	(1.0)	8.0	(1.2)	56.6	(2.9)	76.5	(2.2)	38.0	(2.4)	45.7	(2.2)	8.5	(1.4)	34.7	(2.4)	73.3	(2.3)
イスラエル	81.4	(1.5)	48.9	(1.9)	33.2	(1.7)	82.2	(1.6)	82.3	(1.5)	41.7	(1.8)	73.8	(1.5)	32.7	(2.0)	21.8	(1.8)	61.5	(2.4)
イタリア	77.2	(1.5)	40.0	(1.8)	37.2	(1.6)	77.9	(1.3)	70.4	(1.8)	47.3	(1.8)	49.0	(2.0)	49.9	(1.8)	3.2	(0.6)	25.9	(1.7)
日本	68.9	(2.0)	9.7	(1.5)	4.1	(0.9)	80.5	(1.6)	77.3	(1.6)	83.8	(1.5)	47.0	(2.0)	56.0	(2.9)	39.7	(2.2)	76.9	(1.8)
カザフスタン	90.9	(0.6)	60.7	(1.3)	45.7	(1.2)	91.7	(0.7)	91.0	(0.6)	93.4	(0.5)	84.4	(0.9)	95.4	(0.5)	28.6	(1.1)	77.2	(1.0)
韓国	74.8	(2.0)	51.7	(2.1)	39.5	(2.2)	84.7	(1.3)	78.9	(1.7)	73.9	(1.8)	51.5	(2.1)	48.0	(2.1)	20.3	(1.5)	68.1	(1.8)
ラトビア	75.3	(1.8)	24.9	(2.1)	12.2	(1.1)	87.7	(1.4)	80.1	(1.5)	75.5	(1.6)	61.4	(2.3)	66.7	(2.2)	21.0	(1.4)	81.0	(1.6)
リトアニア	81.4	(1.5)	40.5	(2.5)	33.3	(2.0)	87.7	(1.5)	81.8	(1.8)	60.7	(2.2)	54.5	(2.5)	66.3	(2.0)	18.9	(1.7)	56.6	(2.2)
マルタ	76.2	(1.9)	13.0	(1.5)	14.1	(1.4)	88.3	(1.6)	74.1	(2.3)	68.8	(2.0)	41.0	(2.0)	40.0	(2.3)	6.6	(0.7)	58.2	(2.8)
メキシコ	72.6	(1.9)	37.6	(2.1)	32.8	(2.5)	83.9	(1.5)	76.5	(1.5)	45.7	(1.9)	62.2	(2.2)	66.1	(2.1)	20.9	(2.0)	47.1	(2.4)
オランダ	75.1	(2.1)	6.0	(1.2)	6.7	(1.0)	80.5	(1.7)	80.3	(1.4)	70.6	(1.9)	21.8	(1.8)	24.3	(2.4)	38.8	(1.8)	49.4	(3.3)
ニュージーランド	60.3	(1.5)	12.0	(1.1)	14.3	(1.2)	84.9	(1.1)	70.5	(1.5)	72.8	(1.5)	30.3	(1.9)	56.6	(1.8)	54.0	(1.4)	84.4	(1.1)
ノルウェー	55.8	(1.7)	10.2	(1.0)	6.7	(0.7)	47.6	(1.7)	68.3	(1.4)	62.2	(1.6)	65.9	(1.7)	3.1	(0.5)	16.5	(1.3)	38.6	(1.5)
ポルトガル	36.8	(1.9)	9.4	(0.8)	12.2	(0.9)	77.9	(1.4)	40.4	(1.6)	17.9	(1.3)	56.1	(1.8)	24.7	(1.4)	9.7	(0.8)	43.8	(1.5)
ルーマニア	59.3	(2.0)	37.0	(2.6)	33.4	(2.6)	85.5	(1.4)	84.2	(1.4)	89.0	(1.1)	50.2	(2.2)	87.7	(1.3)	10.7	(1.1)	46.4	(2.5)
ロシア	89.5	(1.6)	51.1	(2.0)	31.5	(1.7)	89.2	(1.4)	86.3	(1.5)	89.5	(1.3)	64.5	(2.0)	78.9	(2.5)	20.9	(1.7)	66.8	(2.1)
サウジアラビア	87.0	(1.6)	27.4	(2.0)	27.5	(2.0)	86.7	(1.7)	86.0	(1.5)	80.3	(1.6)	67.2	(2.1)	54.5	(2.6)	51.6	(2.7)	53.3	(2.4)
上海（中国）	94.1	(0.6)	74.4	(1.3)	61.6	(1.3)	91.1	(0.8)	94.3	(0.6)	73.6	(1.1)	92.6	(0.5)	89.8	(0.8)	30.8	(1.0)	66.7	(1.2)
シンガポール	77.2	(1.0)	37.2	(1.0)	27.4	(1.0)	89.3	(0.6)	82.7	(0.9)	73.6	(0.9)	58.7	(1.0)	42.9	(1.1)	53.9	(1.1)	87.8	(0.6)
スロバキア	64.4	(1.3)	20.2	(1.1)	14.6	(1.0)	80.9	(1.1)	80.4	(1.0)	84.7	(0.9)	47.1	(1.4)	50.7	(1.4)	9.8	(0.7)	71.0	(1.2)
スロベニア	85.4	(1.3)	39.7	(1.5)	32.5	(1.7)	78.1	(1.2)	82.3	(1.3)	55.6	(1.6)	57.8	(1.6)	44.3	(1.8)	16.4	(1.3)	46.9	(1.4)
南アフリカ共和国	72.4	(1.6)	13.1	(1.8)	13.7	(1.7)	88.7	(1.2)	90.4	(1.1)	81.4	(1.8)	77.4	(1.8)	71.0	(2.2)	26.6	(2.0)	77.8	(1.6)
スペイン	67.8	(2.4)	31.4	(2.0)	30.7	(1.9)	71.4	(2.0)	60.9	(2.2)	40.3	(2.2)	50.2	(1.8)	28.1	(1.5)	9.4	(1.0)	36.5	(1.5)
スウェーデン	34.4	(1.9)	10.1	(1.1)	7.9	(1.1)	68.4	(2.0)	62.6	(1.8)	29.1	(1.7)	27.1	(1.7)	9.8	(1.3)	7.2	(0.9)	61.6	(2.0)
台湾	76.9	(1.2)	56.3	(1.3)	46.4	(1.5)	73.5	(1.2)	66.0	(1.4)	69.6	(1.1)	66.9	(1.5)	78.1	(1.2)	55.1	(1.4)	75.9	(1.2)
トルコ	92.4	(1.1)	58.4	(2.0)	34.4	(2.0)	90.1	(1.3)	84.0	(1.5)	85.7	(1.6)	61.3	(2.1)	44.7	(2.0)	34.4	(2.3)	69.1	(1.9)
アラブ首長国連邦	88.0	(0.5)	44.0	(0.7)	53.2	(0.8)	92.7	(0.4)	88.6	(0.5)	85.3	(0.6)	73.7	(0.8)	70.5	(0.7)	37.1	(0.9)	75.5	(0.6)
アメリカ	77.1	(2.0)	34.8	(2.5)	30.6	(2.4)	88.8	(1.4)	85.3	(1.6)	74.8	(4.9)	42.7	(2.5)	29.7	(3.5)	9.9	(2.2)	79.5	(2.5)
ベトナム	81.5	(1.5)	44.3	(2.8)	49.6	(2.9)	93.2	(0.8)	92.4	(0.9)	88.7	(1.2)	93.3	(0.9)	84.2	(1.5)	39.6	(2.4)	63.4	(2.0)
OECD30か国平均	63.8	(0.4)	23.4	(0.3)	19.9	(0.3)	78.9	(0.3)	71.2	(0.3)	61.0	(0.4)	44.8	(0.4)	36.3	(0.4)	21.0	(0.3)	63.3	(0.4)
EU23か国全体	64.6	(0.6)	22.9	(0.5)	20.9	(0.5)	78.3	(0.6)	65.7	(0.6)	56.6	(0.6)	38.5	(0.6)	35.8	(0.6)	16.6	(0.4)	54.8	(0.6)
TALIS 参加 47 か国平均	68.7	(0.3)	28.5	(0.3)	24.6	(0.3)	81.5	(0.2)	75.5	(0.3)	65.3	(0.3)	52.2	(0.3)	46.6	(0.3)	23.1	(0.2)	63.1	(0.3)
オーストラリア	57.1	(1.3)	28.7	(1.1)	20.4	(0.9)	79.3	(1.0)	55.0	(1.1)	71.4	(1.2)	33.2	(1.0)	34.5	(1.1)	27.3	(1.0)	79.6	(1.1)

1．このサンプルは、教員の回答に基づいて、現在の学校に赴任した際の研修に参加し、校長の回答に基づいて、新たな赴任校における研修を受ける手段があるとされた教員に限定している。
2．教員は現在の学校に勤務を始めた時に提供された研修の内容について回答した。
3．校長は調査時の学校における研修に含まれている内容について回答した。

表 4.7.4　教員の新たな赴任校における研修の形態（小学校）

小学校教員の回答に基づく

国名	新たな赴任校における研修に含まれる内容[1、2、3]																			
	対面式の講座やセミナー		オンライン上の講座やセミナー		オンライン上の活動（例：バーチャルコミュニティ）		校長や経験豊富な教員との話し合いの設定		校長や経験豊富な教員による監督指導		他の新任者との交流及び連携		経験豊富な教員とのチーム・ティーチング		日誌、記録の作成		指導上の負担の軽減		一般的な学校事務の説明	
	%	S.E.	%	S.E.	%	S.E.	%	S.E.	%	S.E.	%	S.E.	%	S.E.	%	S.E.	%	S.E.	%	S.E.
フランドル（ベルギー）	68.0	(2.1)	3.3	(0.8)	12.1	(1.5)	76.8	(2.1)	74.1	(1.8)	59.3	(2.6)	21.9	(1.8)	17.8	(1.9)	3.8	(1.0)	44.8	(2.3)
ブエノスアイレス（アルゼンチン）	63.4	(3.1)	21.3	(3.8)	27.3	(3.4)	90.7	(1.4)	85.6	(1.8)	54.2	(3.9)	63.2	(2.8)	52.5	(3.1)	7.3	(1.6)	34.7	(3.5)
デンマーク	52.6	(1.7)	3.4	(0.8)	3.5	(0.7)	69.3	(1.7)	49.9	(1.7)	40.1	(2.0)	35.4	(1.8)	6.6	(1.0)	31.4	(1.8)	47.2	(1.9)
イングランド（イギリス）	69.5	(1.4)	24.4	(1.3)	13.4	(1.1)	88.8	(0.9)	79.4	(1.3)	69.0	(1.4)	43.3	(1.4)	35.0	(1.3)	43.4	(1.7)	75.4	(1.4)
フランス	55.5	(5.4)	18.7	(3.8)	11.2	(2.8)	72.4	(6.8)	33.9	(5.6)	47.6	(5.8)	31.0	(6.5)	59.8	(7.2)	7.6	(2.1)	60.1	(4.8)
日本	76.4	(2.0)	11.0	(1.3)	4.8	(0.9)	81.7	(1.6)	83.4	(1.6)	88.1	(1.5)	63.8	(2.3)	70.2	(2.1)	50.4	(2.2)	73.5	(2.1)
韓国	76.7	(1.9)	55.2	(2.5)	41.3	(2.5)	88.8	(1.6)	87.7	(1.5)	78.8	(1.7)	56.2	(2.3)	49.6	(2.3)	22.9	(2.0)	68.6	(1.9)
スペイン	79.3	(1.3)	34.3	(2.1)	27.5	(1.8)	75.9	(1.7)	67.6	(2.0)	49.5	(1.9)	66.9	(2.4)	39.9	(2.1)	11.2	(1.5)	25.7	(1.7)
スウェーデン	39.3	(2.6)	9.5	(2.4)	5.8	(2.1)	70.3	(2.5)	69.8	(2.9)	29.1	(2.7)	31.6	(2.6)	17.8	(2.7)	5.8	(1.3)	55.0	(3.2)
台湾	77.0	(1.4)	58.4	(1.4)	42.8	(1.5)	74.0	(1.3)	71.9	(1.4)	71.4	(1.4)	73.7	(1.3)	81.1	(1.3)	58.0	(1.5)	80.7	(1.1)
トルコ	90.4	(2.1)	58.7	(3.8)	35.8	(3.6)	88.2	(2.5)	82.8	(2.6)	86.7	(2.1)	65.5	(3.4)	47.0	(3.7)	37.3	(3.5)	70.0	(2.8)
アラブ首長国連邦	88.5	(0.5)	41.5	(0.7)	52.5	(0.7)	93.6	(0.4)	90.2	(0.4)	86.6	(0.5)	75.4	(0.6)	71.9	(0.7)	35.8	(0.8)	76.3	(0.7)
ベトナム	86.1	(0.9)	40.0	(1.2)	40.8	(1.0)	95.2	(0.5)	95.2	(0.6)	92.1	(0.7)	95.5	(0.6)	90.6	(0.7)	34.8	(1.1)	66.5	(1.2)
オーストラリア	51.4	(1.3)	33.2	(1.3)	20.0	(1.0)	83.0	(0.9)	56.8	(1.4)	67.7	(1.4)	45.8	(1.2)	33.0	(1.4)	21.6	(1.0)	73.6	(1.3)
オランダ	64.1	(2.6)	16.1	(1.7)	6.3	(1.0)	78.5	(1.9)	68.2	(2.3)	47.7	(2.5)	23.6	(2.0)	29.4	(2.5)	22.9	(1.9)	41.3	(2.1)

1．このサンプルは、教員の回答に基づいて、現在の学校に赴任した際の研修に参加し、校長の回答に基づいて、新たな赴任校における研修を受ける手段があるとされた教員に限定している。
2．教員は現在の学校に勤務を始めた時に提供された研修の内容について回答した。
3．校長は調査時の学校における研修に含まれている内容について回答した。

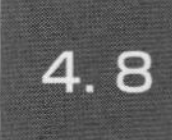

4.8 教員の勤務経験と仕事時間及び授業時間との関連

指導上の負担の軽減は、特に勤務経験の浅い教員が自分の新しい職務に対処する際の助けとなり得る。例えば、空き時間の活用により、授業の計画や準備、生徒の学習の分析をすることができ、それらが指導を向上させることにつながると考えられる。

本節では、中学校での教員の仕事時間と授業時間について述べる。

TALIS 2018 年調査では、「仕事時間の合計」として、直近の「通常の一週間」において、指導（授業）、授業準備、採点、他の教員との共同作業、職員会議や職能開発への参加、その他の仕事に従事した時間数（1 時間 = 60 分換算）の合計を教員に質問した。この仕事時間の合計には、週末や夜間など就業時間外に行った仕事も含む。「通常の一週間」とは、休暇や休日、病気休業などによって勤務時間が短くならなかった一週間のことを指す。また指導（授業）時間とは、実際の指導（授業）時間のみを指し、授業準備や採点、職能開発などに費やした時間は含めない。

表 4.8.1 に、勤務経験による中学校教員の仕事時間と授業時間に対する回答を、参加国・地域別に示す。

仕事時間及び指導（授業）時間の勤務経験５年以下の教員と勤務経験５年を超える教員の比較において、日本ではそれぞれ統計的な有意差は見られない。参加国平均では、仕事時間において、勤務経験５年以下の教員では 37.3 時間であるが、勤務経験５年を超える教員では 38.5 時間で、勤務経験５年を超える教員の方が 1.2 時間長いという結果である（統計的な有意差あり）。また、参加国平均で、指導（授業）時間においては勤務経験５年以下の教員では 20.0 時間であるのに対し、勤務経験５年を超える教員は 20.3 時間で、勤務経験５年を超える教員の方が 0.3 時間長いという結果である（統計的な有意差あり）。

表 4.8.1　勤務経験による教員の仕事時間（中学校）

中学校教員の回答に基づく

国　名	仕事時間[1]の合計						指導（授業）時間					
	合計		勤務経験 5年以下		勤務経験 5年を超える		合計		勤務経験 5年以下		勤務経験 5年を超える	
	平均	S.E.	平均	S.E.	平均	S.E.	平均	S.E.	平均	S.E.	平均	S.E.
アルバータ（カナダ）	47.0	(0.6)	50.7	(1.0)	45.9	(0.8)	27.2	(0.5)	28.9	(0.7)	26.7	(0.5)
オーストラリア	44.8	(0.3)	45.3	(0.6)	44.7	(0.4)	19.9	(0.2)	21.5	(0.4)	19.4	(0.2)
オーストリア	37.2	(0.3)	36.6	(0.5)	37.4	(0.3)	19.2	(0.1)	18.5	(0.3)	19.5	(0.1)
ベルギー	35.1	(0.2)	35.4	(0.5)	35.0	(0.2)	18.5	(0.1)	18.8	(0.2)	18.5	(0.1)
フランドル（ベルギー）	37.1	(0.3)	38.1	(0.6)	36.8	(0.3)	18.5	(0.2)	19.2	(0.4)	18.3	(0.1)
ブラジル	29.8	(0.5)	28.0	(1.4)	30.2	(0.6)	22.3	(0.5)	19.9	(1.0)	22.7	(0.5)
ブルガリア	38.5	(0.5)	37.3	(0.9)	38.7	(0.5)	19.9	(0.2)	20.2	(0.4)	19.8	(0.2)
ブエノスアイレス（アルゼンチン）	29.0	(0.6)	25.1	(1.1)	29.6	(0.6)	16.8	(0.4)	13.3	(0.6)	17.4	(0.4)
チリ	38.1	(0.6)	37.7	(0.9)	38.2	(0.7)	28.5	(0.3)	27.3	(0.6)	28.9	(0.4)
コロンビア	40.5	(0.6)	40.5	(1.5)	40.5	(0.6)	26.8	(0.3)	27.1	(1.0)	26.7	(0.3)
クロアチア	39.4	(0.3)	37.0	(1.0)	40.0	(0.3)	19.7	(0.2)	18.1	(0.6)	20.0	(0.2)
キプロス	34.3	(0.6)	33.3	(1.7)	34.5	(0.6)	17.4	(0.3)	17.4	(0.6)	17.4	(0.3)
チェコ	38.5	(0.4)	36.7	(0.8)	38.9	(0.4)	19.1	(0.1)	19.4	(0.3)	19.0	(0.1)
デンマーク	38.9	(0.3)	38.5	(0.6)	39.0	(0.3)	19.4	(0.2)	19.6	(0.4)	19.4	(0.2)
イングランド（イギリス）	46.9	(0.4)	47.4	(0.8)	46.8	(0.4)	20.1	(0.2)	22.1	(0.3)	19.6	(0.2)
エストニア	35.7	(0.3)	32.7	(0.8)	36.2	(0.4)	20.9	(0.3)	19.1	(0.5)	21.3	(0.3)
フィンランド	33.3	(0.3)	34.3	(0.7)	33.1	(0.3)	20.7	(0.2)	20.0	(0.4)	20.8	(0.2)
フランス	37.3	(0.2)	34.1	(0.6)	37.9	(0.2)	18.3	(0.1)	16.9	(0.4)	18.6	(0.1)
ジョージア	25.3	(0.6)	22.7	(0.9)	25.8	(0.6)	18.3	(0.4)	17.0	(0.6)	18.4	(0.4)
ハンガリー	39.1	(0.4)	36.9	(0.9)	39.4	(0.4)	21.2	(0.2)	20.9	(0.5)	21.3	(0.2)
アイスランド	38.8	(0.4)	38.4	(0.9)	38.9	(0.5)	19.8	(0.2)	20.6	(0.5)	19.6	(0.2)
イスラエル	32.6	(0.5)	30.4	(0.9)	33.3	(0.6)	21.4	(0.3)	19.9	(0.6)	21.9	(0.3)
イタリア	30.0	(0.2)	27.1	(0.4)	30.6	(0.2)	16.8	(0.1)	15.6	(0.3)	17.0	(0.1)
日本	56.0	(0.4)	56.8	(0.8)	55.8	(0.4)	18.0	(0.2)	17.6	(0.4)	18.1	(0.2)
カザフスタン	48.8	(0.6)	45.0	(0.8)	50.0	(0.7)	15.1	(0.2)	13.9	(0.3)	15.4	(0.2)
韓国	34.0	(0.4)	35.3	(0.8)	33.7	(0.4)	18.1	(0.2)	18.6	(0.3)	18.0	(0.2)
ラトビア	35.1	(0.6)	31.1	(1.4)	35.7	(0.7)	21.0	(0.4)	18.9	(1.0)	21.3	(0.4)
リトアニア	35.4	(0.5)	31.8	(1.5)	35.7	(0.5)	18.7	(0.2)	18.2	(0.6)	18.8	(0.3)
マルタ	36.7	(0.5)	37.3	(1.0)	36.6	(0.5)	18.6	(0.3)	19.5	(0.6)	18.3	(0.2)
メキシコ	35.6	(0.6)	34.7	(1.0)	35.9	(0.7)	22.4	(0.4)	20.6	(0.6)	22.9	(0.5)
オランダ	36.4	(0.5)	35.2	(0.9)	36.7	(0.5)	17.4	(0.2)	18.3	(0.6)	17.2	(0.2)
ニュージーランド	45.5	(0.6)	44.5	(2.0)	45.8	(0.4)	20.3	(0.3)	20.0	(0.6)	20.4	(0.3)
ノルウェー	39.9	(0.2)	40.1	(0.6)	39.8	(0.2)	15.8	(0.1)	16.4	(0.2)	15.6	(0.1)
ポルトガル	39.6	(0.3)	29.6	(1.3)	39.9	(0.3)	20.1	(0.1)	17.4	(0.7)	20.2	(0.1)
ルーマニア	33.5	(0.5)	28.6	(1.4)	34.4	(0.4)	17.0	(0.2)	15.4	(0.6)	17.2	(0.2)
ロシア	42.6	(0.5)	38.9	(0.9)	43.6	(0.6)	24.1	(0.3)	23.6	(0.5)	24.3	(0.4)
サウジアラビア	28.7	(0.6)	29.1	(1.1)	28.8	(0.6)	20.7	(0.5)	21.6	(1.0)	20.3	(0.5)
上海（中国）	45.3	(0.4)	47.9	(0.7)	44.9	(0.3)	w	w	w	w	w	w
シンガポール	45.7	(0.3)	46.9	(0.6)	45.2	(0.4)	17.9	(0.2)	17.1	(0.3)	18.3	(0.2)
スロバキア	36.4	(0.3)	35.9	(1.0)	36.5	(0.4)	20.1	(0.2)	20.0	(0.5)	20.1	(0.2)
スロベニア	39.5	(0.3)	39.0	(0.7)	39.6	(0.3)	19.5	(0.2)	20.1	(0.6)	19.4	(0.2)
南アフリカ共和国	35.0	(0.8)	33.0	(1.1)	35.8	(1.0)	25.7	(0.6)	26.1	(1.1)	25.6	(0.7)
スペイン	36.7	(0.3)	35.5	(0.7)	36.9	(0.3)	19.6	(0.2)	18.7	(0.4)	19.7	(0.2)
スウェーデン	42.3	(0.2)	41.7	(0.5)	42.4	(0.3)	18.6	(0.2)	18.8	(0.5)	18.5	(0.2)
台湾	35.7	(0.4)	37.1	(0.9)	35.6	(0.4)	17.2	(0.2)	18.2	(0.6)	17.0	(0.2)
トルコ	31.6	(0.3)	32.7	(0.6)	31.1	(0.3)	24.5	(0.2)	26.0	(0.4)	23.9	(0.2)
アラブ首長国連邦	39.7	(0.2)	38.5	(0.6)	40.0	(0.2)	23.7	(0.1)	24.3	(0.3)	23.6	(0.1)
アメリカ	46.2	(0.6)	49.7	(1.3)	45.1	(0.7)	28.1	(0.4)	29.3	(0.6)	27.7	(0.5)
ベトナム	46.0	(0.6)	46.3	(1.0)	46.0	(0.6)	18.1	(0.4)	18.0	(0.8)	18.1	(0.4)
OECD31か国平均	38.8	(0.1)	38.0	(0.2)	38.9	(0.1)	20.6	(0.0)	20.5	(0.1)	20.6	(0.0)
EU23か国全体	37.5	(0.1)	35.6	(0.2)	37.8	(0.1)	18.8	(0.1)	18.4	(0.1)	18.9	(0.1)
TALIS 参加 48 か国平均	38.3	(0.1)	37.3	(0.1)	38.5	(0.1)	20.3	(0.0)	20.0	(0.1)	20.3	(0.0)

1．教員の回答による、直近の「通常の一週間」において、各項目の仕事に従事した時間（1時間＝60分換算）の平均。「通常の一週間」とは、休暇や休日、病気休業などによって勤務時間が短くならなかった一週間とする。週末や夜勤など就業時間外に行った仕事を含む。

4.9 校内指導（メンタリング）

TALIS 2018 年調査では、「校内指導（メンタリング）」を、「経験のある教員が経験の少ない教員を支援する校内の仕組みのこと」と定義している。学校内の全教員を対象にすることもあれば、初任者だけを対象にすることもあるとしている。

本節では、校内指導（メンタリング）のプログラムの有無、プログラムへの参加について述べる。

4.9.1 校内指導（メンタリング）のプログラム

表 4.9.1 に、教員向けの校内指導（メンタリング）プログラムに関する中学校校長の回答を参加国・地域別に示す。日本の中学校において「初めて教職に就いた者のみを対象としたプログラムがある」という回答は、参加国平均の 24.7% より高く、41.6% である。一方、「この学校に着任した全ての教員を対象としたプログラムがある」という回答は 10.3% で、参加国平均 19.1% の約２分の１と低い。また、「この学校の全ての教員を対象としたプログラムがある」という回答は、日本では参加国平均より 3.3 ポイント低い。

参加国平均では、「初めて教職に就いた者のみを対象としたプログラム」があると回答した中学校校長は 24.7%、「この学校に着任した全ての教員を対象としたプログラム」は 19.1%、「この学校の全ての教員を対象としたプログラム」は 22.8% である。

これらのことから、日本では、参加国平均と比べて、初めて教職に就いた教員への校内指導（メンタリング）プログラムの提供の割合が高いといえる。

表 4.9.1　教員向けの校内指導（メンタリング）プログラム（中学校）

中学校校長の回答に基づく

国　名	教員向けの校内指導（メンタリング）のプログラム[1]							
	初めて教職に就いた者のみを対象としたプログラムがある		この学校に着任した全ての教員を対象としたプログラムがある		この学校の全ての教員を対象としたプログラムがある		現時点において、教員向けの校内指導（メンタリング）のプログラムはない	
	%	S.E.	%	S.E.	%	S.E.	%	S.E.
アルバータ（カナダ）	45.0	(10.3)	16.0	(4.1)	20.4	(4.3)	18.6	(5.3)
オーストリア	17.9	(2.3)	11.3	(1.9)	3.6	(1.3)	67.2	(2.9)
ベルギー	9.6	(1.8)	43.5	(3.0)	10.6	(2.2)	36.3	(2.9)
フランドル（ベルギー）	7.8	(2.2)	53.2	(3.9)	14.8	(3.3)	24.3	(3.1)
ブラジル	3.2	(1.5)	6.9	(2.0)	40.1	(3.6)	49.8	(3.6)
ブルガリア	19.9	(3.6)	30.3	(3.9)	35.8	(4.3)	14.1	(2.7)
ブエノスアイレス（アルゼンチン）	1.7	(1.2)	9.5	(2.8)	4.3	(1.9)	84.5	(3.3)
チリ	4.7	(1.8)	5.5	(1.7)	7.3	(2.0)	82.5	(3.1)
コロンビア	4.4	(2.9)	11.4	(3.8)	28.0	(4.4)	56.2	(5.1)
クロアチア	61.3	(4.3)	8.1	(2.4)	24.1	(3.4)	6.5	(2.3)
キプロス	30.4	(5.7)	12.3	(3.5)	16.6	(3.7)	40.6	(5.4)
チェコ	5.4	(1.5)	16.1	(2.7)	19.3	(3.0)	59.2	(3.5)
デンマーク	20.3	(2.7)	52.4	(5.0)	5.6	(1.8)	21.8	(4.3)
イングランド（イギリス）	37.4	(4.3)	29.8	(3.6)	30.2	(4.2)	2.7	(1.1)
エストニア	12.5	(2.4)	36.0	(2.9)	6.3	(1.7)	45.2	(3.4)
フィンランド	2.5	(1.3)	18.4	(2.8)	5.5	(1.9)	73.5	(3.2)
フランス	69.6	(3.5)	4.2	(1.5)	2.8	(1.1)	23.4	(3.2)
ジョージア	2.3	(1.1)	5.7	(1.9)	38.2	(4.4)	53.9	(4.5)
ハンガリー	63.0	(3.8)	12.1	(2.8)	3.2	(1.9)	21.7	(3.5)
アイスランド	28.0	(4.6)	17.2	(3.4)	33.3	(4.2)	21.5	(4.0)
イスラエル	14.0	(3.3)	15.3	(2.7)	62.4	(4.2)	8.4	(2.4)
イタリア	62.4	(3.5)	4.6	(1.8)	2.7	(1.2)	30.2	(3.8)
日本	41.6	(4.4)	10.3	(2.8)	19.5	(2.9)	28.6	(4.1)
カザフスタン	22.4	(3.4)	17.9	(2.7)	57.1	(4.0)	2.7	(1.4)
韓国	35.8	(4.4)	25.9	(4.4)	23.0	(3.5)	15.3	(3.0)
ラトビア	9.5	(2.8)	15.5	(3.7)	6.4	(1.6)	68.5	(4.6)
リトアニア	24.4	(3.6)	16.8	(2.8)	11.8	(2.2)	47.0	(3.3)
マルタ	43.9	(5.1)	21.6	(5.4)	7.3	(3.4)	27.2	(4.5)
メキシコ	17.9	(2.6)	11.7	(2.9)	17.6	(2.8)	52.9	(4.1)
オランダ	1.7	(1.2)	28.6	(4.1)	62.2	(4.6)	7.6	(2.7)
ニュージーランド	40.1	(7.7)	15.3	(3.8)	31.6	(5.7)	13.0	(8.9)
ノルウェー	39.6	(4.1)	15.8	(3.3)	3.1	(1.7)	41.5	(4.7)
ポルトガル	7.2	(1.6)	6.4	(1.8)	26.5	(3.3)	59.9	(3.5)
ルーマニア	14.2	(2.4)	11.0	(2.2)	37.6	(3.5)	37.2	(4.0)
ロシア	44.1	(5.5)	32.0	(5.5)	15.9	(3.9)	8.0	(3.6)
サウジアラビア	8.8	(2.2)	10.5	(2.4)	12.3	(2.9)	68.4	(3.8)
上海（中国）	24.7	(4.0)	47.6	(4.3)	27.7	(3.2)	0.0	(0.0)
シンガポール	33.2	(3.8)	31.8	(4.3)	30.5	(4.0)	4.4	(2.5)
スロバキア	26.5	(3.6)	17.1	(3.0)	25.4	(3.8)	30.9	(3.7)
スロベニア	35.5	(4.6)	15.5	(3.4)	10.5	(3.1)	38.5	(4.7)
南アフリカ共和国	23.5	(4.2)	28.1	(4.3)	26.9	(4.1)	21.6	(3.8)
スペイン	15.9	(3.4)	11.6	(2.2)	13.7	(2.4)	58.8	(4.3)
スウェーデン	27.7	(4.9)	48.7	(7.0)	5.0	(1.6)	18.6	(4.6)
台湾	10.6	(2.3)	20.0	(3.1)	38.8	(3.7)	30.6	(3.9)
トルコ	34.5	(4.1)	10.8	(3.1)	28.7	(3.7)	26.0	(3.9)
アラブ首長国連邦	8.1	(1.2)	21.6	(2.1)	59.7	(2.4)	10.6	(1.5)
アメリカ	40.1	(7.7)	27.7	(6.6)	28.2	(10.2)	3.9	(1.7)
ベトナム	15.2	(3.0)	10.5	(2.8)	42.3	(4.1)	32.1	(3.9)
OECD30か国平均	26.5	(0.8)	19.1	(0.6)	18.5	(0.6)	36.0	(0.7)
EU23か国全体	34.0	(1.0)	16.1	(0.7)	15.2	(0.7)	34.6	(1.1)
TALIS 参加 47 か国平均	24.7	(0.6)	19.1	(0.5)	22.8	(0.5)	33.4	(0.6)
オーストラリア	29.5	(6.3)	38.6	(6.4)	27.9	(4.7)	4.1	(1.7)

1．「校内指導（メンタリング）」は、経験のある教員が経験の少ない教員を支援する校内の仕組みと定義している。学校内の全ての教員を対象にすることもあれば、初任者だけを対象にすることもあるとしている。学校で教員が生徒へ指導実践をする校内指導（メンタリング）は含まない。

4.9.2 勤務経験と校内指導（メンタリング）への参加との関連

TALIS 2018 年調査では、教員に対し、学校の公式の取組の一環として校内指導（メンタリング）に参加しているかを尋ねている。調査の時点で「現在、自分を支援してくれる校内指導者（メンター）がいる」か、「他の教員の校内指導者（メンター）を務めている」かについて尋ね、それぞれ「はい」の回答を、勤務経験５年以下と５年を超える教員に分けて比較している。

表 4.9.2 によると、日本の中学校における校内指導（メンタリング）への参加状況は参加国平均と比較して活発である。「支援してくれる校内指導者（メンター）がいる」と回答した割合は参加国平均 11.5% に比べて、日本は約２倍の 22.4%で高い数値を示している。また「他の教員の校内指導者（メンター）を務めている」と回答した日本の中学校教員は 14.7%で、参加国平均と比べて 1.4 ポイント高くなっている。

また、他の教員の校内指導者（メンター）を務めている割合について、勤務経験による比較を見る。日本では、他の教員の校内指導者（メンター）を務めているのは、勤務経験５年以下の教員では 2.7%、勤務経験が５年を超える教員では 17.8%であり、経験豊かな教員が校内指導者（メンター）になる可能性は、勤務経験５年以下の教員の約６倍である。これに対して参加国平均では、勤務経験５年以下の教員では 7.6%、勤務経験が５年を超える教員では 14.8%で、勤務経験５年を超える教員が校内指導者（メンター）になる可能性は勤務経験５年以下の教員の約２倍である。

これらのことから日本では、中学校教員における校内指導（メンタリング）への参加状況は参加国平均と比較すると活発であり、経験豊かな教員が校内指導者（メンター）を務めている割合が参加国平均より高いといえる。

表 4.9.2　勤務経験による校内指導（メンタリング）への参加（中学校）

中学校教員の回答に基づく

国　名	勤務経験による校内指導（メンタリング）[1]への参加											
	支援してくれる校内指導者（メンター）がいる						他の教員の校内指導者（メンター）を務めている					
	全体		勤務経験５年以下		勤務経験５年を超える		全体		勤務経験５年以下		勤務経験５年を超える	
	%	S.E.	%	S.E.	%	S.E.	%	S.E.	%	S.E.	%	S.E.
アルバータ（カナダ）	10.4	(1.4)	24.7	(4.0)	6.1	(1.2)	13.6	(1.2)	6.1	(1.8)	15.9	(1.6)
オーストラリア	17.6	(0.8)	36.7	(1.8)	11.8	(0.9)	24.4	(1.0)	10.2	(1.3)	28.8	(1.1)
オーストリア	3.6	(0.3)	10.8	(1.1)	1.0	(0.2)	7.0	(0.5)	1.1	(0.3)	9.1	(0.7)
ベルギー	6.9	(0.4)	24.9	(1.7)	2.0	(0.3)	6.9	(0.4)	4.0	(0.6)	7.7	(0.5)
フランドル（ベルギー）	10.2	(0.7)	40.5	(2.6)	2.6	(0.4)	7.7	(0.6)	4.6	(1.0)	8.5	(0.7)
ブラジル	26.5	(1.6)	32.6	(4.7)	25.4	(1.5)	7.7	(0.8)	4.7	(1.5)	8.1	(0.8)
ブルガリア	6.0	(0.6)	17.8	(2.1)	2.9	(0.4)	7.4	(0.6)	4.1	(0.9)	8.2	(0.8)
ブエノスアイレス（アルゼンチン）	4.3	(0.7)	6.3	(1.6)	3.7	(1.0)	6.4	(1.0)	1.9	(0.8)	7.2	(1.2)
チリ	4.9	(1.0)	7.4	(2.5)	3.8	(0.8)	4.1	(0.6)	2.1	(0.7)	4.8	(0.7)
コロンビア	13.0	(1.1)	21.6	(3.5)	11.2	(1.2)	9.4	(1.0)	9.5	(2.4)	9.3	(0.9)
クロアチア	2.9	(0.5)	13.4	(2.2)	0.3	(0.1)	8.8	(0.6)	3.5	(0.8)	10.0	(0.6)
キプロス	9.0	(0.8)	25.8	(2.9)	7.2	(0.7)	8.6	(1.0)	5.0	(2.9)	8.9	(1.1)
チェコ	7.1	(0.6)	25.9	(2.3)	2.8	(0.4)	11.8	(0.7)	5.7	(1.0)	13.1	(0.8)
デンマーク	4.4	(0.6)	15.0	(2.2)	2.1	(0.5)	9.5	(0.8)	5.9	(1.6)	10.4	(1.0)
イングランド（イギリス）	13.5	(0.9)	37.2	(2.3)	6.3	(0.7)	24.8	(1.0)	16.1	(1.8)	27.3	(1.2)
エストニア	3.9	(0.5)	17.4	(2.2)	1.6	(0.4)	7.5	(0.8)	2.0	(0.9)	8.4	(0.8)
フィンランド	3.7	(0.5)	9.7	(2.0)	2.5	(0.4)	5.2	(0.6)	3.6	(1.1)	5.6	(0.6)
フランス	3.9	(0.5)	16.6	(2.0)	1.4	(0.3)	6.2	(0.4)	1.4	(0.5)	7.2	(0.5)
ジョージア	10.0	(0.8)	15.2	(2.2)	8.8	(0.8)	9.3	(0.6)	8.9	(1.7)	9.3	(0.6)
ハンガリー	5.0	(0.5)	27.3	(2.6)	1.8	(0.3)	7.2	(0.6)	2.2	(0.7)	7.9	(0.7)
アイスランド	6.8	(0.8)	17.5	(2.6)	4.0	(0.6)	11.0	(0.9)	7.8	(1.9)	11.9	(1.0)
イスラエル	21.0	(1.1)	46.6	(2.2)	12.5	(1.1)	27.7	(1.0)	12.6	(1.4)	32.4	(1.3)
イタリア	2.5	(0.3)	5.1	(1.1)	2.0	(0.3)	5.5	(0.4)	0.6	(0.3)	6.6	(0.5)
日本	22.4	(0.9)	39.9	(2.2)	17.6	(0.8)	14.7	(0.6)	2.7	(0.7)	17.8	(0.8)
カザフスタン	37.1	(1.2)	59.5	(2.2)	29.9	(1.4)	37.5	(1.0)	12.9	(1.3)	45.4	(1.2)
韓国	9.2	(0.7)	16.3	(1.8)	7.2	(0.7)	10.0	(0.8)	6.4	(1.0)	11.0	(0.9)
ラトビア	4.0	(0.5)	16.0	(2.2)	2.3	(0.4)	9.0	(1.0)	4.8	(1.3)	9.6	(1.1)
リトアニア	2.2	(0.3)	9.0	(2.4)	1.7	(0.2)	5.9	(0.4)	6.7	(1.9)	5.9	(0.4)
マルタ	8.8	(1.4)	23.5	(3.1)	3.6	(0.8)	6.7	(0.8)	1.9	(0.8)	8.5	(1.1)
メキシコ	10.0	(0.9)	17.2	(2.1)	7.8	(0.8)	6.2	(0.5)	5.1	(0.9)	6.6	(0.5)
オランダ	13.0	(1.3)	40.8	(4.5)	7.1	(1.1)	22.2	(1.8)	11.2	(2.0)	24.6	(2.1)
ニュージーランド	26.4	(1.5)	56.4	(3.5)	18.4	(1.4)	25.9	(1.3)	12.3	(2.5)	29.6	(1.5)
ノルウェー	4.6	(0.5)	17.7	(1.9)	0.8	(0.2)	6.5	(0.5)	3.0	(0.8)	7.4	(0.6)
ポルトガル	6.9	(0.6)	14.1	(3.1)	6.6	(0.6)	7.3	(0.5)	2.8	(1.4)	7.5	(0.5)
ルーマニア	5.9	(0.5)	22.1	(2.2)	3.3	(0.5)	8.8	(0.6)	3.6	(1.1)	9.7	(0.7)
ロシア	11.4	(0.8)	27.0	(2.4)	7.0	(0.7)	18.1	(1.0)	10.3	(1.4)	20.1	(1.1)
サウジアラビア	14.4	(1.0)	18.7	(2.4)	12.8	(1.0)	24.1	(1.2)	23.2	(2.5)	23.9	(1.2)
上海（中国）	22.8	(0.9)	67.3	(2.2)	14.0	(0.8)	27.1	(0.9)	32.3	(2.0)	26.1	(1.1)
シンガポール	28.7	(0.9)	54.5	(1.7)	18.1	(1.0)	23.8	(0.8)	10.2	(1.0)	29.3	(1.0)
スロバキア	5.3	(0.5)	21.8	(2.0)	2.3	(0.4)	9.1	(0.6)	2.6	(0.7)	10.4	(0.7)
スロベニア	1.5	(0.3)	5.4	(1.3)	0.7	(0.2)	6.8	(0.7)	8.3	(1.6)	6.5	(0.7)
南アフリカ共和国	38.2	(1.7)	49.6	(3.5)	33.7	(1.6)	36.2	(1.5)	25.5	(2.6)	39.9	(1.7)
スペイン	2.9	(0.3)	10.2	(1.8)	1.4	(0.2)	5.8	(0.6)	1.6	(0.4)	6.6	(0.7)
スウェーデン	5.0	(0.5)	16.8	(1.8)	2.5	(0.4)	14.1	(0.7)	7.3	(1.4)	15.5	(0.8)
台湾	8.3	(0.6)	20.3	(2.6)	6.7	(0.5)	5.9	(0.5)	5.4	(1.3)	5.9	(0.6)
トルコ	5.8	(0.4)	15.0	(1.2)	1.7	(0.3)	7.1	(0.5)	9.0	(1.0)	6.2	(0.6)
アラブ首長国連邦	42.2	(0.6)	43.3	(1.8)	42.0	(0.6)	33.1	(0.6)	22.5	(1.4)	35.2	(0.6)
アメリカ	16.0	(1.8)	39.2	(2.5)	8.4	(1.4)	15.5	(1.6)	5.5	(1.6)	18.7	(2.0)
ベトナム	13.5	(1.2)	29.6	(3.5)	11.9	(1.2)	22.5	(1.2)	7.1	(1.6)	24.1	(1.3)
OECD31か国平均	8.5	(0.1)	21.9	(0.4)	5.1	(0.1)	11.2	(0.2)	5.8	(0.2)	12.6	(0.2)
EU23か国全体	5.9	(0.2)	19.0	(0.6)	2.9	(0.1)	10.5	(0.2)	4.9	(0.3)	11.7	(0.3)
TALIS 参加 48 か国平均	11.5	(0.1)	25.1	(0.4)	8.1	(0.1)	13.3	(0.1)	7.6	(0.2)	14.8	(0.1)

1.「校内指導（メンタリング）」は、経験のある教員が経験の少ない教員を支援する校内の仕組みと定義している。学校内の全ての教員を対象にすることもあれば、初任者だけを対象にすることもあるとしている。学校で教員が生徒へ指導実践をする校内指導（メンタリング）は含まない。

4.10 仕事に対する教員の満足度

勤務校の雰囲気や仕事に対する満足度は、教員の仕事へ影響を与える要素である。TALIS 2018年調査では、教員に、仕事全般についてどのように感じているかに関して10項目を尋ね、「非常に良く当てはまる」「当てはまる」「当てはまらない」「全く当てはまらない」のうち、「非常に良く当てはまる」「当てはまる」の回答を選択した割合を示している。またそれらの回答を勤務経験５年以下と勤務経験５年を超える教員とに分け、比較している。

4.10.1 仕事に対する満足度

表4.10.1に、中学校教員による仕事への満足度に関する回答を参加国・地域別に示す。

まず、参加国平均と日本の教員との比較により、日本の中学校教員が仕事全般についてどのように感じているかを述べる。仕事への満足度についての10項目のうち、「教職は社会的に高く評価されていると思う」（日本34.4％）では、参加国平均（32.4％）より2.0ポイント高い。また、「他の職業を選んでいた方が良かったかもしれないと思う」は、日本30.5％に対し、参加国平均35.4％である。一方、日本が20ポイント以上低い割合の項目は、「もう一度仕事を選べるとしたら、また教員になりたい」（日本54.9％）で、参加国平均（75.8％）より20.9ポイント低い。さらに、「この学校を良い職場だと人に勧めることができる」（日本61.5％）では参加国平均（83.3％）より21.8ポイント、「現在の学校での自分の仕事の成果に満足している」（日本49.0％）は参加国平均（92.7％）より43.7％ポイント低い。

これらのことから、参加国平均と比較すると、日本の中学校教員は、社会的に高く評価されていると思っているが、現在の学校での自分の仕事の成果に対する満足度が低いといえる。

なお、自分の仕事の成果に対する満足度に関する結果の解釈の際には、日本の教員が他国の教員に比べ、指導において高い水準を目指しているために自己評価が低くなっている可能性や、実際の達成度にかかわらず謙虚な自己評価を下している可能性等に留意したい。

次に参加国平均から見られる中学校教員の仕事への満足度を述べる。仕事への満足度についての10項目のうち参加国平均で特に高い割合の３項目を挙げると、「現在の学校での自分の仕事の成果に満足している」（92.7％）、「全体としてみれば、この仕事に満足している」（90.2％）、「現在の学校での仕事を楽しんでいる」（88.8％）である。一方、低い割合の３項目は、「教員になったことを後悔している」（10.3％）、「可能なら、別の学校に異動したい」(21.3%)、「教職は社会的に高く評価されていると思う」(32.4%) である。

これらのことから、参加国平均から見られる中学校教員の仕事への満足度は、現在の学校での自分の仕事の成果に満足し、仕事を楽しんでいる傾向がうかがえる。

次に、日本の中学校教員の回答から見られる仕事への満足度を述べる。仕事への満足度についての10項目のうち、日本の教員の回答で特に高い割合の３項目を挙げると、「全体としてみれば、この仕事に満足している」(81.8%)、「現在の学校での仕事を楽しんでいる」(78.4%)、「教員であることは、悪いことより、良いことの方が明らかに多い」(73.9%) である。一方で、特に低い割合の３項目を挙げると、「教員になったことを後悔している」(8.2%)、「他の職業を選んでいた方が良かったかもしれないと思う」(30.5%)、「可能なら、別の学校に異動したい」(31.0%) である。

これらのことから、参加国平均においても日本においても中学校教員は、全体として見れば仕事に満足しており、現在の学校での教員として仕事を楽しんでいる傾向がうかがえる。

4.10.2　勤務経験と仕事に対する満足度との関連

表4.10.1に基づき、中学校教員の勤務経験と仕事に対する満足度との関連について示す。

まず、日本の中学校教員の仕事への満足度についての10項目のうち、勤務経験５年以下の教員と勤務経験が５年を超える教員の回答を比較し、勤務経験と仕事に対する満足度との関連について述べる。

勤務経験５年以下の教員が、勤務経験５年を超える教員よりも高く「非常に良く当てはまる」「当てはまる」と回答している項目は、「もう一度仕事を選べるとしたら、また教員になりたい」(５年以下：58.7%、５年を超える：53.8%、５年以下の教員の方が4.9ポイント高い)、「現在の学校での仕事を楽しんでいる」(５年以下：83.9%、５年を超える：77.0%、５年以下の教員の方が6.9ポイント高い) である (統計的な有意差あり)。反対に、勤務経験５年を超える教員が勤務経験５年以下の教員より高く「非常に良く当てはまる」「当てはまる」と回答をしている項目は、「現在の学校での自分の仕事の成果に満足している」(５年以下：33.9%、５年を超える：53.0%、５年を超える教員の方が19.1ポイント高い)、「全体としてみればこの仕事に満足している」(５年以下：78.7%、５年を超える：82.6%、５年を超える教員の方が3.9ポイント高い) である (統計的な有意差あり)。

次に参加国平均における勤務経験５年以下の教員と勤務経験が５年を超える教員の回答を比較し、勤務経験と仕事に対する満足度との関連について述べる。

参加国平均において、中学校の勤務経験５年以下の教員が、勤務経験が５年を超える教員よりも、高い割合で「非常に良く当てはまる」「当てはまる」と回答している項目は、「もう一度仕事を選べるとしたら、また教員になりたい」(５年以下：80.0%、５年を超える：74.8%、５年以下の教員の方が5.2ポイント高い)、「教職は社会的に高く評価されていると思う」（５年以下：36.6%、５年を超える：31.6%、５年以下の教員の方が5.0ポイント高い)、「可能なら、別の学校に異動したい」（５年以下：23.8%、５年を超える：20.6%、５年以下の教員の方が3.2ポイント高い）である。一方、勤務経験５年を超える教員が勤務経験５年以下の教員より、より高い割合で「非常に良く当てはまる」「当てはまる」と回答している項目は、「現在の学校での自分の仕事の成果に満足している」（５年以下：90.2%、５年を超える：93.3%、５年を超える教員の方が3.1ポイント高い）である(統計的な有意差あり)。

参加国平均においても日本においても、勤務経験と仕事に対する満足度においては、勤務経験５年以下の教員にとっては「もう一度仕事を選べるとしたら、また教員になりたい」、勤務経験５年を超える教員は「現在の学校での自分の仕事の成果に満足している」という項目が高い点が特徴といえる。

表 4.10.1［1/5］ 仕事に対する教員の満足度（中学校）

中学校教員の回答に基づく

国名	勤務経験による仕事への満足度															
	教員であることは、悪いことより、良いことの方が明らかに多い								もう一度仕事を選べるとしたら、また教員になりたい							
	全体		勤務経験５年以下(a)		勤務経験５年を超える(b)		(b)－(a)		全体		勤務経験５年以下(a)		勤務経験５年を超える(b)		(b)－(a)	
	%	S.E.	%	S.E.	%	S.E.	差	S.E.	%	S.E.	%	S.E.	%	S.E.	差	S.E.
アルバータ（カナダ）	90.0	(0.9)	89.7	(2.2)	90.1	(1.1)	0.5	(2.6)	86.0	(1.3)	85.1	(2.6)	86.2	(1.4)	1.1	(2.7)
オーストラリア	87.8	(0.7)	86.4	(1.4)	88.2	(0.8)	1.8	(1.7)	82.8	(0.9)	85.2	(1.4)	82.1	(1.1)	-3.1	(1.8)
オーストリア	85.1	(0.7)	87.7	(1.1)	84.1	(0.8)	**-3.6**	(1.1)	84.2	(0.7)	91.0	(0.9)	81.9	(0.9)	**-9.1**	(1.3)
ベルギー	62.3	(0.8)	68.0	(1.8)	60.8	(0.9)	**-7.1**	(2.0)	78.8	(0.6)	85.7	(1.1)	77.0	(0.7)	**-8.7**	(1.4)
フランドル（ベルギー）	70.2	(1.0)	77.3	(1.9)	68.3	(1.3)	**-9.0**	(2.4)	80.7	(0.8)	87.6	(1.6)	78.9	(0.9)	**-8.7**	(1.7)
ブラジル	64.7	(1.5)	60.3	(4.0)	65.6	(1.5)	5.4	(3.8)	75.7	(1.2)	75.1	(2.9)	75.8	(1.2)	0.8	(3.1)
ブルガリア	57.1	(1.4)	65.9	(2.6)	54.7	(1.5)	**-11.2**	(2.9)	66.7	(1.3)	74.9	(2.2)	64.6	(1.4)	**-10.3**	(2.5)
ブエノスアイレス（アルゼンチン）	79.6	(1.2)	77.8	(2.7)	80.0	(1.2)	2.2	(2.8)	91.7	(1.1)	92.6	(1.8)	91.5	(1.2)	-1.0	(2.0)
チリ	68.3	(1.2)	66.6	(2.3)	68.9	(1.5)	2.3	(2.9)	80.8	(1.0)	81.0	(2.0)	80.7	(1.3)	-0.2	(2.4)
コロンビア	84.4	(2.0)	80.0	(2.9)	85.3	(2.1)	5.3	(2.8)	91.2	(0.8)	91.8	(2.2)	91.1	(0.9)	-0.7	(2.5)
クロアチア	70.2	(1.2)	70.2	(3.0)	70.1	(1.1)	-0.1	(2.8)	75.0	(1.3)	73.3	(2.9)	75.3	(1.1)	2.1	(2.5)
キプロス	82.4	(1.1)	81.2	(2.7)	82.7	(1.2)	1.5	(2.7)	80.3	(1.4)	84.9	(2.8)	79.7	(1.5)	-5.1	(2.9)
チェコ	58.2	(1.0)	65.0	(2.2)	56.7	(1.1)	**-8.3**	(2.4)	74.0	(0.9)	77.3	(1.9)	73.3	(1.0)	**-4.0**	(2.0)
デンマーク	78.7	(1.2)	81.5	(2.2)	78.0	(1.4)	-3.4	(2.7)	70.3	(1.3)	78.4	(2.6)	68.5	(1.4)	**-9.9**	(2.8)
イングランド（イギリス）	71.6	(0.9)	72.6	(2.2)	71.4	(1.0)	-1.2	(2.4)	68.6	(1.0)	77.2	(2.3)	66.0	(1.1)	**-11.2**	(2.5)
エストニア	79.6	(1.0)	76.8	(2.2)	80.0	(1.1)	3.2	(2.3)	74.1	(0.9)	76.7	(2.0)	73.6	(0.9)	-3.1	(2.1)
フィンランド	92.2	(0.6)	92.9	(1.2)	92.0	(0.7)	-0.9	(1.3)	78.9	(1.0)	83.2	(2.1)	78.0	(1.0)	**-5.2**	(2.2)
フランス	55.3	(1.3)	66.4	(2.7)	53.1	(1.3)	**-13.3**	(2.7)	74.4	(1.0)	83.5	(2.4)	72.6	(1.0)	**-10.9**	(2.6)
ジョージア	83.9	(0.9)	82.2	(2.1)	84.2	(0.9)	2.0	(2.1)	85.6	(0.8)	88.3	(1.6)	85.0	(1.0)	-3.3	(2.0)
ハンガリー	61.3	(1.1)	68.1	(2.7)	60.4	(1.2)	**-7.7**	(2.9)	72.0	(1.2)	77.3	(2.5)	71.3	(1.3)	**-5.9**	(2.7)
アイスランド	85.8	(1.1)	87.4	(2.2)	85.4	(1.3)	-1.9	(2.7)	62.5	(1.4)	74.1	(3.2)	59.7	(1.6)	**-14.4**	(3.5)
イスラエル	74.6	(1.2)	72.7	(2.3)	75.2	(1.2)	2.5	(2.4)	79.2	(1.0)	81.8	(1.6)	78.4	(1.2)	-3.4	(1.9)
イタリア	71.1	(0.9)	76.8	(1.5)	70.0	(1.0)	**-6.8**	(1.6)	87.0	(0.6)	88.9	(1.3)	86.6	(0.7)	-2.2	(1.5)
日本	73.9	(0.9)	73.2	(1.8)	74.0	(1.0)	0.8	(2.0)	54.9	(1.1)	58.7	(2.0)	53.8	(1.2)	**-4.9**	(2.3)
カザフスタン	70.5	(0.9)	69.7	(1.7)	70.7	(1.0)	1.0	(1.9)	67.3	(0.9)	64.0	(1.5)	68.4	(1.0)	**4.3**	(1.9)
韓国	85.7	(0.7)	88.1	(1.6)	85.1	(0.8)	-3.0	(1.8)	67.0	(1.1)	77.6	(2.0)	64.2	(1.2)	**-13.4**	(2.1)
ラトビア	56.6	(1.5)	59.8	(3.0)	56.0	(1.7)	-3.8	(3.5)	65.4	(1.1)	71.0	(2.8)	64.5	(1.2)	**-6.5**	(3.0)
リトアニア	75.8	(1.0)	72.5	(2.9)	76.1	(1.0)	3.6	(3.0)	64.4	(1.2)	70.8	(2.6)	63.9	(1.2)	**-6.9**	(2.4)
マルタ	56.7	(1.8)	62.4	(3.0)	54.5	(1.9)	**-7.9**	(2.8)	66.1	(1.6)	73.0	(2.5)	63.7	(2.0)	**-9.3**	(3.0)
メキシコ	73.0	(0.9)	72.4	(2.2)	73.2	(1.1)	0.8	(2.6)	92.2	(0.6)	92.8	(0.9)	92.0	(0.7)	-0.7	(1.2)
オランダ	83.4	(1.3)	89.0	(1.7)	82.2	(1.5)	**-6.8**	(2.3)	80.0	(1.1)	82.1	(3.3)	79.6	(1.3)	-2.5	(3.7)
ニュージーランド	79.7	(1.2)	82.1	(2.4)	78.9	(1.4)	-3.2	(2.8)	73.7	(1.2)	81.8	(2.4)	71.5	(1.4)	**-10.4**	(2.9)
ノルウェー	87.3	(0.7)	88.2	(1.3)	87.1	(0.8)	-1.1	(1.5)	75.0	(0.9)	79.5	(1.6)	73.7	(1.0)	**-5.8**	(1.8)
ポルトガル	63.3	(0.9)	84.4	(3.3)	62.5	(1.0)	**-21.9**	(3.4)	64.8	(1.0)	79.2	(3.4)	64.3	(1.1)	**-14.9**	(3.6)
ルーマニア	69.7	(1.0)	68.7	(3.4)	69.8	(1.1)	1.2	(3.6)	80.5	(0.9)	82.0	(2.0)	80.4	(0.9)	-1.5	(2.2)
ロシア	65.2	(1.1)	64.8	(2.6)	65.3	(1.4)	0.5	(3.1)	74.7	(1.3)	74.5	(1.9)	74.7	(1.5)	0.1	(2.2)
サウジアラビア	65.5	(1.1)	63.5	(3.0)	65.7	(1.3)	2.3	(3.6)	65.0	(1.2)	67.7	(2.5)	64.1	(1.4)	-3.5	(2.7)
上海（中国）	76.6	(0.8)	82.5	(1.7)	75.5	(0.9)	**-7.0**	(1.9)	76.7	(0.8)	85.7	(1.5)	75.0	(0.9)	**-10.7**	(1.7)
シンガポール	85.2	(0.6)	82.5	(1.2)	86.3	(0.7)	**3.8**	(1.4)	82.2	(0.8)	81.4	(1.3)	82.4	(0.9)	1.0	(1.5)
スロバキア	66.8	(1.1)	77.7	(2.2)	64.8	(1.1)	**-12.9**	(2.4)	76.3	(0.8)	82.0	(2.1)	75.3	(0.9)	**-6.7**	(2.2)
スロベニア	80.6	(0.9)	80.7	(2.1)	80.6	(1.0)	-0.1	(2.2)	77.9	(1.0)	79.5	(2.3)	77.5	(1.0)	-2.0	(2.4)
南アフリカ共和国	71.9	(1.7)	71.2	(2.5)	72.1	(1.8)	0.9	(2.5)	64.2	(1.8)	67.3	(3.0)	63.2	(1.9)	-4.1	(3.1)
スペイン	85.6	(0.8)	88.5	(1.5)	85.1	(0.9)	**-3.5**	(1.7)	89.3	(0.7)	94.6	(0.7)	88.3	(0.9)	**-6.3**	(1.2)
スウェーデン	78.7	(1.2)	83.8	(1.9)	77.5	(1.3)	**-6.3**	(2.2)	63.1	(1.3)	77.4	(2.0)	60.0	(1.5)	**-17.4**	(2.5)
台湾	77.2	(0.8)	84.5	(1.6)	76.3	(0.8)	**-8.3**	(1.7)	78.2	(0.7)	82.2	(2.3)	77.7	(0.8)	-4.6	(2.4)
トルコ	73.9	(0.8)	79.2	(1.6)	71.5	(0.9)	**-7.7**	(1.9)	74.5	(0.8)	80.7	(1.5)	71.7	(1.0)	**-9.0**	(1.9)
アラブ首長国連邦	78.9	(0.5)	79.9	(1.3)	78.6	(0.6)	-1.3	(1.4)	76.4	(0.5)	78.2	(1.2)	76.0	(0.6)	-2.2	(1.4)
アメリカ	84.5	(1.1)	85.2	(3.5)	84.2	(1.0)	-0.9	(3.8)	79.7	(1.4)	85.2	(3.6)	77.8	(1.2)	**-7.4**	(3.7)
ベトナム	92.6	(0.5)	91.9	(1.8)	92.7	(0.5)	0.8	(1.8)	87.4	(1.0)	84.9	(2.4)	87.7	(1.0)	2.8	(2.7)
OECD31か国平均	76.0	(0.2)	78.8	(0.4)	75.4	(0.2)	**-3.4**	(0.4)	75.6	(0.2)	81.0	(0.4)	74.4	(0.2)	**-6.6**	(0.4)
EU23か国全体	71.0	(0.3)	76.2	(0.7)	70.1	(0.3)	**-6.1**	(0.7)	77.6	(0.3)	83.7	(0.6)	76.4	(0.3)	**-7.3**	(0.7)
TALIS 参加 48 か国平均	75.1	(0.2)	77.1	(0.3)	74.7	(0.2)	**-2.5**	(0.4)	75.8	(0.2)	80.0	(0.3)	74.8	(0.2)	**-5.2**	(0.4)

表 4.10.1［2/5］ 仕事に対する教員の満足度（中学校）

中学校教員の回答に基づく

国名	勤務経験による仕事への満足度															
	教員になったことを後悔している								他の職業を選んでいた方が良かったかもしれないと思う							
	全体		勤務経験5年以下(a)		勤務経験5年を超える(b)		(b)－(a)		全体		勤務経験5年以下(a)		勤務経験5年を超える(b)		(b)－(a)	
	%	S.E.	%	S.E.	%	S.E.	差	S.E.	%	S.E.	%	S.E.	%	S.E.	差	S.E.
アルバータ（カナダ）	3.8	(0.8)	2.2	(0.9)	4.3	(1.0)	2.1	(1.3)	32.5	(2.0)	36.6	(4.1)	31.3	(2.2)	-5.2	(4.7)
オーストラリア	6.1	(0.5)	6.4	(1.0)	6.1	(0.6)	-0.3	(1.3)	33.0	(1.0)	32.8	(2.0)	33.1	(1.2)	0.3	(2.3)
オーストリア	4.3	(0.4)	2.0	(0.4)	5.0	(0.4)	**3.0**	(0.5)	11.8	(0.6)	10.4	(1.1)	12.2	(0.7)	1.9	(1.2)
ベルギー	8.2	(0.5)	5.9	(0.8)	8.8	(0.6)	**2.9**	(1.0)	29.2	(0.7)	27.0	(1.4)	29.8	(0.8)	2.8	(1.7)
フランドル（ベルギー）	5.8	(0.5)	4.8	(1.4)	6.1	(0.5)	1.3	(1.3)	30.0	(0.9)	29.1	(2.1)	30.2	(1.1)	1.0	(2.4)
ブラジル	11.6	(0.9)	10.0	(2.1)	11.9	(0.9)	1.9	(2.2)	28.6	(1.3)	31.2	(3.1)	28.2	(1.3)	-3.1	(3.1)
ブルガリア	16.3	(1.0)	10.2	(1.6)	17.9	(1.1)	**7.7**	(1.7)	41.6	(1.4)	34.2	(2.6)	43.8	(1.6)	**9.5**	(2.8)
ブエノスアイレス（アルゼンチン）	3.4	(0.6)	3.0	(0.9)	3.5	(0.7)	0.5	(1.0)	15.1	(1.1)	14.1	(1.9)	15.3	(1.2)	1.2	(2.1)
チリ	9.2	(0.7)	8.5	(1.2)	9.4	(0.9)	0.9	(1.5)	30.0	(1.2)	29.4	(2.1)	30.2	(1.5)	0.9	(2.8)
コロンビア	4.6	(0.7)	5.0	(1.2)	4.5	(0.8)	-0.5	(1.3)	15.2	(1.3)	19.4	(2.6)	14.4	(1.7)	-5.0	(3.6)
クロアチア	7.5	(0.5)	8.9	(1.4)	7.1	(0.5)	-1.8	(1.5)	37.8	(1.2)	40.9	(2.6)	37.1	(1.3)	-3.8	(2.7)
キプロス	11.0	(1.0)	10.6	(2.2)	10.9	(1.0)	0.4	(2.5)	33.4	(1.4)	30.0	(4.0)	33.7	(1.6)	3.7	(4.7)
チェコ	7.0	(0.5)	6.0	(1.0)	7.2	(0.5)	1.2	(1.2)	26.8	(1.0)	23.4	(1.9)	27.5	(1.1)	**4.2**	(2.1)
デンマーク	8.2	(0.7)	6.1	(1.5)	8.5	(0.7)	2.4	(1.7)	42.7	(1.2)	40.4	(2.9)	43.1	(1.4)	2.7	(3.3)
イングランド（イギリス）	12.7	(0.9)	10.3	(1.8)	13.3	(1.0)	3.1	(1.9)	51.9	(1.2)	48.2	(2.5)	52.9	(1.2)	**4.7**	(2.4)
エストニア	6.1	(0.5)	6.1	(1.4)	6.0	(0.6)	-0.1	(1.4)	30.3	(0.9)	29.0	(2.5)	30.5	(1.0)	1.5	(2.8)
フィンランド	6.5	(0.5)	5.3	(1.2)	6.7	(0.6)	1.4	(1.3)	34.2	(1.0)	33.1	(2.3)	34.5	(1.1)	1.4	(2.7)
フランス	8.3	(0.7)	6.0	(1.4)	8.6	(0.7)	2.7	(1.6)	25.8	(1.1)	20.3	(2.6)	26.8	(1.1)	**6.4**	(2.7)
ジョージア	9.2	(0.7)	5.8	(1.2)	9.9	(0.8)	**4.1**	(1.3)	38.6	(1.2)	33.8	(2.7)	39.3	(1.3)	**5.5**	(2.7)
ハンガリー	9.5	(0.6)	9.2	(1.9)	9.5	(0.7)	0.2	(1.9)	46.2	(1.3)	42.2	(3.4)	46.8	(1.3)	4.5	(3.6)
アイスランド	13.0	(1.1)	8.7	(2.1)	14.0	(1.2)	**5.3**	(2.2)	50.7	(1.7)	44.4	(3.7)	52.3	(1.8)	**7.9**	(3.8)
イスラエル	11.1	(0.7)	13.2	(1.8)	10.4	(0.9)	-2.7	(2.1)	33.8	(1.4)	37.6	(2.2)	32.7	(1.5)	**-4.9**	(2.3)
イタリア	6.4	(0.4)	4.5	(1.0)	6.7	(0.5)	**2.2**	(1.1)	14.6	(0.7)	14.5	(1.6)	14.5	(0.7)	0.0	(1.7)
日本	8.2	(0.5)	8.6	(1.0)	8.0	(0.5)	-0.6	(1.1)	30.5	(0.9)	31.8	(2.0)	30.2	(1.0)	-1.6	(2.1)
カザフスタン	17.3	(0.7)	20.1	(1.4)	16.4	(0.7)	**-3.7**	(1.4)	33.1	(1.0)	38.0	(1.9)	31.5	(1.1)	**-6.5**	(2.0)
韓国	19.1	(1.0)	16.0	(1.8)	20.0	(1.1)	**4.0**	(1.9)	38.7	(1.3)	33.0	(2.1)	40.3	(1.5)	**7.2**	(2.3)
ラトビア	11.3	(1.0)	11.3	(2.3)	11.3	(1.0)	-0.1	(2.5)	38.1	(1.3)	40.3	(2.9)	37.9	(1.4)	-2.4	(3.1)
リトアニア	16.4	(0.8)	16.3	(3.4)	16.4	(0.8)	0.1	(3.6)	58.5	(0.9)	56.3	(3.6)	58.7	(0.9)	2.3	(3.7)
マルタ	17.8	(1.1)	13.0	(2.8)	19.6	(1.5)	6.5	(3.5)	57.8	(1.4)	52.9	(2.5)	59.7	(1.7)	**6.8**	(2.9)
メキシコ	3.6	(0.4)	2.2	(0.8)	4.0	(0.5)	**1.7**	(0.8)	13.4	(0.8)	13.4	(1.7)	13.3	(1.0)	-0.1	(1.9)
オランダ	5.6	(0.7)	3.9	(1.2)	5.9	(0.8)	2.0	(1.4)	21.3	(1.4)	23.2	(3.4)	21.0	(1.5)	-2.3	(3.7)
ニュージーランド	7.6	(0.7)	6.9	(1.6)	7.7	(0.7)	0.8	(1.7)	41.3	(1.4)	36.0	(3.5)	42.9	(1.5)	6.9	(3.9)
ノルウェー	8.2	(0.5)	7.1	(0.9)	8.5	(0.6)	1.4	(1.0)	35.7	(1.0)	33.6	(2.0)	36.2	(1.1)	2.6	(2.2)
ポルトガル	21.9	(0.9)	14.6	(3.2)	22.2	(0.9)	**7.6**	(3.3)	48.0	(1.1)	31.1	(4.1)	48.6	(1.1)	**17.5**	(4.2)
ルーマニア	8.1	(0.6)	10.8	(2.6)	7.6	(0.6)	-3.2	(2.7)	22.6	(1.0)	26.4	(2.4)	21.9	(1.1)	-4.5	(2.4)
ロシア	10.3	(0.7)	11.1	(1.7)	10.0	(0.7)	-1.1	(1.7)	22.8	(1.1)	25.2	(2.1)	22.2	(1.2)	-3.0	(2.2)
サウジアラビア	26.0	(1.0)	26.2	(2.5)	26.2	(1.2)	0.0	(2.8)	52.0	(1.4)	53.8	(2.8)	51.8	(1.5)	-2.0	(3.0)
上海（中国）	13.0	(0.7)	7.0	(1.0)	14.2	(0.8)	**7.1**	(1.1)	37.6	(1.0)	32.6	(1.9)	38.6	(1.1)	**6.1**	(2.1)
シンガポール	8.3	(0.5)	9.8	(1.0)	7.6	(0.5)	**-2.1**	(1.0)	48.4	(0.9)	54.8	(1.6)	45.6	(1.0)	**-9.2**	(1.8)
スロバキア	9.1	(0.6)	7.4	(1.4)	9.4	(0.6)	2.1	(1.4)	42.8	(1.1)	40.1	(2.8)	43.2	(1.2)	3.1	(3.0)
スロベニア	6.7	(0.6)	6.8	(1.6)	6.7	(0.6)	0.0	(1.8)	27.2	(1.1)	29.9	(2.5)	26.6	(1.2)	-3.4	(2.7)
南アフリカ共和国	17.7	(1.0)	16.2	(2.1)	18.5	(1.2)	2.3	(2.5)	50.5	(1.6)	49.0	(2.6)	51.1	(1.8)	2.1	(2.9)
スペイン	4.5	(0.4)	2.9	(0.7)	4.7	(0.4)	**1.8**	(0.8)	18.1	(0.9)	15.3	(1.1)	18.7	(1.0)	**3.4**	(1.4)
スウェーデン	11.7	(1.0)	6.4	(1.2)	12.9	(1.2)	**6.4**	(1.7)	41.3	(1.3)	36.4	(2.5)	42.4	(1.4)	**6.0**	(2.6)
台湾	12.9	(0.7)	12.3	(2.2)	12.9	(0.8)	0.6	(2.3)	60.6	(0.9)	67.9	(2.5)	59.7	(0.9)	**-8.2**	(2.6)
トルコ	16.1	(0.7)	14.1	(1.3)	17.0	(0.8)	2.9	(1.6)	47.9	(0.9)	44.5	(2.0)	49.5	(1.1)	**5.0**	(2.3)
アラブ首長国連邦	15.6	(0.5)	16.1	(1.2)	15.5	(0.5)	-0.7	(1.2)	41.0	(0.6)	42.7	(1.5)	40.7	(0.7)	-2.0	(1.7)
アメリカ	8.3	(0.7)	4.7	(1.6)	9.5	(1.1)	**4.7**	(2.3)	37.5	(1.5)	32.2	(3.5)	39.2	(1.4)	6.9	(3.6)
ベトナム	4.5	(0.4)	5.0	(1.3)	4.5	(0.4)	-0.5	(1.3)	26.8	(1.3)	30.8	(3.1)	26.4	(1.4)	-4.5	(3.5)
OECD31か国平均	9.1	(0.1)	7.6	(0.3)	9.5	(0.1)	**1.9**	(0.3)	33.8	(0.2)	31.8	(0.5)	34.2	(0.2)	**2.4**	(0.5)
EU23か国全体	8.6	(0.2)	6.7	(0.4)	8.9	(0.2)	**2.2**	(0.5)	29.8	(0.3)	27.1	(0.7)	30.3	(0.3)	**3.2**	(0.7)
TALIS 参加 48 か国平均	10.3	(0.1)	9.0	(0.2)	10.6	(0.1)	**1.6**	(0.3)	35.4	(0.2)	34.3	(0.4)	35.6	(0.2)	**1.3**	(0.4)

表 4.10.1［3/5］ 仕事に対する教員の満足度（中学校）

中学校教員の回答に基づく

国　名	勤務経験による仕事への満足度															
	教職は社会的に高く評価されていると思う								可能なら、別の学校に異動したい							
	全体		勤務経験５年以下（a）		勤務経験５年を超える（b）		（b）−（a）		全体		勤務経験５年以下（a）		勤務経験５年を超える（b）		（b）−（a）	
	%	S.E.	%	S.E.	%	S.E.	差	S.E.	%	S.E.	%	S.E.	%	S.E.	差	S.E.
アルバータ（カナダ）	62.7	(2.4)	65.3	(4.7)	61.9	(2.6)	-3.4	(5.1)	22.9	(2.1)	27.5	(3.9)	21.6	(2.1)	-5.9	(3.8)
オーストラリア	44.7	(1.0)	47.4	(2.3)	43.9	(1.2)	-3.5	(2.8)	25.4	(1.0)	24.8	(1.9)	25.6	(1.1)	0.8	(2.2)
オーストリア	16.1	(0.6)	19.0	(1.4)	15.1	(0.7)	**-3.9**	(1.5)	10.2	(0.6)	15.6	(1.3)	8.4	(0.6)	**-7.1**	(1.4)
ベルギー	16.3	(0.6)	17.3	(1.3)	16.0	(0.7)	-1.3	(1.4)	14.5	(0.9)	13.4	(1.4)	14.7	(0.9)	1.4	(1.3)
フランドル（ベルギー）	25.8	(1.1)	26.2	(2.1)	25.7	(1.1)	-0.5	(2.2)	13.9	(1.1)	10.8	(1.6)	14.7	(1.2)	**3.9**	(1.7)
ブラジル	11.4	(0.8)	12.3	(2.6)	11.0	(0.8)	-1.3	(2.6)	12.6	(1.0)	15.9	(2.8)	12.0	(0.9)	-3.9	(2.6)
ブルガリア	17.7	(0.9)	28.2	(2.3)	15.0	(1.0)	**-13.1**	(2.5)	18.7	(1.3)	16.7	(2.2)	19.0	(1.4)	2.4	(2.3)
ブエノスアイレス（アルゼンチン）	8.6	(0.7)	9.9	(1.9)	8.3	(0.7)	-1.6	(1.8)	12.1	(0.9)	11.6	(1.8)	12.1	(1.0)	0.4	(2.1)
チリ	14.6	(0.9)	13.8	(1.5)	14.9	(1.1)	1.1	(1.9)	24.9	(1.5)	27.9	(2.5)	23.8	(1.6)	-4.1	(2.4)
コロンビア	40.2	(2.4)	42.6	(4.7)	39.7	(2.3)	-2.9	(4.1)	24.6	(1.6)	25.0	(3.2)	24.5	(1.7)	-0.4	(3.3)
クロアチア	9.2	(0.8)	15.4	(2.2)	7.6	(0.7)	**-7.8**	(2.1)	16.2	(1.0)	17.0	(2.4)	16.0	(1.0)	-1.0	(2.6)
キプロス	43.5	(1.4)	50.8	(5.0)	42.7	(1.5)	-8.1	(5.4)	24.8	(1.8)	29.6	(3.4)	24.3	(1.8)	-5.3	(3.4)
チェコ	16.0	(0.8)	21.4	(1.9)	14.8	(0.9)	**-6.6**	(2.1)	10.4	(0.7)	13.5	(1.7)	9.7	(0.7)	**-3.8**	(1.8)
デンマーク	18.5	(1.0)	18.7	(2.1)	18.4	(1.1)	-0.4	(2.3)	9.6	(0.9)	10.3	(1.9)	9.3	(1.0)	-1.0	(2.2)
イングランド（イギリス）	28.8	(1.3)	33.8	(2.3)	27.5	(1.3)	**-6.3**	(2.4)	22.9	(1.2)	24.9	(2.5)	22.4	(1.3)	-2.5	(2.6)
エストニア	26.4	(1.0)	39.1	(2.8)	24.1	(1.0)	**-14.9**	(2.8)	13.5	(0.8)	15.4	(2.1)	13.1	(0.8)	-2.3	(2.2)
フィンランド	58.2	(1.4)	63.2	(2.8)	57.2	(1.4)	**-6.1**	(2.7)	20.4	(1.1)	23.8	(2.8)	19.7	(1.1)	-4.1	(2.8)
フランス	6.6	(0.8)	12.6	(2.7)	5.5	(0.6)	**-7.1**	(2.5)	26.1	(1.3)	32.6	(2.9)	24.8	(1.3)	**-7.8**	(2.8)
ジョージア	40.8	(1.3)	46.6	(2.8)	39.6	(1.3)	**-6.9**	(3.0)	10.9	(0.9)	11.3	(1.8)	10.9	(1.0)	-0.4	(2.1)
ハンガリー	11.8	(0.7)	19.8	(2.5)	10.7	(0.7)	**-9.1**	(2.6)	15.9	(1.1)	17.2	(1.8)	15.7	(1.2)	-1.5	(2.1)
アイスランド	10.1	(0.9)	11.0	(2.3)	9.8	(1.1)	-1.2	(2.7)	15.3	(1.1)	15.7	(2.5)	15.0	(1.3)	-0.7	(2.9)
イスラエル	30.4	(1.4)	30.7	(2.1)	30.1	(1.7)	-0.5	(2.7)	15.9	(1.1)	20.4	(2.2)	14.5	(1.1)	**-5.9**	(2.4)
イタリア	12.1	(0.7)	17.6	(1.7)	10.9	(0.7)	**-6.7**	(1.7)	18.5	(0.9)	22.1	(2.1)	17.6	(0.9)	**-4.5**	(2.1)
日本	34.4	(1.0)	37.6	(1.9)	33.6	(1.1)	-4.0	(2.2)	31.0	(1.2)	30.3	(1.8)	31.1	(1.3)	0.9	(1.9)
カザフスタン	63.4	(1.1)	66.4	(2.0)	62.5	(1.2)	-3.9	(2.3)	15.7	(0.7)	19.3	(1.4)	14.6	(0.7)	**-4.7**	(1.3)
韓国	67.0	(1.2)	72.6	(2.0)	65.5	(1.3)	**-7.1**	(2.0)	35.1	(1.7)	43.0	(3.1)	33.0	(1.7)	**-10.0**	(3.0)
ラトビア	23.3	(1.2)	29.7	(3.0)	22.3	(1.3)	**-7.4**	(3.4)	13.8	(0.8)	20.0	(3.4)	12.9	(0.8)	**-7.1**	(3.4)
リトアニア	14.1	(1.2)	20.3	(3.2)	13.7	(1.3)	-6.6	(3.5)	15.2	(0.9)	18.9	(2.7)	15.0	(0.9)	-4.0	(2.8)
マルタ	14.5	(1.5)	13.5	(2.2)	14.8	(1.6)	1.3	(1.9)	13.5	(1.4)	14.5	(1.9)	13.0	(1.4)	-1.4	(1.8)
メキシコ	41.7	(1.2)	43.8	(2.2)	41.1	(1.3)	-2.7	(2.4)	27.5	(1.3)	33.1	(2.4)	25.9	(1.4)	**-7.2**	(2.7)
オランダ	30.7	(1.6)	36.3	(3.6)	29.5	(1.6)	-6.8	(3.7)	16.4	(1.1)	14.0	(1.9)	17.0	(1.2)	2.9	(2.1)
ニュージーランド	33.6	(1.7)	38.0	(4.7)	32.5	(1.6)	-5.5	(4.7)	24.1	(1.7)	23.7	(3.1)	24.2	(1.9)	0.5	(3.3)
ノルウェー	34.8	(1.1)	40.7	(1.8)	33.1	(1.1)	**-7.6**	(1.8)	12.8	(0.7)	12.5	(1.4)	12.9	(0.7)	0.4	(1.4)
ポルトガル	9.1	(0.5)	13.0	(3.2)	8.9	(0.5)	-4.0	(3.2)	28.2	(1.1)	26.3	(4.4)	28.3	(1.1)	2.0	(4.5)
ルーマニア	40.9	(1.2)	54.1	(3.0)	38.7	(1.3)	**-15.4**	(3.4)	13.4	(0.9)	18.0	(2.8)	12.5	(0.9)	-5.5	(3.0)
ロシア	43.2	(1.5)	52.8	(2.8)	40.5	(1.5)	**-12.3**	(3.0)	12.2	(1.3)	13.9	(1.8)	11.8	(1.4)	-2.1	(1.9)
サウジアラビア	51.8	(1.4)	53.9	(3.7)	51.3	(1.5)	-2.6	(3.8)	47.1	(1.9)	58.8	(3.8)	44.5	(1.8)	**-14.3**	(3.8)
上海（中国）	59.6	(1.1)	66.4	(1.9)	58.1	(1.3)	**-8.2**	(2.2)	28.8	(1.0)	26.8	(2.2)	29.2	(1.0)	2.4	(2.3)
シンガポール	72.0	(0.8)	69.5	(1.6)	72.9	(1.0)	3.4	(1.8)	39.1	(0.8)	40.3	(1.7)	38.7	(1.0)	-1.6	(2.1)
スロバキア	4.5	(0.4)	6.5	(1.4)	4.1	(0.4)	-2.3	(1.5)	14.1	(0.7)	9.8	(1.5)	14.9	(0.8)	**5.1**	(1.7)
スロベニア	5.6	(0.5)	5.1	(1.2)	5.7	(0.6)	0.6	(1.4)	18.3	(1.2)	24.0	(2.5)	16.9	(1.2)	**-7.0**	(2.7)
南アフリカ共和国	61.0	(1.8)	59.5	(3.0)	61.7	(1.9)	2.2	(3.1)	44.6	(2.3)	47.5	(3.6)	43.6	(2.2)	-3.9	(3.2)
スペイン	14.1	(0.9)	20.8	(1.7)	12.8	(1.0)	**-8.0**	(2.0)	19.9	(0.8)	18.3	(1.8)	20.2	(0.8)	1.9	(1.6)
スウェーデン	10.7	(0.7)	20.3	(2.4)	8.7	(0.7)	**-11.6**	(2.4)	18.0	(0.8)	19.1	(2.1)	17.8	(0.9)	-1.4	(2.3)
台湾	55.4	(0.8)	64.8	(2.8)	54.2	(0.8)	**-10.6**	(3.0)	33.8	(1.1)	48.5	(3.3)	32.0	(1.1)	**-16.5**	(3.5)
トルコ	26.0	(0.9)	27.3	(1.6)	25.4	(1.1)	-1.9	(1.8)	36.9	(1.0)	45.8	(2.0)	32.9	(1.0)	**-12.9**	(2.2)
アラブ首長国連邦	71.6	(0.6)	74.2	(1.3)	71.1	(0.7)	**-3.1**	(1.5)	37.9	(0.6)	45.0	(1.4)	36.5	(0.7)	**-8.4**	(1.7)
アメリカ	36.3	(4.1)	40.8	(7.6)	34.9	(3.1)	-5.9	(5.5)	18.4	(2.2)	20.0	(4.4)	17.8	(2.1)	-2.2	(4.1)
ベトナム	92.3	(0.8)	93.2	(1.5)	92.2	(0.8)	-0.9	(1.6)	18.2	(1.2)	20.7	(3.2)	17.9	(1.2)	-2.8	(3.3)
OECD31か国平均	25.8	(0.2)	29.9	(0.5)	24.9	(0.2)	**-4.9**	(0.5)	20.0	(0.2)	22.2	(0.5)	19.4	(0.2)	**-2.8**	(0.5)
EU23か国全体	17.7	(0.3)	23.6	(0.7)	16.5	(0.3)	**-7.1**	(0.7)	19.3	(0.3)	21.4	(0.8)	18.8	(0.3)	**-2.6**	(0.8)
TALIS 参加 48 か国平均	32.4	(0.2)	36.6	(0.4)	31.6	(0.2)	**-5.0**	(0.4)	21.3	(0.2)	23.8	(0.4)	20.6	(0.2)	**-3.2**	(0.4)

表 4.10.1 [4/5]　仕事に対する教員の満足度（中学校）

中学校教員の回答に基づく

国　名	勤務経験による仕事への満足度															
	現在の学校での仕事を楽しんでいる								この学校を良い職場だと人に勧めることができる							
	全体		勤務経験5年以下(a)		勤務経験5年を超える(b)		(b)－(a)		全体		勤務経験5年以下(a)		勤務経験5年を超える(b)		(b)－(a)	
	%	S.E.	%	S.E.	%	S.E.	差	S.E.	%	S.E.	%	S.E.	%	S.E.	差	S.E.
アルバータ（カナダ）	93.6	(0.8)	92.7	(1.7)	93.8	(1.0)	1.1	(2.0)	87.6	(1.6)	88.0	(2.7)	87.4	(1.9)	-0.6	(3.2)
オーストラリア	91.4	(0.6)	92.0	(1.1)	91.3	(0.7)	-0.7	(1.4)	84.0	(0.7)	84.4	(1.7)	84.0	(0.9)	-0.4	(2.1)
オーストリア	93.3	(0.6)	93.4	(0.9)	93.2	(0.6)	-0.1	(1.0)	88.0	(0.9)	90.5	(1.1)	87.1	(1.0)	**-3.4**	(1.3)
ベルギー	91.6	(0.6)	94.9	(0.8)	90.7	(0.7)	**-4.2**	(1.0)	82.9	(1.1)	87.5	(1.5)	81.6	(1.2)	**-5.9**	(1.6)
フランドル（ベルギー）	91.8	(0.8)	96.3	(0.8)	90.7	(0.9)	**-5.7**	(1.2)	85.1	(1.2)	92.1	(1.3)	83.3	(1.4)	**-8.8**	(1.8)
ブラジル	92.2	(0.8)	90.7	(2.0)	92.4	(0.7)	1.8	(1.9)	89.6	(1.1)	88.7	(2.5)	89.7	(1.1)	0.9	(2.4)
ブルガリア	91.3	(0.7)	92.9	(1.6)	91.0	(0.8)	-1.9	(1.6)	88.8	(1.0)	91.5	(1.6)	88.3	(1.1)	-3.2	(1.9)
ブエノスアイレス（アルゼンチン）	94.4	(0.6)	95.7	(1.0)	94.2	(0.7)	-1.5	(1.2)	90.6	(1.1)	92.8	(1.7)	90.2	(1.2)	-2.7	(1.9)
チリ	88.9	(0.9)	90.2	(1.3)	88.4	(1.1)	-1.8	(1.8)	82.6	(1.5)	81.6	(2.5)	82.9	(1.4)	1.3	(2.3)
コロンビア	93.6	(0.7)	93.9	(1.8)	93.6	(0.8)	-0.3	(2.1)	91.1	(1.5)	89.6	(2.6)	91.4	(1.5)	1.8	(2.2)
クロアチア	82.5	(1.1)	83.5	(2.2)	82.2	(1.2)	-1.3	(2.3)	84.2	(1.1)	84.3	(2.7)	84.1	(1.2)	-0.2	(2.8)
キプロス	81.1	(1.6)	80.9	(3.5)	81.1	(1.6)	0.2	(3.4)	79.3	(1.7)	75.8	(3.4)	79.6	(1.7)	3.9	(3.4)
チェコ	91.2	(0.7)	91.6	(1.4)	91.1	(0.8)	-0.5	(1.5)	86.6	(1.0)	84.8	(1.8)	87.0	(1.1)	2.2	(2.0)
デンマーク	95.3	(0.6)	95.9	(1.3)	95.2	(0.6)	-0.7	(1.3)	88.0	(1.1)	88.7	(2.0)	87.9	(1.1)	-0.8	(1.9)
イングランド（イギリス）	87.8	(1.1)	88.0	(1.7)	87.9	(1.2)	-0.1	(1.8)	81.9	(1.5)	82.0	(2.1)	82.0	(1.7)	0.0	(2.1)
エストニア	85.4	(0.8)	84.7	(1.8)	85.6	(0.9)	0.9	(2.0)	82.1	(1.2)	81.4	(2.5)	82.3	(1.3)	0.9	(2.7)
フィンランド	87.4	(1.0)	89.7	(1.6)	86.9	(1.1)	-2.9	(1.8)	82.3	(1.4)	83.6	(2.1)	82.1	(1.5)	-1.5	(1.9)
フランス	90.4	(0.7)	89.4	(1.6)	90.7	(0.8)	1.3	(1.7)	80.5	(1.4)	78.8	(2.7)	80.8	(1.4)	2.0	(2.7)
ジョージア	91.0	(0.7)	90.0	(1.6)	91.0	(0.7)	1.0	(1.7)	92.9	(0.7)	92.7	(1.6)	93.0	(0.7)	0.3	(1.7)
ハンガリー	89.5	(0.8)	91.0	(1.5)	89.3	(0.9)	-1.7	(1.7)	80.6	(1.3)	81.9	(2.3)	80.4	(1.4)	-1.5	(2.5)
アイスランド	94.1	(0.7)	95.9	(1.3)	93.7	(0.8)	-2.2	(1.6)	90.5	(0.9)	89.1	(2.5)	90.9	(0.9)	1.9	(2.7)
イスラエル	89.1	(0.9)	90.4	(1.6)	88.7	(1.0)	-1.7	(1.6)	86.1	(1.1)	87.9	(1.5)	85.6	(1.3)	-2.3	(1.7)
イタリア	91.0	(0.7)	90.7	(1.5)	91.1	(0.8)	0.5	(1.5)	86.7	(1.0)	86.5	(1.8)	86.8	(1.0)	0.3	(1.6)
日本	78.4	(0.8)	83.9	(1.6)	77.0	(0.9)	**-6.9**	(1.8)	61.5	(1.3)	62.2	(2.2)	61.5	(1.4)	-0.7	(2.3)
カザフスタン	91.4	(0.5)	89.8	(0.9)	91.9	(0.5)	**2.2**	(1.0)	87.5	(0.6)	86.1	(1.1)	88.0	(0.7)	1.9	(1.1)
韓国	74.1	(1.3)	76.8	(2.3)	73.4	(1.4)	-3.4	(2.5)	65.9	(1.8)	62.7	(3.3)	66.7	(1.8)	4.0	(3.3)
ラトビア	93.8	(0.6)	95.2	(1.3)	93.6	(0.6)	-1.5	(1.4)	87.6	(1.0)	90.8	(2.1)	87.1	(1.0)	-3.6	(2.2)
リトアニア	89.7	(0.7)	90.1	(1.8)	89.6	(0.7)	-0.4	(1.9)	81.4	(1.1)	81.3	(2.9)	81.4	(1.1)	0.1	(3.0)
マルタ	92.1	(0.7)	94.8	(1.0)	91.2	(0.8)	**-3.6**	(1.0)	87.0	(1.5)	87.7	(2.4)	87.0	(1.4)	-0.8	(1.9)
メキシコ	93.6	(0.5)	92.3	(1.3)	93.9	(0.6)	1.6	(1.5)	87.8	(1.0)	85.2	(2.4)	88.6	(0.8)	3.4	(2.3)
オランダ	94.6	(0.7)	96.7	(1.4)	94.2	(0.9)	-2.5	(1.9)	83.8	(1.4)	91.4	(1.7)	82.2	(1.6)	**-9.2**	(1.9)
ニュージーランド	91.3	(0.8)	91.5	(2.3)	91.2	(0.8)	-0.3	(2.4)	83.2	(1.5)	85.9	(2.8)	82.5	(1.6)	-3.4	(3.0)
ノルウェー	95.1	(0.4)	96.9	(0.6)	94.7	(0.5)	**-2.2**	(0.7)	90.6	(0.7)	93.2	(1.0)	89.9	(0.8)	**-3.3**	(1.1)
ポルトガル	89.0	(0.8)	95.4	(2.1)	88.8	(0.8)	**-6.6**	(2.2)	84.3	(1.0)	87.4	(3.5)	84.2	(1.0)	-3.2	(3.5)
ルーマニア	91.7	(0.6)	87.3	(2.3)	92.4	(0.7)	**5.1**	(2.5)	88.3	(0.9)	85.5	(2.8)	88.8	(0.8)	3.3	(2.8)
ロシア	90.2	(0.8)	89.1	(1.4)	90.5	(0.9)	1.3	(1.5)	85.7	(1.3)	86.7	(1.9)	85.4	(1.4)	-1.3	(1.8)
サウジアラビア	78.7	(1.2)	76.4	(3.4)	79.1	(1.2)	2.6	(3.6)	74.6	(1.3)	73.4	(3.5)	75.0	(1.3)	1.6	(3.6)
上海（中国）	75.1	(1.0)	81.9	(1.6)	73.7	(1.0)	**-8.2**	(1.6)	70.5	(1.0)	75.5	(1.9)	69.5	(1.1)	**-6.0**	(1.9)
シンガポール	85.0	(0.7)	86.7	(1.2)	84.3	(0.9)	-2.4	(1.4)	70.2	(0.8)	68.2	(1.5)	71.0	(1.0)	2.8	(1.9)
スロバキア	90.0	(0.6)	93.7	(1.3)	89.3	(0.7)	**-4.4**	(1.4)	82.4	(0.8)	88.0	(1.7)	81.4	(0.8)	**-6.6**	(1.8)
スロベニア	87.2	(0.8)	88.8	(1.7)	87.0	(0.8)	-1.8	(2.0)	83.3	(1.1)	87.8	(1.8)	82.4	(1.3)	**-5.4**	(2.2)
南アフリカ共和国	76.1	(1.8)	75.0	(3.5)	76.6	(1.7)	1.7	(3.5)	73.4	(1.7)	75.1	(3.0)	72.7	(1.8)	-2.4	(3.0)
スペイン	90.2	(0.6)	93.2	(1.2)	89.6	(0.6)	**-3.6**	(1.2)	87.0	(0.8)	90.0	(1.2)	86.4	(0.9)	**-3.6**	(1.2)
スウェーデン	91.6	(0.9)	93.0	(1.1)	91.4	(1.1)	-1.6	(1.5)	83.8	(1.2)	86.9	(1.9)	83.2	(1.4)	-3.7	(2.4)
台湾	83.9	(0.8)	81.5	(3.2)	84.1	(0.8)	2.6	(3.2)	74.3	(1.0)	73.7	(3.1)	74.3	(1.0)	0.6	(3.2)
トルコ	79.0	(0.8)	74.5	(1.7)	81.2	(0.9)	**6.7**	(1.8)	73.4	(0.7)	65.2	(1.8)	77.2	(0.8)	**12.0**	(2.0)
アラブ首長国連邦	85.1	(0.4)	83.9	(1.1)	85.3	(0.5)	1.4	(1.2)	81.4	(0.5)	77.4	(1.4)	82.2	(0.6)	**4.8**	(1.4)
アメリカ	93.1	(1.1)	91.9	(2.5)	93.5	(1.0)	1.6	(2.3)	87.6	(1.1)	84.2	(2.5)	88.7	(1.3)	4.4	(2.8)
ベトナム	94.3	(0.5)	93.7	(1.4)	94.3	(0.6)	0.6	(1.6)	95.1	(0.5)	95.4	(1.2)	95.1	(0.6)	-0.3	(1.5)
OECD31か国平均	89.8	(0.1)	90.9	(0.3)	89.7	(0.2)	**-1.2**	(0.3)	83.4	(0.2)	84.1	(0.4)	83.3	(0.2)	-0.8	(0.4)
EU23か国全体	90.4	(0.3)	91.1	(0.5)	90.3	(0.3)	-0.8	(0.5)	84.3	(0.4)	85.3	(0.7)	84.2	(0.4)	-1.2	(0.7)
TALIS 参加 48 か国平均	88.8	(0.1)	89.4	(0.3)	88.6	(0.1)	**-0.8**	(0.3)	83.3	(0.2)	83.7	(0.3)	83.3	(0.2)	-0.5	(0.3)

表 4.10.1 [5/5]　仕事に対する教員の満足度（中学校）

中学校教員の回答に基づく

国名	勤務経験による仕事への満足度															
	現在の学校での自分の仕事の成果に満足している								全体としてみれば、この仕事に満足している							
	全体		勤務経験５年以下(a)		勤務経験５年を超える(b)		(b)－(a)		全体		勤務経験５年以下(a)		勤務経験５年を超える(b)		(b)－(a)	
	%	S.E.	%	S.E.	%	S.E.	差	S.E.	%	S.E.	%	S.E.	%	S.E.	差	S.E.
アルバータ（カナダ）	96.3	(0.7)	94.9	(1.7)	96.7	(0.7)	1.9	(1.8)	92.7	(1.2)	90.6	(2.8)	93.4	(1.0)	2.8	(2.6)
オーストラリア	94.4	(0.6)	91.0	(1.3)	95.6	(0.6)	**4.6**	(1.4)	90.0	(0.6)	88.3	(1.3)	90.5	(0.6)	2.2	(1.4)
オーストリア	97.7	(0.3)	97.1	(0.6)	97.8	(0.3)	0.8	(0.7)	96.5	(0.3)	96.6	(0.6)	96.4	(0.4)	-0.2	(0.6)
ベルギー	90.2	(0.6)	88.5	(1.3)	90.6	(0.6)	2.1	(1.3)	89.2	(0.6)	90.9	(0.9)	88.7	(0.7)	**-2.2**	(1.1)
フランドル（ベルギー）	93.2	(0.6)	94.8	(0.9)	92.8	(0.7)	-1.9	(1.1)	92.9	(0.6)	96.3	(0.8)	92.1	(0.7)	**-4.2**	(1.1)
ブラジル	92.4	(0.8)	90.5	(1.9)	92.7	(0.8)	2.2	(2.0)	87.4	(1.0)	82.7	(2.7)	88.1	(1.0)	**5.4**	(2.7)
ブルガリア	93.6	(0.7)	94.2	(1.2)	93.5	(0.8)	-0.6	(1.3)	92.4	(0.8)	95.0	(1.1)	91.7	(0.8)	**-3.3**	(1.2)
ブエノスアイレス（アルゼンチン）	96.7	(0.4)	94.3	(1.6)	97.3	(0.4)	2.9	(1.7)	96.1	(0.7)	94.7	(1.3)	96.4	(0.7)	1.7	(1.4)
チリ	94.5	(0.6)	93.4	(1.2)	95.0	(0.7)	1.6	(1.4)	93.8	(0.6)	92.4	(1.3)	94.4	(0.8)	2.0	(1.6)
コロンビア	97.1	(0.4)	95.8	(1.1)	97.3	(0.5)	1.5	(1.3)	95.8	(0.9)	94.3	(1.7)	96.0	(0.8)	1.7	(1.4)
クロアチア	93.2	(0.6)	92.5	(1.5)	93.3	(0.6)	0.7	(1.6)	90.6	(0.8)	89.8	(1.8)	90.8	(0.9)	1.0	(1.9)
キプロス	96.5	(0.6)	92.9	(1.9)	96.9	(0.6)	4.0	(2.0)	91.2	(0.8)	90.5	(2.4)	91.3	(0.8)	0.9	(2.6)
チェコ	96.0	(0.4)	92.0	(1.3)	96.8	(0.4)	**4.9**	(1.3)	89.6	(0.7)	89.0	(1.7)	89.8	(0.8)	0.8	(1.9)
デンマーク	96.8	(0.4)	93.5	(1.7)	97.5	(0.4)	**4.1**	(1.7)	89.2	(0.8)	92.1	(1.6)	88.6	(0.9)	**-3.6**	(1.7)
イングランド（イギリス）	91.5	(0.6)	90.7	(1.2)	91.8	(0.7)	1.1	(1.4)	77.5	(1.2)	77.3	(2.0)	77.5	(1.3)	0.3	(2.2)
エストニア	91.9	(0.7)	87.5	(1.6)	92.7	(0.7)	**5.2**	(1.8)	94.2	(0.5)	91.2	(1.7)	94.7	(0.5)	3.5	(1.8)
フィンランド	94.2	(0.6)	92.0	(1.4)	94.7	(0.5)	2.7	(1.4)	88.0	(0.9)	87.7	(1.6)	88.0	(0.9)	0.3	(1.6)
フランス	88.3	(0.7)	85.9	(1.6)	88.7	(0.7)	2.9	(1.8)	84.7	(0.9)	86.5	(1.8)	84.4	(1.0)	-2.2	(2.0)
ジョージア	93.0	(0.5)	91.5	(1.6)	93.1	(0.5)	1.6	(1.6)	93.8	(0.7)	95.0	(1.1)	93.6	(0.7)	-1.4	(1.3)
ハンガリー	93.0	(0.6)	88.7	(2.1)	93.5	(0.6)	**4.8**	(2.2)	88.1	(0.7)	83.2	(2.2)	88.8	(0.8)	**5.5**	(2.3)
アイスランド	97.1	(0.5)	97.1	(1.1)	97.1	(0.5)	0.0	(1.2)	92.6	(0.8)	92.4	(1.8)	92.7	(0.9)	0.2	(2.0)
イスラエル	94.6	(0.6)	91.9	(1.3)	95.5	(0.6)	**3.6**	(1.4)	91.5	(0.8)	88.6	(1.4)	92.5	(0.8)	**3.9**	(1.4)
イタリア	94.5	(0.4)	93.0	(1.0)	94.8	(0.4)	1.8	(1.1)	95.9	(0.3)	94.4	(0.8)	96.3	(0.4)	**1.9**	(0.8)
日本	49.0	(0.9)	33.9	(2.0)	53.0	(1.0)	**19.1**	(2.1)	81.8	(0.7)	78.7	(1.8)	82.6	(0.8)	**3.9**	(1.9)
カザフスタン	91.0	(0.5)	88.9	(0.9)	91.6	(0.6)	**2.7**	(1.0)	91.4	(0.5)	88.6	(1.1)	92.3	(0.5)	**3.8**	(1.2)
韓国	81.5	(1.0)	77.5	(1.9)	82.6	(1.1)	**5.1**	(2.0)	89.1	(0.8)	90.5	(1.3)	88.8	(0.9)	-1.7	(1.6)
ラトビア	94.3	(0.8)	90.8	(1.7)	94.9	(0.8)	**4.2**	(1.8)	90.6	(0.7)	86.1	(3.3)	91.2	(0.8)	5.1	(3.6)
リトアニア	91.2	(0.5)	86.7	(1.7)	91.5	(0.5)	**4.8**	(1.7)	82.7	(0.9)	81.6	(2.5)	82.8	(0.9)	1.1	(2.6)
マルタ	96.3	(0.7)	96.2	(1.0)	96.4	(0.7)	0.2	(1.0)	84.6	(1.4)	89.0	(2.1)	83.0	(1.6)	**-6.0**	(2.3)
メキシコ	97.4	(0.3)	97.0	(0.8)	97.5	(0.3)	0.6	(0.9)	97.9	(0.3)	97.2	(0.7)	98.1	(0.3)	0.9	(0.8)
オランダ	96.8	(0.5)	96.6	(1.1)	96.8	(0.5)	0.2	(1.3)	93.9	(0.7)	94.0	(1.6)	93.9	(0.9)	0.0	(2.0)
ニュージーランド	93.7	(0.6)	90.7	(1.6)	94.5	(0.6)	**3.8**	(1.6)	86.2	(1.0)	87.4	(1.9)	85.8	(1.1)	-1.6	(2.0)
ノルウェー	95.3	(0.4)	92.8	(1.1)	96.1	(0.4)	**3.3**	(1.3)	92.9	(0.5)	94.0	(0.9)	92.6	(0.5)	-1.4	(1.1)
ポルトガル	96.1	(0.4)	96.8	(1.6)	96.1	(0.4)	-0.7	(1.6)	92.1	(0.6)	95.1	(2.2)	91.9	(0.6)	-3.2	(2.3)
ルーマニア	97.0	(0.4)	95.7	(1.1)	97.2	(0.4)	1.5	(1.1)	93.7	(0.6)	90.4	(2.1)	94.2	(0.6)	3.8	(2.1)
ロシア	89.8	(0.6)	88.5	(1.6)	90.2	(0.7)	1.7	(1.9)	90.6	(0.7)	89.2	(1.4)	91.0	(0.7)	1.8	(1.5)
サウジアラビア	92.2	(0.6)	90.1	(1.8)	93.2	(0.7)	3.1	(1.9)	87.1	(0.9)	88.9	(1.7)	86.6	(1.1)	-2.3	(2.0)
上海（中国）	94.3	(0.4)	91.6	(1.1)	94.8	(0.4)	**3.2**	(1.2)	90.5	(0.6)	90.9	(1.3)	90.4	(0.6)	-0.5	(1.5)
シンガポール	87.4	(0.7)	84.4	(1.2)	88.7	(0.7)	**4.4**	(1.3)	88.8	(0.6)	86.3	(1.1)	89.8	(0.7)	**3.5**	(1.3)
スロバキア	94.7	(0.5)	91.6	(1.4)	95.3	(0.5)	**3.7**	(1.5)	88.5	(0.6)	90.7	(1.6)	88.1	(0.7)	-2.5	(1.8)
スロベニア	95.4	(0.5)	91.4	(1.2)	96.2	(0.5)	**4.8**	(1.2)	89.8	(0.8)	86.8	(2.0)	90.5	(0.7)	3.7	(1.9)
南アフリカ共和国	82.0	(1.3)	78.6	(2.6)	83.3	(1.4)	4.7	(2.6)	77.9	(1.6)	79.5	(2.3)	77.3	(1.9)	-2.2	(2.5)
スペイン	96.1	(0.3)	96.3	(0.6)	96.0	(0.4)	-0.3	(0.7)	95.7	(0.3)	97.3	(0.5)	95.4	(0.3)	**-1.9**	(0.6)
スウェーデン	96.2	(0.5)	93.4	(1.3)	96.8	(0.5)	**3.4**	(1.4)	90.3	(1.0)	92.3	(1.5)	89.9	(1.2)	-2.4	(1.8)
台湾	89.3	(0.7)	82.8	(2.6)	90.1	(0.6)	**7.3**	(2.5)	87.3	(0.7)	83.6	(2.6)	87.7	(0.7)	4.1	(2.6)
トルコ	92.5	(0.5)	92.2	(1.1)	92.7	(0.6)	0.4	(1.3)	89.2	(0.6)	91.2	(1.2)	88.3	(0.7)	**-2.9**	(1.4)
アラブ首長国連邦	95.3	(0.3)	95.0	(0.7)	95.4	(0.3)	0.4	(0.8)	88.7	(0.4)	86.8	(1.1)	89.0	(0.4)	2.2	(1.2)
アメリカ	93.4	(0.7)	86.9	(2.1)	95.5	(0.6)	**8.6**	(2.3)	89.6	(1.2)	89.0	(2.8)	89.8	(1.1)	0.8	(2.7)
ベトナム	97.2	(0.3)	95.0	(1.3)	97.4	(0.4)	2.4	(1.4)	96.4	(0.4)	96.0	(1.2)	96.4	(0.4)	0.5	(1.4)
OECD31か国平均	92.6	(0.1)	89.9	(0.3)	93.3	(0.1)	**3.4**	(0.3)	90.3	(0.1)	89.9	(0.3)	90.4	(0.1)	0.5	(0.3)
EU23か国全体	93.6	(0.2)	92.2	(0.4)	93.9	(0.2)	**1.7**	(0.4)	89.5	(0.2)	89.6	(0.5)	89.5	(0.3)	-0.1	(0.5)
TALIS参加48か国平均	92.7	(0.1)	90.2	(0.2)	93.3	(0.1)	**3.1**	(0.2)	90.2	(0.1)	89.7	(0.3)	90.3	(0.1)	**0.6**	(0.3)

第5章

教員の成長と職能開発

要旨

目まぐるしい変化を見せる世界の中で子供たちの成長を効果的に支援するために、教員は絶えず自身の技能を検証し、向上させていく必要がある。OECDの定義する職能開発は、「教員又は校長としての個人の技能、知識、専門知識及びその他の特性を養成する活動」とされ[1]、この中には、教員及び校長の初任者教育から現職研修までの全ての段階の研修が含まれる。継続的な職能開発は、教員としての技能と資質、教室での指導実践、そして自身の信念に影響を与え、教員間の専門的な学習コミュニティの形成も可能になる（OECD（2019））。その一方で、2019年1月25日にとりまとめられた中央教育審議会「新しい時代の教育に向けた持続可能な学校指導・運営体制の構築のための学校における働き方改革に関する総合的な方策について（答申）」の中では、「研修・評価の実施に当たって、各教育委員会は、働き方も含めた目指すべき教師の姿を提示しつつ、学校や教師に過度な負担にならないよう必要な体制を整えるなどの配慮が必要である。[2]」と述べられており、働き方改革に沿った、学校や教師の負担に考慮した職能開発の実施も求められている。

本章では、他の参加国との国際比較に基づき、日本で実施されている継続的な職能開発の特徴、そして教員や校長のニーズやその障壁について述べる。

今回の調査で得られた日本の職能開発に関する主な知見は以下の通りである。

- 過去12か月の間に、一度でも職能開発に参加した日本の中学校教員の割合は89.2%で、参加国の中で7番目に低い。
- 日本では、職能開発への参加において「性別」や「通算勤務年数」の違いに統計的に有意差は無かったが、「年齢」には有意差があり、「50歳以上」の割合よりも「30歳未満」の割合の方が4.3ポイント高い。なお、参加国平均では「年齢」の違いによる統計的な有意差はない。
- 日本の教員と校長の「過去12か月の間に受けた異種の職能開発の数の平均」は、中学校教員3.6、小学校教員4.1、中学校校長4.8、小学校校長5.1で、中学校よりも小学校の数が多く、また教員よりも校長の数が多く、いずれも参加国平均より数が

1　原文：“Professional development is defined as activities that develop an individual's skills, knowledge, expertise and other characteristics as a teacher.”
出所：OECD (2009), *Creating Effective Teaching and Learning Environments: First Results from TALIS*, TALIS, OECD Publishing, Paris, https://dx.doi.org/10.1787/9789264068780-en（2019年3月22日閲覧）

2　出所：http://www.mext.go.jp/b_menu/shingi/chukyo/chukyo3/079/sonota/1412985.htm（2019年3月22日閲覧）

少ない。

- 日本の中学校及び小学校の教員は、「他校の見学」「教員や研究者による研究発表、教育問題に関する議論をする会議」「学校の公式な取組である同僚の観察・助言又は自己観察、コーチング活動」等の職能開発に参加する割合が、他の参加国と比べて高い傾向にあり、「対面式の講座やセミナー」「オンライン上の講座やセミナー」「公式な資格取得プログラム（例：学位課程）」に参加する割合は他の参加国と比べて低い傾向にある。
- 日本の中学校及び小学校の校長は、「教員、校長や研究者による研究発表、教育問題に関する議論をする会議」に参加する割合が日本の他の項目と比べて最も高く、また、「専門的な文書や書物を読むこと」の割合も高いが、「公式な資格取得プログラム」「オンライン上の講座やセミナー」「対面式の講座やセミナー」に参加する割合は低い。
- 日本が他の参加国と比べて参加の割合が高い又は低い傾向にある職能開発の形態は、教員と校長、中学校と小学校の違いを問わず似ているが、教員よりも校長の方が、中学校よりも小学校の方が参加の割合が高い。
- 日本の中学校及び小学校の教員は、職能開発の中に「担当教科等の分野に関する知識と理解」「担当教科等の分野の指導法に関する能力」「特別な支援を要する児童／生徒への指導」に関する内容が含まれていたと回答する割合が高い一方で、「多文化又は多言語環境における指導」「文化や国が異なる人々とのコミュニケーション」の割合は低い。また、「特別な支援を要する児童への指導」が含まれていたと答えた小学校教員の割合は、小学校調査への参加国の中で最も高い。
- 日本の中学校教員が参加した職能開発に「指導用の ICT（情報通信技術）技能」「特別な支援を要する生徒への指導」「生徒の行動と学級経営」「多文化又は多言語環境における指導」の内容が含まれていると回答した割合は、TALIS 2013 から TALIS 2018 の間で経年的に増加し、統計的に有意差がある。一方で「教科横断的なスキルの指導（例：創造性、批判的思考力、問題解決能力）」の割合は統計的に有意に減少し、比較可能な参加国の中で最も減少の値が大きく、日本とメキシコだけが経年的に割合を下げている。
- 日本の中学校と小学校の教員の職能開発へのニーズは、「担当教科等の分野に関する知識と理解」「担当教科等の分野の指導法に関する能力」「児童／生徒の評価方法」「指導用の ICT 技能」「児童／生徒の行動と学級経営」「個に応じた学習手法」「特別な支援を要する児童／生徒への指導」等の割合が高く、その中で「個に応じた学習手法」の割合は参加国の中で最も高い。また、小学校教員においては「特別な支援を要する児童への指導」へのニーズの割合も高い。
- 日本の中学校と小学校の校長は、「学校の教育課程の編成」「授業実践の観察」「教員間の連携の向上」「人事管理」「現在の国や地方自治体の教育政策についての知識や理解」「リーダーシップに関する新しい研究や理論についての知識や理解」に対する職能開発のニーズの割合が高い。

- 日本の中学校校長について、「教員間の連携の向上」に対する職能開発のニーズの割合は、「社会経済的に困難な家庭環境にある生徒」が「30% 以下」であると答えた校長の方が、「30% を超える」と答えた校長よりも 30.4 ポイント低く、統計的に有意差があり、この差の値は参加国の中で最も高い。また、「特別な支援を要する生徒」が「10% を超える」と答えた中学校校長の「教員間の連携の向上」に対する職能開発のニーズの割合（68.3%）は、参加国の中で最も高い。
- TALIS 2013 と TALIS 2018 を比較した時の、日本の中学校教員の職能開発のニーズの割合の経年変化は、「指導用の ICT 技能」（13.1 ポイント増）、「特別な支援を要する生徒への指導」（5.1 ポイント増）、「多文化又は多言語環境における指導」（4.1 ポイント増）、「生徒の評価方法」（3.5 ポイント増）、「学校の管理運営」（2.2 ポイント増）において統計的に有意な増加が見られる。
- 日本の中学校教員の「指導用の ICT 技能」の職能開発のニーズは他の参加国と比べて経年的に最も増加し、「指導用の ICT 技能」の職能開発への参加の割合も増加している。
- 日本の中学校及び小学校の教員と校長は、「家庭でやらなくてはならないことがあるため、時間が割けない」「職能開発の日程が自分の仕事のスケジュールと合わない」「職能開発は費用が高すぎる」「雇用者からの支援が不足している」「参加要件を満たしていない（例：資格、経験、勤務年数）」等を職能開発への参加の障壁と感じている。この中で、「家庭でやらなくてはならないことがあるため、時間が割けない」と回答した教員の割合と、「職能開発の日程が自分の仕事のスケジュールと合わない」と回答した校長の割合は、それぞれ小学校と中学校ともに参加国の中で最も高い。
- 日本の中学校教員の職能開発の参加の障壁の割合の経年変化を見ると、「家庭でやらなくてはならないことがあるため、時間が割けない」（14.6 ポイント増）、「参加要件を満たしていない」（4.1 ポイント増）と「職能開発に参加するインセンティブ（例：奨励金）がない」（8.3 ポイント増）において、統計的に有意差がある。
- 日本の中学校校長の職能開発の参加の障壁の割合の経年変化を見ると、「参加要件を満たしていない」（9.7 ポイント増）、「職能開発は費用が高すぎる」（17.9 ポイント増）、「雇用者からの支援が不足している」（19.4 ポイント増）、「家庭でやらなくてはならないことがあるため、時間が割けない」（18.1 ポイント増）、「職能開発に参加するインセンティブがない」（13.7 ポイント増）において統計的に有意な増加が見られ、「参加要件を満たしていない」と「雇用者からの支援が不足している」の割合の増加は参加国の中で最も高い。

5.1 職能開発の状況

職能開発への参加は、教員の力量形成において重要な学びの機会となり得る。

本調査では、職能開発の形態として、「対面式の講座やセミナー」「オンライン上の講座やセミナー」「教員や研究者による研究発表、教育問題に関する議論をする会議」「公式な資格取得プログラム（例：学位課程）」「他校の見学」「企業、公的機関又は非政府組織（NGO）の見学）」「学校の公式な取組である同僚の観察・助言又は自己観察やコーチング活動」「教員の職能開発を目的とする研究グループへの参加」「専門的な文書や書物を読むこと」及び「その他」の 10 種類の形態の職能開発に参加したかどうかについて、「はい」又は「いいえ」の選択肢の中から「はい」を選んだ教員の回答に着目して検討を行っている。

表 5.1.1 は、上述の 10 種の職能開発の中から少なくとも１種類の職能開発に参加した中学校教員の特徴別の割合を、「全体」「性別」（「男性」「女性」、及びその両者の差「男性－女性」）、「年齢」（「30 歳未満(a)」「50 歳以上(b)」、及びその両者の差「(b)－(a)」）、「教員としての通算勤務年数」（「５年以下(a)」「５年を超える(b)」、及びその両者の差「(b)－(a)」）別に示している。

過去 12 か月の間にどれか１つでも職能開発を受けた日本の中学校教員の割合は 89.2% で、フランス、サウジアラビア、チリ、ブラジル、ポルトガル、ルーマニアに続いて参加国の中で７番目に低い。「年齢」の差を見ると、年齢が若い教員の方が職能開発をより多く受けていることが分かる。日本の「年齢」が「50 歳以上」の割合 85.6% から「30 歳未満」の割合 89.9% を引いた値はマイナス 4.3 ポイントであり、この差には統計的に有意差があるが、参加国平均の差（マイナス 0.1 ポイント）には統計的に有意差はない。なお、日本と同様に、30 歳未満の割合が有意に高い国は、メキシコ、フランス、マルタ、ブラジル、台湾、上海（中国）の７か国である。一方で、日本の「性別」（「男性」88.6%、「女性」90.1%）の割合の差（マイナス 1.5 ポイント）と、「教員としての通算勤務年数」（「５年以下」88.6%、「５年を超える」89.3%）の割合の差（0.7 ポイント）においては、統計的に有意差はない。

表 5.1.1 [1/2]　過去 12 か月の間に職能開発[1]を受けた教員の特徴（中学校）

中学校教員の回答に基づく

国　名	全体		性別					
			男性		女性		男性－女性	
	%	S.E.	%	S.E.	%	S.E.	差	S.E.
アルバータ（カナダ）	98.7	(0.5)	98.5	(0.6)	98.8	(0.8)	-0.2	(1.0)
オーストラリア	99.3	(0.1)	99.2	(0.3)	99.3	(0.2)	-0.2	(0.3)
オーストリア	98.7	(0.2)	98.8	(0.3)	98.7	(0.2)	0.1	(0.4)
ベルギー	94.2	(0.5)	93.8	(0.9)	94.3	(0.5)	-0.5	(1.0)
フランドル（ベルギー）	97.1	(0.4)	97.3	(0.6)	97.0	(0.5)	0.3	(0.8)
ブラジル	87.1	(1.1)	88.4	(1.4)	86.4	(1.3)	1.9	(1.8)
ブルガリア	95.9	(0.6)	94.2	(1.3)	96.3	(0.5)	-2.1	(1.3)
ブエノスアイレス（アルゼンチン）	92.4	(0.9)	86.3	(2.2)	95.2	(0.7)	**-8.9**	(2.3)
チリ	86.9	(0.9)	88.0	(1.4)	86.4	(1.0)	1.6	(1.4)
コロンビア	90.8	(0.9)	91.0	(1.2)	90.7	(1.0)	0.3	(1.4)
クロアチア	98.1	(0.4)	98.2	(0.7)	98.1	(0.5)	0.0	(0.9)
キプロス	92.2	(1.0)	91.2	(1.6)	92.6	(1.1)	-1.3	(1.8)
チェコ	97.3	(0.4)	96.5	(0.7)	97.6	(0.4)	-1.0	(0.7)
デンマーク	92.4	(0.8)	92.3	(1.1)	92.4	(0.9)	-0.1	(1.2)
イングランド（イギリス）	96.5	(0.4)	96.7	(0.6)	96.4	(0.6)	0.3	(0.8)
エストニア	97.7	(0.3)	96.4	(0.9)	98.0	(0.3)	-1.5	(0.9)
フィンランド	92.7	(0.6)	89.3	(1.1)	94.1	(0.6)	**-4.8**	(1.1)
フランス	82.6	(1.0)	83.5	(1.4)	82.1	(1.2)	1.5	(1.5)
ジョージア	93.5	(0.8)	83.0	(2.3)	95.6	(0.6)	**-12.6**	(2.0)
ハンガリー	94.5	(0.5)	93.7	(1.2)	94.7	(0.5)	-1.1	(1.3)
アイスランド	95.5	(0.6)	94.2	(1.3)	96.0	(0.7)	-1.8	(1.4)
イスラエル	96.2	(0.4)	96.6	(0.8)	96.1	(0.5)	0.5	(1.0)
イタリア	93.2	(0.6)	90.6	(1.2)	94.0	(0.6)	**-3.3**	(1.4)
日本	89.2	(0.6)	88.6	(0.8)	90.1	(0.9)	-1.5	(1.2)
カザフスタン	98.2	(0.3)	97.1	(0.6)	98.6	(0.3)	**-1.4**	(0.7)
韓国	97.8	(0.3)	96.0	(0.7)	98.7	(0.3)	**-2.7**	(0.8)
ラトビア	98.6	(0.4)	97.6	(1.3)	98.7	(0.4)	-1.1	(1.2)
リトアニア	99.4	(0.2)	99.8	(0.3)	99.3	(0.2)	0.4	(0.3)
マルタ	91.3	(0.8)	90.8	(1.5)	91.5	(0.9)	-0.7	(1.7)
メキシコ	89.4	(0.9)	88.6	(1.1)	90.1	(1.0)	-1.4	(1.1)
オランダ	98.2	(0.6)	98.8	(0.5)	97.7	(0.9)	1.0	(1.0)
ニュージーランド	98.5	(0.2)	97.4	(0.6)	99.0	(0.2)	**-1.6**	(0.7)
ノルウェー	93.8	(0.6)	92.7	(0.9)	94.4	(0.7)	-1.7	(1.1)
ポルトガル	88.0	(0.8)	88.2	(1.2)	87.9	(0.8)	0.2	(1.3)
ルーマニア	89.0	(0.9)	86.4	(1.7)	90.0	(0.9)	**-3.6**	(1.7)
ロシア	98.2	(0.3)	96.7	(1.0)	98.4	(0.3)	-1.7	(1.1)
サウジアラビア	86.1	(1.0)	82.8	(1.6)	89.2	(1.2)	**-6.4**	(2.0)
上海（中国）	99.3	(0.1)	99.2	(0.3)	99.3	(0.1)	-0.1	(0.3)
シンガポール	98.5	(0.2)	98.9	(0.3)	98.2	(0.3)	0.7	(0.5)
スロバキア	92.2	(0.5)	90.1	(1.4)	92.6	(0.5)	-2.5	(1.5)
スロベニア	98.3	(0.4)	98.0	(0.7)	98.4	(0.3)	-0.4	(0.6)
南アフリカ共和国	90.6	(1.6)	88.0	(2.6)	92.3	(1.4)	-4.2	(2.2)
スペイン	91.8	(0.6)	91.6	(0.8)	91.9	(0.9)	-0.3	(1.2)
スウェーデン	95.4	(0.6)	95.2	(0.9)	95.5	(0.6)	-0.2	(1.0)
台湾	96.7	(0.3)	96.0	(0.6)	97.0	(0.3)	-1.0	(0.7)
トルコ	93.6	(0.4)	93.4	(0.8)	93.8	(0.5)	-0.5	(1.0)
アラブ首長国連邦	97.7	(0.2)	97.7	(0.3)	97.7	(0.2)	0.1	(0.3)
アメリカ	98.1	(0.6)	96.3	(1.4)	99.0	(0.3)	**-2.7**	(1.3)
ベトナム	96.4	(0.5)	96.5	(0.6)	96.4	(0.7)	0.1	(0.8)
OECD31か国平均	94.5	(0.1)	93.9	(0.2)	94.7	(0.1)	**-0.8**	(0.2)
EU23か国全体	92.5	(0.2)	91.9	(0.3)	92.6	(0.3)	-0.6	(0.4)
TALIS 参加 48 か国平均	94.4	(0.1)	93.4	(0.2)	94.8	(0.1)	**-1.4**	(0.2)

1．職能開発には、対面式の講座やセミナー、オンライン上の講座やセミナー、教員や研究者による研究発表、教育問題に関する議論をする会議、公式な資格取得プログラム（例：学位課程）、他校の見学、企業、公的機関又は非政府組織（NGO）の見学、学校の公式な取組である同僚の観察・助言又は自己観察やコーチング活動、教員の職能開発を目的とする研究グループへの参加、専門的な文書や書物を読むこと、及びその他の活動を含む。

表 5.1.1［2/2］ 過去 12 か月の間に職能開発[1]を受けた教員の特徴（中学校）

中学校教員の回答に基づく

国　　名	年齢						教員としての通算勤務年数					
	30 歳未満 (a)		50 歳以上 (b)		(b)－(a)		5 年以下 (a)		5 年を超える (b)		(b)－(a)	
	%	S.E.	%	S.E.	差	S.E.	%	S.E.	%	S.E.	差	S.E.
アルバータ（カナダ）	99.3	(0.7)	98.4	(0.8)	-0.9	(1.1)	99.3	(0.6)	98.5	(0.7)	-0.8	(1.0)
オーストラリア	99.0	(0.3)	99.0	(0.4)	0.0	(0.5)	99.3	(0.2)	99.3	(0.2)	-0.1	(0.3)
オーストリア	98.0	(0.6)	98.8	(0.3)	0.8	(0.7)	98.1	(0.5)	99.0	(0.2)	0.9	(0.5)
ベルギー	93.1	(0.9)	93.6	(0.9)	0.5	(1.2)	92.9	(1.1)	94.5	(0.5)	1.6	(1.1)
フランドル（ベルギー）	97.9	(0.6)	96.7	(0.9)	-1.2	(1.0)	97.7	(0.8)	97.0	(0.5)	-0.7	(0.9)
ブラジル	89.4	(1.9)	84.3	(2.0)	**-5.0**	(2.5)	88.5	(1.8)	86.8	(1.1)	-1.8	(1.7)
ブルガリア	91.8	(2.7)	95.4	(0.8)	3.6	(2.8)	94.2	(1.5)	96.3	(0.5)	2.2	(1.5)
ブエノスアイレス（アルゼンチン）	91.1	(2.5)	92.9	(1.1)	1.8	(2.4)	88.9	(2.8)	93.1	(0.8)	4.2	(2.7)
チリ	85.9	(1.8)	87.3	(1.6)	1.4	(2.4)	86.0	(1.5)	87.2	(1.2)	1.2	(2.0)
コロンビア	94.9	(2.1)	89.8	(1.5)	-5.0	(2.8)	90.1	(2.7)	90.9	(1.0)	0.8	(3.0)
クロアチア	98.4	(0.8)	97.9	(1.2)	-0.5	(1.9)	96.0	(1.4)	98.7	(0.4)	2.7	(1.5)
キプロス	92.0	(4.6)	89.1	(1.5)	-2.9	(4.3)	91.8	(2.5)	92.2	(1.0)	0.4	(2.2)
チェコ	96.7	(1.4)	96.5	(0.6)	-0.2	(1.5)	96.9	(0.8)	97.4	(0.4)	0.5	(0.9)
デンマーク	92.1	(2.5)	91.8	(1.3)	-0.3	(2.9)	88.8	(2.4)	93.3	(0.7)	4.5	(2.4)
イングランド（イギリス）	97.1	(0.9)	95.5	(1.0)	-1.6	(1.2)	97.6	(0.6)	96.2	(0.5)	-1.4	(0.7)
エストニア	97.4	(1.3)	97.8	(0.4)	0.4	(1.4)	98.0	(0.8)	97.7	(0.4)	-0.3	(0.9)
フィンランド	86.0	(3.0)	90.9	(1.1)	4.9	(3.4)	90.5	(1.6)	93.1	(0.6)	2.6	(1.6)
フランス	85.1	(2.3)	77.6	(1.9)	**-7.5**	(3.2)	81.1	(2.0)	82.8	(1.1)	1.7	(2.1)
ジョージア	89.0	(3.5)	92.9	(1.1)	3.9	(3.5)	92.6	(1.4)	93.7	(0.9)	1.1	(1.5)
ハンガリー	94.9	(2.0)	93.7	(0.9)	-1.2	(2.0)	95.2	(1.2)	94.4	(0.5)	-0.8	(1.3)
アイスランド	90.7	(3.1)	95.4	(1.0)	4.8	(3.3)	91.2	(1.8)	96.6	(0.7)	**5.3**	(1.9)
イスラエル	95.0	(1.4)	95.3	(1.1)	0.3	(1.9)	94.0	(1.0)	97.0	(0.5)	**3.0**	(1.2)
イタリア	90.9	(2.7)	93.3	(0.7)	2.4	(2.8)	87.4	(1.4)	94.5	(0.6)	**7.0**	(1.5)
日本	89.9	(1.2)	85.6	(1.1)	**-4.3**	(1.6)	88.6	(1.2)	89.3	(0.7)	0.7	(1.3)
カザフスタン	96.0	(0.9)	98.9	(0.4)	**2.9**	(1.0)	96.1	(0.6)	99.0	(0.3)	**2.9**	(0.6)
韓国	98.3	(1.0)	97.7	(0.5)	-0.6	(1.0)	97.0	(0.8)	98.1	(0.3)	1.1	(0.9)
ラトビア	97.1	(1.3)	99.1	(0.3)	2.0	(1.3)	98.8	(0.6)	98.5	(0.5)	-0.2	(0.8)
リトアニア	96.6	(3.3)	99.3	(0.2)	2.7	(3.3)	98.7	(1.3)	99.5	(0.1)	0.8	(1.3)
マルタ	93.8	(1.2)	88.4	(1.8)	**-5.4**	(2.4)	92.9	(1.2)	90.7	(1.0)	-2.1	(1.7)
メキシコ	93.4	(1.8)	84.6	(1.6)	**-8.8**	(2.3)	90.5	(1.6)	89.1	(0.9)	-1.4	(1.6)
オランダ	96.6	(1.9)	98.6	(0.5)	2.0	(2.0)	97.2	(1.5)	98.4	(0.4)	1.3	(1.3)
ニュージーランド	97.7	(1.3)	98.2	(0.6)	0.5	(1.6)	98.3	(0.9)	98.6	(0.3)	0.3	(1.0)
ノルウェー	93.8	(1.1)	93.3	(0.9)	-0.5	(1.2)	94.1	(0.8)	93.7	(0.7)	-0.4	(0.9)
ポルトガル	c	c	87.5	(1.0)	c	c	83.4	(3.7)	88.2	(0.8)	4.7	(3.9)
ルーマニア	81.3	(3.4)	87.8	(1.7)	6.5	(3.9)	82.6	(2.7)	90.1	(0.9)	**7.4**	(2.7)
ロシア	96.3	(1.0)	98.3	(0.4)	1.9	(1.1)	97.0	(0.8)	98.5	(0.3)	1.6	(0.9)
サウジアラビア	85.5	(1.9)	88.6	(2.7)	3.2	(3.4)	83.5	(2.6)	87.1	(1.1)	3.6	(2.7)
上海（中国）	99.9	(0.1)	97.6	(0.7)	**-2.4**	(0.7)	99.9	(0.1)	99.2	(0.1)	**-0.7**	(0.2)
シンガポール	97.5	(0.7)	97.0	(0.9)	-0.5	(1.1)	98.1	(0.5)	98.6	(0.3)	0.5	(0.5)
スロバキア	91.5	(2.0)	91.2	(0.9)	-0.3	(2.1)	90.5	(1.3)	92.4	(0.6)	1.9	(1.5)
スロベニア	96.6	(2.5)	97.6	(0.6)	1.1	(2.6)	97.7	(0.9)	98.5	(0.4)	0.8	(1.0)
南アフリカ共和国	92.4	(1.9)	93.5	(1.3)	1.1	(2.1)	92.1	(1.4)	89.9	(2.0)	-2.2	(1.8)
スペイン	94.7	(2.0)	90.6	(1.0)	-4.1	(2.1)	91.9	(1.0)	91.7	(0.7)	-0.2	(1.1)
スウェーデン	92.9	(2.4)	95.1	(0.8)	2.2	(2.4)	91.2	(1.4)	96.3	(0.6)	**5.0**	(1.4)
台湾	97.7	(0.8)	95.3	(1.0)	**-2.5**	(1.3)	97.6	(0.6)	96.5	(0.3)	-1.1	(0.7)
トルコ	94.6	(1.0)	90.7	(2.1)	-3.9	(2.3)	93.9	(0.9)	93.6	(0.5)	-0.3	(1.1)
アラブ首長国連邦	95.0	(0.7)	98.8	(0.4)	**3.7**	(0.7)	95.2	(0.6)	98.2	(0.2)	**2.9**	(0.6)
アメリカ	97.8	(1.7)	98.0	(0.8)	0.2	(1.9)	98.9	(0.9)	97.8	(0.8)	-1.1	(1.2)
ベトナム	97.0	(1.1)	94.8	(1.4)	-2.2	(1.6)	97.4	(1.1)	96.4	(0.5)	-0.9	(1.1)
OECD31か国平均	94.2	(0.3)	93.6	(0.2)	-0.4	(0.4)	93.5	(0.3)	94.7	(0.1)	**1.3**	(0.3)
EU23か国全体	92.3	(0.7)	91.2	(0.4)	-1.0	(0.8)	90.7	(0.5)	92.8	(0.2)	**2.1**	(0.5)
TALIS 参加 48 か国平均	93.9	(0.3)	93.6	(0.2)	-0.1	(0.3)	93.4	(0.2)	94.6	(0.1)	**1.2**	(0.2)

5.2 職能開発の形態

本節では、教員又は校長が、過去12か月の間[3]に参加した職能開発の形態について報告する。

教員や校長への職能開発は様々な形で提供されているが、本調査では、前節（5.1節）に記した10種類の形態の職能開発に参加したかどうかについて、「はい」又は「いいえ」の選択肢の中から「はい」を選んだ教員と校長の回答に着目して検討を行っている。

5.2.1 教員を対象とした職能開発の形態

表5.2.1は、中学校教員が過去12か月の間に受けた職能開発の形態の数の平均と形態別の割合を示している。

日本の中学校教員の「過去12か月の間に受けた異種の職能開発の数の平均」は、3.6で、TALIS平均の4.3を下回っている。形態別に見ると、日本の中学校教員は「他校の見学」の割合が65.1%で、参加国の中ではロシアの71.1%に続いて2番目に高い。また「教員や研究者による研究発表、教育問題に関する議論をする会議」（60.6%)、「学校の公式な取組である同僚の観察・助言又は自己観察、コーチング活動」（55.2%）の割合も他の参加国と比べて高い傾向にある。一方、「対面式の講座やセミナー」の割合は参加国の中で最も低く（37.3%)、「オンライン上の講座やセミナー」(9.4%)、「公式な資格取得プログラム（例：学位課程)」(6.2%）の割合も他の参加国と比べて低い傾向にある。

表5.2.2は、小学校教員が過去12か月の間に受けた異種の職能開発の形態の数の平均と形態別の割合を示している。

日本の割合を見ると、「過去12か月の間に受けた異種の職能開発の数の平均」は、4.1で、「他校の見学」(78.9%)、「教員や研究者による研究発表、教育問題に関する議論をする会議」(66.7%)、「学校の公式な取組である同僚の観察・助言又は自己観察、コーチング活動」(61.3%)、「対面式の講座やセミナー」(45.5%)、「オンライン上の講座やセミナー」(8.1%)、「公式な資格取得プログラム」(7.5%）となっており、中学校教員よりも全体的に職能開発を受けている割合が高い。

5.2.2 校長を対象とした職能開発の形態

表5.2.3は、中学校校長が過去12か月の間に受けた異種の職能開発の形態の数の平均と

3 調査前の過去12か月の間に受けた職能開発が対象となる。

形態別の割合を示している。

日本の中学校校長の「過去 12 か月の間に受けた異種の職能開発の数の平均」は 4.8 で、参加国平均の 6.0 と比べて比較的少ないが、中学校教員の値 3.6 よりは多い。職能開発の形態別に見ると、「教員、校長や研究者による研究発表、教育問題に関する議論をする会議」の割合が 92.4% で日本の中で最も高く、他の参加国と比べても、上海（94.7%）、ラトビア（94.2%）に続いて３番目に高い。また、「専門的な文書や書物を読むこと」の割合は 90.3% で、この２つが 90% を超えており、日本でよく行われる職業開発の形態と考えられる。一方で、日本が 20% を下回っていた職能開発の形態は３つあり、「公式な資格取得プログラム」（0.2%）、「オンライン上の講座やセミナー」（15.9%）、「対面式の講座やセミナー」（17.8%）である。

これらの他の参加国の校長の回答と比べた時に日本の割合が高い又は低い傾向にある形態は、教員の傾向と同様である。

表 5.2.4 は、小学校校長が過去 12 か月の間に受けた異種の職能開発の形態の数の平均と形態別の割合を示している。

小学校校長でも中学校校長と同様の形態の職能開発に参加している様子が見られるが、全体的に中学校校長よりも小学校校長の値が大きい。例えば、「過去 12 か月の間に受けた異種の職能開発の数の平均」は 5.1 で、日本の中学校校長の 4.8 よりも多い。また、小学校校長の「教員、校長や研究者による研究発表、教育問題に関する議論をする会議」（93.3%）、「対面式の講座やセミナー」（23.2%）、「公式な資格取得プログラム」（0.9%）の割合を見ても、小学校校長の方が中学校校長の割合（それぞれ 92.4%、17.8%、0.2%）よりも高い。

表 5.2.1［1/2］ 教員が過去 12 か月の間に受けた職能開発の形態の数とその形態（中学校）

中学校教員の回答に基づく

国　　名	過去 12 か月の間に受けた異種の職能開発の数の平均		過去 12 か月の間に受けた職能開発の形態									
			対面式の講座やセミナー		オンライン上の講座やセミナー		教員や研究者による研究発表、教育問題に関する議論をする会議		公式な資格取得プログラム（例：学位課程）		他校の見学	
	平均	S.E.	%	S.E.	%	S.E.	%	S.E.	%	S.E.	%	S.E.
アルバータ（カナダ）	4.5	(0.1)	87.2	(1.7)	41.4	(3.6)	79.3	(2.2)	8.3	(1.2)	21.9	(2.1)
オーストラリア	5.2	(0.0)	92.8	(0.6)	70.8	(0.9)	63.2	(1.0)	12.3	(0.7)	18.3	(0.9)
オーストリア	3.9	(0.0)	92.3	(0.4)	18.2	(0.8)	49.7	(1.1)	14.7	(0.7)	10.2	(0.6)
ベルギー	3.1	(0.0)	64.4	(0.9)	9.9	(0.5)	50.7	(1.1)	13.9	(0.5)	13.1	(0.8)
フランドル（ベルギー）	3.6	(0.0)	88.0	(0.8)	14.5	(0.6)	37.6	(1.4)	12.8	(0.7)	18.5	(1.3)
ブラジル	3.7	(0.1)	65.2	(1.6)	43.0	(1.8)	45.4	(1.5)	26.2	(1.4)	25.7	(1.4)
ブルガリア	3.9	(0.1)	84.5	(1.1)	36.2	(1.5)	39.1	(1.3)	21.0	(0.9)	25.8	(1.4)
ブエノスアイレス（アルゼンチン）	3.5	(0.1)	65.7	(1.9)	36.9	(1.7)	51.2	(1.7)	23.6	(1.6)	13.2	(1.0)
チリ	2.8	(0.1)	57.3	(1.8)	27.7	(1.4)	36.2	(1.4)	11.8	(0.8)	11.9	(1.0)
コロンビア	4.0	(0.1)	58.5	(1.8)	44.9	(1.7)	54.1	(1.9)	28.3	(1.7)	23.6	(1.6)
クロアチア	4.7	(0.0)	87.3	(0.8)	46.7	(1.5)	72.7	(1.3)	6.5	(0.5)	16.3	(1.0)
キプロス	3.4	(0.1)	80.5	(1.4)	24.0	(2.2)	57.3	(1.6)	10.0	(0.9)	15.6	(1.0)
チェコ	3.8	(0.0)	83.7	(0.9)	24.4	(0.9)	27.5	(1.0)	15.7	(0.8)	19.1	(0.8)
デンマーク	3.2	(0.1)	72.8	(1.2)	12.4	(0.9)	40.9	(1.6)	15.0	(0.9)	5.7	(0.9)
イングランド（イギリス）	4.0	(0.1)	73.7	(1.0)	52.1	(1.6)	34.2	(1.3)	9.7	(0.7)	25.2	(1.3)
エストニア	5.0	(0.1)	89.6	(0.7)	39.3	(1.4)	53.2	(1.3)	11.3	(0.8)	40.1	(1.5)
フィンランド	3.4	(0.1)	68.0	(1.1)	22.0	(1.1)	34.6	(1.4)	10.7	(0.9)	31.4	(1.6)
フランス	2.4	(0.0)	50.0	(1.4)	17.2	(1.0)	37.3	(1.1)	7.7	(0.5)	10.6	(0.7)
ジョージア	4.2	(0.1)	78.1	(1.2)	21.6	(0.9)	22.7	(1.1)	13.8	(0.9)	28.2	(1.1)
ハンガリー	4.0	(0.1)	61.4	(1.3)	34.2	(1.7)	33.5	(1.2)	14.2	(0.8)	27.7	(1.2)
アイスランド	4.6	(0.1)	84.9	(1.1)	34.4	(1.3)	62.4	(1.5)	11.5	(1.1)	61.2	(1.4)
イスラエル	4.5	(0.0)	81.8	(0.9)	52.4	(1.2)	56.9	(1.1)	25.9	(1.0)	24.9	(1.5)
イタリア	3.3	(0.0)	81.2	(1.0)	49.4	(1.4)	53.6	(1.1)	12.8	(0.7)	16.6	(0.9)
日本	**3.6**	**(0.1)**	**37.3**	**(1.2)**	**9.4**	**(0.9)**	**60.6**	**(1.2)**	**6.2**	**(0.4)**	**65.1**	**(1.1)**
カザフスタン	6.3	(0.1)	89.0	(0.8)	60.8	(1.4)	64.8	(1.1)	36.0	(1.0)	62.6	(1.0)
韓国	5.7	(0.1)	75.5	(1.0)	90.6	(0.6)	44.2	(1.1)	13.7	(0.8)	51.7	(1.3)
ラトビア	5.2	(0.1)	94.9	(0.5)	29.5	(1.5)	70.5	(1.5)	17.6	(0.9)	58.1	(1.4)
リトアニア	6.1	(0.0)	97.0	(0.3)	46.9	(1.4)	60.9	(1.3)	19.1	(0.7)	63.2	(1.0)
マルタ	3.1	(0.1)	83.8	(1.1)	13.4	(1.0)	42.5	(1.5)	13.4	(1.0)	10.3	(1.2)
メキシコ	3.6	(0.1)	57.0	(1.5)	54.9	(1.6)	44.7	(1.4)	19.3	(0.9)	23.0	(1.1)
オランダ	4.3	(0.1)	88.5	(1.2)	14.5	(1.2)	45.0	(2.2)	18.4	(1.3)	31.7	(2.1)
ニュージーランド	4.8	(0.1)	86.2	(1.0)	32.7	(1.3)	49.5	(1.8)	12.1	(1.1)	29.3	(1.7)
ノルウェー	3.4	(0.0)	73.4	(1.1)	22.7	(1.3)	37.0	(1.1)	24.1	(0.7)	9.3	(0.7)
ポルトガル	2.9	(0.0)	67.1	(1.0)	22.1	(0.9)	48.9	(1.2)	5.1	(0.4)	11.0	(0.5)
ルーマニア	4.2	(0.1)	47.7	(1.5)	24.5	(1.4)	42.3	(1.3)	43.9	(1.5)	40.3	(1.2)
ロシア	6.2	(0.1)	85.1	(1.2)	69.3	(1.4)	69.9	(1.2)	10.5	(0.6)	71.1	(1.6)
サウジアラビア	4.2	(0.1)	72.7	(1.5)	23.1	(1.0)	25.3	(1.0)	67.8	(1.7)	45.1	(1.5)
上海（中国）	6.5	(0.0)	73.6	(1.1)	95.4	(0.4)	84.8	(0.7)	18.0	(0.7)	60.9	(1.1)
シンガポール	5.0	(0.0)	93.6	(0.5)	60.2	(1.0)	58.8	(0.9)	10.7	(0.6)	26.9	(1.0)
スロバキア	3.4	(0.0)	62.7	(0.9)	16.5	(0.8)	26.3	(0.9)	9.6	(0.6)	7.3	(0.5)
スロベニア	4.7	(0.1)	92.8	(0.8)	32.8	(1.4)	61.3	(1.5)	8.9	(0.7)	13.3	(1.2)
南アフリカ共和国	4.3	(0.1)	70.7	(1.7)	19.6	(1.9)	55.9	(1.6)	30.3	(1.8)	27.2	(1.6)
スペイン	3.3	(0.1)	71.9	(1.0)	46.4	(1.2)	44.7	(1.2)	16.6	(0.7)	13.7	(0.7)
スウェーデン	3.9	(0.0)	73.5	(1.0)	34.4	(1.1)	45.7	(1.3)	5.1	(0.5)	19.0	(1.1)
台湾	5.3	(0.1)	75.4	(0.9)	53.5	(1.1)	69.7	(1.0)	19.7	(0.8)	48.8	(1.1)
トルコ	4.3	(0.0)	86.0	(0.7)	46.3	(0.9)	51.8	(0.9)	33.4	(0.9)	25.6	(0.8)
アラブ首長国連邦	5.8	(0.0)	87.6	(0.4)	50.8	(0.6)	62.0	(0.7)	21.9	(0.5)	41.4	(0.5)
アメリカ	4.5	(0.1)	81.8	(1.7)	55.0	(2.1)	55.2	(2.1)	17.4	(2.1)	19.2	(1.5)
ベトナム	5.4	(0.1)	69.4	(1.5)	34.2	(2.1)	47.3	(1.6)	33.8	(1.5)	55.1	(1.6)
OECD31か国平均	4.0	(0.0)	75.6	(0.2)	35.7	(0.2)	48.8	(0.3)	14.5	(0.2)	25.9	(0.2)
EU23か国全体	3.5	(0.0)	71.3	(0.4)	34.3	(0.4)	43.1	(0.4)	13.9	(0.2)	19.8	(0.3)
TALIS 参加 48 か国平均	**4.3**	**(0.0)**	**76.1**	**(0.2)**	**37.9**	**(0.2)**	**50.5**	**(0.2)**	**17.9**	**(0.1)**	**29.5**	**(0.2)**

表 5.2.1 [2/2]　教員が過去 12 か月の間に受けた職能開発の形態の数とその形態（中学校）

中学校教員の回答に基づく

国　　名	過去 12 か月の間に受けた職能開発の形態									
	企業、公的機関又は非政府組織（NGO）の見学		学校の公式な取組である同僚の観察・助言又は自己観察、コーチング活動		教員の職能開発を目的とする研究グループへの参加		専門的な文書や書物を読むこと		その他	
	%	S.E.	%	S.E.	%	S.E.	%	S.E.	%	S.E.
アルバータ（カナダ）	10.5	(1.1)	40.7	(3.1)	63.4	(2.9)	75.9	(2.0)	22.8	(3.0)
オーストラリア	15.8	(0.8)	69.7	(0.9)	61.2	(1.0)	84.1	(0.7)	31.3	(1.0)
オーストリア	14.2	(0.6)	30.7	(1.1)	22.3	(0.7)	88.4	(0.6)	48.8	(0.9)
ベルギー	8.3	(0.5)	25.4	(0.9)	41.0	(0.9)	62.7	(0.9)	23.1	(0.8)
フランドル（ベルギー）	11.4	(0.8)	34.4	(1.5)	32.7	(1.2)	81.2	(0.7)	29.5	(1.0)
ブラジル	25.9	(1.2)	26.0	(1.3)	26.4	(1.3)	52.5	(1.7)	33.9	(1.5)
ブルガリア	10.9	(0.8)	45.7	(1.6)	32.2	(1.3)	79.0	(1.0)	29.2	(1.4)
ブエノスアイレス（アルゼンチン）	14.9	(1.7)	33.6	(1.3)	22.4	(1.3)	67.4	(1.5)	28.5	(1.7)
チリ	13.1	(0.9)	37.6	(1.5)	20.2	(1.3)	42.2	(1.4)	24.1	(0.9)
コロンビア	22.7	(1.2)	37.3	(2.0)	30.2	(1.8)	73.1	(1.6)	28.7	(1.7)
クロアチア	12.9	(0.7)	32.5	(1.3)	46.7	(1.2)	91.5	(0.7)	55.6	(1.1)
キプロス	16.5	(1.3)	43.6	(3.1)	21.1	(1.4)	57.6	(1.4)	21.8	(1.5)
チェコ	24.2	(0.9)	44.8	(1.2)	23.6	(1.3)	86.4	(0.7)	35.2	(0.9)
デンマーク	22.2	(1.3)	31.4	(2.1)	35.7	(1.4)	64.1	(1.2)	21.9	(1.1)
イングランド（イギリス）	6.4	(0.5)	71.1	(1.6)	44.8	(1.4)	63.7	(1.2)	21.9	(0.8)
エストニア	22.1	(0.9)	51.8	(1.8)	58.5	(1.2)	90.0	(0.7)	44.0	(1.2)
フィンランド	25.3	(1.1)	14.2	(0.9)	33.9	(1.0)	74.5	(1.0)	28.6	(1.0)
フランス	5.0	(0.4)	19.9	(1.0)	26.5	(0.9)	48.2	(1.1)	21.5	(0.9)
ジョージア	10.4	(0.7)	68.9	(1.2)	51.0	(1.2)	83.8	(1.1)	51.5	(1.2)
ハンガリー	15.2	(0.9)	51.4	(1.4)	29.5	(1.0)	89.2	(0.6)	42.6	(1.0)
アイスランド	26.4	(1.4)	23.4	(1.3)	55.7	(1.5)	73.1	(1.3)	34.3	(1.7)
イスラエル	14.7	(0.9)	49.4	(1.5)	53.2	(1.3)	71.5	(0.9)	30.4	(1.1)
イタリア	9.0	(0.5)	24.7	(0.8)	31.8	(1.0)	24.6	(0.8)	28.8	(0.9)
日本	**9.1**	**(0.6)**	**55.2**	**(1.2)**	**30.6**	**(1.1)**	**67.5**	**(1.0)**	**18.4**	**(0.8)**
カザフスタン	16.0	(0.7)	94.0	(0.5)	77.7	(0.9)	77.3	(1.0)	54.8	(1.0)
韓国	24.4	(0.8)	75.7	(0.9)	68.2	(1.1)	81.4	(0.9)	47.2	(1.1)
ラトビア	30.9	(1.5)	61.1	(1.9)	37.8	(1.4)	80.9	(1.2)	38.8	(1.5)
リトアニア	36.1	(1.1)	69.1	(1.4)	55.5	(1.0)	94.0	(0.5)	69.5	(1.1)
マルタ	15.9	(1.2)	28.5	(2.3)	38.1	(1.1)	43.9	(1.5)	21.5	(1.3)
メキシコ	10.8	(0.7)	41.1	(1.7)	33.6	(1.3)	64.2	(1.2)	26.2	(1.1)
オランダ	18.8	(1.9)	49.6	(2.5)	38.4	(2.1)	88.2	(1.5)	34.6	(1.9)
ニュージーランド	15.8	(1.3)	77.7	(1.3)	57.8	(1.9)	87.4	(1.3)	38.4	(1.2)
ノルウェー	7.0	(0.6)	24.6	(1.7)	40.2	(1.3)	74.4	(1.0)	27.3	(0.9)
ポルトガル	16.8	(0.7)	29.4	(1.7)	13.9	(0.6)	55.7	(1.0)	25.4	(0.8)
ルーマニア	19.4	(0.9)	62.3	(1.6)	43.3	(1.3)	59.6	(1.2)	40.9	(1.2)
ロシア	26.1	(1.2)	75.8	(1.3)	65.5	(1.7)	91.2	(0.6)	58.0	(1.6)
サウジアラビア	20.5	(1.0)	54.2	(1.3)	43.1	(1.2)	43.3	(1.4)	28.6	(1.3)
上海（中国）	15.2	(0.8)	90.3	(0.4)	58.9	(0.9)	93.3	(0.5)	56.5	(0.8)
シンガポール	29.7	(0.8)	77.0	(0.7)	66.0	(0.9)	57.2	(0.8)	23.3	(0.8)
スロバキア	30.3	(0.8)	52.5	(1.1)	23.2	(0.9)	80.0	(0.7)	33.4	(1.1)
スロベニア	27.1	(1.0)	58.9	(2.1)	42.7	(1.4)	92.5	(0.6)	47.0	(1.1)
南アフリカ共和国	25.4	(1.5)	67.1	(2.0)	61.0	(1.9)	58.2	(1.7)	34.6	(1.8)
スペイン	14.2	(0.6)	18.6	(0.9)	24.1	(1.0)	46.3	(1.4)	38.0	(1.3)
スウェーデン	13.4	(1.0)	46.8	(1.3)	46.6	(1.3)	76.2	(1.1)	29.9	(1.1)
台湾	36.1	(1.1)	62.8	(1.5)	65.3	(1.1)	61.9	(0.8)	35.8	(1.0)
トルコ	19.0	(0.7)	21.5	(0.8)	43.1	(1.1)	69.2	(0.9)	37.2	(1.0)
アラブ首長国連邦	36.8	(0.6)	85.6	(0.5)	69.7	(0.6)	74.5	(0.5)	52.0	(0.7)
アメリカ	10.4	(1.0)	55.4	(3.5)	51.0	(2.2)	71.0	(1.3)	32.5	(2.3)
ベトナム	18.6	(1.3)	58.9	(1.6)	76.3	(1.2)	94.1	(0.6)	53.9	(1.8)
OECD31か国平均	17.4	(0.2)	43.9	(0.3)	39.9	(0.2)	72.3	(0.2)	33.3	(0.2)
EU23か国全体	12.8	(0.2)	38.1	(0.4)	32.9	(0.4)	58.6	(0.4)	31.2	(0.3)
TALIS 参加 48 か国平均	**18.6**	**(0.1)**	**49.3**	**(0.2)**	**43.8**	**(0.2)**	**71.4**	**(0.2)**	**35.7**	**(0.2)**

表 5.2.2 [1/2] 教員が過去 12 か月の間に受けた職能開発の形態の数とその形態（小学校）

小学校教員の回答に基づく

国名	過去 12 か月の間に受けた異種の職能開発の数の平均		過去 12 か月の間に受けた職能開発の形態：対面式の講座やセミナー		オンライン上の講座やセミナー		教員や研究者による研究発表、教育問題に関する議論をする会議		公式な資格取得プログラム（例：学位課程）		他校の見学	
	平均	S.E.	%	S.E.	%	S.E.	%	S.E.	%	S.E.	%	S.E.
フランドル（ベルギー）	3.6	(0.0)	92.7	(0.5)	7.4	(0.6)	51.9	(1.0)	15.0	(0.9)	22.5	(0.8)
ブエノスアイレス（アルゼンチン）	3.4	(0.0)	72.8	(1.3)	38.2	(1.3)	47.0	(1.3)	20.6	(1.2)	13.6	(1.0)
デンマーク	3.2	(0.0)	72.0	(1.0)	7.4	(0.5)	44.7	(1.1)	13.5	(0.8)	5.9	(0.6)
イングランド（イギリス）	4.6	(0.1)	88.9	(0.7)	43.7	(1.2)	40.2	(1.3)	11.1	(1.0)	48.2	(1.4)
フランス	3.2	(0.1)	71.0	(1.5)	55.0	(1.7)	74.7	(1.8)	4.8	(0.7)	8.2	(1.3)
日本	4.1	(0.0)	45.5	(0.9)	8.1	(0.5)	66.7	(0.9)	7.5	(0.5)	78.9	(0.8)
韓国	6.3	(0.0)	84.2	(0.8)	95.3	(0.4)	43.2	(1.0)	16.3	(0.9)	67.6	(0.8)
スペイン	3.6	(0.0)	83.5	(0.9)	45.1	(1.1)	52.4	(1.2)	18.5	(0.7)	19.3	(1.0)
スウェーデン	3.9	(0.0)	79.8	(1.0)	34.8	(1.2)	43.2	(1.0)	5.1	(0.7)	16.1	(0.9)
台湾	5.7	(0.0)	77.4	(0.8)	62.7	(0.9)	75.7	(0.8)	22.2	(0.7)	46.0	(0.9)
トルコ	4.4	(0.1)	88.1	(0.9)	44.3	(1.3)	57.9	(1.1)	35.6	(1.3)	21.9	(1.2)
アラブ首長国連邦	5.6	(0.0)	86.2	(0.4)	46.9	(0.6)	59.7	(0.6)	20.2	(0.5)	43.7	(0.6)
ベトナム	5.6	(0.0)	71.8	(0.7)	29.7	(0.6)	48.9	(0.7)	39.3	(0.7)	63.0	(0.8)
オーストラリア	5.3	(0.0)	92.1	(0.5)	81.9	(0.9)	56.2	(0.9)	11.3	(0.7)	32.2	(0.9)
オランダ	4.3	(0.1)	90.9	(0.8)	28.0	(1.3)	35.4	(1.3)	15.0	(1.0)	37.2	(1.3)

表 5.2.2 [2/2] 教員が過去 12 か月の間に受けた職能開発の形態の数とその形態（小学校）

小学校教員の回答に基づく

国名	過去 12 か月の間に受けた職能開発の形態：企業、公的機関又は非政府組織（NGO）の見学		学校の公式な取組である同僚の観察・助言又は自己観察、コーチング活動		教員の職能開発を目的とする研究グループへの参加		専門的な文書や書物を読むこと		その他	
	%	S.E.	%	S.E.	%	S.E.	%	S.E.	%	S.E.
フランドル（ベルギー）	7.6	(0.6)	35.6	(1.1)	27.3	(1.0)	79.2	(0.8)	21.6	(0.9)
ブエノスアイレス（アルゼンチン）	11.3	(0.9)	32.0	(1.5)	25.7	(1.0)	64.3	(1.4)	28.0	(1.4)
デンマーク	11.5	(0.8)	39.1	(1.0)	39.2	(1.1)	64.2	(1.1)	22.3	(0.9)
イングランド（イギリス）	5.7	(0.6)	67.0	(1.3)	61.1	(1.3)	70.2	(1.3)	25.0	(1.1)
フランス	0.3	(0.1)	15.5	(1.7)	21.9	(1.6)	57.8	(1.6)	16.2	(1.2)
日本	8.5	(0.6)	61.3	(0.9)	37.5	(1.0)	77.3	(0.7)	19.3	(0.8)
韓国	24.1	(1.0)	83.2	(0.8)	75.5	(0.8)	88.4	(0.6)	53.5	(1.1)
スペイン	12.4	(0.7)	22.8	(1.0)	26.9	(1.0)	41.5	(1.1)	39.1	(0.9)
スウェーデン	7.6	(0.6)	50.2	(1.1)	48.6	(1.3)	81.4	(0.9)	29.0	(1.3)
台湾	42.8	(0.8)	67.7	(0.8)	76.3	(0.7)	60.8	(0.8)	39.8	(0.9)
トルコ	21.2	(1.3)	18.9	(1.1)	43.7	(1.4)	73.4	(1.4)	39.9	(1.4)
アラブ首長国連邦	31.3	(0.6)	84.9	(0.4)	68.8	(0.5)	71.3	(0.6)	49.1	(0.7)
ベトナム	23.6	(0.6)	65.8	(0.7)	68.4	(0.7)	94.3	(0.3)	52.2	(0.8)
オーストラリア	9.1	(0.7)	72.1	(0.8)	62.3	(1.0)	91.6	(0.5)	31.1	(1.3)
オランダ	7.2	(0.7)	51.4	(1.3)	45.0	(1.7)	92.0	(0.8)	28.2	(1.4)

表 5.2.3［1/2］　校長が過去 12 か月の間に受けた職能開発の形態の数とその形態（中学校）

中学校校長の回答に基づく

国名	過去12か月の間に受けた異種の職能開発の数の平均		過去12か月の間に受けた職能開発[1]の形態									
			全体		教科の内容、指導法、教育に関するコースやセミナー		リーダーシップに関するコースやセミナー		対面式の講座やセミナー		オンライン上の講座やセミナー	
	平均	S.E.	%	S.E.	%	S.E.	%	S.E.	%	S.E.	%	S.E.
アルバータ（カナダ）	5.7	(0.6)	99.3	(0.7)	62.2	(11.0)	72.9	(12.3)	94.8	(2.1)	31.9	(7.0)
オーストリア	5.9	(0.1)	99.6	(0.4)	82.7	(3.1)	72.2	(3.1)	87.4	(2.8)	22.4	(3.0)
ベルギー	5.5	(0.1)	99.2	(0.5)	78.9	(3.0)	65.8	(3.0)	77.1	(2.3)	9.0	(1.6)
フランドル（ベルギー）	6.1	(0.1)	100.0	(0.0)	85.8	(3.2)	85.2	(3.2)	96.7	(1.3)	10.2	(2.5)
ブラジル	5.0	(0.2)	94.5	(1.8)	79.3	(2.9)	58.2	(3.6)	65.7	(3.7)	44.9	(3.9)
ブルガリア	6.1	(0.2)	100.0	(0.0)	82.2	(3.0)	82.3	(3.3)	85.5	(2.9)	46.5	(3.7)
ブエノスアイレス（アルゼンチン）	5.1	(0.2)	99.2	(0.8)	73.7	(4.2)	39.9	(4.7)	67.1	(3.9)	31.9	(4.2)
チリ	5.5	(0.2)	99.0	(0.8)	76.0	(3.5)	75.1	(3.4)	72.6	(3.1)	25.1	(4.0)
コロンビア	5.9	(0.2)	96.3	(2.2)	81.6	(4.6)	74.5	(5.5)	64.9	(6.0)	44.3	(5.9)
クロアチア	6.7	(0.1)	100.0	(0.0)	69.8	(4.9)	94.4	(1.6)	92.9	(1.4)	50.7	(4.7)
キプロス	5.4	(0.3)	99.0	(1.0)	78.0	(5.2)	71.2	(5.7)	74.3	(5.3)	18.7	(5.1)
チェコ	5.6	(0.1)	100.0	(0.0)	69.9	(3.4)	87.7	(2.1)	86.0	(2.0)	19.2	(2.8)
デンマーク	5.6	(0.2)	98.4	(1.3)	71.7	(4.3)	87.1	(2.9)	50.4	(5.3)	12.6	(3.2)
イングランド（イギリス）	6.1	(0.2)	99.5	(0.5)	65.1	(4.5)	75.3	(4.2)	88.4	(3.7)	49.2	(5.2)
エストニア	6.5	(0.1)	100.0	(0.0)	74.4	(3.0)	83.4	(2.8)	89.2	(2.3)	30.5	(3.0)
フィンランド	5.3	(0.2)	98.8	(0.9)	62.3	(4.2)	78.5	(4.0)	73.1	(4.1)	45.4	(4.6)
フランス	4.3	(0.2)	93.8	(1.9)	43.1	(3.9)	58.5	(3.9)	60.4	(3.3)	31.6	(3.8)
ジョージア	5.4	(0.1)	99.3	(0.5)	81.1	(2.9)	92.2	(1.7)	86.9	(2.6)	19.1	(3.3)
ハンガリー	5.8	(0.1)	100.0	(0.0)	44.9	(4.4)	65.5	(4.0)	71.0	(3.6)	39.4	(3.8)
アイスランド	6.1	(0.2)	98.0	(1.2)	77.3	(3.7)	79.6	(4.1)	83.5	(3.5)	39.8	(5.2)
イスラエル	6.1	(0.2)	99.4	(0.6)	80.2	(3.0)	68.8	(3.7)	63.7	(3.7)	24.6	(3.3)
イタリア	5.9	(0.1)	100.0	(0.0)	83.4	(3.2)	48.3	(4.0)	95.9	(1.9)	68.4	(3.7)
日本	4.8	(0.1)	98.5	(0.8)	52.8	(3.6)	71.2	(3.6)	17.8	(3.3)	15.9	(3.4)
カザフスタン	7.7	(0.1)	100.0	(0.0)	92.8	(2.0)	74.8	(3.2)	83.9	(2.9)	68.7	(3.8)
韓国	7.6	(0.2)	99.3	(0.7)	85.9	(3.4)	96.3	(1.3)	86.4	(2.6)	87.9	(2.7)
ラトビア	6.8	(0.2)	100.0	(0.0)	94.2	(1.6)	53.8	(5.8)	90.4	(2.8)	53.5	(5.8)
リトアニア	6.2	(0.1)	100.0	(0.0)	91.3	(2.7)	82.3	(3.7)	84.8	(4.2)	38.5	(4.1)
マルタ	5.9	(0.2)	100.0	(0.0)	73.4	(5.4)	82.7	(4.9)	92.5	(3.8)	23.0	(5.8)
メキシコ	6.0	(0.2)	99.2	(0.6)	73.1	(3.3)	73.4	(3.4)	68.1	(4.0)	55.2	(4.1)
オランダ	5.8	(0.1)	100.0	(0.0)	57.3	(4.4)	85.5	(3.4)	92.0	(2.5)	8.0	(2.5)
ニュージーランド	6.5	(0.5)	99.7	(0.3)	77.2	(7.7)	82.1	(8.6)	85.3	(8.7)	36.5	(6.3)
ノルウェー	6.2	(0.2)	99.4	(0.6)	91.9	(2.6)	88.3	(2.8)	81.0	(4.3)	25.3	(4.2)
ポルトガル	5.2	(0.2)	97.5	(1.1)	77.9	(3.1)	62.7	(3.8)	80.6	(2.9)	18.9	(2.8)
ルーマニア	5.6	(0.3)	97.0	(1.5)	64.4	(4.3)	70.8	(4.2)	63.8	(4.3)	35.4	(3.5)
ロシア	7.1	(0.1)	100.0	(0.0)	82.0	(3.6)	35.3	(4.7)	83.6	(4.1)	75.4	(5.1)
サウジアラビア	5.2	(0.2)	95.2	(2.2)	46.6	(3.7)	70.1	(4.2)	77.6	(3.4)	30.7	(4.0)
上海（中国）	7.4	(0.1)	100.0	(0.0)	89.1	(2.1)	88.2	(2.8)	69.4	(3.2)	88.0	(2.2)
シンガポール	6.9	(0.1)	100.0	(0.0)	90.2	(2.3)	96.2	(2.0)	99.5	(0.5)	36.5	(4.6)
スロバキア	5.5	(0.2)	98.8	(0.9)	57.1	(4.2)	67.1	(4.0)	71.0	(3.7)	23.4	(3.4)
スロベニア	6.6	(0.1)	100.0	(0.0)	80.2	(3.8)	86.7	(3.4)	90.9	(2.9)	34.3	(5.1)
南アフリカ共和国	5.2	(0.2)	96.3	(2.2)	66.1	(4.6)	74.9	(4.9)	63.1	(5.3)	16.8	(4.0)
スペイン	5.2	(0.2)	99.8	(0.1)	74.4	(3.5)	46.5	(3.7)	83.3	(3.6)	43.9	(3.8)
スウェーデン	4.7	(0.4)	100.0	(0.0)	m	m	66.0	(8.6)	59.4	(8.2)	36.9	(6.2)
台湾	6.9	(0.1)	99.3	(0.5)	92.6	(2.0)	84.8	(2.8)	79.5	(3.5)	50.3	(4.2)
トルコ	5.1	(0.2)	96.3	(1.9)	46.9	(4.2)	46.3	(4.6)	83.8	(3.5)	50.0	(4.7)
アラブ首長国連邦	7.0	(0.1)	99.4	(0.4)	70.0	(2.0)	87.1	(1.5)	93.7	(1.2)	42.3	(2.2)
アメリカ	6.4	(0.4)	100.0	(0.0)	73.7	(7.5)	79.9	(7.2)	88.2	(5.8)	54.7	(8.2)
ベトナム	6.8	(0.2)	99.7	(0.3)	87.9	(2.6)	76.2	(3.7)	76.3	(3.3)	43.2	(3.5)
OECD30か国平均	5.8	(0.0)	99.0	(0.2)	72.0	(0.8)	72.7	(0.9)	77.4	(0.7)	35.9	(0.8)
EU23か国全体	5.5	(0.1)	98.6	(0.3)	67.5	(1.1)	65.3	(1.1)	77.6	(1.0)	38.6	(1.1)
TALIS 参加 47 か国平均	6.0	(0.0)	98.9	(0.1)	74.1	(0.6)	73.6	(0.7)	78.2	(0.6)	38.3	(0.6)
オーストラリア	6.8	(0.1)	99.9	(0.1)	79.7	(4.4)	87.0	(3.9)	94.7	(2.1)	53.4	(5.5)

1．校長を対象とした職能開発。

表 5.2.3［2/2］　校長が過去 12 か月の間に受けた職能開発の形態の数とその形態（中学校）

中学校校長の回答に基づく

国　　名	過去 12 か月の間に受けた職能開発[1]の形態											
	教員、校長や研究者による研究発表、教育問題に関する議論をする会議[2]		公式な資格取得プログラム（例：学位課程）		公式な取り組みである同僚の観察・助言又は自己観察、コーチング活動		校長の職能開発を目的とする校長の研究グループへの参加[3]		専門的な文書や書物を読むこと		その他	
	%	S.E.	%	S.E.	%	S.E.	%	S.E.	%	S.E.	%	S.E.
アルバータ（カナダ）	78.4	(5.5)	12.7	(4.7)	37.8	(8.6)	63.4	(10.9)	81.7	(13.5)	37.1	(7.7)
オーストリア	70.1	(3.6)	18.2	(2.9)	37.0	(3.1)	56.2	(3.3)	94.8	(1.6)	51.0	(3.8)
ベルギー	78.7	(2.7)	25.5	(2.8)	34.4	(3.5)	70.6	(2.9)	84.4	(2.4)	32.1	(3.0)
フランドル（ベルギー）	77.2	(3.2)	25.2	(3.6)	25.0	(3.9)	78.7	(3.1)	92.8	(1.9)	34.9	(3.7)
ブラジル	55.2	(3.9)	32.1	(3.5)	21.3	(3.0)	32.7	(3.6)	66.0	(3.9)	47.3	(4.2)
ブルガリア	63.5	(3.5)	18.5	(2.9)	79.3	(3.3)	46.3	(4.2)	86.8	(2.7)	32.9	(4.7)
ブエノスアイレス（アルゼンチン）	73.9	(4.0)	12.9	(3.1)	54.2	(5.0)	34.4	(4.7)	87.3	(3.1)	44.2	(5.0)
チリ	68.5	(3.6)	37.7	(3.9)	40.9	(4.0)	51.5	(3.8)	77.6	(3.5)	30.5	(4.0)
コロンビア	70.8	(5.9)	25.5	(5.8)	47.8	(5.2)	55.0	(6.4)	82.0	(3.7)	42.8	(6.2)
クロアチア	80.1	(3.9)	3.4	(1.1)	29.9	(2.9)	91.1	(3.1)	91.1	(4.0)	63.4	(5.2)
キプロス	60.5	(4.9)	14.3	(4.4)	62.7	(4.8)	48.5	(4.7)	77.9	(4.8)	35.6	(5.8)
チェコ	54.7	(3.9)	13.6	(2.5)	43.8	(3.3)	42.8	(3.3)	93.0	(1.7)	45.9	(3.7)
デンマーク	83.5	(3.4)	21.8	(4.2)	42.1	(4.3)	67.6	(5.1)	93.2	(2.3)	31.0	(4.0)
イングランド（イギリス）	78.6	(4.2)	4.7	(1.7)	49.2	(3.9)	70.8	(3.5)	97.0	(1.4)	32.0	(4.0)
エストニア	89.2	(2.4)	5.7	(1.8)	56.0	(3.5)	74.8	(3.2)	96.9	(1.4)	56.3	(3.7)
フィンランド	59.1	(4.4)	7.3	(1.8)	31.3	(4.0)	56.4	(4.2)	89.1	(2.4)	29.6	(3.8)
フランス	67.6	(3.8)	4.3	(1.5)	24.5	(3.0)	52.9	(3.6)	67.7	(4.2)	17.4	(3.1)
ジョージア	38.5	(3.5)	8.7	(2.4)	20.7	(3.1)	48.7	(4.0)	83.8	(3.2)	62.2	(4.1)
ハンガリー	67.6	(4.8)	13.0	(2.9)	88.7	(2.2)	54.0	(3.6)	96.4	(1.4)	43.0	(4.2)
アイスランド	89.8	(3.2)	8.2	(2.9)	44.9	(4.9)	73.5	(4.0)	84.7	(3.6)	38.6	(5.2)
イスラエル	81.9	(3.3)	19.2	(3.1)	68.6	(3.5)	91.6	(2.1)	82.5	(2.7)	30.8	(3.8)
イタリア	74.6	(3.4)	14.6	(3.1)	35.6	(3.8)	77.7	(3.7)	56.6	(3.4)	38.0	(3.9)
日本	**92.4**	**(1.9)**	**0.2**	**(0.2)**	**54.2**	**(4.4)**	**68.9**	**(3.4)**	**90.3**	**(2.3)**	**23.4**	**(3.3)**
カザフスタン	80.7	(3.2)	29.9	(3.7)	97.2	(1.6)	83.8	(3.2)	92.1	(2.2)	66.6	(3.7)
韓国	65.0	(4.3)	21.0	(4.2)	81.7	(3.9)	81.2	(3.8)	82.7	(3.9)	76.5	(4.2)
ラトビア	94.2	(1.7)	11.8	(3.7)	71.3	(5.6)	55.2	(5.3)	92.6	(1.0)	58.7	(4.6)
リトアニア	84.9	(3.7)	13.6	(3.2)	43.9	(4.6)	13.3	(2.9)	98.2	(0.8)	77.2	(3.6)
マルタ	73.7	(6.1)	24.1	(6.5)	20.5	(5.9)	68.0	(6.9)	92.5	(3.6)	38.0	(7.6)
メキシコ	65.5	(3.1)	38.2	(3.9)	65.9	(4.2)	45.3	(4.3)	85.7	(2.8)	39.6	(3.9)
オランダ	85.6	(3.1)	11.3	(2.8)	29.8	(4.3)	80.8	(2.9)	99.2	(0.8)	36.0	(4.5)
ニュージーランド	81.7	(8.6)	11.2	(3.8)	50.7	(9.3)	74.9	(9.2)	91.5	(7.7)	60.9	(6.2)
ノルウェー	87.5	(3.3)	23.9	(3.8)	15.8	(3.3)	76.6	(4.0)	93.7	(2.3)	41.2	(4.5)
ポルトガル	80.5	(2.7)	9.2	(1.9)	29.1	(3.5)	32.4	(3.6)	84.7	(2.7)	41.6	(3.2)
ルーマニア	60.5	(5.0)	63.5	(4.6)	38.5	(4.6)	41.5	(5.1)	53.9	(4.8)	63.9	(4.2)
ロシア	82.2	(4.3)	8.0	(2.7)	96.0	(1.4)	80.8	(4.2)	97.1	(1.4)	67.0	(5.2)
サウジアラビア	28.7	(3.4)	18.3	(3.0)	76.9	(3.6)	70.0	(4.1)	55.6	(4.2)	43.4	(4.3)
上海（中国）	94.7	(2.0)	10.4	(2.3)	61.7	(4.1)	67.4	(3.8)	98.2	(1.2)	78.9	(3.3)
シンガポール	88.1	(3.3)	5.5	(2.6)	47.7	(4.1)	82.7	(3.0)	97.9	(1.0)	47.4	(4.8)
スロバキア	53.9	(4.1)	6.8	(1.9)	78.6	(3.7)	53.8	(4.2)	90.2	(2.5)	48.0	(4.5)
スロベニア	85.7	(3.5)	7.7	(2.4)	48.2	(4.1)	80.0	(3.3)	98.3	(1.2)	53.5	(4.7)
南アフリカ共和国	54.3	(5.1)	30.6	(4.5)	59.9	(5.0)	60.8	(4.7)	64.1	(4.4)	45.0	(6.0)
スペイン	67.6	(3.7)	9.6	(2.8)	38.7	(3.8)	45.2	(4.0)	60.9	(3.7)	52.2	(3.7)
スウェーデン	66.9	(8.8)	28.2	(5.8)	31.2	(5.1)	48.1	(7.3)	94.2	(2.3)	45.1	(7.7)
台湾	89.5	(2.2)	20.0	(2.8)	65.0	(3.9)	72.9	(3.4)	81.0	(2.8)	53.4	(3.7)
トルコ	42.4	(4.4)	15.7	(3.4)	44.1	(4.9)	54.1	(4.5)	71.6	(3.9)	57.4	(5.0)
アラブ首長国連邦	81.1	(1.8)	24.1	(1.8)	77.0	(1.9)	76.8	(2.1)	89.7	(1.4)	62.1	(2.4)
アメリカ	72.4	(7.1)	30.1	(8.9)	50.3	(8.7)	63.0	(9.8)	91.1	(5.1)	34.2	(7.6)
ベトナム	73.6	(3.9)	45.5	(4.1)	64.7	(4.0)	55.2	(4.0)	99.1	(0.6)	62.4	(3.9)
OECD30か国平均	74.6	(0.8)	15.7	(0.7)	47.2	(0.9)	61.0	(0.9)	86.8	(0.7)	43.4	(0.9)
EU23か国全体	69.8	(1.2)	16.5	(0.8)	42.8	(1.1)	55.5	(1.2)	76.8	(1.0)	42.0	(1.1)
TALIS 参加 47 か国平均	**72.7**	**(0.6)**	**17.9**	**(0.5)**	**50.8**	**(0.6)**	**61.6**	**(0.7)**	**85.5**	**(0.5)**	**47.1**	**(0.7)**
オーストラリア	86.3	(3.5)	10.4	(3.4)	55.8	(4.8)	87.4	(4.8)	97.4	(1.5)	31.9	(4.1)

1．校長を対象とした職能開発。
2．教員、校長及び / 又は研究者が自らの研究結果を提示し、教育問題について議論する教育会議。
3．特に校長の職能開発を目的としたもの。

表 5.2.4 ［1/2］　校長が過去 12 か月の間に受けた職能開発の形態の数とその形態（小学校）

小学校校長の回答に基づく

国名	過去 12 か月の間に受けた職能開発の形態の数		過去 12 か月の間に受けた職能開発[1]の形態									
			全体		教科の内容、指導法、教育に関するコースやセミナー		リーダーシップに関するコースやセミナー		対面式の講座やセミナー		オンライン上の講座やセミナー	
	平均	S.E.	%	S.E.	%	S.E.	%	S.E.	%	S.E.	%	S.E.
フランドル（ベルギー）	6.1	(0.1)	100.0	(0.0)	97.1	(1.3)	76.6	(3.7)	90.7	(2.1)	6.3	(1.9)
ブエノスアイレス（アルゼンチン）	5.1	(0.2)	99.2	(0.8)	75.0	(3.5)	39.0	(3.7)	56.4	(4.2)	32.9	(3.5)
デンマーク	5.7	(0.2)	98.8	(1.2)	76.2	(4.7)	89.6	(3.2)	62.1	(4.9)	8.1	(2.7)
イングランド（イギリス）	6.6	(0.1)	100.0	(0.0)	88.3	(2.7)	87.7	(3.3)	98.0	(0.9)	48.9	(3.9)
フランス	2.2	(0.2)	71.0	(4.1)	36.3	(4.4)	14.0	(2.8)	36.8	(4.3)	19.1	(3.3)
日本	5.1	(0.1)	99.0	(0.6)	69.2	(3.5)	77.0	(3.7)	23.2	(3.5)	10.1	(2.4)
韓国	7.9	(0.2)	100.0	(0.0)	92.0	(2.2)	90.4	(3.9)	90.0	(3.1)	92.7	(2.5)
スペイン	5.6	(0.1)	99.7	(0.2)	89.3	(1.9)	40.6	(4.0)	86.9	(2.3)	45.2	(4.0)
スウェーデン	5.2	(0.2)	99.1	(0.7)	m	m	72.8	(5.2)	71.3	(4.7)	46.1	(4.6)
台湾	7.2	(0.1)	99.6	(0.4)	95.8	(1.7)	90.6	(2.3)	84.6	(2.6)	55.6	(3.4)
トルコ	4.8	(0.3)	95.4	(2.3)	55.3	(5.0)	45.7	(5.7)	80.1	(4.9)	33.4	(6.4)
アラブ首長国連邦	7.1	(0.1)	99.8	(0.2)	71.5	(2.0)	87.4	(1.4)	93.2	(1.2)	47.6	(2.1)
ベトナム	7.3	(0.1)	100.0	(0.0)	94.8	(1.8)	76.7	(3.1)	76.7	(2.6)	47.7	(3.5)
オーストラリア	7.1	(0.1)	100.0	(0.0)	90.4	(2.4)	88.5	(2.9)	94.4	(1.7)	68.5	(3.7)
オランダ	6.2	(0.1)	100.0	(0.0)	79.5	(3.7)	80.8	(3.5)	91.7	(2.4)	15.8	(3.2)

表 5.2.4 ［2/2］　校長が過去 12 か月の間に受けた職能開発の形態の数とその形態（小学校）

小学校校長の回答に基づく

国名	過去 12 か月の間に受けた職能開発[1]の形態											
	教員、校長や研究者による研究発表、教育問題に関する議論をする会議[2]		公式な資格取得プログラム（例：学位課程）		公式な取り組みである同僚の観察・助言又は自己観察、コーチング活動		校長の職能開発を目的とする校長の研究グループへの参加[3]		専門的な文書や書物を読むこと		その他	
	%	S.E.	%	S.E.	%	S.E.	%	S.E.	%	S.E.	%	S.E.
フランドル（ベルギー）	69.1	(4.1)	22.2	(3.8)	30.8	(4.2)	87.1	(3.6)	97.1	(1.1)	38.2	(4.8)
ブエノスアイレス（アルゼンチン）	60.7	(4.0)	11.4	(2.5)	58.7	(4.1)	55.4	(3.8)	95.4	(1.6)	46.1	(4.7)
デンマーク	84.4	(3.5)	24.2	(4.9)	36.6	(4.4)	62.7	(4.8)	92.7	(5.2)	32.4	(4.5)
イングランド（イギリス）	72.0	(4.7)	7.6	(1.9)	49.6	(4.4)	77.6	(4.5)	96.8	(1.5)	33.8	(4.2)
フランス	38.4	(4.1)	2.6	(1.0)	10.1	(1.6)	16.2	(2.8)	33.1	(4.5)	17.1	(2.5)
日本	93.3	(1.8)	0.9	(0.5)	56.6	(4.0)	74.9	(3.7)	86.3	(3.2)	26.1	(4.4)
韓国	64.9	(5.1)	21.5	(5.2)	87.9	(2.8)	77.5	(5.1)	94.2	(2.2)	78.5	(3.5)
スペイン	68.8	(3.8)	13.4	(2.4)	35.8	(3.9)	55.5	(2.8)	66.4	(3.6)	60.1	(3.0)
スウェーデン	74.8	(4.3)	31.1	(4.2)	33.2	(4.2)	64.7	(4.8)	95.2	(3.3)	36.2	(4.3)
台湾	91.8	(2.3)	20.2	(3.1)	68.1	(3.9)	76.5	(3.0)	77.8	(3.3)	59.1	(4.1)
トルコ	45.2	(4.0)	8.3	(3.3)	37.8	(6.3)	43.9	(5.5)	78.0	(5.2)	48.5	(5.5)
アラブ首長国連邦	82.0	(1.7)	23.6	(1.7)	73.3	(1.9)	77.1	(2.0)	92.4	(1.2)	62.6	(2.2)
ベトナム	77.7	(3.0)	54.1	(3.6)	78.7	(2.5)	61.4	(3.7)	99.2	(0.6)	64.3	(3.9)
オーストラリア	79.6	(3.6)	9.7	(2.8)	52.1	(3.8)	87.6	(2.6)	98.6	(0.9)	38.2	(4.8)
オランダ	67.6	(4.5)	22.0	(4.1)	43.3	(5.0)	90.1	(3.1)	99.2	(0.6)	29.4	(4.6)

1．校長を対象とした職能開発。
2．教員、校長及び／又は研究者が自らの研究結果を提示し、教育問題について議論する教育会議。
3．特に校長の職能開発を目的としたもの。

5.3 職能開発に含まれる内容

本節では、教員が参加した職能開発の中に含まれていた内容について報告する。

平成27年12月21日にとりまとめられた中央教育審議会「これからの学校教育を担う教員の資質能力の向上について～学び合い、高め合う教員育成コミュニティの構築に向けて～（答申）」は、教員の養成・採用・研修を通じた課題として、ICTの利活用、特別支援教育、外国語教育、道徳など新たな教育課題や、アクティブ・ラーニングの視点からの授業改善などに対応した教員養成・研修が必要であると述べている。

本調査では、「担当教科等の分野に関する知識と理解」「担当教科等の分野の指導法に関する能力」「カリキュラムに関する知識」「児童／生徒の評価方法」「指導用のICT（情報通信技術）技能」「児童／生徒の行動と学級経営」「学校の管理運営」「個に応じた学習手法」「特別な支援を要する児童／生徒への指導」「多文化又は多言語環境における指導」「教科横断的なスキルの指導（例：創造性、批判的思考力、問題解決能力）」「児童／生徒の評価の分析と利用」「教員と保護者間の協力」「文化や国が異なる人々とのコミュニケーション」、及び「その他」についての15の内容が含まれていたかどうかについて、「はい」又は「いいえ」の選択肢の中から「はい」を選んだ教員の回答に着目して検討を行っている。

5.3.1 教員を対象とした職能開発に含まれる内容

表5.3.1は、中学校教員が過去12か月の間に受けた職能開発に含まれていた内容別の割合を示している。

日本は、「担当教科等の分野に関する知識と理解」（89.2%）や「担当教科等の分野の指導法に関する能力」（86.9%）が含まれていたと答えた教員の割合が80%を超え、TALIS参加国平均の79.0%、76.9%を上回っている。一方で「多文化又は多言語環境における指導」（12.9%）や「文化や国が異なる人々とのコミュニケーション」（14.2%）は、20%を下回っており、TALIS参加国平均の26.4%、23.0%と比べても低い値となっている。

表5.3.2は、小学校教員が過去12か月の間に受けた職能開発に含まれていた内容別の割合を示している。

小学校教員の過去12か月の間に受けた職能開発に含まれていた内容別の割合では、「特別な支援を要する児童への指導」が含まれていたと答えた日本の教員の割合が73.0%で、この割合は小学校の調査に参加した国の中で最も高い。また、「担当教科等の分野に関する知識と理解」（91.8%）、「担当教科等の分野の指導法に関する能力」（90.9%）の割合も、他の参加国や中学校教員と比べて高い傾向にある。

表 5.3.1 ［1/2］ 教員が過去 12 か月の間に受けた職能開発に含まれていた内容（中学校）

中学校教員の回答に基づく

国　　名	担当教科等の分野に関する知識と理解		担当教科等の分野の指導法に関する能力		カリキュラムに関する知識		生徒の評価方法		指導用の ICT（情報通信技術）技能		生徒の行動と学級経営		学校の管理運営	
	%	S.E.	%	S.E.	%	S.E.	%	S.E.	%	S.E.	%	S.E.	%	S.E.
アルバータ（カナダ）	85.7	(1.3)	79.1	(1.6)	71.6	(2.0)	80.0	(2.2)	55.7	(2.8)	44.8	(2.8)	23.5	(1.7)
オーストラリア	81.7	(0.8)	74.4	(0.9)	82.6	(0.7)	76.7	(0.9)	67.1	(1.0)	44.1	(1.0)	45.3	(1.2)
オーストリア	78.6	(0.7)	76.3	(0.8)	50.6	(0.9)	49.6	(1.0)	46.4	(1.0)	36.2	(1.1)	16.5	(0.7)
ベルギー	62.6	(0.8)	67.7	(0.8)	52.0	(1.1)	49.6	(0.9)	39.7	(1.2)	39.7	(1.0)	16.2	(0.7)
フランドル（ベルギー）	78.4	(0.9)	76.1	(1.0)	61.4	(1.2)	60.3	(1.2)	44.8	(1.8)	45.6	(1.2)	23.1	(1.1)
ブラジル	85.6	(0.9)	81.7	(0.9)	80.1	(1.3)	82.5	(1.2)	51.8	(1.6)	63.8	(1.4)	29.9	(1.3)
ブルガリア	71.4	(1.2)	73.9	(1.2)	70.2	(1.1)	60.2	(1.4)	63.3	(1.3)	56.9	(1.6)	20.5	(1.2)
ブエノスアイレス（アルゼンチン）	61.4	(1.1)	71.8	(1.6)	44.9	(1.7)	49.2	(1.6)	61.3	(1.7)	39.9	(1.7)	14.3	(1.2)
チリ	75.8	(1.1)	74.1	(1.1)	71.8	(1.3)	64.6	(1.5)	51.5	(1.3)	52.3	(1.3)	21.3	(1.0)
コロンビア	83.8	(1.3)	86.1	(1.0)	83.4	(1.3)	80.2	(1.5)	78.2	(1.7)	70.5	(1.5)	27.9	(1.7)
クロアチア	92.6	(0.5)	88.2	(0.6)	81.6	(0.7)	86.2	(0.8)	73.1	(1.1)	54.3	(1.2)	23.3	(0.8)
キプロス	82.6	(0.9)	79.6	(1.4)	86.9	(0.9)	82.4	(1.0)	55.2	(2.1)	71.3	(1.5)	29.1	(1.6)
チェコ	71.0	(0.9)	59.7	(1.1)	35.4	(1.2)	45.5	(1.2)	41.1	(1.2)	45.0	(1.5)	11.0	(0.6)
デンマーク	71.8	(1.2)	68.8	(1.3)	51.3	(1.5)	45.8	(1.6)	47.1	(1.6)	32.5	(1.9)	8.1	(0.7)
イングランド（イギリス）	65.3	(1.1)	58.3	(1.0)	70.1	(1.0)	72.5	(1.0)	40.3	(1.4)	46.9	(1.4)	39.6	(1.2)
エストニア	77.2	(1.0)	71.9	(0.9)	67.7	(1.1)	72.2	(1.2)	74.1	(1.2)	59.1	(1.3)	11.6	(0.9)
フィンランド	85.7	(0.9)	65.4	(1.1)	78.5	(0.9)	75.6	(1.1)	74.4	(1.3)	30.4	(1.2)	8.6	(0.6)
フランス	58.5	(1.2)	69.4	(1.0)	59.4	(1.3)	63.2	(1.4)	50.2	(1.4)	23.7	(1.2)	5.9	(0.6)
ジョージア	87.6	(0.8)	87.0	(0.8)	90.9	(0.7)	89.8	(0.7)	66.6	(1.4)	84.0	(0.9)	32.5	(1.3)
ハンガリー	80.3	(0.9)	79.9	(0.8)	67.4	(1.2)	53.4	(1.3)	69.3	(1.1)	59.0	(1.0)	51.1	(1.3)
アイスランド	60.7	(1.6)	53.6	(1.6)	61.5	(1.6)	72.3	(1.3)	63.2	(1.5)	36.5	(1.4)	4.3	(0.8)
イスラエル	79.0	(1.1)	78.9	(1.1)	67.1	(1.0)	68.8	(1.1)	68.7	(1.5)	56.2	(1.1)	37.3	(1.3)
イタリア	84.6	(0.9)	78.5	(0.9)	66.6	(1.1)	72.0	(1.1)	68.1	(1.1)	64.7	(1.1)	16.4	(0.8)
日本	89.2	(0.6)	86.9	(0.7)	52.7	(1.1)	57.1	(1.1)	52.7	(1.6)	48.1	(1.1)	24.5	(0.8)
カザフスタン	91.9	(0.5)	89.5	(0.6)	95.5	(0.4)	96.7	(0.4)	89.5	(0.5)	82.9	(1.0)	41.0	(1.1)
韓国	91.8	(0.6)	89.7	(0.7)	80.1	(0.9)	77.6	(0.9)	60.8	(1.0)	75.7	(0.9)	37.1	(1.2)
ラトビア	90.7	(0.8)	91.0	(0.9)	82.9	(0.9)	86.0	(0.8)	77.3	(1.1)	66.0	(1.3)	20.5	(1.5)
リトアニア	84.5	(0.7)	80.4	(0.9)	67.9	(0.8)	87.0	(0.8)	69.3	(1.1)	68.8	(1.1)	14.6	(0.6)
マルタ	70.2	(1.3)	70.1	(1.1)	71.6	(1.2)	74.0	(1.8)	47.7	(3.1)	46.3	(1.7)	26.0	(1.7)
メキシコ	84.1	(0.8)	83.7	(0.8)	87.0	(0.8)	75.2	(0.9)	63.9	(1.0)	62.1	(1.2)	30.3	(1.0)
オランダ	78.2	(1.4)	81.3	(1.5)	61.2	(2.1)	52.9	(1.8)	60.8	(2.3)	57.9	(2.1)	18.0	(1.6)
ニュージーランド	77.4	(1.2)	71.6	(1.5)	66.2	(1.4)	67.7	(1.4)	72.5	(1.7)	46.7	(1.9)	41.4	(1.4)
ノルウェー	78.2	(0.6)	64.3	(0.8)	58.4	(1.2)	70.6	(1.2)	57.8	(1.7)	52.1	(1.3)	15.3	(0.6)
ポルトガル	72.0	(0.8)	74.9	(0.8)	53.0	(1.0)	55.6	(1.0)	47.0	(1.2)	41.8	(1.2)	8.0	(0.5)
ルーマニア	71.1	(1.0)	72.9	(1.1)	66.3	(1.0)	73.9	(1.0)	51.8	(1.2)	61.3	(1.5)	19.4	(1.0)
ロシア	89.0	(0.7)	88.8	(0.9)	83.0	(1.3)	82.9	(1.2)	75.5	(1.4)	76.7	(1.3)	27.5	(1.1)
サウジアラビア	81.6	(1.0)	83.0	(1.0)	78.8	(1.1)	77.1	(1.0)	76.1	(1.0)	73.8	(1.2)	41.9	(1.4)
上海（中国）	98.3	(0.2)	98.3	(0.2)	96.1	(0.3)	85.2	(0.7)	76.9	(1.0)	79.9	(0.8)	35.9	(1.0)
シンガポール	86.0	(0.6)	87.7	(0.6)	80.8	(0.7)	85.4	(0.7)	74.6	(0.9)	53.7	(0.9)	41.2	(0.9)
スロバキア	67.1	(1.1)	64.7	(1.1)	40.0	(1.0)	43.4	(1.0)	60.0	(0.9)	33.2	(0.9)	19.4	(0.9)
スロベニア	75.8	(1.0)	72.2	(1.2)	48.9	(1.4)	60.9	(1.4)	59.2	(1.5)	45.9	(1.4)	17.8	(0.8)
南アフリカ共和国	92.4	(0.9)	83.7	(1.2)	92.7	(0.8)	91.5	(0.8)	52.9	(2.1)	78.7	(1.5)	63.2	(2.1)
スペイン	63.0	(1.1)	72.0	(0.9)	57.1	(1.2)	54.1	(1.0)	68.1	(1.1)	47.8	(1.1)	17.3	(0.7)
スウェーデン	59.3	(1.1)	50.6	(1.4)	52.4	(1.3)	53.0	(1.4)	66.6	(1.3)	41.2	(1.3)	9.7	(0.9)
台湾	94.0	(0.4)	95.9	(0.3)	91.5	(0.5)	80.1	(0.8)	59.6	(1.1)	79.5	(0.7)	45.5	(1.0)
トルコ	63.9	(0.9)	62.5	(0.9)	85.9	(0.8)	65.7	(0.8)	60.8	(0.9)	60.5	(1.0)	34.9	(1.0)
アラブ首長国連邦	84.0	(0.4)	84.1	(0.5)	85.6	(0.4)	89.0	(0.4)	84.7	(0.5)	80.0	(0.5)	55.6	(0.7)
アメリカ	77.8	(1.4)	67.6	(1.5)	75.1	(1.9)	72.3	(3.1)	60.1	(3.8)	55.6	(3.6)	31.0	(1.4)
ベトナム	99.0	(0.2)	98.5	(0.3)	98.9	(0.2)	97.0	(0.4)	92.9	(0.7)	94.4	(0.6)	27.5	(1.1)
OECD31か国平均	76.0	(0.2)	72.8	(0.2)	64.7	(0.2)	65.2	(0.2)	60.4	(0.3)	49.8	(0.3)	22.1	(0.2)
EU23か国全体	70.5	(0.3)	70.8	(0.3)	61.4	(0.4)	62.8	(0.4)	56.5	(0.4)	47.1	(0.4)	19.2	(0.3)
TALIS 参加 48 か国平均	79.0	(0.1)	76.9	(0.1)	70.9	(0.2)	70.9	(0.2)	63.0	(0.2)	56.7	(0.2)	26.2	(0.2)

表 5.3.1 [2/2]　教員が過去 12 か月の間に受けた職能開発に含まれていた内容（中学校）

中学校教員の回答に基づく

国　　名	個に応じた学習手法		特別な支援を要する生徒への指導[1]		多文化又は多言語環境における指導		教科横断的なスキルの指導（例：創造性、批判的思考力、問題解決能力）		生徒の評価の分析と利用		教員と保護者間の協力		文化や国が異なる人々とのコミュニケーション		その他	
	%	S.E.	%	S.E.	%	S.E.	%	S.E.	%	S.E.	%	S.E.	%	S.E.	%	S.E.
アルバータ（カナダ）	64.3	(1.7)	46.9	(2.5)	41.4	(1.8)	62.7	(2.4)	62.7	(2.7)	27.3	(1.9)	27.5	(1.8)	20.4	(2.2)
オーストラリア	64.8	(1.1)	57.6	(1.0)	22.7	(0.9)	56.2	(1.3)	67.8	(1.0)	26.9	(0.9)	18.8	(0.8)	24.9	(1.0)
オーストリア	50.4	(1.0)	22.6	(0.8)	17.6	(0.8)	34.8	(0.8)	21.2	(0.7)	29.1	(0.9)	15.5	(0.7)	38.7	(0.9)
ベルギー	29.2	(0.8)	35.1	(0.9)	13.4	(0.8)	31.8	(0.8)	31.2	(0.8)	14.0	(0.6)	10.1	(0.5)	20.2	(0.8)
フランドル（ベルギー）	26.5	(1.0)	37.5	(1.1)	17.6	(1.3)	35.8	(1.1)	41.0	(1.0)	19.0	(0.9)	12.8	(0.7)	19.0	(0.9)
ブラジル	58.2	(1.5)	39.7	(1.8)	26.8	(1.4)	62.5	(1.4)	74.5	(1.5)	66.1	(1.5)	25.2	(1.3)	31.1	(1.6)
ブルガリア	34.0	(1.4)	38.7	(1.8)	31.4	(1.5)	49.1	(1.6)	54.8	(1.4)	54.9	(1.6)	26.6	(1.3)	20.8	(1.2)
ブエノスアイレス（アルゼンチン）	36.6	(1.3)	22.8	(1.5)	19.4	(0.9)	56.5	(1.6)	44.3	(1.4)	36.3	(1.1)	15.3	(1.0)	24.4	(1.9)
チリ	41.3	(1.4)	54.9	(1.9)	21.2	(1.3)	56.3	(1.4)	55.0	(1.5)	54.5	(1.6)	27.7	(1.2)	21.2	(1.1)
コロンビア	50.4	(2.2)	41.7	(2.3)	29.3	(1.6)	72.7	(1.7)	70.4	(1.5)	67.5	(1.9)	28.9	(1.3)	25.5	(1.8)
クロアチア	65.3	(1.2)	67.2	(1.4)	18.7	(1.3)	56.3	(0.9)	70.0	(0.9)	40.7	(1.1)	22.6	(1.1)	43.8	(1.2)
キプロス	50.2	(1.8)	31.8	(1.8)	37.7	(2.2)	63.0	(1.6)	59.1	(1.6)	53.8	(1.6)	36.2	(1.8)	20.6	(1.5)
チェコ	39.2	(1.2)	52.6	(1.5)	14.2	(1.0)	36.4	(0.9)	29.3	(1.2)	36.7	(1.4)	14.6	(0.8)	23.9	(0.9)
デンマーク	20.8	(1.0)	28.7	(1.3)	14.4	(1.5)	21.0	(1.1)	25.6	(1.5)	15.3	(1.1)	10.5	(0.9)	17.9	(1.0)
イングランド（イギリス）	55.7	(1.5)	57.2	(1.5)	19.3	(1.2)	40.6	(1.4)	63.3	(1.3)	24.6	(1.4)	12.4	(0.9)	22.1	(0.9)
エストニア	42.4	(1.2)	57.2	(1.8)	24.9	(1.6)	61.3	(1.0)	52.6	(1.4)	39.5	(1.2)	23.9	(1.3)	34.1	(1.1)
フィンランド	41.5	(1.1)	30.4	(1.1)	19.9	(1.2)	34.5	(1.2)	32.4	(1.1)	21.8	(1.0)	16.1	(1.0)	22.8	(0.9)
フランス	41.5	(1.3)	30.0	(1.5)	6.3	(0.7)	27.8	(1.1)	28.0	(1.2)	9.7	(0.9)	6.9	(0.8)	16.6	(0.9)
ジョージア	77.6	(1.0)	51.4	(1.6)	35.3	(1.3)	74.1	(1.0)	85.8	(0.8)	72.9	(1.1)	36.4	(1.2)	48.1	(1.4)
ハンガリー	29.6	(1.0)	45.1	(1.5)	14.8	(1.1)	58.3	(1.3)	44.9	(1.1)	52.5	(1.1)	19.4	(1.0)	26.7	(1.0)
アイスランド	31.7	(1.5)	30.5	(1.5)	23.0	(1.2)	30.3	(1.5)	23.2	(1.3)	22.9	(1.4)	18.7	(1.2)	23.9	(1.5)
イスラエル	40.7	(1.3)	33.0	(1.3)	21.1	(1.0)	60.3	(1.4)	47.7	(1.4)	44.2	(1.1)	19.0	(0.9)	26.1	(1.2)
イタリア	62.6	(1.2)	74.1	(0.8)	28.1	(1.3)	63.4	(1.1)	47.5	(1.2)	46.9	(1.0)	32.6	(1.0)	27.1	(0.8)
日本	**53.5**	**(1.0)**	**55.7**	**(1.3)**	**12.9**	**(0.8)**	**40.9**	**(1.2)**	**43.4**	**(1.2)**	**33.4**	**(1.1)**	**14.2**	**(0.8)**	**18.4**	**(0.7)**
カザフスタン	76.1	(0.9)	31.9	(1.1)	36.8	(1.1)	76.6	(0.8)	89.4	(0.6)	77.6	(0.9)	30.6	(1.0)	42.9	(1.0)
韓国	57.5	(1.2)	24.5	(1.0)	31.4	(1.2)	66.7	(1.2)	67.4	(1.0)	47.1	(1.2)	22.1	(0.9)	44.8	(1.2)
ラトビア	75.6	(1.5)	50.1	(2.2)	28.4	(1.8)	72.6	(1.1)	74.7	(1.1)	53.4	(1.7)	31.0	(1.9)	29.3	(1.3)
リトアニア	66.6	(1.1)	53.0	(1.7)	18.1	(0.8)	68.6	(0.8)	75.4	(1.0)	59.0	(1.1)	24.9	(0.9)	43.9	(0.9)
マルタ	46.0	(1.8)	31.3	(2.1)	26.9	(2.1)	42.2	(1.3)	53.7	(2.0)	23.1	(1.9)	21.5	(1.9)	22.8	(1.2)
メキシコ	43.1	(1.1)	28.2	(1.2)	15.8	(0.9)	64.5	(1.3)	65.8	(1.1)	54.0	(1.1)	13.4	(0.8)	20.1	(1.1)
オランダ	52.8	(2.4)	42.3	(2.3)	9.7	(0.8)	44.2	(2.5)	27.7	(1.5)	29.4	(1.9)	10.2	(1.2)	22.9	(1.4)
ニュージーランド	56.6	(1.6)	32.0	(1.7)	46.5	(1.8)	51.3	(1.4)	58.2	(1.5)	29.2	(1.6)	29.4	(1.7)	29.4	(1.3)
ノルウェー	24.2	(0.8)	30.8	(1.0)	15.0	(0.9)	29.8	(1.1)	40.5	(1.2)	24.0	(0.8)	12.3	(0.7)	23.7	(0.9)
ポルトガル	29.8	(1.0)	30.5	(1.1)	14.0	(0.8)	42.4	(0.9)	33.5	(0.9)	27.2	(0.9)	17.7	(0.9)	21.4	(0.9)
ルーマニア	51.9	(1.2)	33.2	(1.3)	22.3	(1.0)	52.0	(1.2)	59.1	(1.1)	53.7	(1.2)	28.0	(1.0)	39.1	(1.2)
ロシア	71.2	(1.5)	54.6	(1.7)	24.4	(1.5)	76.4	(1.1)	80.6	(1.3)	67.9	(1.3)	25.4	(1.2)	45.9	(1.4)
サウジアラビア	61.8	(1.5)	26.3	(1.6)	39.9	(1.5)	74.9	(1.2)	63.0	(1.4)	64.8	(1.4)	25.0	(1.2)	31.6	(1.4)
上海（中国）	80.5	(0.8)	46.4	(1.2)	42.6	(0.9)	55.9	(1.1)	64.4	(1.0)	62.8	(0.9)	22.0	(1.0)	40.6	(0.9)
シンガポール	48.0	(1.0)	34.5	(1.0)	24.6	(0.8)	51.1	(1.1)	68.8	(0.8)	34.4	(0.9)	20.3	(0.8)	21.0	(0.8)
スロバキア	29.3	(0.9)	36.7	(1.0)	14.2	(0.7)	41.3	(1.0)	28.9	(1.0)	23.2	(0.9)	14.4	(0.7)	24.1	(0.9)
スロベニア	50.0	(1.6)	54.1	(1.4)	17.6	(1.7)	44.8	(1.4)	47.8	(1.5)	40.4	(1.4)	18.5	(1.3)	31.0	(1.2)
南アフリカ共和国	59.7	(1.5)	34.1	(2.1)	54.1	(1.7)	74.5	(1.5)	83.5	(1.1)	73.4	(1.5)	49.0	(2.1)	28.0	(2.3)
スペイン	39.5	(0.8)	36.6	(0.9)	32.5	(0.8)	54.4	(1.0)	45.0	(1.0)	33.2	(1.2)	22.6	(0.7)	38.3	(0.9)
スウェーデン	42.1	(1.3)	46.4	(1.2)	23.9	(0.9)	25.4	(1.0)	31.3	(1.1)	13.2	(0.8)	11.9	(0.7)	24.7	(1.0)
台湾	67.5	(0.8)	52.5	(1.0)	43.0	(1.0)	67.7	(0.8)	67.0	(0.9)	60.9	(0.9)	29.7	(1.1)	30.3	(0.9)
トルコ	52.6	(1.2)	52.0	(0.9)	27.0	(0.9)	48.0	(1.2)	47.0	(1.0)	56.2	(1.0)	23.0	(0.9)	32.5	(1.0)
アラブ首長国連邦	83.1	(0.5)	69.5	(0.6)	64.8	(0.6)	85.7	(0.5)	86.1	(0.4)	73.8	(0.5)	61.9	(0.6)	54.1	(0.6)
アメリカ	64.4	(1.3)	55.9	(3.5)	41.9	(3.1)	58.7	(1.9)	60.0	(4.0)	32.4	(1.8)	29.3	(2.3)	66.5	(2.6)
ベトナム	79.4	(1.2)	49.9	(1.7)	40.5	(2.6)	94.8	(0.5)	92.3	(0.7)	91.9	(0.7)	32.0	(1.8)	44.5	(1.7)
OECD31か国平均	46.6	(0.2)	42.8	(0.3)	21.9	(0.2)	48.5	(0.2)	46.8	(0.3)	35.1	(0.2)	19.3	(0.2)	27.8	(0.2)
EU23か国全体	47.1	(0.4)	45.4	(0.4)	19.7	(0.3)	45.3	(0.4)	43.4	(0.4)	31.1	(0.4)	18.2	(0.3)	26.8	(0.3)
TALIS 参加 48 か国平均	**51.9**	**(0.2)**	**42.6**	**(0.2)**	**26.4**	**(0.2)**	**54.5**	**(0.2)**	**55.1**	**(0.2)**	**43.7**	**(0.2)**	**23.0**	**(0.2)**	**30.3**	**(0.2)**

1．「特別な支援を要する生徒」とは、精神的、身体的又は情緒的に困難な条件にあることによって、特別な学習を行う必要性が公式に認定されている生徒をいう。

表 5.3.2［1/2］　教員が過去 12 か月の間に受けた職能開発に含まれていた内容（小学校）

小学校教員の回答に基づく

国　名	担当教科等の分野に関する知識と理解		担当教科等の分野の指導法に関する能力		カリキュラムに関する知識		児童の評価方法		指導用のICT（情報通信技術）技能		児童の行動と学級経営		学校の管理運営		個に応じた学習手法	
	%	S.E.	%	S.E.	%	S.E.	%	S.E.	%	S.E.	%	S.E.	%	S.E.	%	S.E.
フランドル（ベルギー）	76.9	(0.8)	82.2	(0.7)	57.3	(1.0)	53.2	(1.1)	37.5	(0.9)	55.1	(1.2)	28.3	(0.9)	33.5	(1.0)
ブエノスアイレス（アルゼンチン）	61.4	(1.3)	81.8	(1.2)	53.0	(1.3)	54.4	(1.2)	57.8	(1.6)	44.5	(1.4)	17.9	(1.1)	45.4	(1.4)
デンマーク	68.9	(1.3)	71.7	(1.0)	44.8	(1.1)	45.0	(1.2)	45.9	(1.4)	41.4	(0.8)	6.3	(0.6)	26.4	(0.9)
イングランド（イギリス）	83.4	(0.8)	65.1	(1.4)	79.4	(1.0)	70.1	(1.3)	43.2	(1.5)	42.4	(1.3)	39.4	(1.3)	53.3	(1.3)
フランス	69.7	(2.2)	81.3	(1.8)	62.2	(2.3)	52.5	(1.8)	34.5	(2.7)	26.7	(2.0)	2.9	(0.9)	31.2	(2.0)
日本	91.8	(0.5)	90.9	(0.5)	63.6	(0.8)	67.4	(0.9)	55.2	(0.9)	62.5	(0.9)	26.5	(0.9)	69.8	(0.8)
韓国	93.0	(0.5)	90.4	(0.6)	85.5	(0.7)	78.7	(0.8)	74.1	(0.8)	89.1	(0.7)	40.9	(1.0)	64.5	(0.9)
スペイン	71.3	(1.0)	79.5	(0.9)	63.9	(1.1)	60.0	(1.4)	62.7	(1.2)	58.6	(1.1)	19.0	(0.8)	49.5	(0.9)
スウェーデン	66.0	(1.2)	57.6	(1.2)	55.6	(1.3)	54.3	(1.2)	64.9	(1.2)	46.9	(1.1)	10.4	(0.9)	43.2	(1.4)
台湾	90.6	(0.5)	93.5	(0.4)	91.4	(0.5)	78.5	(0.8)	65.9	(1.0)	85.4	(0.7)	49.0	(0.9)	71.9	(0.8)
トルコ	69.7	(1.2)	67.3	(1.2)	84.0	(1.1)	69.5	(1.2)	59.0	(1.4)	67.6	(1.3)	37.3	(1.4)	62.1	(1.6)
アラブ首長国連邦	86.6	(0.4)	84.2	(0.4)	87.0	(0.4)	89.6	(0.4)	82.6	(0.4)	81.3	(0.5)	57.6	(0.6)	83.7	(0.4)
ベトナム	99.1	(0.2)	99.0	(0.2)	99.4	(0.1)	99.4	(0.1)	92.5	(0.5)	96.9	(0.3)	26.7	(0.6)	86.8	(0.5)
オーストラリア	87.5	(0.8)	81.6	(0.8)	88.5	(0.7)	83.7	(0.8)	63.5	(1.0)	55.0	(1.0)	43.6	(1.1)	71.6	(1.1)
オランダ	93.1	(0.8)	88.6	(0.9)	69.2	(1.4)	43.6	(1.4)	53.5	(1.3)	71.6	(1.4)	20.4	(1.3)	43.3	(1.3)

表 5.3.2［2/2］　教員が過去 12 か月の間に受けた職能開発に含まれていた内容（小学校）

小学校教員の回答に基づく

国　名	特別な支援を要する児童への指導[1]		多文化又は多言語環境における指導		教科横断的なスキルの指導（例：創造性、批判的思考力、問題解決能力）		児童の評価の分析と利用		教員と保護者間の協力		文化や国が異なる人々とのコミュニケーション		その他	
	%	S.E.	%	S.E.	%	S.E.	%	S.E.	%	S.E.	%	S.E.	%	S.E.
フランドル（ベルギー）	50.6	(1.2)	20.7	(0.8)	38.9	(1.1)	37.7	(1.0)	24.5	(0.9)	14.8	(0.8)	19.9	(0.8)
ブエノスアイレス（アルゼンチン）	32.5	(1.5)	25.9	(1.4)	56.0	(1.6)	44.8	(1.5)	31.4	(1.2)	15.9	(1.2)	27.9	(1.6)
デンマーク	34.6	(1.0)	14.0	(0.8)	22.1	(1.1)	25.0	(1.0)	14.5	(0.7)	7.5	(0.7)	20.7	(1.0)
イングランド（イギリス）	55.9	(1.4)	17.6	(0.9)	52.9	(1.4)	66.0	(1.3)	26.2	(1.1)	12.9	(0.7)	22.2	(1.3)
フランス	32.1	(2.3)	6.5	(1.3)	30.5	(2.3)	26.3	(1.8)	14.7	(1.4)	3.1	(0.6)	13.2	(1.4)
日本	73.0	(0.8)	24.8	(0.8)	46.0	(0.9)	50.6	(1.0)	42.3	(0.9)	24.1	(0.9)	20.9	(0.8)
韓国	34.3	(1.0)	41.5	(1.0)	70.4	(0.9)	67.6	(0.9)	59.6	(0.9)	30.1	(0.9)	50.1	(1.1)
スペイン	51.0	(1.1)	36.7	(1.2)	58.9	(1.0)	49.6	(1.4)	43.3	(0.9)	25.2	(1.1)	41.6	(1.3)
スウェーデン	49.3	(1.3)	26.4	(1.0)	28.7	(1.1)	33.6	(1.1)	15.5	(0.9)	12.5	(0.8)	22.6	(1.2)
台湾	64.7	(1.0)	51.4	(1.0)	71.1	(0.8)	69.2	(0.9)	69.0	(0.9)	33.4	(0.9)	37.8	(0.9)
トルコ	60.1	(1.4)	35.0	(1.4)	54.3	(1.2)	51.0	(1.3)	63.1	(1.2)	29.7	(1.4)	39.8	(1.4)
アラブ首長国連邦	69.7	(0.5)	64.1	(0.6)	86.7	(0.4)	84.6	(0.5)	75.1	(0.6)	61.7	(0.7)	51.7	(0.7)
ベトナム	64.8	(0.7)	41.4	(0.6)	96.3	(0.3)	96.9	(0.3)	95.9	(0.4)	38.9	(0.7)	46.9	(0.9)
オーストラリア	59.3	(1.1)	22.9	(0.8)	57.8	(1.1)	76.8	(0.9)	26.8	(1.0)	18.6	(0.8)	26.6	(1.1)
オランダ	54.8	(1.4)	12.5	(1.1)	50.3	(1.4)	59.2	(1.4)	41.1	(1.4)	10.4	(0.9)	23.7	(1.4)

1.「特別な支援を要する児童」とは、精神的、身体的又は情緒的に困難な条件にあることによって、特別な学習を行う必要性が公式に認定されている児童をいう。

表 5.3.3［1/2］ 教員が過去 12 か月の間に受けた職能開発に含まれていた内容の経年変化（中学校）

中学校教員の回答に基づく

国名	指導用の ICT（情報通信技術）技能						生徒の行動と学級経営						特別な支援を要する生徒への指導[1]					
	TALIS 2013		TALIS 2018		TALIS 2018 −TALIS 2013		TALIS 2013		TALIS 2018		TALIS 2018 −TALIS 2013		TALIS 2013		TALIS 2018		TALIS 2018 −TALIS 2013	
	%	S.E.	%	S.E.	差	S.E.	%	S.E.	%	S.E.	差	S.E.	%	S.E.	%	S.E.	差	S.E.
アルバータ（カナダ）	52.9	(1.9)	55.7	(2.8)	2.8	(3.4)	32.9	(1.6)	44.8	(2.8)	**11.8**	(3.2)	40.2	(2.1)	46.9	(2.5)	**6.7**	(3.3)
オーストラリア	71.7	(1.7)	67.1	(1.0)	**-4.6**	(2.0)	35.0	(1.9)	44.1	(1.0)	**9.2**	(2.1)	32.3	(1.6)	57.6	(1.0)	**25.3**	(1.9)
ブラジル	45.7	(1.0)	51.8	(1.6)	**6.1**	(1.9)	53.9	(1.1)	63.8	(1.4)	**9.9**	(1.8)	30.8	(1.0)	39.7	(1.8)	**8.9**	(2.0)
ブルガリア	55.6	(1.8)	63.3	(1.3)	**7.7**	(2.2)	44.6	(1.8)	56.9	(1.6)	**12.3**	(2.5)	25.7	(1.8)	38.7	(1.8)	**12.9**	(2.6)
チリ	51.4	(2.2)	51.5	(1.3)	0.1	(2.5)	41.1	(1.9)	52.3	(1.3)	**11.2**	(2.3)	32.8	(1.8)	54.9	(1.9)	**22.2**	(2.6)
クロアチア	58.2	(1.5)	73.1	(1.1)	**14.9**	(1.9)	47.4	(1.2)	54.3	(1.2)	**6.9**	(1.7)	46.1	(1.4)	67.2	(1.4)	**21.1**	(2.0)
キプロス	53.8	(1.6)	55.2	(2.1)	1.4	(2.6)	53.9	(1.8)	71.3	(1.5)	**17.3**	(2.3)	24.1	(1.4)	31.8	(1.8)	**7.7**	(2.2)
チェコ	53.4	(1.6)	41.1	(1.2)	**-12.3**	(2.0)	29.9	(1.5)	45.0	(1.5)	**15.1**	(2.1)	23.8	(1.1)	52.6	(1.5)	**28.7**	(1.9)
デンマーク	48.7	(1.9)	47.1	(1.6)	-1.7	(2.5)	37.3	(2.1)	32.5	(1.9)	-4.8	(2.8)	25.3	(1.4)	28.7	(1.3)	3.4	(1.9)
イングランド（イギリス）	38.9	(1.7)	40.3	(1.4)	1.4	(2.2)	37.3	(1.9)	46.9	(1.4)	**9.6**	(2.4)	38.3	(1.9)	57.2	(1.5)	**19.0**	(2.4)
エストニア	63.3	(1.3)	74.1	(1.2)	**10.9**	(1.8)	49.8	(1.7)	59.1	(1.3)	**9.3**	(2.2)	36.9	(1.7)	57.2	(1.8)	**20.3**	(2.4)
フィンランド	47.6	(1.9)	74.4	(1.3)	**26.7**	(2.3)	33.3	(1.4)	30.4	(1.2)	-2.8	(1.9)	34.7	(1.3)	30.4	(1.1)	**-4.2**	(1.7)
フランドル（ベルギー）	37.2	(1.8)	44.8	(1.8)	**7.6**	(2.5)	29.5	(1.3)	45.6	(1.2)	**16.1**	(1.8)	23.1	(1.3)	37.5	(1.1)	**14.4**	(1.7)
フランス	39.8	(1.4)	50.2	(1.4)	**10.4**	(2.0)	23.3	(1.2)	23.7	(1.2)	0.4	(1.7)	23.2	(1.3)	30.0	(1.5)	**6.8**	(2.0)
ジョージア	57.7	(1.9)	66.6	(1.4)	**9.0**	(2.3)	67.7	(1.6)	84.0	(0.9)	**16.3**	(1.8)	25.6	(1.9)	51.4	(1.6)	**25.7**	(2.5)
アイスランド	43.9	(1.4)	63.2	(1.5)	**19.3**	(2.0)	31.2	(1.5)	36.5	(1.4)	**5.3**	(2.0)	25.5	(1.5)	30.5	(1.5)	**5.0**	(2.1)
イスラエル	60.2	(1.6)	68.7	(1.5)	**8.5**	(2.2)	45.0	(1.5)	56.2	(1.1)	**11.2**	(1.8)	32.0	(1.3)	33.0	(1.3)	1.0	(1.8)
イタリア	53.2	(1.3)	68.1	(1.1)	**14.9**	(1.7)	34.7	(1.2)	64.7	(1.1)	**30.0**	(1.6)	44.3	(1.4)	74.1	(0.8)	**29.8**	(1.6)
日本	36.0	(1.4)	52.7	(1.6)	**16.7**	(2.1)	44.5	(1.3)	48.1	(1.1)	**3.6**	(1.8)	44.5	(1.5)	55.7	(1.3)	**11.2**	(1.9)
韓国	54.1	(1.3)	60.8	(1.0)	**6.7**	(1.7)	63.8	(1.0)	75.7	(0.9)	**11.9**	(1.4)	56.8	(1.2)	24.5	(1.0)	**-32.3**	(1.6)
ラトビア	72.1	(1.5)	77.3	(1.1)	**5.3**	(1.9)	45.6	(1.8)	66.0	(1.3)	**20.3**	(2.2)	31.1	(2.7)	50.1	(2.2)	**19.0**	(3.5)
メキシコ	72.6	(1.0)	63.9	(1.0)	**-8.7**	(1.4)	67.0	(1.2)	62.1	(1.2)	**-4.9**	(1.7)	28.8	(1.4)	28.2	(1.2)	-0.7	(1.8)
オランダ	48.1	(1.9)	60.8	(2.3)	**12.7**	(3.0)	51.6	(1.6)	57.9	(2.1)	**6.3**	(2.6)	35.8	(1.7)	42.3	(2.3)	**6.5**	(2.9)
ニュージーランド	67.4	(1.3)	74.5	(1.4)	**7.1**	(1.9)	37.5	(1.4)	46.6	(1.9)	**9.2**	(2.3)	19.8	(1.2)	31.8	(1.7)	**12.0**	(2.1)
ノルウェー	32.8	(2.1)	57.8	(1.7)	**25.1**	(2.7)	41.3	(3.0)	52.1	(1.3)	**10.9**	(3.3)	24.3	(1.4)	30.8	(1.0)	**6.5**	(1.7)
ポルトガル	49.1	(1.6)	47.0	(1.2)	-2.2	(2.0)	30.2	(1.2)	41.8	(1.2)	**11.6**	(1.7)	16.5	(1.3)	30.5	(1.1)	**13.9**	(1.7)
ルーマニア	60.5	(1.4)	51.8	(1.2)	**-8.7**	(1.9)	62.2	(1.2)	61.3	(1.5)	-0.9	(1.9)	23.6	(1.3)	33.2	(1.3)	**9.6**	(1.8)
ロシア	81.1	(1.1)	75.5	(1.4)	**-5.6**	(1.7)	79.2	(1.1)	76.7	(1.3)	-2.4	(1.7)	29.5	(2.0)	54.6	(1.7)	**25.1**	(2.7)
上海（中国）	63.9	(1.1)	76.9	(1.0)	**13.0**	(1.5)	71.0	(0.9)	79.9	(0.8)	**8.9**	(1.2)	23.6	(1.3)	46.4	(1.2)	**22.8**	(1.7)
シンガポール	67.9	(0.8)	74.6	(0.9)	**6.7**	(1.2)	45.4	(0.9)	53.7	(0.9)	**8.3**	(1.3)	23.0	(0.7)	34.5	(1.0)	**11.5**	(1.2)
スロバキア	60.4	(1.3)	60.0	(0.9)	-0.4	(1.6)	25.5	(1.5)	33.2	(0.9)	**7.8**	(1.8)	22.3	(1.1)	36.7	(1.0)	**14.4**	(1.5)
スペイン	68.2	(1.6)	68.1	(1.1)	-0.1	(1.9)	30.5	(1.2)	47.8	(1.1)	**17.4**	(1.7)	19.6	(1.1)	36.6	(0.9)	**17.0**	(1.4)
スウェーデン	46.8	(1.6)	66.6	(1.3)	**19.8**	(2.0)	27.8	(1.5)	41.2	(1.3)	**13.4**	(1.9)	24.1	(1.4)	46.4	(1.2)	**22.3**	(1.8)
アメリカ	p	p	60.1	(3.8)	p	p	p	p	55.6	(3.6)	p	p	p	p	55.9	(3.5)	p	p

1.「特別な支援を要する生徒」とは、精神的、身体的又は情緒的に困難な条件にあることによって、特別な学習を行う必要性が公式に認定されている生徒をいう。

5.3.2 教員を対象とした職能開発に含まれる内容の経年変化

表 5.3.3 は、中学校教員が過去 12 か月の間に受けた職能開発に含まれていた内容の割合の経年変化[4]を示している。ここでは、OECD（2019）の国際報告書の表の中から、日本の割合に統計的に有意な経年変化が見られた項目を取り出して紹介する。

「指導用の ICT 技能」の経年変化においては、「TALIS 2013」の日本の値は 36.0% で、ノルウェーの 32.8% に続いて 2 番目に低い値であったが、「TALIS 2018」は 52.7% と 16.7

4 TALIS 2018 − TALIS 2013 の計算で求めている。

表 5.3.3［2/2］　教員が過去 12 か月の間に受けた職能開発に含まれていた内容の経年変化（中学校）

中学校教員の回答に基づく

国　　名	多文化又は多言語環境における指導						教科横断的なスキルの指導（例：創造性、批判的思考力、問題解決能力）					
	TALIS 2013		TALIS 2018		TALIS 2018 −TALIS 2013		TALIS 2013		TALIS 2018		TALIS 2018 −TALIS 2013	
	%	S.E.	%	S.E.	差	S.E.	%	S.E.	%	S.E.	差	S.E.
アルバータ（カナダ）	19.1	(1.2)	41.4	(1.8)	**22.3**	(2.2)	41.1	(1.6)	62.7	(2.4)	**21.6**	(2.9)
オーストラリア	13.3	(1.5)	22.7	(0.9)	**9.4**	(1.7)	37.1	(1.3)	56.2	(1.3)	**19.1**	(1.8)
ブラジル	19.1	(0.9)	26.8	(1.4)	**7.7**	(1.6)	50.9	(1.1)	62.5	(1.4)	**11.6**	(1.8)
ブルガリア	20.5	(1.4)	31.4	(1.5)	**11.0**	(2.0)	37.0	(1.6)	49.1	(1.6)	**12.2**	(2.3)
チリ	17.8	(1.5)	21.2	(1.3)	3.4	(2.0)	45.6	(2.0)	56.3	(1.4)	**10.7**	(2.4)
クロアチア	9.1	(0.7)	18.7	(1.3)	**9.6**	(1.5)	37.1	(1.1)	56.3	(0.9)	**19.2**	(1.4)
キプロス	25.9	(1.4)	37.7	(2.2)	**11.8**	(2.6)	37.3	(1.6)	63.0	(1.6)	**25.7**	(2.3)
チェコ	11.4	(0.8)	14.2	(1.0)	**2.8**	(1.2)	28.3	(1.3)	36.4	(0.9)	**8.2**	(1.6)
デンマーク	11.4	(2.3)	14.4	(1.5)	**2.9**	(2.7)	16.6	(0.9)	21.0	(1.1)	**4.5**	(1.5)
イングランド（イギリス）	12.9	(1.1)	19.3	(1.2)	**6.4**	(1.7)	37.4	(1.8)	40.6	(1.4)	3.2	(2.2)
エストニア	21.9	(1.6)	24.9	(1.6)	3.0	(2.3)	46.6	(1.3)	61.3	(1.0)	**14.7**	(1.7)
フィンランド	14.4	(1.1)	19.9	(1.2)	**5.5**	(1.7)	25.4	(1.0)	34.5	(1.2)	**9.1**	(1.6)
フランドル（ベルギー）	8.3	(0.8)	17.6	(1.3)	**9.3**	(1.5)	24.5	(1.0)	35.8	(1.1)	**11.3**	(1.5)
フランス	3.6	(0.4)	6.3	(0.7)	**2.7**	(0.9)	22.8	(1.2)	27.8	(1.1)	**5.0**	(1.6)
ジョージア	15.4	(1.3)	35.3	(1.3)	**19.8**	(1.8)	48.9	(1.8)	74.1	(1.0)	**25.2**	(2.1)
アイスランド	13.1	(1.1)	23.0	(1.2)	**9.8**	(1.6)	16.6	(1.2)	30.3	(1.5)	**13.7**	(1.9)
イスラエル	17.6	(1.1)	21.1	(1.0)	**3.6**	(1.5)	44.6	(1.2)	60.3	(1.4)	**15.7**	(1.9)
イタリア	14.9	(0.9)	28.1	(1.3)	**13.1**	(1.6)	34.0	(1.2)	63.4	(1.1)	**29.4**	(1.6)
日本	10.2	(0.7)	12.9	(0.8)	**2.8**	(1.1)	54.6	(1.3)	40.9	(1.2)	**-13.7**	(1.8)
韓国	25.9	(1.1)	31.4	(1.2)	**5.5**	(1.7)	47.5	(1.1)	66.7	(1.2)	**19.2**	(1.7)
ラトビア	21.4	(1.6)	28.4	(1.8)	**7.0**	(2.4)	51.9	(1.4)	72.6	(1.1)	**20.7**	(1.8)
メキシコ	26.9	(1.1)	15.8	(0.9)	**-11.1**	(1.4)	67.5	(1.0)	64.5	(1.3)	-2.9	(1.7)
オランダ	13.0	(1.4)	9.7	(0.8)	**-3.3**	(1.6)	33.2	(1.4)	44.2	(2.5)	**11.0**	(2.9)
ニュージーランド	30.0	(1.2)	47.6	(1.8)	**17.6**	(2.2)	32.7	(1.4)	51.4	(1.3)	**18.7**	(1.9)
ノルウェー	7.9	(0.8)	15.0	(0.9)	**7.0**	(1.2)	28.2	(1.4)	29.8	(1.1)	1.7	(1.8)
ポルトガル	9.6	(0.6)	14.0	(0.8)	**4.4**	(1.0)	31.5	(1.0)	42.4	(0.9)	**10.9**	(1.4)
ルーマニア	18.2	(1.1)	22.3	(1.0)	**4.1**	(1.5)	50.4	(1.2)	52.0	(1.2)	1.6	(1.7)
ロシア	11.7	(0.7)	24.4	(1.5)	**12.7**	(1.6)	64.6	(1.6)	76.4	(1.1)	**11.8**	(2.0)
上海（中国）	28.2	(1.2)	42.6	(0.9)	**14.4**	(1.5)	42.5	(1.2)	55.9	(1.1)	**13.4**	(1.6)
シンガポール	19.3	(0.8)	24.6	(0.8)	**5.3**	(1.1)	36.1	(0.9)	51.1	(1.1)	**15.0**	(1.4)
スロバキア	13.2	(1.1)	14.2	(0.7)	1.0	(1.3)	31.7	(1.4)	41.3	(1.0)	**9.6**	(1.7)
スペイン	25.1	(1.0)	32.5	(0.8)	**7.3**	(1.3)	36.3	(1.3)	54.4	(1.0)	**18.2**	(1.6)
スウェーデン	12.7	(1.3)	23.9	(0.9)	**11.1**	(1.6)	16.2	(0.9)	25.4	(1.0)	**9.2**	(1.4)
アメリカ	p	p	41.9	(3.1)	p	p	p	p	58.7	(1.9)	p	p

ポイント増加し、その差は統計的に有意である。「特別な支援を要する生徒への指導」においても統計的に有意差が見られ、「TALIS 2013」の日本の値の 44.5% に対し、「TALIS 2018」は 55.7% となり、11.2 ポイントの増加である。同様に、「生徒の行動と学級経営」（3.6 ポイント）と「多文化又は多言語環境における指導」（2.8 ポイント）についても値は経年的に増加し、統計的に有意差がある。一方で「教科横断的なスキルの指導」の日本の割合は、「TALIS 2013」の 54.6% から、「TALIS 2018」の 40.9% へと、経年的に 13.7 ポイント減少している。この減少は統計的に有意であり、比較可能な参加国の中で最も減少が大きい。また、他の表中の参加国の多くはこの５年で「教科横断的なスキルの指導」の割合が増えているが、日本とメキシコだけが割合を下げていることにも特徴が見られる。

5.4 職能開発のニーズ

本節では、教員や校長が職能開発に対して感じているニーズについて報告する。

本調査では、前節（5.3節）に記した15項目の内容から、「その他」を除いた14項目の内容に対する職能開発の必要性を感じるかどうかについて、「全くなし」「あまりなし」「ある程度」又は「高い」の選択肢の中から「ある程度」又は「高い」を選んだ教員と校長の回答に着目して検討を行っている。

校長に対しての質問項目は教員に用いられた項目とは異なり、「現在の国や地方自治体の教育政策についての知識や理解」「リーダーシップに関する新しい研究や理論についての知識や理解」「学校の質を向上するためのデータの活用」「学校の教育課程の編成」「教員向け、又は教員と共に行う職能開発の計画」「授業実践の観察」「効果的なフィードバックの与え方」「公平さと多様性の促進」「教員間の連携の向上」「人事管理」「財務管理」の11項目が用いられた。

職能開発の内容（5.3節）と職能開発へのニーズ（5.4節）との両側面からの結果を照らし合わせることによって、教員の要望と実施されている職能開発の内容とを対比させて考えることも可能となる。

5.4.1 教員を対象とした職能開発のニーズ

表5.4.1、表5.4.2は、中学校と小学校の教員の職能開発のニーズ別の割合を示している。

中学校教員は、「担当教科等の分野の指導法に関する能力」(63.5%)、「担当教科等の分野に関する知識と理解」(59.2%)、「特別な支援を要する生徒への指導」(45.7%)、「個に応じた学習手法」(45.6%)、「生徒の行動と学級経営」(43.4%)、「生徒の評価方法」(43.2%)、「指導用のICT（情報通信技術）技能」(39.0%) に対するニーズの回答の割合が他の回答項目と比べて高い。その中でも特に「個に応じた学習手法」のニーズの割合は参加国の中で最も高く、ベトナム、上海が日本に続いている。また、日本の「担当教科等の分野に関する知識と理解」「担当教科等の分野の指導法に関する能力」「生徒の評価方法」「指導用のICT技能」「生徒の行動と学級経営」「教科横断的なスキルの指導（例：創造性、批判的思考力、問題解決能力）」「生徒の評価の分析と利用」「教員と保護者間の協力」のニーズの割合は、参加国の中で最も高いベトナムに続いて2番目に高い割合となっている。

小学校教員の職能開発のニーズの割合を見ると、「個に応じた学習手法」(55.0%) に対するニーズの割合が他の参加国と比べて特に高いのは中学校と同じであるが、「特別な支援を要する児童への指導」(61.1%) に対してのニーズも高かったことに特徴が見られる。

表 5.4.1［1/2］ 教員の職能開発のニーズ（中学校）

中学校教員の回答に基づく

国　名	担当教科等の分野に関する知識と理解		担当教科等の分野の指導法に関する能力		カリキュラムに関する知識		生徒の評価方法		指導用のICT（情報通信技術）技能		生徒の行動と学級経営		学校の管理運営	
	%	S.E.	%	S.E.	%	S.E.	%	S.E.	%	S.E.	%	S.E.	%	S.E.
アルバータ（カナダ）	3.8	(0.6)	2.7	(0.5)	3.2	(0.6)	6.1	(1.0)	8.4	(1.0)	4.1	(0.7)	4.9	(0.6)
オーストラリア	3.9	(0.5)	3.2	(0.4)	5.4	(0.6)	6.0	(0.5)	11.4	(0.8)	5.4	(0.4)	5.4	(0.5)
オーストリア	3.9	(0.4)	5.7	(0.4)	2.9	(0.3)	11.3	(0.6)	15.5	(0.6)	16.8	(0.7)	4.4	(0.3)
ベルギー	3.9	(0.3)	4.5	(0.3)	5.3	(0.4)	11.2	(0.7)	17.6	(0.7)	9.7	(0.5)	4.0	(0.4)
フランドル（ベルギー）	3.0	(0.3)	3.3	(0.4)	2.9	(0.3)	10.3	(0.8)	9.4	(0.9)	8.0	(0.7)	2.9	(0.4)
ブラジル	9.6	(0.7)	9.2	(0.8)	7.9	(0.7)	10.1	(0.8)	27.0	(1.2)	18.6	(1.0)	21.5	(1.2)
ブルガリア	18.8	(1.0)	17.3	(1.0)	19.5	(1.1)	16.8	(0.9)	22.6	(0.9)	21.8	(1.0)	10.6	(0.8)
ブエノスアイレス（アルゼンチン）	3.2	(0.4)	4.3	(0.4)	4.1	(0.7)	5.9	(0.6)	19.6	(1.2)	9.1	(1.0)	10.6	(1.3)
チリ	6.8	(0.6)	8.8	(0.7)	8.6	(0.7)	15.0	(0.9)	16.7	(0.8)	16.9	(0.9)	16.0	(0.8)
コロンビア	14.1	(1.0)	18.7	(1.1)	16.0	(1.3)	19.9	(1.3)	33.8	(1.5)	20.5	(1.1)	27.2	(1.3)
クロアチア	7.4	(0.5)	11.7	(1.0)	6.1	(0.4)	16.1	(0.8)	26.2	(0.9)	22.9	(0.9)	6.4	(0.5)
キプロス	2.3	(0.4)	4.9	(0.5)	4.5	(0.5)	6.2	(0.6)	10.8	(0.9)	10.9	(0.7)	9.3	(0.8)
チェコ	10.8	(0.6)	7.2	(0.5)	3.3	(0.4)	6.5	(0.6)	13.0	(0.6)	16.7	(0.9)	4.3	(0.4)
デンマーク	10.5	(0.7)	7.9	(0.7)	3.3	(0.6)	7.0	(0.7)	11.2	(0.9)	5.6	(0.6)	3.0	(0.4)
イングランド（イギリス）	2.8	(0.4)	1.9	(0.3)	3.5	(0.5)	4.2	(0.5)	5.3	(0.6)	2.9	(0.4)	4.0	(0.4)
エストニア	10.1	(0.6)	9.4	(0.6)	7.7	(0.5)	11.0	(0.6)	19.2	(0.9)	16.7	(0.8)	4.3	(0.5)
フィンランド	4.1	(0.5)	3.5	(0.5)	7.7	(0.7)	14.0	(1.0)	19.0	(1.0)	8.6	(0.7)	2.3	(0.3)
フランス	4.7	(0.4)	9.1	(0.6)	4.0	(0.4)	15.1	(0.7)	22.9	(0.9)	12.7	(0.9)	4.7	(0.5)
ジョージア	21.1	(1.3)	21.9	(1.2)	25.2	(1.2)	25.3	(1.2)	32.8	(1.2)	21.4	(1.2)	10.7	(0.9)
ハンガリー	6.5	(0.5)	8.2	(0.6)	5.4	(0.5)	6.8	(0.5)	20.5	(0.9)	13.1	(0.8)	4.4	(0.5)
アイスランド	10.7	(0.9)	9.4	(0.8)	10.2	(1.0)	18.8	(1.1)	21.1	(1.1)	18.9	(1.2)	4.2	(0.6)
イスラエル	15.9	(1.0)	18.5	(1.3)	12.7	(0.9)	16.6	(0.8)	29.2	(1.1)	21.6	(1.1)	14.6	(0.9)
イタリア	7.2	(0.5)	10.7	(0.6)	4.4	(0.4)	9.0	(0.6)	16.6	(0.7)	15.8	(0.6)	5.4	(0.4)
日本	59.2	(1.0)	63.5	(1.0)	27.7	(0.9)	43.2	(0.9)	39.0	(0.9)	43.4	(1.0)	16.7	(0.8)
カザフスタン	21.8	(0.9)	21.6	(0.9)	26.0	(0.9)	27.9	(0.9)	30.2	(0.9)	21.4	(0.9)	11.2	(0.6)
韓国	19.6	(0.9)	26.0	(1.0)	16.8	(0.9)	24.8	(0.9)	21.0	(0.8)	27.8	(1.0)	13.0	(0.6)
ラトビア	12.9	(0.9)	12.0	(1.1)	18.3	(1.4)	16.6	(1.1)	22.6	(1.1)	19.7	(1.2)	6.1	(0.6)
リトアニア	15.3	(0.8)	15.2	(0.8)	11.6	(0.6)	20.1	(0.8)	23.6	(0.8)	20.9	(1.0)	6.2	(0.4)
マルタ	3.7	(0.5)	3.9	(0.6)	6.9	(0.7)	14.9	(0.9)	14.0	(0.6)	11.4	(1.2)	9.1	(0.7)
メキシコ	7.2	(0.6)	10.3	(0.6)	11.7	(0.7)	9.9	(0.6)	16.5	(0.8)	12.1	(0.8)	15.1	(0.7)
オランダ	9.0	(1.0)	5.8	(0.9)	3.3	(0.6)	9.9	(1.0)	16.0	(1.2)	8.8	(1.0)	4.4	(0.6)
ニュージーランド	3.9	(0.5)	4.1	(0.6)	2.7	(0.4)	5.5	(0.7)	14.0	(0.9)	5.1	(0.5)	4.6	(0.5)
ノルウェー	7.5	(0.5)	8.8	(0.5)	8.3	(0.5)	12.0	(0.7)	22.2	(0.9)	10.5	(0.8)	3.8	(0.4)
ポルトガル	5.5	(0.4)	6.2	(0.5)	2.9	(0.3)	8.5	(0.5)	12.0	(0.6)	17.8	(0.7)	9.9	(0.6)
ルーマニア	8.7	(0.5)	10.1	(0.6)	10.5	(0.6)	13.4	(0.8)	21.2	(0.7)	17.2	(0.8)	14.3	(0.7)
ロシア	15.3	(0.9)	15.5	(1.0)	14.5	(0.9)	14.2	(0.7)	14.6	(0.9)	13.6	(0.8)	6.9	(0.5)
サウジアラビア	13.9	(0.8)	13.7	(0.9)	14.3	(0.8)	16.0	(1.0)	27.9	(1.1)	16.3	(0.9)	14.7	(0.9)
上海（中国）	30.3	(1.1)	34.4	(1.1)	29.8	(1.1)	32.0	(1.0)	30.2	(1.0)	30.9	(0.9)	16.5	(0.8)
シンガポール	5.7	(0.5)	9.7	(0.6)	6.2	(0.5)	13.5	(0.6)	14.0	(0.7)	9.0	(0.6)	6.4	(0.5)
スロバキア	11.1	(0.7)	10.7	(0.7)	10.9	(0.7)	11.3	(0.7)	16.6	(0.8)	19.1	(0.9)	8.2	(0.7)
スロベニア	4.2	(0.5)	4.3	(0.4)	2.5	(0.4)	7.2	(0.6)	8.5	(0.6)	15.8	(0.8)	3.6	(0.5)
南アフリカ共和国	11.0	(1.1)	12.6	(1.4)	12.3	(1.1)	10.2	(1.0)	31.5	(1.8)	15.9	(1.1)	18.9	(1.2)
スペイン	3.7	(0.4)	8.0	(0.5)	4.1	(0.3)	8.9	(0.5)	15.0	(0.6)	13.5	(0.6)	10.8	(0.5)
スウェーデン	7.4	(0.6)	5.9	(0.6)	4.3	(0.5)	9.1	(0.8)	22.2	(1.1)	7.6	(0.6)	4.0	(0.7)
台湾	15.5	(0.6)	20.6	(0.7)	14.6	(0.6)	13.7	(0.6)	24.2	(0.8)	20.7	(0.7)	8.6	(0.5)
トルコ	4.2	(0.4)	4.1	(0.4)	4.6	(0.5)	5.0	(0.4)	7.5	(0.5)	6.2	(0.5)	9.8	(0.6)
アラブ首長国連邦	5.0	(0.3)	5.7	(0.3)	6.2	(0.4)	7.2	(0.3)	9.6	(0.4)	7.6	(0.3)	9.9	(0.4)
アメリカ	2.0	(0.4)	2.8	(0.5)	3.1	(0.6)	4.6	(0.7)	10.2	(1.8)	5.3	(0.7)	4.2	(0.6)
ベトナム	80.5	(1.0)	79.4	(0.9)	72.2	(1.2)	66.1	(1.1)	55.5	(1.2)	68.4	(1.1)	21.6	(1.2)
OECD31か国平均	9.4	(0.1)	10.2	(0.1)	7.6	(0.1)	12.1	(0.1)	17.7	(0.2)	14.2	(0.1)	7.5	(0.1)
EU23か国全体	6.1	(0.1)	7.6	(0.2)	5.0	(0.1)	10.0	(0.2)	16.1	(0.2)	12.5	(0.2)	6.3	(0.2)
TALIS 参加 48 か国平均	11.8	(0.1)	12.8	(0.1)	10.8	(0.1)	14.3	(0.1)	20.0	(0.1)	16.2	(0.1)	9.2	(0.1)

表 5.4.1 [2/2] 教員の職能開発のニーズ（中学校）

中学校教員の回答に基づく

国　　名	個に応じた学習手法		特別な支援を要する生徒への指導[1]		多文化又は多言語環境における指導		教科横断的なスキルの指導（例：創造性、批判的思考力、問題解決能力）[3]		生徒の評価の分析と利用		教員と保護者間の協力		文化や国が異なる人々とのコミュニケーション	
	%	S.E.	%	S.E.	%	S.E.	%	S.E.	%	S.E.	%	S.E.	%	S.E.
アルバータ（カナダ）	6.4	(0.9)	11.5	(1.3)	9.6	(1.8)	5.8	(0.8)	5.8	(0.7)	2.0	(0.4)	4.4	(0.7)
オーストラリア	7.5	(0.6)	11.5	(0.7)	7.2	(0.5)	8.9	(0.7)	7.2	(0.6)	3.1	(0.4)	3.7	(0.5)
オーストリア	14.4	(0.7)	16.0	(0.7)	13.8	(0.7)	11.3	(0.6)	7.7	(0.5)	6.9	(0.4)	9.4	(0.6)
ベルギー	12.5	(0.5)	18.3	(0.7)	9.3	(0.5)	7.1	(0.5)	8.8	(0.5)	5.5	(0.4)	5.5	(0.4)
フランドル（ベルギー）	9.6	(0.7)	12.9	(0.9)	8.4	(0.8)	5.1	(0.5)	8.5	(0.6)	2.5	(0.3)	3.8	(0.5)
ブラジル	15.2	(0.9)	58.4	(1.2)	44.0	(1.3)	17.4	(0.9)	12.5	(0.9)	30.5	(1.3)	40.9	(1.3)
ブルガリア	15.2	(0.9)	27.2	(1.2)	21.2	(1.0)	12.2	(0.8)	14.0	(0.9)	20.2	(1.0)	18.5	(0.9)
ブエノスアイレス（アルゼンチン）	10.3	(0.7)	36.0	(1.4)	24.9	(1.3)	8.9	(0.8)	6.8	(0.6)	9.0	(0.8)	14.8	(0.8)
チリ	18.1	(1.0)	38.3	(1.2)	33.8	(1.2)	21.2	(1.0)	17.1	(0.8)	17.3	(1.0)	26.4	(1.0)
コロンビア	22.9	(1.2)	54.8	(1.4)	45.4	(1.5)	26.3	(1.4)	21.2	(1.1)	20.6	(1.2)	40.1	(1.3)
クロアチア	26.7	(1.0)	36.3	(1.1)	14.3	(1.0)	23.4	(0.8)	17.9	(0.9)	14.3	(0.6)	15.1	(0.8)
キプロス	9.7	(0.8)	27.4	(1.5)	19.6	(1.2)	11.9	(1.1)	8.6	(0.9)	10.2	(0.8)	13.5	(0.9)
チェコ	10.0	(0.7)	14.6	(0.8)	6.5	(0.5)	9.3	(0.6)	7.1	(0.5)	9.0	(0.6)	6.1	(0.4)
デンマーク	6.9	(0.6)	18.7	(1.0)	10.7	(0.9)	9.0	(0.7)	5.5	(0.5)	2.6	(0.4)	5.2	(0.6)
イングランド（イギリス）	2.5	(0.4)	5.9	(0.6)	4.9	(0.5)	3.4	(0.4)	3.6	(0.4)	1.4	(0.3)	2.9	(0.4)
エストニア	10.6	(0.8)	26.5	(1.2)	10.5	(0.8)	17.2	(0.7)	10.2	(0.7)	12.5	(0.8)	8.4	(0.6)
フィンランド	7.3	(0.5)	12.4	(0.8)	6.9	(0.6)	6.0	(0.5)	6.6	(0.6)	1.9	(0.3)	4.4	(0.5)
フランス	23.7	(0.8)	33.7	(0.9)	16.7	(0.8)	13.6	(0.7)	12.3	(0.7)	7.1	(0.5)	12.0	(0.8)
ジョージア	21.5	(1.0)	22.0	(1.0)	12.4	(0.8)	20.1	(0.9)	25.7	(1.2)	23.3	(1.3)	17.3	(0.9)
ハンガリー	11.1	(0.7)	22.0	(0.9)	12.6	(0.7)	13.6	(0.8)	8.3	(0.6)	8.5	(0.7)	9.8	(0.6)
アイスランド	12.0	(1.0)	17.4	(1.1)	19.4	(1.1)	10.1	(0.8)	9.0	(0.9)	5.7	(0.8)	9.5	(0.9)
イスラエル	12.0	(0.8)	25.2	(0.7)	16.5	(1.0)	25.3	(1.1)	19.0	(0.9)	16.4	(1.0)	15.2	(0.9)
イタリア	9.6	(0.6)	14.9	(0.6)	14.4	(0.6)	12.9	(0.7)	6.5	(0.5)	8.0	(0.5)	11.9	(0.7)
日本	**45.6**	**(0.9)**	**45.7**	**(1.0)**	**14.9**	**(0.8)**	**31.8**	**(0.9)**	**33.1**	**(0.8)**	**32.1**	**(0.9)**	**15.9**	**(0.8)**
カザフスタン	15.4	(0.7)	13.6	(0.6)	12.7	(0.5)	18.4	(0.7)	17.1	(0.8)	20.7	(0.9)	11.8	(0.6)
韓国	22.4	(0.8)	13.5	(0.8)	14.5	(0.9)	26.2	(1.0)	23.7	(0.8)	18.2	(0.8)	13.8	(0.8)
ラトビア	20.8	(1.2)	19.6	(1.0)	11.1	(1.1)	17.4	(1.2)	16.3	(1.3)	13.0	(1.4)	10.6	(0.8)
リトアニア	18.5	(0.8)	20.8	(1.0)	9.5	(0.5)	18.7	(0.8)	18.9	(0.8)	13.1	(0.7)	10.1	(0.5)
マルタ	10.2	(1.0)	20.4	(1.0)	20.4	(1.2)	15.2	(0.8)	13.3	(0.9)	7.0	(0.7)	12.2	(0.7)
メキシコ	14.6	(0.7)	53.2	(1.1)	45.9	(1.3)	13.6	(0.8)	10.0	(0.6)	21.9	(0.9)	31.9	(1.0)
オランダ	18.7	(1.5)	11.7	(1.3)	3.6	(0.5)	12.4	(1.1)	4.4	(0.6)	3.2	(0.6)	2.6	(0.4)
ニュージーランド	9.7	(0.7)	14.9	(1.0)	7.3	(0.8)	11.7	(0.8)	5.8	(0.6)	4.0	(0.4)	4.0	(0.6)
ノルウェー	6.7	(0.5)	17.7	(0.8)	12.6	(0.8)	12.8	(0.6)	8.9	(0.7)	4.1	(0.4)	6.4	(0.5)
ポルトガル	11.3	(0.6)	27.0	(0.8)	21.6	(0.8)	11.3	(0.6)	8.2	(0.5)	6.1	(0.4)	11.5	(0.6)
ルーマニア	21.5	(0.8)	35.1	(1.1)	27.1	(1.0)	22.8	(0.8)	14.4	(0.8)	17.4	(0.7)	27.4	(1.0)
ロシア	11.5	(0.7)	14.6	(0.7)	12.7	(0.8)	15.1	(0.8)	13.2	(0.8)	10.2	(0.6)	13.7	(0.9)
サウジアラビア	16.1	(1.0)	28.5	(1.3)	26.0	(1.2)	25.7	(1.2)	19.3	(1.0)	22.1	(1.0)	30.3	(1.3)
上海（中国）	35.4	(1.2)	24.7	(1.0)	22.0	(0.9)	30.0	(1.0)	27.6	(0.9)	28.2	(0.9)	19.2	(0.7)
シンガポール	12.1	(0.5)	19.9	(0.7)	5.4	(0.4)	15.2	(0.7)	13.1	(0.7)	4.9	(0.4)	4.1	(0.4)
スロバキア	14.5	(0.7)	26.5	(1.0)	9.3	(0.6)	16.3	(0.7)	10.2	(0.7)	11.0	(0.7)	8.2	(0.6)
スロベニア	8.6	(0.7)	23.2	(1.2)	14.3	(1.0)	10.6	(0.7)	6.9	(0.7)	8.7	(0.7)	7.8	(0.6)
南アフリカ共和国	16.4	(1.3)	38.6	(1.9)	19.9	(1.2)	15.2	(1.1)	12.8	(1.0)	18.6	(1.2)	21.2	(1.3)
スペイン	13.1	(0.6)	28.2	(0.7)	17.6	(0.6)	15.6	(0.6)	10.2	(0.6)	9.4	(0.4)	11.2	(0.5)
スウェーデン	11.3	(0.8)	18.0	(0.8)	14.8	(0.7)	8.0	(0.7)	6.6	(0.6)	3.8	(0.5)	7.1	(0.6)
台湾	16.0	(0.7)	13.8	(0.6)	12.4	(0.7)	26.1	(0.8)	16.7	(0.6)	13.2	(0.6)	9.9	(0.6)
トルコ	9.3	(0.6)	16.0	(0.8)	22.2	(0.8)	7.4	(0.6)	6.2	(0.5)	7.3	(0.6)	24.6	(0.9)
アラブ首長国連邦	7.9	(0.3)	18.1	(0.5)	10.1	(0.4)	9.5	(0.3)	8.2	(0.4)	6.9	(0.3)	9.8	(0.3)
アメリカ	7.3	(0.7)	9.2	(1.1)	6.1	(1.1)	6.2	(0.6)	5.1	(1.1)	4.0	(0.6)	4.7	(0.9)
ベトナム	41.2	(1.4)	25.6	(1.3)	19.1	(1.5)	66.2	(1.2)	63.3	(1.3)	61.5	(1.2)	19.0	(1.1)
OECD31か国平均	13.6	(0.1)	22.2	(0.2)	15.0	(0.2)	13.6	(0.1)	10.7	(0.1)	9.3	(0.1)	11.1	(0.1)
EU23か国全体	13.2	(0.2)	21.0	(0.2)	13.4	(0.2)	12.1	(0.2)	8.6	(0.2)	7.4	(0.1)	9.9	(0.2)
TALIS 参加 48 か国平均	**15.1**	**(0.1)**	**23.9**	**(0.1)**	**16.4**	**(0.1)**	**16.1**	**(0.1)**	**13.2**	**(0.1)**	**12.6**	**(0.1)**	**13.4**	**(0.1)**

1．「特別な支援を要する生徒」とは、精神的、身体的又は情緒的に困難な条件にあることによって、特別な学習を行う必要性が公式に認定されている生徒をいう。

表 5.4.2［1/2］　教員の職能開発のニーズ（小学校）

小学校教員の回答に基づく

国　　名	担当教科等の分野に関する知識と理解		担当教科等の分野の指導法に関する能力		カリキュラムに関する知識		児童の評価方法		指導用のICT（情報通信技術）技能		児童の行動と学級経営		学校の管理運営	
	%	S.E.	%	S.E.	%	S.E.	%	S.E.	%	S.E.	%	S.E.	%	S.E.
フランドル（ベルギー）	2.1	(0.3)	3.6	(0.4)	1.9	(0.3)	8.7	(0.6)	15.1	(0.8)	12.3	(0.7)	4.2	(0.4)
ブエノスアイレス（アルゼンチン）	4.4	(0.6)	4.2	(0.5)	4.2	(0.6)	6.2	(0.7)	24.5	(1.1)	12.6	(1.1)	13.3	(1.0)
デンマーク	10.1	(0.7)	8.5	(0.7)	3.7	(0.4)	7.6	(0.6)	14.3	(0.8)	9.3	(0.6)	2.0	(0.4)
イングランド（イギリス）	1.3	(0.3)	1.1	(0.3)	1.2	(0.3)	2.2	(0.4)	8.3	(0.7)	1.3	(0.3)	2.6	(0.4)
フランス	3.8	(0.6)	9.6	(1.1)	3.1	(0.6)	14.7	(1.0)	34.6	(2.1)	19.6	(1.6)	6.2	(0.9)
日本	54.2	(0.8)	60.9	(0.9)	28.4	(0.8)	46.1	(0.9)	38.8	(0.8)	52.5	(1.0)	17.5	(0.7)
韓国	20.1	(0.8)	25.7	(0.9)	20.6	(0.8)	23.9	(0.9)	21.2	(0.9)	33.3	(1.0)	13.2	(0.7)
スペイン	4.4	(0.3)	7.1	(0.4)	5.5	(0.4)	12.4	(0.7)	22.1	(0.8)	14.6	(0.6)	12.5	(0.7)
スウェーデン	3.9	(0.4)	3.9	(0.4)	4.0	(0.5)	12.7	(0.8)	25.0	(1.1)	8.1	(0.7)	3.5	(0.4)
台湾	18.1	(0.8)	23.4	(0.7)	16.1	(0.7)	15.5	(0.6)	23.3	(0.7)	25.2	(0.8)	8.5	(0.5)
トルコ	4.3	(0.5)	4.4	(0.6)	4.7	(0.7)	5.0	(0.5)	7.7	(0.7)	6.8	(0.7)	9.9	(0.9)
アラブ首長国連邦	4.9	(0.3)	5.8	(0.3)	6.3	(0.3)	8.1	(0.4)	11.0	(0.4)	8.0	(0.4)	9.4	(0.4)
ベトナム	77.0	(0.7)	78.1	(0.7)	72.3	(0.7)	72.2	(0.8)	55.8	(0.8)	71.8	(0.8)	22.8	(0.6)
オーストラリア	2.4	(0.3)	2.7	(0.4)	3.1	(0.4)	5.6	(0.5)	17.9	(0.8)	5.6	(0.5)	5.0	(0.5)
オランダ	8.1	(0.8)	6.3	(0.8)	6.8	(0.7)	5.7	(0.8)	17.3	(1.1)	11.7	(0.9)	4.7	(0.6)

表 5.4.2［2/2］　教員の職能開発のニーズ（小学校）

小学校教員の回答に基づく

国　　名	個に応じた学習手法		特別な支援を要する児童への指導[1]		多文化又は多言語環境における指導		教科横断的なスキルの指導（例：創造性、批判的思考力、問題解決能力）		児童の評価の分析と利用		教員と保護者間の協力		文化や国が異なる人々とのコミュニケーション	
	%	S.E.	%	S.E.	%	S.E.	%	S.E.	%	S.E.	%	S.E.	%	S.E.
フランドル（ベルギー）	12.8	(0.7)	23.8	(0.9)	10.7	(0.7)	5.9	(0.5)	7.0	(0.6)	3.0	(0.3)	4.9	(0.5)
ブエノスアイレス（アルゼンチン）	13.0	(1.0)	40.6	(1.5)	26.0	(1.2)	11.3	(1.0)	7.2	(0.7)	9.9	(0.7)	15.5	(1.0)
デンマーク	8.0	(0.6)	29.0	(0.9)	14.3	(0.8)	7.9	(0.6)	7.8	(0.6)	4.3	(0.5)	6.5	(0.6)
イングランド（イギリス）	1.8	(0.3)	5.2	(0.6)	4.3	(0.6)	3.3	(0.5)	2.6	(0.4)	1.2	(0.3)	2.7	(0.5)
フランス	28.2	(1.4)	46.9	(1.9)	20.7	(1.4)	17.2	(1.1)	12.1	(1.0)	8.2	(0.9)	13.9	(1.0)
日本	55.0	(0.9)	61.1	(1.0)	20.5	(0.7)	34.7	(0.9)	36.5	(0.9)	36.5	(0.9)	20.0	(0.7)
韓国	24.6	(0.9)	15.5	(0.8)	18.5	(0.8)	29.5	(1.0)	24.7	(0.9)	26.0	(0.9)	15.1	(0.7)
スペイン	12.8	(0.6)	27.1	(0.8)	18.3	(0.8)	17.1	(0.7)	12.1	(0.6)	10.2	(0.6)	12.5	(0.7)
スウェーデン	11.7	(0.8)	20.0	(1.0)	14.5	(1.0)	5.2	(0.5)	8.4	(0.7)	3.5	(0.5)	6.5	(0.7)
台湾	20.4	(0.7)	20.8	(0.8)	15.0	(0.6)	29.1	(0.8)	18.5	(0.7)	14.8	(0.6)	11.5	(0.6)
トルコ	9.8	(0.9)	16.2	(1.1)	20.5	(1.1)	8.4	(0.8)	5.5	(0.6)	7.8	(0.7)	22.5	(1.3)
アラブ首長国連邦	9.3	(0.4)	19.5	(0.5)	11.0	(0.4)	10.6	(0.4)	9.0	(0.4)	6.9	(0.4)	9.6	(0.4)
ベトナム	49.2	(0.8)	39.2	(0.7)	22.5	(0.5)	68.6	(0.7)	69.2	(0.8)	65.0	(0.8)	25.2	(0.6)
オーストラリア	8.2	(0.6)	11.2	(0.6)	7.1	(0.6)	8.9	(0.6)	7.3	(0.6)	2.8	(0.4)	4.3	(0.5)
オランダ	16.2	(1.2)	21.9	(1.2)	6.0	(0.7)	19.6	(1.2)	9.5	(0.9)	5.9	(0.8)	3.1	(0.6)

1．「特別な支援を要する児童」とは、精神的、身体的又は情緒的に困難な条件にあることによって、特別な学習を行う必要性が公式に認定されている児童をいう。

5.4.2 校長を対象とした職能開発のニーズ

表 5.4.3 は、中学校校長の職能開発のニーズの割合を示している。

日本の中学校校長は「学校の教育課程の編成」(55.6%)、「授業実践の観察」(52.7%)、「教員間の連携の向上」(51.9%)、「人事管理」(50.5%) に対するニーズの回答の割合が 50% を超えており、他の日本の回答項目と比べて割合が高い。

他の参加国と比較すると、上記の質問項目は全て上海、ベトナムに続いて３番目に高い割合となっており、これら３つの質問項目に加えて「現在の国や地方自治体の教育政策についての知識や理解」(47.8%)、「リーダーシップに関する新しい研究や理論についての知識や理解」(48.1%) も同様に、参加国の中で３番目に高い割合となっている。

表 5.4.4 は、小学校校長の職能開発のニーズの割合を示している。

日本の小学校校長は、「学校の教育課程の編成」についてのニーズがあると答えた割合が参加国の中で最も高く、日本 (59.6%)、ベトナム (59.0%)、台湾 (54.5%)、韓国 (42.0%) の順である。

日本の各項目の割合を見ると、「リーダーシップに関する新しい研究や理論についての知識や理解」(56.6%)、「教員間の連携の向上」(51.4%)、「授業実践の観察」(50.7%)、「人事管理」(49.5%)、「現在の国や地方自治体の教育政策についての知識や理解」(48.1%)、に関するニーズの割合が、他の項目の割合よりも比較的高い。

表 5.4.3 ［1/2］　校長の職能開発のニーズ（中学校）

中学校校長の回答に基づく

国　名	現在の国や地方自治体の教育政策についての知識や理解		リーダーシップに関する新しい研究や理論についての知識や理解		学校の質を向上するためのデータの活用		学校の教育課程の編成		教員向け、又は教員と共に行う職能開発の計画		授業実践の観察	
	%	S.E.	%	S.E.	%	S.E.	%	S.E.	%	S.E.	%	S.E.
アルバータ（カナダ）	9.9	(4.2)	4.6	(2.2)	10.8	(4.1)	7.1	(2.7)	6.1	(2.0)	5.8	(3.6)
オーストリア	8.1	(1.9)	20.9	(2.7)	10.4	(2.4)	9.6	(2.5)	16.5	(2.9)	8.8	(2.2)
ベルギー	11.0	(2.0)	17.5	(2.1)	40.2	(3.5)	16.6	(2.5)	22.8	(2.7)	11.9	(2.3)
フランドル（ベルギー）	8.9	(2.4)	21.7	(2.6)	42.2	(4.0)	23.4	(3.7)	25.4	(3.2)	15.0	(2.7)
ブラジル	25.8	(3.7)	24.8	(3.8)	41.2	(4.0)	25.1	(3.7)	33.4	(3.7)	20.5	(3.3)
ブルガリア	36.8	(4.0)	32.6	(3.5)	34.0	(3.9)	21.1	(3.5)	22.2	(3.3)	18.7	(3.3)
ブエノスアイレス（アルゼンチン）	7.0	(2.6)	16.1	(3.9)	18.1	(3.7)	11.7	(3.1)	14.5	(3.4)	13.1	(3.4)
チリ	16.9	(3.1)	14.6	(2.8)	13.2	(2.9)	7.3	(2.0)	24.2	(3.2)	16.9	(3.4)
コロンビア	37.5	(6.0)	28.1	(5.4)	46.8	(5.8)	47.2	(5.3)	37.9	(4.9)	23.3	(5.0)
クロアチア	21.6	(4.1)	18.7	(3.5)	35.1	(5.3)	42.7	(6.3)	21.8	(3.9)	20.6	(4.9)
キプロス	10.1	(3.1)	9.3	(1.8)	19.9	(4.1)	10.4	(2.9)	21.6	(4.6)	11.6	(3.5)
チェコ	7.1	(1.9)	16.0	(2.6)	20.7	(2.9)	9.6	(2.2)	27.5	(3.1)	26.7	(3.5)
デンマーク	6.6	(2.2)	3.5	(1.5)	12.2	(3.0)	1.5	(1.1)	3.4	(1.8)	5.1	(1.8)
イングランド（イギリス）	1.7	(1.0)	2.1	(1.1)	2.3	(1.3)	2.8	(1.3)	2.0	(1.2)	1.6	(1.1)
エストニア	13.8	(2.4)	19.5	(2.8)	23.6	(3.2)	16.4	(2.6)	25.6	(3.1)	4.7	(1.5)
フィンランド	3.7	(1.5)	3.0	(1.3)	5.0	(2.2)	4.4	(2.1)	17.7	(2.9)	5.4	(2.2)
フランス	8.6	(2.0)	5.9	(1.7)	14.0	(2.8)	5.6	(1.8)	21.4	(3.2)	6.2	(1.7)
ジョージア	17.5	(3.4)	12.1	(2.5)	35.2	(3.9)	23.3	(3.1)	29.4	(3.7)	26.4	(3.6)
ハンガリー	13.1	(2.6)	22.0	(3.5)	30.6	(3.8)	18.6	(3.4)	17.8	(3.6)	14.4	(2.8)
アイスランド	4.2	(2.1)	6.4	(2.6)	10.6	(3.0)	5.4	(2.4)	13.7	(3.8)	25.5	(4.4)
イスラエル	18.8	(3.2)	17.8	(3.3)	33.7	(4.1)	22.1	(3.3)	30.7	(3.9)	20.0	(3.5)
イタリア	9.1	(2.0)	10.2	(2.4)	26.2	(3.3)	21.9	(3.8)	30.9	(3.7)	22.5	(3.7)
日本	47.8	(3.7)	48.1	(4.0)	46.8	(4.2)	55.6	(4.3)	35.8	(4.3)	52.7	(4.1)
カザフスタン	19.5	(2.9)	18.0	(3.3)	25.9	(3.2)	26.1	(3.3)	23.4	(3.7)	24.3	(3.1)
韓国	38.0	(3.9)	30.7	(3.7)	39.1	(3.7)	37.3	(4.5)	41.3	(4.8)	27.0	(4.0)
ラトビア	14.5	(3.6)	25.0	(7.4)	30.2	(5.5)	18.4	(3.5)	16.9	(4.5)	22.6	(4.6)
リトアニア	22.4	(3.3)	25.9	(2.8)	45.9	(4.6)	24.9	(4.6)	21.0	(3.9)	16.2	(3.3)
マルタ	5.5	(3.2)	11.4	(4.5)	9.1	(4.0)	6.0	(3.5)	13.2	(4.3)	1.8	(1.8)
メキシコ	18.0	(2.2)	25.5	(3.3)	24.1	(3.4)	16.0	(2.5)	22.0	(3.1)	13.8	(2.5)
オランダ	10.4	(2.9)	14.4	(3.1)	25.6	(4.1)	26.4	(3.8)	37.1	(4.4)	7.2	(1.8)
ニュージーランド	14.5	(7.3)	15.1	(6.4)	18.7	(6.0)	9.0	(3.5)	14.5	(7.4)	12.6	(7.3)
ノルウェー	7.7	(2.5)	11.1	(3.1)	11.6	(3.2)	21.6	(3.5)	11.4	(3.0)	18.8	(3.3)
ポルトガル	15.8	(2.7)	21.6	(3.2)	33.5	(3.8)	24.9	(3.2)	14.9	(2.8)	9.4	(2.2)
ルーマニア	26.5	(3.6)	21.5	(3.3)	36.8	(4.0)	28.3	(3.5)	31.9	(4.1)	17.5	(3.3)
ロシア	17.4	(4.2)	21.5	(4.5)	25.5	(4.6)	19.1	(3.4)	22.7	(3.3)	15.8	(3.4)
サウジアラビア	20.7	(3.2)	17.4	(2.8)	24.7	(3.8)	24.4	(3.8)	38.8	(4.2)	19.0	(3.2)
上海（中国）	60.6	(4.1)	65.8	(3.7)	84.1	(2.6)	82.1	(2.8)	84.1	(2.6)	69.1	(4.3)
シンガポール	6.9	(2.3)	5.9	(2.3)	12.8	(2.9)	7.5	(2.4)	5.3	(1.7)	2.1	(1.0)
スロバキア	20.9	(3.3)	16.9	(2.6)	41.1	(3.9)	22.9	(3.2)	10.6	(2.2)	18.7	(2.8)
スロベニア	16.9	(3.2)	6.2	(2.2)	29.9	(4.1)	17.6	(3.4)	22.7	(3.8)	17.0	(3.8)
南アフリカ共和国	42.1	(5.0)	28.4	(4.0)	39.9	(4.9)	32.4	(4.5)	38.5	(5.1)	16.3	(3.7)
スペイン	15.7	(2.8)	19.0	(2.5)	26.1	(3.4)	14.3	(2.1)	22.7	(3.8)	11.3	(2.5)
スウェーデン	5.2	(2.0)	4.0	(1.8)	11.2	(2.8)	a	a	7.6	(2.2)	8.6	(2.6)
台湾	23.9	(3.4)	27.0	(3.2)	47.0	(3.9)	50.8	(3.9)	45.4	(4.2)	25.9	(2.8)
トルコ	10.6	(3.3)	11.8	(2.8)	10.3	(2.8)	11.8	(2.9)	13.8	(2.7)	15.3	(3.3)
アラブ首長国連邦	17.7	(1.7)	19.8	(1.9)	29.1	(2.1)	17.1	(1.9)	19.0	(1.7)	13.8	(1.6)
アメリカ	1.1	(0.6)	13.8	(10.1)	21.6	(9.9)	15.8	(10.0)	20.2	(9.1)	2.5	(1.3)
ベトナム	56.7	(3.9)	61.0	(4.1)	66.0	(4.1)	62.3	(4.2)	50.9	(4.9)	60.9	(4.5)
OECD30か国平均	14.3	(0.6)	16.0	(0.7)	23.9	(0.7)	17.7	(0.7)	20.4	(0.7)	15.1	(0.6)
EU23か国全体	13.1	(0.7)	14.2	(0.7)	23.5	(0.9)	15.5	(0.8)	20.7	(1.0)	13.1	(0.8)
TALIS 参加 47 か国平均	18.0	(0.5)	19.0	(0.5)	27.7	(0.6)	21.8	(0.5)	24.0	(0.6)	17.7	(0.5)
オーストラリア	1.7	(0.8)	2.1	(0.9)	14.9	(3.9)	5.7	(2.7)	6.6	(2.9)	3.2	(1.1)

表 5.4.3 [2/2]　校長の職能開発のニーズ（中学校）

中学校校長の回答に基づく

国　名	効果的なフィードバックの与え方		公平さと多様性の促進		教員間の連携の向上		人事管理		財務管理	
	%	S.E.	%	S.E.	%	S.E.	%	S.E.	%	S.E.
アルバータ（カナダ）	9.0	(3.8)	3.2	(1.8)	5.9	(2.3)	5.3	(2.3)	6.0	(2.9)
オーストリア	16.0	(3.1)	9.2	(2.1)	22.1	(2.9)	10.5	(2.3)	7.6	(1.8)
ベルギー	20.9	(2.9)	16.4	(2.5)	42.0	(3.5)	23.9	(2.6)	12.0	(2.1)
フランドル（ベルギー）	26.8	(3.6)	20.0	(2.9)	40.4	(3.7)	20.1	(3.3)	11.4	(2.9)
ブラジル	24.8	(3.8)	21.2	(3.6)	31.4	(4.1)	27.9	(3.7)	34.8	(4.4)
ブルガリア	24.4	(3.7)	w	w	33.0	(4.2)	32.1	(3.8)	38.9	(4.2)
ブエノスアイレス（アルゼンチン）	14.8	(3.4)	7.5	(2.5)	15.2	(3.4)	8.5	(2.7)	17.3	(3.8)
チリ	17.7	(3.3)	14.6	(3.0)	14.7	(2.6)	13.4	(2.7)	20.9	(3.3)
コロンビア	26.5	(5.5)	31.5	(6.3)	42.1	(5.2)	34.1	(5.7)	46.9	(6.1)
クロアチア	29.6	(5.4)	28.8	(5.3)	43.1	(4.5)	47.5	(5.0)	40.5	(4.1)
キプロス	15.8	(4.1)	7.3	(2.7)	15.6	(3.8)	18.9	(4.1)	15.2	(3.5)
チェコ	37.4	(3.3)	10.2	(2.3)	47.7	(3.6)	42.0	(3.7)	41.0	(3.6)
デンマーク	7.2	(2.2)	0.6	(0.6)	8.5	(2.4)	7.3	(2.2)	8.1	(2.1)
イングランド（イギリス）	0.5	(0.5)	2.9	(1.9)	2.1	(1.3)	5.7	(1.7)	9.3	(2.7)
エストニア	28.2	(3.3)	9.7	(2.0)	36.5	(3.8)	26.2	(3.3)	26.1	(3.4)
フィンランド	11.0	(2.3)	4.8	(1.7)	27.7	(4.0)	17.3	(3.4)	19.0	(3.5)
フランス	6.3	(2.1)	9.6	(2.4)	31.7	(4.0)	23.8	(3.7)	23.0	(3.6)
ジョージア	25.2	(3.4)	19.0	(3.1)	26.2	(3.4)	25.7	(3.4)	32.1	(3.7)
ハンガリー	26.0	(3.0)	17.0	(3.1)	34.0	(4.3)	27.1	(3.6)	17.2	(3.2)
アイスランド	28.7	(4.6)	11.6	(3.5)	20.4	(4.3)	18.9	(4.1)	18.9	(4.4)
イスラエル	21.9	(3.2)	13.3	(2.7)	26.5	(3.7)	17.0	(3.0)	26.9	(3.7)
イタリア	24.1	(3.3)	21.8	(3.4)	28.8	(3.4)	32.6	(3.7)	27.4	(3.7)
日本	34.1	(3.2)	28.5	(3.7)	51.9	(3.8)	50.5	(3.7)	17.5	(2.4)
カザフスタン	25.2	(3.2)	11.9	(2.5)	34.9	(3.5)	32.1	(3.6)	25.9	(3.4)
韓国	31.3	(4.4)	33.5	(4.7)	42.4	(4.7)	44.8	(4.9)	49.7	(4.8)
ラトビア	35.1	(5.7)	15.8	(3.9)	39.3	(5.7)	23.6	(4.1)	17.3	(2.6)
リトアニア	34.1	(3.9)	13.4	(3.0)	24.9	(3.3)	26.9	(4.1)	33.8	(4.5)
マルタ	1.8	(1.8)	3.7	(3.2)	9.6	(2.2)	5.9	(3.4)	11.4	(4.6)
メキシコ	18.4	(2.7)	12.4	(2.2)	23.5	(3.3)	13.2	(2.3)	25.1	(3.5)
オランダ	16.0	(2.9)	11.2	(2.5)	28.8	(4.2)	15.2	(3.2)	8.8	(2.4)
ニュージーランド	6.3	(5.0)	7.5	(5.0)	12.7	(5.4)	4.9	(1.8)	21.6	(5.2)
ノルウェー	17.1	(3.0)	5.3	(1.1)	18.8	(3.3)	7.5	(2.2)	14.2	(2.8)
ポルトガル	14.4	(2.4)	13.7	(2.7)	38.3	(3.7)	24.4	(3.2)	45.9	(3.6)
ルーマニア	23.0	(2.9)	27.0	(3.6)	31.6	(4.0)	41.1	(4.2)	55.0	(3.5)
ロシア	28.1	(5.0)	18.2	(4.2)	25.2	(4.9)	30.3	(4.1)	42.9	(5.8)
サウジアラビア	27.4	(3.8)	18.7	(3.5)	22.7	(3.5)	27.2	(3.6)	24.5	(4.0)
上海（中国）	74.3	(3.4)	63.3	(4.2)	75.3	(3.2)	65.3	(4.1)	56.4	(4.3)
シンガポール	3.7	(1.2)	3.1	(1.0)	3.7	(1.4)	7.1	(2.8)	9.8	(2.2)
スロバキア	34.6	(4.0)	14.9	(2.3)	36.1	(3.9)	35.1	(3.7)	39.4	(3.9)
スロベニア	21.3	(3.7)	9.9	(2.5)	22.8	(3.6)	17.3	(3.0)	28.0	(4.3)
南アフリカ共和国	18.5	(4.2)	24.1	(4.3)	29.0	(4.2)	26.5	(3.9)	43.2	(4.5)
スペイン	11.8	(2.5)	17.8	(4.0)	27.8	(3.9)	27.0	(4.0)	19.8	(4.1)
スウェーデン	11.3	(3.3)	4.0	(1.5)	7.1	(2.4)	7.7	(2.7)	18.0	(3.6)
台湾	28.3	(3.4)	9.3	(1.9)	48.0	(3.6)	23.6	(3.2)	11.0	(2.3)
トルコ	12.5	(3.2)	11.7	(3.0)	13.7	(3.1)	16.5	(3.5)	19.5	(3.7)
アラブ首長国連邦	13.8	(1.5)	9.9	(1.4)	12.0	(1.6)	13.3	(1.6)	14.1	(1.7)
アメリカ	1.6	(0.8)	1.5	(0.6)	2.3	(1.3)	5.9	(2.3)	11.4	(4.1)
ベトナム	59.5	(4.3)	62.2	(4.2)	77.5	(3.8)	73.3	(3.8)	74.8	(3.6)
OECD30か国平均	19.4	(0.6)	12.6	(0.5)	26.0	(0.7)	20.9	(0.6)	22.7	(0.7)
EU23か国全体	17.5	(0.8)	14.3	(0.9)	28.1	(1.1)	26.0	(1.1)	26.3	(1.1)
TALIS 参加 47 か国平均	21.7	(0.5)	15.5	(0.5)	28.0	(0.5)	24.1	(0.5)	26.1	(0.5)
オーストラリア	6.9	(2.1)	2.0	(1.2)	5.3	(1.8)	9.8	(3.4)	8.8	(2.1)

表 5.4.4 ［1/2］　校長の職能開発のニーズ（小学校）

小学校校長の回答に基づく

国名	リーダーシップに関する新しい研究や理論についての知識や理解		現在の国や地方自治体の教育政策についての知識や理解		学校の質を向上するためのデータの活用		学校の教育課程の編成		教員向け、又は教員と共に行う職能開発の計画		授業実践の観察	
	%	S.E.	%	S.E.	%	S.E.	%	S.E.	%	S.E.	%	S.E.
フランドル（ベルギー）	14.3	(2.7)	20.2	(2.9)	39.0	(4.6)	32.5	(3.8)	33.8	(4.0)	19.3	(3.2)
ブエノスアイレス（アルゼンチン）	8.3	(2.5)	7.6	(2.2)	5.2	(1.8)	5.2	(1.8)	7.6	(2.2)	10.7	(2.7)
デンマーク	7.8	(2.4)	4.9	(2.3)	12.8	(3.7)	2.2	(1.0)	8.1	(2.4)	7.5	(3.0)
イングランド（イギリス）	1.9	(0.9)	3.2	(0.9)	4.1	(1.9)	2.4	(1.1)	1.9	(0.9)	1.6	(0.8)
フランス	10.5	(2.7)	9.1	(2.3)	10.2	(2.5)	11.4	(2.9)	22.6	(3.5)	16.8	(4.2)
日本	56.6	(3.9)	48.1	(4.7)	44.5	(3.8)	59.6	(3.9)	38.1	(3.8)	50.7	(4.2)
韓国	38.8	(5.8)	36.5	(5.0)	38.9	(4.4)	42.0	(5.5)	41.2	(5.5)	35.3	(4.9)
スペイン	16.5	(2.2)	11.4	(2.3)	15.9	(2.4)	16.2	(2.3)	17.3	(3.0)	10.3	(2.1)
スウェーデン	3.8	(1.9)	10.7	(4.3)	13.7	(3.4)	a	a	14.0	(4.1)	10.3	(2.8)
台湾	26.4	(3.2)	29.3	(3.4)	45.3	(3.5)	54.5	(3.6)	57.5	(4.0)	39.6	(4.0)
トルコ	13.1	(4.4)	15.8	(4.1)	16.7	(4.4)	13.7	(3.7)	21.7	(5.2)	9.0	(3.0)
アラブ首長国連邦	15.4	(1.6)	15.5	(1.7)	26.5	(2.0)	17.0	(1.7)	16.4	(1.7)	13.4	(1.6)
ベトナム	66.3	(3.2)	63.5	(3.4)	81.7	(2.8)	59.0	(4.2)	55.9	(3.9)	61.9	(3.9)
オーストラリア	6.3	(2.0)	7.4	(1.9)	16.4	(3.0)	6.8	(2.3)	9.1	(2.6)	8.7	(2.4)
オランダ	16.1	(3.9)	12.1	(3.3)	28.1	(4.0)	20.5	(3.6)	35.9	(5.0)	13.1	(3.5)

表 5.4.4 ［2/2］　校長の職能開発のニーズ（小学校）

小学校校長の回答に基づく

国名	効果的なフィードバックの与え方		公平さと多様性の促進		教員間の連携の向上		人事管理		財務管理	
	%	S.E.	%	S.E.	%	S.E.	%	S.E.	%	S.E.
フランドル（ベルギー）	28.7	(3.7)	15.1	(2.5)	31.3	(3.8)	13.9	(2.8)	10.1	(2.8)
ブエノスアイレス（アルゼンチン）	8.8	(2.4)	11.2	(2.5)	15.3	(3.2)	14.5	(3.1)	16.3	(2.3)
デンマーク	9.6	(3.2)	1.5	(0.9)	4.4	(1.8)	3.1	(1.5)	8.5	(2.9)
イングランド（イギリス）	1.4	(0.8)	1.7	(0.9)	2.6	(0.9)	9.4	(2.1)	10.2	(2.6)
フランス	12.4	(3.1)	7.9	(2.4)	26.0	(3.6)	23.1	(3.7)	9.2	(2.3)
日本	34.9	(3.5)	23.3	(3.8)	51.4	(3.9)	49.5	(4.0)	18.8	(3.6)
韓国	37.5	(4.7)	34.1	(5.9)	42.8	(5.7)	49.6	(4.9)	48.4	(3.7)
スペイン	14.9	(2.5)	22.7	(3.5)	28.8	(3.5)	20.5	(2.6)	14.5	(2.1)
スウェーデン	9.7	(2.5)	9.2	(2.9)	11.3	(3.0)	7.6	(2.4)	12.4	(3.2)
台湾	40.5	(3.6)	8.5	(2.1)	45.8	(3.9)	22.2	(3.5)	11.9	(2.5)
トルコ	10.2	(3.4)	11.8	(2.9)	13.4	(3.5)	16.3	(4.3)	21.6	(3.4)
アラブ首長国連邦	13.9	(1.6)	9.8	(1.2)	10.9	(1.4)	10.3	(1.3)	12.8	(1.5)
ベトナム	59.5	(4.1)	55.9	(4.2)	78.0	(3.6)	73.4	(3.0)	73.9	(3.4)
オーストラリア	12.1	(2.6)	3.2	(1.3)	8.5	(2.3)	12.4	(3.0)	20.8	(3.0)
オランダ	17.3	(3.6)	5.6	(2.6)	22.4	(4.0)	8.4	(2.2)	11.6	(3.2)

5.4.3 職能開発のニーズの特徴

表5.4.5は、中学校校長の「教員間の連携の向上」に対する職能開発のニーズの割合を、「学校の種類」「社会経済的に困難な家庭環境にある生徒」「特別な支援を要する生徒」別に示している。

「学校の種類」で分けた時の、教員間の連携に対するニーズの違いを見ると、日本は「私立」(28.4%)の学校の方が「国公立」(53.6%)の学校よりも統計的に有意に値が低い(マイナス25.2ポイント)。「社会経済的に困難な家庭環境にある生徒」の割合で分けた時の「教員間の連携の向上」に対するニーズの違いを見ると、日本は「30%以下」(49.3%)と回答した中学校校長の値の方が、「30%を超える」(79.7%)と回答した中学校校長の値よりも30.4ポイント低く、統計的に有意差がある。また、この差は参加国の中で最も高く、クロアチア、コロンビアが日本に続いている。さらに、「特別な支援を要する生徒」が「10%を超える」と回答した中学校校長の「教員間の連携の向上」に対する職能開発のニーズの割合(68.3%)は、参加国の中で最も高い。

表5.4.6は、中学校教員の職能開発のニーズの割合の経年変化を示している。

「生徒の評価方法」を見ると、日本は「TALIS 2013」(39.6%)と「TALIS 2018」(43.2%)ともに参加国の中で最も割合が高く、経年変化の値(3.5ポイント増)には統計的に有意差がある。「指導用のICT技能」の値を見ると、「TALIS 2013」では25.9%だったのが「TALIS 2018」では39.0%とその割合が参加国の中で最も高くなり、その値の伸び(13.1ポイント増)は他の参加国と比べて最も大きい。また、この差には統計的に有意差がある。同様に、「学校の管理運営」(2.2ポイント増)、「特別な支援を要する生徒への指導」(5.1ポイント増)、「多文化又は多言語環境における指導」(4.1ポイント増)にも統計的に有意な増加が見られる。

表 5.4.5　教員間の連携の向上に対する校長の職能開発のニーズ（中学校）

中学校校長の回答に基づく

国　名	全体		学校の種類						社会経済的に困難な家庭環境にある生徒[1]						特別な支援を要する生徒[2]					
			国公立 (a)[3]		私立 (b)[4]		(b)−(a)		30% 以下 (a)		30% を超える (b)		(b)−(a)		10% 以下 (a)		10% を超える (b)		(b)−(a)	
	%	S.E.	%	S.E.	%	S.E.	差	S.E.	%	S.E.	%	S.E.	差	S.E.	%	S.E.	%	S.E.	差	S.E.
アルバータ（カナダ）	5.9	(2.3)	6.6	(2.6)	c	c	c	c	5.3	(2.4)	12.5	(7.8)	7.3	(8.1)	5.1	(2.9)	7.4	(3.8)	2.3	(4.8)
オーストリア	22.1	(2.9)	21.3	(3.0)	26.9	(11.2)	5.6	(11.8)	22.5	(3.5)	21.2	(6.0)	-1.3	(7.3)	22.8	(3.2)	17.0	(8.8)	-5.8	(9.8)
ベルギー	42.0	(3.5)	44.7	(5.7)	40.7	(3.7)	-4.0	(6.0)	42.9	(3.9)	38.9	(7.3)	-4.0	(7.7)	42.3	(4.5)	41.9	(5.7)	-0.4	(7.1)
フランドル（ベルギー）	40.4	(3.7)	40.8	(7.5)	40.8	(4.3)	0.0	(8.7)	42.9	(4.4)	32.3	(10.5)	-10.7	(11.5)	36.1	(5.6)	46.9	(6.3)	10.8	(8.8)
ブラジル	31.4	(4.1)	34.0	(4.9)	21.8	(7.2)	-12.2	(8.7)	26.3	(5.0)	40.2	(6.6)	13.9	(8.0)	30.6	(4.4)	47.3	(13.9)	16.7	(14.6)
ブルガリア	33.0	(4.2)	33.5	(4.2)	c	c	c	c	33.7	(4.9)	31.8	(7.6)	-1.9	(8.9)	31.9	(4.3)	47.9	(16.6)	16.0	(17.4)
ブエノスアイレス（アルゼンチン）	15.2	(3.4)	14.3	(5.3)	16.0	(4.5)	1.7	(6.9)	15.3	(3.9)	18.0	(10.1)	2.8	(11.3)	16.1	(3.6)	c	c	c	c
チリ	14.7	(2.6)	19.2	(4.2)	9.9	(2.9)	-9.3	(5.1)	14.0	(4.4)	15.2	(3.8)	1.3	(6.4)	11.5	(3.4)	16.9	(3.6)	5.5	(4.9)
コロンビア	42.1	(5.2)	49.3	(6.1)	17.4	(8.7)	**-32.0**	(10.5)	24.0	(8.6)	47.6	(6.1)	**23.6**	(10.1)	42.5	(5.4)	36.6	(14.5)	-5.9	(15.1)
クロアチア	43.1	(4.5)	42.4	(4.6)	c	c	c	c	40.4	(4.7)	64.5	(11.7)	**24.1**	(12.3)	44.1	(4.8)	34.8	(13.3)	-9.3	(14.0)
キプロス	15.6	(3.8)	21.2	(5.1)	0.0	(0.0)	**-21.2**	(5.1)	12.4	(3.7)	cw	c	c	c	15.5	(4.0)	18.5	(11.0)	3.0	(11.7)
チェコ	47.7	(3.6)	48.5	(3.7)	28.5	(15.9)	-20.0	(16.1)	47.3	(3.7)	c	c	c	c	48.1	(4.8)	47.6	(5.0)	-0.5	(6.7)
デンマーク	8.5	(2.4)	9.0	(3.1)	6.3	(4.4)	-2.7	(5.8)	7.8	(2.3)	13.4	(12.5)	5.6	(12.6)	7.2	(2.5)	10.1	(5.4)	2.9	(6.0)
イングランド（イギリス）	2.1	(1.3)	5.9	(3.3)	0.0	(0.0)	-5.9	(3.3)	0.8	(0.8)	3.0	(2.9)	2.2	(3.0)	1.3	(1.3)	1.6	(1.5)	0.3	(2.0)
エストニア	36.5	(3.8)	37.1	(3.9)	27.3	(16.9)	-9.7	(17.4)	35.5	(4.0)	53.8	(13.0)	18.4	(13.8)	31.5	(4.3)	47.3	(6.9)	**15.8**	(7.9)
フィンランド	27.7	(4.0)	27.7	(4.3)	27.7	(13.0)	0.0	(13.7)	27.2	(4.0)	c	c	c	c	27.2	(4.6)	28.9	(7.4)	1.7	(8.5)
フランス	31.7	(4.0)	33.7	(4.3)	25.0	(9.5)	-8.6	(10.4)	27.9	(5.4)	36.7	(5.8)	8.8	(7.7)	32.4	(5.5)	31.2	(5.0)	-1.1	(7.0)
ジョージア	26.2	(3.4)	25.9	(3.6)	30.2	(10.4)	4.3	(10.9)	24.9	(3.4)	26.4	(14.9)	1.5	(15.4)	26.4	(3.4)	c	c	c	c
ハンガリー	34.0	(4.3)	35.0	(4.6)	29.0	(9.5)	-6.0	(10.4)	30.6	(4.0)	43.1	(9.0)	12.5	(9.1)	34.5	(4.6)	32.2	(9.0)	-2.4	(9.7)
アイスランド	20.4	(4.3)	20.0	(4.3)	c	c	c	c	21.8	(4.5)	c	c	c	c	23.1	(7.0)	18.8	(5.5)	-4.3	(9.0)
イスラエル	26.5	(3.7)	w	w	w	w	w	w	26.9	(4.7)	20.3	(6.3)	-6.6	(8.1)	18.7	(4.2)	35.2	(6.9)	**16.4**	(8.2)
イタリア	28.8	(3.4)	27.3	(3.3)	44.7	(17.3)	17.4	(17.7)	27.4	(3.5)	47.2	(13.5)	19.9	(14.0)	30.6	(4.9)	26.0	(4.9)	-4.6	(7.2)
日本	51.9	(3.8)	53.6	(4.0)	28.4	(11.2)	**-25.2**	(11.8)	49.3	(4.0)	79.7	(10.4)	**30.4**	(10.9)	50.4	(4.1)	68.3	(11.8)	18.0	(12.6)
カザフスタン	34.9	(3.5)	35.0	(3.5)	29.5	(7.4)	-5.5	(8.4)	33.4	(3.7)	48.6	(14.3)	15.2	(15.2)	34.6	(3.5)	c	c	c	c
韓国	42.4	(4.7)	43.8	(5.3)	33.6	(11.8)	-10.2	(13.0)	40.8	(4.7)	c	c	c	c	41.3	(4.8)	c	c	c	c
ラトビア	39.3	(5.7)	41.5	(6.0)	c	c	c	c	37.9	(5.7)	c	c	c	c	42.0	(6.1)	24.5	(20.4)	-17.4	(21.6)
リトアニア	24.9	(3.3)	25.4	(3.3)	c	c	c	c	25.1	(3.8)	20.7	(8.7)	-4.5	(10.1)	22.9	(3.5)	29.6	(8.2)	6.7	(9.2)
マルタ	9.6	(2.2)	0.0	(0.0)	17.0	(3.9)	**17.0**	(3.9)	10.3	(2.2)	c	c	c	c	7.1	(4.8)	13.4	(4.4)	6.4	(7.9)
メキシコ	23.5	(3.3)	28.6	(4.1)	12.1	(5.3)	**-16.5**	(6.7)	19.5	(4.1)	30.8	(5.1)	11.3	(6.3)	23.8	(3.4)	18.2	(10.0)	-5.7	(10.6)
オランダ	28.8	(4.2)	w	w	w	w	w	w	28.4	(4.6)	c	c	c	c	28.6	(5.9)	29.1	(5.6)	0.5	(7.7)
ニュージーランド	12.7	(5.4)	12.9	(5.7)	7.5	(5.7)	-5.4	(8.0)	10.9	(6.1)	22.6	(13.1)	11.7	(14.5)	12.8	(6.2)	13.1	(8.6)	0.3	(10.5)
ノルウェー	18.8	(3.3)	19.7	(3.6)	13.1	(9.2)	-6.5	(10.1)	19.2	(3.4)	c	c	c	c	18.8	(4.7)	18.7	(5.1)	-0.1	(7.2)
ポルトガル	38.3	(3.7)	35.8	(4.0)	51.5	(10.4)	15.6	(11.2)	39.4	(5.3)	38.4	(5.1)	-1.0	(7.3)	41.6	(4.6)	32.3	(6.2)	-9.3	(7.7)
ルーマニア	31.6	(4.0)	31.8	(4.0)	c	c	c	c	30.2	(4.2)	35.1	(8.6)	4.9	(8.9)	30.8	(4.2)	c	c	c	c
ロシア	25.2	(4.9)	25.1	(4.8)	c	c	c	c	25.8	(5.0)	c	c	c	c	25.6	(5.0)	c	c	c	c
サウジアラビア	22.7	(3.5)	22.8	(3.5)	c	c	c	c	21.9	(3.8)	29.0	(10.7)	7.1	(11.4)	23.5	(3.7)	c	c	c	c
上海（中国）	75.3	(3.2)	74.5	(3.6)	80.3	(6.4)	5.8	(7.3)	74.6	(3.3)	90.8	(9.9)	16.2	(10.4)	76.0	(3.2)	c	c	c	c
シンガポール	3.7	(1.4)	4.5	(1.7)	0.0	(0.0)	**-4.5**	(1.7)	3.3	(1.3)	c	c	c	c	4.2	(1.6)	0.0	(0.0)	**-4.2**	(1.6)
スロバキア	36.1	(3.9)	35.3	(4.2)	41.5	(10.6)	6.2	(11.4)	34.5	(3.9)	c	c	c	c	35.3	(4.1)	39.0	(8.5)	3.7	(9.0)
スロベニア	22.8	(3.6)	22.5	(3.7)	c	c	c	c	23.5	(3.6)	c	c	c	c	25.0	(4.1)	16.9	(7.7)	-8.1	(8.8)
南アフリカ共和国	29.0	(4.2)	32.2	(4.7)	6.5	(4.0)	**-25.7**	(6.2)	23.4	(8.2)	31.5	(5.3)	8.2	(10.2)	26.5	(4.3)	40.5	(11.0)	14.1	(11.7)
スペイン	27.8	(3.9)	26.7	(3.0)	29.4	(8.7)	2.7	(9.3)	28.3	(4.3)	24.3	(11.1)	-4.0	(12.1)	29.5	(4.4)	19.8	(5.9)	-9.7	(7.1)
スウェーデン	7.1	(2.4)	6.4	(2.3)	9.4	(6.8)	2.9	(7.3)	7.3	(2.8)	4.8	(4.8)	-2.6	(5.6)	8.1	(3.3)	6.3	(3.5)	-1.8	(4.8)
台湾	48.0	(3.6)	50.0	(3.9)	32.7	(10.6)	-17.3	(11.3)	46.0	(4.3)	55.2	(7.5)	9.2	(8.7)	48.1	(4.1)	51.8	(13.4)	3.7	(14.7)
トルコ	13.7	(3.1)	12.5	(3.0)	30.0	(18.8)	17.5	(19.0)	12.2	(3.1)	17.9	(7.3)	5.7	(7.6)	13.5	(3.2)	15.5	(10.9)	2.0	(11.4)
アラブ首長国連邦	12.0	(1.6)	18.4	(2.9)	6.4	(1.4)	**-12.0**	(3.2)	11.9	(1.8)	12.9	(5.7)	1.0	(6.0)	12.0	(1.7)	10.6	(4.3)	-1.4	(4.4)
アメリカ	2.3	(1.3)	3.0	(1.7)	0.0	(0.0)	-3.0	(1.7)	0.5	(0.5)	3.2	(2.1)	2.7	(2.1)	4.7	(3.4)	0.9	(0.6)	-3.8	(3.4)
ベトナム	77.5	(3.8)	77.5	(3.8)	73.5	(13.8)	-4.0	(14.3)	79.9	(3.6)	56.6	(18.4)	-23.3	(18.6)	77.0	(3.9)	c	c	c	c
OECD30か国平均	26.0	(0.7)	26.9	(0.8)	23.5	(2.2)	-4.2	(2.3)	24.6	(0.8)	28.3	(1.8)	**6.5**	(2.0)	25.9	(0.8)	25.2	(1.5)	-0.2	(1.7)
EU23か国全体	28.1	(1.1)	28.4	(1.1)	27.3	(3.7)	-0.1	(3.9)	26.9	(1.2)	30.7	(3.1)	5.4	(3.4)	28.6	(1.3)	26.0	(1.8)	-2.3	(2.2)
TALIS参加47か国平均	28.0	(0.5)	28.6	(0.6)	24.4	(1.6)	**-4.9**	(1.7)	26.6	(0.6)	33.4	(1.6)	**6.4**	(1.8)	27.8	(0.6)	26.2	(1.4)	1.1	(1.6)
オーストラリア	5.3	(1.8)	2.8	(1.0)	8.2	(3.8)	5.4	(3.9)	6.1	(2.5)	3.8	(1.9)	-2.3	(3.2)	1.9	(0.9)	11.1	(4.6)	**9.3**	(4.7)

1．「社会経済的に困難な家庭環境」とは、住居や栄養、医療などの生活上必要な基礎的な条件を欠いている家庭環境のことをいう。
2．「特別な支援を要する生徒」とは、精神的、身体的又は情緒的に困難な条件にあることによって、特別な学習を行う必要性が公式に認定されている生徒をいう。
3．国公立の学校とは、教育委員会、政府機関、地方自治体等によって管理されていると校長が回答した学校をいう。この質問では、学校の資金の出所についての回答には触れていない。
4．私立の学校とは、非政府組織（例えば、教会、労働組合、企業又はその他の私的な機関）によって管理されていると校長が回答した学校をいう。この質問では、学校の資金の出所についての回答には触れていない。いくつかの国では、私立の学校には、政府から多額の公的資金を受けている学校（政府依存の私立学校）も含まれる。

表 5.4.6［1/2］ 教員の職能開発のニーズの経年変化（中学校）

中学校教員の回答に基づく

国　名	生徒の評価方法						指導用の ICT（情報通信技術）技能						学校の管理運営					
	TALIS 2013		TALIS 2018		TALIS 2018 −TALIS 2013		TALIS 2013		TALIS 2018		TALIS 2018 −TALIS 2013		TALIS 2013		TALIS 2018		TALIS 2018 −TALIS 2013	
	%	S.E.	%	S.E.	差	S.E.	%	S.E.	%	S.E.	差	S.E.	%	S.E.	%	S.E.	差	S.E.
アルバータ（カナダ）	4.5	(0.6)	6.1	(1.0)	1.5	(1.1)	9.3	(0.8)	8.4	(1.0)	-0.8	(1.3)	4.1	(0.5)	4.9	(0.6)	0.8	(0.8)
オーストラリア	3.3	(0.4)	6.0	(0.5)	**2.7**	(0.6)	13.6	(0.9)	11.4	(0.8)	-2.2	(1.2)	4.9	(0.7)	5.4	(0.5)	0.4	(0.9)
オーストリア	a	a	11.3	(0.6)	a	a	a	a	15.5	(0.6)	a	a	a	a	4.4	(0.3)	a	a
ブラジル	10.2	(0.4)	10.1	(0.8)	-0.1	(0.9)	27.5	(0.7)	27.0	(1.2)	-0.5	(1.4)	25.5	(0.7)	21.5	(1.2)	**-4.0**	(1.4)
ブルガリア	13.4	(0.8)	16.8	(0.9)	**3.4**	(1.2)	20.3	(0.9)	22.6	(0.9)	2.3	(1.3)	9.1	(0.7)	10.6	(0.8)	1.5	(1.0)
チリ	9.7	(0.7)	15.0	(0.9)	**5.3**	(1.2)	12.8	(0.9)	16.7	(0.8)	**3.9**	(1.2)	16.5	(1.1)	16.0	(0.8)	-0.6	(1.4)
クロアチア	13.5	(0.7)	16.1	(0.8)	**2.6**	(1.1)	19.7	(0.9)	26.2	(0.9)	**6.5**	(1.3)	5.8	(0.5)	6.4	(0.5)	0.6	(0.7)
キプロス	4.8	(0.6)	6.2	(0.6)	1.4	(0.9)	12.5	(0.7)	10.8	(0.9)	-1.8	(1.1)	11.7	(0.9)	9.3	(0.8)	**-2.4**	(1.2)
チェコ	5.3	(0.5)	6.5	(0.6)	1.2	(0.7)	14.8	(0.7)	13.0	(0.6)	-1.8	(1.0)	4.0	(0.4)	4.3	(0.4)	0.3	(0.6)
デンマーク	7.5	(0.8)	7.0	(0.7)	-0.5	(1.0)	18.7	(1.2)	11.2	(0.9)	**-7.5**	(1.5)	3.1	(0.6)	3.0	(0.4)	-0.1	(0.7)
イングランド（イギリス）	2.4	(0.3)	4.2	(0.5)	**1.7**	(0.6)	7.7	(0.7)	5.3	(0.6)	**-2.4**	(0.9)	3.5	(0.4)	4.0	(0.4)	0.4	(0.6)
エストニア	13.8	(0.8)	11.0	(0.6)	**-2.8**	(1.0)	24.1	(0.9)	19.2	(0.9)	**-5.0**	(1.3)	3.5	(0.3)	4.3	(0.5)	0.8	(0.6)
フィンランド	3.9	(0.4)	14.0	(1.0)	**10.0**	(1.1)	17.5	(1.0)	19.0	(1.0)	1.6	(1.4)	1.9	(0.3)	2.3	(0.3)	0.4	(0.4)
フランドル（ベルギー）	6.9	(0.6)	10.3	(0.8)	**3.4**	(1.0)	10.5	(0.7)	9.4	(0.9)	-1.1	(1.2)	1.8	(0.3)	2.9	(0.4)	**1.1**	(0.5)
フランス	13.6	(0.7)	15.1	(0.7)	1.5	(1.0)	25.1	(0.9)	22.9	(0.9)	-2.1	(1.2)	4.2	(0.4)	4.7	(0.5)	0.5	(0.6)
ジョージア	20.9	(1.2)	25.3	(1.2)	**4.4**	(1.7)	31.2	(1.4)	32.8	(1.2)	1.6	(1.8)	7.6	(0.6)	10.7	(0.9)	**3.2**	(1.1)
ハンガリー	a	a	6.8	(0.5)	a	a	a	a	20.5	(0.9)	a	a	a	a	4.4	(0.5)	a	a
アイスランド	18.2	(1.1)	18.8	(1.1)	0.5	(1.6)	28.6	(1.5)	21.1	(1.1)	**-7.4**	(1.8)	4.9	(0.8)	4.2	(0.6)	-0.8	(1.0)
イスラエル	10.2	(0.6)	16.6	(0.8)	**6.4**	(1.0)	24.5	(1.2)	29.2	(1.1)	**4.7**	(1.6)	10.0	(0.6)	14.6	(0.9)	**4.6**	(1.1)
イタリア	22.9	(1.0)	9.0	(0.6)	**-13.9**	(1.1)	35.9	(0.8)	16.6	(0.7)	**-19.3**	(1.1)	9.9	(0.7)	5.4	(0.4)	**-4.5**	(0.8)
日本	39.6	(0.9)	43.2	(0.9)	**3.5**	(1.3)	25.9	(0.9)	39.0	(0.9)	**13.1**	(1.3)	14.6	(0.7)	16.7	(0.8)	**2.2**	(1.0)
韓国	25.3	(1.1)	24.8	(0.9)	-0.5	(1.4)	24.9	(1.1)	21.0	(0.8)	**-4.0**	(1.3)	17.5	(0.8)	13.0	(0.6)	**-4.6**	(1.0)
ラトビア	6.3	(0.6)	16.6	(1.1)	**10.3**	(1.3)	19.4	(1.1)	22.6	(1.1)	**3.2**	(1.5)	4.3	(0.5)	6.1	(0.6)	**1.8**	(0.8)
リトアニア	a	a	20.1	(0.8)	a	a	a	a	23.6	(0.8)	a	a	a	a	6.2	(0.4)	a	a
マルタ	a	a	14.9	(0.9)	a	a	a	a	14.0	(0.6)	a	a	a	a	9.1	(0.7)	a	a
メキシコ	8.0	(0.6)	9.9	(0.6)	**1.9**	(0.9)	21.0	(1.0)	16.5	(0.8)	**-4.5**	(1.3)	15.4	(0.8)	15.1	(0.7)	-0.4	(1.1)
オランダ	6.6	(0.8)	9.9	(1.0)	**3.2**	(1.3)	14.9	(1.1)	16.0	(1.2)	1.1	(1.6)	4.2	(0.5)	4.4	(0.6)	0.3	(0.7)
ニュージーランド	3.9	(0.4)	5.0	(0.6)	1.2	(0.7)	15.8	(0.9)	13.9	(0.8)	-1.9	(1.2)	3.6	(0.4)	4.7	(0.5)	1.0	(0.6)
ノルウェー	12.4	(1.2)	12.0	(0.7)	-0.4	(1.4)	18.3	(1.4)	22.2	(0.9)	**3.9**	(1.7)	2.5	(0.3)	3.8	(0.4)	**1.4**	(0.4)
ポルトガル	4.8	(0.4)	8.5	(0.5)	**3.6**	(0.7)	9.2	(0.5)	12.0	(0.6)	**2.8**	(0.8)	14.1	(0.6)	9.9	(0.6)	**-4.1**	(0.8)
ルーマニア	7.5	(0.5)	13.4	(0.8)	**5.9**	(0.9)	18.6	(0.9)	21.2	(0.7)	**2.6**	(1.2)	18.2	(0.9)	14.3	(0.7)	**-3.9**	(1.1)
ロシア	16.7	(1.1)	14.2	(0.7)	-2.5	(1.3)	17.4	(1.0)	14.6	(0.9)	**-2.8**	(1.3)	7.7	(0.7)	6.9	(0.5)	-0.7	(0.9)
上海（中国）	27.5	(0.8)	32.0	(1.0)	**4.5**	(1.2)	24.9	(0.9)	30.2	(1.0)	**5.4**	(1.3)	12.4	(0.6)	16.5	(0.8)	**4.1**	(1.0)
シンガポール	11.9	(0.6)	13.5	(0.6)	1.5	(0.8)	11.8	(0.6)	14.0	(0.7)	**2.2**	(0.9)	7.4	(0.4)	6.4	(0.5)	-1.0	(0.6)
スロバキア	9.3	(0.6)	11.3	(0.7)	**2.0**	(0.9)	18.6	(0.9)	16.6	(0.8)	-2.0	(1.2)	7.9	(0.5)	8.2	(0.7)	0.2	(0.9)
スロベニア	a	a	7.2	(0.6)	a	a	a	a	8.5	(0.6)	a	a	a	a	3.6	(0.5)	a	a
スペイン	4.3	(0.6)	8.9	(0.5)	**4.5**	(0.8)	14.1	(0.7)	15.0	(0.6)	0.9	(0.9)	10.2	(0.5)	10.8	(0.5)	0.7	(0.7)
スウェーデン	26.4	(0.9)	9.1	(0.8)	**-17.4**	(1.2)	25.5	(0.8)	22.2	(1.1)	**-3.3**	(1.4)	3.1	(0.3)	4.0	(0.7)	0.9	(0.8)
トルコ	a	a	5.0	(0.4)	a	a	a	a	7.5	(0.5)	a	a	a	a	9.8	(0.6)	a	a
アメリカ	p	p	4.6	(0.7)	p	p	p	p	10.2	(1.8)	p	p	p	p	4.2	(0.6)	p	p

1.「特別な支援を要する生徒」とは、精神的、身体的又は情緒的に困難な条件にあることによって、特別な学習を行う必要性が公式に認定されている生徒をいう。

表 5.4.6［2/2］ 教員の職能開発のニーズの経年変化（中学校）

中学校教員の回答に基づく

国　名	特別な支援を要する生徒への指導[1]						多文化又は多言語環境における指導					
	TALIS 2013		TALIS 2018		TALIS 2018 −TALIS 2013		TALIS 2013		TALIS 2018		TALIS 2018 −TALIS 2013	
	%	S.E.	%	S.E.	差	S.E.	%	S.E.	%	S.E.	差	S.E.
アルバータ（カナダ）	8.7	(0.7)	11.5	(1.3)	2.8	(1.4)	3.8	(0.6)	9.6	(1.8)	**5.8**	(1.9)
オーストラリア	8.2	(0.8)	11.5	(0.7)	**3.3**	(1.0)	4.4	(0.7)	7.2	(0.5)	**2.8**	(0.9)
オーストリア	a	a	16.0	(0.7)	a	a	a	a	13.8	(0.7)	a	a
ブラジル	60.1	(0.9)	58.4	(1.2)	-1.7	(1.5)	46.4	(0.9)	44.0	(1.3)	-2.4	(1.6)
ブルガリア	22.8	(1.0)	27.2	(1.2)	**4.4**	(1.5)	16.6	(1.0)	21.2	(1.0)	**4.6**	(1.4)
チリ	25.8	(1.5)	38.3	(1.2)	**12.4**	(1.9)	24.4	(1.3)	33.8	(1.2)	**9.5**	(1.8)
クロアチア	32.7	(0.9)	36.3	(1.1)	**3.6**	(1.5)	11.3	(0.7)	14.3	(1.0)	**2.9**	(1.2)
キプロス	27.0	(1.0)	27.4	(1.5)	0.4	(1.8)	17.5	(0.9)	19.6	(1.2)	2.1	(1.5)
チェコ	8.0	(0.5)	14.6	(0.8)	**6.6**	(1.0)	5.1	(0.4)	6.5	(0.5)	**1.4**	(0.7)
デンマーク	27.7	(1.3)	18.7	(1.0)	**-9.0**	(1.7)	6.8	(0.7)	10.7	(0.9)	**3.9**	(1.1)
イングランド（イギリス）	6.4	(0.6)	5.9	(0.6)	-0.6	(0.8)	6.9	(0.6)	4.9	(0.5)	**-2.0**	(0.8)
エストニア	19.7	(0.9)	26.5	(1.2)	**6.8**	(1.5)	9.2	(0.7)	10.5	(0.8)	1.3	(1.0)
フィンランド	12.6	(0.8)	12.4	(0.8)	-0.3	(1.1)	5.4	(0.6)	6.9	(0.6)	1.5	(0.8)
フランドル（ベルギー）	5.3	(0.5)	12.9	(0.9)	**7.6**	(1.0)	3.1	(0.5)	8.4	(0.8)	**5.2**	(0.9)
フランス	27.4	(0.9)	33.7	(0.9)	**6.2**	(1.2)	11.4	(0.7)	16.7	(0.8)	**5.3**	(1.1)
ジョージア	11.2	(0.9)	22.0	(1.0)	**10.7**	(1.4)	9.3	(0.8)	12.4	(0.8)	**3.2**	(1.1)
ハンガリー	a	a	22.0	(0.9)	a	a	a	a	12.6	(0.7)	a	a
アイスランド	16.1	(1.1)	17.4	(1.1)	1.3	(1.6)	8.9	(0.8)	19.4	(1.1)	**10.5**	(1.3)
イスラエル	22.8	(1.0)	25.2	(0.7)	**2.5**	(1.2)	13.0	(0.8)	16.5	(1.0)	**3.5**	(1.3)
イタリア	32.3	(1.0)	14.9	(0.6)	**-17.4**	(1.2)	27.4	(0.9)	14.4	(0.6)	**-13.0**	(1.1)
日本	40.6	(1.1)	45.7	(1.0)	**5.1**	(1.5)	10.7	(0.6)	14.9	(0.8)	**4.1**	(1.0)
韓国	36.0	(1.0)	13.5	(0.8)	**-22.6**	(1.3)	18.9	(0.9)	14.5	(0.9)	**-4.5**	(1.2)
ラトビア	12.1	(1.3)	19.6	(1.0)	**7.6**	(1.7)	4.8	(0.7)	11.1	(1.1)	**6.3**	(1.3)
リトアニア	a	a	20.8	(1.0)	a	a	a	a	9.5	(0.5)	a	a
マルタ	a	a	20.4	(1.0)	a	a	a	a	20.4	(1.2)	a	a
メキシコ	47.4	(1.2)	53.2	(1.1)	**5.8**	(1.6)	33.2	(1.0)	45.9	(1.3)	**12.7**	(1.6)
オランダ	10.7	(1.0)	11.7	(1.3)	1.0	(1.7)	3.1	(0.5)	3.6	(0.5)	0.6	(0.7)
ニュージーランド	10.6	(0.7)	14.5	(1.0)	**4.0**	(1.2)	4.8	(0.5)	7.5	(0.7)	**2.7**	(0.9)
ノルウェー	12.4	(0.9)	17.7	(0.8)	**5.3**	(1.2)	7.4	(1.0)	12.6	(0.8)	**5.2**	(1.3)
ポルトガル	26.5	(1.0)	27.0	(0.8)	0.5	(1.3)	16.8	(0.7)	21.6	(0.8)	**4.9**	(1.1)
ルーマニア	27.0	(1.0)	35.1	(1.1)	**8.1**	(1.5)	19.7	(0.9)	27.1	(1.0)	**7.4**	(1.4)
ロシア	8.7	(0.8)	14.6	(0.7)	**5.9**	(1.1)	8.8	(0.7)	12.7	(0.8)	**3.9**	(1.1)
上海（中国）	13.3	(0.8)	24.7	(1.0)	**11.4**	(1.3)	15.0	(0.7)	22.0	(0.9)	**7.0**	(1.1)
シンガポール	15.0	(0.5)	19.9	(0.7)	**4.9**	(0.9)	4.9	(0.4)	5.4	(0.4)	0.5	(0.6)
スロバキア	18.8	(0.9)	26.5	(1.0)	**7.6**	(1.3)	7.8	(0.6)	9.3	(0.6)	1.5	(0.8)
スロベニア	a	a	23.2	(1.2)	a	a	a	a	14.3	(1.0)	a	a
スペイン	21.8	(1.0)	28.2	(0.7)	**6.5**	(1.2)	19.0	(1.0)	17.6	(0.6)	-1.4	(1.2)
スウェーデン	19.8	(1.0)	18.0	(0.8)	-1.9	(1.3)	11.3	(0.9)	14.8	(0.7)	**3.5**	(1.1)
トルコ	a	a	16.0	(0.8)	a	a	a	a	22.2	(0.8)	a	a
アメリカ	p	p	9.2	(1.1)	p	p	p	p	6.1	(1.1)	p	p

図 5.4.1 は、中学校教員の「指導用の ICT 技能」に関する職能開発への参加とそのニーズ[5]に関する 2013 年から 2018 年の経年変化を表している。

「指導用の ICT 技能」についての内容が参加した職能開発プログラムに含まれていたと答えた日本の中学校教員の割合の増加は、比較可能な図中の参加国の中では、フィンランド、ノルウェー、スウェーデン、アイスランドに続いて５番目に大きい。「指導用の ICT 技能」に対する職能開発のニーズの割合も同様に増加しており、その割合の増加は、図中の比較可能な国の中で最も大きい。

平成 30 年６月 15 日に閣議決定された第３期教育振興基本計画においては、ICT を活用した効果的な授業の実現及び教職員の業務負担軽減など、授業・学習面と校務面の両面における ICT の積極的な活用が織り込まれている。

日本はこの５年間の間に、「指導用の ICT 技能」に関する職能開発への参加も、そのニーズも大きく増加した国の一つであることが読み取れる。

図 5.4.1　教員の「指導用の ICT 技能」に関する職能開発の参加と そのニーズの経年変化（中学校）

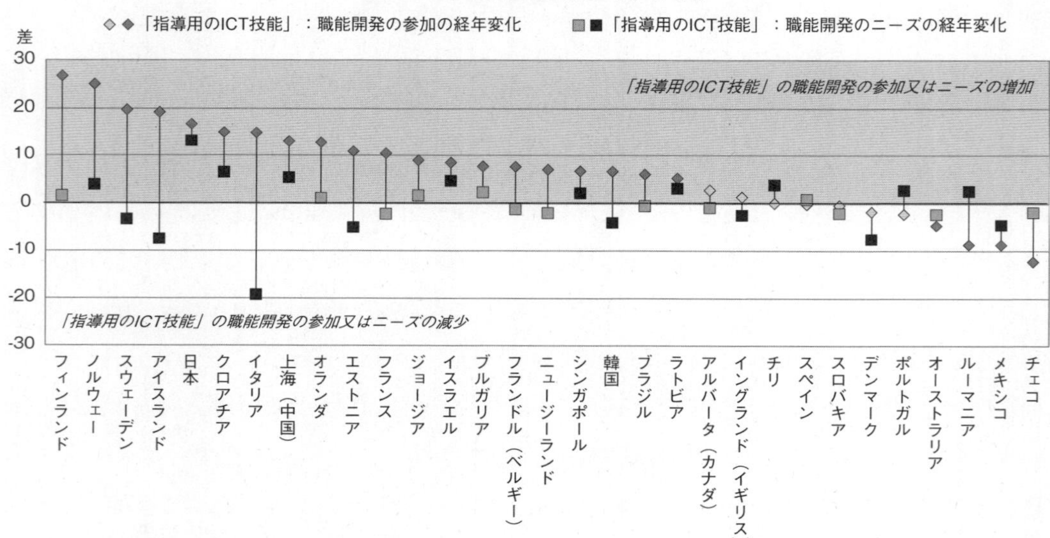

職能開発の参加とは、調査前の過去 12 か月以内に教員が参加した職能開発を指す。
ゼロを超える数値は 2013 年と 2018 年での参加又はニーズの増加を示し、ゼロを下回る数値は 2013 年と 2018 年での参加又はニーズの減少を示す。
ICT 技能に関する内容が参加した職能開発に含まれていたと回答した教員の割合の推移が大きい国及び経済圏から順に並べている。（TALIS 2018－2013）

5　「指導用の ICT（情報通信技術）技能」の職能開発の必要性を感じるかどうかについて、「全くなし」「あまりなし」「ある程度」又は「高い」の選択肢の中から「ある程度」又は「高い」を選んだ教員の回答の経年変化から、ニーズの増減が示されている。

5.5 職能開発の参加の障壁

本節では、教員や校長が職能開発の参加に際して感じている障壁について報告する。

本調査では、「参加要件を満たしていない（例：資格、経験、勤務年数）」「職能開発は費用が高すぎる」「雇用者からの支援が不足している」「職能開発の日程が自分の仕事のスケジュールと合わない」「家庭でやらなくてはならないことがあるため、時間が割けない」「自分に適した職能開発がない」「職能開発に参加するインセンティブ（例：奨励金）がない」についての７つの項目が職能開発の参加の妨げになっているかどうかについて、「全く妨げにならない」「妨げにならない」「妨げになる」又は「非常に妨げになる」の選択肢の中から「妨げになる」又は「非常に妨げになる」を選んだ教員と校長の回答に着目して検討を行っている。

5.5.1 教員を対象とした職能開発の参加の障壁

表 5.5.1 は、中学校教員の職能開発の参加の障壁の割合を示している。

日本は、「家庭でやらなくてはならないことがあるため、時間が割けない」ことが障壁だと答えた教員の割合が参加国の中で最も高く（67.1%）、韓国、スペイン、台湾が日本に続いている。その他には、「職能開発の日程が自分の仕事のスケジュールと合わない」（87.0%）、「職能開発は費用が高すぎる」（60.7%）、「雇用者からの支援が不足している」（57.3%）の割合が 50% を超えている。また、「参加要件を満たしていない（例：資格、経験、勤務年数）」と「職能開発の日程が自分の仕事のスケジュールと合わない」の割合は韓国が参加国の中で最も高く、日本は韓国に続いて２番目に高い。

表 5.5.2 は、小学校教員の職能開発の参加の障壁の割合を示している。日本は、「家庭でやらなくてはならないことがあるため、時間が割けない」（71.1%）と答えた教員の割合が参加国の中で最も高いのは中学校と同じであるが、「職能開発は費用が高すぎる」（61.1%）、「職能開発の日程が自分の仕事のスケジュールと合わない」（84.3%）の割合についても小学校参加国の中で最も高い。「参加要件を満たしていない」（30.6%）や、「雇用者からの支援が不足している」（56.9%）の割合についても、他の項目の日本の割合と比べて高い傾向にある。

表 5.5.1　教員の職能開発の参加の障壁（中学校）

中学校教員の回答に基づく

国　　名	参加要件を満たしていない（例：資格、経験、勤務年数）		職能開発は費用が高すぎる		雇用者からの支援が不足している		職能開発の日程が自分の仕事のスケジュールと合わない		家庭でやらなくてはならないことがあるため、時間が割けない		自分に適した職能開発がない		職能開発に参加するインセンティブ（例：奨励金）がない	
	%	S.E.	%	S.E.	%	S.E.	%	S.E.	%	S.E.	%	S.E.	%	S.E.
アルバータ（カナダ）	4.7	(0.7)	41.6	(2.4)	15.7	(1.6)	52.5	(2.3)	40.8	(2.1)	29.4	(1.8)	41.2	(2.1)
オーストラリア	6.4	(0.4)	43.7	(1.1)	23.3	(0.9)	60.1	(1.1)	31.5	(0.9)	21.8	(0.8)	35.2	(1.1)
オーストリア	5.9	(0.4)	14.1	(0.6)	13.3	(0.7)	43.2	(1.0)	28.2	(0.8)	52.0	(1.0)	39.0	(0.8)
ベルギー	14.0	(0.6)	29.0	(0.8)	19.0	(0.9)	50.0	(0.8)	40.3	(0.8)	37.5	(0.9)	39.5	(1.0)
フランドル（ベルギー）	8.3	(0.6)	26.6	(1.0)	17.1	(1.0)	45.6	(1.2)	33.1	(0.9)	29.5	(0.9)	25.7	(1.1)
ブラジル	6.8	(0.6)	58.1	(1.5)	65.5	(1.7)	48.8	(1.4)	27.8	(1.1)	41.1	(1.6)	57.5	(1.7)
ブルガリア	10.7	(0.7)	58.9	(1.3)	13.0	(0.9)	52.9	(1.4)	23.3	(1.1)	38.5	(1.4)	62.9	(1.4)
ブエノスアイレス（アルゼンチン）	13.8	(0.8)	45.6	(1.8)	36.6	(1.7)	75.2	(1.1)	55.9	(2.0)	44.3	(1.8)	59.7	(2.0)
チリ	15.5	(0.9)	77.4	(1.1)	61.0	(2.0)	68.8	(1.2)	48.3	(1.3)	60.4	(1.4)	73.6	(1.4)
コロンビア	15.7	(1.1)	77.3	(1.6)	65.2	(1.6)	49.4	(2.0)	24.8	(1.4)	42.2	(1.4)	67.9	(1.7)
クロアチア	4.5	(0.4)	37.7	(1.4)	19.7	(1.3)	29.6	(1.1)	30.1	(1.3)	36.6	(1.0)	40.1	(1.3)
キプロス	9.0	(0.8)	38.2	(1.3)	41.0	(1.4)	55.2	(1.5)	52.9	(1.4)	43.1	(1.5)	60.6	(1.5)
チェコ	8.0	(0.4)	29.8	(1.1)	15.1	(0.8)	50.8	(1.1)	34.8	(1.1)	22.0	(0.8)	30.5	(1.0)
デンマーク	5.9	(0.7)	51.2	(1.4)	20.1	(1.2)	49.9	(1.6)	24.1	(1.1)	38.3	(1.4)	38.9	(1.4)
イングランド（イギリス）	8.4	(0.7)	56.5	(1.6)	28.2	(1.6)	64.5	(1.4)	31.9	(1.0)	27.1	(1.2)	44.3	(1.2)
エストニア	7.7	(0.6)	32.1	(1.0)	12.2	(0.9)	37.6	(1.1)	25.2	(0.9)	30.2	(1.3)	14.7	(0.8)
フィンランド	5.8	(0.4)	37.2	(1.4)	26.6	(1.6)	52.0	(1.0)	37.6	(0.9)	41.3	(1.1)	51.9	(1.3)
フランス	12.9	(0.7)	25.9	(0.9)	17.8	(1.1)	45.5	(1.0)	44.8	(1.1)	39.7	(1.2)	46.9	(1.3)
ジョージア	9.7	(0.9)	27.7	(1.4)	12.5	(1.0)	20.3	(1.1)	18.8	(0.9)	23.7	(1.1)	35.7	(1.1)
ハンガリー	m	m	m	m	m	m	m	m	m	m	m	m	m	m
アイスランド	5.6	(0.7)	39.0	(1.3)	14.4	(1.2)	61.9	(1.4)	45.4	(1.5)	40.9	(1.5)	44.0	(1.8)
イスラエル	9.0	(0.7)	22.8	(1.0)	25.6	(1.3)	48.6	(1.4)	52.3	(1.2)	28.7	(1.3)	58.3	(1.2)
イタリア	15.4	(0.7)	53.6	(1.0)	34.1	(1.2)	55.3	(1.0)	36.8	(1.0)	41.0	(1.0)	70.2	(0.9)
日本	**30.7**	**(0.8)**	**60.7**	**(0.9)**	**57.3**	**(0.8)**	**87.0**	**(0.6)**	**67.1**	**(0.9)**	**38.1**	**(0.9)**	**46.3**	**(1.0)**
カザフスタン	18.2	(0.9)	33.7	(1.2)	33.0	(1.4)	32.9	(1.1)	38.5	(1.2)	18.5	(0.8)	14.6	(0.8)
韓国	40.4	(1.1)	57.3	(1.0)	71.3	(1.1)	88.1	(0.7)	64.5	(1.1)	39.5	(1.0)	65.9	(0.9)
ラトビア	6.6	(0.9)	37.5	(1.3)	11.7	(0.7)	32.3	(1.2)	22.7	(1.1)	21.4	(1.1)	20.5	(1.3)
リトアニア	2.9	(0.3)	53.8	(1.1)	23.2	(1.0)	46.9	(1.1)	16.2	(0.6)	43.0	(1.2)	30.7	(1.1)
マルタ	9.6	(0.8)	29.4	(1.2)	29.8	(1.3)	52.0	(1.6)	56.7	(1.5)	32.7	(1.3)	60.7	(1.5)
メキシコ	29.2	(1.1)	58.2	(1.2)	68.0	(1.2)	53.3	(1.2)	30.3	(1.0)	54.3	(1.2)	72.1	(1.2)
オランダ	4.9	(0.7)	22.5	(1.6)	23.9	(1.7)	44.0	(2.4)	25.0	(1.4)	33.3	(1.8)	22.3	(2.2)
ニュージーランド	7.7	(0.9)	44.2	(1.6)	23.6	(1.7)	55.8	(1.3)	31.3	(1.2)	35.4	(1.5)	42.3	(1.8)
ノルウェー	7.8	(0.5)	43.4	(1.2)	28.4	(1.1)	49.1	(1.1)	31.5	(0.9)	17.8	(0.8)	33.3	(1.0)
ポルトガル	12.1	(0.6)	65.9	(0.9)	89.1	(0.6)	77.2	(0.6)	53.4	(0.9)	61.9	(0.8)	84.6	(0.7)
ルーマニア	11.2	(0.6)	69.6	(1.3)	23.4	(1.0)	43.3	(1.2)	36.3	(1.1)	23.7	(1.3)	62.4	(1.4)
ロシア	14.5	(0.9)	36.9	(1.8)	23.8	(1.5)	38.1	(1.8)	41.4	(1.5)	21.1	(1.1)	28.6	(1.4)
サウジアラビア	29.1	(0.9)	49.3	(1.5)	71.0	(1.1)	67.6	(1.0)	54.4	(1.4)	64.7	(1.4)	84.6	(1.0)
上海（中国）	20.5	(0.7)	25.0	(0.7)	24.9	(0.9)	54.9	(1.1)	38.5	(0.9)	25.4	(0.9)	46.2	(1.2)
シンガポール	13.3	(0.6)	20.8	(0.7)	19.8	(0.7)	64.4	(1.0)	40.5	(0.9)	22.0	(0.7)	38.1	(0.8)
スロバキア	9.5	(0.6)	42.9	(1.0)	12.6	(0.7)	30.4	(0.9)	38.2	(1.0)	40.3	(1.0)	42.8	(1.0)
スロベニア	4.1	(0.5)	47.2	(1.4)	19.3	(1.2)	58.2	(1.4)	32.6	(1.2)	33.4	(1.3)	48.0	(1.3)
南アフリカ共和国	19.6	(1.5)	42.4	(1.6)	50.6	(1.9)	47.3	(2.0)	25.1	(1.3)	32.8	(2.2)	57.5	(2.1)
スペイン	9.6	(0.5)	41.6	(0.9)	28.9	(0.9)	58.6	(1.0)	58.1	(1.0)	53.7	(1.2)	76.3	(0.8)
スウェーデン	8.7	(0.7)	52.5	(1.0)	32.0	(1.1)	56.5	(1.3)	20.1	(1.1)	41.4	(1.3)	32.1	(1.0)
台湾	14.1	(0.7)	30.3	(0.8)	25.7	(0.8)	71.8	(0.7)	58.0	(0.8)	38.9	(0.9)	55.2	(1.0)
トルコ	7.9	(0.6)	41.0	(0.9)	55.2	(0.9)	55.9	(0.9)	39.1	(0.9)	51.3	(0.9)	68.7	(0.8)
アラブ首長国連邦	7.9	(0.4)	42.4	(0.7)	33.8	(0.6)	43.4	(0.7)	32.1	(0.5)	32.0	(0.6)	55.2	(0.6)
アメリカ	8.3	(1.2)	38.2	(1.6)	18.8	(1.4)	48.5	(1.9)	42.3	(1.7)	27.3	(1.4)	46.9	(1.5)
ベトナム	19.9	(1.2)	33.7	(1.6)	41.8	(1.8)	38.8	(1.6)	18.5	(1.2)	23.6	(1.2)	35.7	(1.5)
OECD31か国平均	11.0	(0.1)	44.6	(0.2)	31.8	(0.2)	54.4	(0.2)	37.3	(0.2)	38.2	(0.2)	47.6	(0.2)
EU23か国全体	10.3	(0.2)	43.5	(0.4)	26.7	(0.4)	52.9	(0.4)	38.7	(0.3)	39.1	(0.4)	53.1	(0.4)
TALIS 参加 48 か国平均	**12.0**	**(0.1)**	**42.9**	**(0.2)**	**32.4**	**(0.2)**	**52.5**	**(0.2)**	**37.6**	**(0.2)**	**36.3**	**(0.2)**	**48.6**	**(0.2)**

職能開発の参加の障壁について「妨げになる」「非常に妨げになる」と回答した教員の割合を示している。

表 5.5.2　教員の職能開発の参加の障壁（小学校）

小学校教員の回答に基づく

国　名	参加要件を満たしていない（例：資格、経験、勤務年数）		職能開発は費用が高すぎる		雇用者からの支援が不足している		職能開発の日程が自分の仕事のスケジュールと合わない		家庭でやらなくてはならないことがあるため、時間が割けない		自分に適した職能開発がない		職能開発に参加するインセンティブ（例：奨励金）がない	
	%	S.E.	%	S.E.	%	S.E.	%	S.E.	%	S.E.	%	S.E.	%	S.E.
フランドル（ベルギー）	8.0	(0.6)	37.7	(1.0)	18.4	(0.8)	43.8	(1.1)	30.2	(1.0)	19.1	(0.9)	20.1	(0.8)
ブエノスアイレス（アルゼンチン）	19.1	(0.9)	57.4	(1.3)	36.5	(1.4)	64.0	(1.4)	62.2	(1.4)	41.2	(1.5)	53.8	(1.4)
デンマーク	6.3	(0.6)	56.6	(0.9)	22.7	(0.8)	50.5	(1.1)	20.7	(0.8)	37.6	(1.0)	39.8	(1.0)
イングランド（イギリス）	7.7	(0.9)	48.4	(1.4)	18.6	(1.1)	47.1	(1.4)	29.4	(1.2)	24.4	(1.2)	35.8	(1.4)
フランス	13.6	(1.2)	27.4	(1.7)	36.3	(1.9)	60.6	(2.1)	53.2	(2.2)	47.1	(1.9)	52.2	(2.3)
日本	30.6	(0.9)	61.1	(0.9)	56.9	(1.0)	84.3	(0.6)	71.1	(0.8)	37.4	(1.0)	43.6	(0.9)
韓国	35.4	(1.0)	50.5	(1.0)	62.9	(0.9)	81.8	(0.8)	63.3	(1.1)	36.8	(1.1)	59.2	(1.2)
スペイン	11.7	(0.6)	49.5	(1.0)	22.3	(1.0)	50.2	(1.1)	57.3	(1.0)	39.8	(0.9)	67.7	(1.0)
スウェーデン	8.0	(0.8)	48.7	(1.3)	25.9	(1.0)	51.5	(1.4)	20.2	(1.1)	36.2	(1.3)	26.2	(0.9)
台湾	14.4	(0.7)	26.5	(0.8)	20.9	(0.7)	65.8	(0.9)	55.8	(0.9)	38.0	(0.9)	50.4	(0.9)
トルコ	9.4	(0.9)	39.3	(1.5)	55.5	(1.4)	53.6	(1.2)	38.0	(1.4)	49.0	(1.4)	68.6	(1.3)
アラブ首長国連邦	8.8	(0.3)	42.4	(0.7)	33.5	(0.5)	42.8	(0.6)	35.9	(0.6)	33.7	(0.6)	56.9	(0.6)
ベトナム	23.3	(0.6)	35.4	(0.8)	42.1	(0.8)	38.6	(0.7)	21.7	(0.7)	25.5	(0.7)	40.1	(0.8)
オーストラリア	8.6	(0.5)	51.3	(1.1)	23.2	(0.9)	49.2	(1.2)	31.4	(1.1)	19.7	(0.8)	33.9	(0.9)
オランダ	5.9	(0.7)	29.3	(1.3)	21.2	(1.1)	46.9	(1.3)	26.9	(1.3)	27.5	(1.3)	14.8	(0.9)

職能開発の参加の障壁について「妨げになる」「非常に妨げになる」と回答した教員の割合を示している。

5.5.2　校長を対象とした職能開発の参加の障壁

表5.5.3は、中学校校長の職能開発の参加の障壁の割合を示している。日本は全ての項目で参加国平均を上回っている。その中でも「職能開発の日程が自分の仕事のスケジュールと合わない」(81.8%) と答えた教員の割合は参加国の中で最も高く、ブエノスアイレス (アルゼンチン)、ベルギー、フランスが日本に続いている。また、「職能開発は費用が高すぎる」(61.1%) や、「雇用者からの支援が不足している」(54.4%) と答えた中学校校長の割合も、参加国平均の33.2%、22.0%と比べて特に高い。

表5.5.4は、小学校校長の職能開発の参加の障壁の割合を示している。日本の中学校校長と同様に、「職能開発の日程が自分の仕事のスケジュールと合わない」(85.3%) と答えた校長の割合が参加国の中で最も高く、また、「職能開発は費用が高すぎる」(57.0%) や、「雇用者からの支援が不足している」(55.9%) の割合も高い。

表 5.5.3　校長の職能開発の参加の障壁（中学校）

中学校校長の回答に基づく

国　　名	参加要件を満たしていない（例：資格、経験、勤務年数）		職能開発は費用が高すぎる		雇用者からの支援が不足している		職能開発の日程が自分の仕事のスケジュールと合わない		家庭でやらなくてはならないことがあるため、時間が割けない		自分に適した職能開発がない		職能開発に参加するインセンティブ（例：奨励金）がない	
	%	S.E.	%	S.E.	%	S.E.	%	S.E.	%	S.E.	%	S.E.	%	S.E.
アルバータ（カナダ）	1.5	(1.1)	37.3	(7.1)	4.8	(1.8)	50.8	(9.1)	29.1	(5.7)	11.1	(3.7)	32.8	(7.5)
オーストリア	4.1	(1.6)	11.0	(2.2)	9.6	(2.0)	50.8	(3.2)	11.4	(2.2)	42.4	(3.7)	32.5	(3.6)
ベルギー	2.6	(0.9)	20.5	(2.7)	5.6	(1.3)	69.4	(2.9)	17.2	(2.2)	13.8	(1.8)	30.1	(2.9)
フランドル（ベルギー）	1.4	(0.9)	24.0	(3.7)	6.0	(1.8)	58.4	(4.2)	13.0	(2.7)	8.5	(1.6)	19.0	(3.4)
ブラジル	7.0	(2.3)	44.9	(4.3)	38.9	(3.5)	35.8	(4.1)	17.3	(3.0)	25.4	(3.6)	34.9	(4.0)
ブルガリア	9.6	(2.2)	46.2	(4.3)	7.0	(2.1)	58.2	(3.9)	11.3	(2.7)	21.4	(3.0)	59.5	(3.9)
ブエノスアイレス（アルゼンチン）	8.3	(2.6)	50.2	(4.4)	29.7	(4.2)	69.7	(3.9)	51.2	(5.0)	36.5	(4.2)	51.5	(5.1)
チリ	5.1	(1.8)	59.5	(3.9)	29.3	(3.4)	50.0	(4.2)	23.5	(3.3)	38.1	(3.9)	49.5	(4.5)
コロンビア	11.5	(3.7)	68.2	(6.2)	52.7	(5.9)	43.8	(6.2)	18.0	(4.7)	42.2	(6.4)	59.4	(6.7)
クロアチア	2.0	(1.0)	52.4	(3.9)	17.6	(4.4)	7.5	(2.1)	5.6	(1.8)	31.9	(4.0)	37.8	(3.6)
キプロス	4.0	(2.0)	30.6	(4.4)	29.2	(4.7)	58.5	(5.4)	21.7	(4.9)	26.7	(5.2)	46.9	(5.1)
チェコ	4.7	(1.6)	32.0	(3.3)	8.6	(2.2)	55.9	(3.6)	9.7	(2.1)	13.6	(2.6)	16.0	(2.2)
デンマーク	3.8	(1.6)	28.3	(4.6)	4.7	(1.7)	29.8	(4.3)	13.5	(3.2)	16.3	(3.2)	11.0	(2.7)
イングランド（イギリス）	0.0	(0.0)	49.2	(4.8)	5.5	(1.9)	58.1	(3.7)	22.9	(3.5)	8.2	(2.6)	24.6	(4.3)
エストニア	6.8	(1.8)	18.1	(2.8)	12.9	(2.4)	13.9	(2.3)	7.2	(1.8)	19.3	(2.9)	12.3	(2.3)
フィンランド	3.1	(1.4)	21.5	(3.8)	14.5	(3.4)	59.5	(4.7)	27.0	(4.1)	33.6	(4.5)	36.8	(4.8)
フランス	7.9	(2.5)	24.4	(2.9)	21.2	(3.6)	68.1	(3.7)	17.4	(3.3)	27.9	(3.5)	39.8	(3.7)
ジョージア	3.4	(1.5)	13.0	(2.8)	7.3	(2.2)	27.2	(3.6)	10.2	(2.7)	14.3	(3.0)	23.7	(3.4)
ハンガリー	1.5	(1.0)	42.0	(4.3)	11.0	(2.6)	23.3	(3.3)	9.9	(2.1)	23.3	(2.9)	13.3	(2.6)
アイスランド	0.0	(0.0)	21.9	(4.0)	10.3	(2.9)	66.0	(4.4)	26.8	(4.1)	29.9	(4.7)	38.1	(4.8)
イスラエル	5.1	(1.9)	9.2	(2.3)	14.2	(2.8)	46.9	(3.7)	25.1	(3.6)	24.7	(3.1)	50.7	(3.7)
イタリア	3.6	(1.6)	24.4	(3.5)	49.1	(3.9)	65.6	(3.6)	9.5	(2.6)	44.7	(4.1)	67.4	(3.9)
日本	**21.1**	**(3.0)**	**61.1**	**(4.5)**	**54.4**	**(3.8)**	**81.8**	**(3.3)**	**33.4**	**(3.6)**	**33.7**	**(3.4)**	**40.1**	**(3.8)**
カザフスタン	9.7	(2.5)	12.7	(3.0)	25.4	(3.3)	23.2	(3.1)	14.8	(2.8)	5.6	(1.7)	9.9	(2.4)
韓国	27.3	(4.1)	43.1	(4.6)	48.6	(4.6)	67.4	(4.4)	21.9	(3.9)	21.9	(4.3)	56.3	(4.8)
ラトビア	0.0	(0.0)	30.0	(8.0)	4.3	(1.7)	21.4	(7.7)	5.2	(2.5)	13.6	(6.7)	6.9	(2.8)
リトアニア	3.2	(1.4)	40.9	(4.2)	21.2	(3.7)	20.2	(3.3)	5.8	(1.8)	32.4	(3.8)	13.0	(3.0)
マルタ	5.6	(3.7)	28.4	(5.1)	16.8	(5.4)	63.1	(6.4)	41.8	(5.7)	17.2	(6.1)	41.8	(6.8)
メキシコ	18.2	(3.3)	39.0	(4.3)	45.2	(3.9)	35.9	(4.0)	16.2	(2.8)	44.4	(3.8)	50.6	(3.9)
オランダ	1.6	(1.1)	18.5	(3.7)	4.0	(1.8)	25.0	(3.8)	5.6	(2.1)	13.7	(3.3)	10.5	(2.9)
ニュージーランド	0.3	(0.2)	47.8	(9.0)	6.5	(2.6)	45.3	(8.3)	19.6	(4.5)	23.1	(9.1)	20.5	(6.1)
ノルウェー	0.3	(0.3)	30.3	(4.4)	8.5	(2.4)	61.9	(4.7)	19.4	(4.1)	2.2	(1.4)	13.7	(3.1)
ポルトガル	9.8	(2.1)	57.8	(3.7)	58.1	(3.2)	35.7	(3.8)	16.2	(2.6)	54.7	(3.6)	68.2	(3.4)
ルーマニア	9.9	(2.6)	57.8	(4.7)	8.3	(2.4)	32.5	(3.2)	10.3	(2.0)	14.2	(3.3)	43.7	(4.8)
ロシア	12.4	(3.9)	18.2	(4.7)	21.6	(4.1)	26.5	(3.9)	9.9	(2.9)	14.8	(4.3)	10.1	(2.8)
サウジアラビア	12.3	(2.8)	45.4	(4.4)	67.8	(4.1)	57.7	(3.8)	41.2	(4.1)	56.4	(3.6)	84.1	(3.3)
上海（中国）	12.0	(3.5)	9.7	(2.1)	10.7	(2.7)	33.5	(3.8)	4.3	(1.4)	8.1	(2.0)	18.7	(2.9)
シンガポール	2.7	(1.8)	7.7	(1.7)	3.8	(2.0)	33.0	(3.9)	10.8	(1.8)	3.1	(1.3)	4.2	(1.5)
スロバキア	3.4	(1.6)	29.1	(3.3)	5.8	(1.9)	37.5	(3.8)	9.7	(2.3)	47.2	(3.9)	41.3	(4.1)
スロベニア	5.9	(2.4)	37.0	(4.5)	3.1	(1.6)	40.4	(5.0)	13.7	(3.5)	18.5	(3.5)	25.0	(4.0)
南アフリカ共和国	6.2	(1.8)	43.8	(4.7)	51.5	(4.7)	51.6	(4.0)	16.9	(3.2)	28.3	(4.6)	61.1	(4.3)
スペイン	7.4	(2.4)	36.3	(3.2)	26.0	(3.6)	56.9	(4.2)	43.0	(4.2)	46.6	(3.5)	71.9	(3.9)
スウェーデン	5.9	(2.0)	33.3	(5.6)	15.5	(3.4)	54.0	(7.7)	17.6	(4.0)	8.6	(2.2)	15.3	(3.2)
台湾	7.3	(2.2)	10.6	(2.6)	15.1	(2.8)	62.6	(4.0)	22.2	(3.5)	27.6	(4.0)	40.9	(4.5)
トルコ	14.9	(3.7)	38.3	(3.9)	57.1	(4.8)	49.1	(4.7)	13.0	(2.6)	44.4	(4.3)	61.6	(4.5)
アラブ首長国連邦	4.2	(1.0)	38.3	(2.0)	24.3	(2.1)	33.1	(2.3)	14.4	(1.6)	24.5	(2.1)	43.3	(2.4)
アメリカ	13.5	(10.2)	26.7	(6.5)	7.2	(2.6)	52.1	(9.3)	23.0	(5.3)	23.6	(10.5)	27.0	(7.1)
ベトナム	12.7	(2.9)	14.7	(3.0)	39.6	(3.9)	32.9	(3.7)	4.7	(2.1)	19.7	(3.6)	27.1	(4.3)
OECD30か国平均	6.5	(0.5)	34.6	(0.9)	20.7	(0.6)	47.9	(0.9)	17.7	(0.6)	27.2	(0.8)	34.5	(0.8)
EU23か国全体	5.4	(0.6)	35.4	(1.1)	19.1	(0.9)	50.6	(1.1)	17.6	(0.9)	28.4	(1.0)	41.6	(1.1)
TALIS 参加 47 か国平均	**6.9**	**(0.4)**	**33.2**	**(0.6)**	**22.0**	**(0.5)**	**45.6**	**(0.7)**	**17.9**	**(0.5)**	**25.4**	**(0.6)**	**35.6**	**(0.6)**
オーストラリア	1.4	(0.5)	18.5	(3.3)	5.3	(1.3)	62.9	(5.0)	18.0	(3.3)	3.5	(1.0)	21.2	(4.8)

職能開発の参加の障壁について「妨げになる」「非常に妨げになる」と回答した校長の割合を示している。

表 5.5.4　校長の職能開発の参加の障壁（小学校）

小学校校長の回答に基づく

国　　名	参加要件を満たしていない（例：資格、経験、勤務年数）		職能開発は費用が高すぎる		雇用者からの支援が不足している		職能開発の日程が自分の仕事のスケジュールと合わない		家庭でやらなくてはならないことがあるため、時間が割けない		自分に適した職能開発がない		職能開発に参加するインセンティブ（例：奨励金）がない	
	%	S.E.	%	S.E.	%	S.E.	%	S.E.	%	S.E.	%	S.E.	%	S.E.
フランドル（ベルギー）	4.2	(1.5)	55.9	(4.1)	13.9	(2.9)	52.4	(4.0)	11.9	(2.7)	10.7	(2.9)	10.9	(2.7)
ブエノスアイレス（アルゼンチン）	12.9	(2.9)	55.0	(4.0)	36.0	(4.3)	63.7	(4.2)	52.2	(4.3)	41.8	(4.0)	53.4	(4.1)
デンマーク	4.0	(2.6)	28.5	(3.6)	7.6	(3.7)	36.0	(5.7)	16.4	(6.0)	23.9	(5.1)	16.0	(4.6)
イングランド（イギリス）	4.8	(2.3)	58.7	(4.3)	10.6	(3.0)	51.6	(4.4)	27.5	(4.3)	16.9	(4.3)	29.4	(4.4)
フランス	9.6	(2.6)	24.0	(4.1)	32.2	(3.9)	60.5	(6.3)	39.2	(4.9)	47.3	(4.7)	54.5	(4.7)
日本	19.0	(3.1)	57.0	(3.6)	55.9	(4.0)	85.3	(2.7)	43.7	(4.0)	33.4	(4.2)	38.8	(3.7)
韓国	35.0	(5.1)	47.4	(5.6)	49.7	(5.7)	73.2	(3.2)	21.6	(3.7)	27.3	(4.0)	52.8	(5.8)
スペイン	10.9	(2.6)	32.1	(3.7)	22.1	(3.1)	50.9	(4.0)	52.0	(3.9)	45.8	(3.7)	71.8	(2.9)
スウェーデン	8.3	(2.8)	36.3	(5.2)	18.6	(3.8)	50.0	(5.3)	20.1	(3.7)	20.5	(4.3)	16.0	(4.0)
台湾	4.8	(1.6)	8.4	(2.3)	15.8	(3.0)	46.0	(3.9)	23.6	(3.4)	30.1	(3.9)	38.6	(3.8)
トルコ	19.9	(4.5)	42.4	(5.6)	59.9	(5.2)	61.9	(6.3)	17.7	(4.1)	40.6	(5.3)	63.4	(5.6)
アラブ首長国連邦	4.0	(0.8)	37.1	(1.9)	24.8	(2.0)	34.5	(1.9)	15.0	(1.8)	27.5	(2.1)	42.7	(2.2)
ベトナム	12.8	(3.1)	20.6	(3.8)	41.9	(4.0)	31.9	(4.4)	6.3	(2.0)	22.9	(3.8)	31.4	(3.9)
オーストラリア	3.3	(1.2)	34.5	(3.7)	16.5	(2.9)	53.3	(4.1)	19.1	(3.2)	15.8	(3.2)	30.8	(3.7)
オランダ	5.0	(2.2)	32.1	(3.8)	7.6	(2.6)	20.9	(4.2)	9.2	(2.7)	7.7	(2.9)	5.2	(2.1)

職能開発の参加の障壁について「妨げになる」「非常に妨げになる」と回答した校長の割合を示している。

5.5.3 職能開発の参加の障壁の経年変化

表 5.5.5 は、中学校教員の職能開発の参加の障壁の割合の経年変化を示している。日本の「家庭でやらなくてはならないことがあるため、時間が割けない」の割合は、「TALIS 2013」ではスペイン（57.5%）、日本（52.4%）、キプロス（52.3%）の順であったが、「TALIS 2018」では日本（67.1%）、韓国（64.5%）、スペイン（58.1%）の順になり、参加国の中で日本が最も高くなった。日本の割合の変化の値は 14.6 ポイントの増加で、統計的に有意差がある。また、「参加要件を満たしていない」（4.1 ポイント増）と「職能開発に参加するインセンティブ（例：奨励金）がない」（8.3 ポイント増）の経年変化の値についても、統計的に有意な増加が見られる。

表 5.5.6 は、中学校校長の職能開発の参加の障壁の割合の経年変化を示している。

職能開発参加に障壁があると答えた日本の中学校校長の割合は、この５年間の間に多くの項目で増加している様子が見て取れる。日本の「参加要件を満たしていない」の割合は、「TALIS 2013」では 11.4% であったが、「TALIS 2018」では 21.1% となり、9.7 ポイントの増加である。また、この割合の増加は統計的に有意差があり、割合の増加が参加国の中で最も高い。「職能開発は費用が高すぎる」の割合は、「TALIS 2013」では 43.1% であったが、「TALIS 2018」では 61.1% になり、参加国の中で最も高い割合となった。また、日本の割合の変化は 17.9 ポイントの増加で統計的に有意差がある。

「雇用者からの支援が不足している」の割合は、「TALIS 2013」は 35.0% であったが、「TALIS 2018」では 54.4% となり、19.4 ポイント増加している。この割合の変化にも統計的に有意差があり、割合の増加が参加国の中で最も大きい。「家庭でやらなくてはならないことがあるため、時間が割けない」と「職能開発に参加するインセンティブがない」の割合の増加も顕著であり、それぞれ経年的な変化が 18.1 ポイント、13.7 ポイントと、統計的に有意な増加が見られる。

これらの経年変化を見ると、日本の中学校の教員と校長は以前と比べて職能開発の参加に障壁を感じる傾向が強くなってきている様子がうかがえる。

なお、「家庭でやらなくてはならないことがあるため、時間が割けない」「職能開発に参加するインセンティブがない」の質問項目は、TALIS 2013 年調査ではそれぞれ「家族があるため、時間が割けない」「職能開発に参加する誘因（インセンティブ）がない」と対応する。TALIS 2013 年調査と TALIS 2018 年調査で質問の記述が一部異なることから、経年変化の捉え方には注意が必要である。

表 5.5.5　教員の職能開発の参加の障壁の経年変化（中学校）

中学校教員の回答に基づく

国名	参加要件を満たしていない（例：資格、経験、勤務年数）						家庭でやらなくてはならないことがあるため、時間が割けない						職能開発に参加するインセンティブ（例：奨励金）がない					
	TALIS 2013		TALIS 2018		TALIS 2018 −TALIS 2013		TALIS 2013		TALIS 2018		TALIS 2018 −TALIS 2013		TALIS 2013		TALIS 2018		TALIS 2018 −TALIS 2013	
	%	S.E.	%	S.E.	差	S.E.	%	S.E.	%	S.E.	差	S.E.	%	S.E.	%	S.E.	差	S.E.
アルバータ（カナダ）	5.8	(0.7)	4.7	(0.7)	-1.0	(0.9)	44.1	(1.3)	40.8	(2.1)	-3.2	(2.5)	47.6	(1.4)	41.2	(2.1)	**-6.3**	(2.6)
オーストラリア	6.5	(0.5)	6.4	(0.4)	0.0	(0.7)	32.7	(1.8)	31.5	(0.9)	-1.2	(2.0)	39.6	(1.5)	35.2	(1.1)	**-4.4**	(1.9)
ブラジル	8.1	(0.4)	6.8	(0.6)	-1.3	(0.7)	25.8	(0.8)	27.8	(1.1)	2.0	(1.4)	52.8	(1.1)	57.5	(1.7)	**4.7**	(2.0)
ブルガリア	10.4	(1.0)	10.7	(0.7)	0.3	(1.2)	28.8	(1.1)	23.3	(1.1)	**-5.5**	(1.6)	65.7	(1.5)	62.9	(1.4)	-2.8	(2.1)
チリ	24.8	(1.6)	15.5	(0.9)	**-9.2**	(1.9)	45.8	(1.6)	48.3	(1.3)	2.5	(2.1)	73.1	(1.5)	73.6	(1.4)	0.5	(2.1)
クロアチア	3.8	(0.4)	4.5	(0.4)	0.7	(0.5)	21.8	(0.9)	30.1	(1.3)	**8.2**	(1.6)	39.8	(0.9)	40.1	(1.3)	0.3	(1.6)
キプロス	12.2	(0.8)	9.0	(0.8)	**-3.3**	(1.2)	52.3	(1.3)	52.9	(1.4)	0.7	(1.9)	61.3	(1.2)	60.6	(1.5)	-0.7	(1.9)
チェコ	7.2	(0.5)	8.0	(0.4)	0.8	(0.7)	31.8	(0.9)	34.8	(1.1)	**3.0**	(1.4)	37.8	(1.2)	30.5	(1.0)	**-7.3**	(1.6)
デンマーク	11.0	(0.8)	5.9	(0.7)	**-5.1**	(1.0)	20.3	(1.2)	24.1	(1.1)	**3.9**	(1.6)	39.2	(1.5)	38.9	(1.4)	-0.3	(2.0)
イングランド（イギリス）	10.1	(0.8)	8.4	(0.7)	-1.8	(1.0)	27.0	(1.1)	31.9	(1.0)	**4.8**	(1.5)	38.1	(1.2)	44.3	(1.2)	**6.2**	(1.7)
エストニア	12.0	(0.8)	7.7	(0.6)	**-4.3**	(1.0)	24.0	(1.1)	25.2	(0.9)	1.2	(1.4)	19.3	(0.9)	14.7	(0.8)	**-4.6**	(1.2)
フィンランド	7.1	(0.6)	5.8	(0.4)	-1.3	(0.7)	37.0	(1.2)	37.6	(0.9)	0.6	(1.5)	42.9	(1.4)	51.9	(1.3)	**9.0**	(1.9)
フランドル（ベルギー）	9.1	(0.5)	8.3	(0.6)	-0.8	(0.8)	34.3	(1.1)	33.1	(0.9)	-1.2	(1.4)	25.0	(0.9)	25.7	(1.1)	0.7	(1.5)
フランス	9.8	(0.7)	12.9	(0.7)	**3.1**	(1.0)	43.9	(1.1)	44.8	(1.1)	0.9	(1.6)	49.8	(1.1)	46.9	(1.3)	-2.9	(1.7)
ジョージア	10.8	(0.8)	9.7	(0.9)	-1.1	(1.2)	27.9	(1.4)	18.8	(0.9)	**-9.1**	(1.7)	39.2	(1.6)	35.7	(1.1)	-3.5	(2.0)
アイスランド	5.5	(0.7)	5.6	(0.7)	0.2	(1.0)	40.7	(1.4)	45.4	(1.5)	**4.6**	(2.1)	40.7	(1.7)	44.0	(1.8)	3.3	(2.5)
イスラエル	8.3	(0.6)	9.0	(0.7)	0.7	(0.9)	49.5	(1.0)	52.3	(1.2)	2.8	(1.5)	57.2	(1.1)	58.3	(1.2)	1.2	(1.6)
イタリア	14.0	(0.6)	15.4	(0.7)	1.5	(0.9)	39.2	(1.1)	36.8	(1.0)	-2.4	(1.5)	83.4	(0.8)	70.2	(0.9)	**-13.2**	(1.1)
日本	26.7	(0.8)	30.7	(0.8)	**4.1**	(1.2)	52.4	(0.9)	67.1	(0.9)	**14.6**	(1.2)	38.0	(0.9)	46.3	(1.0)	**8.3**	(1.3)
韓国	29.6	(1.0)	40.4	(1.1)	**10.8**	(1.5)	47.4	(1.0)	64.5	(1.1)	**17.1**	(1.5)	57.0	(1.1)	65.9	(0.9)	**8.9**	(1.4)
ラトビア	4.7	(0.5)	6.6	(0.9)	1.8	(1.1)	21.6	(1.1)	22.7	(1.1)	1.2	(1.6)	22.0	(1.1)	20.5	(1.3)	-1.5	(1.7)
メキシコ	26.5	(1.0)	29.2	(1.1)	2.7	(1.5)	27.6	(1.0)	30.3	(1.0)	2.7	(1.4)	63.7	(1.3)	72.1	(1.2)	**8.4**	(1.7)
オランダ	8.2	(0.8)	4.9	(0.7)	**-3.3**	(1.1)	26.9	(1.5)	25.0	(1.4)	-2.0	(2.1)	30.9	(1.8)	22.3	(2.2)	**-8.6**	(2.9)
ニュージーランド	7.4	(0.5)	7.2	(0.8)	-0.2	(0.9)	27.7	(1.0)	31.5	(1.1)	**3.8**	(1.5)	33.7	(0.9)	43.2	(1.7)	**9.5**	(1.9)
ノルウェー	8.7	(0.7)	7.8	(0.5)	-0.8	(0.9)	38.2	(1.6)	31.5	(0.9)	**-6.7**	(1.8)	31.8	(1.4)	33.3	(1.0)	1.5	(1.7)
ポルトガル	13.2	(0.6)	12.1	(0.6)	-1.1	(0.8)	48.2	(1.0)	53.4	(0.9)	**5.2**	(1.3)	85.2	(0.7)	84.6	(0.7)	-0.6	(1.0)
ルーマニア	13.1	(1.0)	11.2	(0.6)	-1.9	(1.2)	35.0	(1.4)	36.3	(1.1)	1.3	(1.7)	59.9	(1.3)	62.4	(1.4)	2.5	(1.9)
ロシア	14.9	(1.1)	14.5	(0.9)	-0.5	(1.4)	38.8	(1.2)	41.4	(1.5)	2.6	(1.9)	27.6	(1.4)	28.6	(1.4)	1.0	(2.0)
上海（中国）	19.4	(0.6)	20.5	(0.7)	1.1	(1.0)	40.3	(1.1)	38.5	(0.9)	-1.8	(1.5)	51.6	(1.2)	46.2	(1.2)	**-5.4**	(1.7)
シンガポール	15.6	(0.8)	13.3	(0.6)	**-2.3**	(1.0)	45.2	(0.9)	40.5	(0.9)	**-4.7**	(1.3)	37.3	(0.9)	38.1	(0.8)	0.7	(1.2)
スロバキア	11.0	(0.6)	9.5	(0.6)	-1.5	(0.9)	36.3	(1.1)	38.2	(1.0)	1.9	(1.5)	41.6	(1.3)	42.8	(1.0)	1.2	(1.6)
スペイン	7.8	(0.5)	9.6	(0.5)	**1.8**	(0.7)	57.5	(1.0)	58.1	(1.0)	0.6	(1.5)	80.3	(1.2)	76.3	(0.8)	**-4.0**	(1.4)
スウェーデン	7.7	(0.5)	8.7	(0.7)	1.0	(0.9)	22.6	(0.8)	20.1	(1.1)	-2.5	(1.4)	38.2	(1.3)	32.1	(1.0)	**-6.0**	(1.7)
アメリカ	p	p	8.3	(1.2)	p	p	p	p	42.3	(1.7)	p	p	p	p	46.9	(1.5)	p	p

職能開発の参加の障壁について「妨げになる」「非常に妨げになる」と回答した教員の割合を示している。

表 5.5.6［1/2］ 校長の職能開発の参加の障壁の経年変化（中学校）

中学校校長の回答に基づく

国名	参加要件を満たしていない（例：資格、経験、勤務年数）						職能開発は費用が高すぎる[1]						雇用者からの支援が不足している					
	TALIS 2013		TALIS 2018		TALIS 2018 −TALIS 2013		TALIS 2013		TALIS 2018		TALIS 2018 −TALIS 2013		TALIS 2013		TALIS 2018		TALIS 2018 −TALIS 2013	
	%	S.E.	%	S.E.	差	S.E.	%	S.E.	%	S.E.	差	S.E.	%	S.E.	%	S.E.	差	S.E.
アルバータ（カナダ）	4.2	(2.0)	1.5	(1.1)	-2.6	(2.3)	32.2	(3.8)	37.3	(7.1)	5.1	(8.1)	15.2	(3.1)	4.8	(1.8)	**-10.4**	(3.6)
ブラジル	7.5	(1.4)	7.0	(2.3)	-0.5	(2.7)	24.1	(2.1)	44.9	(4.3)	**20.8**	(4.8)	33.4	(2.1)	38.9	(3.5)	5.5	(4.1)
ブルガリア	7.0	(1.9)	9.6	(2.2)	2.6	(2.9)	38.0	(3.7)	46.2	(4.3)	8.2	(5.7)	3.6	(1.4)	7.0	(2.1)	3.3	(2.6)
チリ	13.0	(2.8)	5.1	(1.8)	**-7.9**	(3.3)	53.7	(4.3)	59.5	(3.9)	5.8	(5.8)	35.1	(3.9)	29.3	(3.4)	-5.9	(5.2)
クロアチア	4.7	(1.7)	2.0	(1.0)	-2.7	(1.9)	49.4	(4.2)	52.4	(3.9)	3.0	(5.8)	13.6	(2.6)	17.6	(4.4)	4.1	(5.1)
キプロス	13.7	(3.2)	4.0	(2.0)	**-9.6**	(3.8)	34.7	(4.9)	30.6	(4.4)	-4.2	(6.6)	38.3	(4.7)	29.2	(4.7)	-9.1	(6.7)
チェコ	2.6	(1.1)	4.7	(1.6)	2.0	(1.9)	20.5	(2.8)	32.0	(3.3)	**11.5**	(4.4)	8.7	(2.1)	8.6	(2.2)	-0.1	(3.0)
デンマーク	5.0	(2.0)	3.8	(1.6)	-1.2	(2.5)	25.4	(4.1)	28.3	(4.6)	2.9	(6.1)	10.8	(2.7)	4.7	(1.7)	-6.1	(3.2)
イングランド（イギリス）	3.2	(2.5)	0.0	(0.0)	-3.2	(2.5)	29.7	(4.0)	49.2	(4.8)	**19.5**	(6.3)	3.7	(1.9)	5.5	(1.9)	1.8	(2.7)
エストニア	7.1	(1.9)	6.8	(1.8)	-0.3	(2.6)	22.5	(3.1)	18.1	(2.8)	-4.3	(4.1)	9.2	(2.0)	12.9	(2.4)	3.7	(3.1)
フィンランド	2.3	(1.2)	3.1	(1.4)	0.8	(1.8)	9.8	(2.7)	21.5	(3.8)	**11.6**	(4.6)	8.8	(2.3)	14.5	(3.4)	5.7	(4.1)
フランドル（ベルギー）	4.9	(1.6)	1.4	(0.9)	-3.5	(1.9)	21.1	(3.9)	24.0	(3.7)	2.8	(5.3)	8.1	(2.7)	6.0	(1.8)	-2.2	(3.3)
フランス	6.9	(2.0)	7.9	(2.5)	1.0	(3.2)	18.8	(3.4)	24.4	(2.9)	5.6	(4.4)	13.8	(2.3)	21.2	(3.6)	7.4	(4.2)
ジョージア	7.8	(2.1)	3.4	(1.5)	**-4.4**	(2.6)	35.8	(3.8)	13.0	(2.8)	**-22.8**	(4.7)	6.2	(2.0)	7.3	(2.2)	1.1	(3.0)
アイスランド	6.5	(2.5)	0.0	(0.0)	**-6.5**	(2.5)	27.1	(4.5)	21.9	(4.0)	-5.2	(6.0)	14.0	(3.5)	10.3	(2.9)	-3.7	(4.6)
イスラエル	1.4	(0.7)	5.1	(1.9)	3.7	(2.0)	5.1	(1.9)	9.2	(2.3)	4.1	(3.0)	12.0	(2.7)	14.2	(2.8)	2.2	(3.9)
イタリア	3.9	(1.5)	3.6	(1.6)	-0.3	(2.2)	32.8	(4.7)	24.4	(3.5)	-8.5	(5.9)	57.7	(4.2)	49.1	(3.9)	-8.6	(5.8)
日本	11.4	(2.3)	21.1	(3.0)	**9.7**	(3.8)	43.1	(4.8)	61.1	(4.5)	**17.9**	(6.6)	35.0	(4.3)	54.4	(3.8)	**19.4**	(5.7)
韓国	31.2	(4.7)	27.3	(4.1)	-3.9	(6.3)	17.5	(4.1)	43.1	(4.6)	**25.6**	(6.2)	36.3	(4.4)	48.6	(4.6)	12.3	(6.4)
ラトビア	2.0	(1.2)	0.0	(0.0)	-2.0	(1.2)	20.6	(6.0)	30.0	(8.0)	9.3	(10.0)	9.6	(3.6)	4.3	(1.7)	-5.4	(4.0)
メキシコ	22.5	(3.5)	18.2	(3.3)	-4.2	(4.8)	36.9	(3.9)	39.0	(4.3)	2.1	(5.8)	46.6	(4.0)	45.2	(3.9)	-1.4	(5.6)
オランダ	5.1	(2.8)	1.6	(1.1)	-3.5	(3.0)	19.4	(8.0)	18.5	(3.7)	-0.8	(8.8)	12.1	(6.8)	4.0	(1.8)	-8.0	(7.0)
ニュージーランド	5.1	(2.5)	0.9	(0.6)	-4.2	(2.5)	34.3	(5.2)	36.5	(5.4)	2.2	(7.5)	3.4	(1.8)	4.4	(1.6)	1.0	(2.4)
ノルウェー	0.5	(0.5)	0.3	(0.3)	-0.2	(0.5)	24.0	(3.4)	30.3	(4.4)	6.3	(5.6)	20.1	(7.3)	8.5	(2.4)	-11.6	(7.7)
ポルトガル	23.1	(3.1)	9.8	(2.1)	**-13.2**	(3.7)	64.2	(3.9)	57.8	(3.7)	-6.4	(5.4)	81.8	(3.6)	58.1	(3.2)	**-23.6**	(4.9)
ルーマニア	7.6	(2.3)	9.9	(2.6)	2.4	(3.5)	40.4	(4.3)	57.8	(4.7)	**17.5**	(6.4)	7.5	(2.3)	8.3	(2.4)	0.8	(3.3)
ロシア	4.5	(2.5)	12.4	(3.9)	8.0	(4.6)	19.0	(4.1)	18.2	(4.7)	-0.8	(6.3)	14.3	(4.2)	21.6	(4.1)	7.3	(5.9)
上海（中国）	12.5	(2.4)	12.0	(3.5)	-0.5	(4.3)	7.4	(1.7)	9.7	(2.1)	2.3	(2.8)	7.4	(2.1)	10.7	(2.7)	3.4	(3.4)
シンガポール	2.7	(1.4)	2.7	(1.8)	0.0	(2.3)	3.4	(1.5)	7.7	(1.7)	4.3	(2.3)	2.0	(1.2)	3.8	(2.0)	1.7	(2.3)
スロバキア	4.0	(1.7)	3.4	(1.6)	-0.6	(2.3)	18.6	(3.2)	29.1	(3.3)	**10.5**	(4.6)	2.8	(1.3)	5.8	(1.9)	3.0	(2.3)
スペイン	3.6	(1.8)	7.4	(2.4)	3.8	(3.0)	33.2	(4.1)	36.3	(3.2)	3.2	(5.2)	27.4	(3.2)	26.0	(3.6)	-1.4	(4.8)
スウェーデン	1.7	(0.8)	5.9	(2.0)	**4.3**	(2.1)	27.5	(4.7)	33.3	(5.6)	5.8	(7.3)	14.8	(3.1)	15.5	(3.4)	0.8	(4.6)
アメリカ	p	p	13.5	(10.2)	p	p	p	p	26.7	(6.5)	p	p	p	p	7.2	(2.6)	p	p
オーストラリア	0.6	(0.6)	1.4	(0.5)	p	p	31.6	(6.1)	18.5	(3.3)	p	p	9.2	(2.9)	5.3	(1.3)	p	p

職能開発の参加の障壁について「妨げになる」「非常に妨げになる」と回答した校長の割合を示している。

1．TALIS 2013 から「職能開発は費用が高すぎる」という項目が追加された。

表 5.5.6［2/2］ 校長の職能開発の参加の障壁の経年変化（中学校）

中学校校長の回答に基づく

国　名	家庭でやらなくてはならないことがあるため、時間が割けない						職能開発に参加するインセンティブ（例：奨励金）がない					
	TALIS 2013		TALIS 2018		TALIS 2018 −TALIS 2013		TALIS 2013		TALIS 2018		TALIS 2018 −TALIS 2013	
	%	S.E.	%	S.E.	差	S.E.	%	S.E.	%	S.E.	差	S.E.
アルバータ（カナダ）	35.8	(3.8)	29.1	(5.7)	-6.7	(6.8)	39.9	(3.8)	32.8	(7.5)	-7.0	(8.4)
ブラジル	13.1	(1.9)	17.3	(3.0)	4.2	(3.5)	31.5	(2.5)	34.9	(4.0)	3.4	(4.7)
ブルガリア	8.1	(2.3)	11.3	(2.7)	3.2	(3.6)	54.1	(3.3)	59.5	(3.9)	5.5	(5.1)
チリ	20.6	(3.3)	23.5	(3.3)	2.9	(4.6)	58.9	(4.0)	49.5	(4.5)	-9.5	(6.0)
クロアチア	2.4	(1.1)	5.6	(1.8)	3.2	(2.2)	29.2	(3.0)	37.8	(3.6)	8.7	(4.7)
キプロス	22.6	(4.1)	21.7	(4.9)	-0.9	(6.4)	53.6	(4.6)	46.9	(5.1)	-6.7	(6.9)
チェコ	6.8	(1.7)	9.7	(2.1)	2.9	(2.6)	20.0	(3.1)	16.0	(2.2)	-4.0	(3.8)
デンマーク	15.6	(3.4)	13.5	(3.2)	-2.1	(4.7)	18.9	(3.5)	11.0	(2.7)	-7.9	(4.4)
イングランド（イギリス）	17.0	(2.8)	22.9	(3.5)	5.9	(4.5)	18.1	(2.9)	24.6	(4.3)	6.5	(5.2)
エストニア	5.6	(1.6)	7.2	(1.8)	1.6	(2.4)	9.7	(2.2)	12.3	(2.3)	2.7	(3.1)
フィンランド	17.8	(2.7)	27.0	(4.1)	9.2	(4.9)	30.1	(3.6)	36.8	(4.8)	6.7	(6.0)
フランドル（ベルギー）	9.2	(2.9)	13.0	(2.7)	3.9	(4.0)	10.8	(2.5)	19.0	(3.4)	**8.2**	(4.2)
フランス	9.9	(2.8)	17.4	(3.3)	7.5	(4.3)	37.5	(3.6)	39.8	(3.7)	2.3	(5.1)
ジョージア	6.1	(1.9)	10.2	(2.7)	4.1	(3.3)	14.4	(3.0)	23.7	(3.4)	**9.3**	(4.5)
アイスランド	22.4	(4.2)	26.8	(4.1)	4.4	(5.9)	29.0	(4.4)	38.1	(4.8)	9.2	(6.5)
イスラエル	21.9	(4.6)	25.1	(3.6)	3.2	(5.9)	42.0	(5.7)	50.7	(3.7)	8.7	(6.8)
イタリア	5.2	(1.6)	9.5	(2.6)	4.4	(3.0)	73.3	(4.3)	67.4	(3.9)	-5.9	(5.8)
日本	15.3	(3.1)	33.4	(3.6)	**18.1**	(4.7)	26.3	(3.9)	40.1	(3.8)	**13.7**	(5.5)
韓国	3.6	(2.0)	21.9	(3.9)	**18.3**	(4.4)	40.9	(4.1)	56.3	(4.8)	**15.4**	(6.3)
ラトビア	10.9	(3.2)	5.2	(2.5)	-5.8	(4.1)	13.9	(3.2)	6.9	(2.8)	-7.1	(4.3)
メキシコ	13.0	(2.8)	16.2	(2.8)	3.1	(3.9)	47.5	(3.9)	50.6	(3.9)	3.1	(5.5)
オランダ	4.7	(2.6)	5.6	(2.1)	0.9	(3.4)	17.5	(6.8)	10.5	(2.9)	-7.1	(7.3)
ニュージーランド	7.7	(2.2)	29.4	(5.9)	**21.8**	(6.4)	15.7	(2.8)	20.0	(3.4)	4.3	(4.5)
ノルウェー	15.1	(4.3)	19.4	(4.1)	4.2	(5.9)	18.7	(5.5)	13.7	(3.1)	-5.0	(6.3)
ポルトガル	12.3	(2.8)	16.2	(2.6)	3.9	(3.8)	71.4	(4.3)	68.2	(3.4)	-3.2	(5.5)
ルーマニア	14.9	(3.4)	10.3	(2.0)	-4.6	(4.0)	43.5	(4.6)	43.7	(4.8)	0.1	(6.7)
ロシア	13.4	(3.9)	9.9	(2.9)	-3.5	(4.8)	17.7	(4.3)	10.1	(2.8)	-7.6	(5.2)
上海（中国）	2.9	(1.2)	4.3	(1.4)	1.4	(1.8)	10.9	(2.3)	18.7	(2.9)	**7.9**	(3.7)
シンガポール	8.2	(2.4)	10.8	(1.8)	2.7	(3.0)	7.5	(2.3)	4.2	(1.5)	-3.3	(2.7)
スロバキア	5.1	(1.8)	9.7	(2.3)	4.6	(2.9)	40.2	(3.2)	41.3	(4.1)	1.1	(5.2)
スペイン	29.0	(4.2)	43.0	(4.2)	**14.0**	(5.9)	79.1	(4.2)	71.9	(3.9)	-7.1	(5.7)
スウェーデン	12.1	(2.7)	17.6	(4.0)	5.5	(4.8)	10.5	(2.7)	15.3	(3.2)	4.8	(4.2)
アメリカ	p	p	23.0	(5.3)	p	p	p	p	27.0	(7.1)	p	p
オーストラリア	28.2	(6.1)	18.0	(3.3)	p	p	34.2	(5.5)	21.2	(4.8)	p	p

資　料

経済協力開発機構 (OECD)
Organisation for Economic Co-operation and Development (OECD)

国際教員指導環境調査 (TALIS) 2018
Teaching and Learning International Survey (TALIS) 2018

教員質問紙

中学校

本調査版
日本語版

国内調査実施 : 文部科学省国立教育政策研究所

国際コンソーシアム：
国際教育到達度評価学会 (IEA) (オランダ、ドイツ)
オーストラリア教育研究所(ACER) (オーストラリア)
カナダ統計局 (カナダ)

国際教員指導環境調査 (TALIS) 2018について

国際教員指導環境調査 (TALIS) 2018は、校長及び教員の皆様に、教育分析や教育政策の進展の一助を担っていただく国際調査です。TALISは経済協力開発機構(OECD)によって実施されており、日本は他の40以上の国とともにこの調査に参加しています。

調査で得られるデータの国際分析により、自国と同様の課題に直面している国がどこなのかが明らかになり、他国の政策から学ぶことが可能になります。校長及び教員の皆様には、これまでに受けた職能開発、自身の教育に対する信念や教育実践、教職についての概観、職務へのフィードバックや評価、その他、学校のリーダーシップ、運営管理、職場の問題などに関する様々な事柄について情報を御提供いただきます。

TALISでは、参加国の様々な指導の実態を明らかにすることを目的としています。教育へのアプローチは、国によって、また個々の教員によって異なっていると思われます。御自身の仕事の内容や御意見を、皆様の専門知識に基づいてできるだけ正確にお答えください。

国際調査であることから、日本の事情に必ずしもそぐわない質問があるかもしれませんが、それらの質問については、回答可能な範囲で記入していただければ結構です。

機密保持

この調査で集められた全ての情報は厳重に取り扱われます。国別及び学校種別のデータは公表されますが、この調査の結果に関するいかなる報告書においても、個人や学校が特定されることは決してありません。調査への参加は任意であり、いつでも取りやめることができます。

質問紙について

- この質問紙では、学校教育や教育方針に関する情報をお尋ねします。
- この質問紙は校長先生を対象としていますが、必要に応じて、あなたの学校の他の先生と相談の上、回答していただいても結構です。
- この質問紙への回答に要する時間は、およそ50～60分間です。
- 質問の多くは、当てはまるものを一つ選び○を付けて回答するものです。
- この質問紙への記入が終わりましたら；校内締切日までに、校内担当者に御提出願います。
- この質問紙及び調査に関して御不明な点等がありましたら、校内担当者を通じて国立教育政策研究所までお問い合わせください。

御協力くださいますよう、よろしくお願いいたします。

先生御自身について

以下の質問は、あなた御自身、あなたの学歴、勤務経験に関するものです。質問への回答に当たっては、当てはまるものに○を付けるか、必要に応じて数字を記入してください。

問1　あなたの性別はどちらですか。

当てはまるものに一つ○を付けてください。

1　男性

2　女性

問2　あなたの年齢をお答えください。

数字を記入してください。

└┴┘ 歳

問3　あなたの最終学歴は、以下のうちどれですか。

当てはまるものに一つ○を付けてください。

1　中学校以下

2　高等学校

3　高等学校専攻科

4　短期大学・高等専門学校・専門学校

5　大学学部

6　大学院修士課程・大学院博士前期課程・専門職大学院（例：教職大学院）

7　大学院博士後期課程

問4　あなたが受けた公的な教育や研修には、以下のことが含まれていましたか。また、授業でそれらを行う準備がどの程度できたと思いましたか。

(1)～(10)のそれぞれについて、(A)欄と(B)欄のそれぞれ当てはまるもの一つに○を付けてください。

	(A) 教育や研修の有無		(B) 準備			
	含まれていた	含まれていなかった	全くできなかった	ある程度できた	できた	非常に良くできた
(1) 担当するいくつか又は全ての教科の内容	1	2	1	2	3	4
(2) 担当するいくつか又は全ての教科の指導法	1	2	1	2	3	4
(3) 一般の指導法	1	2	1	2	3	4
(4) 自分の担当するいくつか又は全ての教科の指導実践（教育実習、インターシップ）	1	2	1	2	3	4
(5) 様々な能力の生徒が混在する環境における指導	1	2	1	2	3	4
(6) 多文化又は多言語環境における指導	1	2	1	2	3	4
(7) 教科横断的なスキルの指導（例 ： 創造性、批判的思考、問題解決）	1	2	1	2	3	4
(8) 指導のための ICT（情報通信技術）使用	1	2	1	2	3	4
(9) 生徒の行動と学級経営	1	2	1	2	3	4
(10) 生徒の発達や学習の観察・みとり	1	2	1	2	3	4

問5 あなたにとって、教員になる際に以下のことはどのくらい重要でしたか。

(1)～(7)のそれぞれについて、当てはまるものに一つ○を付けてください。

	全く重要ではない	あまり重要ではない	ある程度重要	非常に重要
(1) 継続的なキャリアアップの機会が得られること	1	2	3	4
(2) 確実な収入が得られること	1	2	3	4
(3) 安定した職業であること	1	2	3	4
(4) 私生活での責任を果たすことを妨げない勤務スケジュールであること（例：勤務時間、休日、非常勤）	1	2	3	4
(5) 教職に就けば、子供や若者の成長に影響を与えられるということ	1	2	3	4
(6) 教職に就けば、社会的弱者の手助けができるということ	1	2	3	4
(7) 教職に就けば、社会に貢献できるということ	1	2	3	4

問6 教職は、あなたの第一志望の職業でしたか。

「職業」とは、あなたの生涯にわたる仕事になると考えられる、報酬を伴う仕事を指します。

当てはまるものに一つ○を付けてください。

1 はい

2 いいえ

現在の仕事について

問7 現在の学校における あなたの教員としての雇用形態は、以下のうちどれですか。

当てはまるものに一つ○を付けてください。

1 終身雇用（定年以前に雇用の終了時期が定められていない継続的雇用）

2 1年を超える有期雇用契約

3 1年以下の有期雇用契約

問8 勤務時間に関して、あなたの教員としての現在の雇用形態は、以下のうちどれですか。

この学校での勤務時間と、あなたが勤務する全ての学校での勤務時間の合算（勤務校が1校の場合はこの学校での勤務時間と同じ）についてお答えください。

(1)、(2)のそれぞれについて、当てはまるものに一つ○を付けてください。

	常勤（常時勤務の90%を超える労働時間）	非常勤（常時勤務の71-90%の労働時間）	非常勤（常時勤務の50-70%の労働時間）	非常勤（常時勤務の50%未満の労働時間）
(1) この学校での雇用形態	1	2	3	4
(2) 全ての学校での勤務時間の合算	1	2	3	4

問9 常勤か非常勤に関わらず、あなたの勤務経験は何年ですか。

出産休暇、育児休業などの長期休暇・休業の期間は除外してください。(1)～(4)のそれぞれについて、当てはまる数字を記入してください。

ない場合は0（ゼロ）と記入してください。

小数点以下は切り上げて、整数でお答え下さい。

(1) ＿＿ 年 ： 現在の学校 での教員としての通算勤務年数

(2) ＿＿ 年 ： 教員としての 通算 勤務年数

(3) ＿＿ 年 ： 教員以外の他の教育関係の仕事 （例 ： 教育委員会の指導主事、大学教員、保育士）での勤務年数

(4) ＿＿ 年 ： その他の教育関係以外の仕事での勤務年数

問10 あなたは、現在、<u>他の中学校</u>（義務教育学校後期課程、中等教育学校前期課程を含む。以下同じ）でも教員として勤務していますか。

当てはまるものに一つ○を付けてください。

1 はい

2 いいえ → **問 12 へお進みください。**

問11 問 10 で「はい」と答えた方は、この学校 <u>以外に</u> いくつの中学校で勤務していますか。

数字を記入してください。

└┴┘ 校

問12 あなたの中学校段階での担当授業全体において、特別な支援を要する生徒がどのくらいいますか。

「特別な支援を要する生徒」とは、精神的、身体的又は情緒的に困難な条件にあることによって、特別な学習を行う必要性が <u>公式に認定されている</u> 生徒を指すものとします。（これらの生徒に対しては、多くの場合、その教育支援のために、公的なあるいは民間からの何らかの追加的な(人的、物的、財政的)資源が提供されています。）

当てはまるものに一つ○を付けてください。

1 いない

2 数人

3 ほとんど全員

4 全員

問13 あなたが受けた公的な教育や研修には、以下の教科等が含まれていましたか。また、今年度あなたは以下の教科等を <u>この中学校</u> で教えていますか。

(1)～(12)のそれぞれについて、当てはまるもの全てに○を付けてください。

		公的な教育や研修に含まれていた教科	今年度、中学校の生徒に教えている教科
(1)	国語	1	1
(2)	数学	1	1
(3)	理科	1	1
(4)	社会	1	1
(5)	外国語	1	1
(6)	技術	1	1
(7)	音楽・美術	1	1
(8)	保健体育	1	1
(9)	道徳	1	1
(10)	家庭	1	1
(11)	総合的な学習の時間	1	1
(12)	その他	1	1

問14 直近の「通常の一週間」において、あなたの学校で 求められている仕事に、合計 でおよそ何時間（1 時＝60 分換算）従事しましたか。

指導（授業）、授業準備、採点、他の教員との共同作業、職員会議や職能開発への参加、その他の仕事に費やした時間を含みます。また、週末や夜間など就業時間外に行った仕事も含みます。

「通常の一週間」とは、休暇や休日、病気休業などによって勤務時間が短くならなかった一週間のことを指します。

四捨五入して時間単位で数字を記入してください。

└┴┘ 合計時間

問15 この合計のうち、直近の「通常の一週間」において、およそ何時間（1 時間＝60 分換算）指導（授業）しましたか。

実際の指導（授業）時間のみを計算してください。授業準備や採点、職能開発などに費やした時間については、次の質問でお尋ねします。

四捨五入して時間単位で数字を記入してください。

└┴┘ 時間

問16 直近の「通常の一週間」において、あなたは、この学校での 以下の仕事に合計でおよそ何時間（1 時間＝60 分換算）従事しましたか。

週末や夜間など就業時間外に行った仕事を含みます。指導（授業）時間については前の質問でお尋ねしていますので、その時間は全て除外してください。

およその値で結構です。以下の仕事に従事しなかった場合は、0（ゼロ）を記入してください。

四捨五入して時間単位で数字を記入してください。

(1) └┴┘ 時間　学校内外で個人で行う授業の計画や準備
(2) └┴┘ 時間　学校内での同僚との共同作業や話し合い
(3) └┴┘ 時間　生徒の課題の採点や添削
(4) └┴┘ 時間　生徒に対する教育相談（例：生徒の監督指導、インターネットによるカウンセリング、進路指導、非行防止指導）
(5) └┴┘ 時間　学校運営業務への参画
(6) └┴┘ 時間　一般的な事務業務（教員として行う連絡事務、書類作成その他の事務業務を含む）
(7) └┴┘ 時間　職能開発活動
(8) └┴┘ 時間　保護者との連絡や連携
(9) └┴┘ 時間　課外活動の指導（例：放課後のスポーツ活動や文化活動）
(10) └┴┘ 時間　その他の業務

職能開発

このセクションでは、「職能開発」を、教員としての技能、知識、専門性その他の資質を高めるための活動と定義します。

教員養成課程 後に、あなたが受けた職能開発についてのみお答えください。

問17 何らかの初任者研修に参加しましたか。

「初任者研修」とは、初任者に対する教職への導入を支援したり、又は経験がある教員に対する新しい赴任校への導入を支援したりする研修のことです。それらは、公式に体系化されたされたものと、非公式なものがあります。

(1)、(2)のそれぞれについて、当てはまるもの全てに○を付けてください。

	初任時に参加した	この学校で参加した	参加していない
(1) 公式な 初任者研修に参加した	1	1	1
(2) 非公式な 初任者研修に参加した	1	1	1

（1）と（2）の両方で「この学校で参加した」に○を 付けなかった 場合→問 19 へお進みください。

問18 この学校での勤務を始めた時、初任者研修には、以下のような内容が含まれていましたか。

(1)～(10)のそれぞれについて、当てはまるもの全てに○を付けてください。

	はい	いいえ
(1) 対面式の講座やセミナー	1	2
(2) オンライン上の講座やセミナー	1	2
(3) オンライン上の活動（例：バーチャルコミュニティ）	1	2
(4) 校長や経験豊富な教員との話し合いの設定	1	2
(5) 校長や経験豊富な教員による監督指導	1	2
(6) 他の新任者との交流及び連携	1	2
(7) 経験豊富な教員とのチーム・ティーチング	1	2
(8) 日誌、記録の作成	1	2
(9) 指導上の負担の軽減	1	2
(10) 一般的な学校事務の説明	1	2

問19 あなたは、現在、学校の公式の取組の一環として校内指導（メンタリング）に参加していますか。

「校内指導（メンタリング）」は、経験のある教員が経験の少ない教員を支援する仕組みのことです。学校内の全教員を対象にすることもあれば、初任者だけを対象にすることもあります。

教育実習中の学生のためのものは含みません。

(1)、(2)のそれぞれについて、当てはまるものに一つ○を付けてください。

	はい	いいえ
(1) 現在、自分を支援してくれる校内指導者（メンター）がいる	1	2
(2) 他の教員の校内指導者（メンター）を務めている	1	2

問20 過去 12 か月 の間に、以下の職能開発に参加しましたか。

(1)～(10)のそれぞれについて、当てはまるものに一つ○を付けてください。

	はい	いいえ
(1) 対面式の講座やセミナー	1	2
(2) オンライン上の講座やセミナー	1	2
(3) 教員や研究者による研究発表、教育問題に関する議論をする会議	1	2
(4) 公式な資格取得プログラム（例：学位課程）	1	2
(5) 他校の見学	1	2
(6) 企業、公的機関又は非政府組織（NGO）の見学	1	2
(7) 学校の公式な取組である同僚の観察・助言又は自己観察、コーチング活動	1	2
(8) 教員の職能開発を目的とする研究グループへの参加	1	2
(9) 専門的な文書や書物を読むこと	1	2
(10) その他	1	2

上記の全ての項目で「いいえ」と答えた場合 → 問 24 へお進みください。

問21 過去 12 か月 の間にあなたが参加した職能開発には、以下のことが含まれていましたか。

(1)～(15)のそれぞれについて、当てはまるものに一つ○を付けてください。

	はい	いいえ
(1) 担当教科等の分野に関する知識と理解	1	2
(2) 担当教科等の分野の指導法に関する能力	1	2
(3) カリキュラムに関する知識	1	2
(4) 生徒の評価方法	1	2
(5) 指導用の ICT（情報通信技術）技能	1	2
(6) 生徒の行動と学級経営	1	2
(7) 学校の管理運営	1	2
(8) 個に応じた学習手法	1	2
(9) 特別な支援を要する生徒への指導	1	2
(10) 多文化又は多言語環境における指導	1	2
(11) 教科横断的なスキルの指導（例：創造性、批判的思考力、問題解決能力）	1	2
(12) 生徒の評価の分析と利用	1	2
(13) 教員と保護者間の協力	1	2
(14) 文化や国が異なる人々とのコミュニケーション	1	2
(15) その他	1	2

問22 過去 12 か月 の間に参加した職能開発の中で、あなたの指導実践に良い影響を与えたものはありましたか。

当てはまるものに一つ○を付けてください。

1　はい

2　いいえ　→　**問 24 へお進みください。**

本調査-TALIS 教員質問紙-中学校版 (MS-TQ-JP_JA) – 11 ページ

12 ページ – 本調査-TALIS 教員質問紙-中学校版 (MS-TQ-JP_JA)

問23 過去 12 か月 の間に参加した職能開発の中で、あなたの指導実践に 最も良い影響 を与えたものには以下のような特徴がありましたか。

(1)～(12)のそれぞれについて、当てはまるものに一つ○を付けてください。

	はい	いいえ
(1) これまでの知識が深まった	1	2
(2) 個人的な成長のニーズに合っていた	1	2
(3) 研修の構成が一貫していた	1	2
(4) 自分の担当科目の指導上必要な内容に、的確に重点が置かれていた	1	2
(5) 主体的な学びの機会を与えられた	1	2
(6) 共同学習の機会を与えられた	1	2
(7) 自分の授業で新しいアイデアや知識を実践し、導入する機会を与えられた	1	2
(8) フォローアップ活動があった	1	2
(9) この学校で実施された	1	2
(10) この学校の教員のほとんどが参加した	1	2
(11) 長期間にわたって実施された（例：数週間以上）	1	2
(12) 自分の授業に新しいものを導入することに重点が置かれていた	1	2

問24 以下の各領域について、それぞれどの程度、職能開発の 必要性を現在 感じていますか。

(1)～(14)のそれぞれについて、当てはまるものに一つ○を付けてください。

	全くなし	あまりなし	ある程度	高い
(1) 担当教科等の分野に関する知識と理解	1	2	3	4
(2) 担当教科等の分野の指導法に関する能力	1	2	3	4
(3) カリキュラムに関する知識	1	2	3	4
(4) 生徒の評価方法	1	2	3	4
(5) 指導用の ICT（情報通信技術）技能	1	2	3	4
(6) 生徒の行動と学級経営	1	2	3	4
(7) 学校の管理運営	1	2	3	4
(8) 個に応じた学習手法	1	2	3	4
(9) 特別な支援を要する生徒への指導	1	2	3	4
(10) 多文化又は多言語環境における指導	1	2	3	4
(11) 教科横断的なスキルの指導（例：創造性、批判的思考力、問題解決能力）	1	2	3	4
(12) 生徒の評価の分析と利用	1	2	3	4
(13) 教員と保護者間の協力	1	2	3	4
(14) 文化や国が異なる人々とのコミュニケーション	1	2	3	4

問25 職能開発にあなたが参加する際、以下のことがどの程度妨げになると思いますか。

(1)～(7)のそれぞれについて、当てはまるものに一つ○を付けてください。

	全く妨げにならない	妨げにならない	妨げになる	非常に妨げになる
(1) 参加要件を満たしていない（例：資格、経験、勤務年数）	1	2	3	4
(2) 職能開発は費用が高すぎる	1	2	3	4
(3) 雇用者からの支援が不足している	1	2	3	4
(4) 職能開発の日程が自分の仕事のスケジュールと合わない	1	2	3	4
(5) 家庭でやらなくてはならないことがあるため、時間が割けない	1	2	3	4
(6) 自分に適した職能開発がない	1	2	3	4
(7) 職能開発に参加するインセンティブ（例：奨励金）がない	1	2	3	4

フィードバック

あなたの学校で仕事に対して行われるフィードバックについてお尋ねします。

「フィードバック」とは、あなたの仕事に対する何らかの関与（例：授業観察、指導計画や生徒の成績に関する議論）に基づいて行われ、あなたの指導に関するコミュニケーションとして、広く定義します。

フィードバックは、非公式な話し合い、あるいは公的で組織的な手法のいずれによっても行われる場合があります。

問26 あなたの学校では、あなたは、以下の情報に基づくフィードバックをどなたから受けていますか。

「外部の個人又は機関」とは、例えば、文部科学省の関係者、地方自治体の関係者、その他の学校外の者を指します。

(1)～(6)のそれぞれについて、当てはまるもの全てに○を付けてください。

	外部の個人又は機関	校長又は校長以外の学校運営チーム（例：運営委員会）メンバー	学校運営チームメンバー以外の校内の同僚	受けたことがない
(1) 授業観察	1	1	1	1
(2) 私の指導に関する生徒へのアンケートの結果	1	1	1	1
(3) 教科に関する知識についての評価	1	1	1	1
(4) 指導している生徒の外部テスト（例：全国学力調査）の結果	1	1	1	1
(5) 学校内と学級内での生徒の成果（例：成績、プロジェクトの成果、テストの点数）	1	1	1	1
(6) あなたの自己評価（例：ポートフォリオ評価の提出、ビデオを使った自身の授業分析）	1	1	1	1

上記の全てについて、「受けたことがない」と回答した場合 → 問 29 へお進みください。

問27 過去 12 か月の間にあなたが受けたフィードバックの中で、あなたの指導実践に良い影響を与えたものはありましたか。

当てはまるものに一つ○を付けてください。

1 はい

2 いいえ → **問 29 へお進みください。**

問28 過去12か月の間に受けたフィードバックは、あなたの指導に関する以下のような内容に対して、良い影響を与えましたか。

(1)～(6)のそれぞれについて、当てはまるものに一つ○を付けてください。

	はい	いいえ
(1) 主な担当教科等の分野に関する知識と理解	1	2
(2) 担当教科等の指導法に関する能力	1	2
(3) 生徒の学習改善につながる生徒評価の利用	1	2
(4) 学級経営	1	2
(5) 特別な支援を要する生徒への指導方法	1	2
(6) 多文化又は多言語環境における指導方法	1	2

指導全般について

問29 以下のことは、あなたの学校の教員にどの程度当てはまると思いますか。

(1)～(4)のそれぞれについて、当てはまるものに一つ○を付けてください。

	全く当てはまらない	当てはまらない	当てはまる	非常に良く当てはまる
(1) この学校のほとんどの教員は、指導や学習についての新しいアイデアを発展させる努力をしている	1	2	3	4
(2) この学校のほとんどの教員は、変化に対して前向きである	1	2	3	4
(3) この学校のほとんどの教員は、問題を解決するための新しい方法を模索している	1	2	3	4
(4) この学校のほとんどの教員は、新しいアイデアを活用するために、互いに、実際に役に立つサポートをし合っている	1	2	3	4

問30 この学校で以下のことは、平均してどのくらいの頻度で行われていますか。

(1)～(8)のそれぞれについて、当てはまるものに一つ○を付けてください。

	行っていない	年に1回以下	年に2～4回	年に5～10回	月に1～3回	週に1回以上
(1) 学級内でチーム・ティーチングを行う	1	2	3	4	5	6
(2) 他の教員の授業を見学し、感想を述べる	1	2	3	4	5	6
(3) 学級や学年をまたいだ合同学習を行う（例：プロジェクト）	1	2	3	4	5	6
(4) 同僚と教材をやりとりする	1	2	3	4	5	6
(5) 特定の生徒の学習の向上について議論する	1	2	3	4	5	6
(6) 他の教員と共同して、生徒の学習の進捗状況を評価する基準を定める	1	2	3	4	5	6
(7) 分掌や担当の会議に出席する	1	2	3	4	5	6
(8) 専門性を高めるための勉強会に参加する	1	2	3	4	5	6

問31 あなたの指導において、以下のことは、どの程度できていますか。

(1)～(13)のそれぞれについて、当てはまるものに一つ○を付けてください。

	全くできていない	いくらかできている	かなりできている	非常に良くできている
(1) 生徒に勉強ができると自信を持たせる	1	2	3	4
(2) 生徒が学習の価値を見いだせるよう手助けする	1	2	3	4
(3) 生徒のために発問を工夫する	1	2	3	4
(4) 学級内の秩序を乱す行動を抑える	1	2	3	4
(5) 勉強にあまり関心を示さない生徒に動機付けをする	1	2	3	4
(6) 自分が生徒にどのような態度・行動を期待しているか明確に示す	1	2	3	4
(7) 生徒の批判的思考を促す	1	2	3	4
(8) 生徒を教室のきまりに従わせる	1	2	3	4
(9) 秩序を乱す、又は騒々しい生徒を落ち着かせる	1	2	3	4
(10) 多様な評価方法を活用する	1	2	3	4
(11) 生徒がわからない時には、別の説明の仕方を工夫する	1	2	3	4
(12) 様々な指導方法を用いて授業を行う	1	2	3	4
(13) デジタル技術の利用によって生徒の学習を支援する（例：コンピュータ、タブレット、電子黒板）	1	2	3	4

対象学級における指導について

以下では、あなたの指導実践について詳しくお尋ねします。この質問紙では、あなたの指導実践の全体を取り上げることはできません。そこで、ここでは事例的アプローチを用いることとし、特定の学級における指導に焦点を当てることとします。

以下の質問では、あなたが教えている特定の学級についてお尋ねします。回答していただきたい特定の学級とは、先週の火曜日の午前11時以降、あなたが最初に教えた中学校の学級とします。もし、あなたがその日に中学校の学級を教えていない場合には、その翌日以降の中学校の学級が回答対象となります。以下の質問では、これを「対象学級」と表現することとします。

以下の質問では対象学級についてお答えください。

問32 対象学級の構成についてお尋ねします。以下の特性を持つ生徒の割合を推定してください。

(3)の「特別な支援を要する生徒」の定義については問12を参照ください

(5)の「社会経済的に困難な家庭環境」とは、住居や栄養、医療などの生活上必要な基礎的な条件を欠いている家庭環境のことをいいます。

(7)の「移民の生徒」とは、日本以外で生まれた人を指します。「移民の背景を持つ生徒」とは両親が日本以外で生まれた人のことを指します。

(8)の「難民」とは、法的な地位に関わらず、武力闘争、政治的抑圧、宗教迫害、自然災害などから身を守るために、国外へ避難した人を指します。

この質問は、生徒の背景についてのあなた個人としての理解をお尋ねするものです。

およその推定値で回答していただいて結構です。生徒が複数の特性を持つこともあり得ます。

(1)～(8)のそれぞれについて、当てはまるものに一つ○を付けてください。

	なし	1% ～10%	11% ～30%	31% ～60%	61%以上
(1) 母語が日本語ではない生徒	1	2	3	4	5
(2) 学業成績が低い生徒	1	2	3	4	5
(3) 特別な支援を要する生徒	1	2	3	4	5
(4) 問題行動を起こす生徒	1	2	3	4	5
(5) 社会経済的に困難な家庭環境にある生徒	1	2	3	4	5
(6) 学業に関して特別な才能のある生徒	1	2	3	4	5
(7) 移民の生徒、又は移民の背景を持つ生徒	1	2	3	4	5
(8) 難民の生徒	1	2	3	4	5

問33 対象学級におけるあなたの指導は、ほとんど全てが特別な支援を要する生徒に割かれていますか。

当てはまるものに一つ○を付けてください。

1 はい → **問41へお進みください。**

2 いいえ

問34 対象学級での授業は、以下のどの教科等の分野に分類されますか。

当てはまるものに一つ○を付けてください。

1 国語
2 数学
3 理科
4 社会
5 外国語
6 技術
7 音楽・美術
8 保健体育
9 道徳
10 家庭
11 総合的な学習の時間
12 その他

問35 対象学級には、現在何人の生徒が在籍していますか。

数字を記入してください。

└┴┘ 人

問36 対象学級において、通常、以下のことに授業時間の何パーセントを費やしていますか。

各活動の割合を数字で記入してください。ない場合は0（ゼロ）と記入してください。
回答を合計して100%になるようにしてください。

(1) └┴┴┘ % 事務的業務（出欠の記録、学校からのお知らせの配付など）
(2) └┴┴┘ % 学級の秩序・規律の維持
(3) └┴┴┘ % 学習指導

100 **%** 合計

問37 対象学級での計画と指導において、あなたは以下のことについてどの程度主導権を持っていると思いますか。

(1)～(5)のそれぞれについて、当てはまるものに一つ○を付けてください。

	全く当てはまらない	当てはまらない	当てはまる	非常に良く当てはまる
(1) 教育課程の内容の確定	1	2	3	4
(2) 教授法の選択	1	2	3	4
(3) 生徒の学習の評価	1	2	3	4
(4) 生徒のしつけ	1	2	3	4
(5) 宿題の量の決定	1	2	3	4

問38 対象学級について、以下のことは、どの程度当てはまりますか。

(1)～(4)のそれぞれについて、当てはまるものに一つ○を付けてください。

	全く当てはまらない	当てはまらない	当てはまる	非常に良く当てはまる
(1) 授業を始める際、生徒が静かになるまでかなり長い時間待たなければならない	1	2	3	4
(2) この学級の生徒は良好な学習の雰囲気を創り出そうとしている	1	2	3	4
(3) 生徒が授業を妨害するため、多くの時間が失われてしまう	1	2	3	4
(4) 教室内はとても騒々しい	1	2	3	4

問39 <u>対象学級</u>における指導について、以下のことをどのくらいの頻度で行いますか。

(1)～(16)のそれぞれについて、当てはまるものに一つ○を付けてください。

	ほとんどなし	時々	しばしば	いつも
(1) 前回の授業内容のまとめを示す	1	2	3	4
(2) 授業の始めに目標を設定する	1	2	3	4
(3) 生徒に何を学んで欲しいかを説明する	1	2	3	4
(4) 新しい学習内容と過去の学習内容がどのように関連しているか説明する	1	2	3	4
(5) 明らかな解決法が存在しない課題を提示する	1	2	3	4
(6) 批判的に考える必要がある課題を与える	1	2	3	4
(7) 生徒を少人数のグループに分け、問題や課題に対する合同の解決法を出させる	1	2	3	4
(8) 複雑な課題を解く際に、その手順を各自で選択するよう生徒に指示する	1	2	3	4
(9) 教室でのルールを守るよう生徒に伝える	1	2	3	4
(10) 自分の話を聞くよう生徒に伝える	1	2	3	4
(11) 規律を乱している生徒を静かにさせる	1	2	3	4
(12) 授業の始めに、すぐに静かにするよう伝える	1	2	3	4
(13) 新しい知識が役立つことを示すため、日常生活や仕事での問題を引き合いに出す	1	2	3	4
(14) 全生徒が単元の内容を理解していることが確認されるまで、類似の課題を生徒に演習させる	1	2	3	4
(15) 完成までに少なくとも一週間を必要とする課題を生徒に与える	1	2	3	4
(16) 生徒に課題や学級での活動に ICT（情報通信技術）を活用させる	1	2	3	4

問40 <u>対象学級</u>において、以下の<u>生徒の学習評価</u>方法をどのくらいの頻度で使いますか。

(1)～(4)のそれぞれについて、当てはまるものに一つ○を付けてください。

	ほとんどなし	時々	しばしば	いつも
(1) 自ら評価を実施する	1	2	3	4
(2) 生徒の学習成果に対して点数や評定による成績評価だけでなく、文書によるフィードバックを行う	1	2	3	4
(3) 生徒に学習の進捗状況を自己評価させる	1	2	3	4
(4) 生徒が特定の課題に取り組む様子を観察し、必要なフィードバックを即座に行う	1	2	3	4

多様な環境における指導

このセクションでは、文化的な多様性に重点を置いて、多様性を考慮した学校の方針や実践についてお尋ねします。

「多様性」とは、生徒や教職員の背景の違いを認識し、尊重することを指します。文化的な多様性とは、特に文化的、民族的な背景を指します。

問41 異なる文化を持つ生徒がいる学級の指導をしたことがありますか。

当てはまるものに一つ○を付けてください。

1 はい

2 いいえ → **問 43 へお進みください。**

問42 文化的に多様な学級を指導する上で、次のことをどの程度できていますか。

(1)～(5)のそれぞれについて、当てはまるものに一つ○を付けてください。

	全くできていない	いくらかできている	かなりできている	非常に良くできている
(1) 多文化的な学級での難題に対処する	1	2	3	4
(2) 指導を生徒の文化的な多様性に適応させる	1	2	3	4
(3) 移民の背景を持つ生徒と持たない生徒が共に活動できるようにする	1	2	3	4
(4) 生徒間の文化的な違いへの意識を高める	1	2	3	4
(5) 生徒間の民族に対する固定観念を減らす	1	2	3	4

問43 あなたの学校には、異なる文化的又は民族的な背景を持つ生徒がいますか。

当てはまるものに一つ○を付けてください。

1 はい

2 いいえ → **問 45 へお進みください。**

問44 あなたの学校では、多様性に関する次のような実践が行われていますか。

(1)～(4)のそれぞれについて、当てはまるものに一つ○を付けてください。

	はい	いいえ
(1) 多様な民族的、文化的なアイデンティティを生徒が表現することを促す活動や組織を支援する（例：芸術的なグループ）	1	2
(2) 多文化的な行事を開催している（例：異文化と触れ合う学校でのイベント）	1	2
(3) 民族的、文化的な差別にどう取り組むかを生徒に教える	1	2
(4) カリキュラム全体を通して、地球規模の問題を取り入れた指導及び学習の実践を導入する	1	2

学校の雰囲気、仕事に対する満足度

問45 この学校について、以下のことはどの程度当てはまりますか。

(1)～(8)のそれぞれについて、当てはまるものに一つ○を付けてください。

	全く当てはまらない	当てはまらない	当てはまる	非常に良く当てはまる
(1) この学校は、教職員が学校の意思決定に積極的に参加する機会を提供している	1	2	3	4
(2) この学校は、保護者が学校の意思決定に積極的に参加する機会を提供している	1	2	3	4
(3) この学校は、生徒が学校の意思決定に積極的に参加する機会を提供している	1	2	3	4
(4) 学校の課題について、責任を共有する文化がある	1	2	3	4
(5) お互いに助け合う協力的な学校文化がある	1	2	3	4
(6) 教職員が、指導や学習についての信念を共有している	1	2	3	4
(7) 教職員が、校内で一貫して生徒の行動に関する規則を守らせている	1	2	3	4
(8) 教職員が、率先して新たな試みを行うよう促している	1	2	3	4

問46 この学校について、以下のことはどの程度当てはまりますか。

(1)～(5)のそれぞれについて、当てはまるものに一つ○を付けてください。

	全く当てはまらない	当てはまらない	当てはまる	非常に良く当てはまる
(1) 通常、教員と生徒は互いに良好な関係にある	1	2	3	4
(2) ほとんどの教員は、生徒の幸せが重要であると考えている	1	2	3	4
(3) ほとんどの教員は、生徒の声に関心を持っている	1	2	3	4
(4) 生徒が特別な援助を必要としている時、学校は支援している	1	2	3	4
(5) 教員は互いに信頼しあうことができる	1	2	3	4

問47 今後何年間、教員として働き続けたいと思いますか。

数字を記入してください。

└┴┘ 年

問48 あなたの学校で教員としての経験の中で、以下のことはどの程度当てはまりますか。

(1)～(4)のそれぞれについて、当てはまるものに一つ○を付けてください。

	全くない	いくらかある	かなりある	非常に良くある
(1) 職務上のストレスを感じる	1	2	3	4
(2) 私生活を送る時間を確保できている	1	2	3	4
(3) 教員としての職務が精神的に悪影響をもたらしている	1	2	3	4
(4) 教員としての職務が身体的に悪影響をもたらしている	1	2	3	4

問49 あなたの学校での業務に関して、以下のことはどの程度ストレスに感じますか。

(1)～(11)のそれぞれについて、当てはまるものに一つ○を付けてください。

	全く感じない	いくらか感じる	かなり感じる	非常に良く感じる
(1) 多大な授業準備があること	1	2	3	4
(2) 授業の数が多すぎること	1	2	3	4
(3) 採点業務が多すぎること	1	2	3	4
(4) 事務的な業務が多すぎること（例：書類への記入）	1	2	3	4
(5) 教員の欠勤による追加的な業務があること	1	2	3	4
(6) 生徒の学力に対して責任を負っていること	1	2	3	4
(7) 学級の規律を保つこと	1	2	3	4
(8) 生徒に脅迫されたり生徒から暴言を受けたりすること	1	2	3	4
(9) 国、地方自治体からの要求の変化に対応すること	1	2	3	4
(10) 保護者の懸念に対処すること	1	2	3	4
(11) 特別な支援を要する生徒のために授業を適応させること	1	2	3	4

問50 あなたが仕事全般についてどのように感じているかをお尋ねします。以下のことはどの程度当てはまりますか。

(1)～(10)のそれぞれについて、当てはまるものに一つ○を付けてください。

	全く当てはまらない	当てはまらない	当てはまる	非常に良く当てはまる
(1) 教員であることは、悪いことより、良いことの方が明らかに多い	1	2	3	4
(2) もう一度仕事を選べるとしたら、また教員になりたい	1	2	3	4
(3) 可能なら、別の学校に異動したい	1	2	3	4
(4) 教員になったことを後悔している	1	2	3	4
(5) 現在の学校での仕事を楽しんでいる	1	2	3	4
(6) 他の職業を選んでいた方が良かったかもしれないと思う	1	2	3	4
(7) この学校を良い職場だと人に勧めることができる	1	2	3	4
(8) 教職は社会的に高く評価されていると思う	1	2	3	4
(9) 現在の学校での自分の仕事の成果に満足している	1	2	3	4
(10) 全体としてみれば、この仕事に満足している	1	2	3	4

問51 以下のことは、どの程度当てはまりますか。

(1)～(5)のそれぞれについて、当てはまるものに一つ○を付けてください。

	全く当てはまらない	当てはまらない	当てはまる	非常に良く当てはまる
(1) 職務に対して支払われる給与に満足している	1	2	3	4
(2) 給与以外の教員としての雇用条件に満足している（例：福利厚生、勤務時間）	1	2	3	4
(3) この国や地域では、教員の意見は政策立案者に高く評価されている	1	2	3	4
(4) この国や地域では、教員は教育政策の決定に意思を反映できる	1	2	3	4
(5) この国や地域では、教員はメディアに高く評価されている。	1	2	3	4

問52 中学校教育全体のことについてお尋ねします。もし予算が５%増加するとしたら、以下の支出を優先させることはどの程度重要だと思いますか。

(1)～(9)のそれぞれについて、当てはまるものに一つ○を付けてください。

	あまり重要ではない	ある程度重要	非常に重要
(1) ICT への投資	1	2	3
(2) 指導用教材への投資（例：副読本、問題集）	1	2	3
(3) 条件の不利な生徒や移民の背景を持つ生徒への支援	1	2	3
(4) 教職員の増員による学級規模の縮小	1	2	3
(5) 学校の施設設備の充実	1	2	3
(6) 特別な支援を要する生徒の支援	1	2	3
(7) 教員への高水準の職能開発プログラムの提供	1	2	3
(8) 教員の給与増額	1	2	3
(9) 補助的な職員の増員による、教員の事務的な業務の軽減	1	2	3

質問はここまでです。

御協力ありがとうございました。

校内締め切り日までに、校内担当者に御提出願います。

経済協力開発機構（OECD）
Organisation for Economic Co-operation and Development (OECD)

国際教員指導環境調査（TALIS）2018
Teaching and Learning International Survey (TALIS) 2018

教員質問紙

小学校

本調査版
日本語版

国内調査実施　：　文部科学省国立教育政策研究所

国際コンソーシアム：
国際教育到達度評価学会（IEA）（オランダ、ドイツ）
オーストラリア教育研究所（ACER）（オーストラリア）
カナダ統計局（カナダ）

国際教員指導環境調査（TALIS）　2018について

国際教員指導環境調査（TALIS）2018は、校長及び教員の皆様に、教育分析や教育政策の進展の一助を担っていただく国際調査です。TALISは経済協力開発機構（OECD）によって実施されており、日本は他の40以上の国とともにこの調査に参加しています。

調査で得られるデータの国際分析により、自国と同様の課題に直面している国がどこなのかが明らかになり、他国の政策から学ぶことが可能になります。校長及び教員の皆様には、これまでに受けた職能開発、自身の教育に対する信念や教育実践、教職についての概観、職務へのフィードバックや評価、その他、学校のリーダーシップ、運営管理、職場の問題などに関する様々な事柄について情報を御提供いただきます。

TALISでは、参加国の様々な指導の実態を明らかにすることを目的としています。教育へのアプローチは、国によって、また個々の教員によって異なっていると思われます。御自身の仕事の内容や御意見を、皆様の専門知識に基づいてできるだけ正確にお答えください。

国際調査であることから、日本の事情に必ずしもそぐわない質問があるかもしれませんが、それらの質問については、回答可能な範囲で記入していただければ結構です。

機密保持

この調査で集められた全ての情報は厳重に取り扱われます。国別及び学校種別のデータは公表されますが、この調査の結果に関するいかなる報告書においても、個人や学校が特定されることは決してありません。調査への参加は任意であり、いつでも取りやめることができます。

質問紙について

- この質問紙では、学校教育や教育方針に関する情報をお尋ねします。
- この質問紙は校長先生を対象としていますが、必要に応じて、あなたの学校の他の先生と相談の上、回答していただいても結構です。
- この質問紙への回答に要する時間は、およそ50～60分間です。
- 質問の多くは、当てはまるものを一つ選び○を付けて回答するものです。
- この質問紙への記入が終わりましたら、校内締切日までに、校内担当者に御提出願います。
- この質問紙及び調査に関して御不明な点等がありましたら、校内担当者を通じて国立教育政策研究所までお問い合わせください。

御協力くださいますよう、よろしくお願いいたします。

2ページ – 本調査-TALIS 教員質問紙-小学校版(MS-TQ-JP_J1)

先生御自身について

以下の質問は、あなた御自身、あなたの学歴、勤務経験に関するものです。質問への回答に当たっては、当てはまるものに○を付けるか、必要に応じて数字を記入してください。

問1　あなたの性別はどちらですか。

当てはまるものに一つ○を付けてください。

1　男性
2　女性

問2　あなたの年齢をお答えください。

数字を記入してください。

□□ 歳

問3　あなたの最終学歴は、以下のうちどれですか。

当てはまるものに一つ○を付けてください。

1　中学校以下
2　高等学校
3　高等学校専攻科
4　短期大学・高等専門学校・専門学校
5　大学学部
6　大学院修士課程・大学院博士前期課程・専門職大学院（例：教職大学院）
7　大学院博士後期課程

問4　あなたが受けた公的な教育や研修には、以下のことが含まれていましたか。また、授業でそれらを行う準備がどの程度できたと思いましたか。

(1)～(12)のそれぞれについて、(A)欄と(B)欄のそれぞれ当てはまるもの一つに○を付けてください。

	(A) 教育や研修の有無		(B) 準備			
	含まれていた	含まれていなかった	全くできなかった	ある程度できた	できた	非常に良くできた
(1) 担当するいくつか又は全ての教科の内容	1	2	1	2	3	4
(2) 担当するいくつか又は全ての教科の指導法	1	2	1	2	3	4
(3) 一般の指導法	1	2	1	2	3	4
(4) 自分の担当するいくつか又は全ての教科の指導実践（教育実習、インターシップ）	1	2	1	2	3	4
(5) 様々な能力の児童が混在する環境における指導	1	2	1	2	3	4
(6) 多文化又は多言語環境における指導	1	2	1	2	3	4
(7) 教科横断的なスキルの指導（例：創造性、批判的思考、問題解決）	1	2	1	2	3	4
(8) 指導のための ICT（情報通信技術）使用	1	2	1	2	3	4
(9) 児童の行動と学級経営	1	2	1	2	3	4
(10) 児童の発達や学習の観察・みとり	1	2	1	2	3	4
(11) 幼稚園・保育所・認定こども園から小学校への接続の支援	1	2	1	2	3	4
(12) 遊びの支援	1	2	1	2	3	4

問5 あなたにとって、教員になる際に以下のことはどのくらい重要でしたか。

(1)～(7)のそれぞれについて、当てはまるものに一つ○を付けてください。

	全く重要ではない	あまり重要ではない	ある程度重要	非常に重要
(1) 継続的なキャリアアップの機会が得られること	1	2	3	4
(2) 確実な収入が得られること	1	2	3	4
(3) 安定した職業であること	1	2	3	4
(4) 私生活での責任を果たすことを妨げない勤務スケジュールであること（例：勤務時間、休日、非常勤）	1	2	3	4
(5) 教職に就けば、子供や若者の成長に影響を与えられるということ	1	2	3	4
(6) 教職に就けば、社会的弱者の手助けができるということ	1	2	3	4
(7) 教職に就けば、社会に貢献できるということ	1	2	3	4

問6 教職は、あなたの第一志望の職業でしたか。

「職業」とは、あなたの生涯にわたる仕事になると考えられる、報酬を伴う仕事を指します。

当てはまるものに一つ○を付けてください。

1 はい
2 いいえ

現在の仕事について

問7 現在の学校における あなたの教員としての雇用形態は、以下のうちどれですか。

当てはまるものに一つ○を付けてください。

1 終身雇用（定年以前に雇用の終了時期が定められていない継続的雇用）
2 1年を超える有期雇用契約
3 1年以下の有期雇用契約

問8 勤務時間に関して、あなたの教員としての現在の雇用形態は、以下のうちどれですか。

この学校での勤務時間と、あなたが勤務する全ての学校での勤務時間の合算（勤務校が1校の場合はこの学校での勤務時間と同じ）についてお答えください。

(1)、(2)のそれぞれについて、当てはまるものに一つ○を付けてください。

	常勤（常時勤務の90%を超える労働時間）	非常勤（常時勤務の71–90%の労働時間）	非常勤（常時勤務の50–70%の労働時間）	非常勤（常時勤務の50%未満の労働時間）
(1) この学校での雇用形態	1	2	3	4
(2) 全ての学校での勤務時間の合算	1	2	3	4

問9 常勤か非常勤に関わらず、あなたの勤務経験は何年ですか。

出産休暇、育児休業などの長期休暇・休業の期間は除外してください。(1)～(4)のそれぞれについて、当てはまる数字を記入してください。

ない場合は0（ゼロ）と記入してください。

小数点以下は切り上げて、整数でお答え下さい。

(1) └┴┘ 年 ： 現在の学校での教員としての通算勤務年数
(2) └┴┘ 年 ： 教員としての通算勤務年数
(3) └┴┘ 年 ： 教員以外の他の教育関係の仕事 （例 ： 教育委員会の指導主事、大学教員、保育士）での勤務年数
(4) └┴┘ 年 ： その他の教育関係以外の仕事での勤務年数

問10 あなたは、現在、他の小学校（義務教育学校前期課程を含む。以下同じ）でも教員として勤務していますか。

当てはまるものに一つ○を付けてください。

1 はい

2 いいえ → **問12へお進みください。**

問11 問10で「はい」と答えた方は、この学校 以外に いくつの小学校で勤務していますか。

数字を記入してください。

└┴┘ 校

問12 あなたの小学校段階での担当授業全体において、特別な支援を要する児童がどのくらいいますか。

「特別な支援を要する児童」とは、精神的、身体的又は情緒的に困難な条件にあることによって、特別な学習を行う必要性が 公式に認定されている 児童を指すものとします。（これらの児童に対しては、多くの場合、その教育支援のために、公的なあるいは民間からの何らかの追加的な(人的、物的、財政的)資源が提供されています。）

当てはまるものに一つ○を付けてください。

1 いない

2 数人

3 ほとんど全員

4 全員

問13 あなたが受けた公的な教育や研修には、以下の教科等が含まれていましたか。また、今年度あなたは以下の教科等を この小学校 で教えていますか。

(1)～(12)のそれぞれについて、当てはまるもの全てに○を付けてください。

	公的な教育や研修に含まれていた教科	今年度、小学校の児童に教えている教科
(1) 国語	1	1
(2) 算数	1	1
(3) 理科	1	1
(4) 社会	1	1
(5) 外国語	1	1
(6) 音楽・図画工作	1	1
(7) 体育	1	1
(8) 道徳	1	1
(9) 家庭	1	1
(10) 総合的な学習の時間	1	1
(11) 生活	1	1
(12) その他	1	1

問14 **直近の「通常の一週間」において、あなたの学校で 求められている仕事に、合計 でおよそ何時間（1 時＝60 分換算）従事しましたか。**

指導（授業）、授業準備、採点、他の教員との共同作業、職員会議や職能開発への参加、その他の仕事に費やした時間を含みます。また、週末や夜間など就業時間外に行った仕事も含みます。

「通常の一週間」とは、休暇や休日、病気休業などによって勤務時間が短くならなかった一週間のことを指します。

四捨五入して時間単位で数字を記入してください。

└┴┘ 合計時間

問15 **この合計のうち、直近の「通常の一週間」において、およそ何時間（1 時間＝60 分換算）指導（授業）しましたか。**

実際の指導（授業）時間のみを計算してください。授業準備や採点、職能開発などに費やした時間については、次の質問でお尋ねします。

四捨五入して時間単位で数字を記入してください。

└┴┘ 時間

問16 **直近の「通常の一週間」において、あなたは、この学校での 以下の仕事に合計でおよそ何時間（1 時間＝60 分換算）従事しましたか。**

週末や夜間など就業時間外に行った仕事を含みます。指導（授業）時間については前の質問でお尋ねしていますので、その時間は全て除外してください。

およその値で結構です。以下の仕事に従事しなかった場合は、0（ゼロ）を記入してください。

四捨五入して時間単位で数字を記入してください

(1) └┴┘ 時間　学校内外で個人で行う授業の計画や準備

(2) └┴┘ 時間　学校内での同僚との共同作業や話し合い

(3) └┴┘ 時間　児童の課題の採点や添削

(4) └┴┘ 時間　児童に対する教育相談（例：児童の監督指導、インターネットによるカウンセリング、進路指導、非行防止指導）

(5) └┴┘ 時間　学校運営業務への参画

(6) └┴┘ 時間　一般的な事務業務（教員として行う連絡事務、書類作成その他の事務業務を含む）

(7) └┴┘ 時間　職能開発活動

(8) └┴┘ 時間　保護者との連絡や連携

(9) └┴┘ 時間　課外活動の指導（例：放課後のスポーツ活動や文化活動）

(10) └┴┘ 時間　その他の業務

職能開発

このセクションでは、「職能開発」を、教員としての技能、知識、専門性その他の資質を高めるための活動と定義します。

教員養成課程 後に、あなたが受けた職能開発についてのみお答えください。

問17 **何らかの初任者研修に参加しましたか。**

「初任者研修」とは、初任者に対する教職への導入を支援したり、又は経験がある教員に対する新しい赴任校への導入を支援したりする研修のことです。それらは、公式に体系化されたされたものと、非公式なものがあります。

(1)、(2)のそれぞれについて、当てはまるもの全てに○を付けてください。

	初任時に参加した	この学校で参加した	参加していない
(1) 公式な 初任者研修に参加した	1	1	1
(2) 非公式な 初任者研修に参加した	1	1	1

（1）と（2）の両方で「この学校で参加した」に○を付けなかった 場合→問 19 へお進みください。

問18 **この学校での勤務を始めた時、初任者研修には、以下のような内容が含まれていましたか。**

(1)～(10)のそれぞれについて、当てはまるもの全てに○を付けてください。

	はい	いいえ
(1) 対面式の講座やセミナー	1	2
(2) オンライン上の講座やセミナー	1	2
(3) オンライン上の活動（例：バーチャルコミュニティ）	1	2
(4) 校長や経験豊富な教員との話し合いの設定	1	2
(5) 校長や経験豊富な教員による監督指導	1	2
(6) 他の新任者との交流及び連携	1	2
(7) 経験豊富な教員とのチーム・ティーチング	1	2
(8) 日誌、記録の作成	1	2
(9) 指導上の負担の軽減	1	2
(10) 一般的な学校事務の説明	1	2

問19 あなたは、現在、学校の公式の取組の一環として校内指導（メンタリング）に参加していますか。

「校内指導（メンタリング）」は、経験のある教員が経験の少ない教員を支援する仕組みのことです。学校内の全教員を対象にすることもあれば、初任者だけを対象にすることもあります。

教育実習中の学生のためのものは含みません。

(1)、(2)のそれぞれについて、当てはまるものに一つ○を付けてください。

	はい	いいえ
(1) 現在、自分を支援してくれる校内指導者（メンター）がいる	1	2
(2) 他の教員の校内指導者（メンター）を務めている	1	2

問20 過去 12 か月 の間に、以下の職能開発に参加しましたか。

(1)～(10)のそれぞれについて、当てはまるものに一つ○を付けてください。

	はい	いいえ
(1) 対面式の講座やセミナー	1	2
(2) オンライン上の講座やセミナー	1	2
(3) 教員や研究者による研究発表、教育問題に関する議論をする会議	1	2
(4) 公式な資格取得プログラム（例：学位課程）	1	2
(5) 他校の見学	1	2
(6) 企業、公的機関又は非政府組織（NGO)の見学	1	2
(7) 学校の公式な取組である同僚の観察・助言又は自己観察、コーチング活動	1	2
(8) 教員の職能開発を目的とする研究グループへの参加	1	2
(9) 専門的な文書や書物を読むこと	1	2
(10) その他	1	2

上記の全ての項目で「いいえ」と答えた場合 → 問 24 へお進みください。

問21 過去 12 か月 の間にあなたが参加した職能開発には、以下のことが含まれていましたか。

(1)～(15)のそれぞれについて、当てはまるものに一つ○を付けてください。

	はい	いいえ
(1) 担当教科等の分野に関する知識と理解	1	2
(2) 担当教科等の分野の指導法に関する能力	1	2
(3) カリキュラムに関する知識	1	2
(4) 児童の評価方法	1	2
(5) 指導用の ICT（情報通信技術）技能	1	2
(6) 児童の行動と学級経営	1	2
(7) 学校の管理運営	1	2
(8) 個に応じた学習手法	1	2
(9) 特別な支援を要する児童への指導	1	2
(10) 多文化又は多言語環境における指導	1	2
(11) 教科横断的なスキルの指導（例：創造性、批判的思考力、問題解決能力）	1	2
(12) 児童の評価の分析と利用	1	2
(13) 教員と保護者間の協力	1	2
(14) 文化や国が異なる人々とのコミュニケーション	1	2
(15) その他	1	2

問22 過去 12 か月 の間に参加した職能開発の中で、あなたの指導実践に良い影響を与えたものはありましたか。

当てはまるものに一つ○を付けてください。

1 はい

2 いいえ → **問 24 へお進みください。**

問23 過去 12か月 の間に参加した職能開発の中で、あなたの指導実践に 最も良い影響 を与えたものには以下のような特徴がありましたか。

(1)～(12)のそれぞれについて、当てはまるものに一つ○を付けてください。

	はい	いいえ
(1) これまでの知識が深まった	1	2
(2) 個人的な成長のニーズに合っていた	1	2
(3) 研修の構成が一貫していた	1	2
(4) 自分の担当科目の指導上必要な内容に、的確に重点が置かれていた	1	2
(5) 主体的な学びの機会を与えられた	1	2
(6) 共同学習の機会を与えられた	1	2
(7) 自分の授業で新しいアイデアや知識を実践し、導入する機会を与えられた	1	2
(8) フォローアップ活動があった	1	2
(9) この学校で実施された	1	2
(10) この学校の教員のほとんどが参加した	1	2
(11) 長期間にわたって実施された（例：数週間以上）	1	2
(12) 自分の授業に新しいものを導入することに重点が置かれていた	1	2

問24 以下の各領域について、それぞれどの程度、職能開発の 必要性を現在 感じていますか。

(1)～(14)のそれぞれについて、当てはまるものに一つ○を付けてください。

	全くなし	あまりなし	ある程度	高い
(1) 担当教科等の分野に関する知識と理解	1	2	3	4
(2) 担当教科等の分野の指導法に関する能力	1	2	3	4
(3) カリキュラムに関する知識	1	2	3	4
(4) 児童の評価方法	1	2	3	4
(5) 指導用の ICT（情報通信技術）技能	1	2	3	4
(6) 児童の行動と学級経営	1	2	3	4
(7) 学校の管理運営	1	2	3	4
(8) 個に応じた学習手法	1	2	3	4
(9) 特別な支援を要する児童への指導	1	2	3	4
(10) 多文化又は多言語環境における指導	1	2	3	4
(11) 教科横断的なスキルの指導（例：創造性、批判的思考力、問題解決能力）	1	2	3	4
(12) 児童の評価の分析と利用	1	2	3	4
(13) 教員と保護者間の協力	1	2	3	4
(14) 文化や国が異なる人々とのコミュニケーション	1	2	3	4

問25 職能開発にあなたが参加する際、以下のことがどの程度妨げになると思いますか。

(1)～(7)のそれぞれについて、当てはまるものに一つ○を付けてください。

	全く妨げにならない	妨げにならない	妨げになる	非常に妨げになる
(1) 参加要件を満たしていない（例：資格、経験、勤務年数）	1	2	3	4
(2) 職能開発は費用が高すぎる	1	2	3	4
(3) 雇用者からの支援が不足している	1	2	3	4
(4) 職能開発の日程が自分の仕事のスケジュールと合わない	1	2	3	4
(5) 家庭でやらなくてはならないことがあるため、時間が割けない	1	2	3	4
(6) 自分に適した職能開発がない	1	2	3	4
(7) 職能開発に参加するインセンティブ（例：奨励金）がない	1	2	3	4

フィードバック

あなたの学校で仕事に対して行われるフィードバックについてお尋ねします。

「フィードバック」とは、あなたの仕事に対する何らかの関与（例：授業観察、指導計画や児童の成績に関する議論）に基づいて行われ、あなたの指導に関するコミュニケーションとして、広く定義します。

フィードバックは、非公式な話し合い、あるいは公的で組織的な手法のいずれによっても行われる場合があります。

問26 あなたの学校では、あなたは、以下の情報に基づくフィードバックをどなたから受けていますか。

「外部の個人又は機関」とは、例えば、文部科学省の関係者、地方自治体の関係者、その他の学校外の者を指します。

(1)～(6)のそれぞれについて、当てはまるもの全てに○を付けてください。

	外部の個人又は機関	校長又は校長以外の学校運営チーム（例：運営委員会）メンバー	学校運営チームメンバー以外の校内の同僚	受けたことがない
(1) 授業観察	1	1	1	1
(2) 私の指導に関する児童へのアンケートの結果	1	1	1	1
(3) 教科に関する知識についての評価	1	1	1	1
(4) 指導している児童の外部テスト（例：全国学力調査）の結果	1	1	1	1
(5) 学校内と学級内での児童の成果（例：成績、プロジェクトの成果、テストの点数）	1	1	1	1
(6) あなたの自己評価（例：ポートフォリオ評価の提出、ビデオを使った自身の授業分析）	1	1	1	1

上記の全てについて、「受けたことがない」と回答した場合 → 問 29 へお進みください。

問27 過去 12 か月 の間にあなたが受けたフィードバックの中で、あなたの指導実践に良い影響を与えたものはありましたか。

当てはまるものに一つ○を付けてください。

1 はい

2 いいえ → **問 29 へお進みください。**

問28 過去 12 か月の間に受けたフィードバックは、あなたの指導に関する以下のような内容に対して、良い影響を与えましたか。

(1)～(6)のそれぞれについて、当てはまるものに一つ○を付けてください。

	はい	いいえ
(1) 主な担当教科等の分野に関する知識と理解	1	2
(2) 担当教科等の指導法に関する能力	1	2
(3) 児童の学習改善につながる児童評価の利用	1	2
(4) 学級経営	1	2
(5) 特別な支援を要する児童への指導方法	1	2
(6) 多文化又は多言語環境における指導方法	1	2

指導全般について

問29 以下のことは、あなたの学校の教員にどの程度当てはまると思いますか。

(1)〜(4)のそれぞれについて、当てはまるものに一つ○を付けてください。

	全く当てはまらない	当てはまらない	当てはまる	非常に良く当てはまる
(1) この学校のほとんどの教員は、指導や学習についての新しいアイデアを発展させる努力をしている	1	2	3	4
(2) この学校のほとんどの教員は、変化に対して前向きである	1	2	3	4
(3) この学校のほとんどの教員は、問題を解決するための新しい方法を模索している	1	2	3	4
(4) この学校のほとんどの教員は、新しいアイデアを活用するために、互いに、実際に役に立つサポートをし合っている	1	2	3	4

問30 この学校で以下のことは、平均してどのくらいの頻度で行われていますか。

(1)〜(8)のそれぞれについて、当てはまるものに一つ○を付けてください。

	行っていない	年に1回以下	年に2〜4回	年に5〜10回	月に1〜3回	週に1回以上
(1) 学級内でチーム・ティーチングを行う	1	2	3	4	5	6
(2) 他の教員の授業を見学し、感想を述べる	1	2	3	4	5	6
(3) 学級や学年をまたいだ合同学習を行う（例：プロジェクト）	1	2	3	4	5	6
(4) 同僚と教材をやりとりする	1	2	3	4	5	6
(5) 特定の児童の学習の向上について議論する	1	2	3	4	5	6
(6) 他の教員と共同して、児童の学習の進捗状況を評価する基準を定める	1	2	3	4	5	6
(7) 分掌や担当の会議に出席する	1	2	3	4	5	6
(8) 専門性を高めるための勉強会に参加する	1	2	3	4	5	6

問31 あなたの指導において、以下のことは、どの程度できていますか。

(1)〜(13)のそれぞれについて、当てはまるものに一つ○を付けてください。

	全くできていない	いくらかできている	かなりできている	非常に良くできている
(1) 児童に勉強ができると自信を持たせる	1	2	3	4
(2) 児童が学習の価値を見いだせるよう手助けする	1	2	3	4
(3) 児童のために発問を工夫する	1	2	3	4
(4) 学級内の秩序を乱す行動を抑える	1	2	3	4
(5) 勉強にあまり関心を示さない児童に動機付けをする	1	2	3	4
(6) 自分が児童にどのような態度・行動を期待しているか明確に示す	1	2	3	4
(7) 児童の批判的思考を促す	1	2	3	4
(8) 児童を教室のきまりに従わせる	1	2	3	4
(9) 秩序を乱す、又は騒々しい児童を落ち着かせる	1	2	3	4
(10) 多様な評価方法を活用する	1	2	3	4
(11) 児童がわからない時には、別の説明の仕方を工夫する	1	2	3	4
(12) 様々な指導方法を用いて授業を行う	1	2	3	4
(13) デジタル技術の利用によって児童の学習を支援する（例：コンピュータ、タブレット、電子黒板）	1	2	3	4

対象学級における指導について

以下では、あなたの指導実践について詳しくお尋ねします。この質問紙では、あなたの指導実践の全体を取り上げることはできません。そこで、ここでは事例的アプローチを用いることとし、特定の学級における指導に焦点を当てることとします。

以下の質問では、あなたが教えている特定の学級についてお尋ねします。回答していただきたい特定の学級とは、先週の火曜日の午前11時以降、あなたが最初に教えた小学校の学級とします。もし、あなたがその日に小学校の学級を教えていない場合には、その翌日以降の小学校の学級が回答対象となります。以下の質問では、これを「対象学級」と表現することとします。

以下の質問では対象学級についてお答えください。

問32 対象学級 の構成についてお尋ねします。以下の特性を持つ児童の割合を推定してください。

(3)の「特別な支援を要する児童」の定義については問12を参照ください

(5)の「社会経済的に困難な家庭環境」とは、住居や栄養、医療などの生活上必要な基礎的な条件を欠いている家庭環境のことをいいます。

(7)の「移民の児童」とは、日本以外で生まれた人を指します。「移民の背景を持つ児童」とは両親が日本以外で生まれた人のことを指します。

(8)の「難民」とは、法的な地位に関わらず、武力闘争、政治的抑圧、宗教迫害、自然災害などから身を守るために、国外へ避難した人を指します。

この質問は、児童の背景についてのあなた 個人としての 理解をお尋ねするものです。

およその 推定値 で回答していただいて結構です。児童が複数の特性を持つこともあり得ます。

(1)～(8)のそれぞれについて、当てはまるものに一つ○を付けてください。

	なし	1%～10%	11%～30%	31%～60%	61%以上
(1) 母語が日本語ではない児童	1	2	3	4	5
(2) 学業成績が低い児童	1	2	3	4	5
(3) 特別な支援を要する児童	1	2	3	4	5
(4) 問題行動を起こす児童	1	2	3	4	5
(5) 社会経済的に困難な家庭環境にある児童	1	2	3	4	5
(6) 学業に関して特別な才能のある児童	1	2	3	4	5
(7) 移民の児童、又は移民の背景を持つ児童	1	2	3	4	5
(8) 難民の児童	1	2	3	4	5

問33 対象学級 におけるあなたの指導は、ほとんど全てが特別な支援を要する児童に割かれていますか。

当てはまるものに一つ○を付けてください。

1 はい → **問41へお進みください。**

2 いいえ

問34 対象学級（先週の火曜日の午前11時以降、あなたが最初に教えた小学校の授業。もし、あなたが先週火曜日に小学校の学級を教えていない場合には、その翌日以降の午前11時以降の最初の授業。）での授業は、以下のどの教科等の分野に分類されますか。

当てはまるものに一つ○を付けてください。

1 国語

2 算数

3 理科

4 社会

5 外国語

6 音楽・図工

7 体育

8 道徳

9 家庭

10 総合的な学習の時間

11 生活

12 その他

問35 対象学級 には、現在何人の児童が在籍していますか。

数字を記入してください。

└┴┘ 人

問36 対象学級において、通常、以下のことに授業時間の何パーセントを費やしていますか。

各活動の割合を数字で記入してください。ない場合は 0（ゼロ）と記入してください。
回答を合計して 100%になるようにしてください。

(1) ＿＿＿ % 事務的業務（出欠の記録、学校からのお知らせの配付など）

(2) ＿＿＿ % 学級の秩序・規律の維持

(3) ＿＿＿ % 学習指導

100 % 合計

問37 対象学級での計画と指導において、あなたは以下のことについてどの程度主導権を持っていると思いますか。

(1)～(5)のそれぞれについて、当てはまるものに一つ○を付けてください。

	全く当てはまらない	当てはまらない	当てはまる	非常に良く当てはまる
(1) 教育課程の内容の確定	1	2	3	4
(2) 教授法の選択	1	2	3	4
(3) 児童の学習の評価	1	2	3	4
(4) 児童のしつけ	1	2	3	4
(5) 宿題の量の決定	1	2	3	4

問38 対象学級について、以下のことは、どの程度当てはまりますか。

(1)～(4)のそれぞれについて、当てはまるものに一つ○を付けてください。

	全く当てはまらない	当てはまらない	当てはまる	非常に良く当てはまる
(1) 授業を始める際、児童が静かになるまでかなり長い時間待たなければならない	1	2	3	4
(2) この学級の児童は良好な学習の雰囲気を創り出そうとしている	1	2	3	4
(3) 児童が授業を妨害するため、多くの時間が失われてしまう	1	2	3	4
(4) 教室内はとても騒々しい	1	2	3	4

本調査-TALIS 教員質問紙-小学校版(MS-TQ-JP_J1) – 21 ページ

問39 対象学級における指導について、以下のことをどのくらいの頻度で行いますか。

(1)～(16)のそれぞれについて、当てはまるものに一つ○を付けてください。

	ほとんどなし	時々	しばしば	いつも
(1) 前回の授業内容のまとめを示す	1	2	3	4
(2) 授業の始めに目標を設定する	1	2	3	4
(3) 児童に何を学んで欲しいかを説明する	1	2	3	4
(4) 新しい学習内容と過去の学習内容がどのように関連しているか説明する	1	2	3	4
(5) 明らかな解決法が存在しない課題を提示する	1	2	3	4
(6) 批判的に考える必要がある課題を与える	1	2	3	4
(7) 児童を少人数のグループに分け、問題や課題に対する合同の解決法を出させる	1	2	3	4
(8) 複雑な課題を解く際に、その手順を各自で選択するよう児童に指示する	1	2	3	4
(9) 教室でのルールを守るよう児童に伝える	1	2	3	4
(10) 自分の話を聞くよう児童に伝える	1	2	3	4
(11) 規律を乱している児童を静かにさせる	1	2	3	4
(12) 授業の始めに、すぐに静かにするよう伝える	1	2	3	4
(13) 新しい知識が役立つことを示すため、日常生活や仕事での問題を引き合いに出す	1	2	3	4
(14) 全児童が単元の内容を理解していることが確認されるまで、類似の課題を児童に演習させる	1	2	3	4
(15) 完成までに少なくとも一週間を必要とする課題を児童に与える	1	2	3	4
(16) 児童に課題や学級での活動に ICT（情報通信技術）を活用させる	1	2	3	4

22 ページ – 本調査-TALIS 教員質問紙-小学校版(MS-TQ-JP_J1)

問40 対象学級において、以下の児童の学習評価方法をどのくらいの頻度で使いますか。

(1)～(4)のそれぞれについて、当てはまるものに一つ○を付けてください。

	ほとんどなし	時々	しばしば	いつも
(1) 自ら評価を実施する	1	2	3	4
(2) 児童の学習成果に対して点数や評定による成績評価だけでなく、文書によるフィードバックを行う	1	2	3	4
(3) 児童に学習の進捗状況を自己評価させる	1	2	3	4
(4) 児童が特定の課題に取り組む様子を観察し、必要なフィードバックを即座に行う	1	2	3	4

多様な環境における指導

このセクションでは、文化的な多様性に重点を置いて、多様性を考慮した学校の方針や実践についてお尋ねします。

「多様性」とは、児童や教職員の背景の違いを認識し、尊重することを指します。文化的な多様性とは、特に文化的、民族的な背景を指します。

問41 異なる文化を持つ児童がいる学級の指導をしたことがありますか。

当てはまるものに一つ○を付けてください。

1 はい

2 いいえ → **問 43 へお進みください。**

問42 文化的に多様な学級を指導する上で、次のことをどの程度できていますか。

(1)～(5)のそれぞれについて、当てはまるものに一つ○を付けてください。

	全くできていない	いくらかできている	かなりできている	非常に良くできている
(1) 多文化的な学級での難題に対処する	1	2	3	4
(2) 指導を児童の文化的な多様性に適応させる	1	2	3	4
(3) 移民の背景を持つ児童と持たない児童が共に活動できるようにする	1	2	3	4
(4) 児童間の文化的な違いへの意識を高める	1	2	3	4
(5) 児童間の民族に対する固定観念を減らす	1	2	3	4

問43 あなたの学校には、異なる文化的又は民族的な背景を持つ児童がいますか。

当てはまるものに一つ○を付けてください。

1 はい

2 いいえ → **問 45 へお進みください。**

問44 あなたの学校では、多様性に関する次のような実践が行われていますか。

(1)～(4)のそれぞれについて、当てはまるものに一つ○を付けてください。

	はい	いいえ
(1) 多様な民族的、文化的なアイデンティティを児童が表現することを促す活動や組織を支援する（例：芸術的なグループ）	1	2
(2) 多文化的な行事を開催している（例：異文化と触れ合う学校でのイベント）	1	2
(3) 民族的、文化的な差別にどう取り組むかを児童に教える	1	2
(4) カリキュラム全体を通して、地球規模の問題を取り入れた指導及び学習の実践を導入する	1	2

学校の雰囲気、仕事に対する満足度

問45 この学校について、以下のことはどの程度当てはまりますか

(1)～(8)のそれぞれについて、当てはまるものに一つ○を付けてください。

	全く当てはまらない	当てはまらない	当てはまる	非常に良く当てはまる
(1) この学校は、教職員が学校の意思決定に積極的に参加する機会を提供している	1	2	3	4
(2) この学校は、保護者が学校の意思決定に積極的に参加する機会を提供している	1	2	3	4
(3) この学校は、児童が学校の意思決定に積極的に参加する機会を提供している	1	2	3	4
(4) 学校の課題について、責任を共有する文化がある	1	2	3	4
(5) お互いに助け合う協力的な学校文化がある	1	2	3	4
(6) 教職員が、指導や学習についての信念を共有している	1	2	3	4
(7) 教職員が、校内で一貫して児童の行動に関する規則を守らせている	1	2	3	4
(8) 教職員が、率先して新たな試みを行うよう促している	1	2	3	4

問46 この学校について、以下のことはどの程度当てはまりますか。

(1)～(5)のそれぞれについて、当てはまるものに一つ○を付けてください。

	全く当てはまらない	当てはまらない	当てはまる	非常に良く当てはまる
(1) 通常、教員と児童は互いに良好な関係にある	1	2	3	4
(2) ほとんどの教員は、児童の幸せが重要であると考えている	1	2	3	4
(3) ほとんどの教員は、児童の声に関心を持っている	1	2	3	4
(4) 児童が特別な援助を必要としている時、学校は支援している	1	2	3	4
(5) 教員は互いに信頼しあうことができる	1	2	3	4

問47 今後何年間、教員として働き続けたいと思いますか。

数字を記入してください。

└┴┘ 年

問48 あなたの学校で教員としての経験の中で、以下のことはどの程度当てはまりますか。

(1)～(4)のそれぞれについて、当てはまるものに一つ○を付けてください。

	全くない	いくらかある	かなりある	非常に良くある
(1) 職務上のストレスを感じる	1	2	3	4
(2) 私生活を送る時間を確保できている	1	2	3	4
(3) 教員としての職務が精神的に悪影響をもたらしている	1	2	3	4
(4) 教員としての職務が身体的に悪影響をもたらしている	1	2	3	4

問49 あなたの学校での業務に関して、以下のことはどの程度ストレスに感じますか。

(1)～(11)のそれぞれについて、当てはまるものに一つ○を付けてください。

	全く感じない	いくらか感じる	かなり感じる	非常に良く感じる
(1) 多大な授業準備があること	1	2	3	4
(2) 授業の数が多すぎること	1	2	3	4
(3) 採点業務が多すぎること	1	2	3	4
(4) 事務的な業務が多すぎること（例：書類への記入）	1	2	3	4
(5) 教員の欠勤による追加的な業務があること	1	2	3	4
(6) 児童の学力に対して責任を負っていること	1	2	3	4
(7) 学級の規律を保つこと	1	2	3	4
(8) 児童に脅されたり児童から暴言を受けたりすること	1	2	3	4
(9) 国、地方自治体からの要求の変化に対応すること	1	2	3	4
(10) 保護者の懸念に対処すること	1	2	3	4
(11) 特別な支援を要する児童のために授業を適応させること	1	2	3	4

問50 あなたが仕事全般についてどのように感じているかをお尋ねします。以下のことはどの程度当てはまりますか。

(1)～(10)のそれぞれについて、当てはまるものに一つ○を付けてください。

	全く当てはまらない	当てはまらない	当てはまる	非常に良く当てはまる
(1) 教員であることは、悪いことより、良いことの方が明らかに多い	1	2	3	4
(2) もう一度仕事を選べるとしたら、また教員になりたい	1	2	3	4
(3) 可能なら、別の学校に異動したい	1	2	3	4
(4) 教員になったことを後悔している	1	2	3	4
(5) 現在の学校での仕事を楽しんでいる	1	2	3	4
(6) 他の職業を選んでいた方が良かったかもしれないと思う	1	2	3	4
(7) この学校を良い職場だと人に勧めることができる	1	2	3	4
(8) 教職は社会的に高く評価されていると思う	1	2	3	4
(9) 現在の学校での自分の仕事の成果に満足している	1	2	3	4
(10) 全体としてみれば、この仕事に満足している	1	2	3	4

問51 以下のことは、どの程度当てはまりますか。

(1)～(5)のそれぞれについて、当てはまるものに一つ○を付けてください。

	全く当てはまらない	当てはまらない	当てはまる	非常に良く当てはまる
(1) 職務に対して支払われる給与に満足している	1	2	3	4
(2) 給与以外の教員としての雇用条件に満足している（例：福利厚生、勤務時間）	1	2	3	4
(3) この国や地域では、教員の意見は政策立案者に高く評価されている	1	2	3	4
(4) この国や地域では、教員は教育政策の決定に意思を反映できる	1	2	3	4
(5) この国や地域では、教員はメディアに高く評価されている。	1	2	3	4

問52 小学校教育全体のことについてお尋ねします。もし予算が５％増加するとしたら、以下の支出を優先させることはどの程度重要だと思いますか。

(1)～(9)のそれぞれについて、当てはまるものに一つ○を付けてください。

	あまり重要ではない	ある程度重要	非常に重要
(1) ICT への投資	1	2	3
(2) 指導用教材への投資（例：副読本、問題集）	1	2	3
(3) 条件の不利な児童や移民の背景を持つ児童への支援	1	2	3
(4) 教職員の増員による学級規模の縮小	1	2	3
(5) 学校の施設設備の充実	1	2	3
(6) 特別な支援を要する児童の支援	1	2	3
(7) 教員への高水準の職能開発プログラムの提供	1	2	3
(8) 教員の給与増額	1	2	3
(9) 補助的な職員の増員による、教員の事務的な業務の軽減	1	2	3

質問はここまでです。

御協力ありがとうございました。

校内締め切り日までに、校内担当者に御提出願います。

経済協力開発機構 (OECD)
Organisation for Economic Co-operation and Development (OECD)

国際教員指導環境調査 (TALIS) 2018
Teaching and Learning International Survey (TALIS) 2018

校長質問紙

中学校

本調査版
日本語版

国内調査実施 : 文部科学省国立教育政策研究所

国際コンソーシアム:
国際教育到達度評価学会 (IEA) (オランダ、ドイツ)
オーストラリア教育研究所(ACER) (オーストラリア)
カナダ統計局 (カナダ)

国際教員指導環境調査 (TALIS) 2018 について

国際教員指導環境調査 (TALIS) 2018 は、校長及び教員の皆様に、教育分析や教育政策の進展の一助を担っていただく国際調査です。TALIS は経済協力開発機構(OECD)によって実施されており、日本は他の 40 以上の国とともにこの調査に参加しています。

調査で得られるデータの国際分析により、自国と同様の課題に直面している国がどこなのかが明らかになり、他国の政策から学ぶことが可能になります。校長及び教員の皆様には、これまでに受けた職能開発、自身の教育に対する信念や教育実践、教職についての概観、職務へのフィードバックや評価、その他、学校のリーダーシップ、運営管理、職場の問題などに関する様々な事柄について情報を御提供いただきます。

国際調査であることから、日本の事情に必ずしもそぐわない質問があるかもしれませんが、それらの質問については、回答可能な範囲で記入していただければ結構です。

機密保持

この調査で集められた全ての情報は厳重に取り扱われます。国別及び学校種別のデータは公表されますが、この調査の結果に関するいかなる報告書においても、個人や学校が特定されることは決してありません。調査への参加は任意であり、いつでも取りやめることができます。

質問紙について

・ この質問紙では、学校教育や教育方針に関する情報をお尋ねします。
・ この質問紙は校長先生を対象としていますが、必要に応じて、あなたの学校の他の先生と相談の上、回答していただいても結構です。
・ この質問紙への回答に要する時間は、およそ 40～50 分間です。
・ 質問の多くは、当てはまるものを一つ選び○を付けて回答するものです。
・ この質問紙への記入が終わりましたら、校内締切日までに、校内担当者に御提出願います。
・ この質問紙及び調査に関して御不明な点等がありましたら、校内担当者を通じて国立教育政策研究所までお問い合わせください。

御協力くださいますよう、よろしくお願いいたします。

校長先生御自身について

以下の質問は、あなた御自身、あなたが受けた教育、及びあなたの校長としての立場に関するものです。質問への回答に当たっては、当てはまるものに○を付けるか、必要に応じて数字を記入してください。

問1　あなたの性別はどちらですか。

当てはまるものに一つ○を付けてください。

1　男性
2　女性

問2　あなたの年齢をお答えください。

数字を記入してください。

└┴┘ 歳

問3　あなたの最終学歴は、以下のうちどれですか。

当てはまるものに一つ○を付けてください。

1　中学校以下
2　高等学校
3　高等学校専攻科
4　短期大学・高等専門学校・専門学校
5　大学学部
6　大学院修士課程・大学院博士前期課程・専門職大学院（例：教職大学院）
7　大学院博士後期課程

問4　常勤か非常勤かに関わらず、あなたの勤務経験は何年ですか。

出産休暇や育児休業などの長期休暇・休業の期間は除外してください。
各項目に数字を記入してください。経験がない場合は０（ゼロ）と記入してください。
１年未満は１年に切り上げて記入してください。

(1) └┴┘ 年：現在の学校での 校長としての勤務年数
(2) └┴┘ 年：校長としての 通算 勤務年数
(3) └┴┘ 年：校長以外の他の学校管理職（副校長・教頭）としての勤務年数
(4) └┴┘ 年：教員としての通算勤務年数（教育委員会の指導主事等としての年数を含む）
(5) └┴┘ 年：上記以外の仕事での勤務年数

問5　勤務時間に関して、あなたの校長としての現在の雇用形態は、以下のうちどれですか。

当てはまるものに一つ○を付けてください。

1　常勤（常時勤務の 90%を超える労働時間）で、かつ、授業を 行う義務がない
2　常勤（常時勤務の 90%を超える労働時間）で、かつ、授業を 行う義務がある
3　非常勤（常時勤務の 90%以下の労働時間）で、かつ、授業を 行う義務がない
4　非常勤（常時勤務の 90%以下の労働時間）で、かつ、授業を 行う義務がある

問6　あなたが受けた公的な教育や研修には以下のことが含まれていましたか。含まれていた場合に、それを受けたのは校長就任前と後のどちらでしたか。

(1)～(3)のそれぞれについて、当てはまるものに一つ○を付けてください。

	就任前	就任後	就任前と後	含まれていない
(1) 学校管理に関する、あるいは、校長を対象とした研修プログラムやコース	1	2	3	4
(2) 教員としての研修/教育プログラムやコース	1	2	3	4
(3) 学習指導に関する指導力についての研修やコース	1	2	3	4

問7　過去 12 か月 の間に、以下の 校長向けの 職能開発に参加しましたか。

職能開発とは、個々人の技能や知識、専門性を開発するための諸活動のことを言います。
(1)～(10)のそれぞれについて、当てはまるものに一つ○を付けてください。

	はい	いいえ
(1) 教科の内容、指導法、教育に関するコースやセミナー	1	2
(2) リーダーシップに関するコースやセミナー	1	2
(3) 対面式の講座やセミナー	1	2
(4) オンライン上の講座やセミナー	1	2
(5) 教員、校長や研究者による研究発表、教育問題に関する議論をする会議	1	2
(6) 公式な資格習得プログラム（例：学位課程）	1	2
(7) 公式な取り組みである同僚の観察・助言又は自己観察、コーチング活動	1	2
(8) 校長の職能開発を目的とする校長の研究グループへの参加	1	2
(9) 専門的な文書や書物を読むこと	1	2
(10) その他	1	2

問8 以下の各領域について、それぞれどの程度、職能開発の 必要性を現在 感じていますか。

(1)～(11)のそれぞれについて、当てはまるものに一つ○を付けてください。

	全くなし	あまりなし	ある程度	高い
(1) リーダーシップに関する新しい研究や理論についての知識や理解	1	2	3	4
(2) 現在の国や地方自治体の教育政策についての知識や理解	1	2	3	4
(3) 学校の質を向上するためのデータの活用	1	2	3	4
(4) 学校の教育課程の編成	1	2	3	4
(5) 教員向け、教員又は教員と共に行う職能開発の計画	1	2	3	4
(6) 授業実践の観察	1	2	3	4
(7) 効果的なフィードバックの与え方	1	2	3	4
(8) 公平さと多様性の促進	1	2	3	4
(9) 教員間の連携の向上	1	2	3	4
(10) 人事管理	1	2	3	4
(11) 財務管理	1	2	3	4

問9 職能開発にあなたが参加する際、以下のことがどの程度妨げになると思いますか。

(1)～(7)のそれぞれについて、当てはまるもの一つに○を付けてください。

	全く妨げにならない	妨げにならない	妨げになる	非常に妨げになる
(1) 参加要件を満たしていない（例：資格、経験、勤務年数）	1	2	3	4
(2) 職能開発は費用が高すぎる	1	2	3	4
(3) 雇用者からの支援が不足している	1	2	3	4
(4) 職能開発の日程が自分の仕事のスケジュールと合わない	1	2	3	4
(5) 家庭でやらなくてはならいことがあるため、時間が割けない	1	2	3	4
(6) 自分に適した職能開発がない	1	2	3	4
(7) 職能開発への参加に対するインセンティブ（例：奨励金）がない	1	2	3	4

あなたの学校について

問10 学校が所在する市町村は、以下のどれに当たりますか。

当てはまるものに一つ○を付けてください。（東京２３区は「5」を選択してください。）

1 人口 3,000 人以下の市町村

2 人口 3,000 人を超え、1 万 5,000 人以下の市町村

3 人口 1 万 5,000 人を超え、10 万人以下の市町村

4 人口 10 万人を超え、100 万人以下の市町村

5 人口 100 万人を超える市町村

問11 通常の年度における、あなたの学校の財源のうち、次のものがそれぞれ何%を占めていますか。

(1)～(4)のそれぞれについて、当てはまる数字を記入してください。
該当しない場合は０（ゼロ）と記入してください。

(1) 公的資金（国、地方自治体、国際的な機関を含む） ……… ⎿⏊⏊⏌

(2) 保護者負担の授業料又は手数料 ……… ⎿⏊⏊⏌

(3) 寄付金、遺贈、スポンサー、保護者による基金 ……… ⎿⏊⏊⏌

(4) その他 ……… ⎿⏊⏊⏌

問12 あなたの学校は、以下のうちどれですか。

当てはまるものに一つ○を付けてください。

1 国公立

2 私立

問13 **あなたの学校の以下の(1)～(5)に該当する教職員数（人数）を教えてください。**

複数の項目に該当することもあります。各項目に数字を記入してください。

該当しない場合は0（ゼロ）と記入してください。

(1) └┴┴┘ **教員**
生徒への指導を主たる業務とする者

(2) └┴┴┘ **指導支援に携わる職員**
教員の補助者や教員以外で指導や教員補助を行う職員、教育課程や学習指導の専門職、教育メディアに関する専門職(司書)、心理学や看護の専門職を含む

(3) └┴┴┘ **学校の事務に携わる職員**
受付担当者、秘書、事務補助員を含む

(4) └┴┴┘ **学校の経営に携わる職員**
校長、副校長・教頭、その他学校経営に関することを主たる業務とする者を含む

(5) └┴┴┘ **その他の職員**

問14 **あなたの学校の以下の(1)～(3)に該当する教職員数（人数）を教えてください。**

非常勤の教職員、及び今年度に勤務を始めた教職員も含めてください。

定年退職、出産休暇・育児休業、臨時教員などの、何らかの事情がある教職員も数えてください。

	0人	1～5人	6～10人	11～15人	16人以上
(1) 過去１２か月の間で、この学校で勤務を始めた教員	1	2	3	4	5
(2) 過去１２か月の間で、異動や退職などにより、恒久的にこの学校を離れた教員	1	2	3	4	5
(3) 授業がある直近の火曜日に欠勤した教員	1	2	3	4	5

問15 **あなたの学校では、以下の学校段階の教育を行っていますか。また、行っているのであれば、その学校は、地域において、児童生徒の確保について他の学校と競合していますか。**

各選択肢について、(A)欄の「行っている」又は「行っていない」のいずれかに○を付けてください。

(A)欄で「行っている」と答えた場合は、児童生徒の確保について競合している他の学校の数について、(B)欄の当てはまるものに一つ○を付けてください。

	(A) 学校段階		(B) 競合		
	行っている	行っていない	２校以上と競合している	１校と競合している	競合していない
(1) 幼稚園・保育所・認定こども園	1	2	1	2	3
(2) 小学校（義務教育学校前期課程を含む）	1	2	1	2	3
(3) 中学校（義務教育学校後期課程、中等教育学校前期課程を含む。以下同じ）	1	2	1	2	3
(4) 高等学校（中等教育学校後期課程を含む。以下同じ）普通科・総合学科	1	2	1	2	3
(5) 高等学校専門学科	1	2	1	2	3

問16 **現在 の全学年の在学者数は何人ですか。**

数字を記入してください。

└┴┴┴┘ 人

問17 あなたの学校において、以下の特性を持つ生徒の割合を 推定 してください。なお、中等教育学校の場合は前期課程（中学校段階）について、また、義務教育学校の場合は後期課程（中学校段階）について、以下の特性を持つ生徒のおよその割合を推定してください。

(2)の「特別な支援を要する生徒」とは、精神的、身体的又は情緒的に困難な条件にあることによって、特別な学習を行う必要性が 公式に認定されている 生徒を指すものとします。（これらの生徒に対しては、多くの場合、その教育支援のために公的なあるいは民間からの何らかの追加的な(人的、物的、財政的)資源が提供されています。）

(3)の「社会経済的に困難な家庭環境」とは、住居や栄養、医療などの生活上必要な基礎的な条件を欠いている家庭環境のことをいいます。

(4)の「移民の生徒」とは、日本以外で生まれた人を指します。「移民の背景を持つ生徒」とは両親が日本以外で生まれた人のことを指します。

(5)の「難民」とは、法的な地位に関わらず、武力闘争、政治的抑圧、宗教迫害、自然災害などから身を守るために、国外へ避難した人を指します。

一人の生徒が複数の選択肢に当てはまることがあり得ますので、(1)～(4)の回答の合計が100%になる必要はありません。

(1)～(5)のそれぞれについて、当てはまるものに一つ○を付けてください。

	なし	1% ～ 10%	11% ～ 30%	31% ～ 60%	61%以上
(1) 母語が日本語でない生徒	1	2	3	4	5
(2) 特別な支援を要する生徒	1	2	3	4	5
(3) 社会経済的に困難な家庭環境にある生徒	1	2	3	4	5
(4) 移民の生徒、又は移民の背景を持つ生徒	1	2	3	4	5
(5) 難民の生徒	1	2	3	4	5

学校のリーダーシップ

問18 あなたの学校には、学校運営チーム（例：運営委員会）がありますか。

「学校運営チーム」（例：運営委員会）とは、学校が適切に機能するため、学習指導、資源の活用、カリキュラム、評価に関する意思決定や、その他の戦略的意思決定を主導・運営することについて責任を有する学校内の集団を指します。チームは、典型的には、校長、副校長・教頭、主任等（分掌や教科の長）により構成されます。

日本の法令上の学校運営協議会や学校評議員、学校法人の理事会や評議員会は、この「学校運営チーム」には当たりません。

当てはまるものに一つ○を付けてください。

1 はい

2 いいえ → **問 20 へお進みください。**

問19 学校運営チーム（例：運営委員会）には、現在、以下の人々が参加していますか。

(1)～(8)のそれぞれについて、当てはまるものに一つ○を付けてください。

	はい	いいえ	該当なし
(1) 校長	1	2	3
(2) 副校長・教頭	1	2	3
(3) 財務の管理者	1	2	3
(4) 主任	1	2	3
(5) 教員	1	2	3
(6) 保護者	1	2	3
(7) 生徒	1	2	3
(8) その他	1	2	3

問20 あなたの学校では、以下のことについて重要な責任を持つのはどなたですか。

「重要な責任」とは、意思決定が行われる際、積極的な役割を果たすことをいいます。

(1)～(11)のそれぞれについて、当てはまるもの全てに○を付けてください。

	校長	校長以外の学校運営チームメンバー	学校運営チームメンバー以外の教員	教育委員会・文部科学省
(1) 教員の採用	1	1	1	1
(2) 教員の解雇又は停職	1	1	1	1
(3) 教員の初任給（給与体系を含む）の決定	1	1	1	1
(4) 教員の昇給の決定	1	1	1	1
(5) 学校内の予算配分の決定	1	1	1	1
(6) 生徒の品行規則の設定	1	1	1	1
(7) 生徒の評価方針（全国的な評価方針を含む）の設定	1	1	1	1
(8) 生徒の入学許可	1	1	1	1
(9) 教科書・教材の選定	1	1	1	1
(10) 履修内容（全国的なカリキュラム（学習指導要領）を含む）の決定	1	1	1	1
(11) 履修コースの選定	1	1	1	1

問21 あなたの学校において、あなたは、以下の(1)～(7)の校長としての仕事に、一学年度の平均で、それぞれどれだけの割合の時間を費やしますか。

およその値で結構ですので、各欄に数字を記入してください。全くない場合には0(ゼロ)と記入してください。

合計して100%になるようにしてください。

(1) ＿＿＿ % **管理に関する業務や打合せ**
規則管理、報告、学校の予算管理、日程や学級の編制、国や自治体関係者からの要請への対応を含む

(2) ＿＿＿ % **リーダーシップに関する業務や打合せ**
方針の立案、学校改善計画の策定などのリーダーシップ及び統率活動、教職員採用などの人事管理を含む

(3) ＿＿＿ % **教育課程や学習指導に関わる業務や会議**
カリキュラム開発、授業、学級観察、生徒の評価、組織内指導（メンタリング）、教員の職能開発を含む

(4) ＿＿＿ % **生徒との関わり**
規律管理、カウンセリング、課外での対話を含む

(5) ＿＿＿ % **保護者との関わり**
公式なものと非公式なものの双方を含む

(6) ＿＿＿ % **地域コミュニティや産業界との関わり**

(7) ＿＿＿ % **その他**

100 **%** 合計

問22 過去 12 か月の間に、あなたの学校では、以下のことをどのくらいの頻度で行いましたか。

(1)～(11)のそれぞれについて、当てはまるものに一つ○を付けてください。

	なし	時々	頻繁に	非常に頻繁に
(1) 学級内の規律の問題を教員と協力して解決した	1	2	3	4
(2) 授業を観察した	1	2	3	4
(3) 観察した内容に基づいて教員にフィードバックを行った	1	2	3	4
(4) 新たな指導実践を開発するための教員間の協力を支援する取組を行った	1	2	3	4
(5) 教員が指導能力の向上に責任を持つよう具体的な取り組みを行った	1	2	3	4
(6) 教員が担当する生徒の学習成果について責任を感じるよう具体的な取り組みを行った	1	2	3	4
(7) 保護者に学校と生徒の成果についての情報を提供した	1	2	3	4
(8) 学校事務に関する手順や報告について見直した	1	2	3	4
(9) 時間割に関する問題を解決した	1	2	3	4
(10) 困難を感じている業務について他校の校長と協働した	1	2	3	4
(11) この学校での研修計画の策定に関わった	1	2	3	4

教員への公的な評価

このセクションでは、教員の仕事を校長、外部の個人又は機関や同僚教員が審査することを「評価」と定義します。ここでは、公式な手法(例：所定の手続や基準に基づく正規の業績管理システムの一部として行われる場合)によるものを対象とします。

問23 あなたの学校では、以下の人々による各教員への公的な評価が、平均してどのくらいの頻度で行われていますか。

(1)～(5)のそれぞれについて、当てはまるものに一つ○を付けてください。

いずれの選択肢もあなたの学校の状況にそぐわない場合には、最も近い選択肢を選んでください。

	なし	2年に1回未満	2年に1回	1年に1回	1年に2回以上
(1) 校長	1	2	3	4	5
(2) 校長以外の学校運営チームメンバー	1	2	3	4	5
(3) 校内指導者（メンター）	1	2	3	4	5
(4) 学校運営チームメンバー以外の教員	1	2	3	4	5
(5) 外部の個人又は機関による評価（例：文部科学省の関係者、地方自治体の関係者、教育委員会の関係者、その他の学校教職員以外の者）	1	2	3	4	5

上記の全ての項目で「なし」と答えた場合 → 問 26 へお進みください。

問24 あなたの学校では、公的な評価の一環として、どなたが以下の情報を参考にしていますか。

（1）～（6）のそれぞれについて、当てはまるもの全てに○を付けてください。

	外部の個人又は機関	校長	校長以外の学校運営チームメンバー	組織内指導者（メンター）	学校運営チームメンバー以外の教員	行っていない
(1) 授業観察	1	1	1	1	1	1
(2) 教員の指導に関する生徒へのアンケートの結果	1	1	1	1	1	1
(3) 教科内容に関する教員の知識についての評価	1	1	1	1	1	1
(4) 指導している生徒の外部テスト（例：全国学力調査）の結果	1	1	1	1	1	1
(5) 学校内と学級内での生徒の成果（例：成績、プロジェクトの成果、テストの点数）	1	1	1	1	1	1
(6) あなたの自己評価（例：ポートフォリオ評価の提出、ビデオを使った自身の授業分析）	1	1	1	1	1	1

問25 あなたの学校では、公的な教員評価の結果を受けて、以下のことがどのくらいの頻度で行われていますか。

（1）～（8）のそれぞれについて、当てはまるものに一つ○を付けてください。

	なし	時々	頻繁に	常に
(1) 授業での指導の欠点を改善する方策について教員と話し合いを持つ	1	2	3	4
(2) 研修計画を策定する	1	2	3	4
(3) 定期昇給の減額などの処分を課す	1	2	3	4
(4) 指導の改善を支援する校内指導者（メンター）を指名する	1	2	3	4
(5) 校内での職務責任を変更する（例：担当時間数や校務分掌に関する責任、校内指導者の責任を増やす又は減らす）	1	2	3	4
(6) 給与や賞与の額を増やす	1	2	3	4
(7) 教員の昇進の見込みを変える	1	2	3	4
(8) 教員の解雇や雇用契約の不更新	1	2	3	4

学校の雰囲気

問26 この学校について、以下のことはどの程度当てはまりますか。

（1）～（11）のそれぞれについて、当てはまるものに一つ○を付けてください。

	全く当てはまらない	当てはまらない	当てはまる	非常に良く当てはまる
(1) この学校は､教職員が学校の意思決定に積極的に参加する機会を提供している	1	2	3	4
(2) この学校は､保護者が学校の意思決定に積極的に参加する機会を提供している	1	2	3	4
(3) この学校は､生徒が学校の意思決定に積極的に参加する機会を提供している	1	2	3	4
(4) 学校の課題について、責任を共有する文化がある	1	2	3	4
(5) 重要な意思決定は私自身が行う	1	2	3	4
(6) お互いに助け合う協力的な学校文化がある	1	2	3	4
(7) 教職員は、指導や学習についての信念を共有している	1	2	3	4
(8) 教職員が、校内で一貫して生徒の行動に関する規則を守らせている	1	2	3	4
(9) 学校は、教職員が率先して新しい試みをするよう促している	1	2	3	4
(10) 通常、教員と生徒は互いに良好な関係にある	1	2	3	4
(11) 教員は、互いに信頼しあうことができる	1	2	3	4

問27 あなたの学校では、以下のことがどの程度当てはまりますか。

(1)～(7)のそれぞれについて、当てはまるものに一つ○を付けてください。

	全くなし	いくらか当てはまる	かなり当てはまる	非常に良く当てはまる
(1) 教員は学校の教育課程の目標を理解している	1	2	3	4
(2) 教員は学校の教育課程を実施できている	1	2	3	4
(3) 教員は生徒の成績に高い期待を抱いている	1	2	3	4
(4) 保護者は、生徒が良い成績を修めるよう支援している	1	2	3	4
(5) 保護者は学校の活動に参加している	1	2	3	4
(6) 生徒は学校で良い成績を取りたいという意欲を もっている	1	2	3	4
(7) 学校は地域のコミュニティと協力している	1	2	3	4

問28 以下のことはどの程度当てはまりますか。

(1)～(4)のそれぞれについて、当てはまるものに一つ○を付けてください。

	全く当てはまらない	当てはまらない	当てはまる	非常に良く当てはまる
(1) この学校は、別のやり方をする必要があるときにはそのことをすぐに認識する	1	2	3	4
(2) 学校は、必要な場合には、変化に即座に対応する	1	2	3	4
(3) 学校は、新しいアイデアをちゅうちょなく受け入れる	1	2	3	4
(4) 学校は、新しいアイデアの発展のために、すぐに支援を行える	1	2	3	4

問29 あなたの学校では、現在、質の高い指導を行う上で、以下のことがどの程度妨げになっていますか。

(1)～(15)のそれぞれについて、当てはまるものに一つ○を付けてください。

	全く妨げになっていない	いくらか妨げになっている	かなり妨げになっている	非常に妨げになっている
(1) 資格を持つ教員の不足	1	2	3	4
(2) 特別な支援を要する生徒への指導能力を持つ教員の不足	1	2	3	4
(3) 職業教育を行う教員の不足	1	2	3	4
(4) 教材（教科書など）が不足している、あるいは適切でない	1	2	3	4
(5) 指導のためのデジタル技術が不足している、あるいは適切でない（例：ソフトウェア、コンピュータ、タブレット、電子黒板）	1	2	3	4
(6) インターネット接続環境が不十分である	1	2	3	4
(7) 図書館の教材が不足している、あるいは適切でない	1	2	3	4
(8) 支援職員の不足	1	2	3	4
(9) 指導のための場所が不足している、あるいは適切でない （例：教室）	1	2	3	4
(10) 物理的な施設設備が不足している、あるいは適切でない （例：学校家具、校舎、空調機、照明器具）	1	2	3	4
(11) 多言語又は多文化の環境で、生徒を指導する能力を持つ教員の不足	1	2	3	4
(12) 社会経済的に困難な家庭環境にある生徒を指導する能力を持つ教員の不足	1	2	3	4
(13) 職業能力を訓練するために必要な教材が不足している、あるいは適切でない	1	2	3	4
(14) 教育的リーダーシップを発揮する時間が不足している、あるいは適切でない	1	2	3	4
(15) 生徒と過ごす時間が不足している、あるいは適切でない	1	2	3	4

問30 あなたの学校では、以下のことが生徒の間でどのくらいの頻度で起こっていますか。

(1)～(7)のそれぞれについて、当てはまるものに一つ○を付けてください。

	なし	月1回未満	毎月	毎週	毎日
(1) 器物損壊・窃盗	1	2	3	4	5
(2) 生徒間の脅迫又はじめ（又は、他の形態の暴言）	1	2	3	4	5
(3) 生徒間の暴力による身体的危害	1	2	3	4	5
(4) 教職員への脅迫又は暴言	1	2	3	4	5
(5) 薬物の使用・所持や飲酒	1	2	3	4	5
(6) 生徒についてのインターネット上の中傷的な情報に関する生徒や保護者からの報告	1	2	3	4	5
(7) 生徒間の、オンラインでの望ましくない接触（例：ショートメール、Eメール、SNS）に関する生徒や保護者からの報告	1	2	3	4	5

初任者研修及び校内指導（メンタリング）

このセクションでは、初任者研修と校内指導（メンタリング）についてお尋ねします。

「初任者研修」とは、初任者に対する教職への導入を支援したり、又は経験がある教員に対する新しい赴任校への導入を支援したりする研修のことです。それらは、公式に体系化されたものである場合と、非公式なものがあります。

「校内指導（メンタリング）」は、経験のある教員が経験の少ない教員を支援する校内の仕組みのことです。学校内の全教員を対象にすることもあれば、初任者だけを対象にすることもあります。

問31 あなたの学校の初任者には、初任者研修を受ける手段がありますか。

(1)、(2)のそれぞれについて、当てはまるものに一つ○を付けてください。

	はい	いいえ
(1) 初任者に対する 公式な 初任者研修がある	1	2
(2) 初任者に対する 非公式な 初任者研修がある	1	2

(1)と(2)への回答が両方とも「いいえ」の場合 → 問 34 へお進みください。

(1)への回答 のみ「いいえ」の場合 → 問 33 へお進みください。

問32 あなたの学校では、どのような教員が公式な初任者研修プログラムを受けますか。

当てはまるものに一つ○を付けてください。

1　この学校に新たに着任した全ての教員

2　初めて教職に就いた者のみ

問33 この学校の教員が受ける初任者研修には、以下のような内容が含まれていますか。

(1)～(10)のそれぞれについて、当てはまるものに一つ○を付けてください。

	はい	いいえ
(1) 対面式の講座やセミナー	1	2
(2) オンライン上の講座やセミナー	1	2
(3) オンライン上の活動（例：バーチャルコミュニティ）	1	2
(4) 校長や経験豊富な教員との話し合いの設定	1	2
(5) 校長や経験豊富な教員による監督指導	1	2
(6) 他の新任者との交流及び連携	1	2
(7) 経験豊富な教員とのチーム・ティーチング	1	2
(8) 日誌、記録の作成	1	2
(9) 指導上の負担の軽減	1	2
(10) 一般的な学校事務の説明	1	2

問34 あなたの学校には教員向けの校内指導（メンタリング）のプログラムがありますか。

当てはまるものに一つ○を付けてください。

1 初めて教職に就いた者のみを対象としたプログラムがある
2 この学校に着任した全ての教員を対象としたプログラムがある
3 この学校の全ての教員を対象としたプログラムがある
4 現時点において、教員向けの校内指導（メンタリング）のプログラムはない → **問37へお進みください。**

問35 校内指導者（メンター）の主な担当教科等は、指導を受ける教員の主な担当教科等と同じですか。

当てはまるものに一つ○を付けてください。

1 大半の場合同じ
2 同じ場合が時々ある
3 同じ場合はほとんどない

問36 あなたは、教員や学校にとって、以下のことに関する校内指導（メンタリング）の重要度をどのように評価していますか。

(1)～(6)のそれぞれについて、当てはまるものに一つ○を付けてください。

	なし	低い	中程度	高い
(1) 教員の指導力の改善	1	2	3	4
(2) 教員の職業上の自覚の強化	1	2	3	4
(3) 教員同士の連携の改善	1	2	3	4
(4) 指導経験の少ない教員への支援	1	2	3	4
(5) 教員の主な担当教科等に関する知識の伸長	1	2	3	4
(6) 生徒の一般的な学習成果の改善	1	2	3	4

多様な環境における学校教育

このセクションでは、文化的な多様性に重点を置いて、多様性を考慮した学校の方針や実践についてお尋ねします。

「多様性」とは、生徒や教職員の背景の違いを認識し、尊重することを指します。文化的な多様性とは、特に文化的、民族的な背景を指します。

問37 あなたの学校には、異なる文化的又は民族的な背景を持つ生徒がいますか。

当てはまるものに一つ○を付けてください。

1　はい

2　いいえ → **問 39 へお進みください。**

問38 あなたの学校では、多様性に関する次のような実践が行われていますか。

(1)～(4)のそれぞれについて、当てはまるものに一つ○を付けてください。

	はい	いいえ
(1) 多様な民族的、文化的なアイデンティティを生徒が表現することを促す活動や組織を支援する（例：芸術的なグループ）	1	2
(2) 多文化的な行事を開催している（例：異文化と触れ合う学校でのイベント）	1	2
(3) 民族的、文化的な差別にどう取り組むかを生徒に教える	1	2
(4) カリキュラム全体を通して、地球規模の問題を取り入れた指導及び学習の実践を導入する	1	2

問39 あなたの学校では、次のような取組が行われていますか。

(1)～(4)のそれぞれについて、当てはまるものに一つ○を付けてください。

	はい	いいえ
(1) 生徒に、異なる社会経済的な背景を持つ人々を受け入れるよう教える	1	2
(2) 性差別に対する方針を明確にする	1	2
(3) 社会経済的な差別に対する方針を明確にする	1	2
(4) 不利な背景を持つ生徒へ追加の支援を行う	1	2

問40 あなたの意見では、この学校で、およそ何人くらいの教員が次のことに同意すると思いますか。

(1)～(4)のそれぞれについて、当てはまるものに一つ○を付けてください。

	いない、又はほとんどいない	数人いる	多数いる	全員、又はほとんど全員
(1) 生徒の文化的背景の違いにすぐに対応できることは重要である	1	2	3	4
(2) 異なる文化の人々は異なる価値観を持ち得ることを生徒が学ぶのは重要である	1	2	3	4
(3) 子供や若者は、できるだけ早い時期に多文化を尊重することを学ぶべきである	1	2	3	4
(4) 子供や若者は、文化的に異なる人々の間に多くの共通点があることを学ぶべきである	1	2	3	4

問41 あなたの意見では、この学校で、およそ何人くらいの教員が次のことに同意すると思いますか。

(1)～(4)のそれぞれについて、当てはまるものに一つ○を付けてください。

	いない、又はほとんどいない	数人いる	多数いる	全員、又はほとんど全員
(1) 学校は、異なる社会経済的な背景を持つ生徒が共に活動することを促すべきである	1	2	3	4
(2) 生徒は、性差別を避ける方法を学ぶべきである	1	2	3	4
(3) 男子生徒と女子生徒を平等に扱うことは重要である	1	2	3	4
(4) どのような社会経済的な背景を持つ生徒に対しても、同じように接することは重要である	1	2	3	4

仕事に対する満足度

問42 今後何年間、校長として働き続けたいと思いますか。

数字を記入してください。

└┴┘ 年

問43 あなたの学校での業務に関して、以下のことはどの程度ストレスに感じますか。

(1)～(9)のそれぞれについて、当てはまるものに一つ○を付けてください。

	全く感じない	いくらか感じる	かなり感じる	非常に良く感じる
(1) 教員の評価やフィードバックなどの業務が多すぎること	1	2	3	4
(2) 事務的な業務が多すぎること（例：書類への記入）	1	2	3	4
(3) 教職員の欠勤による追加的な業務があること	1	2	3	4
(4) 生徒の学力に対して責任を負っていること	1	2	3	4
(5) 学校の規律を保つこと	1	2	3	4
(6) 生徒に脅迫されたり生徒から暴言を受けたりすること	1	2	3	4
(7) 国、地方自治体からの要求の変化に対応すること	1	2	3	4
(8) 保護者の懸念に対処すること	1	2	3	4
(9) 特別な支援を要する生徒の環境を整えること	1	2	3	4

問44 あなたが仕事全般についてどのように感じているかをお尋ねします。以下のことはどの程度当てはまりますか。

(1)～(10)のそれぞれについて、当てはまるものに一つ○を付けてください。

	全く当てはまらない	当てはまらない	当てはまる	非常に良く当てはまる
(1) 校長の仕事は、悪いことより、良いことの方が明らかに多い	1	2	3	4
(2) もう一度仕事を選べるとしたら、また校長になりたい	1	2	3	4
(3) 可能なら、別の学校に異動したい	1	2	3	4
(4) 校長になったことを後悔している	1	2	3	4
(5) 現在の学校での仕事を楽しんでいる	1	2	3	4
(6) 他の職業を選んでいた方が良かったかもしれないと思う	1	2	3	4
(7) この学校を良い職場だと人に勧めることができる	1	2	3	4
(8) 教職は社会的に高く評価されていると思う	1	2	3	4
(9) 現在の学校での自分の仕事の成果に満足している	1	2	3	4
(10) 全体としてみれば、この仕事に満足している	1	2	3	4

問45 以下のことはどの程度当てはまりますか。

(1)～(5)のそれぞれについて、当てはまるものに一つ○を付けてください。

	全く当てはまらない	当てはまらない	当てはまる	非常に良く当てはまる
(1) 職務に対して支払われる給与に満足している	1	2	3	4
(2) 給与以外の校長としての雇用条件に満足している（例：福利厚生、勤務時間）	1	2	3	4
(3) この学校の教職員から受ける支援に対して満足している	1	2	3	4
(4) 国、地方自治体から、より多くの支援が必要である	1	2	3	4
(5) 自分の職務にとって重要な意思決定に影響を与えることができない	1	2	3	4

質問はここまでです。

御協力ありがとうございました。

校内締め切り日までに、校内担当者に御提出願います。

経済協力開発機構（OECD）
Organisation for Economic Co-operation and Development (OECD)

国際教員指導環境調査（TALIS）2018
Teaching and Learning International Survey (TALIS) 2018

校長質問紙

小学校

本調査版
日本語版

国内調査実施　：　文部科学省国立教育政策研究所

国際コンソーシアム：
国際教育到達度評価学会（IEA）（オランダ、ドイツ）
オーストラリア教育研究所(ACER)（オーストラリア）
カナダ統計局（カナダ）

国際教員指導環境調査（TALIS） 2018について

国際教員指導環境調査（TALIS）2018は、校長及び教員の皆様に、教育分析や教育政策の進展の一助を担っていただく国際調査です。TALISは経済協力開発機構(OECD)によって実施されており、日本は他の40以上の国とともにこの調査に参加しています。

調査で得られるデータの国際分析により、自国と同様の課題に直面している国がどこなのかが明らかになり、他国の政策から学ぶことが可能になります。校長及び教員の皆様には、これまでに受けた職能開発、自身の教育に対する信念や教育実践、教職についての概観、職務へのフィードバックや評価、その他、学校のリーダーシップ、運営管理、職場の問題などに関する様々な事柄について情報を御提供いただきます。

国際調査であることから、日本の事情に必ずしもそぐわない質問があるかもしれませんが、それらの質問については、回答可能な範囲で記入していただければ結構です。

機密保持

この調査で集められた全ての情報は厳重に取り扱われます。国別及び学校種別のデータは公表されますが、この調査の結果に関するいかなる報告書においても、個人や学校が特定されることは決してありません。調査への参加は任意であり、いつでも取りやめることができます。

質問紙について

・この質問紙では、学校教育や教育方針に関する情報をお尋ねします。
・この質問紙は校長先生を対象としていますが、必要に応じて、あなたの学校の他の先生と相談の上、回答していただいても結構です。
・この質問紙への回答に要する時間は、およそ40～50分間です。
・質問の多くは、当てはまるものを一つ選び○を付けて回答するものです。
・この質問紙への記入が終わりましたら、校内締切日までに、校内担当者に御提出願います。
・この質問紙及び調査に関して御不明な点等がありましたら、校内担当者を通じて国立教育政策研究所までお問い合わせください。

御協力くださいますよう、よろしくお願いいたします。

校長先生御自身について

以下の質問は、あなた御自身、あなたが受けた教育、及びあなたの校長としての立場に関するものです。質問への回答に当たっては、当てはまるものに○を付けるか、必要に応じて数字を記入してください。

問 1　あなたの性別はどちらですか。

当てはまるものに一つ○を付けてください。

1　男性
2　女性

問 2　あなたの年齢をお答えください。

数字を記入してください。

└┴┘ 歳

問 3　あなたの最終学歴は、以下のうちどれですか。

当てはまるものに一つ○を付けてください。

1　中学校以下
2　高等学校
3　高等学校専攻科
4　短期大学・高等専門学校・専門学校
5　大学学部
6　大学院修士課程・大学院博士前期課程・専門職大学院（例：教職大学院）
7　大学院博士後期課程

問 4　常勤か非常勤かに関わらず、あなたの勤務経験は何年ですか。

出産休暇や育児休業などの長期休暇・休業の期間は除外してください。
各項目に数字を記入してください。経験がない場合は０（ゼロ）と記入してください。
１年未満は１年に切り上げて記入してください。

(1) └┴┘ 年：現在の学校での 校長としての勤務年数
(2) └┴┘ 年：校長としての 通算 勤務年数
(3) └┴┘ 年：校長以外の他の学校管理職（副校長・　教頭）としての勤務年数
(4) └┴┘ 年：教員としての通算勤務年数（教育委員会の指導主事等としての年数を含む）
(5) └┴┘ 年：上記以外の仕事での勤務年数

問 5　勤務時間に関して、あなたの校長としての現在の雇用形態は、以下のうちどれですか。

当てはまるものに一つ○を付けてください。

1　常勤（常時勤務の 90%を超える労働時間）で、かつ、授業を 行う義務がない
2　常勤（常時勤務の 90%を超える労働時間）で、かつ、授業を 行う義務がある
3　非常勤（常時勤務の 90%以下の労働時間）で、かつ、授業を 行う義務がない
4　非常勤（常時勤務の 90%以下の労働時間）で、かつ、授業を 行う義務がある

問 6　あなたが受けた公的な教育や研修には以下のことが含まれていましたか。含まれていた場合に、それを受けたのは校長就任前と後のどちらでしたか。

(1)～(3)のそれぞれについて、当てはまるものに一つ○を付けてください。

	就任前	就任後	就任前と後	含まれていない
(1) 学校管理に関する、あるいは、校長を対象とした研修プログラムやコース	1	2	3	4
(2) 教員としての研修/教育プログラムやコース	1	2	3	4
(3) 学習指導に関する指導力についての研修やコース	1	2	3	4

問 7　過去 12 か月 の間に、以下の 校長向けの 職能開発に参加しましたか。

職能開発とは、個々人の技能や知識、専門性を開発するための諸活動のことを言います。
（1）～（10）のそれぞれについて、当てはまるものに一つ○を付けてください。

	はい	いいえ
(1) 教科の内容、指導法、教育に関するコースやセミナー	1	2
(2) リーダーシップに関するコースやセミナー	1	2
(3) 対面式の講座やセミナー	1	2
(4) オンライン上の講座やセミナー	1	2
(5) 教員、校長や研究者による研究発表、教育問題に関する議論をする会議	1	2
(6) 公式な資格習得プログラム（例：学位課程）	1	2
(7) 公式な取り組みである同僚の観察・助言又は自己観察、コーチング活動	1	2
(8) 校長の職能開発を目的とする校長の研究グループへの参加	1	2
(9) 専門的な文書や書物を読むこと	1	2
(10) その他	1	2

問 8 以下の各領域について、それぞれどの程度、職能開発の 必要性を現在 感じていますか。

(1)～(11)のそれぞれについて、当てはまるものに一つ○を付けてください。

	全くなし	あまりなし	ある程度	高い
(1) リーダーシップに関する新しい研究や理論についての知識や理解	1	2	3	4
(2) 現在の国や地方自治体の教育政策についての知識や理解	1	2	3	4
(3) 学校の質を向上するためのデータの活用	1	2	3	4
(4) 学校の教育課程の編成	1	2	3	4
(5) 教員向け、又は教員と共に行う職能開発の計画	1	2	3	4
(6) 授業実践の観察	1	2	3	4
(7) 効果的なフィードバックの与え方	1	2	3	4
(8) 公平さと多様性の促進	1	2	3	4
(9) 教員間の連携の向上	1	2	3	4
(10) 人事管理	1	2	3	4
(11) 財務管理	1	2	3	4

問 9 職能開発にあなたが参加する際、以下のことがどの程度妨げになると思いますか。

（1）～（7）のそれぞれについて、当てはまるもの一つに○を付けてください。

	全く妨げにならない	妨げにならない	妨げになる	非常に妨げになる
(1) 参加要件を満たしていない（例：資格、経験、勤務年数）	1	2	3	4
(2) 職能開発は費用が高すぎる	1	2	3	4
(3) 雇用者からの支援が不足している	1	2	3	4
(4) 職能開発の日程が自分の仕事のスケジュールと合わない	1	2	3	4
(5) 家庭でやらなくてはならいことがあるため、時間が割けない	1	2	3	4
(6) 自分に適した職能開発がない	1	2	3	4
(7) 職能開発への参加に対するインセンティブ（例：奨励金）がない	1	2	3	4

あなたの学校について

問 10 学校が所在する市町村は、以下のどれに当たりますか。

当てはまるものに一つ○を付けてください。（東京２３区は「５」を選択してください。）

1 人口 3, 000 人以下の市町村
2 人口 3, 000 人を超え、1 万 5, 000 人以下の市町村
3 人口 1 万 5, 000 人を超え、10 万人以下の市町村
4 人口 10 万人を超え、100 万人以下の市町村
5 人口 100 万人を超える市町村

問 11 通常の年度における、あなたの学校の財源のうち、次のものがそれぞれ何%を占めていますか。

(1)～(4)のそれぞれについて、当てはまる数字を記入してください。
該当しない場合は 0（ゼロ）と記入してください。

(1) 公的資金（国、地方自治体、国際的な機関を含む）……………… └┴┴┘
(2) 保護者負担の授業料又は手数料……………… └┴┴┘
(3) 寄付金、遺贈、スポンサー、保護者による基金……………… └┴┴┘
(4) その他……………… └┴┴┘

問 12 あなたの学校は、以下のうちどれですか。

当てはまるものに一つ○を付けてください。

1 国公立
2 私立

問13 あなたの学校の以下の(1)～(5)に該当する教職員数（人数）を教えてください。

複数の項目に該当することもあります。各項目に数字を記入してください。

該当しない場合は０(ゼロ)と記入してください。

(1) ＿＿＿＿ **教員**

児童への指導を主たる業務とする者

(2) ＿＿＿＿ **指導支援に携わる職員**

教員の補助者や教員以外で指導や教員補助を行う職員、教育課程や学習指導の専門職、教育メディアに関する専門職(司書)、心理学や看護の専門職を含む

(3) ＿＿＿＿ **学校の事務に携わる職員**

受付担当者、秘書、事務補助員を含む

(4) ＿＿＿＿ **学校の経営に携わる職員**

校長、副校長・教頭、その他学校経営に関することを主たる業務とする者を含む

(5) ＿＿＿＿ **その他の職員**

問14 あなたの学校の以下の(1)～(3)に該当する教職員数（人数）を教えてください。

非常勤の教職員、及び今年度に勤務を始めた教職員も含めてください。

定年退職、出産休暇・育児休業、臨時教員などの、何らかの事情がある教職員も数えてください。

	0人	1～5人	6～10人	11～15人	16人以上
(1) 過去１２か月の間で、この学校で勤務を始めた教員	1	2	3	4	5
(2) 過去１２か月の間で、異動や退職などにより、恒久的にこの学校を離れた教員	1	2	3	4	5
(3) 授業がある直近の火曜日に欠勤した教員	1	2	3	4	5

問15 あなたの学校では、以下の学校段階の教育を行っていますか。また、行っているのであれば、その学校は、地域において、児童生徒の確保について他の学校と競合していますか。

各選択肢について、(A)欄の「行っている」又は「行っていない」のいずれかに○を付けてください。

(A)欄で「行っている」と答えた場合は、児童生徒の確保について競合している他の学校の数について、(B)欄の当てはまるものに一つ○を付けてください。

	(A) 学校段階		(B) 競合		
	行っている	行っていない	２校以上と競合している	１校と競合している	競合していない
(1) 幼稚園・保育所・認定こども園	1	2	1	2	3
(2) 小学校（義務教育学校前期課程を含む）	1	2	1	2	3
(3) 中学校（義務教育学校後期課程、中等教育学校前期課程を含む。以下同じ）	1	2	1	2	3
(4) 高等学校（中等教育学校後期課程を含む。以下同じ）普通科・総合学科	1	2	1	2	3
(5) 高等学校専門学科	1	2	1	2	3

問16 現在 の全学年の在学者数は何人ですか。

数字を記入してください。

＿＿＿＿＿ 人

問17 あなたの学校において、以下の特性を持つ児童の割合を 推定 してください。なお、義務教育学校の場合は前期課程（小学校段階）について、以下の特性を持つ児童のおよその割合を推定してください。

(2)の「特別な支援を要する児童」とは、精神的、身体的又は情緒的に困難な条件にあることによって、特別な学習を行う必要性が 公式に認定されている 児童を指すものとします。（これらの児童に対しては、多くの場合、その教育支援のために公的なあるいは民間からの何らかの追加的な(人的、物的、財政的)資源が提供されています。）

(3)の「社会経済的に困難な家庭環境」とは、住居や栄養、医療などの生活上必要な基礎的な条件を欠いている家庭環境のことをいいます。

(4)の「移民の児童」とは、日本以外で生まれた人を指します。「移民の背景を持つ児童」とは両親が日本以外で生まれた人のことを指します。

(5)の「難民」とは、法的な地位に関わらず、武力闘争、政治的抑圧、宗教迫害、自然災害などから身を守るために、国外へ避難した人を指します。

一人の児童が複数の選択肢に当てはまることがあり得ますので、(1)～(4)の回答の合計が100%になる必要はありません。

(1)～(5)のそれぞれについて、当てはまるものに一つ○を付けてください。

	なし	1% ～10%	11% ～30%	31% ～60%	61%以上
(1) 母語が日本語でない児童	1	2	3	4	5
(2) 特別な支援を要する児童	1	2	3	4	5
(3) 社会経済的に困難な家庭環境にある児童	1	2	3	4	5
(4) 移民の児童、又は移民の背景を持つ児童	1	2	3	4	5
(5) 難民の児童	1	2	3	4	5

学校のリーダーシップ

問18 あなたの学校には、学校運営チーム（例:運営委員会）がありますか。

「学校運営チーム」（例：運営委員会）とは、学校が適切に機能するため、学習指導、資源の活用、カリキュラム、評価に関する意思決定や、その他の戦略的意思決定を主導・運営することについて責任を有する学校内の集団を指します。チームは、典型的には、校長、副校長・教頭、主任等（分掌や教科の長）により構成されます。

日本の法令上の学校運営協議会や学校評議員、学校法人の理事会や評議員会は、この「学校運営チーム」には当たりません。

当てはまるものに一つ○を付けてください。

1 はい

2 いいえ → **問 20 へお進みください。**

問19 学校運営チーム（例：運営委員会）には、現在、以下の人々が参加していますか。

(1)～(8)のそれぞれについて、当てはまるものに一つ○を付けてください。

	はい	いいえ	該当なし
(1) 校長	1	2	3
(2) 副校長・　教頭	1	2	3
(3) 財務の管理者	1	2	3
(4) 主任	1	2	3
(5) 教員	1	2	3
(6) 保護者	1	2	3
(7) 児童	1	2	3
(8) その他	1	2	3

問20 あなたの学校では、以下のことについて重要な責任を持つのはどなたですか。

「重要な責任」とは、意思決定が行われる際、積極的な役割を果たすことをいいます。
(1)～(11)のそれぞれについて、当てはまるもの全てに○を付けてください。

	校長	校長以外の学校運営チームメンバー	学校運営チームメンバー以外の教員	教育委員会・文部科学省
(1) 教員の採用	1	1	1	1
(2) 教員の解雇又は停職	1	1	1	1
(3) 教員の初任給（給与体系を含む）の決定	1	1	1	1
(4) 教員の昇給の決定	1	1	1	1
(5) 学校内の予算配分の決定	1	1	1	1
(6) 児童の品行規則の設定	1	1	1	1
(7) 児童の評価方針（全国的な評価方針を含む）の設定	1	1	1	1
(8) 児童の入学許可	1	1	1	1
(9) 教科書・教材の選定	1	1	1	1
(10) 履修内容（全国的なカリキュラム（学習指導要領）を含む）の決定	1	1	1	1
(11) 履修コースの選定	1	1	1	1

問21 あなたの学校において、あなたは、以下の(1)～(7)の校長としての仕事に、一学年度の平均で、それぞれどれだけの割合の時間を費やしますか。

およその値で結構ですので、各欄に数字を記入してください。全くない場合には0(ゼロ)と記入してください。
合計して100%になるようにしてください。

(1) └┴┴┘ % **管理に関する業務や打合せ**
規則管理、報告、学校の予算管理、日程や学級の編制、国や自治体関係者からの要請への対応を含む

(2) └┴┴┘ % **リーダーシップに関する業務や打合せ**
方針の立案、学校改善計画の策定などのリーダーシップ及び統率活動、教職員採用などの人事管理を含む

(3) └┴┴┘ % **教育課程や学習指導に関わる業務や会議**
カリキュラム開発、授業、学級観察、児童の評価、組織内指導（メンタリング）、教員の職能開発を含む

(4) └┴┴┘ % **児童との関わり**
規律管理、カウンセリング、課外での対話を含む

(5) └┴┴┘ % **保護者との関わり**
公式なものと非公式なものの双方を含む

(6) └┴┴┘ % **地域コミュニティや産業界との関わり**

(7) └┴┴┘ % **その他**

100 % 合計

問22 過去 12 か月の間に、あなたの学校では、以下のことをどのくらいの頻度で行いましたか。

(1)～(11)のそれぞれについて、当てはまるものに一つ○を付けてください。

	なし	時々	頻繁に	非常に頻繁に
(1) 学級内の規律の問題を教員と協力して解決した	1	2	3	4
(2) 授業を観察した	1	2	3	4
(3) 観察した内容に基づいて教員にフィードバックを行った	1	2	3	4
(4) 新たな指導実践を開発するための教員間の協力を支援する取組を行った	1	2	3	4
(5) 教員が指導能力の向上に責任を持つよう具体的な取組を行った	1	2	3	4
(6) 教員が担当する児童の学習成果について責任を感じるよう具体的な取組を行った	1	2	3	4
(7) 保護者に学校と児童の成果についての情報を提供した	1	2	3	4
(8) 学校事務に関する手順や報告について見直した	1	2	3	4
(9) 時間割に関する問題を解決した	1	2	3	4
(10) 困難を感じている業務について他校の校長と協働した	1	2	3	4
(11) この学校での研修計画の策定に関わった	1	2	3	4

教員への公的な評価

このセクションでは、教員の仕事を校長、外部の個人又は機関や同僚教員が審査することを「評価」と定義します。ここでは、公式な手法（例：所定の手続や基準に基づく正規の業績管理システムの一部として行われる場合）によるものを対象とします。

問23 あなたの学校では、以下の人々による各教員への公的な評価が、平均してどのくらいの頻度で行われていますか。

(1)～(5)のそれぞれについて、当てはまるものに一つ○を付けてください。

いずれの選択肢もあなたの学校の状況にそぐわない場合には、最も近い選択肢を選んでください。

	なし	2年に1回未満	2年に1回	1年に1回	1年に2回以上
(1) 校長	1	2	3	4	5
(2) 校長以外の学校運営チームメンバー	1	2	3	4	5
(3) 校内指導者（メンター）	1	2	3	4	5
(4) 学校運営チームメンバー以外の教員	1	2	3	4	5
(5) 外部の個人又は機関による評価（例：文部科学省の関係者、地方自治体の関係者、教育委員会の関係者、その他の学校教職員以外の者）	1	2	3	4	5

上記の全ての項目で「なし」と答えた場合 → 問 26 へお進みください。

問24 あなたの学校では、公的な評価の一環として、どなたが以下の情報を参考にしていますか。

(1)～(6)のそれぞれについて、当てはまるもの全てに○を付けてください。

	外部の個人又は機関	校長	校長以外の学校運営チームメンバー	組織内指導者（メンター）	学校運営チームメンバー以外の教員	行っていない
(1) 授業観察	1	1	1	1	1	1
(2) 教員の指導に関する児童へのアンケートの結果	1	1	1	1	1	1
(3) 教科内容に関する教員の知識についての評価	1	1	1	1	1	1
(4) 指導している児童の外部テスト（例：全国学力調査）の結果	1	1	1	1	1	1
(5) 学校内と学級内での児童の成果（例：成績、プロジェクトの成果、テストの点数）	1	1	1	1	1	1
(6) あなたの自己評価（例：ポートフォリオの評価の提出、ビデオを使った自身の授業分析）	1	1	1	1	1	1

問25 あなたの学校では、公的な教員評価の結果を受けて、以下のことがどのくらいの頻度で行われていますか。

(1)～(8)のそれぞれについて、当てはまるものに一つ○を付けてください。

	なし	時々	頻繁に	常に
(1) 授業での指導の欠点を改善する方策について教員と話し合いを持つ	1	2	3	4
(2) 研修計画を策定する	1	2	3	4
(3) 定期昇給の減額などの処分を課す	1	2	3	4
(4) 指導の改善を支援する校内指導者（メンター）を指名する	1	2	3	4
(5) 校内での職務責任を変更する（例：担当時間数や校務分掌に関する責任、校内指導者の責任を増やす又は減らす）	1	2	3	4
(6) 給与や賞与の額を増やす	1	2	3	4
(7) 教員の昇進の見込みを変える	1	2	3	4
(8) 教員の解雇や雇用契約の不更新	1	2	3	4

学校の雰囲気

問26 この学校について、以下のことはどの程度当てはまりますか。

(1)～(11)のそれぞれについて、当てはまるものに一つ○を付けてください。

	全く当てはまらない	当てはまらない	当てはまる	非常に良く当てはまる
(1) この学校は、教職員が学校の意思決定に積極的に参加する機会を提供している	1	2	3	4
(2) この学校は、保護者が学校の意思決定に積極的に参加する機会を提供している	1	2	3	4
(3) この学校は、児童が学校の意思決定に積極的に参加する機会を提供している	1	2	3	4
(4) 学校の課題について、責任を共有する文化がある	1	2	3	4
(5) 重要な意思決定は私自身が行う	1	2	3	4
(6) お互いに助け合う協力的な学校文化がある	1	2	3	4
(7) 教職員は、指導や学習についての信念を共有している	1	2	3	4
(8) 教職員が、校内で一貫して児童の行動に関する規則を守らせている	1	2	3	4
(9) 学校は、教職員が率先して新しい試みをするよう促している	1	2	3	4
(10) 通常、教員と児童は互いに良好な関係にある	1	2	3	4
(11) 教員は、互いに信頼しあうことができる	1	2	3	4

問27 あなたの学校では、以下のことがどの程度当てはまりますか。

(1)～(7)のそれぞれについて、当てはまるものに一つ○を付けてください。

	全くなし	いくらか当てはまる	かなり当てはまる	非常に良く当てはまる
(1) 教員は学校の教育課程の目標を理解している	1	2	3	4
(2) 教員は学校の教育課程を実施できている	1	2	3	4
(3) 教員は児童の成績に高い期待を抱いている	1	2	3	4
(4) 保護者は、児童が良い成績を修めるよう支援している	1	2	3	4
(5) 保護者は学校の活動に参加している	1	2	3	4
(6) 児童は学校で良い成績を取りたいという意欲をもっている	1	2	3	4
(7) 学校は地域のコミュニティと協力している	1	2	3	4

問28 以下のことはどの程度当てはまりますか。

(1)～(4)のそれぞれについて、当てはまるものに一つ○を付けてください。

	全く当てはまらない	当てはまらない	当てはまる	非常に良く当てはまる
(1) この学校は、別のやり方をする必要があるときにはそのことをすぐに認識する	1	2	3	4
(2) 学校は、必要な場合には、変化に即座に対応する	1	2	3	4
(3) 学校は、新しいアイデアをちゅうちょなく受け入れる	1	2	3	4
(4) 学校は、新しいアイデアの発展のために、すぐに支援を行える	1	2	3	4

問29 あなたの学校では、現在、質の高い指導を行う上で、以下のことがどの程度妨げになっていますか。

(1)～(15)のそれぞれについて、当てはまるものに一つ○を付けてください。

	全く妨げになっていない	いくらか妨げになっている	かなり妨げになっている	非常に妨げになっている
(1) 資格を持つ教員の不足	1	2	3	4
(2) 特別な支援を要する児童への指導能力を持つ教員の不足	1	2	3	4
(3) 職業教育を行う教員の不足	1	2	3	4
(4) 教材(教科書など)が不足している、あるいは適切でない	1	2	3	4
(5) 指導のためのデジタル技術が不足している、あるいは適切でない（例：ソフトウェア、コンピュータ、タブレット、電子黒板）	1	2	3	4
(6) インターネット接続環境が不十分である	1	2	3	4
(7) 図書館の教材が不足している、あるいは適切でない	1	2	3	4
(8) 支援職員の不足	1	2	3	4
(9) 指導のための場所が不足している、あるいは適切でない （例：教室）	1	2	3	4
(10) 物理的な施設設備が不足している、あるいは適切でない （例：学校家具、校舎、空調機、照明器具）	1	2	3	4
(11) 多言語又は多文化の環境で、児童を指導する能力を持つ教員の不足	1	2	3	4
(12) 社会経済的に困難な家庭環境にある児童を指導する能力を持つ教員の不足	1	2	3	4
(13) 職業能力を訓練するために必要な教材が不足している、あるいは適切でない	1	2	3	4
(14) 教育的リーダーシップを発揮する時間が不足している、あるいは適切でない	1	2	3	4
(15) 児童と過ごす時間が不足している、あるいは適切でない	1	2	3	4

問30 **あなたの学校では、以下のことが児童の間でどのくらいの頻度で起こっていますか。**

(1)～(7)のそれぞれについて、当てはまるものに一つ○を付けてください。

	なし	月1回未満	毎月	毎週	毎日
(1) 器物損壊・窃盗	1	2	3	4	5
(2) 児童間の脅迫又はいじめ（又は、他の形態の暴言）	1	2	3	4	5
(3) 児童間の暴力による身体的危害	1	2	3	4	5
(4) 教職員への脅迫又は暴言	1	2	3	4	5
(5) 薬物の使用・所持や飲酒	1	2	3	4	5
(6) 児童についてのインターネット上の中傷的な情報に関する児童や保護者からの報告	1	2	3	4	5
(7) 児童間の、オンラインでの望ましくない接触（例：ショートメール、Eメール、SNS）に関する児童や保護者からの報告	1	2	3	4	5

初任者研修及び校内指導（メンタリング）

このセクションでは、初任者研修と校内指導（メンタリング）についてお尋ねします。

「初任者研修」とは、初任者に対する教職への導入を支援したり、又は経験がある教員に対する新しい赴任校への導入を支援したりする研修のことです。それらは、公式に体系化されたものである場合と、非公式なものがあります。

「校内指導（メンタリング）」は、経験のある教員が経験の少ない教員を支援する校内の仕組みのことです。学校内の全教員を対象にすることもあれば、初任者だけを対象にすることもあります。

問31 **あなたの学校の初任者には、初任者研修を受ける手段がありますか。**

(1)、(2)のそれぞれについて、当てはまるものに一つ○を付けてください。

	はい	いいえ
(1) 初任者に対する 公式な 初任者研修がある	1	2
(2) 初任者に対する 非公式な 初任者研修がある	1	2

(1)と(2)への回答が両方とも「いいえ」の場合 → 問 34 へお進みください。

(1)への回答 のみ 「いいえ」の場合 → 問 33 へお進みください。

問32 **あなたの学校では、どのような教員が公式な初任者研修プログラムを受けますか。**

当てはまるものに一つ○を付けてください。

1　この学校に新たに着任した全ての教員

2　初めて教職に就いた者のみ

問33 この学校の教員が受ける初任者研修には、以下のような内容が含まれていますか。

(1)～(10)のそれぞれについて、当てはまるものに一つ○を付けてください。

	はい	いいえ
(1) 対面式の講座やセミナー	1	2
(2) オンライン上の講座やセミナー	1	2
(3) オンライン上の活動（例：バーチャルコミュニティ）	1	2
(4) 校長や経験豊富な教員との話し合いの設定	1	2
(5) 校長や経験豊富な教員による監督指導	1	2
(6) 他の新任者との交流及び連携	1	2
(7) 経験豊富な教員とのチーム・ティーチング	1	2
(8) 日誌、記録の作成	1	2
(9) 指導上の負担の軽減	1	2
(10) 一般的な学校事務の説明	1	2

問34 あなたの学校には教員向けの校内指導（メンタリング）のプログラムがありますか。

当てはまるものに一つ○を付けてください。

1 初めて教職に就いた者のみを対象としたプログラムがある
2 この学校に着任した全ての教員を対象としたプログラムがある
3 この学校の全ての教員を対象としたプログラムがある
4 現時点において、教員向けの校内指導（メンタリング）のプログラムはない → **問 37 へお進みください。**

問35 校内指導者（メンター）の主な担当教科等は、指導を受ける教員の主な担当教科等と同じですか。

当てはまるものに一つ○を付けてください。

1 大半の場合同じ
2 同じ場合が時々ある
3 同じ場合はほとんどない

問36 あなたは、教員や学校にとって、以下のことに関する校内指導（メンタリング）の重要度をどのように評価していますか。

(1)～(6)のそれぞれについて、当てはまるものに一つ○を付けてください。

	なし	低い	中程度	高い
(1) 教員の指導力の改善	1	2	3	4
(2) 教員の職業上の自覚の強化	1	2	3	4
(3) 教員同士の連携の改善	1	2	3	4
(4) 指導経験の少ない教員への支援	1	2	3	4
(5) 教員の主な担当教科等に関する知識の伸長	1	2	3	4
(6) 児童の一般的な学習成果の改善	1	2	3	4

多様な環境における学校教育

このセクションでは、文化的な多様性に重点を置いて、多様性を考慮した学校の方針や実践についてお尋ねします。

「多様性」とは、児童や教職員の背景の違いを認識し、尊重することを指します。文化的な多様性とは、特に文化的、民族的な背景を指します。

問37 あなたの学校には、異なる文化的又は民族的な背景を持つ児童がいますか。

当てはまるものに一つ○を付けてください。

1　はい

2　いいえ → **問 39 へお進みください。**

問38 あなたの学校では、多様性に関する次のような実践が行われていますか。

(1)～(4)のそれぞれについて、当てはまるものに一つ○を付けてください。

	はい	いいえ
(1) 多様な民族的、文化的なアイデンティティを児童が表現することを促す活動や組織を支援する（例：芸術的なグループ）	1	2
(2) 多文化的な行事を開催している（例：異文化と触れ合う学校でのイベント）	1	2
(3) 民族的、文化的な差別にどう取り組むかを児童に教える	1	2
(4) カリキュラム全体を通して、地球規模の問題を取り入れた指導及び学習の実践を導入する	1	2

問39 あなたの学校では、次のような取組が行われていますか。

(1)～(4)のそれぞれについて、当てはまるものに一つ○を付けてください。

	はい	いいえ
(1) 児童に、異なる社会経済的な背景を持つ人々を受け入れるよう教える	1	2
(2) 性差別に対する方針を明確にする	1	2
(3) 社会経済的な差別に対する方針を明確にする	1	2
(4) 不利な背景を持つ児童へ追加の支援を行う	1	2

問40 あなたの意見では、この学校で、およそ何人くらいの教員が次のことに同意すると思いますか。

(1)～(4)のそれぞれについて、当てはまるものに一つ○を付けてください。

	いない、又はほとんどいない	数人いる	多数いる	全員、又はほとんど全員
(1) 児童の文化的背景の違いにすぐに対応できることは重要である	1	2	3	4
(2) 異なる文化の人々は異なる価値観を持ち得ることを児童が学ぶのは重要である	1	2	3	4
(3) 子供や若者は、できるだけ早い時期に多文化を尊重することを学ぶべきである	1	2	3	4
(4) 子供や若者は、文化的に異なる人々の間に多くの共通点があることを学ぶべきである	1	2	3	4

問41 あなたの意見では、この学校で、およそ何人くらいの教員が次のことに同意すると思いますか。

(1)～(4)のそれぞれについて、当てはまるものに一つ○を付けてください。

	いない、又はほとんどいない	数人いる	多数いる	全員、又はほとんど全員
(1) 学校は、異なる社会経済的な背景を持つ児童が共に活動することを促すべきである	1	2	3	4
(2) 児童は、性差別を避ける方法を学ぶべきである	1	2	3	4
(3) 男子児童と女子児童を平等に扱うことは重要である	1	2	3	4
(4) どのような社会経済的な背景を持つ児童に対しても、同じように接することは重要である	1	2	3	4

仕事に対する満足度

問42 今後何年間、校長として働き続けたいと思いますか。

数字を記入してください。

└┴┘ 年

問43 あなたの学校での業務に関して、以下のことはどの程度ストレスに感じますか。

(1)～(9)のそれぞれについて、当てはまるものに一つ○を付けてください。

	全く感じない	いくらか感じる	かなり感じる	非常に良く感じる
(1) 教員の評価やフィードバックなどの業務が多すぎること	1	2	3	4
(2) 事務的な業務が多すぎること（例：書類への記入）	1	2	3	4
(3) 教職員の欠勤による追加的な業務があること	1	2	3	4
(4) 児童の学力に対して責任を負っていること	1	2	3	4
(5) 学校の規律を保つこと	1	2	3	4
(6) 児童に脅されたり児童から暴言を受けたりすること	1	2	3	4
(7) 国、地方自治体からの要求の変化に対応すること	1	2	3	4
(8) 保護者の懸念に対処すること	1	2	3	4
(9) 特別な支援を要する児童の環境を整えること	1	2	3	4

問44 あなたが仕事全般についてどのように感じているかをお尋ねします。以下のことはどの程度当てはまりますか。

(1)～(10)のそれぞれについて、当てはまるものに一つ○を付けてください。

	全く当てはまらない	当てはまらない	当てはまる	非常に良く当てはまる
(1) 校長の仕事は、悪いことより、良いことの方が明らかに多い	1	2	3	4
(2) もう一度仕事を選べるとしたら、また校長になりたい	1	2	3	4
(3) 可能なら、別の学校に異動したい	1	2	3	4
(4) 校長になったことを後悔している	1	2	3	4
(5) 現在の学校での仕事を楽しんでいる	1	2	3	4
(6) 他の職業を選んでいた方が良かったかもしれないと思う	1	2	3	4
(7) この学校を良い職場だと人に勧めることができる	1	2	3	4
(8) 教職は社会的に高く評価されていると思う	1	2	3	4
(9) 現在の学校での自分の仕事の成果に満足している	1	2	3	4
(10) 全体としてみれば、この仕事に満足している	1	2	3	4

問45 以下のことはどの程度当てはまりますか。

(1)～(5)のそれぞれについて、当てはまるものに一つ○を付けてください。

	全く当てはまらない	当てはまらない	当てはまる	非常に良く当てはまる
(1) 職務に対して支払われる給与に満足している	1	2	3	4
(2) 給与以外の校長としての雇用条件に満足している（例：福利厚生、勤務時間）	1	2	3	4
(3) この学校の教職員から受ける支援に対して満足している	1	2	3	4
(4) 国、地方自治体から、より多くの支援が必要である	1	2	3	4
(5) 自分の職務にとって重要な意思決定に影響を与えることができない	1	2	3	4

質問はここまでです。

御協力ありがとうございました。

校内締め切り日までに、校内担当者に御提出願います。

教員環境の国際比較
OECD 国際教員指導環境調査（TALIS）2018 報告書
——学び続ける教員と校長——

2019 年 6 月 20 日　第 1 刷発行

編　集　国立教育政策研究所
発　行　株式会社 ぎょうせい

〒136-8575　東京都江東区新木場 1-18-11
電話番号　編集　03-6892-6508
　　　　　営業　03-6892-6666
フリーコール　0120-953-431
URL　https://gyosei.jp

〈検印省略〉

印刷　ぎょうせいデジタル株式会社
乱丁・落丁本は、送料小社負担のうえお取り替えいたします。

ISBN978-4-324-10648-8（5108518-00-000）〔略号：教員環境比較 2018〕